Über den Verfasser

Rudolf zur Lippe, Jahrgang 1937, ist seit 1974 Professor und Inhaber des Lehrstuhls für Ästhetik an der Universität Oldenburg. Nach dem Studium der Rechts-, Staats- und Wirtschaftswissenschaften in Bonn und Göttingen (dipl. rer. pol.), dann der mittleren und neueren Geschichte in Heidelberg und Paris, promovierte er 1965 mit einer Dissertation zu der französischen Deutschlandpolitik gegenüber der Weimarer Republik; danach freie Übersetzertätigkeit, Bühnenarbeit, Erwachsenenbildungsarbeit und ab 1966 Verlagslektor. 1969 Arbeit an der Habilitation (bei Th. W. Adorno), die er 1973 mit der venia legendi für Sozialphilosophie und Ästhetik an der Philosophischen Fakultät der Universität Frankfurt abschloß; 1971 bis 1976 dort Lehrtätigkeiten, zuletzt auch als Verwalter der Professur für Kulturtheorie. – Zahlreiche Gastvorträge an ausländischen Universitäten, Ausstellungen; Gründung des «Instituts für praktische Anthropologie e.V.» und (mit Gert Selle) Herausgabe der Zeitschrift «Poiesis».

Wichtigste Veröffentlichungen

Naturbeherrschung am Menschen. 2 Bde. Frankfurt/M.: Suhrkamp 1974, jetzt: Frankfurt/M.: Syndikat 1978/Bürgerliche Subjektivität: Autonomie als Selbstzerstörung. Frankfurt/M.: edition suhrkamp 1975/Am eigenen Leibe. Zur Ökonomie des Lebens. Frankfurt/M.: Syndikat 1978, 3. Auflg. 1984/Entfaltung der Sinne, zus. mit H. Kükelhaus, Frankfurt/M.: Fischer [4]1986. – *Aufsätze und Essays*: Objektiver Faktor Subjektivität, zuerst in: Kursbuch 35/Anthropologie für wen? In: Kamper/Rittner (Hg.), Zur Geschichte des Körpers. München: Hanser 1976/Was heißt Ökonomie? In: Mehrwert 19/Geschichte und Lebensgeschichte. Historische Wurzeln demokratischer Verantwortung. Praxis und Bewußtsein in der Neuzeit, in: Stachowiak (Hg.), Pragmatik, Handbuch pragmatischen Denkens. Hamburg: Meiner 1985/Philosophieren am Ende des Wollens, in: Volker Spierling (Hg.), Schopenhauer. Jubiläumsband. München 1987 (i. V.)

Rudolf zur Lippe

Sinnenbewußtsein

Grundlegung einer
anthropologischen Ästhetik

rowohlts enzyklopädie

rowohlts enzyklopädie
Herausgegeben von Burghard König

*Für Friedrich und die Menschen, mit denen
er auf dieser Erde leben wird.*

Originalausgabe
Veröffentlicht im Rowohlt Taschenbuch Verlag GmbH,
Reinbek bei Hamburg, Juni 1987
Umschlagentwurf Werner Rebhuhn
(Kalligraphie von Michael Vetter)
Copyright © 1987 by Rowohlt Taschenbuch Verlag GmbH,
Reinbek bei Hamburg
Satz Garamond (Linotron 202)
Gesamtherstellung Clausen & Bosse, Leck
Printed in Germany
2980-ISBN 3 499 55423 2

Inhalt

Vorwort   7
Einführung zu den Bildseiten:
Lesen – Sehen   13

Das Universelle der Ästhetik

Die andere Ordnung   17
Das Ästhetische als Hermeneutik   47
Der menschliche Sinn der Natur   65

Die Tiefendimensionen des Ästhetischen

Biologische Grundlagen   109
Paläontologische Grundlagen   149
Embryologische Grundlagen
zusammen mit *Erich Blechschmidt*   183
Psychologische Grundlagen   235
Vom Leben zum Erleben   287

Das bewußte Werden der Sinne

Vom Erleben zum Erfahren   339
Niederschlag des Erfahrens: Gestalten   369
Die Ordnung von Erfahren und Gestalten:
das auftauchende Paradigma   389
Vom Mitleben zur Ausdrucksgestalt:
die unendliche Linie   411

Alles Leben weist über sich hinaus

Die authentische Geste　　　　　　　　　437
Gegenwart leben und die utopische
　　Kunst des Ortes　　　　　　　　　479
Die Anwesenheit des Abwesenden　　　515
Leben im Übergang – Transzendenz　　535

Vorwort

Der Begriff Ästhetik und das, was er bezeichnet, wird aufgerieben zwischen Fragen nach menschlicher Wahrnehmung, oft als Mechanismus von Sinnesorganen und Gehirn mißverstanden, und Problemen der Beurteilung von Kunst, abgelöst von den Vorgängen ihres Entstehens wie den verwandten Vorgängen im übrigen Leben. Als ‹Sinnenbewußtsein› sollen beide Seiten wieder in ihrem wechselseitigen Durchdringen und Befördern verstanden werden. Seit der Philosophie der Aufklärung ist immer wieder im Ästhetischen die Wiedervereinigung der ungleichen Dimensionen menschlicher Vernunft gesucht worden, die zugunsten der Systematik kritisch analytischer Rationalität aufgeteilt erscheinen. Das ‹Sinnenbewußtsein› soll einer verwandten Aufgabe dienen, aber gerade nicht, weil wir einen Schlußstein sonst zerfallender Denkrichtungen suchen. Vielmehr finden wir einfach im Leben und Erleben die Quellen eines Bewußtseins, das aus ihnen gefaßt werden, das zugleich ihnen sich zuwenden soll. Beide Aufgaben können wir annehmen, ohne durch ein rationales Erklären das Ganze doch wieder zu zerteilen. Denn es ist nicht an uns, ihre gegenseitige Bedingtheit zu entwerfen. Wir brauchen nur die Fortsetzung der Entstehungsgeschichten, als die wir unser geschichtliches Leben begreifen können, so bewußt zu leben, daß die Bewegungsformen hervortreten und wir zugleich ihnen die Veränderungen mitteilen, denen sie in der Begegnung mit den gegenwärtigen Schritten der Geschichte ausgesetzt werden.

Wir wollen nicht Leben rekonstruieren, als sei es begrifflich abzuleiten oder zu simulieren. Wir wollen nicht Wissen *über* das Leben sammeln und darauf neue Strategien aufbauen. *Im* Leben zeigt sich das Erleben als der gesuchte Zusammenhang. Von ihm zu wissen, ist der Erfahrung vorbehalten, die wohl Lebenserfahrung sein muß, die aber auch bewußte Zugänge des Erkennens öffnen kann. So setzen wir uns nicht modisch der Aufklärung entgegen. Wir betreiben eine Selbstaufklärung der Aufklärung über die von ihr ausgesparten oder verdrängten oder versäumten Dimensionen dessen, was unsere Existenz bestimmt und entsprechend in unserem Bewußtsein wie in dem bewußten Sein der Gesellschaft gegenwärtig sein muß. Dabei werden wir auch an Grenzen kommen, die diskursiver Klärung gezogen sind. Jedoch wir wollen uns vor der falschen Alternative bewahren, mit dem begrifflichen Denken uns über diese Grenzen hinauszukatapultieren oder aber es aufzugeben und uns ins Ungeahnte fallen zu lassen. Beide Gefahren bestimmen mindestens seit zwei Jahrhunderten Denken und Handeln in Europa und werden augenblicklich angesichts der systematischen Katastrophen in Geschichte und Natur noch einmal zu neuen Verführungen für den Intellekt.

Wir wollen damit nicht sagen, daß irgendein Weg die Gefahr vermeiden kann, in die neue Einsicht so gut wie perfektere Informationen führen können: Immer kann, was bis hierher geführt hat, umgewendet werden in eine Instrumentalisierung. Nur wenn man den Weg weiterzugehen bereit ist, lösen seine neuen Anstrengungen die frei gewordene Kraft und Klarheit für die Suche ein, statt daß sie mit Erfinderstolz in Macht umgemünzt werden. Wer hier nicht ‹loslassen› will, wird von Weite und Tiefe der Lebenszusammenhänge wissen wollen, um leichter und sicherer einzelne Teile oder Aspekte, nun von innen heraus, manipulieren zu können. Freiheit sollte begriffen werden als die Möglichkeit, sich bewußt dem zuzugesellen – nicht zu unterwerfen –, dem wir die bestimmenden Bedingungen wie die verändernden Öffnungen unseres Lebens verdanken. Die Instrumente der Technik wie der Logik und der wissenschaftlichen Analyse sind so hoch entwickelt, daß sie einen neuen Grad von Ambivalenz darstellen. Die folgenden Überlegungen suchen, etwa im ‹systemhaften› Denken bei Bateson, diese Zweideutigkeit im Sinne verantwortender Antwort auf das Gegenüber unseres Wissens einzubeziehen.

Bewegen wir uns dann nicht im Zirkel? Wie können wir die reflektiertesten Formen menschlichen Bewußtseins einschließlich des Denkens aus einer ästhetischen Tiefe begreifen – so wie der Begriff vom Greifen kommt – und die Tiefendimensionen doch als etwas verstehen, das anderer Art ist? Wie können wir, umgekehrt, in dem Existentiellen aller Wesen dieses Andere und auch noch die All-Einheit des Anderen in allen Wesen vorstellen und nicht daraus etwas Absolutes machen, das heißt, es als Wurzel und Quelle des Bewußten, selbst des Denkens anerkennen?

Wenn wir in statischen Identitäten und Gleichgewichten denken, gibt es keinen Ausweg. Solange wir eine der beiden Seiten zum Maßstab machen, weil wir einen archimedischen Punkt brauchen, verurteilen wir uns zum Pendeln zwischen Rationalismus und Mystifikation. Nur als einander bedürfende und ergänzende Schritte ergeben beide Seiten einen Sinn. Sie sind eine nur bezogen auf einen gemeinsamen Gang mit der anderen zu denken. Dieser Gang ist die wirkliche Geschichte. An ihr haben unsere Aufklärungen und unsere Erleuchtungen unseren Teil. Wir können uns als Moment naturhafter Zusammenhänge verstehen, die zugleich sich durch ihre eigenen Zusammenhänge der bewußten Reflektion auch grundsätzlich von den anderen Momenten unterscheiden – nicht abgrenzen.

Im Ästhetischen läßt sich das etwa an unseren Beziehungen zu Bildern klarmachen. Als Kinder wollen wir zunächst das Bild betasten, be-greifen wie das, was es darstellt. Das Bild ist das Dargestellte oder eine eigene Art von Gegenstand; aber es steht nicht für anderes. So erleben wir es räumlich, nicht flächig, und leiblich, nicht semantisch. Dann lernen wir, daß Bilder nicht die Realität des Abgebildeten haben, sondern auf etwas Reales hinweisen. So werden sie zu Abbildern. Auf diese zeigt man, statt nach ihnen zu greifen. Dann lernt man vielleicht später noch, daß Bilder der Kunst weder Abbilder sind und nur auf das Abgebildete hinweisen, noch reale Tische, Kirschen, Pferde vor uns stellen. Als Darstellung sprechen sie immer auch über das Dargestellte, deuten und beziehen es auf bestimmte Vorstellungen. Zugleich spricht durch sie hindurch etwas ganz anderes zu uns. Und außerdem werden sie selbst zu einem eigenen Moment der Situation. Wir greifen nicht mehr danach und lassen uns doch ergreifen wie vom Greifbaren. Wir wissen, daß wir mit einer deutenden Darstellung zu tun haben, und denken nicht nur über diese nach, sondern lassen etwas Neues unsere und die vorgetragene Vorstellung durchbrechen. Vermittlung und Unvermittelbarkeit verweben sich im Wechselspiel der Bewegungen von Gedanken und Gemüt.

Bringt uns das Entdecken der Bewegungsformen der Vernunft im Bio-logischen notwendig in Gefahr, beide den Projektronen von mechanischen Vorstellungen auszuliefern, wie ihnen etwa Freuds Trieblehre in Anlehnung an Helmholtz erlag?

In dieser Deutung wird die notwendige Chance gesucht, einer Besinnung im Sinnenbewußtsein die Reichweite bis in die Abstraktionen der modernen Welt zu sichern. Dies ist aber nicht das alleinige Realitätsprinzip. Wir werden uns nur dann nicht verlieren an das, was wir um der Komplexität unserer historischen Bedingungen willen bedenken und durchgestalten müssen, wenn wir zugleich das sinnfällige und das sinnenhafte Erleben in uns da entfalten, wo wir es noch vernehmen und ihm folgen können.

‹Sinnenbewußtsein› ist ein Begriff, der Pole in sich vereint und der damit zum Leben in Spannungsfeldern auffordert. In ihnen bewußt zu leben, ist eben der geschichtliche Schritt, der allein die uns bedrohenden Widersprüche zu Polen eines durch uns hindurchgehenden Feldes von Spannungen verwandeln kann. Dem entspricht das Verfahren dieses Buches. Intensive Anstrengungen begrifflicher Annäherung auf der einen Seite werden in die Vermittlung lebendiger Erfahrungen gezogen, die andererseits immer auch für die Geschichte und das Bewußtsein stehen, aus denen sie Gestalt gewonnen haben. Die Darstellung ist oft bildhaft, exemplarisch, anschauend modellhaft – immanent. Die Essenz ergibt erst der Schlußstrich, nichts wird vom Vorangestellten abgeleitet. Termini werden nur da benutzt, wo eine Auseinandersetzung mit den Theorien notwendig erscheint, auf die sie hinweisen. Fremdwörter werden in der Regel für das Befremdende gewählt. Die deutschen Ausdrücke sollen, weil sie besser anregen können, sie als Bild zu verstehen und dem Bild nachzugehen, dem Vertrauten dienen. Abstand und Distanz sind ein gutes Beispiel dafür. Menschen sind allerdings so sehr gewöhnt, Ableitungen zu erwarten und Termini und Fremdwörter zu hören, die sie eigentlich nicht verstehen, daß sie das Bekannte vermissen, wenn mit der Umgangssprache jedesmal neu versucht wird, Schritt für Schritt den Gedankengang in Worte zu fassen.

Entsprechende Schwierigkeiten bekommen dadurch mehr Gewicht, daß keineswegs alle Dimensionen eingearbeitet werden konnten, die zur Tiefe des Ästhetischen gehören, und dadurch Verbindungsstücke fehlen. So war es vor allem nicht mehr möglich, die Lücke zwischen dem Biologischen und dem Menschlichen ausdrücklich auszufüllen mit den Grundlagen des Ästhetischen in dem Bereich, der Ethologie genannt wird und von dem her Verhaltensweisen von Menschen mit tierhaften verglichen werden können. Vor dem Biologischen liegen die Dimensionen, die in der Physik etwa seit Planck immer eindrucksvoller ins Bewußtsein treten, seit die kontrollartige «Anschauung» der sogenannten klassischen Physik durch die Aufgabe abgelöst worden ist, das nicht messend Identifizierbare uns vorzustellen. Hier hat gerade die strengste rationale Wissenschaft auf theoretischem Wege Aufforderungen an ein Sinnenbewußtsein geschaffen, uns als Beteiligte in Welten zu begreifen, die nur als Beziehungsgefüge überhaupt existieren, also auch nicht anders, vor allem nicht durch «Fest-Stellungen» (Auersperg) gedacht werden können. Bedeutende Darstellungen machen dieses Feld aber dem Laien zugänglich; wenn ich an die bekannten Bücher von Carl Friedrich von Weizsäcker, Hans Peter Dürr, Fritjof Capra und andere denke, wird der Anspruch auf eine weitere Zusammenfassung hier undenkbar und als solche überflüssig, und ausgewählte Fragen müssen späteren Überlegungen vorbehalten bleiben. Naturauffassung, Naturbeherrschung, Selbstbeherrschung und Herrschaftsgeschichte der Menschen bilden einen zu komplex verfügten Zusammenhang, auch um im folgenden schon eine Geschichte der Technik durchgängig einbeziehen zu können. Die bescheidenere Aufgabenstellung, aus den Tiefendimensionen ästhetisch einen Grund für diese Fragen zu legen, ist erst einmal beeindruckend genug.

Die folgenden Untersuchungen sind nicht auf einen geschlossenen Zusammenhang von Quellen und Forschungen gegründet. Ihre Einheit ist nicht immer theoretischer Art, sondern von der Sache her nahegelegt. Die Bereiche dessen, womit es Ästhetik zu tun hat, erfordern interdisziplinäre Sicht im Ganzen und bis ins Detail. Diese baut bald auf einem einzigen Autor zu dem jeweiligen Bereich, bald auf einer Vielzahl von Ansätzen auf. Wenn einmal ganz verschiedene Schulen und Auffassungen aufgegriffen und einzelne Aspekte miteinander verbunden werden, so ist dieses Vorgehen doch nicht eigentlich eklektisch. In einigen Fällen bedarf es einer methodisch unsystematischen Suche, um von vielen Seiten wenigstens einige Stücke der notwendigen Kenntnis von der Sache zusammentragen zu können. In anderen erfordert die Einseitigkeit einer Methode die ergänzende Reflektion von den anderen Seiten her. Immer werden die aufgegriffenen Ergebnisse nur als Wegweiser, als Material oder als Ferment begriffen. Der Weg bleibt jenseits der Orientierungshilfen eigens zu reflektieren, so daß nicht jedes Zitat auf seinen systematischen Stellenwert am Herkunftsort ausdrücklich untersucht wird. Was an Namen und Werken hinter den Ausführungen steht, läßt sich durch die Zitate nicht annähernd deutlich machen. Nicht einmal ein Literaturverzeichnis würde umfassend genug sein, um die Fülle tragender, eingeflossener und anregender Gedanken und Forschungen, Werke und Schulen offenzulegen. So stehen Autorennamen für ihr Lebenswerk, ihre Lebenshaltung und -erfahrung. Zitate weisen meist zugleich auf ihren Entstehungszusammenhang hin. Beispiele sind immer als Anknüpfen an wesentlichen Erfahrungen gemeint, auch wo sie nicht zu Modellen ausgeführt sind. Die Anmerkungen sind so sparsam wie möglich gehalten und daher nicht repräsentativ für die Literatur, die genannt werden könnte.

Der Entwurf zu einem Register hat gezeigt, daß im wesentlichen eine

Reihe von Begriffen sich durch fast alle Dimensionen des Buches ziehen. Einige vorweg zu nennen, kann die Aufgabe besser erfüllen, nämlich hinzuweisen auf ein Gefüge von Begriffen, die in sich und gemeinsam im Kontext Modelle werden. Mit ihren jeweiligen Bedeutungen lassen sie die besonderen Formen des Denkens und der Verarbeitung, die Theorie hinter den Modellen erkennen: Das Andere, Aufklärung, Ausdruck, Bedingungsgefüge, Bewegung, Entfremdung, Erleben und Erfahren, Freiheit, Geschichte, Individualität, Grade der Intensität, Klarheit und Dunkel, Kosmisches, Kontext, Konstitutionslogik, Mimesis, Mitwelt, Mitteilung, öffentlich und privat, Pole und Spannungsfeld, Reflektion und Rückbezüglichkeit, Transzendieren und Übergehen, das Universale, Unterscheiden und Vergleichen, Vernunft, Wechselspiel. Über sie verweisen alle Teile des Buches aufeinander. Deshalb kann der Leser da beginnen, wo der Zugang ihm persönlich am meisten interessiert. Ich betone dies, weil die Einführungskapitel am schwersten zu lesen sind.

Zwischen den Kapiteln gibt das Buch dem Leser Gelegenheit, bildlich weiterzudenken. Die Vielfalt soll von der Seite der Anschauung die Dimensionen und Reflektionsstufen des Ästhetischen vergegenwärtigen, wie die Einführung (S. 13 f) erläutert.

Einführung zu den Bildseiten:
Lesen – Sehen

> Wie langer Hall und Wiederhall, die fern vernommen in schattenhafte tiefe Einheit schmelzen, unermesslich wie die Nacht und wie die Klarheit, antworten die Düfte, die Farben, die Töne einander.
>
> Sie reichen so weit, wie die Dinge ohne Ende ...
>
> (*Baudelaire*, Correspondances, Les fleurs du mal, in Anlehnung an die Übersetzung von Friedhelm Kemp)

Zwischen den Kapiteln laden je zwei Seiten zu beschaulichem Innehalten ein. Sie sind nicht an den Text gebunden. Spuren, die im Goetheschen Sinne bedeutend sind, deuten auf die Vorgänge hin, aus denen sie hervorgegangen sind, und ziehen in eine ursprüngliche Bewegung hinein. Diese Bestimmung läßt an die Kunst der Kalligraphie denken. Soweit es sich um Kunst handelt, sind die Gebilde auch der Kalligraphie verwandt, weil sie weder abbildlich sind noch aus einer Detailarbeit leben. Aber Kalligraphie kann nicht der zusammenfassende Begriff sein, zumal die Spuren auch von Gesten nicht menschlichen Lebens einbezogen sind. Dabei steht Leben, die Vorgänge der Welt selbst noch jenseits des Biologischen einbeziehend, für das, was Werner Heisenberg vielleicht richtiger «zentrale Ordnung» nennt. Noch richtiger wäre es, von einer Ordnung zu sprechen, die auf uns kon-zentrierend wirkt; dazu bleibt zu erinnern, daß sie nur in den immer neuen Momenten ihres uralten Entstehens uns trifft. Nicht sind etwa ewig seiende Formen gemeint, auch wo durch die Zeiten und Kulturen das Erleben von Ordnungsgeschehen in scheinbar unwandelbaren Gestalten ausgedrückt wird. Sie strahlt durch die Welt hindurch eine «magnetische Kraft» aus und gibt Gelegenheiten, durch Wissen oder Glauben oder Kunst oder andere Begegnungen ein Ordnungsgeschehen zu erleben, das in uns das Bewußtsein, ihm zu entsprechen, ausrichtet. Aber jedes Archaisieren verfälscht den eigenen Zugang. Die neue Geste spricht auch von den Widerständen der gegenwärtigen Geschichte gegen dieses Erleben. Die Nähe dieser «magnetischen Kraft» zu «dem letzten Interesse des Menschen», Paul Tillichs Wort für Religion ohne Religion, ist spürbar. Die Geschichte von Technik mit einzubeziehen, kann hier nicht versucht werden aus demselben Grunde, aus dem Hegel das Werkzeug eine «tote Mitte» nennt. Wie sie aus einem Geschehen entsteht und in der Arbeit mit der lebendigen Mitte der Handhabung wiedererwacht, läßt sich allenfalls in umfangreichen Bildfolgen wiedergeben. All diese Begegnungen gehören zueinander, obwohl die Gestalten, durch die sie sich zeigen können, keine formale Einheit der Erscheinungen zulassen. Die Tiefendimensionen des Ästhetischen tauchen auch aus ganz anderen Zeugnissen als den Linien mit Pinsel, Bleistift oder Meißel auf. Sie müssen neben die Artefakte treten in einem Buch, das den Gemeinsamkeiten aller Sinnengestalten genauso gewidmet ist wie dem Unterscheiden zwischen sehr verschiedenen Graden und Formen von Reflektiertheit.

Das Ästhetische ist immer noch eingesperrt in die schönen, aber engherzigen Mauern des «Musée imaginaire», über dessen Portal Malraux eine willkürliche Freiheit und einen unbedachten stolzen Willen verkündet hat. Aber Huizingas Entdeckung «Spiel ist älter als Kultur» und Goethes Rückwendung von Kultur auf ihren existentiellen Grund, Kunst ist «die würdigste Auslegerin der Natur», laden längst in das offene Feld der Wechselbeziehungen zwischen den Polen ein.

So fordern äußerst unterschiedliche Niederschläge von Geschichten zum nacherlebenden Vollzug auf, immer uns damit in dieses Feld hineinziehend und uns in Bewegungen versetzend, mit denen wir seine Kraftlinien für uns wie auch durch uns hindurch mitbestimmen. Die begrenzte Zahl erlaubt trotzdem nicht, auf die Vielfalt der Reiche der Natur und der Kulturen der Erde und der Dimensionen des gestalteten Lebens hinzuweisen. Technische und rechtliche Schwierigkeiten haben eine nicht unerhebliche Rolle gespielt. Sie zu überwinden, haben viele Menschen geholfen, denen ich dafür dankbar bin. Wesentlich bleibt also, durch jedes einzelne Blatt die Kraft der Vorstellung anregen und sie über die möglich gewordene Auswahl weit hinaus eigene Wege suchen zu lassen.

Das Nebeneinander führt zum Vergleichen und Unterscheiden. Bildpaare haben sich entgegen der eigentlichen Absicht ergeben, weil der Umfang nicht mehr als jeweils zwei Seiten zuläßt. Wenn gewisse Korrespondenzen zwischen linkem und rechtem Bild zu entdecken sind, dann darf jedoch keines von ihnen darauf festgelegt oder gar beschränkt werden. Zumal sich billige Reduktion auf Ähnlichkeiten verbietet, dürften die Spannungen beiden Seiten zugute kommen. Das gehört zu Aby M. Warburgs «Menschenrechten des Auges».

Das Universelle der Ästhetik

Die andere Ordnung

Aus ihrer altgriechischen Bedeutungsgeschichte ist ästhetisch alles, was unsere Sinne beschäftigt, in uns Empfindungen und Gefühle entstehen läßt und auf solchen Wegen unser Bewußtsein prägt. Zugleich sind alle Eindrücke, Empfindungen, Wirksamkeiten ästhetische darin, daß Bewußtsein sie menschlicher Geschichte verbindet. Bewußtsein ist dabei selbstverständlich im weitesten Sinne seelischer Beteiligung, nicht als ‹bewußte› Kontrolle zu verstehen. So wurzelt das Ästhetische in der sich bewegenden und erlebten Einheit des Lebens und weist hin auf den Anspruch, sie ebenso bewegt und vereinigend auf allen Stufen der geschichtlichen Weltentwürfe wiederzufinden.[1]

Ästhetik im Widerspruch

Die moderne Geschichte des Begriffs und dessen, was er bezeichnet, ist von charakteristischen Widersprüchen geprägt. In den historischen Lebensformen seit der Antike haben sich drei Trennungsstrategien immer systemhafter durchgesetzt, die den Bedeutungszusammenhang gerade der αἴσθησις (aisthesis) teilen, spalten, ja die Teile gegeneinander kehren. Alle drei Strategien prägen wesentlich die moderne Praxis und Theorie, sind aber auch selber Erbe der griechischen Antike nach Homer bzw. nach Sokrates.

1. Die *Subtraktionsanthropologie* hat sehr früh, bei Aristoteles bereits ganz entschieden, das Wesen des Menschen bestimmt, indem sie sein Animalisches abzog und den Rest, also eine nicht mehr leibliche Geistigkeit, zum typisch Menschlichen erklärte. Dies geschieht, indem als differentia specifica zwischen Mensch und Tier Ratio überhaupt bestimmt, definiert wird, also nicht als ein eigentümlich menschlicher Modus, sondern als eine ausschließliche Eigenschaft. Dabei wurde die innere Natur der Menschen gegen die ‹höheren Vermögen›, insbeson-

dere wurden die Sinneswahrnehmungen gegen den Verstand isoliert. Zugleich wurde die tiefe Verwandtschaft der menschlichen Wesen mit den anderen Wesen der Natur verdrängt. Sie wurde aufgekündigt und die Unterscheidung bis zum stolzen Kampf gesteigert. In der Unterwerfung von Natur erweist sich – nach dieser Tradition – die Überlegenheit des Herrn der Schöpfung; sie wird als Befehl und Kontrolle ausgeübt. Die Natur uns gegenüber muß hervorbringen, was die menschliche Geschichte von ihr verlangt. Die Natur in den Menschen wird in einer spezifischen Form wütender Askese unterdrückt – andere Kulturen kennen sanftere Formen der Bescheidung, wie ursprünglich das griechische Wort Askesis auch nur konzentriertes Üben meinte, und zwar gerade der Leiber für den edlen Wettkampf.

Jüdisch-christliche partriarchalische Traditionen haben den Stolz der Freiheit von Naturabhängigkeiten mit einer Religion verbunden, die geschwisterliche Beziehungen zwischen allen Geschöpfen unter der Herrschaft des Menschen über den Rest der Schöpfung vergessen ließ.

2. Die *Geometrisierung* hat in der gleichen Geschichte den Kampf gegen alle Momente von Bewegung aufgenommen. Die Paradoxe des Zenon[2] drücken frühe griechische Berührungsangst vor dem wirklichen Wandel aus und das Geschick, «die Bewegung in dem, was sie wirklich Bewegendes hat», zu leugnen.[3] Der Lebensvorgang, in dem wir einen Weg vollziehen, wird seither immer konsequenter und auf immer mehr Gebieten des Handelns, Denkens und sogar Fühlens durch Hilfskonstruktionen statisch ersetzt, z. B. durch die Fiktion der durchlaufenen und meßbaren ‹Strecke›. Die Bewegung ist ‹zur Strecke› gebracht worden. Diese Verdrängung von Bewegung geht bis tief in die Vorstellung von der Welt, die wir nicht mehr im Geiste der Veden als eine unvollendete Geschichte folgerichtiger, aber unerwarteter Entfaltung zu begreifen vermögen. Die ganze Welt wird statt dessen als Durchgangsstation von einem vollendeten Anfangs- zu einem vollendeten Endzustand erlebt. Historischer Angelpunkt und Symbol dieser Geschichte der Fixierungen – denen die Fixierungen auf eine psychische Identität gefolgt sind – ist ein Wort von Descartes. Die zweite seiner «Meditationen» geht von dem Satz aus: «Nichts als einen festen und unbeweglichen Punkt verlangte Archimedes, um die ganze Erde von ihrer Stelle zu bewegen, und so darf auch ich Großes hoffen, wenn ich nur das geringste finde, das sicher und unerschütterlich ist.»[4]

Erst recht ist die Entfaltung der Vorgänge in Schritten, also in der Zeit, aus den Konstruktionen der Logik ausgeschlossen, die zwar Ursache und Wirkung kennt, aber die wesentlichen Beziehungen in einer fiktiven Gleichzeitigkeit denkt. Alles, was zutrifft, ist gleichzeitig. Die Geschwindigkeit der Logik ist unendlich. Im Handeln werden die allmählich verwirklichten Schritte allein am Ziel gemessen. So wird Zeit als lästiges Hindernis betrachtet wie die Reibungsverluste, die dem gewünschten zeitlosen Ortswechsel der Körper im Raum – das Wort Bewegung steht der Physik dafür nicht an – verzögern. Wenn wir nun doch wenigstens die Schritte unseres Lebens mit eigener Aufmerksamkeit gehen wollen, müssen wir zu dem Paradox greifen, daß uns der Weg selber das Ziel ist, um nicht die Wirklichkeit vom Fluchtpunkt des zugleich gefürchteten Endes aufgesogen zu sehen.

Bewegung ist Veränderung im vergleichbar bleibenden Zusammenhang. Wenn man sich jedoch als unabhängig erweisen will, darf man sich nicht als Moment eines Zusammenhangs wissen, sondern muß ihn setzen, beherrschen, kontrollieren. Wenn man setzen, beherrschen, kontrollieren will, gibt man vor, selber der feste, der archimedische Punkt zu sein – eben ein ‹unbewegter Beweger›, wie die Religionsphilosophie den zugehörigen Schöpfergott schließlich genannt hat. Im Wandeln um uns selber immer einen Wandel zu vollziehen, diese Seite der Bewegung wird noch immer am konsequentesten bekämpft.

3. Die *Theoretisierung* von Erkenntnis könnte man die dritte Strategie nennen, die die Vorgänge der Erkenntnis kategorisch von denen des Lebens trennt, indem Erkennen aus dem ‹Zuschauersein›, als θεωρός (theoros), nicht aber in der Teilhabe produziert werden soll. Nicht zuletzt wird dadurch die zum Problem gewordene Bewegung, besonders deren subjektive Seite, vermieden. Wissen wird nicht länger im Vollzug eines Lebensweges als Erfahrung gewonnen, sondern das Resultat von Erfahrung wird zur Voraussetzung denkender Erkenntnis, das heißt zum Gegenstand theoretischer Kritik. Erfahrung verbindet aber gerade durch einen Weg des Vergleichens, Unterscheidens, Verwerfens und weiteren Suchens die Erkenntnis, die am Ende stehen bleibt, geschichtlich mit der Fülle im Leben herantretender Erscheinungen und Vorgänge. Diese Erfahrung ist im Hinblick auf das Resultat «negativ»; sie «ist aber die eigentliche Erfahrung» und «hat einen eigentümlich produktiven Sinn», wie Gadamer sagt.[5] «Sie ist nicht einfach eine Täuschung... sondern ein weitgreifendes Wissen, das erworben wird.» Diese existentiellen Momente des Erkennens aber, gerade im Ästhetischen, verfallen der Angst vor der Täuschung, weil die Sinne offensichtlich keine absoluten, objektiv genannten Resultate bringen.

Das muß vermieden werden, schon weil die Subtraktionsanthropologie jede Erkenntnis abwertet, die der Gemeinsamkeit von Mensch und Natur in der Abhängigkeit von den eigenen Sinnen und von den anderen Momenten einer Lebenssituation sich verdanken müßte. Sodann würde die Fiktion, daß Erkenntnis die Dinge im Zustand von Unbewegtheit oder Gleichzeitigkeit oder logischer Zeitlosigkeit vor sich hätte, durchbrochen. Beides läßt die Erkenntnis durch und als Begegnung nicht zu. Diese wird im Bereich der Sinne zur Täuschung gestempelt, um den Verdacht zu ersticken, der sonst auch auf die Objektivität anderer Wissensformen fallen würde.

Dem weiteren gesellschaftlichen Zusammenhang dieser drei Strategien nachzugehen, ist Aufgabe der politischen Ökologie des Sinnenbewußtseins[6], wo die geschichtlich besonderen Formen der Trennung von Hand und Kopf untersucht werden. Dort wird auch der Widerspruch gewürdigt, den die Menschen in der Praxis den Strategien der Trennung entgegengesetzt haben, obwohl er kaum in das geschichtliche Bewußtsein eingegangen ist. Um so mehr wird die Rede sein von dem gegenwärtigen praktischen Widerspruch, der zunehmend bewußt gegen die Trennungen und im Namen des Lebens erhoben wird, weil darin eine neue Begründung der ästhetischen Verbindungen von größter geschichtlicher Bedeutung entsteht, und sei es vorerst aus einem nur zu entschieden, mit genauer kritischer Ausrichtung gefühlten Mangel.

Zweifellos als Reflektion aus dem praktischen Widerspruch des gelebten Lebens sind auch theoriegeschichtlich die Widersprüche nie zum Erliegen gekommen. Das Ästhetische hat sich nicht ganz abdrängen lassen, weder in die Niederungen eines Alltags, auf dessen Niveau die Sinnestäuschungen nicht wichtig genug sind, noch in die Höhen der Kunst, deren unpraktische Absichtslosigkeit eine schöne Ausnahme dulden ließ. In einem der reinsten Werke aufklärerischer Rationalität, in der «Kritik der reinen Vernunft», sagt Kant zum Abschluß der Einleitung: «Nur so viel scheint zur Einleitung, oder Vorerinnerung, nötig zu sein, daß es zwei Stämme der menschlichen Erkenntnis gebe, die vielleicht aus einer gemeinschaftlichen, aber uns unbekannten Wurzel entspringen, nämlich *Sinnlichkeit* und *Verstand*, durch deren ersteren uns Dinge gegeben, durch den zweiten aber gedacht werden.»[7] Es folgen die beiden Teile der transzendentalen Elementarlehre, zuerst die transzendentale Ästhetik, dann die transzendentale Logik. Freilich wird eine solche Ästhetik gerade von wirklicher Anschauung durch die Sinne gereinigt zu *Prinzipien* der Anschauung, die eigentlich die der Geometrisierung sind, weil die «aller Erfahrung vorhergehenden» Vorstellungen von einem bereits etablierten «Raum» und einer etablierten «Zeit» abgeleitet sind. Man kann sie mit dem euklidischen Raum berechenbarer Kontruktionen und der linearen Zeit identisch sehen. Sie liefert auch nur Gegenstände für den Verstand und verliert ihr Recht, bei deren Erkenntnis weiter mitzusprechen. Aber «ohne Anschauung ist jeder Begriff leer».

Schon Goethe hat diesen Widerspruch deutlich kommentiert, der ein Widerspruch in der Sache ist. Es ist ein Widerspruch zwischen der Lebensbedeutung des Ästhetischen und den Prinzipien des ästhetischen Wissens, selbstverständlich nicht des Kantischen Systems als solchem – dessen Schlüssigkeit gerade bringt es in Gegensatz zu dem, was von ihm ausgeschlossen wird: «Als ich die Kantische Lehre wo nicht zu durchdringen, doch möglichst zu nutzen suchte, wollte mir manchmal dünken, der köstliche Mann verfahre schalkhaft ironisch, indem er bald das Erkenntnisvermögen aufs Engste einzuschränken bemüht schien, bald über die Gränzen, die er selbst gezogen hatte, mit einem Seitenwink hinausdeutete.»[8]

Neben der Einordnung in das System der Erkenntnis wird dem Ästhetischen bei Kant in der «Kritik der Urteilskraft» eine eigene Theorie gewidmet, die es mit der Natur in der besonderen Hinsicht verbindet, daß Kunst – nur von ihr ist da beim ästhetischen Urteil über menschliche Hervorbringungen die Rede – und Natur nicht auf Zwecke gerichtet sind.

Besonders dies erfreute Goethe übrigens. Daran, daß die gesamte Lehre der Ästhetik allein auf das Urteilen reduziert ist, nahm er keinen Anstoß. In dieser Art von Urteilen sieht Kant die verschiedenen Erkenntnis«stämme» miteinander in einem nicht nur fruchtbaren Ringen; gerade die Suche nach einem Gleichgewicht zwischen empfindender Sinneswahrnehmung und verstandesgemäßer Sicht bringt die subjektive Beteiligung lustvoll ins Spiel. Es geht um eine Ordnung eigener Art, in der die begriffliche Erkenntnis noch einmal dem Anderen sich stellen, stellenweise sich auch ihm fügen muß, so daß in einigen Augenblicken die schönsten Hoffnungen akut werden dürfen, etwa auf einen «intuitiven Verstand» oder einen «anschauenden», der nicht alles im Maß der Begriffe zerteilen müßte. Dies wird dann aber als undenkbar für die Menschen bezeichnet, weil Kant nicht auf die diskursive Rekonstruierbarkeit der Zusammenhänge verzichten kann, die allein in den höheren Erkenntnisvermögen des Subjekts garantiert werden kann. «Und so hat denn Kant den versöhnten Widerspruch wohl in die Vorstellung gebracht, doch dessen wahrhaftes Wesen weder wissenschaftlich entwickeln noch als das wahrhaft und allein Wirkliche dartun können. Weiter drang freilich Kant noch vorwärts, insoweit er die geforderte Einheit in dem wiederfand, was er den *intuitiven Verstand* nannte; aber auch hier bleibt er wieder beim Gegensatz des Subjektiven und der Objektivität stehen, so daß er wohl die abstrakte Auflösung des Gegensatzes von Begriff und Realität, Allgemeinheit und Besonderheit, Verstand und Sinnlichkeit und somit die Idee angibt, aber diese Auflösung und Versöhnung selber wiederum zu einer nur *subjektiven* macht, nicht zu einer an und für sich wahren und wirklichen.»[9] Hegel war verständlicherweise unzufrieden damit, daß der Widerspruch, der von Kant überwunden zu werden versprochen war, durch die Einlösung des Versprechens erneut und unvermindert hindurchging. Die Versuche Hegels, ihn nach der anderen, der objektiven Seite des «Wahren und Wirklichen» zu überwinden, haben allerdings zu einem ähnlichen Ergebnis geführt. Die geahnte Mimesis des Begriffs an die Sache, so bewegend in der «Phänomenologie des Geistes» eingeführt, blieb auf der Stufe der «Kunstreligion». Die alten Hoffnungen werden neu geweckt, wenn Hegel die Gestalten der Natur mimetisch und begrifflich klar zugleich erhoben sieht: «Sondern der Begriff streift das ab, was von der Wurzel, dem Geäste und Geblätter den Formen noch anklebt, und reinigt sie zu Gebilden, worin das Geradlinige und Ebene des Kristalls in inkommensurable Verhältnisse erhoben ist, so daß die *Beseelung des Organischen in die abstrakte Form des Verstandes aufgenommen* und *zugleich* ihr Wesen, *die Inkommensurabilität für den Verstand erhalten* wird.»[10] Leider stellt sich dann heraus, daß das Bewußtsein solcher Einfühlung nur fähig ist, solange es noch nicht genügend allgemeines Bewußtsein von sich selbst und den Bewegungsformen seiner Weltbegegnung entwickelt hat.[11] J. Wahl will darum Hegels Begriff vom «unglücklichen Bewußtsein» als dessen heimliches «Leitmotiv» erkennen.[11]

Ästhetik – die andere Ordnung

Immer geht es um Ordnung. Seit die Erkenntnistheorie vom logischen Denken in dem rational verengten Sinn beherrscht wird, daß Verbindungen eindeutiger Kausalität und feststehender Identität dienen, werden im Ästhetischen die anderen Ordnungen gesucht. Ahnung und Sehnsucht danach werden durch die Schlüssigkeit und Abgeschlossenheit der diskursiven Systeme wohl entmutigt, aber auch provoziert. Der Drang läßt nie ganz nach, sich zu allem anderen in Beziehungen zu setzen, und sei es nur in der Vorstellung wie etwa bei Kant. Im Ästhetischen werden Ordnungen anderer Art entworfen, um einen Begriff zu geben von der Ordnung der Dinge – seien es nur die der Kunst oder auch die der Natur – wie auch von der Ordnung menschlichen Auffassens und Gestaltens. Gerade an dem Zusammenklang einer solchen äußeren und einer solchen inneren Ordnung mangelt es, und gerade ihn läßt die sinnenhafte Vermittlung zwischen Menschen und Welt hoffen, weil in den Sinnesorganen eben die Subtraktionsanthropologie nicht konsequent exerziert werden kann. Um des praktischen Funktionierens der Menschen willen muß da ein Stück von Naturverhaftetheit geduldet werden. Im Alltag wie, manchmal, auch in der Philosophie, oft in den Künsten, sind immer wieder durch die Überlebensfähigkeiten hindurch Quellen des Lebens vermutet worden. Entwürfe zu anderen Ordnungen können wir infolgedessen an vielen Orten zu entdecken suchen. Jedes künstlerische Werk kreist um einen solchen Entwurf. Exemplarisch steht dafür der Versuch, die Theorie von Eindruck und Ausdruck zusammenzufassen durch die Schritte, die durch das Werk von Degottex führen und dessen ästhetische Logik hervorheben.[12] Es wäre der wahrhaftige Sinn der sogenannten Alltagsästhetik, die verborgenen Ordnungsentwürfe unter den Konstellationen von Gegenständen und Umgangsweisen aufzuspüren.[13]

1. Offene Ordnungen: «ästhetische Wahrheit bleibt sinnlich und wird nie deutlich gemacht» (Baumgarten)

Ein früher deutscher Aufklärungsphilosoph, Alexander Baumgarten, hat in seinen zwei Bänden «Aesthetica» eine *scientia cognitionis sensitivae* geschaffen. Diese Wissenschaft des sinnlichen Erkennens geht von den Begriffen «klarer Empfindungen» und «schönen Denkens» aus, um deren Möglichkeiten und Grenzen zu zeigen. Descartes' aufwendige Verwerfung der Sinne als «Mutter des Irrtums» schiebt er entschieden beiseite. Dessen Definition des Denkens als «klar und deutlich» setzt Baumgarten ausdrücklich ein bewußtes, empfindendes Auffassen durch die Sinne entgegen, ein «Analogon der Vernunft».

«Die Verworrenheit ist die Mutter des Irrtums. Meine Antwort: Aber sie ist eine unerläßliche Voraussetzung für die Entdeckung der Wahrheit, da die Natur keinen Sprung aus der Dunkelheit in die Klarheit des Denkens macht. Aus der Nacht führt der Weg nur über die Morgenröte zum Mittag.»[14] Die spätere Einordnung dieser Auffassung, als ob Baumgarten die «Morgenröte» nur um des «Mittags» willen zugelassen hätte, paßt zwar in Ernst Cassirers absolute Hierarchie der Erkenntnisvermögen, die Gadamer als «Umdeutung des kantischen Gedankens» kritisiert, der «zufolge der Idealismus die totale Bestimmung des Gegenstandes durch die Erkenntnis bedeutet.»[15] Baumgarten hat jedoch gerade die Morgenröte als eine eigene Zeit des Tages begriffen. Die Morgenröte ist das Ringen von Dunkelheit und Licht, die Entfaltung des Lichtes aus ihrem Ineinander. Dies Geschehen war Baumgarten wesentlich. Sein Begriff von «Ordnung» ist als die Angemessenheit an die Sache bestimmt, die sich im Ringen um «Übereinstimmung» der Momente des «schönen Erkennens» abzeichnet.[16] Wir werden das Symbol der Morgenröte in um so grundlegenderer Bedeutung im frühen Denken wiederfinden.

Baumgarten weiß von einer ästhetischen Wahrheit und kann mit dieser Gewißheit eindeutig die Anpassung sinnlicher Erkenntnis an das diskursive Modell verweigern; er stellt sie als Logik im weiteren neben die Logik im engeren Sinne. Darin ist ihm Kant gefolgt. Weit über diesen hinaus erklärt er aber das Unklare der ästhetischen Erkenntnis gerade zu ihrem besonderen Mittel, einer Wahrheit innezuwerden. Er fordert, daß die ästhetischen Äußerungen in sich stimmig, nach ihren eigenen Kriterien, den Sinnen und den Medien entsprechend, durchgängig entwickelt sein müssen. Ordnung bedeutet ihm Angemessenheit. Aber er betont, daß das ästhetisch Wahre um so wahrer ist, je mehr es der Welt sich verbunden hat. «Die ästhetikologische Wahrheit des Individuellen... (ist) die Vorstellung der höchsten denkbaren metaphysischen Wahrheit».[17] Dem Philosophen des 18. Jahrhunderts, der sich an einer Erkenntnistheorie mit eindeutiger Hierarchie von abstrakten «oberen» und sinnlichen «unteren Erkenntnisvermögen» legitimieren muß, steht das Individuelle für das Lebendige. Zwar wird so das Lebendige oft nur als reale Modifikation der «klar und deutlich» gedachten «Regeln»[18] durchgesetzt; dennoch wird dem Individuellen auf der Seite des ästhetischen Gegenstandes wie auf der Seite des schön Denkenden eine starke Stellung gegeben. «Die lebendige Bewegtheit der Erkenntnis»[19] gehört zu den Grundforderungen an den Künstler und bleibt ein leitendes Motiv aller Überlegungen. Zwar werden die verstandesbegrifflichen Formen der Vernunft als die «oberen Erkenntnisvermögen» anerkannt; ihnen wird aber die Kraft zur «Anregung» abgesprochen, und ihre Abhängigkeit von den «unteren» wird betont.[20]

Überhaupt weist selbstverständlich der Begriff Wahrheit über den landläufigen des Schönen hinaus. Ein tiefer allgemeiner Anspruch liegt darin. Das ist interessanterweise damit verbunden, daß Baumgarten nicht nur vom Beurteilen, sondern auch vom Schaffen der Kunstwerke spricht. Besonderen Wert legt er auf eine Lehre des immer lebendigen Übens, das von Anfang an zum «Bedeutenderen» stimmt, mimetisch sich von Gestalten bestimmen läßt, statt «häßlich» das Vorbild zu zerstückeln.[21] Er ist um so überzeugter bereit, im Wahrnehmen der Sinne eine eigene Kraft ordnender Weltdeutung zu sehen, als ihm gegenwärtig ist, wie dieses aufnehmende Empfinden sich gestaltend abarbeitet und zum anschaulichen Entwurf wird. «Hatte bereits Leibniz einer cognitio clara et confusa, also der klarverworrenen Erkenntnis, zugestanden, eine Vorstellung...klar von anderen unterscheiden zu können, so wertet Baumgarten... die Verworrenheit der Elementbeziehungen positiv um als Fülle.»[22] Aus solcher Fülle lebt «der Zusammenhang der Dinge in seiner Mannigfaltigkeit, er abstrahiert nicht davon» und erscheint «in je neuer sinnlicher Ordnung». Und dies kann sich sehr wohl auch im «Feld der dunkeln Vorstellungen», nicht nur der klaren, vollziehen. Um derartige Vorgänge von beliebigen, eben nicht zu ästhetischer Wahrheit führenden unterscheiden zu können, wird die Frage nach der inneren Ordnung des Ästhetischen gestellt, werden «Übereinstimmungen» verlangt. Es wird aber nicht analytisch geprüft, sondern als Ganzes muß das Ästhetische entsprechend *wirken* können. Damit verlängert sich die Wahrheitsfrage in die Lebenswirklichkeit des Erlebens, des Erfahrens hinein. Dieses Moment scheint mir zunächst das Wesentliche an den «Tränen», die das Kunstwerk «auspreßt», weniger die Problematik des allzu Subjektiven daran. Aus den «dunkeln Vorstellungen» – immer wieder ist auch bei Hegel die Rede von der «Nacht» als dem wirklichen Reich der Erinnerung, der Phantasie – tauchen Gebilde auf, die im wachen Leben wirken. Das können sie nur, wenn sie ein Ganzes bilden, also zu einer Gestalt zusammenspielen. Als solche stellen sie eine Ordnung dar. Diese ist aber wirkungsvoll gerade dadurch, daß ihr «dunkle Stellen» zugehören, die «assoziativ neue Denkmöglichkeiten» entstehen lassen.

Das Unausgesprochen-Unaussprechbare findet sich in einer derartigen Anordnung, daß unsere Ahnung mit sehr großer Genauigkeit ihm entgegengeführt wird. Die Momente der Ordnung bilden so entschiedene Beziehungslinien. Ihren Spannungen nachgehend, können wir dem im Dunkel Bleibenden vielfältig begegnen, wenn «die Wahrheit» «aus mehreren ästhetischen Wahrheiten als Ganzheit hervortritt».[23] Ein solcher Entwurf einer offenen Ordnung wird gegenwärtig neu in seiner Bedeutung begriffen. Baumgarten löste die Frage, wie denn solch eine Wahrheit entstehen, die ästhetische Aussage einen wirklichen Gehalt haben, eben einer Wirklichkeit entsprechen könne, allerdings nicht ästhetisch. Er behalf sich mit dem metaphysischen Modell, das er bei Leibniz fand. Alles in der Welt stimmt seiner Natur nach zusammen, bildet eine «prästabilierte Harmonie». Folgerichtig führte ihn seine Lehre vom Ästhetischen, auch wenn sie sich ausdrücklich nur mit Kunst befaßte, zum universalen Zusammenhang aller Dinge. Diesen Zusammenhang konnte er nur annehmen oder behaupten. Darum sagt Kant, dem Bemühen des «vortrefflichen Baumgarten» liege «eine verfehlte Hoffnung zum Grunde». «Denn gedachte Regeln und Kriterien sind ihren vornehmsten Quellen nach bloß empirisch...»[24], das heißt, das ganze Gebäude dieser Lehre mit ihren Vorstellungen von einer anderen Ordnung konnte nicht aus der notwendigen Grundannahme abgeleitet werden. Dazu hat allerdings die Gegenwart noch mehr zu sagen. Ein wichtiger Anknüpfungspunkt wird auch das Dialogische im Denken Baumgartens sein, wo er «obiecta personalia» zur Quelle schöner Erkenntnis macht, was Schweizer als Wunsch zur persönlichen Mitteilung gegenüber dem anderen übersetzt hat.[25] Das Dialogische ist ihm hier Anlaß und Form, immer ist es ihm die Grundbewegung, aus der Ästhetisches hervorgeht. Das stärkste Bild dafür ist sein Beispiel von der «Bewegung der Sonne», deren Erleben sich dann ausdrückt, wenn man über die mathematischen Erkenntnisse der Astronomie hinaus «als Hirte» oder «für seine Kameraden oder für sein Mädel» denkt.[26]

2. Ordnung als Geschichte: «... es trennt sich, um sich inniger zu vereinigen» (Hölderlin)

Entgegen Kants Bemühungen, aus der Vernunft nur solche Zusammenhänge zuzulassen, die jeder diskursiven Kritik standhalten können, gingen drei junge Zeitgenossen, die Tübinger Stiftler Hölderlin, Schelling und Hegel, zu einer Begründung von Erkenntnis insgesamt über, die Wege des «Herzens» zu «Gott» anerkannte und damit auch für jenen Zusammenhang aller Dinge andere Begründungen sah. Sie betrachteten Kant als Verbündeten, insofern er ihnen die Vergeblichkeit einer Vernunftbegründung Gottes zu demonstrieren schien, und sahen sich zu einer «Religion als Sache des Herzens» um so lebhafter berechtigt.[27] Selbstverständlich konnte Gott für sie nicht derjenige sein, der für Descartes bei absoluter Trennung des Denkens von den Gegenständen der Erkenntnis dann doch eine Übereinstimmung der Begriffe mit Dingen garantieren mußte. Vielmehr wurde der Zusammenhang aller Dinge, besser gesagt, der Zusammenhang aller Vorgänge und Wesen, nunmehr selbst an das Göttliche herangerückt, da die Trennung gerade überwunden werden sollte, da aber auch nicht die dogmatische Religion gemeint war, eher eine pantheistische.[28]

Die Trennung wurde durchaus entsprechend den drei skizzierten Strategien gesehen und als ein Produkt der Geschichte begriffen, als Entfremdung. Die geschichtlichen Menschen hatten ihr Gegenüber, ihre Mitwelt Natur verloren und wurden sich dessen bewußt, zumal sie den Mangel in den Trennungen zwischen den Menschen sich wiederholen sahen. Sie erfuhren ihn sogar als Trennung in den Menschen selbst.

Die Trennungen wurden mit den Wirkungen einer verfehlten Geschichte und ihrer Organisation des Lebens erklärt. Damit entstand eine Vorstellung von Einheit als dem Gegenbild, das durch die Geschichte zerstört worden war. «Handwerker siehst du, aber keine Menschen, Denker, aber keine Menschen, Herren und Knechte, Jungen und gesetzte Leute, aber keine Menschen – ist das nicht ein Schlachtfeld, wo Hände und Arme und alle Glieder zerstückelt untereinander liegen, indessen das vergossene Lebensblut im Sand verrinnt?»[29] Panyotis Kondylis sagt: «Hölderlin wendet sich mit anderen Worten... gegen die Arbeitsteilung als dasjenige Prinzip der modernen Gesellschaft, das dazu beitragen soll, den Wohlstand zu vermehren, tatsächlich aber nur die innere Armut vermehrt und die republikanische Gesinnung unterminiert...» Diese Formulierung verrät zweiffellos die Kenntnis des frühen Marx. Doch war dieser in diesem Grundmotiv jenen Denkern sehr nahe, die er als idealistisch abgelehnt hat. Andererseits stimmten sie mit seiner materialistischen Gesellschaftskritik soweit überein, wenn etwa auch Schiller, dem sie sehr nahe standen, sagte: «Sobald auf der einen Seite die erweiterte Erfahrung an das bestimmtere Denken eine schärfere Scheidung der Wissenschaften, auf der anderen das verwickeltere Uhrwerk der Staaten eine strengere Absonderung der Stände und Geschäfte notwendig machte, so zerriß auch der innere Bund der menschlichen Natur, und ein verderblicher Streit entzweite die harmonischen Kräfte ... machte jetzt einem kunstreichen Uhrwerke Platz, wo aus der Zusammenstückelung unendlich vieler, aber lebloser Teile ein mechanisches Leben im Ganzen sich bildet.»[30]

Eine andere Ordnung denken Hölderlin und seine Freunde gegen diese Geschichte selber geschichtlich, indem sie die Lebensaufgabe darin sehen, Schritte auf die verlorene Einheit hin zu machen. Sie entwerfen ihre Vereinigungsphilosophie deshalb als eine Einheit von Naturphilosophie und Geschichtsphilosophie. Deren Ineinandergreifen wird ästhetisch gedacht und damit die Ästhetik zum Inbegriff der Vereinigung gemacht.

Von Herder konnte der Grundgedanke einer bewegten Einheit der Welt übernommen werden, der die Menschen in der Entwicklung ihrer Kräfte sich sinnvoll einbeziehen, statt sich als «isoliertes Ganzes zu betrachten», weil jedes Lebewesen «mit dem periodischen Atem der ganzen Natur zusammenhängt.»[31] Die Vorstellung der Welt als die eine in allem, die sich auf das vorsokratische ἓν καὶ πᾶν (hen kai pan) beruft, wurde aus den naturhaften Bewegungen in eine historische Dynamik übertragen. Sie vollzieht sich in Spaltungen und als Vereinigungen der Gegensätze. Die menschlichen Kräfte wirken, wie alle Bewegung und Entwicklung, «im Puls des ἓν καὶ πᾶν» auf die Versöhnung hin, auch wenn wir nicht im Laufe des Lebens dahin gelangen. Wenn die höchste Einheit angestrebt wird, kann auch auf «der Stufe einer relativen Einheit, wie der Liebe» schon an die Versöhnung gerührt werden. Andererseits müssen die Menschen die Trennungen ganz durchleiden, um im gewissesten Gefühl des Mangels die Illusionen abzustreifen, die eingebildete Ideen von Einheit an die Stelle der wirklichen setzen, und die Kräfte ganz hinziehen zu lassen auf die um so entschiedener ersehnte Vereinigung. «In dieser Hinsicht ist die Hingabe an die Trennung ein Schritt zur und nicht weg von der Einheit, in deren Wirklichkeit und nicht in deren Idealität betrachtet», sagt Kondylis.[32]

Diese Auffassung ist dialektisch im doppelten Sinne. Sie geht auf Heraklit zurück, der zu dem antiken Beginn der Trennungsstrategien lehrte, daß nichts und niemand auf eine äußere Identität fixiert werden darf, sondern jede Einheit in sich bewegt ist und in inneren Unterschieden lebt. Diese Dialektik war noch dem Denken in Kreisläufen der Natur eng verbunden. Im Protest gegen die moderne Identitätsvorstellung und die Idee von einer linearen Zeit – wie sie im Zusammenhang mit Kant angedeutet wurden – verwandelte sich um 1800 die naturhafte Dialektik in einen geschichtlichen Weg. Ihn vollziehen die Menschen, indem sie die Gleichzeitigkeit von Einheit und Trennungen aushalten. Sie arbeiten an der Vereinigung, indem sie die Widersprüche erleiden und die durch sie hindurchgehenden überwinden. Sie gründen diese Bewegung, die wie die platonische immer den Sinn der Vereinigung in sich trägt, in einer «Weltseele», deren Hort die Natur wird, und vollziehen die Schöpfung, indem sie, selbst die Trennungen in sich und mit der geschichtlichen Welt austragend, «sinnliche und übersinnliche Welt», «Herz und Verstand» zusammenführen. All dessen Einheit aufzufassen, ist Ästhetik. Im Ästhetischen kann darum Schelling später das Universelle sehen, weil in ihm das begriffliche Denken in das Sinnenhafte noch einmal eintaucht und verbindet, was es getrennt hatte. Das Ästhetische ist ihm das Universelle durchaus in der kosmologischen Bedeutung von der Einheit mit dem Universum.

Die frühe Idee von Ästhetik, der sich der junge Schelling wie Hegel und Hölderlin verbunden wissen, ist nicht so großartig philosophisch gedacht. Um so eindrucksvoller wirkt auf uns, wie die Vereinigung ausdrücklich nicht in der Kunst allein, sondern viel mehr gesucht wird in einer Schönheit, die das Gute ist; als eine Religion, die eine lebendige Einheit des Volkes in seinem Leben und seinem Geist bildet; die im Leben der Menschen als Liebe wirklich werden und es ganz bestimmen kann: «Voll Ernst die Lust und heiter die Arbeit; nichts, auch das kleinste, das alltäglichste nicht ohne den Geist und die Götter.»[33]

3. Un-ordnung:
«... das Gefühl des undeutlichen ganzen» (Novalis)

Solche weltvereinigende Lebenstätigkeit, die, wie immer die Widersprüche durchleidend, doch sie aufzuheben vermag, die, wie immer an den Ausschnitt eigener Wirkungsgrenzen gehalten, sich an den Bewegungen der Weltseele teilhaben weiß, wird den Romantikern fraglich. Welttiefe Ahnung und geschichtliche Praxis fallen vor ihren Zweifeln auseinander. Um die Einheit der Welt wenigstens im Herzen bewahren zu können, muß sie von den halbherzigen Verhältnissen der Menschen gelöst werden. Wo Hölderlin in ein idealisiertes befreites Griechenland aufbricht, meint Friedrich Schlegel, offenbar die deutsche Enge hoffnungslos gegen die französische Revolution haltend und diese resigniert gegen ihre wahren Ziele vergleichend, nur innere Distanz finden zu können. Über Hamlet, in dem er und so viele seiner Zeit sich ausgedrückt fanden, sagt er: «Für ihn ist es nicht der Mühe wert, ein Held zu sein; wenn er wollte, so wäre es ihm nur ein Spiel. Er übersieht eine zahllose Menge von Verhältnissen – daher seine Unentschlossenheit. – Wenn man aber *so* nach Wahrheit frägt, so verstummt die Natur; und *solchen* Trieben, so strenger Prüfung ist die Welt nichts, denn unser zerbrechliches Dasein kann nichts schaffen, das unsren göttlichen Forderungen Genüge leistete.»[34] Eine Generation vor ihm hatte Goethe im «Werther» ein ähnliches Ungenügen ausgesprochen, das aus dem Mißverhältnis eines weitreichenden Verstandes für die Dinge der Gesellschaft einerseits und andererseits der absolutistisch erzwungenen politischen Tatenlosigkeit der Bürger kam.

Schlegel und seine Zeit suchten die andere Ordnung nicht mehr, wie Werther, in einer selbstzerstörenden hilflosen Begeisterung für Liebe und Natur. «Das Subjekt der Frühromantik ist das isolierte, auf sich zurückgeworfene, sich selber Gegenstand gewordene Ich.» So sagt Peter Szondi[35] und betont die Wende zum Bewußtsein von der Ohnmacht, das selber die Mittel der Rettung in sich finden muß, nachdem ihm ‹Welt› nicht mehr das weite All-Eine, sondern die zerrissene geschichtliche Wirklichkeit ist: Die Trennungen weisen ihn nicht mehr auf die desto innigere Vereinigung hin. Sie verstellen deren Möglichkeit und verschließen die Aussicht auf eine wahre Schönheit mit den Brocken des zerstückelten Lebens.

Dann kann eine andere Ordnung nicht mehr in den Zusammenhängen des Denkens und Lebens vertreten werden. Alles gegenwärtig Ausführbare kann nur dazu beitragen, selbst die Vorstellung vom Anderen zu verderben, zu verkleinern, zu mißbrauchen. Allein ein großes Unterscheidungsvermögen gegenüber den Verstellungen vermag die innere Flamme am Leben zu erhalten. Nur durch die Risse der Wirklichkeit kommt ihr Luft zu. Brüche in der nur zu ordentlichen Ordnung der Verhältnisse, wie sie sind, können am ehesten Hoffnungen wie ferne Aussichten freigeben: «die göttliche Tugend der Ironie.»

Ein Rest der Dialektik bleibt im Hintergrund lebendig. Der Kritik an der Hegemonie des Verstandes in der Moderne unterliegt die Vorstellung, daß Verstandesherrschaft sich selbst überwinden könne, um das Andere wieder freizugeben. «Der isolierende Verstand fängt damit an, daß er das Ganze der Natur trennt und vereinzelt. Unter seiner Leitung geht daher die durchgängige Richtung der Kunst auf treue Nachahmung des Einzelnen.»[36] Schlegel hält dem entgegen: «Nur wer einig ist mit der Welt kann einig sein mit sich selbst.»[37] Solange aber nicht doch Kunst und Wissenschaft in solcher Einigkeit mit der Welt zusammenlaufen, soll der Verstand sich selbst beobachten, seine Einseitigkeit mitdenken, wie die Poesie zugleich «Poesie der Poesie» sein muß. Insofern fordert Schlegel eine Aufklärung der Aufklärung über ihre eigenen Einseitigkeiten hinaus.

Gleichzeitig sollen die schlechten Bedingtheiten, eben ironisch, zerteilt werden, um dem *Versprechen* wenigstens Raum zu schaffen, als Sehnsucht jetzt in uns zu wirken. «Wiederum die innere Spaltung und Selbstaufhebung, die Destruktion des Bedingten. Als Stimmung: Buffonerie im aufgerissenen Raum zwischen dem Idealen und dem Realen.»[38] Die andere Ordnung kann nicht vorgestellt werden. Sie muß unbedingt, das heißt jenseits der Bedingungen gedacht werden. Der Begriff Chaos muß dafür erprobt werden und wird dagegen abgegrenzt, was als ein Durcheinander in der geordneten, der falsch geordneten Welt eben noch zu dieser falschen Welt gehören würde: «Nur diejenige Verworrenheit ist ein Chaos, aus der eine Welt entspringen kann.» Wo alle positiven Vorstellungen sich ins Falsche zu verstricken drohen, wird das Positive negativ angedeutet. Adornos negative Dialektik ist diesem Gedanken zutiefst verwandt. – Szondi hat das in seinem Aufsatz «Friedrich Schlegel und die romantische Ironie» durch seine Formulierungen auch zu verstehen gegeben, etwa wenn er sagt: «Das Negative seiner Situation kann er nicht durch die Tat, in der die Versöhnung des Bedingten und des Unbedingten Ereignis würde, überwinden; durch Vorwegnahme der künftigen Einheit, an die er glaubt, wird das Negative für vorläufig erklärt, damit zugleich festgehalten und umgewertet.» Dabei bleibt freilich Adorno gerade nicht stehen. Er weiß, was droht: «Indem die Ironie das Negative festhält, wird sie, obwohl als dessen Überwindung gedacht, selbst zur Negativität.» Während in der romantischen Ironie «alles, was ihr aus ihrer Gegenwart begegnet, mit dem Maßstab der Unendlichkeit gemessen und so zerstört» wird, besteht die negative Dialektik bis zuletzt darauf, daß nur negativ sich das Andere – das bei Adorno das Nicht-Identische heißt – der Gegenwart einbilden kann, und kann so durch strengere Negativität hoffen, die Hinweise auf ein positiv Anderes lebendig zu erhalten.

Der Begriff des Chaos als des verheißungsvoll Verworrenen erinnert zugleich an Baumgartens «verworrene und undeutliche Erkenntnis» der ästhetischen Wahrheit. Auch die «Fülle» wird im Chaos geahnt. Ausdrücklicher als Schlegel hat diese Spur Novalis verfolgt und von ihr zu sprechen versucht. Ihm ist das Ganze das «Undeutliche», weil als deutlich nur gilt, was der analytische Verstand nach seinen Prinzipien klären kann. «Lessing sah zu scharf und verlor darüber das Gefühl des undeutlichen Ganzen, die magische Anschauung der Gegenstände, zusammen, in mannigfacher Erleuchtung und Verdunklung.»[39] Sein Begriff des Undeutlichen ist wiederum als geschichtlicher Bildungsgang gemeint. Das Undeutliche erfordert Umgang mit ihm, immer neue Annäherung – fast schon eine Verbindung des «Übens» mit der «Wahrheit». Die ästhetische Erkenntnis ist ein Weg. Dieser praktische Gegensatz zur vorbereiteten, abgeleiteten Deutlichkeit der begrifflichen Erkenntnis muß eben mitgedacht werden. «Die meisten Menschen wollen nicht eher schwimmen, bis sie es können.»

Un-Ordnung läßt für Novalis durchaus schon wissen, welches ihre

Gestalten sind. Von der Natur ist ihm bewußt, daß sie eine Geschichte hat und geschichtlich verstanden werden muß: «Nur göttliche Gesandte haben einzelne Worte dieser höchsten Wissenschaft fallen lassen, und es ist nur zu verwundern, daß die ahndungsvollen Geister sich diese Ahndung haben entgehen lassen und die Natur zur einförmigen Maschine, ohne Vorzeit und Zukunft, erniedrigt haben. Alles Göttliche hat eine Geschichte, und die Natur, dieses einzige Ganze, womit der Mensch sich vergleichen kann, sollte nicht so gut wie der Mensch in einer Geschichte begriffen sein, oder welches eins ist, einen Geist haben?... Nur die Dichter haben es gefühlt, was die Natur den Menschen sein kann, und man kann auch hier von ihnen sagen, daß sich die Menschheit in ihnen in der vollkommensten Auflösung befindet, und daher jeder Eindruck durch die Spiegelhelle und Beweglichkeit rein in allen seinen unendlichen Veränderungen nach allen Seiten fortgepflanzt wird.»[40]

Diese andere Ordnung entzieht sich dem Überblick. Sie entsteht immer neu. Dem «ungeteilt Aufmerksamen» ordnet es sich, «wenn er, ohne jenes Spiel zu stören, zugleich die gewöhnlichen Geschäfte der Sinne vornehmen, und *empfinden* und denken zugleich kann.»

Diese drei Richtungen, eine andere Ordnung in den Beziehungen der Menschen zueinander und zur Mitwelt zu suchen, sollen hier nicht durch weitere ergänzt werden. Vielleicht können vergleichbare Unternehmen des neunzehnten Jahrhunderts bis in das unsere hinein – denken wir etwa an Feuerbach oder Nietzsche oder Sartre – interpretiert werden als jeweils große Entwicklungen bestimmter Momente oder Motive der drei Wege, die wir modellhaft betrachtet haben. Sicherlich haben wir sie alle wieder aufzunehmen, wenn wir uns heute an Entwürfe einer Ästhetik wagen. Das aber darf nicht länger in den Grenzen der philosophischen Disziplinen unternommen werden, wenn wir auch sehr wohl ihrer traditionellen Disziplin zur Rechenschaft über das Denken und seine Zusammenhänge mit dem Leben verpflichtet bleiben. Hegel hat so etwas zum Übergang von der «natürlichen Religion» zur «Kunstreligion» der «Phänomenologie des Geistes» gemacht: «...die Dunkelheit des Gedankens mit der Klarheit der Äußerung paarend...»[41]

Ästhetik hat heute normative Aufgaben. Für Gestaltungen der geschichtlichen Welt muß sie Bedingungen der Erhaltung und der Entfaltung des Lebens aufzeigen in der Hoffnung, grundsätzlich die Kategorien, die Bewegungsformen und die Wurzeln des Überlebens von Menschen und Arten und sich verändernden Gleichgewichten der inneren seelischen Auffassung der Menschen wie dem äußeren praktischen Vorgehen eindrucksvoll genug vorzustellen: Normen aus den mimetischen Wurzeln eines aufnehmenden, nicht eines setzenden Wissens. Diese Hoffnung ist freilich, nicht nur dem Wunsche, sondern gerade ihrem Wesen nach, nur denkbar zugleich als Hoffnung auf eine «desto innigere Vereinigung»: «Die letzte Aufgabe unseres Daseins... löst sich allein durch die Verknüpfung unseres Ichs mit der Welt zu der allgemeinsten, regesten und freiesten Wechselwirkung.»[42]

Das *Ästhetische* verstehen wir als das *Sinnenbewußtsein*. Medium der Sinnestätigkeiten ist die Natur, als äußere Natur uns gegenüber wie als innere des eigenen leiblichen Geschehens. Das Besondere des Sinnenbewußtseins, im Gegensatz zu der abstrakten Begrifflichkeit des Verstandesbewußtseins, liegt darin, daß die Entwicklungs- und Vorstellungsformen dieses Bewußtseins – seine Bewegungen und Strukturen – denen seines Mediums spürbar nahe sind. Von Bewußtsein ist zu sprechen, weil offensichtlich Geschehen in der Natur oder ihre Schichtungen in Formen übersetzt werden, die von der gesellschaftlichen Geschichte einer Kultur geprägt sind. Im Sinnenbewußtsein verfugen sich die Spuren naturhafter Geschichten – das Wachstum eines Baumes oder die Herausbildung des Zusammenspiels von Schallwellen und Ohr – mit den Spuren ihrer Wirkungen auf die Menschen und deren ganz bestimmtem Umgang mit ihnen.

Sinnenbewußtsein bildet in einer besonderen Art die Verfugungen aus, indem es sich *mimetisch* verhält: Dieser anspruchsvolle Begriff vom Mimetischen bedeutet, daß unser Bewußtsein durch die Sinne hindurch dem Besonderen seines jeweiligen Mediums solange nachgeht, bis ihm aus diesem selbst Formen der menschlich-geschichtlichen Erfahrung zu begründen möglich wird. Im Nachvollziehen der Eindrücke, das immer unsere Sinnestätigkeiten begleitet, ja, überhaupt ermöglicht und mit konstituiert, entdecken wir jedesmal neu die Verwandtschaften zwischen den beobachteten Formen und etwas, das in unserer sinnenhaften Existenz selbst ihnen entspricht. Diese Entsprechungen als neue Antworten zu erfahren *und* zugleich den Eindrücken eines Äußeren auf uns eine historisch lesbare Erscheinungsform zu geben, macht das Ästhetische aus. Etwas uns Begegnendes auszudrücken *und* unsere innere Verwandtschaft mit ihm beglückt oder entgegnend auszudrücken *und* zugleich mit diesem Ausdruck zu bestimmen, welche Bedeutung dieser Vorgang und seine Momente für unsere geschichtliche Situation als diese Menschen in dieser Gesellschaft zu dieser Welt haben, diese Vereinigung ist das Sinnenbewußtsein.

Der Begriff des *Schönen* gibt demgegenüber seine Enge zu erkennen, selbst da, wo noch von einem ‹Kunstschönen› und einem ‹Naturschönen› nebeneinander gesprochen wird. Die Verengung hat sich in Abhängigkeit von der Geschichte der Naturbeherrschung durch eine immer autonomer sich wissende Menschheit vollzogen. Sie ist ebenso tendenziös wie die Geschichte, zu der sie gehört, auch wo sie ihr widerspricht. Das zeigt sich unter anderem in dem vergeblichen Versuch, durch eine Gegentendenz aus der ‹Ästhetik des Häßlichen› die verstellten Zugänge zum Grund ästhetischen Geschehens zu öffnen – von Rosenkranz bis Bataille. Die Verzweiflung, mit der etwa bei Genet ein Existentielles unter den Trümmern einer Geschichte hervorgezerrt wird, die jene Berührungen mit dem Verwandten in der zum Gegenüber erklärten Natur verweigerte, weist ebenso auf Unglück und Ende jenes Schönen als einer Ideologie hin.

Adorno hat einem Sinnenbewußtsein das Recht auf Wirksamkeit und Ort eingeklagt. In der «negativen Dialektik» gegenwärtiger Geschichte und gegenwärtigen Denkens kann es diesen Namen nicht führen. In dieser «keuschesten Verteidigung des Metaphysischen», wie Gershom Scholem das späte Werk Adornos genannt hat[42], wird ihm nur eine Leerstelle erkämpft gegen die Vereinnahmung, die in der Realgeschichte und in der Geschichte der Erkenntnistheorie die gleichen sind. Weit hinaus aber über seine «ästhetische Theorie» hat Adorno eine Befreiung dessen gefordert, was unter den Strategien der Gesellschaft, was unter dem falschen Ego der Menschen und was durch die Selbstherrlichkeit der Begriffe verleugnet und unterdrückt worden ist. Das Sinnenbewußtsein würde sich im – inneren und äußeren – Dialog mit dem entfalten, was für die Kritische Theorie nur das «Nicht-Identische» heißen darf, also mit dem, was den Zugriffen einer ausbeuterischen Beherrschung sich in den Menschen wie in der Welt um sie entzieht, was ihnen Widerstand leistet, und sei es durch sein Verschwinden. In der Terminologie der Erkenntnistheorie fällt dem der Begriff des «Objekts» gegenüber dem «Subjekt» zu, so daß Adorno auch die Forderung nach einem «Primat des Objekts» aufstellt.

Nur, scheint mir, müssen wir dann nicht länger von dem Nicht-Identischen schweigen, wenn es selbst sich zu Wort meldet, wenn nicht wir ihm mit den perfektionierten, ja automatisierten Waffen rationalistischer Formallogik nachstellen. Dies geschieht wesentlich in jener allgemeineren Identität von menschlichem mit vormenschlichem, überhaupt mit biologischem Leben. Adorno hat mit der Ahnung, wir Menschen könnten unserem Ursprung nach und damit auch in einer Tiefendimension unseres geschichtlichen Lebens den «Mollusken» verwandt sein, die Angst verbunden, sich ins Formlose aufzulösen: mit der Form die Geschichte, mit der Geschichte das Bewußtsein zu verlieren. Solchen Sog kann aber nur eine geheime, weil verleugnete Anziehungskraft ausüben. Sie drückt Berührungsangst gegenüber dem aus, mit dem wir nicht verwandt sein dürfen und wollen, eben weil wir es sind. Darin gehört die Kritische Theorie noch zu dem historischen Typus von Aufklärung. Darin setzt auch sie ein Stück der Subtraktionsanthropologie fort, die Menschliches durch Scheidung vom Tierhaften definiert, statt Unterscheidungen auf dem Grund dessen herauszuarbeiten, was uns gemeinsam ist mit den bewußtseinslosen Formen des Lebens.

Immer wieder erscheinen Bücher unter dem Namen der Ästhetik, die sich dann ausschließlich mit einem einzigen Teilaspekt befassen. Ästhetik hat es aber erst in letzter Linie mit der Beurteilung von Kunst zu tun, soweit wir überhaupt einem Bereich Kunst eine eigene Betrachtungsweise widmen müssen und wenn das Beurteilen eine interessante Haltung zu etwas sein kann. Das Ästhetische ist die material konkret und die sinnlich wahrnehmbare Form von allem. Die Geschichte eines Stoffes, von Holz, Stein, Eisen oder Wasser, wird ästhetisch greifbar ebenso wie eine Lebensgeschichte in unserem Leib. Ästhetisch drückt sich alles Universelle aus, wenn es in einem Wesen, einem Vorgang, einem Gegenstand in die stoffliche Wirklichkeit tritt, das heißt fühlbare und wirksame Gestalt wird und eine besondere eigene Geschichte eingeht, die physischen Niederschlag bildet.

Wesentliche Bewegungsformen des Lebens überhaupt wie die Spannungen und Kraftflüsse einer Zellteilung oder die Wanderung eines frisch befruchteten Eis bestimmen noch die menschlichen Gestaltungs- und Erlebensweisen um so tiefer, je unbewußter sie uns sind. Durch das Erleben und durch die Prüfung der Sinne finden sie einen Weg bis in unsere Erfahrungen von hell und eng und rauh und strahlend und bergend usw., während alle diese Empfindungen doch immer auch historisch bestimmt und bezogen sind.

Ein Sinnenbewußtsein soll, wo es um einen «entzerrten Diskurs» geht, sich in den Diskurs einbeziehen, um «Entzerrung» überhaupt möglich zu machen. Das kann einem Verstandesbewußtsein nicht gelingen, das sich nicht der Hilfe der anderen Ordnung versichert. Gregory Bateson sagt, ohne diese Hilfe werde das Bewußtsein immer «pathogen sein und lebenszerstörend».[44] Diese Aufgabe erfüllten in den ‹primitiven Kulturen› Momente wie Mythos, Kunst, Religion. Seine eigenen Untersuchungen laufen freilich darauf hinaus, die entsprechende Aufgabe heute als das eigentliche Gebiet der Ästhetik anzusehen.⁴⁵ Diese Ästhetik suchte er ganz in der Nähe dessen, was die Denker um 1800 wie Schelling und Humboldt universell von ihr erwartet haben - mit einem wesentlichen Unterschied allerdings: Was bei den frühen griechischen Philosophen Erinnerung an die Naturgeschichte auch der Menschen genannt werden könnte, die fließende Alleinheit des ἕν καὶ πᾶν etwa, und dem bewußtlosen Kreislauf der Natur entlehnt war; was um 1800 als spekulative Idee von einer Einheit der Kräfte in aller, die Menschen einschließenden Natur und als dichterische Erwartung an das Wissen von Natur den herrschenden Verhältnissen sich entringen mußte, das können gegenwärtig einige Naturwissenschaftler material einlösen als explizites Verständnis der Vorgänge. Allen voran Bateson und Maturana, indem sie die wesentlichen Gemeinsamkeiten von komplexen Lebensvorgängen und bewußtem Denken biologisch und bio-logisch zeigen.⁴⁶ Die gegenwärtigen ‹Wende›-Interpretationen der theoretischen Physik dieses Jahrhunderts, wie sie Fritjof Capra inzwischen sehr großzügig entwirft, sollten mit neuer Genauigkeit untersucht werden. Vereinnahmen jene nicht vielmehr die allerdings inzwischen unleugbar wichtig gewordenen anderen Ordnungen für ein diskursives Denken mit dem Ziel der Operationalisierung? – Für die Dimension der Zeit etwa scheint mir dies immer wieder so zu geschehen, daß Bewegung versäumt wird.

Mit diesen substantiellen Beiträgen zu einer Theorie der Vereinigung und den kritisch-selbstkritischen zu der Praxis der Trennungen haben wir Erben der Moderne etwas mitzubringen, das uns zu einem Bündnis mit den Erben jener anderen Kulturen befähigen könnte, deren Lebensorganisationen von der Moderne zerstört worden sind, die inzwischen – in welchem Maße auch immer – gewisser moderner Praktiken bedürfen, um neue Lebensmöglichkeiten zu sichern, die aber auch noch in der historischen Erfahrung anderer Ordnungen stehen – und sei es, daß sie sich ihrer in einem vehementen Gefühl des Mangels erinnern. Denken wir nur an die östliche Vereinigung in *tiefbewegter Leere*⁴⁷ oder an die afrikanische Kunst, Erkennen und Selbsterkennen im Medium des menschlichen, kosmisch getragenen *Rhythmus* zu vollziehen, den Senghor zum Beitrag der Afrikaner, auch der amerikanischen, zu einer künftigen Weltkultur erklärt – darin von Soyinka so gut wie von Malcolm X bestätigt und fortgesetzt.⁴⁸ Suchen wir, auch in ihrem Leben mit einer Mitwelt das unsere zu spiegeln. Wenn uns die besonderen Bewegungsformen des Ästhetischen, so reflektiert, außen aufscheinen, werden sie auch aus unserem Innern neu hervortreten. Gemeinsam in solcher Durchdringung werden die Erlebensweisen der einen und der anderen Kulturen belebend die Erde umspannen können, einander erfüllend, prüfend, fordernd, befreiend.

Die andere Ordnung ist durch die Geschichte des identitätslogischen Denkens aus der europäischen Vernunft vertrieben worden. Ihre geschichtlichen Gestalten in den Kulturen der anderen Welt, zu der wir immer gleichermaßen die Volkstraditionen Europas zählen müssen, sind unter die Herrschaft kolonialer Zweckdiktate geraten oder drohen heute dem Druck weltwirtschaftlicher Kalküle zu erliegen. Was an Spuren noch zu lesen ist, kann uns nicht mehr zurückführen. Die Zeitalter magischen und mythischen Denkens mit ihren Formen, die Schrecken der Naturgewalten zu bannen, und mit ihrem eigenen Bann entfaltender wie schrecklicher Wiederholungen sind Vergangenheit. Aber nur als herrschende. In der Tiefe menschlicher Existenz und in der Weite des kosmischen Lebens sind sie verändert aufzunehmen, verändert in der Wechselbeziehung zwischen einer prüfend wissenden und einer erfahrend mitlebenden Vernunft.

Bis heute hat sich der Ehrgeiz der griechischen Sophisten gesteigert fortgesetzt, die sich das Ungleiche von willkürlicher Strategie und eigenständiger Natur als Gleichheit zu setzen vorgenommen hatten. Sokrates hat ihnen die philosophischen Fragen entgegengesetzt, im Gleichen das dennoch Ungleiche zu vernehmen und aus dieser Vernunft Einsicht in die Grenzen des Wissens zu gewinnen. Heute ist offensichtlich, daß der kleine Daimon, den Sokrates als innere Stimme in einem jeden an diese Einsicht mahnen hörte, seine Beziehungen zur mythischen Welt und damit seine Kraft verloren hat. Wir müssen nun in das Andere, das uns Dunkle, eintauchen, um diese Beziehungen zu stärken und um sie im Lichte aufklärender Überlegung neue Formen annehmen zu lassen. In diesem Sinne soll zusammenfassend noch einmal der Blick in die Tiefe der Geistesgeschichte zurückgehen, bis dorthin, wo geschichtlich menschliche Denkformen den Formen des universellen Lebens verwandt sein konnten, wie wir uns heute erneut dies zu lernen eine historische Möglichkeit erarbeiten: Bewegung und damit Rhythmus und damit gelebte Zeit als logische Kategorie von größter Bedeutung für alle anderen. Dazu müssen wir bis in die indo-europäische Zeit den Forschungen etwa von Heinrich Zimmer[49] folgen, die er aus dem Indien der Ṛg Veda aufnimmt.

Die vedische Schöpfungsgeschichte ist offene Logik. Sie ist Entstehungsweg, auf dem Ordnung und Störung, Unordnung und Fügung einen gemeinsamen Rhythmus bilden. Ich wähle eine Partie aus, die

die Entstehung des Liebesgottes aus der vedischen Tradition wiedergibt.

Brahma – Vishnu – Shiva sind als die Dreiheit der greifbaren Götter aus der Maja, der ungreifbaren großen Mutter, der Schöpferin und Auflöserin allen manifesten Seins hervorgegangen. Brahma, der Erschaffer der Wesen, sitzt und meditiert, das heißt er konzentriert sich auf sein inneres Geschehen, auf das, was sich in ihm bewegt. Aus seiner Meditation tritt nun als Entäußerung hervor Morgenröte, also die Erscheinung der Dämmerung. Sie ist eine unvorgestellt schöne Frau. Alle, die ersten Söhne Brahmas und er, betrachten sie mit einem ungeheuren Wohlgefallen. Sie fühlen sich sehr beglückt über dieses Ereignis, auch erstaunt. Denn dies sind eben Götter, die nicht zuvor wissen, wie es weitergehen wird, wie alles aussehen muß. Brahma arbeitet nicht aus Rippen Wesen, sondern aus seinen inneren Bewegungen tritt dieses Wesen hervor. Und damit ist die Sache nicht abgeschlossen; denn es regt sich angesichts dieses Unerwarteten erneut etwas in ihm, das noch unerwarteter ist. In dem Erleben Brahmas vibriert alles, und es wird geboren ein ebenso schöner, lebensvoller, begehrend begehrenswerter Mann. Sie wissen, das ist der Liebesgott.

In ihm nimmt die innere Antwort Brahmas auf das wunderbare Wesen Morgenröte Gestalt an, das selber aus seinem Empfinden in die Welt getreten ist. «Du wirst der Liebesgott sein.» Die Situation wird immer komplexer. Der neugeborene Liebesgott sagt: «Wie mache ich das? Ein Wesen kann nur dann vernünftig leben, wenn es eine vernünftige Aufgabe und wenn es die Mittel hat, diese Aufgabe zu erfüllen.» Man sagt: «Du wirst diese Pfeile haben, du wirst einen Bogen haben, und du wirst die Kraft haben, alle Wesen, einschließlich der Götter und derer, die von ihnen abstammen, in Erregung, in Aufregung, sogar in Wahnsinn zu versetzen.» Er verschwindet aus ihren Augen, und während alle immer noch auf die eben erschaffene Tochter Brahmas schauen, hat er schon seinen ersten Pfeil losgelassen. Es duftet unbeschreiblich nach Frühling. Augenblicklich sind alle in einem ihnen völlig unbekannten Zustand. Keiner weiß mehr, wie ihm geschieht. Sie geraten außer sich. Die ganze Schöpfung bebt. Sogar leiblich ist unübersehbar, daß Brahma selbst, der Schöpfungsvater, in sein Geschöpf bis zu jedem Grade des Verlangens verliebt ist.

Darauf kommt Shiva, der immer Unnahbare, gefahren und mahnt gewaltig, daß man sich nicht mit seiner Tochter zusammentut. Die kaum geschaffene Ordnung ist bei ihren Hütern selbst durcheinandergeraten. Aber sie wissen, daß es genau das ist, was passieren mußte, damit überhaupt eine Schöpfung leben kann, das heißt, sich durch Ungleichgewichte und die von ihnen geforderten neuen Hervorbringungen entfaltet, Dunkel und Licht freigibt.

Georges Dumezil hat gezeigt, wie diese ‹Ordnung im Entstehen› durch die iranische Religionslehre Zoroasters wesentlich verändert wurde zu einer Hierarchie gleichzeitig, also gewissermaßen schon statisch gedachter Strukturen. In den Veden ist Aryaman die Kraft des Austauschs auf den Wegen, von Gaben, mit der Totenwelt, wie auf dem Sonnenpfad, der vielfachen Geburt, der Heiraten und überhaupt «der vielfältigen Beziehungen, die die Mitglieder der Ariergesellschaft vereinigen».[50] Hier kann nicht das Ganze der Vorstellungen skizziert werden, die nach Dumezil bereits eine Art von Hierarchie der göttlichen Funktionen darstellten. Es geht nur darum hervorzuheben, wie Zoroaster aus entsprechenden Traditionen den einen Herrschergott Akura Mazdá heraushob, um ihn über alle anderen zu setzen, die nun als die «guten» und die «bösen» einander gegenübergestellt werden, wie sie dem Herrscher unterstellt sind: «die Unterordnung aller Götter unter einen bedeutenderen». Aryaman wird zur Sraosa, «dem Schutzpatron der geistigen und zeitlichen Gemeinde der Gläubigen.» Zoroaster hat «eine doppelte Strategie: erstens, einen einzigen Gott über alle Massen hervorzuheben, zweitens, ihm die Ehre einer Organisation der Welt, die der herkömmliche Polytheismus durch vielfältige, gewiß einhellige, aber doch leicht anmaßende und rivalisierende Gottheiten ausgedrückt hatte, wieder beizulegen, und zwar mit Hilfe von Wesenheiten, die von ihm ausgegangen sind.» Dumezil nennt den Widerspruch der Kräfte Rivalität, die Momente von Ungleichgewicht Anmaßung und kann in den beiden Strategien, folglich, «nichts Bedauerliches finden». Was verschwand, war aber in Wahrheit das Modell eines Gleichgewichts als Entwicklung überhaupt.

Betrachten wir wiederum den Vorgang an unserem, doch nicht zufällig gewählten Beispiel. In den «De'esses latines et mythes védiques» berichtet Dumezil die Wandlungsgeschichte der Morgenröte.[51] Die Veden nennen sie Usas. Sie weckte die Welt und die Gläubigen zum Gebet. Bei Zoroaster wird sie zum weiblichen Dämon. Sie vertrieb ursprünglich die bösen Geister der Nacht; nun wurde sie selbst zu ihnen gezählt. Dieser Wandel war nicht einfach willkürlich. Vielmehr wurde eine immer heikle Doppelbedeutung einseitig ins Negative festgelegt. Usas war die «erste Gottheit», war Gottheit aber nur zu ihrer rechten Zeit. A. Bergaine hat betont, daß schon die Veden sie mahnen: «Strahle, Tochter des Himmels; lasse nicht dein Werk hinschleppen...

aus Angst, von der Sonne wie ein mieser Dieb verbrannt zu werden.»[52] Die Morgenröte ist Licht gegen das Dunkel und Schatten gegen den Mittag. Sie kann nicht sich Dauer sichern, ohne ihre Göttlichkeit in Diebstahl zu verkehren. Indra kämpfte mit ihr und stahl ihr die Sonne, um sie den Menschen sichtbar zu machen, heißt es bei Bergaine in «La réligion védique»[53], so daß ihre exemplarische Mittlerinnenaufgabe bereits früh aufgelöst wurde. Um so entschiedener wird sie durch Zoroaster beziehungsweise in den Vorstellungen seiner Zeit, die von einem Aryaman als dem Walter des Gabentauschs auch wirtschaftsgeschichtlich abgerückt sein dürften[54], abgesetzt. «Die Göttin Aurora hat ebensowenig Gnade bei den Reformatoren gefunden. Mit großer Wahrscheinlichkeit ist sie es, die in die Dämonin Bušyástá umgewandelt wurde.» Das Licht wurde vom Schatten gelöst, sein Ringen mit der Nacht als Kampf um den endgültigen Sieg, sein Sieg als ein Endsieg dargestellt.

Diese Gleichungen gehen nicht ohne Rest auf. Dunkel und Zerstörung kehren wieder und müssen nun zu Übeln erklärt werden, die der göttlichen Ordnung widersprechen. Während gerade die neue göttliche Ordnung definiert wird als widerspruchsfrei, ja als in sich überhaupt unbewegt, wird Widerspruch zum absoluten Antagonismus. So wurde jenes Problem geschaffen, das seit Epikur die europäische Philosophie und Theologie unter dem Begriff der Theodizee quält: Wie kann Gott das Übel in der Welt zulassen? Die Antworten sind unterschiedlich, je nachdem gegen welche Seite der Antagonismus gekehrt wird. Entweder sollen die Menschen am Übel geprüft werden, oder das Übel wird als Versäumnis Gottes gegen ihn gerichtet. Immer aber bleiben die Fragen auf eine Beurteilung des Antagonismus beschränkt, statt diesen selbst als die Folge einer voreiligen Gleichung zu erkennen und in Frage zu stellen.

Über die religiösen Probleme weit hinaus liegt hier ein Grundproblem alles dessen, was wir ethische Fragen nennen. *Ethik* muß von der schiefen Moral befreit werden, die den Fehler verdecken soll, dem sie entspringt: die Bewegungen durch das Widerspiel der Kräfte und Gestalten zu leugnen. Eine Welt in fortgesetzter Entstehung verlangt von den Menschen nicht eine entschuldigende oder beschuldigende Beurteilung, sondern die Ethik des Tuns und Lassens im Sinne gleichgewichtiger Ordnungsgänge. Im Ästhetischen ist von solchem Tun und Lassen, Aufnehmen und Mitwirken eine letzte geschichtliche Erinnerung tätig und sinnenhaft, denkend und erfahrend erhalten und als Technik der Kultur überliefert.

Anmerkungen

1 Vgl. den griechischen Wortstamm αισθ´ in den Bedeutungen des «Wahrnehmens durch die Sinne» bis hin zum «langsamen Begreifen» und zum «geistigen Unterscheiden» bei Pape (Griechisch-Deutsches Wörterbuch, Braunschweig 1857) oder bei Passow (Handwörterbuch der Griechischen Sprache, Leipzig ⁵1841), auch das «Spüren, Wittern, Einsehen, Begreifen, Verstehen», «sinnliches oder leibliches Anschauen; für Jemand Wahrnehmbarkeit haben, Wahrnehmbarkeit geben», «Sinn, Sinneswerkzeug, Fährte», im «Empfinden, Wahrnehmen geübt». Das Verbum wird nicht nur mit dem Akkusativ, also mit dem Objekt der Richtung, verbunden, sondern auch mit dem Genitiv, dem Objekt der Teilhabe wie beim deutschen «teilhaftig».
2 Vgl. das Kapitel «Der menschliche Sinn der Natur».
3 Henri Bergson, La pensée et le mouvant. Paris ⁶³1966, S. 161.
4 René Descartes, Meditationen über die Grundlagen der Philosophie, Deutsche: a. Gr. der Ausgaben von Artur Buchenau, neu hg. von Lüder Gäbe. Hamburg 1960, S. 21.
5 Hans Georg Gadamer, Wahrheit und Methode. Tübingen ⁴1975, S. 336; ebd. das folgende Zitat.
6 Vgl. das Kapitel «Das Ästhetische als Hermeneutik».
7 Immanuel Kant, Kritik der reinen Vernunft. Hg. von Raymund Schmidt. Hamburg 1956, A 30/B 30.
8 Johann Wolfgang von Goethe, Werke. Hamburger Ausgabe. Hg. von Erich Trunz. München ⁷1975, Bd. XIII, S. 30.
9 Georg Wilhelm Friedrich Hegel, Ästhetik. Hg. von Friedrich Bassenge. Frankfurt/M. 1955, Bd. I., S. 66.
10 Georg Wilhelm Friedrich Hegel, Phänomenologie des Geistes. Hg. von Johannes Hoffmeister. Hamburg 1952, S. 493 (Hervorhebungen R. L.).
11 Jean Wahl, Le malheur de la conscience dans la philosophie de Hegel. Paris 1929.
12 Vgl. das Kapitel «Vom Miterleben zur Ausdrucksgestalt».
13 Vgl. dazu die gesellschaftstheoretisch-systematischen Untersuchungen von Pierre Bourdieu und die näher am Material der Geschichte darstellenden Analysen von Gert Selle; bei Bazon Brock insbesondere in seinen autobiographischen Phantasien.
14 Alexander Gottlieb Baumgarten, Aesthetica. Ausgabe und Übersetzung von Hans Rudolf Schweizer. Hamburg 1983, S. 7.
15 Hans Georg Gadamer, Kleine Schriften I., Philosophie, Hermeneutik. Tübingen 1967, S. 62.
16 Baumgarten, a. a. O., inbes. die §§ 18 und 21; Kant hat diesen Vorgang der Übereinstimmung zur entscheidenden Kategorie der Urteilskraft gemacht.
17 A. a. O., § 441.
18 A. a. O., § 74.
19 A. a. O., § 36.
20 A. a. O., §§ 38 und 41.
21 A. a. O., §§ 47 bis 61.
22 Constanze Peres, Ästhetische Wahrheit und sinnliche Erkenntnis. Zu A. G. Baumgartens Begründung der Ästhetiktheorie. In: Manon Grisebach (Hg.), Was Philosophinnen denken. Bd. II. Zürich 1986; ebd. die folgenden Zitate.

23 Baumgarten, a. a. O., § 428.
24 Kant, Kritik der reinen Vernunft, a. a. O., S. 65 Anm.
25 Baumgarten, a. a. O., S. 59: «Sei es von dem persönlichen Partner, um dessentwillen man hauptsächlich denkend aktiv wird.»
26 A. a. O., § 429.
27 Brief Hölderlins an seine Mutter vom 14. Februar 1791. In: Friedrich Hölderlin. Große Stuttgarter Ausgabe. Hg. von Friedrich Beissner. Stuttgart 1946 ff., Bd. VI. I, S. 63 f.
28 Vgl. zu diesem Abschnitt: Panyotis Kondylis, Die Entstehung der Dialektik. Eine Analyse der geistigen Entwicklung von Hölderlin, Schelling und Hegel bis 1802. Stuttgart 1979, hier insbes. S. 167 f.
29 Hölderlin, Hyperion, a. a. O., Bd. III, S. 153.
30 Friedrich von Schiller, Ästhetische Erziehung des Menschen in Briefen. Sechster Brief. In: Wolfgang Düsing, Friedrich Schiller. «Über die ästhetische Erziehung des Menschen». Text, Materialien, Kommentar. München/Wien 1981, S. 24.
31 Hölderlin, a. a. O., Bd. III, S. 180.
32 Kondylis, a. a. O., S. 356.
33 Hölderlin, a. a. O., S. 111.
34 Friedrich Schlegels Briefe an seinen Bruder August Wilhelm. Hg. von Oscar Walzel. Berlin 1890, S. 94.
35 Peter Szondi, Friedrich Schlegel und die romantische Ironie. In: ders., Satz und Gegensatz. Frankfurt/M. 1976, S. 9 f.
36 Friedrich Schlegel, 1794–1804, seine prosaischen Jugendschriften. Hg. von Jakob Minor. Wien 1882, Bd. I, S. 105.
37 Friedrich Schlegel, Ideen. Hg. von Jakob Minor. Wien 1882, Nr. 130.
38 Szondi, a. a. O., S. 16; die folgenden Zitate S. 17.
39 Novalis, Psychologische Fragmente 683. In: Werke. Hg. von H. Friedemann. Berlin/Leipzig/Wien/Stuttgart o. J., Teil II, S. 129. Das folgende Zitat: Psychologische Fragmente 678, a. a. O., S. 128.
40 Novalis, Die Lehrlinge von Sais, 2. die Natur, a. a. O., Teil II, S. 43.
41 Georg Wilhelm Friedrich Hegel, Phänomenologie des Geistes, a. a. O., S. 489.
42 Wilhelm von Humboldt, Gesammelte Schriften, Kritische Gesamtausgabe. Hg. von der Königlich Preußischen Akademie der Wissenschaften. Berlin 1903, Bd. I, S. 283.
43 Im Gespräch mit dem Verfasser 1981 im Wissenschaftskolleg zu Berlin.
44 Gregory Bateson, Steps to an Ecology of Mind. London 1972. Die Zitate sind vom Verfasser ins Deutsche übersetzt; die angegebenen Seitenzahlen beziehen sich auf die entsprechenden Stellen in der deutschen Ausgabe: Ökologie des Geistes. Anthropologische, psychologische, biologische und epistemologische Perspektiven. Übersetzt von Hans-Günter Holl. Frankfurt/M. 1981, S. 204.
45 Gregory Bateson, Mind and Nature. A Necessary Unity. New York 1979. Dt.: Geist und Natur. Eine notwendige Einheit. Übersetzt von Hans-Günter Holl. Frankfurt/M. 1982, Kap. VIII («Na und?»).
46 Humberto Maturana, Biologie der Kognition. In: ders., Erkennen: Die Organisation und Verkörperung von Wirklichkeit. Ausgewählte Arbeiten zur biologischen Epistemologie. Autorisierte deutsche Fassung von Wolfgang K. Köck. Braunschweig/Wiesbaden ²1985.

47 Vgl. etwa: Daisetz Teitaro Suzuki, Zen Buddhism and Its Influence on Japanese Culture. Kyoto 1938.
48 Vgl.: Léopold Sédar Senghor, Liberté. 5 Bde. Paris 1964 ff., insbes. Bd. I: Négritude et humanisme, und Bd. III: Négritude et civilisation de l'universelle; The Autobiography of Malcolm X, with the assistence of Alex Haley. New York 1964.
49 Vgl. u. a.: Heinrich Zimmer, The King and the Corps. Hg. von Joseph Campbell. New York 1947. Dt.: Abenteuer und Fahrten der Seele. Düsseldorf 1977.
50 Georges Dumezil, Les dieux souverains des Indo-Européens. Paris ^{3}1986, S. 96 ff.; die folgenden Zitate a. a. O., passim Introduction, bzw. S. 115 bzw. S. 175 bzw. S. 147.
51 Georges Dumezil, Déesses latines et mythes védiques. Bruxelles 1956, passim S. 34 ff.
52 Rg Veda Vers V, 79, 9 i; zitiert bei Dumezil l.c.
53 A. Bergaine, La réligion védique. Paris 1883, Bd. II, S. 192 f.; zitiert nach Dumezil, l.c.
54 Dumezil, a. a. O., S. 42; das folgende Zitat ebd., S. 34.

Zu den beiden folgenden Seiten:

Antoine Tàpies, dessen Bilder in Farben und Sand bekannter sind, hat 1975 mit Gouache und Öl auf Papier und Japanpapier «Ohr, X und Rot» gesetzt.
© *VG Bild-Kunst, Bonn/ADAGP, Paris, 1987*

Diese Himmelsaufnahme, aus dem Archiv der Wilhelm-Foerster-Sternwarte Berlin, wird in Burnham's «List of Star Clusters, Nebulae, and Galaxies» so gekennzeichnet: ∅, Sc; 12.0; 2.0' x 1.7'; pF, cL, R; face-on spiral; pair with 5426, 2.8' to south.

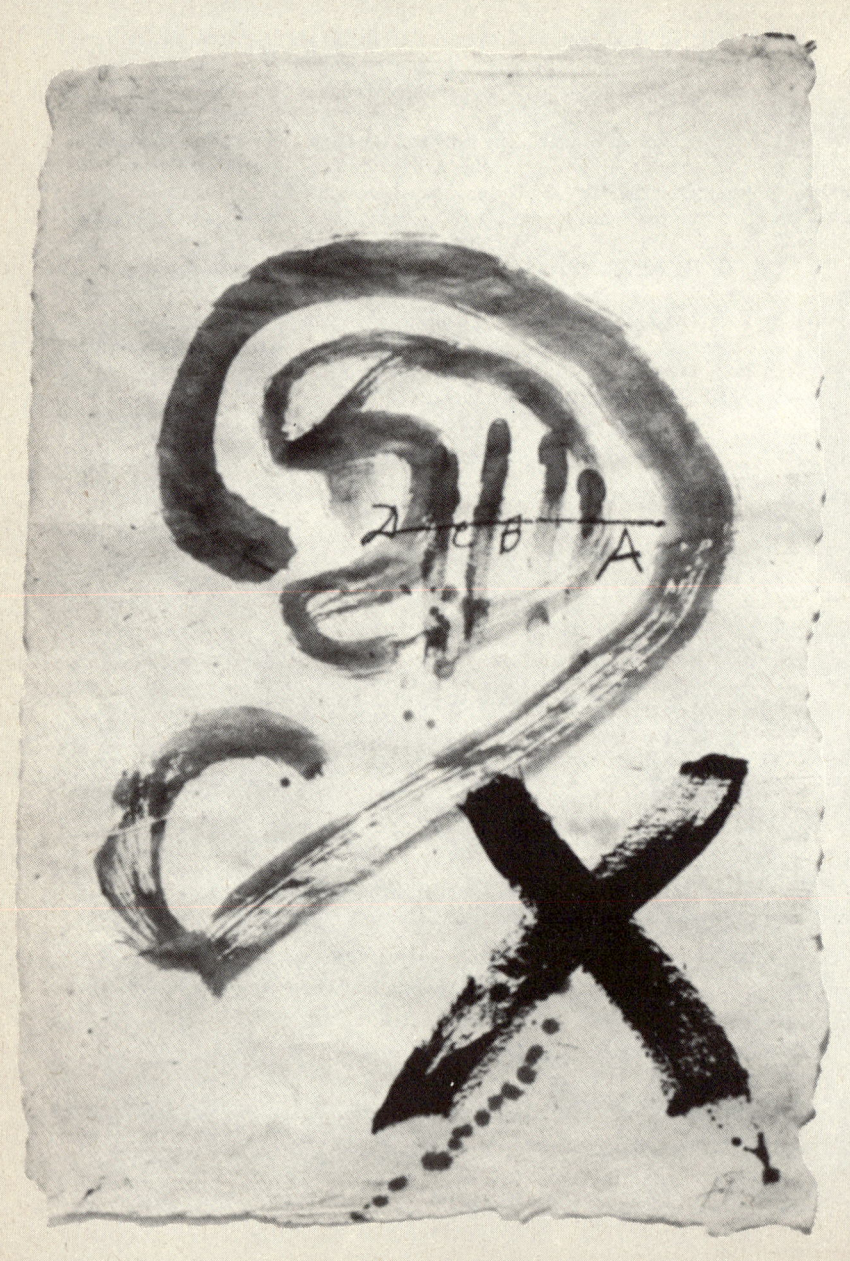

Das Ästhetische als Hermeneutik

Die andere Ordnung mag uns in verschiedenen Gestalten zugänglich werden; immer ist sie Ordnung aus dem, was ihre Wahrheit begründet: Wir nähern uns einer Vereinigung an mit dem, was nach einer langen Geschichte der Entfremdung uns durch Subtraktionsanthropologie, Geometrisierung, Theoretisierung zum Objekt geworden ist. Wir suchen nun nach Methoden dieser Annäherung. Das Ästhetische soll nicht nur, und zwar insgesamt, als Gegenstand hermeneutischen Umgangs verstanden werden, sondern Hermeneutik wird in diesem Begriff selber als ein ästhetischer Vorgang aufgefaßt. Das sind zwei grundsätzliche Erweiterungen.

1. Ästhetische Hermeneutik entfaltet sich nicht nur an Werken von Kunst, Literatur und Musik. Gadamer hat eine entscheidende Erweiterung vorgenommen, als er ein hermeneutisches *Lesen*, wie es am Gebiet der Literatur entwickelt worden war, auf alle Gebiete künstlerischer Werke übertrug. Dabei erhielt der hermeneutische Vorgang als Zeitmoment eine noch stärkere systematische Bedeutung. Die Vorstellungen von Ästhetik näherten sich so dem wesentlich wieder an, was in dem antiken Begriff angelegt ist. Auf diesem Wege kann und muß man aber noch weiter gehen. Alles, was die Sinne aufnehmen, ist Ästhetisches; und es kann im hermeneutischen Sinne ‹gelesen› werden. Diese Auffassung wird uns dadurch eröffnet und begründet, daß sich inzwischen die Aufmerksamkeit, durchaus systematisch, der Geschichtlichkeit aller Gestalten zugewandt hat. Jede Gestalt ist in einem jeweils besonderen Sinn geschichtlich. Sie zeugt immer von den Vorgängen, deren eng sie aufeinander beziehendes Zusammenspiel in der gestalthaften Form sich ausdrückt. Dies geht bis hin zu den Schichtungen einer geologischen Formation, etwa einer Muschelkalkwand mit ihren einander überlagernden Sedimenten und den Einschlüssen von Tier- und Pflanzenspuren. Unterschiedlich sind nur die Verhältnisse, mit denen jeweils die Ge-

schichte der Menschheit oder einer Kultur, eine menschliche Lebensgeschichte oder eine Naturgeschichte beteiligt sind.

Bis in die Gegenwart hat die moderne Weltanschauung zunehmend die Geschichtlichkeit des ‹Objekts› geleugnet oder verdinglicht. Das ist die Konsequenz einer Leugnung naturhafter Geschichte im menschlichen Leben selbst, während die ‹von Menschen gemachte Geschichte› die Menschheit aus den Naturabhängigkeiten zu emanzipieren versprach, als die allein unser eigenes Natur-Sein interpretiert wurde. Dagegen wird der Begriff Geschichte durch die letzten Jahrzehnte zum Schlüsselbegriff einer anderen Naturwissenschaft, für die nur die Darstellungen biologischen Lebens durch Gregory Bateson und Humberto Maturana genannt seien. Gleichzeitig lösten sich die Grenzen der im *Werk* kulminierenden Künste praktisch auf. Nicht nur Gestaltungen des ‹Alltagslebens› wurden als Geschehen verwandter Art begriffen. Die einst ‹bildenden Künstler› zum Beispiel haben sich den Gestalten der Natur wie der nicht als Werk konzipierten Lebensformen von Menschen in dem Bemühen genähert, sie zu lesen als Niederschlag von Vorgängen eigener Art, das heißt besonderer Entwicklungen von verschiedenen Momenten zueinander hin durch eine Folge von Zeitschritten. Die Richtung, die sich ‹Spurensicherung› nennt, macht das besonders anschaulich, etwa wo sie alle erdenklichen Farbtöne der Erde von Siena vor Augen führt im Zusammenhang mit den Erdschichten, denen sie nach Ort und Entstehung zugehören.[1]

In seinem Aufsatz über den Begriff der Anschauung hat Gadamer hervorgehoben, wie sehr im Wort «die zeitliche Komponente des Weilens und Verweilens unüberhörbar» ist.[2] Er führt die Einsicht zurück auf Kant: Er ist «in einem Punkt wahrhaft aktuell, und das ist seine Entwicklung der Zeitstruktur, die dem Begriff der Anschauung zukommt.» Diese Auffassung Kants bildet aber einen Bruch gegenüber derjenigen von der Zeit – und dem Raum – als transzendental der Anschauung vorhergehenden Kategorien der Ästhetik. Im hermeneutischen ‹Lesen› machen wir dagegen selber Schritte unserer eigenen Geschichte. Verstehen heißt, sich selbst im Zusammenhang mit einem Anderen auch zu verändern, und sei die Veränderung nur Entdeckung dessen, was man auch noch zu sein, auf was man zu antworten, wie man dem Begegnenden zu entsprechen vermag.

Ästhetische Hermeneutik läßt sich auf dieses Geschehen so ein, wie Gadamer das – gegen den Schwund des Anderen bei Hegel – sagt: «Der Begriff der Erfahrung meint eben dies, daß sich solche Einigkeit mit sich selbst erst herstellt.»[3] Das heißt, hermeneutisches Verstehen ist erfahrendes, wirklich in der Zeit auch der eigenen Geschichte sich vollziehendes Verstehen. Als erfahrendes Verstehen ist es damit immer auch Selbsterfahrung. Wir gehen nur darin weiter als Gadamer, daß wir alles Ästhetische als Moment eines solchen Geschehens begreifen. Und darum gewinnt die Zeitdimension dieses Vorgangs an Weite der Geltung und an Tiefe der Sicht. Es geht um die Humboldtsche ‹Bildung des Menschen›, der «so viel Welt als möglich mit sich zu verbinden sucht.»

2. Die zweite Erweiterung folgt aus der ersten. Je weiter der Kreis der Anlässe zu hermeneutischen Vorgängen gesehen wird, desto offensichtlicher sind das Ästhetische und sein Medium, in dem es sich vollzieht, nicht nur ihr ‹Gegenstand›. Das Hermeneutische ist dann selber ein ästhetischer Vorgang. Dies hört sich zunächst an wie eine willkürliche Setzung, auch wenn wir nicht jeden hermeneutischen Vorgang als ausgesprochen ästhetischen bezeichnen wollen.

Hermeneutisches Verstehen ist aber ein Stück gelebter Geschichte. Erfahren ist ein Vorgang in der Zeit. Die Betonung des Zeitmoments gibt nur eine Seite davon an. Der tiefe Begriff des Erfahrens macht eine andere ebenso deutlich. Es vollzieht sich als Schrittfolge einer Wandlung sowohl der Beziehung des Erfahrenden zu dem, was ihm begegnet, wie der Beziehung zu ihm selbst. Erfahrungen sind dann nie ganz allein geistig abstrakte, weil schon im erfüllten Zeiterleben des Wandels sinnliche Momente hineinspielen. Wenn Gadamer vom «Durchgang des Wissens durch die Frage» spricht, ist die Rede nur vom theoretischen Erkenntnisprozeß. Dessen Wechsel und Wendungen verbinden sich selbstverständlich mit Momenten sinnenhaften Erlebens, mit Beklommenheit und Befreiung, Drängen und Gezogenwerden. Die leibhaftige Bildlichkeit der Sprache bezeugt das einerseits und löst andererseits Vorstellungen aus. In jedem Vorstellen ist immer auch ein Ästhetisches beteiligt. Hier geht es darum, diesen allgemeinen Zusammenhang in den besonderen Formen ausdrücklich ästhetisch zu betrachten, deren Medium ausdrücklich sinnliche Eindrücke sind.

Für diesen Bereich läßt sich mit Gewißheit sagen, daß alle Formen des Wahrnehmens, Erkennens, Verstehens selber auch ein Stück des Lebens sind, schon weil sie einen Vorgang in der Zeit, nicht etwa einen Punkt intelligibler Übereinstimmung bilden. Sie tragen gerade auch zu den Lebensgeschichten aller Beteiligten unumkehrbar bei und lassen damit neue Verbindungen zwischen ihnen Wirklichkeit werden. Hermeneutisch können unter ihnen freilich nur diejenigen heißen, in denen über das Leben solcher Schritte hinaus Fragen gestellt und Momente von Wissen gewonnen werden, wie immer dies mit dem Bewußtsein durch eigene Reflektion oder implizit verbunden sei. In jedem Fall wird da, wo zu einem Verstehen des Begegnenden nicht genügend gemeinsame Geschichte durchlebt worden ist, eine solche Geschichte als verstehende Begegnung gewissermaßen herbeigeführt. Mit dem Begegnenden wird solange Umgang gepflegt, und dabei werden so viele Situationen wechselseitiger Einwirkungen erprobt, daß jene Geschichte – die ‹ein Verständnis ohne Worte› wie aus alten Freundschaften oder geschwisterlichen Gemeinsamkeiten erlaubt – gewissermaßen eigens nachgeholt wird, um Verstehen möglich werden zu lassen. Dieses Verstehen erlaubt dem ‹Objekt› nicht nur, daß es sich während dieser Geschichte bewegt, daß heißt verändert. Im Gegensatz zur experimentell-naturwissenschaftlichen Erkenntnis, für die der Gegenstand von störenden Veränderungen künstlich freigehalten wird, bedarf das Verstehen gerade der Bewegungen des Begegnenden, um vielfältig mit ihm umgehen zu können. So begegnen wir ihm auch selber uns bewegend. Das ist praktisch immer mit Sinnestätigkeiten verbunden. Ästhetisch ist es aber darüber hinaus in dem grundsätzlichen Sinne einer Einheit von Erfahren, Wissen und miteinander Leben.

Damit wird noch einmal deutlich ausgesprochen, daß eine solche ästhetische Hermeneutik folgerichtig der Trennung von Subjekt und Objekt existentiell ein Ende macht. Sie öffnet sich dem notwendigen Vorgang, in dem das Subjekt sich einem komplexen Zusammenhang von Wechselwirkungen einbezieht oder sich zu ihm bekennt, soweit es ihm seit je seine eigenen Ausdifferenzierungen mitverdankt. Sich bekennen heißt hier, sich in diesem Vorgang erkennen. Dabei bildet sich eine bewußte Reflektion dieses Gemeinsamen insofern einseitig im Bewußtsein aus. Die Weisen der Teilhabe sind qualitativ unterschiedliche, gerade der Intensität des Reflektierens und seinem Niederschlag nach, das heißt: Die Menschen bilden ein Bewußtsein aus.[4]

In solchen Entwicklungen, Reflektionen der Vorgänge im Bewußtsein können sich sehr verschiedene Formen von Subjektivität und Individualität bilden. Die vorherrschende abendländische Form einer autonomen Egoinstanz erweist sich als äußerst problematisch. Jenseits aller Absichten und Ideologien zeigt sich einfach, daß die Isolation, die gefordert werden muß, wenn das Ego außerhalb des von ihm Erkannten, Gewußten, Beurteilten bleiben soll, auf einer Fiktion beruht. Auch das intelligente Wesen Mensch ist «Teil eines in sich interaktiven Systems», wie Bateson sagt und wie Erwin Strauss oder Victor von Weizsäcker längst gezeigt haben.[5] Das bedeutet zugleich, «daß kein Teil eines solchen in sich interaktiven Systems eine einseitige Kontrolle über den Rest oder über irgendeinen anderen Teil haben kann.»[6] Darin sind wir mit aller Geschichte unserer menschlichen Gesellschaften eben doch dem biologischen Leben eingebunden, dessen Antworten auf vergleichbare Situationen Bateson als geistige Vorgänge im allgemeinen Sinne des englischen ‹mind› nennt, weil sie für die einander begegnenden Vorgänge einen neuen, gemeinsamen, übergreifenden Wirkzusammenhang schaffen, in dem dann jedes Moment dieses Ganzen seinen ‹Sinn› neu bestimmt findet: «Im Prinzip müssen wir, wenn wir den geistigen Aspekt irgendeines biologischen Ereignisses erklären oder verstehen wollen, das System mit berücksichtigen.» Die reichlich technische Definition eines solchen «Systems», «das heißt, das Netzwerk von *geschlossenen* Schaltkreisen, in dem jenes biologische Ereignis stattfindet», sollte übersetzt werden, um die Bedeutung der Feststellung eben für Vorgänge des Lebens, des Geistes zugänglich zu machen.

Wahrnehmung ist in diesem Sinne nie einseitiger Akt; vielmehr ergibt sich im Wahrnehmen für den Wahrnehmenden, der also sieht, fühlt, hört, schwankt usw., ein Unterschied in seiner Befindlichkeit. Die Befindlichkeit reagiert. Diese Reaktion kommt dem Wahrgenommenen wieder zu. Erst mit dieser Wirkung wird der Unterschied wirklich zum «Unterschied, der einen Unterschied macht» (Bateson). Beim Rudern etwa wird unsererseits jeder neue Ruderschlag daran ausgerichtet, wie die Wirkungen der vorangehenden auf den Gang des Bootes zurückwirken. Während wir eine gleichgewichtige Bewegung suchen, spielen die Unterschiede in der Richtung, im Bootsgleichgewicht, im Gleichgewichtsgefühl, im Auge, im Zug an den Rudern, im Gehirn – das all dies reflektiert und integriert – im neuen Ruderschlag und im neuen Richtungsgleichgewicht des Bootes usw. zusammen. In diesem Kreis kann nicht eine einseitige Aktivität des Ruderers isoliert werden. Selbst wo es zu einem Kampf gegen die Elemente, etwa noch den Wind oder die Strömung, kommen sollte – oder gerade dann –, kann der Kampf für den Ruderer nur gewonnen werden zugleich im dialogischen Bündnis mit ihnen. Wieviel mehr gilt dies für den hermeneutischen Vorgang, in dem das Bewußtsein sich reflektiert mit den unbewußten Vorgängen verbindet.

Ich verstehe dies wiederum nur als eine, freilich entscheidende Radikalisierung der Hermeneutik. Diese hat sich der Überlieferungen des Denkens, die jeweiliges Verstehen begründen wie begrenzen, als Reflektion auf den historischen Ort des Vorganges versichert. «In Überlieferungen stehen schränkt nicht die Freiheit des Erkennens ein, sondern macht sie möglich. Diese Erkenntnis und Anerkennung nun ist es, die eine dritte, die höchste Weise hermeneutischer Erfahrung ausmacht: Die Offenheit für die Überlieferung, die *das wirkungsgeschichtliche Bewußtsein* besitzt.» Hinter und unter die historischen Bedingtheiten zurückzugehen und auch die naturhaften Wirkungsgeschichten des Lebens anzuerkennen, ist eben die Voraussetzung dafür, die Sinnentätigkeiten in die Höhe des Bewußtseins heben und dem Bewußtsein seine sinnenhaften Wurzeln wieder ganz öffnen zu können.

Eine solche Hermeneutik kann wie die Gadamers begriffen werden als eine erkenntnistheoretische Formulierung jenes Motivs, das bei Hölderlin als ‹Vereinigungsphilosophie› geschichtsphilosophisch hervortritt. Erkenntnis, besser gesagt Wissen als Verstehen, geht aus einer Auseinandersetzung mit der Welt hervor, die doch nicht nur zur Erkennntnis über das Andere, sondern auch zu einer existentiell gelebten Mitwelt mit dem Anderen führt, ob nun die Trennungen bis zum Kampf führen oder eine Allheit bewegend durchscheint. Hölderlin faßt sein Motiv für das lebensgeschichtliche Erleben in den Satz: «Selbst der Widerstand ist ein Werkzeug der ewigen Weisheit, uns fest und stark zu bilden im Guten.»[7]

Leben ist Bewegung, Bewegung bedeutet Spannungen, Widerstände, Gegenbewegungen. Je stärker Verstehen sich ästhetisch vollzieht, desto tiefer werden die Schritte der Erfahrung in dieses Widerspiel hineingezogen, wird Erfahrung zum Austragen der Gegenbewegungen, wird Wissen zum Bewußtsein auch solcher Fährten, wird gewußte Form zur Fährte der Bewegung.

Die Methode der ästhetischen Hermeneutik entwickelt eigens eine Geschichte der Gemeinsamkeit mit dem Begegnenden. Sie ist insofern künstlich und doch existentiell. Ihre Momente sind die Beziehungen von materialer dauernder Gestalt und Entwicklungsfolgen des Sich-Gestaltens und die Beziehungen von Erfahren und Selbsterfahren. Sie ist morphologisch. Das Existentielle und das Zeitliche der Schrittfolge charakterisieren sie, darin der Goetheschen Morphologie nah verwandt.[8]

1. Wir nehmen Gestalten auf, und zwar feste wie Bewegungsgestalten, als Zusammenhang. Wohl treten beide Formen auch getrennt auf. Gar nicht immer bleibt material eine Gestalt von einer Bewegung zurück. Ein Mensch läuft. Der Wind bewegt die Bäume. Eine Melodie klingt in unserem Ohr. Gar nicht immer läuft ein Vorgang in unserer Gegenwart ab, dessen Niederschlag in einer festen Form wir beobachten können. Das Ammonshorn im Muschelkalk ist nicht vor unseren Augen gewachsen, nicht einmal das Sediment vor uns in den Hohlraum

eingedrungen und versteinert. Das besondere Lächeln eines Menschen hat sich nicht im gemeinsamen Leben mit uns ausgebildet. Eine Marmorstatue ist nicht unter unseren Augen entstanden. Dennoch wissen wir, daß alle Vorgänge ihre materiale Seite haben und alle materiale Gestalt nur Moment eines Vorgangs ist.

Morphologisch erleben bedeutet, im Bewußtsein dieser Wechselbeziehungen das Widerspiel zu erfahren, in dem Bewegungen sich am Widerstand von Stoffen und durch sie hindurch vollziehen. Das Widerspiel, das feste Gestalten anhalten und zur Entstehungsgeschichte ihrer überdauernden Formen machen, so daß das Geschehen aus seiner vergangenen Bedeutung reflektiert wird.

Zu diesem Nacherfahren der Dinge gehört auch das Wissen, daß alle Vorgänge vielfältiges Zusammenspiel, Widerspiel sind: Ein inneres Geschehen, dessen Beeinflussung durch die Mitwelt wie dessen Einfluß auf die Mitwelt reflektieren einander in den Vorgängen selbst. Jede Gestalt spricht auch von ihrer Lebenswelt. Sie ist welthaltig.

2. Die ästhetische Hermeneutik kommt zu einer Kenntnis von den Dingen, indem strukturelle Beschreibungen uns zu Aufforderungen werden, ihrer Geschichte nachzugehen, sie als Fährte aufzunehmen. So nachgehen können wir nicht von Struktur zu Struktur, also von Zeitpunkt zu Zeitpunkt – komparativ statisch – und auch nicht analytisch, also durch Ableitung einzelner Strukturfaktoren von etablierten Systemen abbildender Erfassung. Solche analytischen Bestimmungen können nur dieser und jener Trittstein sein, auf den wir bei einem unserer Schritte den Fuß setzen, um von dort aus uns umzuschauen. Die Folge der Strukturen kann ein Handlauf sein, von dem wir uns leiten lassen. Das Nachgehen ist immer Gehen, eigenes, der gesuchten Entstehungs- und Wirkungsgeschichte nacheiferndes Tasten. Hermeneutik läßt sich auf solche Wege mit dem um so wacheren und tieferen Bewußtsein ein, daß zu den gesuchten Vorstellungen unsere Sinne wesentliche Führer unserer Seele wie unseres Begriffsdenkens sind: die Sinne als Führer der Seele, die unsere Anstrengungen des Gemüts und des Begriffs vereinigt.

Ästhetische Hermeneutik sucht damit Wissen im Bewußtsein einer Dimension der Tiefe, verwandt dem Begriff einer Tiefenpsychologie oder eines Tiefeninterviews, vor allem aber der «Psychoanalyse des Objekts» von Bachelard. Gerade darin geht sie morphologisch vor, insofern Morphologie nicht Phänomene feststellt, sondern die eben aufgezeigten Übertragungen von einer Erscheinungsweise in eine andere überträgt, vom Vorgang in die feste Form wie umgekehrt von der Stoffgestalt in die Bewegungsgestalt. Dafür bedürfen wir einer Reihe von Grundformen der Bewegung, die Typen von Bewegungsgestalten in der Tiefe bestimmen. Ein besonderes Beispiel sind die acht verschiedenen Stoffwechselprinzipien, denen das vorgeburtliche Wachstum der Menschen folgt.[9] Ein solches Prinzip ist etwa das von Dehnung und Zusammenziehung, und zwar gerade wo sie als komplementäre Bewegung, die eine als Umkehrung der anderen angelegt werden. Um ein Beispiel vorwegzunehmen: Die Kontraktionsleistung der Muskeln beruht auf ihrer Entstehung in Dehnungsfeldern des embryonalen Gewebegeschehens.

3. Dieses Beispiel bezeichnet die Tiefendimension ästhetischer Vollzüge, menschlicher Sinnesbewegungen. Offensichtlich ist ästhetische Hermeneutik darauf verwiesen, alle Vorgänge und Zustände in der Vermittlung gerade dieser menschlichen Bewegungsprinzipien zu übertragen. Damit ist die Frage nach dem Grad möglicher Gültigkeit und Wahrheit des Wissens gestellt, das auf dem Grunde der eigenen Gestaltung uns Menschen nachzuvollziehen erlaubt ist. Es ist die Frage nach den Möglichkeiten selbst-verständlichen Verstehens des Anderen.

Die beiden Extreme denkbarer Antworten werden etwa durch die frühe chinesische Naturphilosophie und, andererseits, die Erkenntnistheorie Descartes' dargestellt. Fuh Si war überzeugt davon, daß die Bewegungsgestalten im gesamten Kosmos die gleichen sind. Darum bilden die besonderen menschlichen für ihn unsere Zugänge zum Universellen. Dabei unterscheidet er nicht zwischen Prinzipien, die unser Leben bestimmen, unsere Gestaltungen durchwirken, und andere Prinzipien, nach denen wir uns Wissen über die Welt, über äußere Vorgänge bilden. Er kommt zu seinen acht Grundcharakteren oder Temperamenten. Sie werden als ein Kreis von Symbolen dargestellt um den Menschen herum, von einem Drachen, der die Erde ist, getragen und von einem Drachen, der der Himmel ist, überwölbt. Was zwischen Himmel und Erde geschieht, gehört dem Universellen zu, freilich auf seine je besondere und somit begrenzte Weise.

Für Descartes ist bestimmend die Skepsis gegenüber der Übereinstimmung von Erkenntnisvorstellung und Wirklichkeit. Offensichtlich geht er von der wesenhaften Trennung, Verschiedenheit beider bereits aus. Das ist zurückzuführen auf die Aussonderung des Menschen als verstandesbegabten Wesens gegenüber aller ihm entgegengesetzten Natur. Dieser Gegensatz wird auch im Menschen angenommen, wo die Wahrnehmung durch Sinne als naturbedingt und damit unverständig für den prüfenden Verstand zwar notwendig ist, aber auch zum täuschenden Widersacher wird. Die Bewegungsformen der Sinne müssen reduziert werden auf rational kontrollierbare Operationen, das heißt Schritte sind nur berechtigt, sofern sie aus rationalen Prinzipien abgeleitet werden können. Die sinnenhafte Tiefendimension ist ausgeschlossen, zumindest derart unter Verdacht gestellt, daß eine Übertragungsleistung nicht möglich ist.

Ästhetische Hermeneutik folgt, als ästhetische, der Gewißheit, durch die eigene menschliche Gestaltungsgeschichte mit unseren Sinnen am Universellen zumindest des Lebens, wenn nicht des Kosmos, Teil und damit Zugang dazu zu haben. Als Hermeneutik verdankt sie sich gleichzeitig der Anstrengung des Begriffs und ist ihr Rechenschaft schuldig.

Warum soll diese Methode hermeneutisch heißen? Nur als Weg des Verstehens können die Sinnestätigkeiten ästhetisch sein, also dem Bewußtsein Gehalte und Bewegungsmodelle zuführen und im Bewußtsein vermittelt aufnehmen beziehungsweise auf Mitwelt wirken. Die moderne Philosophie ist diesen Wegen nicht offen nachgegangen. Die ästhetische Theorie Adornos hat die Schwelle der Negativität mit begrifflicher Strenge sich zu überschreiten verboten. Die geschichtliche Notwendigkeit dieser Enthaltung kann aber auch gewahrt werden, wenn man das zu den Sinnen Sprechende nicht nur negativ ausdrückt – das besagt der neue Begriff einer besonderen ‹ästhetischen Negativität›, der in der «Anwesenheit des Abwesenden» durchgeführt wird. So suchen wir Wegbereiter dafür, das Sinnenhafte in geeigneter Anstrengung des Begriffs noch weiter dem Bewußtsein zu verbinden. Genau dies, meine ich, hat die Hermeneutik in der Prägung durch Gadamer unternommen.

Ihr Vorgehen ist aber ausdrücklich an sprachliche Phänomene gebunden. Ist dann nicht die hier entwickelte Erweiterung eher ein Sprung in ein ganz anderes Feld? Dürfen Phänomene der Natur überhaupt solchen verglichen werden, die in den Zusammenhängen menschlicher Geschichte entstanden sind? Selbst in der weitesten Interpretation soll doch Sprache allein das sein, was uns hermeneutisch beschäftigen kann.

Drei Rettungen bieten sich an, von Verschiebungen des Sprachbegriffs her. Maturana zögert nicht, im Biologischen ein bestimmtes Phänomen «Sprache» zu nennen.[10] Er meint damit aber nur so viel, daß innerhalb eines sich «selbstregulierenden Systems» die Reaktionen eines Beteiligten auf einen Vorgang, der es berührt, auf andere Beteiligte wirken, und zwar eben so, daß diese mit Wirkungen ihrerseits reagieren, die sich günstig für das Gleichgewicht aller Abhängigkeiten und Beziehungen in dem «System» auswirken. Zweifellos können dabei Entsprechungen einer Äußerung auf die erste festgestellt werden. Maturana erklärt die Möglichkeit von Entsprechungen auch aus der «co-history», der gemeinsamen Entstehungsgeschichte, in der die Beteiligten und ihr «System» zustande- und zueinandergekommen sind. Sprache würde aber zu nahe an der technischen Definition als Informationsaustausch begriffen werden, wenn man sie hier annehmen wollte. Es fehlt in diesem Modell, soweit ich sehe, das Moment von Selbstreflektion, das in allem sprachlichen Ausdruck enthalten ist und überhaupt erst den äußeren Vorgang einer Mitteilung denkbar macht aus dem inneren Vorgang. Wie immer für den anderen, ich verständige im Sprechen mich doch gerade auch mit mir selbst.

Zweitens könnten wir angesichts einer faktisch so gut wie beherrschten Natur fragen, ob denn irgend etwas noch nicht benannt, also in der Sprache der Menschen repräsentiert sei. Ist nicht alles bereits sprachlich vermittelt? Sprache ist aber nicht Benennung. Die Benennungen stellen gerade die Vorgänge des Verstehens, denen Sprache dient, still. Das Faktische ist aus dem Verstehen herausgenommen. Vermittlungen müssen immer in die weitere Geschichte mit ihren Veränderungen einbezogen werden, um Vermittlungen zu bleiben.

Schließlich können wir uns an Gadamer selbst halten, der doch sagt, daß «die Dinge zu uns sprechen». «Man muß sich nun, wie ich meine, die Frage stellen, ob Sprache, wenn man sie wahrhaft denken will, nicht am Ende ‹Sprache der Dinge› heißen muß und ob es nicht die Sprache der Dinge ist, in der sich die ursprüngliche Entstehung von Seele und Sein so ausweist, daß auch endliches Bewußtsein von ihr wissen kann.»[11] Als derartige Behauptung bleibt aber Sprache hier noch Metapher. Die Dinge meinen, indem sie zu uns sprechen, selber nicht einen Sinn, und dies ist die Bedingung, die Gadamer an Äußerungen stellt, die hermeneutisch verstanden werden sollen.[12] Mir scheint, daß sich unsere Frage bereits durch gewisse oberflächliche Widersprüche im Werk Gadamers selbst zieht. Seine ausdrückliche Frage ermutigt dazu, ihr auch an seinen Schriften weiter nachzugehen. Neben den Überlegungen zur Sprache selbst werden zwei Motive immer wieder zum Argument.

1. «Das Vernehmen dessen, was uns gesagt wird», setzt bei uns einen selbstkritischen Abstand in unserem Verstehen voraus, «die Entfremdungserfahrung des ästhetischen Bewußtseins und die Entfremdungserfahrung des historischen Bewußtseins» – ästhetisch meint hier ausschließlich die Beziehung zu Kunst.[13]

Dieser Abstand dient der Suche nach dem, was uns die Dinge zu sagen haben, auf doppelte Weise. Er läßt uns nach unseren eigenen Aussagen fragen, sie in Frage stellen. So werden die Fragen an das, was uns fremd begegnet, zu wirklichen Fragen um unserer eigenen, offenen Antworten willen. Auf der einen Seite «jene langsam sich ausbildende Kunst des Sich-selber-gegenüber-kritisch-Werdens im Aufnehmen der Zeugnisse vergangenen Lebens». Auf der anderen Seite sind wir von dem Fremden unmittelbar angerührt, angefaßt in der «großartigen Gleichzeitigkeit, die uns die Kunst mit so vielen menschlichen Welten verschafft», die Geschichtsforschung oft nicht weniger.

Aus dieser, an vielen Stellen sich wiederholenden, doppelten Forderung schließe ich, daß es um einen Spielraum des Verstehens geht, der durch Kritik wie Selbstkritik geöffnet wird, dessen Dimensionen begrifflich geklärt werden, der aber nicht substanzleer ist, sondern von existentiellen, sinnenhaften Beziehungen durchzogen ist. «Wir stehen vielmehr mitten in einem durch die Stimmen, die uns ständig erreichen, geweckten ästhetischen Resonanzraum unserer sensitiv-geistigen Existenz.»[14] Als nah verwandt sehe ich Simmels Auffassung an, etwa wenn er sagt: «Alle Philosophie beruht darauf, daß die Dinge immer *noch* etwas sind: das Vielfache auch noch ein Einheitliches, das Einfache ein Vielfaches, das Irdische ein Göttliches, das Materielle ein Geistiges, das Geistige ein Materielles, das Ruhende ein Bewegtes, das Bewegte ein Ruhendes.»[15]

Eben für diese Beziehung ist es so wichtig, daß geschichtliche Vorprägungen an beiden Enden des hermeneutischen Vorgangs die Voraussetzungen für ein in sich reflektiertes Verstehen geschaffen haben. Wir sind als die, die verstehen wollen, aus einer Geschichte mit ihren Begrenzungen für unser Verstehen frei geworden, wie dort aus der anderen Geschichte anderer Menschen etwas frei geworden ist, von uns mit seinen Begrenzungen verstanden zu werden. Was nicht beliebig, unbestimmt, ist, ist auch begrenzt. Bestimmt ist es aber durch eine begrenzte Geschichte. Diese kann, im Gegensatz zur identischen Definition, über diese Grenzen hinaus fortentwickelt werden.

Die im hermeneutischen Verstehen einander Begegnenden müssen in sich reflektiert sein, und zwar aus ihrer Geschichte heraus, die unser Verstehen verändernd fortsetzt. «Geschichte ist mit da und ist selbst nur da im Lichte dieser unserer Zukünftigkeit.» Die vergangene Geschichte ist aber auch darum von Bedeutung, weil sie über den Kontext hinaus, der allein Neues zu deuten, also auf etwas zu beziehen erlaubt, den existentiellen Kontext gibt: So «ermöglicht erst das Getragensein durch das Vertraute und das Einverständnis das Hinausgehen in das Fremde».[16]

2. Einverständnis greift über das bisher Gesagte hinaus, war aber in dem Gefühl angedeutet, «daß hier etwas ausgelassen ist». Gadamer will die klassische Metaphysik ablösen in der «Entsprechung von Seele und Sein», die sich «so ausweist, daß auch endliches Bewußtsein von ihr wissen kann». «Liegt nicht die eigentliche Wirklichkeit der Sprache, durch die sie die Entsprechung, die wir suchen, darstellt, gerade darin, daß sie keine formale Kraft und Fähigkeit ist, sondern ein vorgängiges Umfaßtsein alles Seienden durch sein mögliches Zursprachekommen?»[17] Gadamer nennt gerade den Rhythmus von Sprache eine wesentliche Dimension dieser Entsprechung, «das Sicheinschwingen von Welt und Seele im dichterischen Sprachewerden», so daß Sprache zum Mittler der «sousréalité» (Senghor) wird und ihr sich wesenhaft anvertraut. Sie kann dies nur tun, wenn Denken und Rhythmus, Sprache der Dinge und Sprache der Menschen auch eine gemeinsame Geschichte haben. Gerade weil diese Geschichte gestört ist, kann sie in einer neuen Bewegung zum Medium geschichtlicher Vermittlung zwischen Menschen und Natur erhoben werden, sich dem Bewußtsein als das verbinden lassen, was ihm zutiefst eigen und äußerst fremd geworden ist. Konstitutionslogisch lassen sich die Momente in gemeinsamen Begriffen fassen, die durch eine Hermeneutik aller ästhetischen Wege zusammengeführt werden müßten. Verstehende und Zu-Verstehendes müssen beide in sich hochgradig reflektiert sein, und die Geschichten, aus denen diese Reflektiertheiten sich gebildet haben, müssen Momente von Gemeinsamem aufweisen.

Die Menschen können alle Dinge in sich zur Sprache kommen lassen, wenn sie sich nur der Begrenztheit ihrer jeweiligen Sprache bewußt bleiben. Soweit geht Gadamer selbst. Heißt, alles Seiende könne zur Sprache kommen, noch mehr? Jedenfalls ist nicht gemeint, daß wir es in unsere jeweiligen Worte übersetzen, im «aufgestauten Stammeln» drückt es sich manches Mal sinnfälliger aus. Entscheidend ist, daß wir suchen, das Andere in uns zu seinem und unserem Bewußtsein kommen zu lassen. Für genau diese Aufgabe suchen die Meister des Zen sich ‹leer zu machen›, um ganz sinnenhaft und doch spirituell Gefäß zu werden.

Diese Sprache finden wir nicht in den Worten, sondern im Sprechen. Wo er das Sprachliche auf andere geschichtliche Tätigkeit ausdehnt, spricht Gadamer deshalb von dem «*Gebrauch* der Werkzeuge», der «*Pflege* von Bräuchen und Sitten», der «*Stiftung* von Vorbildern». «Alle Auslegung von Verständlichem, die anderen zum Verständnis verhilft, hat ja Sprachcharakter. Insofern wird die gesamte Welterfahrung sprachlich vermittelt.»[18] Sinn freilich haben Phänomene der Natur nicht an sich. Sie sind in sich reflektiert aus einer Geschichte, und diese Geschichten sind mit den naturhaften Geschichten in dem Menschen tief verbunden. Aber sie haben nicht einen Spielraum in sich, über den wir sie auf uns verstehend beziehen könnten.

Aber wird nicht bei Gadamer auch die Überlegung zum entscheidenden Kriterium, ob das Verstehen von etwas «in das Selbstverständnis eines jeden zu integrieren» sei und uns befähigt, in uns eine integrierende Selbstreflektion durchzuführen? Gerade dies vermögen sinnenhafte Momente auszulösen. Gerade so ist aber auch die Dimension ästhetischer Reflektionen das Medium, in dem wir unsere begrifflich sich distanzierenden Reflektionen wieder einholen können. Ästhetisches als Hermeneutik gewinnt uns eben Abstand von der Distanz des Begriffs, indem sie uns dem Begriffenen noch einmal tastend begegnen läßt – es sei denn, wir würden uns ins Tasten zu verlieren suchen. Dann aber wäre sie nicht mehr Hermeneutik. Die ästhetische Hermeneutik geht selber nicht begrifflich vor, sondern hält begriffliche Reflektion sich nur mittelbar gegenwärtig. Ihre Methode ist die der Morphologie. Sie überprüft ihre Schritte nicht an der Identität oder Nicht-Identität von Begriffen, sondern an der Angemessenheit der Verwandlungsschritte an ihre Vorgeschichte und an den Entsprechungen der Verwandlungsschritte zueinander.

Wie weit sie gehen kann und wie sie bedingt ist, wird an einer Reihe von Tiefendimensionen in diesem Buch untersucht. Die geschichtlichen Entfaltungen und Begrenzungen, die politische Ökonomie des Sinnenbewußtseins sind nur die eine Seite, der Sinn, den die Menschen der Natur zuteilen. Der menschliche Sinn für die Natur, den wir aus unserer eigenen Natur zu entfalten vermögen, ist die andere Seite. Sie ist aufs engste verbunden mit dem Sinn, den die Natur für Menschen einnehmen kann. Diese Momente zusammen entscheiden, wie wesenhaft die Übertragungen aus unserer menschlichen Tiefe uns vermitteln zu der Tiefe anderer menschlicher und nichtmenschlicher Vorgänge.

Die Fragestellung wird dabei entscheidend von der neuerlichen Entdeckung, etwa gegenüber der Fragerichtung von Descartes und dem ihr folgenden modernen Alltagsbewußtsein, verändert, daß unsere begrifflichen Erkenntnisformen selber in wechselseitig konstitutivem Zusammenhang mit den Naturvorgängen in uns stehen: Sie sind in ihnen grundsätzlich angelegt, und sie erhalten in der Wechselwirkung mit ihnen ihre Funktionsfähigkeiten.

Anmerkungen

1 Nikolaus Lang, Farben Zeichen Steine. 1976. Lenbach-Haus München.
2 Hans Georg Gadamer, Anschauung und Anschaulichkeit. In: Anschauung als ästhetische Kategorie. (Neue Hefte für Philosophie 18/19) Hg. von Rüdiger Bubner, Konrad Cramer und Reiner Wiehl. Göttingen 1980, S. 2; das folgende Zitat l.c., S. 12.
3 Hans Georg Gadamer, Wahrheit und Methode. Tübingen ⁴1975, S. 337.
4 Diese Formulierungen sind Teil der Konstitutionslogik, wie sie sich, ausgehend von Hegels «Jenaer Realphilosophie des Geistes», in dem Text «Arbeit, Werkzeug, List» andeutet. In: Rudolf zur Lippe, Autonomie als Selbstzerstörung. Frankfurt/M. ²1984.
5 Vgl. die Kapitel «Der menschliche Sinn der Natur» und «Embryologische Grundlagen».
6 Gregory Bateson, Steps to an Ecology of Mind. London 1972. Die Zitate sind vom Verfasser ins Deutsche übersetzt; die angegebenen Seitenzahlen beziehen sich auf die entsprechenden Stellen in der deutschen Ausgabe: Ökologie des Geistes. Anthropologische, psychologische, biologische und epistemologische Perspektiven. Übersetzt von Hans-Günter Holl. Frankfurt/M. 1981, S. 408; die folgenden Zitate l.c., S. 410 bzw. S. 343.
7 Brief Hölderlins an seine Mutter vom 12. 3. 1795. In: Friedrich Hölderlin. Große Stuttgarter Ausgabe. Hg. von Friedrich Beissner. Stuttgart 1946ff., Bd. VI.I, S. 160.
8 Vgl. das Kapitel «Vom Erleben zum Erfahren», wo noch einmal ausführlich auf die zugrundeliegenden Schriften hingewiesen wird.
9 Vgl. das Kapitel «Embryologische Grundlagen».
10 Vortrag bei der 26. Steirischen Akademie, Graz 1985; ähnlich, aber mit anderer Argumentationsrichtung: Humberto R. Maturana, Biologie der Sprache. Die Epistemologie der Realität. In: ders., Erkennen: Die Organisation und Verkörperung von Wirklichkeit. Braunschweig/Wiesbaden ²1985.
11 Hans Georg Gadamer, Kleine Schriften I. Philosophie, Hermeneutik. Tübingen 1967, S. 64.
12 Zum Beispiel Hans Georg Gadamer, Kleine Schriften II. Interpretationen. Tübingen ²1979, S. 5; das folgende Zitat ebd.
13 Gadamer, Philosophie Hermeneutik, a. a. O., S. 102; die folgenden Zitate ebd.
14 A. a. O., S. 105; das folgende Zitat ebd.
15 Georg Simmel, Der Mensch und sein Wille. In: ders., Schopenhauer und Nietzsche. Ein Vortragszyklus. Leipzig 1907 (2. Vortrag), zitiert nach: Materialien zu Schopenhauers «Die Welt als Wille und Vorstellung». Hg. von Volker Spierling. Frankfurt/M. 1984, S. 265.
16 Gadamer, Philosophie Hermeneutik, a. a. O., S. 111; das folgende Zitat l.c., S. 107.
17 Gadamer, Interpretationen, a. a. O., S. 65 bzw. S. 67.
18 A. a. O., S. 4; das folgende Zitat l.c., S. 5 (Hervorhebungen R. L.).

Zu den beiden folgenden Seiten:

Von vorbildlicher Strenge und Intensität sind die Studien von Matila C. Ghyka zu Geometrie und Natur. Das Radiogramm einer Triton-Schnecke erschien 1931 im Band I seines Werkes «Le nombre d'or. Rites et rythmes pytagoriciens dans le developpement de la civilisation occidentale».

*Historische, vergleichende Untersuchungen zum Labyrinth hat Hermann Kern entwickelt. Seiner großen Ausstellung folgte der Band «Labyrinthe» bei Prestel. Der zweiten Auflage ist die Luftaufnahme einer der nordischen «Trojaburgen» entnommen, bei Tibble in Südostschweden. Sie sind «vom kretisch-heidnischen Typus», heißen in Übertragung des Dädalus auch «Wielandshäuser» und sind verbunden, etwa durch Tänze, mit «Frühjahrsbrauchtum» und anderen kosmischen Riten.
Foto Archiv Dr. Hermann Kern.*

Der menschliche Sinn
der Natur

Gerade für das Ästhetische können wir uns nicht Überlegungen zu den besonderen geschichtlichen Bedingungen seiner jeweiligen Bedeutung, vor allem der gegenwärtigen, ersparen. Ästhetik soll aus der ‹splendid isolation› befreit werden, in der sie sich befand, solange sie sich auf das «Philosophieren über das Schöne in der Kunst»[1] allein einschränken ließ und vollzogen wurde in der «urteilenden» Distanz des «Geschmacks». Ich stimme der Kritik von Georg Picht zu, «daß uns die Einschränkung der Kunst auf das System der Künste Herkunft, Ursprung und Wesen der Kunst verdeckt; denn wir erkennen die Grundstrukturen des Vermögens zur Kunst in den Fundamenten allen Wissens und Könnens wieder.»[2] Wir müssen dann aber auch die geschichtlichen Dimensionen von Kunst und Ästhetischem allgemein in den Tiefen ihrer Bedingungen und Wirkungszusammenhänge untersuchen. Wir müssen auch eine Art politischer Ökonomie des Sinnenbewußtseins entwerfen: Welchen Sinn nimmt die Natur über die Sinne für die Menschen ein? Welchen Sinn geben die Menschen der Natur im Bezug auf ihre gesellschaftliche Geschichte? Was dürfen und müssen und können die Sinne dem Bewußtsein als menschliche Natur sein und von der Natur draußen einbringen? Welchen Sinn gewinnt den Menschen die Natur, die sie selbst in ihrem Leibe sind und die die anderen Menschen leiblich sind?

Die Disziplin der ‹Ökonomie› – und damit immer noch weitgehend auch ihre politische Kritik – blendet wesentliche Dimensionen dieser Fragen aus. So kann von ihr her eine Überlegungsfolge nur der Tendenz nach, nicht substantiell genug auf ein anthropologisch Ganzes zielen. Eine politische Ökonomie des Sinnenbewußtseins muß wieder in den Kategorien des ‹ganzen Hauses› gedacht werden, wie man im Mittelalter sagte: des ganzen Hauses mit allen menschlichen Tätigkeiten und Beziehungen, aber auch des ganzen Hauses im kosmischen Sinne mit den Wechselwirkungen zwischen dem bewohnten Land und seinen Menschen einerseits, mit der übrigen Erde, der Atmosphäre, den Sternenbahnen und Sonnenphasen und Mondgezeiten andererseits.

Im folgenden kann nicht diese Untersuchung für verschiedene Stufen unserer gesellschaftlichen Entwicklung nachzuholen versucht werden. Nur Andeutungen an Beispielen aus dieser Vorgeschichte der modernen Welt können, zusammen mit einigen Gegenbeispielen aus anderen Kulturen, auf die Geschichte hinweisen, die zu kennen und darzustellen wäre. Wesentliche Einschnitte und Umbrüche sind in Kategorien gegeben und untersucht, die nur mittelbar ökonomisch zu fassen sind und für die ökonomische Begründung noch weniger vorliegen als wenigstens Darstellungen der mit ihnen verbundenen ökonomischen Seiten des vergangenen Lebens.

Drei Bereiche möchte ich nennen. Unter dem Begriff *Realabstraktion* hat Alfred Sohn-Rethel die Marxschen Analysen übertragen in einen offenbar doch vermittelter aus Formen des Produzierens abzuleitenden Bereich: den des Rechnens, der geldlichen Bewertung und des begrifflichen Verrechnens.[3] Seine Untersuchungen haben den Begriff als Scheidemünze des Denkens mit der Zirkulation geprägter Münzen für die griechische Welt vor Beginn der sogenannten klassischen Zeit nachgewiesen. Damals verloren die Zahlen ihre qualitative Substanz als je einmalige Konstellation einer drei, die man weiblich, einer vier, die man männlich empfand, einer neun, die die Zahl der Weltensphähren sein mußte usf. Das System quantitativer Umrechnungen brachte mit sich, daß in quantitativen, das heißt statischen Verhältnissen statt in qualitativen, dynamischen Beziehungen gedacht wurde. Die Paradoxa des Philosophen Zenon bezeichnen, wie entsprechend das Denken allgemein aus dem mythischen Medium jeweils besonderer Bilder in die rationale Transparenz spekulativ-diskursiver Begriffe überwechselte. Zugleich wurden die Denkformen als statische den rhythmischen, bewegten Lebensformen entzogen und den Vollzügen von Geschehen entfremdet, schließlich mit ihnen unverträglich. So früh entstand auch der ‹horror vacui›, jenes Schwindelgefühl der Kulturen, die sich, um es zu bestimmen, dem Leben in einer statischen Beobachterposition entziehen und dann von dessen Strudeln unheimlich nur noch unter der Haut ergriffen werden, statt wie der Schwimmer sich in ihnen zu bewegen.

Zenon war der frühe Meister des Ummünzens von Bewegung ins Komparativ-Statische. Er setzte bereits an die Stelle der wirklichen Bewegung die gedachte Strecke, an die Stelle des Gehens, Zurücklegens die Linie von einem Punkt zum anderen Punkt. Für diese Punkte und die Strecke zwischen ihnen brauchte zweitausend Jahre später Descartes nur noch sein Koordinatenschema als sichtbares Verrechnungssystem anzubieten, um den Mechanismus für Operationen des Denkens und Handelns verfügbar zu machen, die wir Identifikation und exakte Messung nennen. Henri Bergson konnte zu Recht beide gemeinsam kritisieren als die Stationen einer Abstraktionsgeschichte, die uns Wahrnehmung und Begriff von Bewegung als Bewegung entzogen hat.[4] Zenon sprach bereits das Trauma einer modern-neurotischen Weltsicht aus, als er sein Paradox vom zu durchschreitenden Raum vorbrachte: Er stellte sich vor, daß er, bevor er einmal durch einen Raum gehen könne, zuvor dessen halbe Tiefe durchschritten haben müsse, davor die Hälfte der Hälfte und davor die Hälfte der Hälfte der Hälfte usw. Zerlegt in so viele wieder zu addierende Teiloperationen wurde das Durchschreiten unvorstellbar kompliziert, die wirkliche Bewegung durch den Raum fiel der Vorstellung von ihrer analytischen Rekonstruktion aus den gedachten Teilstrecken zum Opfer. So kann man nicht gehen. Es ist bereits die Geschichte vom Tausendfüßler, den man nach dem System der Koordination seiner Füße fragt.

Der zweite Bereich ist der der *Schriftlichkeit*. Etwa um dieselbe Zeit wie Sohn-Rethel (Tauschabstraktion, Münze und abstrakte Logik) setzen Ranke-Graves[5] und Illich[6] die historischen Strategien an, denen die Schriftzeichen als Orakelbilder weichen mußten. Die Wörter einer grammatischen Sprache verdrängten das existentielle Wort, und die Macht des Notierten erdrückte mündliche Tradition wie inwendiges Wissen.[7]

Ranke-Graves hat für die Zeichen, die vom manipulativen Alphabet der phönizischen Händler verdrängt wurden, einen exemplarisch kosmologischen Bedeutungszusammenhang nachgewiesen. Ursprünglich bei den Griechen wie bei den Kelten oder den Indern der vedischen Zeit sind die Schriftzeichen Symbole zugleich für die Mondphasen des Jahres wie für Eigenschaften, Tugenden, Temperamente. Solche Symbole sind sie insofern, als sie jeweils aus einer anderen Holzart geschnitten werden, eben jener Holzart, die dem betreffenden Monat zukommt, die aber ebenso mit einem jeweils das Himmelsgeschehen bestimmenden Sternbild verbunden ist.

Daß solches Bewußtsein leibhaft aus dem Leben der Sinne hervorging, beweist uns Bruno Snell an zwei Phänomenen der griechischen Sprachentwicklung zur Zeit von Homer und danach, also wieder in der gleichen Epoche.[8] Das Bewußtsein der homerischen Menschen war so sehr in die Tätigkeiten ihrer Sinne und Organe gebunden, daß es kein Wort für den Körper hatte, sondern nur für die Vielfalt seiner Lebensäußerungen in Haut und Händen, Knien und Eingeweiden usw. Keine abstrakte Kontroll- und Kommandostelle regierte die Organe nach einem gedachten ‹Körperschema›; vielmehr wurden die Menschen von ihrem Atmen beseelt, von ihren Knien getragen, an ihrer Haut durchbohrt oder gesalbt, vom Mut ihres Herzschlags aufgerichtet oder verlassen.

Ihr Bewußtsein lebte in den Sinnen, und zwar ebenso, wie diese in den Beziehungen jeweiliger Situationen lebten, nicht analytische Wahrnehmung von dem Wahrgenommenen und dem Vorgang des Wahrnehmens mit allen seinen Bedingungen und Eindrücken trennend. Die Blicke der Augen, die aufnahmen, ausdrückten, fragten, mitteilten, erfuhren, erstarrten, wurden in je eigenen Tätigkeitsworten verbalisiert: vom Strahlen über das Auskundschaften bis zum Anblitzen, vom beglückten Erkennen über das Unterscheiden bis zum kindlichen Erschrecken und Verbergen des Gesichts. Ein Wort wie Sehen – θεωρεῖν, Theorem – wurde erst im folgenden wie ein Feldherr, der aus Menschen ein Heer macht, übergeordnet.

Der dritte Bereich liegt den anderen in dem Maße zugrunde, wie allem menschlichen Unterscheiden und Vergleichen der Unterschied zwischen Männlich und Weiblich und ihre polhafte Ergänzung Urbild sind. Das Andere wurde dagegen zur Abart des Gleichen erklärt; je eigenes Vergleichen von Unterschiedenem wurde vorab abgegolten durch Deduktion von einem Oberbegriff, der aber eher das kleinste gemeinsame Vielfache als ein Wesentliches im Spannungsfeld von Polen festhält. Nach der Mythologie lagen die vorschriftlichen Zeichen in den Händen der Priesterinnen. Frauen lasen diese Orakel, bis eine patriarchalische Ordnung sie ihnen entriß wie die Heiligtümer selbst, etwa Delphi, das nun Apollo besetzt hielt, das Licht einer durchaus berechnend einseitigen Aufklärung gegen eine durchaus tendenziös zur Gefahr erklärte Welt der Schatten richtend. Es war die Epoche, in der der ‹listenreiche Odysseus› zum Protagonisten jener klugen Herrschaft der neuen Athene wurde und sich die Regeln des Stadtrechts gegen Ordnungen des agrarischen Lebens, Vorrecht des Vaters gegen das Vermächtnis der Mütter durchsetzten. Es geht wiederum um dieselbe geschichtliche Wende. Jean Gebser hat sie den Beginn der mentalen Zeit der Menschheit genannt[9], und Alan Butterworth hat für sie den Untergang schamanischer Traditionen unter der olympischen Konzeption nachgewiesen.[10] Die Matriarchatsforschung, so nennt Heide Göttner-Abendroth ihre Versuche, durch die patriarchale, schriftliche, mentale Geschichte zu früheren Kulturen weiblicher Prägung vorzudringen, ist tiefer angelegt. Ihr gelten Schriftlichkeit und Realabstraktion des begrifflichen Denkens als Symptome gewissermaßen. Sie stellt uns vor die Aufgabe, diese Geschichtswende als eine noch grundlegendere Umorientierung aller Lebensformen vom Weiblichen ins Männliche aufzufassen und bis in ihre gegenwärtigen Konsequenzen zu verfolgen.[11]

Ein derartiges Engagement für das Leben heute, in Analyse und Wiedererwachen, ist mit dem Begriff des *Politischen* gemeint in der ‹politischen Ökonomie des Sinnenbewußtseins›. Sinnenbewußtsein deutet sich in praktischen Momenten der Gegenwart, wie diffus auch immer, von verschiedenen Seiten her an. Wenn die an den drei Bereichen angedeuteten Kategorien vorerst den geschichtlichen Horizont bezeichnen können, so sollen nun Bedingungen und Bedeutung einer möglichen Entwicklung des Bewußtseins aus den Sinnen umrissen werden.

Eine gewisse geschichtliche Bedeutung kommt der Wiederbesinnung auf die Sinne zumindest darin zu, daß sie seit etwa einem Jahrzehnt sich in allen westlichen Industrieländern bemerkbar macht, den verhallenden Rufen der Studentenbewegungen folgte und von der ersten Welle auch politisch unübersehbarer ökologischer Katastrophenanzeichen geprägt war. Von den politisch institutionalisierten Rechten wie Linken wird kritisiert, daß breite Kreise der Bevölkerung seither – etwa in den Initiativen von Bürgern für die Lebensentfaltung von Kindern, von Ausländern, von Wald oder Tieren – dem Rationalismus verordneten Sinn- und Lebensverzichts die Gefolgschaft aufkündigen. Diese kritisierte Haltung wird kaum zu Protestbewegungen, in denen sie aber um so mehr das Hintergrundmotiv sein dürfte. Sie nimmt auch kaum eigene ideologische Züge an, obwohl sie sich auf Werten begründet fühlt. Diese Werte lassen sich aber nicht einfach schon positiv formulieren und verkünden. Gerade so unausgesprochen sprechen sie von einem Leben, das im Diskursiven längst unter den Beton der Argumentationssysteme geraten ist. Das mitleidige Schimpfwort «populistisch»[12] trifft nur die Hilflosigkeit, nicht die Sache.

Zwei Momente, die durch die Moderne hervorgebracht worden sind, haben wesentlich dazu geführt, daß die Sinne neue Beachtung finden. Das eine ist die qualitativ systematisch und quantitativ fast total werdende Naturbeherrschung. Die Menschen beginnen als Einzelne, lebensgeschichtlich unmittelbar die Verheerungen zu erleben, die der äußeren Natur geschehen, zusammen mit den Veröcdungen der inneren Natur. Die Zerstörung der Gewässer etwa oder der Luft und des Bodens ereignet sich nunmehr ebenso am eigenen Leibe wie die Störungen des Vegetativums oder der Fähigkeit zu Beziehungen mit anderen Menschen. Das frühe 19. Jahrhundert hatte ein ‹chemisches Zeitalter› verkündet. Die Elemente Wasser, Luft, Erde, das Element Feuer in der Perversion von Energieträgern und -mengen, begegnen uns am Ende des 20. Jahrhunderts nur noch durch die Formen der Analyse wie die Elemente der menschlichen Bewegungen und Beziehungen.

Zweifellos erleben wir das nicht als Einzelne im Sinne vereinzelter Schicksale, sondern an den Menschen unserer persönlichen Umgebung so stark wie an uns selbst. Aber wir erleben privat, nicht öffentlich. Die Entwicklung von Bürgerinitiativen und ihr folgende Theorien von sozialen Bewegungen [13] haben eine Zeitlang das gesellschaftstheoretische Denken davor bewahrt, nach der geschichtlichen Potenz gerade des individuellen Erlebens zu fragen. Um so deutlicher muß auffallen, daß ein entscheidendes Moment tatsächlich an einem Ort ins Bewußtsein zu treten beginnt, der den Anforderungen gesellschaftlicher Wirksamkeit weder nach Emile Durkheim als unbefragbare soziale Vorstellungen noch nach Max Weber als Institutionen gesellschaftlich-politischen Willens noch nach Karl Marx als nationalökonomisch anerkannte Produktivkraft gerecht wird: in den einzelnen Menschen, besser gesagt, im Individuellen.

Dieses ist das andere Moment. Die Moderne hat dem Individuum systematisch Einfluß gegeben und es systematisch mit zum Ort der Geschichte gemacht. Die Hervorbildung von Individualität steht zwar in einem immer grotesberen Widerspruch zu den wirklichen Möglichkeiten der Menschen, in ihren Beziehungen zueinander, zu Vorgängen und Dingen Individualität substantiell zu entfalten. Prinzipiell ergänzen aber zwei entscheidende Entwicklungen einander darauf hin: Die Menschen werden von vorgegebenen kollektiven Einbindungen noch heute zunehmend befreit; denn die weiter zerfallende Familie zum Beispiel ist auch als Kleinfamilie Überrest einstiger Kollektivität, deren Funktionen ihr nun allein aufgebürdet werden, nicht aber aus neuen Vorstellungen gewachsen sind. Und grundsätzlich setzt sich eine Konzentration auf eine Umgestaltung der menschlichen Arbeitskraft mit der, wie immer faktisch nur instrumentalisierten, Tendenz durch, im Einzelnen durch dessen lebenslanges Lernen die ‹kreativen›, ‹innovativen› und ‹integrativen› Vermögen der Menschheit auszubauen.[14] Die Individualität mag wegen ihrer unerhörten individuell zu tragenden Verantwortungen von den Einzelnen in der jüngeren Generation heute schon abgelehnt werden. Sie könnte historisch wieder geopfert werden. Doch berufen sich alle Kritiker der Moderne emphatisch auf sie, selbst wenn neue Kollektivität als Einlösung der individuellen Ansprüche gesucht wird. Und das ist insofern folgerichtig, als niemand dem

Los entgehen kann, Individualismus zu erleiden, selbst wo er nicht mehr zur Individualität entfaltet und erfüllt werden kann.

Diese objektive Tendenz der modernen Gesellschaft zum Individuellen bekommen die Individuen zwar vorherrschend negativ zu spüren. Es wird von ihnen am Arbeitsplatz eine vom Ganzen nicht zu leistende Anpassung und Mobilität sowie eine intensive Kompetenz ohne Befugnisse verlangt.[15] Das übrige Leben sollen die Menschen sich mit einem ‹Konsumbewußtsein› einrichten, das wiederum hohe Kompetenz ohne Einfluß auf die ‹zur Wahl› stehenden Produkte erzeugt. Der zweifellos entwickeltere Stand von Informiertheit und Intelligenzgebrauch, auf den Erziehung und Ausbildung zielen, geht – analog zum vorigen – einher mit großer Unselbständigkeit in Schritten eigener Lebensgestaltung. Aber die Tendenz zur Individualität ist als formale manifest. Weder ihre tückische heutige Erscheinungsform noch die traditionellen Vorbehalte der Gesellschaftstheorie können dagegensprechen, in dieser Tendenz eine Entwicklung zu erkennen, die geschichtlich dem Niederschlag von gesellschaftlichen Vorgängen im lebensgeschichtlichen Erleben grundlegende Bedeutung gibt und die Erfahrung der Einzelnen zu einem Ort der Geschichte macht.

Bewußtsein der Individuen gewinnt also an allgemeiner Bedeutung. Gleichzeitig können die Sinne gar nicht anders als durch individuelle, lebensgeschichtliche Erfahrungen auftauchen. Die existentiellste, die physiologische Wirklichkeit der Menschheit muß in den wirklichen Menschen erfahren werden, in unserer leiblichen Existenz, die uns unmißverständlich in der Einheit unseres individuellen Leibes findet. Sinnenbewußtsein kann nur entfaltet werden, indem die Lebensgeschichten der Menschen und ihre Entfaltung als die Wirklichkeit der Menschheitsgeschichte und der Gattungsentfaltung begriffen werden.

Sind denn alle Kräfte, die einen Antagonismus von Individuum und Gesellschaft bewirkten und immer neu den noch dazu fraglichen Fortschritt der Gattung auf die Opferung der wirklichen Menschen aufbauten, entgegen allen Analysen, wie sie Max Horkheimer besonders deutlich ausgeführt hat[16], überwunden? Selbstverständlich nicht; die Widersprüche der Gegenwart zeigen das nur zu klar. In diesen Widersprüchen kann aber das wirklich gelebte Leben der Individuen eine neue Bedeutung gewinnen. Vermutlich muß dies sogar geschehen, wenn die Menschheit in sich selbst heilen soll, was ihr fehlt, um ihre tief verletzte Mitwelt zu heilen, statt sie weiter zu zerstören. Heilen heißt, uns ein bewußtes Sein zu entfalten, das in den Widersprüchen der historischen Wirklichkeit seinen Part übernehmen kann. Heil sein heißt dann, in der ganz und gar unheilen Welt der Auseinandersetzungen auf der richtigen Seite seinen eigenen Bewegungen zu folgen versuchen.

Zum Paradigma wird ein Medium dieser Bewegung, nämlich die Beziehung zur Natur, weil Natur als innere *und* als äußere unsere Lebensbewegungen bestimmt. Was oft das Verhältnis der Menschen zur Natur genannt wird, sind die Funktionen und das Bewußtsein unserer Sinne, wie mittelbar auch immer. Sinnestätigkeiten sind immer in einem weiten Sinne Arbeit, wie wir besonders bei der vorgeburtlichen und kindlichen Ausbildung der Vermögen und Organfunktionen sehen. Diese Leistungen werden freilich als ‹spielerisch› verkannt, weil sie nicht von einem isolierten Willen *gegen* die Bedingungen ertrotzt werden, sondern die Entsprechungen aufdecken, die uns und die physischen Bedingungen unserer Existenz verbinden. Aber nicht nur im Spiel haben wir wesentliche Leistungen für die menschliche Wirklichkeit zu sehen. Auch in der Paläontologie erweisen sich Dimensionen geschichtlichen Lebens als grundlegende Gattungsarbeit, die eine Lehre von ‹Basis und Überbau› zu Folgeerscheinungen erklären würde: kosmologische und soziale Orientierung, kultisches Aneignen der Beziehungen zur Natur.

Wenn wir hier dennoch den besonderen historischen Charakter solcher Beziehungen in weitgehend ökonomischen Begriffen wie denen der Sammler- und Jägerkulturen, der agrarischen usw. bezeichnen, dann in einer erweiterten Vorstellung. Die Formen der physischen Lebenssicherung haben eine so wesentliche Bedeutung für die Lebens- und Denkformen einer Gesellschaft, daß sie in besonderer Weise deren Ausdruck und Maßstab oder deren prägende Grunderfahrung sind – gerade in der Einheit der geschichtlichen Dimensionen. Schließlich finden wir bei Marx selbst, der den Primat der «Basisprozesse» uns entgegenhalten müßte, entscheidende Argumente gegen eine solche Trennung. Gerade ihm verdanken wir einen Ansatz zu einer Theorie der dialektischen Wechselbeziehungen zwischen der «Produktion» und «Konsumtion», die unsere «Genußfähigkeit» zu einer «Produktivkraft» erhebt.[17] Daß auf der anderen Seite Religionen und Hierarchien sich immer verselbständigen, darf nicht daran hindern, den kosmischen Kult des Regen- und Maisgottes bei den frühen Mayas oder die Fruchtbarkeitsriten zur Beendigung des Winters rund um die Welt unlösbar verbunden mit dem Kultivieren von Früchten zu sehen. Ihre Ausübung ist Teil der «Arbeit», sie könnte weder zeitlich noch logisch als Sekundäres von der Arbeit an den Früchten selbst abgeleitet werden. Für einzelne Momente können immer Folgen historischer Veränderungen mit Ursache und Wirkung nachgewiesen werden. Im Zusammenhang sind aber die Momente alle konstitutiv von dem Anfang an, der materialer Verrichtungen *und* geistiger Vorstellungen bedurfte, sowohl um einen Kalender zu bestimmen wie um eine Pflanzung anzulegen. Wir fassen eben hier auch den Begriff der Ökonomie viel weiter, als es die sogenannte klassische Nationalökonomie und ihre revolutionären marxistischen Kritiker getan haben. Wir wissen, wenigstens aus der Negativität dieser ökonomischen Praxis, daß die Forderung nach Gleichgewicht, die in dem Begriff liegt, nicht so strategisch beschränkt werden kann, wie es die Abstraktion dieser Theorien vom lebenden Leben um manipulierender Übersicht und Kontrolle willen behaupten.

Die Sinne, von denen wir sprechen, sind alle Organe unseres geschichtlichen «Stoffwechsels mit der Natur», wie es in den «Pariser Manuskripten» heißt. Dieser Stoffwechsel hat sich bisher immer als der Austausch zwischen der Gesellschaft als solcher und der Natur vollzogen. Der Breite gattungsgeschichtlicher Unterschiede in diesem Austausch soll in wenigen Proben nachgegangen werden, deren Abfolge eine Vorgeschichte bis hin zur Industriegesellschaft vorzustellen auffordert. Die Gesellschaften außerhalb der Moderne bedurften, um ihr Gleichgewicht in allen seinen Dimensionen zu entwickeln und zu bewahren, aller Lebensäußerungen ihrer Mitglieder als kollektiven Wissens und Handelns, wie deren Leben in jedem Augenblick auch zu diesem Gleichgewicht beitrug oder diese seine eigentliche Aufgabe verantwortlich verfehlte.

Erstens: voragrarisch

Agrarische Gesellschaften dürften eine besonders intensive Stufe solcher Organisation erfordern. Sie erfahren ihre Beziehungen zur Natur in einem bedrückend hohen Grade als Abhängigkeit von dem Wachstum und seinen unbeeinflußbaren Bedingungen. Zugleich haben sie im Ackerbau und mit der Viehzucht einen Grad der Naturbeherrschung erreicht, der hohe Verantwortung bedeutet. Daß Margaret Mead Anzeichen für eine nicht aggressive und weitgehend, selbst beim Hüttenbauen, lustbestimmte Gesellschaft bei einem wesentlich vorargrarischen Volk entdeckte, entspricht dem überzeugend. Die Abhängigkeiten werden dort weder in der Spannung zu drängender Not erlebt, weil die Natur einigermaßen die Lebensbedingungen der Menschen gewährt, noch in der Spannung zum einmal erhobenen Anspruch der eingreifenden Beherrschung.

Auch die Sinne folgen den Naturerscheinungen, wo und wie diese sich bieten. Dabei kommt eine sehr große Mannigfaltigkeit unterschiedener Pflanzen und Tiere nach ihren Wachstumsphasen und Vorkommensweisen zustande. Jeder Unterschied bedingt eine andere Anpassung der Menschen an ihre Lebensbedingungen, je nach den Zeiten und Orten und Eigenschaften der kleinen oder der größeren oder der ausgewachsenen Frucht; je nachdem das Reptil im Wasser oder auf dem Land gejagt, die Raupe gesammelt oder der Schmetterling verehrt wird. Das *Bewußtsein* von solcher Vielfalt ist aber gerade nicht das des Unterscheidens, weil es den Unterschieden folgt und sie nicht erzeugt. Das Bewußtsein der Unterschiede ist um so reicher, je weniger es auf die Verfügung über diesen Reichtum angelegt bzw. durch sie bedingt ist. Unter der Devise «la pensée sauvage» (das wilde Denken) hat Lévi Strauss[18] eine ganze Richtung der strukturalistischen Studien in den Urwald dieses blühenden Bewußtseins geführt.

Da wir hier nicht eine Sozialgeschichte der Sinne ausführen können, müssen jeweils wesentliche Momente einer Phase genügen. Sie sollen exemplarisch aufgenommen werden, um für einen Zusammenhang von Sinnesausprägungen zu stehen, die alle, indem sie sich ausprägten, auch das Bewußtsein geprägt haben. Es geht um ihre systematische Bedeutung im Zusammenspiel der verschiedenen Momente einer historischen Menschlichkeit.

Das Unentfaltete menschlicher Naturbeherrschung im Jagen und Sammeln liegt gerade darin, daß nie wieder so weit die Menschen ihr *mimetisches* Wissen von der Natur und damit auch von ihren eigenen organischen Möglichkeiten entfaltet haben. Mimetisch kann das Wissen zum Beispiel eines nordwestamerikanischen Indianers von den Bewegungsweisen der Wildtiere heißen. Er weiß, wie ein Bär oder Otter leben – welche Plätze, welche Pfade ihnen entsprechen zu verschiedenen Jahreszeiten, wovon sie sich ernähren, wie sie sich in diesem oder jenem Gelände bewegen. Dieses Wissen erlaubt ihnen, mit genau entsprechenden Vorrichtungen – nicht etwa in den zu ungenau konzipierten und quälerischen Fallen oder Schlingen europäischer Pelzjäger – die Tiere zu fangen. Mimetisch ist dieses Wissen, weil es aus der eigenen Beobachtung des Wildes erwächst. Anleitungen durch Erfahrene sind selber, wie immer gezielte, Aufforderungen, im Beobachten und erprobenden Nachmachen zu lernen. Ein Indianer lernt dabei, sich selbst wie dieses oder jenes Tier durch dieses Gehölz oder auf jenem trockenen Grasboden zu bewegen. Dem entsprechen die Formen und die Dimensionen des Bewußtseins, in denen die Sinnestätigkeiten erinnert werden. Vor der Bärenjagd wird im Bärentanz das überlieferte Beobachtungswissen aus der Erinnerung des Stammes gerufen und durch die eigenen Bewegungen derer, die sich auf diese Jagd vorbereiten, von einem jeden leiblich nachvollzogen.

Freilich sind dies Körpertechniken in mehrfachem Sinne.[19] Der Körper wird tanzend befragt, wie weit er noch die Bewegungen des Bären, mit denen er es nun wieder zu tun haben wird, erinnert, weil aus diesem Wissen der Bär aufgefunden und ihm begegnet werden soll. Es wird aber auch das Auftauchen von Bären beschworen und eine spirituelle Macht über sie wiedererworben, die im Wissen angelegt ist. Die ‹technische› Seite ist von der ‹magischen› aber nur gedanklich, niemals wirklich zu trennen. Beide bilden miteinander, aber auch mit ihrer praktischen Ausübung eine Einheit, in der allein sie zu existieren vermögen. Solches Ausüben umfaßt dann ‹Arbeit› in vielen Dimensionen. Das Bewußtsein ist an die Bärenjagd gebunden, ohne die der Tanz keinen Sinn hat. Es gehört zu der Ökonomie solchen Lebens wie das Dankgebet beim getöteten Tier, in dem die Ökonomie des Zusammenlebens der Menschen und Tiere erinnert wird. Der Natur wird versprochen, daß nur im Umfang der Not getötet wird. Mit dem Dank an das tote Tier wird ein Opfer anerkannt und ein verpflichtendes Bewußtsein erneuert, und zwar im sinnenhaften Erleben des Sterbens und Lebenkönnens.

Wesentlich kehrt dieses Verhältnis zur Natur in dem der Menschen zueinander wieder, wo sie ebenso brüderlich, wie sie sich den Tieren und Pflanzen der Schöpfung gegenüber empfinden, als Jäger miteinander Beute machen und Beute teilen. Dabei kommt wohl das Männliche des Jagens im Brüderlichen des Bewußtseins zum Ausdruck. Im Zelt, im Tipi der Pueblo-Indianer, bilden die Menschen einen feierlichen Kreis. Alle gleich zu seiner Mitte, sitzen sie am Boden, der sie trägt. Ihr Kreis weist damit nach unten und im Aufsteigen der Gedanken wie des Rauches vom Feuer auch nach oben. Durch die Mitte des Kreises vollzieht sich eine Beziehung zwischen Himmel und Erde. Es wäre sinnlos zu fragen, ob sie den Kreis der Menschen oder dieser sie schafft. Geschichte und Kosmos konstituieren sich eben in dieser Wechselbeziehung. Sie zu erneuern, ist eine tragende Aufgabe der Gesellschaft, wie es deren bewußte Deutung der Natur ist.

Die Ausbildung der Sinne dient der gleichen Einheit und setzt sie zugleich um in das Hören, Riechen, Sehen. Die Sinne bestimmen die Wetterlage, die Eigenschaften einer Pflanze oder eines Ortes, die Situation beobachteter Tiere gemeinsam. Was die Augen am Himmel wahrnehmen, setzt sich fort in dem Lauschen auf den Wind und den Regen;

schnuppernd fragt die Nase in der Luft nach den Düften, die einige Blumen so nur in gewitterschwerer Feuchtigkeit abgeben. In der Nähe des Meeres schmecken die Lippen nach Salz. Zu diesen Organen gehört das Beben der Pferde vor dem noch unsichtbaren Unwetter fast ebenso hinzu. Was die inneren Sinne anzeigen, gehört in den Kreis auch der äußeren Anzeichen hinein.

Nie würde darum ein einzelner Sinn ‹trainiert› werden. Gerade das Zusammenspiel mit den anderen Sinnen erfüllt seine Bestimmung. Aber auch die Einheit von Wahrnehmen und Deuten ist im Zeichen der Natur gesetzt, das die Menschen warnt oder ermutigt, erschrickt oder aufruft, bestätigt und betrügt als Botschaft einer Ordnung solcher Welt.

Zweitens: agrarisch

Wo eine Gesellschaft sich ganz aus Ackerbauern oder vielleicht dazu einigen Viehzüchtern zusammensetzt, haben die Menschen die Bedingungen, von denen ihre Lebensweise abhängt, entscheidend von ihrem eigenen Eingreifen abhängig gemacht, wenn auch nur an dem einen Ende. Am anderen wird das gewünschte Wachstum von Sonne und Regen, vom Vorkommen der Pflanzen oder ihrer begrenzten Verpflanzbarkeit, den Anpassungsmöglichkeiten der Tierrassen und immer wieder von der fruchttreibenden Kraft der Erde bedingt. Naturabhängige Naturbeherrschung kann man diese Situation nennen. Die Gesamtheit der bebauten Gebiete ist geschichtlich umgestaltet; alle Arbeitsweisen unterwerfen die Natur den besonderen Bewegungsformen menschlicher Körper – bzw. Werkzeugtechniken. Dennoch sind die Menschen in jedem Moment von den Naturbedingungen so entscheidend abhängig, daß sie der Wirksamkeit der Natur die Früchte wesentlich zu verdanken meinen. Auf die Idee, daß ‹Produktivität› eine Funktion der ‹Arbeit› sei, kamen erst die Theoretiker einer sich industrialisierenden Gesellschaft. Bis dahin war Arbeit eine Zugabe der Menschen zu einem Geschehen, das sich ihnen gewährte oder entzog, das sie aber keineswegs hervorzubringen meinten. Die Frage war, ob ‹das Land seinen Mann ernährt›.

Dabei setzte sich das Gefühl des antagonistischen Gegenübers, das mit den ersten festen Siedlungen seinen elementaren Grund bekam, weiter durch. Die Menschen schützten, was sie umgewandelt hatten, gegen die Übergriffe der Natur – nicht nur gegen die Menschen. Im Falle der alttestamentarischen Juden sprachen sie sich sogar das Recht zu, die übrige Schöpfung sich untertan zu machen. Dadurch wurden Bedrohungen durch Naturgewalten oder das Ausbleiben des Regens uminterpretiert zu Instrumenten eines Gottes gegen sie. Ihre eigene Herrschaft über die Natur brachte sie dazu, eine Gewalt der Natur gegen sie nicht mehr als ein Geschehen gewissermaßen unter Gleichen anzunehmen. Wenn die an sich unterworfenen Kräfte stärker waren, so mußten sie Instrument eines über sie selbst Herrschenden sein. Naturereignisse werden in der Bibel immer wieder zu Aktionen einer gottväterlichen Moral- und Machtpolitik gegen die Gesellschaft.

Als Gegenbeispiel drängt sich immer wieder die Welt etwa des Quetzalcoatl auf. Die Schöpfer der Maiskulturen bangten um den Regen wie um die Wiederkehr der Sonne aus der Nacht. Sie erlebten die Strömungen des Gleichgewichts, das ein Gleichgewicht in ihrem menschlichen Sinne des Lebens von den Feldfrüchten war, als Ringen von Ordnung gefährdenden mit Ordnung sichernden Mächten und sich selbst als einbezogen darin. Was könnte wesentlicher ihre Beziehungen zur Natur charakterisieren als ihre frühe Vorstellung vom notwendigen Opfer! Die Herzenskraft eines ausgewählten Menschen sollte die Kraft des Gottes, der selber sich immer wieder opferte, um die Sonne zum Leben zurückzubringen, und wieder auferstand und sich wieder opferte, teilnehmend erneuern.[20]

Der Gott Abrahams verlangte dagegen von seinem Diener, daß er sein Kind töte, um seine Unterwerfung zu beweisen und nicht um in diesem Opfer neues Leben zu bewirken. Aus dieser Tradition sind uns aber auch nicht Vorstellungen zugekommen von einem Leiden der Schöpfung unter dem Eingriff der Menschen, wie sie in den aztekischen Bildern vom blutenden Berg sich in symbolischen Blüten darstellen.[21] Was die Menschen der präkolumbianischen Welt mit ihren Sinnen waren und wahrnahmen, gehörte ihnen in einem Kreis der Wandlungen an: Wandlungen der Lebensformen bis hin zur Transsubstantation eines Menschenherzschlags in den Gang des Gottes und der Gestirne. Entscheidend dabei war gewiß, daß die Substanzen und Bilder sich ineinander verwandelten nur als Begleiterscheinung der eigentlichen Verwandlungen viel enger verwandter *Vorgänge*, Entfaltungen, Rhythmen: Den Übergang vom Herzen zum Stern schafft derjenige vom Herzschlag zur Sternenbahn durch das Jahr, wie den Übergang von der Mondscheibe zur Frau der Gleichklang bildet, in dem die Blutungsphasen den Phasen von Mond und Gezeiten antworten. Von diesen Rhythmen wollte aber die Mosaische Religion nichts mehr wissen. Die postzoroastrischen Religionen hatten solche Kräfte längst zu bösen Dämonen erklärt, von denen eine gute Ordnung gestört würde.

Die Sinne wurden ebenso voneinander gesondert und zu Instrumenten einer höheren Instanz gemacht, wie Haustiere aus ihren Naturbedingungen gelöst und Getreide angebaut wurde. So konnte das Auge zum Symbol Jahwehs werden, Instanz des Überwachens und Strafens wie der Hellsicht im Dunkel geschichtsloser Vorgänge oder geradezu Träger des leuchtenden Blickes ins Chaos. Zwischen diesem überirdischen Patriarchen und seinem Volk gibt es keine Berührungen. Ihn konnte man nicht schmecken oder in den Knien, in der Brust fühlen. Das Sehen war der einzig adäquate theologische Sinn, und eben dies in der striktesten Verneinung: Er sah alles, ihn sah man nicht.

Die Sinne zerfielen untereinander wie die Vorgänge der Natur unter dem prüfenden Blick. Sie fielen vom Sinn der Welt ab, wie dieser zur gebieterischen Instanz über die Geschichte und die Natur erhoben war. Mit dem Heil des ganzen Menschen oder der ganzen Welt vermochten Hören, Riechen, Schmecken, Fühlen allenfalls etwas zu tun haben, wenn sie ihren Abfall vom begnadeten Geschehen zur schwarzen Messe der Völlerei oder der Sinnlichkeit steigerten. Als Sünde konnten sie wenigstens eine Rolle spielen. Die Umkehrung wurde erfunden: Askese und Kasteiung sollten an die Stelle treten, an der früher Sinneswahrnehmungen – im ‹Ohr des Dionysos› oder in den «Dämpfen der Pythia» – kosmologische Ahnungen, Orakel, Erleuchtungen getragen hatten. Im nachklassischen Griechenland wiederholte sich der gleiche Vorgang. Zweiffellos überlagern jedoch solche Tendenzen die älteren nur teilweise. Die Hand eines Bauern kann das kommende Junge im Bauch der Ziege ertasten, während sie längst gelernt hat, die Gänge des Traktors und die Schaltknöpfe der Futteranlage zu betätigen. Freilich geht dabei die Einheit verloren, in der die Übertragungen sich vollziehen. Wenn die Hand noch bei der Geburt des Tieres helfen kann, so kaum mehr bei der menschlichen. Auch wo die Frauenhände noch im Spinnen die Wolle zum Faden in die Drehung zu fügen vermögen, wird dies nicht mehr zum Bilde des Lebensfadens; erst recht haben die Frauen mit dem Weben nicht mehr Anteil an dem Ordnen der Welt wie in den Alltagskosmologien früherer Kulturen.[22]

Wenn man die beiden nahezu gegensätzlichen Natur- und Selbstauffassungen der Menschen bei Juden und Indios vergleicht, so kann doch eine gemeinsame Einstellung festgestellt werden. Das geschichtliche Leben wird erfahren als herausgelöst und gesondert gegenüber einer Natur, die es beherrscht oder für die es mit Verantwortung trägt. Diese Verantwortung geht über die des Jägers für die Tötung eines Tiers grundsätzlich hinaus. Sie betrifft nicht mehr nur die jeweiligen Eingriffe, sondern ein Weltgeschick überhaupt. Dies gilt für die Sintflut, die wegen der Verderbnis der Menschen stattfindet, wie für die Rettung der Tierarten, zu der Noah berufen wird. Dies gilt für das Opfer des Quetzalcoatl, der doch ein Gott der aztekischen Geschichte ist, wie für das Opfer eines Menschen, durch das die Gesellschaft eine kosmische Arbeit vollbringt.

So bildet sich ein Sinnenbewußtsein, wie es betätigt wird: Die Gesellschaft hat ein Wissen von Naturvorgängen in den Kalendern, die den Rhythmus der Wiederkehr von Sonne und Regen gegenwärtig halten. Beobachtung der Gestirnsbewegungen und Vorhersage sind dabei immer verbunden durch kultische Handlungen, in denen die Menschen mitvollziehen, was sie beobachten, um diese Erinnerung mitwirken zu lassen. Sie muß an der Einlösung der Vorhersage mitarbeiten. Diese Vorgänge sind in der präkolumbianischen Welt ebenso existentiell wie sinnenhaft. Wenn über Teotihuakan die Sonne wieder im absoluten Zenit steht, wenn sie alle vierundfünfzig Jahre ohne einen Schatten der Erde sich mitteilt, wird auch die Geschichte neu geboren. Der Vorgang wird in leibliche Bewegungen der Menschen umgesetzt, wie er sehend erfahren wird. Ballspiele wiederholen das Geschehen am Himmel, Tänze nehmen es in die Geschichte auf wie die Mythen vom sonnengeborenen Königsgeschlecht.

Zwar hatten die alttestamentarischen Juden alle außergeschichtlichen Wirkungen an die übergeschichtliche Instanz des Gottes ohne Namen übertragen und konnten selber nur mit Gebet und Versprechung an diese sich wenden. Doch auch in dieser Form lebten sie existentiell in die Zustände der Natur gebunden. Ihre Jahreszeitengebete um Regen, in der Dürre des Sommers bescheidener wenigstens um Tau am Morgen, waren so sehr die Rhythmen ihres seelischen Lebens, daß bis heute jüdische Gemeinden auf der ganzen Welt mit diesen Gebeten im Heiligen Land leben, ob um sie herum – in Spanien, Polen, Amerika – nun Kälte oder Wärme herrschen, Schnee fällt oder Nebel ziehen.

Abhängigkeit und Einfluß sind beide noch in sinnenhafte Vollzüge eingebunden wie die langsame Zähmung der Haustiere, das langsame Kultivieren der Pflanzen ‹im Schweiße des Angesichts› und auch das Reiten und Melken und Bewässern und Ernten, das Schlachten und Dreschen. In allen Tätigkeiten verbindet sich ein Horchen auf das Mögliche mit dem Aufbringen eigener geschulter Kraft und dem Genuß des so zugänglich Gewordenen.

Drittens: bürgerlich

Agrarische Gesellschaften kennen früh eine Absonderung der das Land verteidigenden Krieger von den Land bebauenden Bauern. Feudale Hierarchien und Reiche bilden sich. Städtegründungen setzen der Natur einen Ort der Geschichte von ganz eigener Kompaktheit entgegen – selbst wenn weitgehend die Städte noch von Ackerbürgern bewohnt werden. Auch auf diese besonders typischen Lebensformen kann hier nicht eingegangen werden. Es genügt, die Vorstellungen für jeweils andere Gleichgewichte anzuregen. Wir müssen in den ‹ökonomischen› Organisationen einen Teil einer weiteren Ökonomie zu sehen lernen und ihr in die je spezifische Bedeutung der Sinnestätigkeiten nachspüren. Wir müssen aber auch ergründen, wie die Erfahrungen dieser Tätigkeiten mit dem Leben eines bestimmten Gleichgewichts zu einem besonderen Bewußtsein sich zusammenschließen. Wir gehen über die feudalen und städtischen Ordnungen unmittelbar zu ihrer europäischen bürgerlichen Form über.

Die im folgenden angedeuteten Beispiele müssen ausreichen, um die modernen Verhältnisse bürgerlicher Organisation als etwas wiederum Besonderes sehen zu können. Es wurde durch einen weiteren Fortschritt der Naturbeherrschung ermöglicht. Krieger und andere Gruppen können vom Landbau der Bauern mit ernährt werden. Dann können fern und frei vom Agrarischen andere Techniken, die immer noch Körpertechniken und Sinnestätigkeit sind, Natur im Handwerk aneignen, umformen. Noch ist nicht notwendig, die Durchführung der Naturbeherrschung wesentlich an beherrschte Menschen abzugeben. Aber die Werkstatt ist einzelnes Eigentum geworden. Die Vorgänge des Auswählens und Bearbeitens von Material sind ins ‹Private› gerückt. Nur wenn die Produkte aus der Entstehung zum Gebrauch überwechseln, erscheinen sie auf dem bunten Markt öffentlich. Aber auch alles, was mit ihnen geschieht und was die Menschen dabei an sich entdecken, an Stücken von Natur vollziehen – im Kochen mit Gemüse und Geschirr, im Gehen mit den Schuhen, im Arbeiten mit dem Messer, im Tageslauf mit den Kleidern oder Räumen und Möbeln –, ist wieder ‹privat›. Wenn Marx vom «bornierten Kunstsinn des Handwerkers»[23] spricht, so weist er damit auf einen Widerspruch hin. Der Handwerker entwickelt an sich genügend sinnenhaftes Können an seinem Material und mit seinen Werkzeugen und Geräten, um es zu einer Kunst entfalten zu können. Die Möglichkeit zu einem freien Ausdruck seines Stücks allgemeiner menschlicher Erfahrung, das ihm sinnlich konkret begegnet, ist angelegt. Sobald er nicht sklavenhaft zu erschöpfender Verausgabung aller seiner Kräfte gezwungen wird, bleibt der Übergang aus dem streng gebunden angewandten Können in andere Formen offen, die seine Erfahrungen von seinem Stück Natur, von seiner Korrespondenz mit anderen in der Werkstatt und von sich selbst und den mit seinen Werkstücken umgehenden Menschen so umfassend ausdrücken könnten, wie in der frühgeschichtlichen Einheit von physischer und kultischer Lebenssicherung Entsprechendes einfach gegeben war. Um aber die inzwischen entwickelten Teilungen in die Arbeit der Bauern, Handwerker, Priester, Krieger und Gelehrten von seinen besonderen Arbeitserfahrungen her aufzuheben, müßte er frei nicht nur vom Druck der Nützlichkeit werden, dem sein Tun ökonomisch unterworfen ist.

Es fehlt an einem Bewußtsein von der Bedeutung solcher Vorgänge, um sie wirklich zu erfahren, das heißt, sie als wesentliches Moment der Geschichte zu erfahren. Darum drängen diese auch nicht auf weitergreifenden Ausdruck; denn der hätte nur auf die Geschichte hin einen Sinn. Im Privaten sind die Sinnestätigkeiten von der Brechung des geschichtlichen Bewußtseins ebenso getrennt, wie dieses sich seinerseits von der Deutung der Natur als dem kosmischen Leben abgesondert hat. Der menschliche Sinn der Natur ist für die Kultur als solche nur noch die nützliche Funktion, die dann in den modernen Begriff von Ökonomie gefaßt wird. Dabei geht zunehmend die Übertragung des Begriffs vom Meister aus dem engeren handwerklichen Wissen in eine universelle Weisheit verloren, wie sie bei den Meistersingern noch erinnert worden sein mag, wie sie vielleicht der mystischen Philosophie Jacob Böhmes zugrunde lag und von Goethe in dem Namen Wilhelm Meisters wieder beschworen wurde.

Doch waren schon in der athenischen Polis diese Zusammenhänge traumatisch verstellt und ihre Aufteilung konstitutiv für die Herrschaft der mächtigen Familien. Darum reagierte das athenische System von öffentlicher Ordnung im Handeln, Denken und Beten so krampfhaft aggressiv auf den sokratischen Dialog mit den Handwerkern. Die Aufteilung in eine Welt- und eine Lebensvernunft nach staatlich-bürgerlicher und handwerklich-häuslicher Erfahrung muß nicht nur ein konstitutiver Zug der athenischen Polis gewesen sein, sondern auch als Garant des politischen Systems empfunden worden sein. Wie hätte sonst ihre Verletzung, entgegen den Idealen eines als ganzen sich lebenden Bürgers, derartige Abwehr auslösen können? Christian Meier betont «die Trennungslinien, die in der Demokratie innerhalb der Bürger verliefen und deren häusliche Existenz, etwa als Handwerker, von der bürgerlichen schieden».[24] Sollte man nicht vermuten dürfen, daß auch in der bürgerlichen Antike eine von traumatischen inneren Trennungslinien geprägte soziale Psyche so aggressiv wie in der Moderne reagierte, wo eine Aufforderung, die Trennungen von innen her aufzuheben, den Mut zu einem Konflikt ohne hinreichende Unterstützung bedeutete? Die Bürger machten Sokrates den Prozeß, um ihn zum Schweigen zu bringen; mit ihm hofften sie offensichtlich aber vor allem den ‹kleinen Daimon› in ihnen selbst mundtot zu machen. Gewalt ist im Spiel. Die Gewalt, die die Menschen sozialpsychologisch sich selbst antun, weist immer auch auf eine Gewalt hin, die ihnen politisch widerfährt, nicht allein auf diejenige, die sie in solcher Selbstdisziplinierung um so sicherer außenpolitisch und der äußeren Natur gegenüber auszuüben gedenken. Jedenfalls durfte Weisheit als öffentliche nicht aus den Erfahrungen des Schusters erwachsen, sondern mußte eigens als politische Entscheidungsbefugnis ausgewiesen sein. Platon, der Schüler des Sokrates, gab dem zugleich seine Anerkennung. Seinen «Staat» hat er zu einem Institut gemacht, das die Schichten gesellschaftlicher Erfahrungen undurchlässig gegeneinander macht, so daß der offensichtlich schon vor ihm praktizierte Ausschluß handwerklichen Kunst- und Weltsinns von der Geschichte auch seine philosophische Weihe erhielt.

Zweifellos sind dagegen die Zen-Meister, um diese Tradition für andere zu nennen, in all ihrer Spiritualität von dem handwerklichen Verhältnis des Meisters zu seiner Sache getragen. Anders wäre historisch nicht denkbar, daß der außerordentlich hohe Grad von Abstraktion ihrer Denkformen so fraglos mit dem ganz sinnenhaften Erleben der Bewegungen in ihnen wie ihnen gegenüber und durch sie hindurch eine Einheit bildet. In ihrem Bewußtsein gehören die gedachte Spirale eines Yin- und Yangsymbols und die von den Händen gespürte, ja vom ganzen Leib bei einer Drehung ausgeführte Spirale zusammen, etwa wenn die beiden Hände aufeinanderzubewegt werden, dann aber, bevor sie aufeinandertreffen, beide vorgeführt werden zu einer gemeinsamen Drehung in den Raum. Dies geschieht doppelt. Die sinnliche Bewegung wird so lange geübt, bis der ganze Mensch ihre Bewegungsgestalt auch zu denken vermag; in eins damit wird die gedachte Geschichte solange im Üben des Körpers vergegenwärtigt, bis die Lebensgeste des Leibes Bewegung und abstrakter Gedanke zugleich ist. Dann geschieht es, jenseits solcher übender Entwicklung, daß das eine im anderen ist. Während einerseits im Vollziehen Abstraktes und Sinnentätigkeit zueinander erst durch Üben vermittelt werden, sind beide eigentlich immer schon eins. So kann ein Sinnenbewußtsein Sinne und Bewußtsein in sich binden, während die leiblichen Bewegungen und Wahrnehmungen entschieden eine Spannung zwischen ihnen vollziehen. Diese Spannung ist sicher wesentlich weiter ausgeführt als im Schamanischen, das eben dem geringeren Abstand agrarisch oder voragrarisch lebender Menschen zur Natur entspricht. Doch beide Formen bewegen sich in einem Abstand, einer bestimmten Freiheit zur Natur, wie dabei die Sinnesorgane in einem aufnehmenden einwirkenden Wechselbezug zur äußeren Natur tätig sind und wie das Bewußtsein sich in geprägten und prägenden Beziehungen zum sinnlichen Austausch mit der Natur bildet, erhält, steigert.

Laotses Weisheit von der wesentlichen Bedeutung der Leere drückt sich in den Bildern aus, die als Vollzug diesem Bewußtsein sich zu entfalten erlaubt haben: «Man bildet Ton und macht daraus Gefäße: Auf dem Nichts daran beruht des Gefäßes Brauchbarkeit. Man durchbricht die Wand mit Türen und Fenstern, damit ein Haus entstehe: Auf dem Nichts daran beruht des Hauses Brauchbarkeit.»[25] Solches Bewußtsein wurzelte sicher in agrarischen Erfahrungen. Es wuchs schon bei Laotse, um so mehr im folgenden, über diesen Grund hinaus, wenn auch zweifellos nicht in ein bürgerliches Verständnis. Vielmehr bildeten Agrarisches und Handwerkliches in China eine Einheit ganz eigener Art mit einer besonderen Form einer über sie hinausgehenden Lebensform.

Diese Dimensionen der Entfaltung und Übertragung werden dem sinnlichen Tun moderner Naturbegegnung immer mehr genommen. Jedenfalls ist dies gerade nicht, was die Gesellschaft – man müßte sagen Allgemeinheit – von den Ackerbauenden und Handwerkenden erwartet. Noch einmal ist die Methode des transkulturellen Vergleichens notwendig, um uns eine Vorstellung davon zu geben, wie dies anders sein kann. Denken wir etwa an die Ausübung des Webens in den Traditionen der Bantu-Afrikaner. Der Webstuhl gilt dort als eine Erfindung der Geschichte und des Himmels; das Weben als ein stofflicher Ausdruck des Wortes. Faden des Schusses und Wort bewegen sich wie Wasser; sie verbinden und deuten. Zu weben bedeutet gleichzeitig immer, ein wenig die Weltordnungen zu erinnern, auszudrücken und zu stärken. Etwas davon ist uns im Bild vom ‹Webstuhl der Zeit› erhalten, an dem die Nornen sitzen. Gerburg Trensch-Dieter hat Momente dieser weiblichen Seite sozial-kosmologischer Traditionen in der europäischen Geschichte aufgenommen.[26] Der afrikanische Schmied ist der Hüter himmlischer Werkzeuge der Kraft wie des Rhythmus – seine Blasebälge sind eng mit den Trommeln verwandt und sprechen deren Sprache. Schmiede sind zu priesterlichen Handlungen berufen.

In den bürgerlichen Verhältnissen der Moderne wird das Sinnliche der Naturbeherrschung zunehmend auch an frühindustrielle, also immer mehr nur ausführende Arbeiter abgegeben. In Handel, Medizin, Juristerei, Finanz usw. kommt es als notwendige Fähigkeit vor, sich die realen Vorgänge, über die man verfügt, doch vorstellen zu können. Die Tendenz dieser Vorstellungen geht aber auf das Schematische. Schon im 16. Jahrhundert werden im ‹Termingeschäft› an Börsen Waren von *genormten* Eigenschaften auf Termine der Zukunft verkauft, die es im Zeitpunkt des Verkaufs noch gar nicht gibt. Der Sinn für die zu spürenden Unterschiede zwischen einem Tuch und einem anderen, einem Getreide und einem anderen, mißt dann immer an einer Norm. Das Besondere wird zur Abweichung, zum Fehler gestempelt. Dies prägt dann unwillkürlich die Sinne auch dort, wo sie nicht dem Handelskaufmann dienen, sondern eine Äußerung des Menschen sein können. Dies unterscheidet sich von dem Bemühen um Gleichmäßigkeit des Gewebes oder volles Wachstum der Früchte unter anderen Verhältnissen, weil nun immer weniger das interessiert, was die Gleichmäßigkeit bewirkt, die Fülle ausdrückt. Eigenschaften sprechen immer weniger von einer Entstehungsgeschichte und werden immer mehr auf Ergebnisse, schließlich auf ihr Meßbares reduziert. Dieses Verhältnis zu den eigenen Sinnen und zur Natur gegenüber ist ‹ökonomisch›, und es wird ausgeübt im Rahmen des privaten Eigentums, das die Lebensmöglichkeiten der Familie trägt, ihre Beiträge charakterisiert und die Organisation des Öffentlichen in der Gesellschaft konstituiert.[27]

Dabei wird das Sinnenbewußtsein ‹freigesetzt› wie die Vorstellung von der Arbeit, werden die Sinnestätigkeiten ebenso aus dem Verband von Gesellschaft und Bewußtsein entlassen wie die Arbeiter aus den feudalen Ordnungen. Bei einigen Bürgern entkommen sie damit der ökonomischen Verfügungsgewalt in die freie Übertragung auffassender Naturbegegnung des Künstlers oder eines Wilhelm Meister. Bei ihnen können sie zugleich eigene Vermögen und anschauendes Wissen ausbilden. Gleichzeitig bleibt diese Freiheit gebunden an das Eigentum als den Realitätsbezug. Diese Geschichte vom freier werden, dann vom zu frei werden und vom Verfall mit dem des Eigentums als Realitätsprinzip interessiert uns an den «Buddenbrooks» oder anderen Sagas über bürgerliche Familien. Der Verlust des frei gewordenen Sinnenbewußtseins geht mit dem Verlust des Wirklichkeitsbezugs der vereinzelten Existenz einher. Die Entfernung vom Zwang des Ökonomischen wirkt so auflösend, wie die Lösung dieses Zwangs erlösend gewirkt hatte. Das Sinnenbewußtsein wird so zu einer Art bloßer «Zeichenbildung», wie Alfred Lorenzer im Psychischen die Abspaltung von der Wirklichkeit nennt.[28]

Die Arbeitenden verausgaben ihre Kraft und sind um das Bewußtsein ihrer Sinne gebracht. Sie haben nicht Teil an einer «allgemeinen Arbeit» der Gesellschaft, wie Rudolf Bahro sagt.[29] Aber auch die Sinne selber werden verstümmelt. Sie haben kaum entfaltenden Anteil an den immer einseitigeren Verrichtungen, die von der Anthropologie unter dem Begriff der ‹Ersparung an physischem Aufwand› zu einem Kriterium des Gattungsfortschritts uminterpretiert werden, während ihnen der sinnenhafte, sinnstiftende Zusammenhang mit dessen aufgezeigten Dimensionen genommen wird. An diesem Ende der Gesellschaft bleibt also insofern übrig, was Lorenzer eine «Klischeebildung» nennt, also das Feststecken in einem immer sich wiederholenden Wirklichkeitsbezug ohne auch nur die Möglichkeit zu Erfahrungen, aus denen Handgreifliches sich wieder übertragen und freier werden könnte. Die große Maschinerie ist das wesentliche sinnliche Erleben. Natur, eigene Sinnenentfaltung wie äußere, wird zum Rohstoff für diese.

Viertens: industriell-kapitalistisch

Diese Entwicklung war bereits in den Manufakturen vorangeschritten, die an sich noch geprägt waren von der traditionell entfalteten Handwerkergeschicklichkeit. Aber diese Geschicklichkeit war nicht mehr leitender Maßstab der Vorgänge. Die Geometrisierung der Zeit zerlegte die Abläufe in beliebig wiederholbares Nacheinander von Teilphasen, ganz nach dem Muster der Exerzierreglements für den soldatischen Gebrauch der Pieke oder des Gewehrs, und durch die Geometrisierung des Raums in das Nebeneinander der Vorgänge, also die Umrechnung einer Verlaufszeit in alle anderen. Die Arbeiter waren bereits getrennt von dem Leben mit ihrem Material, das sie nur zur Bearbeitung in die Hände bekamen. Der Manufakturherr übernahm die Beziehungen der einzelnen Handgriffe zum Material, zum Gesamtablauf, zum Produkt in seine Regie. Diese war aber der Sache äußerlich. Seine Leistung hieß Koordination. Die Sinnestätigkeiten konnten sich weder selbst noch im Gebrauch begreifen, den andere Menschen von ihren Produkten machten. Der Begriff vom Ganzen war abstrakt.

Dennoch hat sich ein handwerkliches Bewußtsein bis weit ins 19. Jahrhundert erhalten, im sinnenhaften Selbstbewußtsein zunächst auch der in den Industrien arbeitenden Gesellen, das an ihren zünftigen Umgang miteinander gebunden war, der bei gehörigem Auftreten, bekannten Begrüßungsformeln und hergebracht-erwarteten Gesten eine anschauliche soziale Sicherheit so lange gewährt hatte.[30] Daß die Arbeiterbewegung dann nicht, wie es zunächst scheinen konnte, an diesen sinnlich begründeten Formen des Bewußtseins anknüpfen konnte, hat wesentliche negative Folgen gehabt. Offenbar haben weder die gesellschaftlichen Verhältnisse noch der eben borniert Sinn der Handwerker für die geschichtliche Dimension ihrer Tätigkeit ihnen erlaubt, ihre Erfahrungen politisch zu wenden und zu erweitern. Genau an dieser Stelle konnten dann faschistische Ideologien ansetzen, um den unerlösten Sinn wiederzubeleben, der nicht nur bornierter Kunstsinn war, sondern eben auch zurückgedrängtes geschichtliches Bewußtsein. Sie riefen die Ressentiments gegen den historischen Betrug um einen entfalteten Anteil an der Geschichte auf, um den Betrug nur desto systematischer fortzusetzen. Und dies war nicht die letzte Etappe der Problematik.

Parallel zu der handwerklichen Arbeit und ihrem Untergang in der Bedienung der Maschinerie verlief die Geschichte des besitzbürgerlichen Verhältnisses zu dem Leben der Sinne. Solange eine anschauliche, konkrete Realität noch den Strategien der abstrakten Koordination unterzuordnen blieb, fand immerhin eine Auseinandersetzung mit ihr statt. Solange Natur noch den Maximen der Naturbeherrschung zu unterwerfen war, blieb sie spürbar gegenwärtig, wenn auch so vehement und flüchtig wahrgenommen wie der Gegner im Ringkampf, den wir in seinem Körper oft so existentiell kennenlernen wie einen Partner der Liebe.

Mit der Durchsetzung der großen Industrie – nationalökonomisch ist vom Monopolkapitalismus und vom Weltmarktkolonialismus zu sprechen – zerfielen beide Überreste von ökonomisch relevantem Sinnenbewußtsein. Die Industriearbeiter bilden bis heute an einigen Stellen sinnenhafte Fähigkeiten von hohem Grade eines Selbstbewußtseins aus; Beispiel bleibt immer wieder der Zangengriff nach dem glühenden Stahlband auf der Walzstraße und dann dieser kühne Schwenk in die Höhe, mit dem der Arbeiter das Band im Bogen zurückbeugt, um es in umgekehrter Richtung noch einmal durch die Rollen der Formpresse laufen zu lassen. Aber das eigene Bewußtsein davon läßt sich nicht übertragen in die Kategorien des geschichtlichen Vorgangs. Diese Produktionsform nimmt ihre Bestimmungen aus den Konstruktionsprinzipien der Fabrikanlagen und den Kalkulationsprinzipien von Input-Output-Modellen. Daran ändert die juristisch-ökonomische Veränderung der Eigentumsformen praktisch nichts und kann auch theoretisch nichts daran ändern. Die Menschen sind insgesamt so abgesondert von dem, was Rudolf Bahro die «allgemeine Arbeit» der Bestimmung des Gattungsgeschicks nennt, wie die Sinne ihres Bewußtseins enteignet sind. Deshalb und nicht nur auf Grund der despotischen russischen Vorgeschichte sind im ‹real existierenden Sozialismus› die Sinnestätigkeiten ebensowenig Selbsttätigkeit wie in anderen Formen von Industrialismus und Kapitalismus.

Die besitzenden Bürger haben mit dem familiären oder individuellen Realitätsbezug über ihr Eigentum auch die Andeutung einer Einheit von Sinnen und Bewußtsein in diesem geschichtlichen Sinne verloren. Freilich haben sie gewisse Freiheiten, dieser Einheit lebensgeschichtlich nachzujagen. Seit Lebensphilosophie, Jugendstil, Jugendbewegung, Expressionismus sind Leidenschaftlichkeit und Vergeblichkeit entsprechender Bemühungen eindrucksvoll sichtbar geworden.

Fünftens: post-industriell

Von daher rührt noch das Mißtrauen gegen die Menschen, die ihr Leben zur Ausnahme von den herrschenden Regeln der Industriegesellschaft und der Kapitallogik machen wollen. Am Ende des 20. Jahrhunderts haben sich jedoch die Verhältnisse, die solchen Lebensentwürfen den Anschluß an die Objektivität geschichtlicher Entwicklungen verwehrten, entscheidend verschoben.

Die Trennung von Sinnen und Bewußtsein, von gelebter und geschichtlicher Wirklichkeit ist nicht mehr durch einen zwingenden Primat der technisch-ökonomischen Kategorien zu leugnen. Historisch hatten sich Instanzen der Verklammerung ausgebildet – bürgerliches anschaulich greifbares Eigentum und abhängige wertschaffende Arbeit. Lange Zeit konnten sie als schlechte, aber legitime Formen gelten, in denen die noch möglichen Bezüge zwischen Sinnenhaftem und Fortschrittsgeschichte hergestellt wurden. Jedenfalls war dies im Verhältnis zu dem durchgesetzten Modell der gesellschaftlichen Ökonomie richtig. Inzwischen sind diese Instanzen als solche zerfallen, wie lange auch noch ihre Funktionen synthetisch simuliert werden mögen: Kein Nationalökonom würde angesichts von Automation und strukturellem Überangebot an bezahlter Arbeit mehr auf die Idee kommen, eine Wertschöpfungslehre zu erfinden und sie allein auf die Arbeit aufzubauen. Ebensowenig kann Eigentum, das einmal erworben und sachgemäß verwaltet zu werden hatte, noch als Beziehung zur Wirklichkeit begriffen werden, seit ein System bloßer Einkommensansprüche daraus geworden ist, wie es sich in den Investmentfonds, der Sammelverwahrung von Aktien und ihrer Sammelvertretung durch Großbankverwaltungen sinnfällig zu erkennen gibt.

Eine grundsätzlich neue Situation ist entstanden. Die Gesellschaft erkennt jetzt an, daß die alte Trennung in öffentlich und privat nunmehr durch die geschichtliche Wirklichkeit selber hindurchgeht. Es gibt damit eine zugleich geschichtliche und nicht gesellschaftlich organisierte Wirklichkeit. Diesen Umstand hat Habermas als Legitimationskrise analysiert. Das Problem liegt aber tiefer im Existentiellen. In der Wohlfahrtsgesellschaft als Verschwendungskultur hatte die öffentliche Ökonomie dem Einzelnen, der dafür mit Leistung zu zahlen hatte, scheinbar seine Existenz geliefert – ein kapitalistisches Fertigprodukt, das man ohne Beanstandungen konsumierte oder verwirkte. In dieser vergesellschafteten Realität vollzieht sich unser aller geschichtliches Verhältnis zur Wirklichkeit über abstrakt-anonyme Planung. Deren vielleicht altmodischer, jedenfalls anschaulicher Ausdruck sind am ehesten sozialistische Planwirtschaftsapparate.

Demgegenüber bestimmen aber immer deutlicher, wenn auch verleugnet oder verdrängt, Dimensionen menschlichen Existierens die gesellschaftliche Situation, die zwar Folgen der Vergesellschaftung sind, aber einen Anteil an der Geschichte aus eigenem Recht übernehmen. Die Möglichkeiten freigesetzter Sinnestätigkeiten der Arbeitslosen bilden einen potentiellen Fond von Arbeit, die von der industriell-kapitalistischen Ökonomie befreit ist. In diesem Zusammenhang wird auch die sogenannte Freizeit der anderen zu einem neuen qualitativen Moment, das sich in vielen Varianten längst auf eine zukünftige ‹Eigenarbeit› hin ausrichtet, um Selbsttätigkeiten hier mit dem Begriff einer neuen Ökonomie zu benennen.[31]

Gleichzeitig wird ein alter Unterstrom der Geschichte rationalisierter Lebensformen langsam sichtbar und hörbar. Seit Planung geometrisierend die Bewegungen der Menschen aus dem Zusammenhang mit inneren Rhythmen und äußeren Begegnungen reißt – im Drill, in der Betriebsorganisation, im Sport usw. –, sind es die verbleibenden intuitiven Lebensklugheiten des Körpers, die uns den an und für sich undurchführbaren Plänen zum Trotz ein Überleben ermöglichen. Gerade für diese heimlichen Traditionen nehme ich Nietzsches Wort in Anspruch: «diesen unerhörten unhörbaren Strom», den all die in dem Leib stumm erinnerten Erfahrungen der Geschichte bilden. Gegenwärtig ist nun der Zeitpunkt, zu dem die offiziellen Instanzen der Gesellschaft das Schweigegebot aufheben müssen. Ohne die eigene praktische Weisheit des Leibes läßt sich nicht wiederfinden, was in den Zivilisationskrankheiten untergeht: Nur aus dem ganzen Menschen können Herzkreislaufstörungen in einen gleichgewichtigen Gang zurückgeholt werden, können die psychischen Schäden aufgelöst werden, die von Trennungsstrategien mitten durch das Beziehungsgefüge von Menschen und Geschichte und Natur bis hin zum Kosmos verursacht werden. Und zu Ganzen können die Menschen nur in den Bewegungen dieses Gefüges werden. Dieses bewegte Gefüge heißt Leben, und seine Organe sind die Sinne. Das auf ihnen gründende Bewußtsein muß wieder in den Kreis derer eintreten, die den Kurs des Schiffes bestimmen, nachdem es so lange nur auf den Ruderbänken unter Deck geduldet wurde wie ein Sklavenheer. Die Rufe nach einer nicht länger einseitigen Vernunft werden aber nicht immer in dem Bewußtsein hervorgebracht, daß diese Tiefen wieder teilnehmen sollen an der Geschichte – nicht einmal heute, da wir nicht wissen können, ob selbst eine solche Wende noch die Geschichten der Menschheit fortzusetzen erlauben kann.

Während in dem Bereich der lebensgefährdenden Konsequenzen einer einseitigen Organisation des Lebens die Einzelnen die Verantwortung für ihre Existenz auferlegt bekommen, sind in den lohnabhängigen wie in den einiges besitzenden Menschen viele Zeiten, Kräfte, Hoffnungen, Erwartungen, Mangelgefühle frei geworden für diese andere Beziehung zur Realität. Die Verausgabung der einen, die Dispositionskunst der anderen sind nicht mehr in die vergesellschaftete Realität gebunden. Diese hat sich aus dem sinnenhaften Bewußtsein entfernt. Zugleich hat für alle Menschen der Kampf gegen den Lebensentzug unter den Maximen von Technologie und Verwaltung begonnen, wenn auch die Erben des Bürgertums unmittelbarer von der Verteidigung gewohnter Ansprüche in den neuen Kampf übergehen als diejenigen, die nie gewohnt waren, ihrem Bewußtsein die Konsequenz ihrer Lebenstüchtigkeit zuzutrauen.

Die Menschen und ihre Sinne werden frei dafür, Beziehungen zur Wirklichkeit, zur Natur aufzunehmen, die diesseits der abstrakten Vergesellschaftung vom Naturverhältnis der Gesellschaft sich vollziehen. Darin sind sie schwach, ja bedeutungslos gegenüber der institutionellen Planung von ‹Realität›. Darin sind sie aber frei, die geschichtlich verdrängten Dimensionen menschlicher Bezüge zur Wirklichkeit des Lebens aufzunehmen. Dies ist ein geschichtlicher Schritt. Siegesgarantien haben die Ansätze in den einzelnen Menschen sicher nicht. Aber gerade in uns Individuen und in der Individualität unserer spontanen Gemeinschaften kann die versäumte Selbsttätigkeit wiedererwachen. Wenn wir aus ihr auch ein Sinnenbewußtsein reifen lassen können, das es mit der Abstraktheit der anderen Hälfte, der herrschenden der Realität, aufnehmen kann, dann wird dies zu einem Tun von gattungsgeschichtlicher Bedeutung. Darin zählt jedes Stück des Lebens im ganzen Hause der Welt, das wir mit *seiner* Objektivität gewinnen, um die einseitigen, verirrten Objektivitäten der ‹Ökonomie› in eine neue Politik zurückzuholen.

Wie außerordentlich schwierig diese Aufgabe ist, zeigt sich an den gegenwärtigen sozialen Bewegungen. Klarheit können sie nur gegenüber der Realität von Planung und Verwertung gewinnen. Im Abseits der eigenen Wirklichkeit aber verfehlen sie die gesellschaftliche Situation. Sie sind so stark, wie sie dem neuen geschichtlichen Vorgang in uns allen Ausdruck zu geben vermögen, und so schwach, wie sie suchen, ihn im herrschenden Realitätsprinzip zu institutionalisieren. Vielleicht sind da die individuellen Lebensgeschichten stärkere Orte. Ihre Schwäche ist doch die Nähe zum Existentiellen, die zur Stärke wird, sobald das Bewußtsein sich als universelles entdeckt, aber nicht seinen sinnenhaften Grund verliert.

Auch einer geschlossenen Strategie der Gesellschaft müßten Garantien fraglich bleiben. Kennzeichen lebendiger Schritte sind auch nie solche Garantien, vielmehr die Verbindungen mit anderen Bewegungen des Lebens. Und dies sind exemplarisch die Bewegungen von dritten Welten um uns wie in unseren Ländern selbst. Was da aus der Geschichte noch ansteht, sind wohl nur mehr Motive, Ansprüche, Wegweiser, Kriterien, Ermutigungen, Mahnungen. Immer weniger leben die Afrikaner aus der Einheit von Rhythmus und Wissen, wie Senghor es verkündet, auch wenn Malcolm X dasselbe für die Schwarzen mitten in der Industriegesellschaft des amerikanischen Konsums behauptet. Je mehr Schamanen in Europa herumreisen, desto weniger gibt es noch. Die Zen-Traditionen mögen im Westen eher geduldet sein als im Lande der Superwirtschaftsmacht Japan. Aber die Vorbilder weisen uns Wege, während sie verlorengehen, und leben vielleicht in uns, bei aller unserer Unsicherheit, mit einer Kraft auf, die sie nie vorher gehabt haben: als Politik des Lebens im Angesicht des drohenden Kältetods der Welt. Darum dürfte es wichtig sein, sich des möglichen Wissens von diesem Leben und von den Formen seiner Bewegung und seines Ausdrucks in uns allen zu versichern.

Diese Entwicklung steht in bemerkenswerter Analogie dazu, daß von ganz verschiedenen Seiten her die entscheidende Bedeutung minimaler Vorgänge entdeckt oder wiederentdeckt wird. Wesentliche Wirkungen können nur sich selbst entfalten. Das anzustoßen, genügen sehr kleine, wie immer entschiedene Bewegungen. Größere überlagern sofort die Wirkung und erdrücken, was eben zu schwingen beginnt, unter der Gewalt ihrer gezielten Energiestöße.

Dies gilt nicht nur im physiologischen Gleichgewicht, auf das Medikamente angesetzt werden oder das massageähnliche Berührungen in lösendes Schwingen versetzen. Wir wissen von Entsprechendem ebenso in erotischen Beziehungen, wo der Überfall in der Regel keine Antwort zustande kommen läßt. Aber auch in der Physik werden analoge Einsichten führend.

In der Ökonomie ist seit Leopold Kohr und Friedrich Ernst Schumacher die «counterproductivity» großer, zu großer Einheiten bekannt. Inzwischen stellt sich ähnliches für die wirtschaftsankurbelnden Maßnahmen des staatlichen «deficit spending» heraus.

Immer erschlagen Eingriffe, was sie bewirken sollen, wenn sie diese Wirkungen durch Ballung des Einsatzes erzwingen sollen, jedenfalls solange das Leben sich im weiteren beteiligen soll oder muß. Denn das kann Leben nur in den Schwingungsintensitäten seiner eigenen Bewegungsformen, nicht im Stakkato eines gepuschten Hochtourenstarts. Der löscht meist schon die ersten feinen Bewegungen aus, die aus dem Innern eines Leibes, einer Seele, eines Körpers, eines Wirtschaftsgebildes kommen. Mit fortgesetzten Hochtouren werden dann aber auch diese ansetzenden Schwingungen daran gehindert, sich aus sich heraus rhythmisch zu stärken und zu steigern.

In die politische Ökonomie des Sinnenbewußtseins übertragen, bedeutet das nicht, daß auf jeden geschichtlichen Zusammenklang der individuellen Stimmen verzichtet werden soll oder kann. Das Gemeinsame muß eben nur als solches entdeckt und bewußt erlebt, nicht politisch inszeniert werden. Dazu muß sich das individuelle Erleben in einem öffentlichen Bewußtsein reflektieren können, um zu einer auch politischen Erfahrung zu reifen. Dieses Verhältnis des Kleinen zum Großen läßt sich weder umdrehen noch forcieren. Es spricht auch manches dafür, daß wir viel mehr dem Kleinen, dem Leben im Erleben der einzelnen Menschen, vertrauen können, als man denkt. Dazu ist aber Vertrauen notwendig, dessen das Selbstvertrauen der Menschen in ihrem authentischen Erleben bedarf, weil die Moderne das Leben, so es ihren Prinzipien nicht rekonstruierbar entspricht, «unter Verdacht stellt», wie Hugo Kükelhaus sagte. Eine ‹Kritik der politischen Ökonomie› muß darum sich neu begründen in einem öffentlichen Bewußtsein der Menschen davon, daß wir im eigenen Leben Kategorien des

Lebens haben und zu geschichtlichen Erfahrungen hervorarbeiten können. In dieser Arbeit vereinen sich, erneut und tief verändert, die Dimensionen, die uns einmal Kult und Kunst und Ökonomie usw. hießen.

Verbinden wir noch einmal den ökonomiegeschichtlichen und den kulturgeschichtlichen Ausgangspunkt, um die Vorgeschichte der Gegenwart aus der Tiefe heraus zu begreifen und in unsere Probleme der Trennungen als Folgen bestimmter, wenn auch unzureichend bewußter Strategien aufzulösen. Die Aufklärung der Aufklärung über das, was sie selber an Verdrängungen bewirkt und begründet hat, soll einer Einordnung in den Wechselgang der Zeitalter näher gebracht werden. Die Opfer und Verluste, die eine noch herrschende Anschauung der Welt als einer zerstückten auch praktisch durchgesetzt oder in Kauf genommen hat, sollen für die Zukunft verstanden werden: Sie können Wendepunkte denkender, tätiger und selbsttätiger Besinnung werden. Sie können mit den vielen verwandten Momenten unseres unbegriffenen Erlebens zusammen zu einem Gewebe zusammenwachsen, das neue Kategorien im Widerpart mit den gewohnten unser Bewußtsein, unsere Entscheidungen ausrichten läßt.

Die polaren Kräfte wurden schon seit Zoroaster dichotomisch einander gegenübergestellt. Seither ist jede Ordnungsvorstellung, die nicht auf solch unversöhnlicher Trennung und auf dem sie übergreifenden Mechanismus der Hierarchie beruht, in ein Reich verbannt, das nur ‹die andere Ordnung› heißen kann und dessen Wirklichkeit als unrealistisch gilt. Diese Tendenz hat sich erst durch Jahrtausende hindurch so umgesetzt, wie sie uns heute entgegentritt. Selbstverständlich hat sie sich wechselvoll entwickelt ohne unmittelbare Kontinuität. In einer hervorragenden Phase seiner Geschichte sei das Modell des historischen Wandels zusammenfassend umrissen, in der Entstehung der griechischen antiken Philosophie. Die drei genannten Trennungsstrategien der Subtraktionsanthropologie, der Geometrisierung und Theoretisierung haben dort ihren Ursprung. Die Konzepte der Identitätslogik und das Verdrängen der Bewegung aus den Dimensionen des Denkens wurden dort begründet.

Um die gegenwärtigen Untersuchungen und Fragen auf diesem Hintergrund tiefenscharf weiterführen zu können, wollen wir uns vergegenwärtigen: Was geschah in der Periode, sagen wir, zwischen Homer und Aristoteles? Und wie kam es dazu?

Für ein Sinnenbewußtsein wird besonders deutlich, was geschah, an dem Wandel der Vorstellungen vom Leibe, die Bruno Snell von der

Wortgeschichte her aufgezeigt hat.[32] Er hat die Bilder Homerscher Sprache für körperliche und seelische Bewegungen so zusammengefaßt, daß wir sie als Zeugnisse eigener Beziehungen der Menschen zu sich und in der Mitwelt verstehen lernen. Der Begriff Körper stellt sich dabei als ein Abstraktum heraus, für das es kein Wort gab, das gar nicht gedacht wurde. Was die moderne Psychologie so gern das ‹Körperschema› nennt, war ganz undenkbar. Erlebt und vorgestellt wurden vielmehr die Organe des Leibes in ihrer jeweiligen Beziehung zu Vorgängen, zu denen sie ebenso beitragen wie Momente der Mitwelt. Die Knie tragen mich, der Arm wirft den Speer, das Herz ist voller Unruhe. Wir müssen dies in zwei, dazu gegensetzlichen Richtungen verstehen: Ein Mensch ist existentiell eine Einheit, daß er sich in wesentlicher Hinsicht als Vielheit erlebt. Die Einheit ist so sehr die der funktionalen Bewegungen, daß ein Abstraktum Körper, das dies alles zu einer statischen Identität bringt, weder gelebt noch erlebt noch gedacht werden kann. Das würde außerdem bedeuten, eindeutige Trennungen vorzunehmen durch die Bewegungen hindurch mit der identifizierenden Frage: Was an dem Vorgang des Speerwerfens gehört zu mir? Gehört der Speer zu mir, der doch mein äußeres Organ wird?

Bateson hat die Frage für uns deutlicher gestellt: Bis wohin gehört der Stock zu dem Blinden, der mit ihm tastet, wie wir mit den Augen sehen?[33] «Das Netzwerk ist nicht durch die Haut begrenzt, sondern umfaßt auch alle äußeren Bahnen» bis hin zu dem, was die «Gegenstände» uns mitteilen, um so mehr auch bis in «die Bahnen der gesamten unbewußten Geistestätigkeit». Bateson arbeitet an diesem Zusammenhang heraus, wie unwirklich die heute als realistisch geltende Annahme eines isolierbaren identischen ‹Ich› ist. Wir wissen, daß damit nicht allein die Probleme der Psychologie bezeichnet und analysiert sind, begreift sich doch die Gesellschaft als ganze den Vorgängen und Wesen und Dingen der Natur gegenüber nach demselben Modell; ja, sie handelt eben auch so, als entspräche die Realität der Trennung von Subjekt und Objekt.

Genau diese Trennung muß aber nach Homer eingeführt worden sein, wenn man sieht, daß zunehmend davon gesprochen wurde, wie ein Mensch seine Beine bewegt, statt von seinen Knien getragen zu werden. Dabei kommt es mir auf die logische Gleichzeitigkeit an, in der Ausbildung abstrakter Identität und Vernachlässigung von Bewegung stehen. Das Werfen des Speers ist immer weniger, was sich ereignet; statt dessen wirft ein Krieger einen Speer, indem er seine Muskeln anspannt und ein Ziel ins Auge faßt, und ein Ziel wird getroffen. Der

Wurf findet am verursachenden und am bewirkten Punkt Beachtung. Die moderne Logik und schon die der ‹griechischen Aufklärung› hält zwischen Ursache und Wirkung den Atem an. Die sprachlichen Formen zeigen nämlich anschaulich, was auch in der Philosophie geschieht.

«Der Eleate Parmenides sagt, das Reale aller Dinge ist nicht ihre Sinneserscheinung, sondern einzig und allein das Eine, das ist: τὸ ὄν (to on). Von dem ist nichts auszusagen, als daß es unveränderlich, unteilbar und unbeweglich ist, daß es nicht vergehen und also auch nicht entstanden sein kann.» So sieht Alfred Sohn-Rethel die Einführung eines «ontologischen Begriffs vom Sein», und zwar als Beginn von Philosophie überhaupt.[34] Wie kam es dazu?

«Die Erforschung der frühen griechischen Philosophie und ihrer Entstehung im sechsten und fünften vorchristlichen Jahrhundert stößt auf das gravierende Paradox, daß nach der geschichtlichen Genesis der geschichtlich zeitlosen Universalbegriffe gefragt werden muß, auf die sich die Philosophie der Vorsokratiker gründet.» Sohn-Rethel begründet das Auftauchen solcher Begriffe aus den Erfahrungen der Menschen, die ihre gesamte Lebensgestaltung praktisch zu prägen begannen und die nur ganz verkürzt ökonomisch genannt werden könnten. «Die Abstraktion hat anderswo stattgefunden und ist den Denkern in fertiger Gestalt gegeben.» Seitdem die Menschen nicht mehr ausschließlich oder wesentlich das, was nicht selbst hergestellt und verbraucht wird, im Gabentausch geben und nehmen, bekommt die abstrakte Form des Warentauschs wesentliche Bedeutung. Seit nicht mehr die Bedingungen der steinzeitlichen Techniken kollektive Formen der Lebenserhaltung und -gestaltung erzwingen, seit vielmehr eisenzeitliche Techniken die Aufgabe der Selbsterhaltung einzelwirtschaftlich zu organisieren erlauben, wird getauscht. Im Tausch wird nicht die gegenseitige Verantwortung füreinander vollzogen, sondern nach Wert und Gegenwert, nach Gleichwertigkeit gefragt. Das nennt Sohn-Rethel die Entstehung «der gesellschaftlichen Realabstraktion, der gesellschaftlichen Synthesis durch den Tausch». Großartig genau und einfach beobachtet er, wie diese Vorgänge sich im Bewußtsein der Menschen ausgebildet haben müssen. «Die Auslöschung der qualitativen Unterschiede der Waren und ihre alleinige Geltung der Quantität nach», nämlich nach der Quantität ihres Geldwertes, «drängt sich den Betroffenen als schockierende Erfahrung auf, desgleichen daß vor dem Geld die Menschen, ob König oder Ackerknecht, einander unterschiedslos gleich gelten, wie auch die Waren selbst, die das Geld verfrachtet hat, keine

Spur hinterlassen; und wesenlos wird auch der Ort und der Zeitpunkt, und die Tauschbewegungen der Dinge werden nach bloßen Geldmaßstäben gemessen. Das Geld bringt eine verwandelte Welt mit sich und eine Welt, die Beachtung verlangt.»

Die alte Geldproblematik nimmt nun erst ihre ganze, bei Marx nicht voll erkannte Bedeutung ein. Geld ist Geld, indem es nur den Wert von Waren in einem einheitlichen Maß ausdrückt. Aber das kann es nur, indem es selber Wert hat auf Grund des Stoffes, aus dem es gemacht wird. Der Wert des Geldes kommt nicht zustande auf dem Grunde der Waren, die in Geldwert gemessen und ausgedrückt werden. Er wird ihnen entgegengesetzt und gilt gerade deshalb unmittelbar für sie. Dies arbeitet Sohn-Rethel neu heraus und stellt die Begriffe der Philosophie, die nicht als Abstraktion aus dem entstanden sind, was sie unter sich begreifen, als Übertragung der «gesellschaftlichen Synthesis» in eine des Denkens dar.

Die Philosophie hat den Begriff des Seins hervorgebracht, indem sie aussprach, was im abstrakten Tausch einer Ware gegen eine andere zur Erfahrung geworden war: Es mußte ein ungreifbares Gemeinsames hinter den Dingen geben, in dem das Unvergleichbare vergleichbar war und das Zufällige Wahrheit bekam.

Wenn es auch sehr schwer ist, diesen äußerst komplexen und komplizierten Zusammenhang unvorbereitet in der kurzen Skizze aufzufassen, so wird dies an der anschaulichen Seite des Tauschvorganges um so sicherer gelingen. Die zitierten Ableitungen in unsere Überlegungen einzubeziehen, ist mir auch deshalb besonders wichtig, weil ich so im Sinnenhaften den analogen Vorgang entdecke: Der Tausch unterbricht alle Geschichte. Im Tausch fällt aus aller Anschauung heraus, was sonst Herstellende und Gebrauchende zu einer großen Bewegung verbinden würde. Im Tauschakt stehen die Bewegungen still. Die der Produktion ist Resultat geworden und erloschen. Die Geschichte des Gebrauchs beginnt erst später und als eine ganz eigene. Die Logik verdankt ihren grundlegenden Begriff des Identischen wie das Geheimnis der Übereinstimmung von Aussage und Wirklichkeit, Begriff und Identifiziertem unaussprechlich dem scheinbar Banalsten.

Gadamer betont, daß in einem Rechtswesen, das noch ohne Geld subsistenz-wirtschaftlich zu begreifen ist, «die Sache» war, was «in die Mitte niedergelegt wird zwischen die streitenden Parteien», so daß eine ‹Natur der Sache› vermittelndes Moment ist.[35] Gerade dies kann die Ware nicht mehr sein. Im Tausch wird ihre Geschichte ausgesetzt. Ihre Zeit steht still. Ihre Identität ist an den Wert gebunden und wird als

Gleichwertigkeit mit einer anderen Sache präsentiert. Wie das Geld kann sie sich nur in der Hand des einen *oder* der des anderen befinden, während die Gabe gerade beider Hände um sich vereinigend zusammenführt.

«Was die Philosophie der Neuzeit ‹Vernunft› nennt, ist in die ‹Seele› des Menschen projizierte Ontologie, und diese Ontologie ist durch den Ausbruch aus der mythischen Welt gezeichnet.» Georg Picht sagt dies, um dem anderen Denken seinen notwendigen Platz zu gewinnen, das er aus «Kunst und Mythos» aufzunehmen sucht.[36] «Das Dogma, die primäre Form der Erkenntnis, sei der Begriff, läßt sich dann nicht mehr aufrecht erhalten.» Picht gründet diese Forderung, denn als solche ist der Satz gemeint, nicht wie Sohn-Rethel auf eine Kritik an der Funktion von Philosophie in ihrer Entstehung. Er betont sogar die mythischen Ursprünge der Philosophie als ein Moment ihrer Traditionen. Um so bemerkenswerter ist es, daß er seine aufklärerische Kritik an der historisch herrschenden Form von Aufklärung auf genau denselben Punkt bringt: Durch ontologische Begriffe hat die Philosophie die Momente von Zeit, Bewegung, Wechselbeziehungen und wirklichem Vorgang ausgeschlossen aus den Wegen der Vernunft; sie hat die Begriffe damit aus der Kontinuität mit dem Begriffenen isoliert und sie ungreifbar metaphysisch, einseitig in die Ratio der Menschen versetzt und damit die Seele – oder das Ich – zur Instanz gemacht, die ihrerseits isoliert wird gegenüber dem, worin sie ist, innen wie außen.

Picht geht zwar noch an den frühgriechischen Gesellschaftsformen vorbei, die Sohn-Rethel als Begründung für die Erfindung jener Abstraktionen aufweisen kann. Er betont ja auch sehr zu Recht, daß Kunst nicht einfach gesellschaftliches Bewußtsein spiegelt. Sohn-Rethel zeigt dies selbst für die Philosophie, wo er betont, daß verschiedene griechische Philosophen von dem Tauschvorgang unterschiedliche Momente nehmen und zur Grundlage ihrer Lehre machen: «Parmenides ist frappiert von der Beschaffenheit des Tauschobjekts, Substanz; Heraklit von der Balance in der fortwährenden Bewegung, die im Tausch statthat, der Einheit des Chaotischen und des Geregelten; Pythagoras von Maßverhältnissen.»[37] Diese gegensätzlichen, aber in sich berechtigten Kategorien dennoch zu Einheit zu denken, ist die Herausforderung, der Philosophie zu genügen sucht. Sie läßt sich darauf ein, in abstrakten Konstruktionen zur Einheit zu bringen, was geschichtlich getrennt ist und getrennt bleibt, ohne dieses Moment als ihre eigene Voraussetzung zu reflektieren. Das aber tut gerade die Kunst, von der Picht sehr nahe an Adornos Denken spricht. Dabei entwickelt er Analysen, die gerade das Ästhetische in seinem ältesten und weitesten Sinne treffen, wenn auch richtig ist, «daß auf den Höhepunkten der modernen Kunst eine Stufe der Aufklärung erreicht ist, hinter der unser wissenschaftliches und philosophisches Denken weit zurückblieb.»[38] Es geht doch um das Gesamte des Sinnenbewußtseins, dessen Höhepunkte nirgends kategorial von den Tiefendimensionen zu trennen sind. Picht entfaltet Kunst aus den Weisen menschlichen Wahrnehmens insgesamt. «Wir haben das an der Anschauung und am Gehör analysiert und wurden zu dem Ergebnis geführt, daß Kunst ein Wahrnehmen voraussetzt, das sich radikal von allem unterscheidet, was die modernen Wahrnehmungstheorien als Wahrnehmung zur Vorstellung bringen. Hier stoßen wir also im Fundament alles Erkennens und Denkens auf eine Deformation der Sinnlichkeit.»

Als Kategorie dieser Deformation, das heißt zu ihrer Beschreibung wie zu ihrer Formbestimmung und genetischen Erklärung, wählt Picht den ökonomischen Begriff der Produktion. Er setzt die Abspaltung von Kunst aus der gesellschaftlich herrschenden Vernunft mit der Entwicklung gleich, die das Produzieren im ganzen Sinne erfahrenden Tuns aus den ökonomischen wie den theoretischen Modellen der Geschichte verdrängt hat. Kunst steht exemplarisch für das andere dieser Geschichte, schon weil «dasselbe Wort die Produkte, die Produktion und das Vermögen zur Produktion bezeichnet.»[39] «Kunst steht im Einklang mit der politischen Ordnung, wo diese Ordnung der Produktion gehorcht.» Gegenbegriff zur Produktion ist ihm nun nicht genetisch der Begriff der Tauschabstraktion, der ja ihrerseits Veränderungen in den Produktionsstrukturen und den zwischenmenschlichen, politischen Beziehungsformen zugrunde liegen. Picht beobachtet, wie sich die Herstellung von Gütern und Leistungen verändert, gemessen am Begriff der Poiesis. Die Kunst «gerät in Widerspruch zu der politischen Ordnung, sobald die Reproduktion überhand nimmt.»

Picht meint eine Gesellschaft, in der ein für allemal angenommene Denkmodelle für die Genesis und die Geltung aller Dinge gültig sind, obwohl er am Begriff erst für die große Industrie material darstellen kann: «Maschinelle Fertigung ist Reproduktion von Konstruktionsmodellen.» Wie wichtig es ist, eine geistige Bestimmung des ökonomischen Begriffs zu geben, zeigt sich erst ganz, seit die Organisation von Maschinenarbeit nicht mehr die materielle Form etwa des Produktionsbandes haben muß, sondern sich auch immateriell vollziehen läßt. Bestes Beispiel dafür bleibt das schwedische Volvo-Modell, nach dem die Arbeiter frei vom Bandtakt ein Auto montieren und nicht mehr zum

Anhängsel der Maschine gemacht werden, wie Hegel sagte. Sie haben dort dennoch keine Selbsttätigkeit, weil sie die vom Ingenieur entworfene Konstruktion aus den nur für diese Konstruktion brauchbaren Teilen reproduzieren müssen. Andererseits sieht es so aus, als ob die Produktion erst maschinell reproduktiv sein müsse, bevor die politische Ordnung sich von jener Vernunft der Selbsttätigkeit absondert, die exemplarisch in der Kunst hervortritt.

Offenbar hat aber das Denken sich wesentlich früher vom Denken in Vorgängen einer Produktion verselbständigt. Zenons Paradoxe demonstrieren bereits die Ausweglosigkeit der Widersprüche, in die rekonstruierendes Denken gegenüber den Vorgängen gerät. Zenons Raumangst ist die Angst vor dem Fahren und Erfahren der Seele, die sich schon vor der produktiven Wirklichkeit hinter den Konstrukten ontologischer Begriffe zu schützen beginnt. Selbstverständlich betont Sohn-Rethel, daß diese Strukturen sich lange mit den älteren überlagern, bevor sie sich eindeutig durchsetzen. Diese Durchsetzung beschreibt Picht dann treffend: «Nun gehört es zum Wesen einer Gesellschaft, die sich durch technisch-industrielle Produktion, das heißt durch die Destruktion der Natur erhält, daß sie auch die Geschichte nicht mehr wahrnehmen kann.»[40] Dieses Unvermögen ist eben begründet darin, daß die Menschen Leben, auf welchem Niveau auch immer, nicht mehr als Geschichte erleben.

Ist es denkbar, eine derartige Entwicklung ausgerechnet in der griechischen Polis anzunehmen, deren Bürger zur Zeit der vorsokratischen Philosophen gerade eine Demokratie begründet hatten und ihre Geschichte in breiter Beteiligung zu entscheiden begannen? Ohne diese Zusammenhänge untersuchen zu können, ist vielleicht ein herausgreifender Blick auf ein bestimmtes Phänomen erlaubt, die öffentliche Verbindung von Mythos und Politik in den großen athenischen Festen. Ist es nicht offensichtlich, daß es in diesen Festen, insbesondere im Panathenäenzug, immer mehr um eine Wiederholung des Erscheinungsbildes ging und immer weniger darum, das tiefere Phänomen je neu zur Erscheinung zu bringen? «Der Mythos zeigt uns an einem Beispiel, wie Phänomene überhaupt zur Erscheinung gelangen. Darin liegt die Wahrheit des Mythos.» Diese Wahrheit hat produktiven Charakter; sie ist nur, indem sie immer neu wird. Christian Meier zeigt nun, wie im Athen der perikleischen Zeit bereits ganz deutlich die Gestaltung der Feste unter der Tugend der «Anmut» zu einem politischen Stil wird, getragen von dem stilistischen Einfluß des, aus der Ausübung der politischen Ämter immer mehr verdrängten Adels.[41] Die unerhörte kosmische Bewegung, die der Mythos und sein Auftreten in der Geschichte der Gesellschaft durch den Tanz des Zuges den Menschen vergegenwärtigte, wurde stilisiert zur Anmut: «Freilich kann man in der plastischen Selbstdarstellung der Bürgerschaft auf dem Fries des Parthenon, in ihrem wundervollen Ineinander von Freiheit, Gelassenheit und Ordnung, die Anmut nahezu mit Händen greifen.» Seit Aby Warburgs Dissertation über Botticelli suchen wir in der klassischen Antike die «Pathosformeln» der bewegten Menschendarstellung[42], die der Renaissance zu Vorbildern wurden. Sie zeichnen sich dadurch aus, daß sie mit Hilfe äußerer Momente – wie gebauschten Schleiern, lebhaft sich faltenden Gewändern und ähnlichem – Bewegtheit überhaupt darstellen. Im Darstellen verschwindet aber das Darzustellende. «Die Venus von Milo stellt nur sich selbst dar», sagt Leopold S. Senghor und hebt die alles durchwirkenden Lebenskräfte hervor, die in einer Venus von Lespugue beschworen, aber nicht äußerlich dargestellt werden.[43] Könnte in der Anmut als Tugend der politischen Gestaltung das ältere Wissen der Griechen von den Bewegungen zur Darstellung gekommen sein, könnte es also zum notwendigen schmückenden Beiwerk des sich einspielenden Mechanismus der gesellschaftlichen Kräfte geworden sein? Wäre Anmut, was um der Verbindlichkeit der Statik ontologischer Ordnungen hinzugefügt wird, wie zur Zeit der Renaissance Grazie die allzu schematischen Prinzipien geometrisierender Körperhaltungen gefällig zu machen hatte?

Christian Meier entwickelt die Bedeutung von Anmut an der Geschichte, in der sich das neue, das städtische, das Gesetz unter dem Patronat der aufklärerischen Athene und des neuen Lichtgottes Apoll durchsetzte. Dabei wird ein interessanter Gesichtspunkt berührt: Bewegtheit erlebten die Athener zunehmend als die der politischen, kriegerischen, ökonomischen Auseinandersetzungen, die sie selbst führten, planten, durchführten. Bewegung wurde zur Manifestation ihres Willens. «Und da die Griechen innerhalb der Stadt in der Tat zunehmend vernünftige Ordnung verwirklichten oder jedenfalls für möglich hielten, übertrugen sie diese Vorstellung auch auf die Welt, indem ihre Philosophie die Erkennbarkeit und Gesetzmäßigkeit des Kosmos annahm. Auch hier ging es», ähnlich nämlich wie bei der «Verdrängung der Frauen aus der Öffentlichkeit», «in gewissem Sinne um eine Ausgrenzung.»[44] «Weiterhin suchte man manch Ungeheures und Dämonisches auszugrenzen, indem man es einer überwundenen Vorzeit zuwies. Damit zugleich erfolgte eine Ausgrenzung der Zeit aus der Gegenwärtigkeit, indem man an einen Wandel, überhaupt an ungewollte prozessuale Veränderungen nicht glaubte, sie jedenfalls nicht für normal hielt und nicht hinnehmen wollte.»

Aristoteles hat aus all dem die Summe gezogen mit seinem Wort vom «unbewegten Beweger». Es ist zum Wendepunkt und Mal der Gottesvorstellungen wie der Seelentheorien geworden. Selbst das ἕν καὶ πᾶτ, die Alleinheit, auf die etwa die Vereinigungsphilosophie Hölderlins zurückgreift, ist davon nicht ausgenommen, daß das Eine und das Ganze erst einmal zerfallen mußten, um durch ein ‹Und› wieder verbunden gedacht zu werden. Was durch die Tauschabstraktion stillgestellt und geteilt ist, was durch die Vereinzelung der Produktion und die Beherrschung von Natur an Menschen und äußeren Vorgängen zerstückt ist, kann nie wieder geheilt werden, schon gar nicht aus dem Begriff des Seins, dessen Ursprung eben der Verneinung von Lebensbewegungen geschuldet ist. Es geht um das, was Heidegger wieder spürbar machen will, aber nur im bewußten Widerpart, nur als das Andere der uns tief bestimmenden Geschichte.

Anmerkungen

1 Georg Wilhelm Friedrich Hegel, Ästhetik. 2 Bde. Hg. von Friedrich Bassenge. Frankfurt/M. 1955; in den ersten Sätzen der Einleitung sagt Hegel: «Für diesen Gegenstand freilich ist der Name *Ästhetik* eigentlich nicht ganz passend, denn ‹Ästhetik› bezeichnet genauer die Wissenschaft des Sinnes, des *Empfindens*... Der eigentliche Ausdruck jedoch für unsere Wissenschaft ist ‹Philosophie der Kunst› und bestimmter ‹Philosophie der schönen Kunst›.» (S. 13)
2 Georg Picht, Kunst und Mythos. Hg. von Constanze Eisenbart. Stuttgart 1986, S. 57.
3 Alfred Sohn-Rethel, Geistige und körperliche Arbeit. Zur Theorie der gesellschaftlichen Synthesis. Frankfurt/M. 1970.
4 Henry Bergson, La pensée et le mouvant. Paris ^{63}1966. Dt.: Denken und schöpferisches Werden. Übersetzt von Leonore Kottje. Meisenheim am Glan 1948.
5 Robert von Ranke-Graves, The White Godness. O.O. 1948. Dt.: Die weiße Göttin. Übersetzt von Nils Lindquist. Reinbek bei Hamburg 1985.
6 Ivan Illich, Phaidros. Schule ins Museum: Phaidros und die Folgen. Reihe des bayrischen Nationalmuseums für Volkskunde. Bad Heilbrunn/Obb. 1984.
7 Vgl. den hierzu ausführlicher angedeuteten Zusammenhang bei: Rudolf zur Lippe, Praxis und Bewußtsein in der Neuzeit. In: Pragmatik. Handbuch pragmatischen Denkens. Hg. von Herbert Stachowiak. Hamburg 1985.
8 Bruno Snell, Die Entdeckung des Geistes. Studien zur Entstehung des europäischen Denkens bei den Griechen. Göttingen ^{4}1975.
9 Jean Gebser, Abendländische Wandlung. Zürich 1947; ders., Ursprung und Gegenwart. Stuttgart 1949/53.

10 E. Alan S. Butterworth, Some Traces of The Pre-Olympian World in Greek Literature and Myth. Berlin 1966.
11 Heide Göttner-Abendroth, Die Göttin und ihr Heros. Die matriarchalen Religionen in Mythos, Märchen und Dichtung. München ⁵1984; dies., Die tanzende Göttin. Prinzipien einer matriarchalen Ästhetik. München ³1985. – Die Kategorien dieser «matriarchalen Ästhetik» sind zu ausdrücklich an Kunstrichtungen und in der Kritik von Kunsttheorien der Gegenwart dargestellt, als daß sie im Zusammenhang der «Grundlegung einer *anthropologischen* Ästhetik» eingehender diskutiert werden könnten.
12 Vgl. Helmut Dubiel, Das Gespenst des Populismus. In: Merkur 438, 1985.
13 Besonders hervorgetreten ist etwa Alain Touraine in Frankreich mit einem solchen Ansatz, den er allerdings sehr bald pragmatisch mit den etablierten Institutionen einer ehemaligen ‹sozialen Bewegung›, nämlich mit den Gewerkschaften, verbunden hat.
14 Der Learning Report to the Club of Rome mit dem Titel «The Human Gap» von 1980 wird in den programmatischen Erklärungen anläßlich der Nachfolge für seinen Gründer Picei 1985 gerade hierin zu den Hauptparadigmen der Politik des Clubs herangezogen. Vgl. Alexander King, in: Forum des International Center for Integrative Studies. New York, Juli 1985.
15 Vgl. das Kap. «Kritik der industrialisierten Arbeit und die Arbeit an uns selbst». In: Rudolf zur Lippe, Am eigenen Leibe. Zur Ökonomie des Lebens. Frankfurt/M. ³1983.
16 Max Horkheimer, insbes. in «Egoismus und Freiheitsbewegung». In: ders., Kritische Theorie. Eine Dokumentation. Hg. von Alfred Schmidt. Bd. II. Frankfurt/M. 1968.
17 Karl Marx, Grundrisse der Kritik der politischen Ökonomie. (Rohentwurf) 1857–1858. Berlin 1953, Einleitung, insbes. S. 14 f.
18 Claude Lévi-Strauss, La pensée sauvage. Paris 1962. Dt.: Das wilde Denken. Aus dem Französischen von Hans Neumann. Frankfurt/M. 1983.
19 Vgl.: Les techniques du corps. Vortrag vor der Société de Psychologie 1934. In: Journal de Psychologie Normale et Pathologique. Bd. 32, Heft 3–4, 1935. Später in: Marcel Mauss, Sociologie et Anthropologie. Paris 1950. Dt.: Soziologie und Anthropologie. 2 Bde. Übersetzt von Hennig Ritter. Bd. II. Frankfurt/Berlin/Wien 1978.
20 Miguel Leon-Portilla (engl. Ausgabe), Aztec Thought and Culture. A Study of the Ancient Nahuatl Mind. Oklahoma 1963; Paul Westheim, Die Kunst Alt-Mexikos. Köln 1966, S. 71 f.
21 Die Vernichtung des Berges, codex Bologna, 10. Zit. nach Westheim, a.a.O., S. 77.
22 Wie immer von der Ethnologie in Zweifel gezogen, geben die Schilderungen bei Marcel Griaule eine eindrucksvolle Einführung in solches Denken. Ders., Dieu d'eau. Entretiens avec Ogotemmeli. Paris 1966. Dt.: Schwarze Genesis. Ein afrikanischer Schöpfungsbericht. Übersetzt von Janheinz Jahn. Frankfurt/M. ¹1980, insbes. die Kap. «Das zweite Wort und das Gewebe» (3. Tag) und «Das Wort und der Webstuhl» (10. Tag).
23 Karl Marx, Friedrich Engels, Die deutsche Ideologie. In: Marx Engels Werke, Bd. III. Berlin 1969, S. 52.
24 Christian Meier, Politik und Anmut. O. O. u. J., S. 78.

25 Taote king. Dt. von Richard Wilhelm. Jena 1923, S. 11.
26 Gerburg Treusch-Dieter, Wie den Frauen der Faden aus der Hand genommen wurde. Die Spindel der Notwendigkeit. Berlin 1983.
27 Vgl. die Übersicht über diese Entwicklung etwa an den Texten von Jean Bodin (Bodinus), in: Rudolf zur Lippe, Naturbeherrschung am Menschen. Bd. II. Tl. IV: Instrumentelle Vernunft als existenzielle und als logische Notwendigkeit. Frankfurt/M. ²1981.
28 Alfred Lorenzer, Sprachzerstörung und Rekonstruktion. Vorarbeiten zu einer Metatheorie der Psychoanalyse. Frankfurt/M. 1973.
29 Rudolf Bahro, Die Alternative. Zur Kritik des real existierenden Sozialismus. Reinbek bei Hamburg 1980.
30 Hans Jörg Zerwas, Brüderlichkeit und Genossenschaftsidee. Über die Gegenseitigkeit von Rechten und Pflichten – Ein Beitrag zur Geschichte der bürgerlichen Gesellschaft in Deutschland. Diss. Frankfurt/M. 1987.
31 Christine und Ernst Ulrich von Weizsäcker, Für ein Recht auf Eigenarbeit. In: Technologie und Politik 10. Reinbek bei Hamburg 1978.
32 Bruno Snell, Die Entdeckung des Geistes, a. a. O.
33 Gregory Bateson, Steps to an Ecology of Mind. London 1972. Die Zitate sind vom Verfasser ins Deutsche übersetzt; die angegebenen Seitenzahlen beziehen sich auf die entsprechenden Stellen in der deutschen Ausgabe: Ökologie des Geistes. Anthropologische, psychologische, biologische und epistemologische Perspektiven. Übersetzt von Hans-Günter Holl. Frankfurt/M. 1981, hier S. 411; das folgende Zitat l. c., S. 413.
34 Alfred Sohn-Rethel, veränderte Fassung von Geistige und körperliche Arbeit. Manuskript 1986; dort auch das folgende Zitat. Über die Frage historischer Analyse hinaus wäre Klaus Heinrich heranzuziehen; insbes. Jonas und Parmenides. Vier Studien über das Verhältnis von Philosophie und Mythologie. Frankfurt/M. 1966, S. 85–99.
35 Hans Georg Gadamer, Philosophie, Hermeneutik. Kleine Schriften I. Tübingen ²1976, S. 60.
36 Picht, Kunst und Mythos, a. a. O., S. 13; das folgende Zitat l. c., S. 69.
37 Sohn-Rethel, MS 1986.
38 Picht, Kunst und Mythos, a. a. O., S. 17; das folgende Zitat l. c., S. 489.
39 L. c., S. 49; die folgenden Zitate l. c., S. 34 bzw. S. 23.
40 L. c., S. 525; das folgende Zitat l. c., S. 528.
41 Meier, Politik und Anmut, a. a. O.; das folgende Zitat l. c., S. 20.
42 Aby M. Warburg, Sandro Botticellis ‹Geburt der Venus› und ‹Frühling›. Eine Untersuchung über die Vorstellungen von der Antike in der italienischen Frührenaissance. In: ders., Ausgewählte Schriften und Würdigungen. Hg. von Dieter Wuttke. Baden-Baden 1979.
43 Léopold Sédar Senghor, Liberté. Bd. III, Négritude et Civilisation de l'Universel. Paris 1977, S. 95. Vgl. dazu auch folgende Aufsätze desselben Autors in: Liberté, Bd. I. Négritude et Humanisme. Paris 1964:
Le message de Goethe aux nègres-nouveaux; L'esthétique négro-africaine; Eléments constitutivs d'une civilisation d'inspiration négro-africaine; Peter Abrahams ou le classique de la négritude.
Liberté III, a. a. O.:
Négritude et Germanite; Latinité et Négritude; Université et *universum*; La Né-

gritude est un humanisme du XXᵉ siècle; Qu'est-ce que la Négritude?; Négritude et modernité ou la Négritude est un humanisme du XXᵉ siècle; Problematique de la Négritude; Négritude et Germanite II; Encore de la Négritude, ou Négritude, Nègrerie et Nigrite; La retour aux sources.
Zum gleichen Thema Wole Soyinka, etwa: Myth, Literature and the African World, o. O. u. J. Dt.: ders., Literatur und die afrikanische Welt: Ideologie und gesellschaftliche Vision. In: Das Afrika der Afrikaner. Hg. von Rüdiger Jestel. Frankfurt/M. 1982; ders., Zeit der Gesetzlosigkeit. Frankfurt/Berlin/Wien 1981; ders., Eine afrikanische Kindheit. Übersetzt und mit einem Vorwort von Inge Uffelmann. Zürich 1986.
44 Meier, Politik und Anmut, a. a. O., S. 78; das folgende Zitat ebd.

Zu den beiden folgenden Seiten:

«Warum sich mit Worten erklären wenn im Tun die Lösung ist», sagt Harald Naegeli, der Sprüher von Zürich. André Schmid fotografierte die großenteils vernichteten Gebilde: «Mein Revoltieren mein Sprayen», Benteli, Bern 1983.

In der Überlieferung der Pima-Indianer sind die riesigen Scharrbilder – in der Technik denen Perus verwandt – noch lebendig wie diese bei Blythe am unteren Colorado. André Breton begriff solche Bilder als Botschaften an Götter.

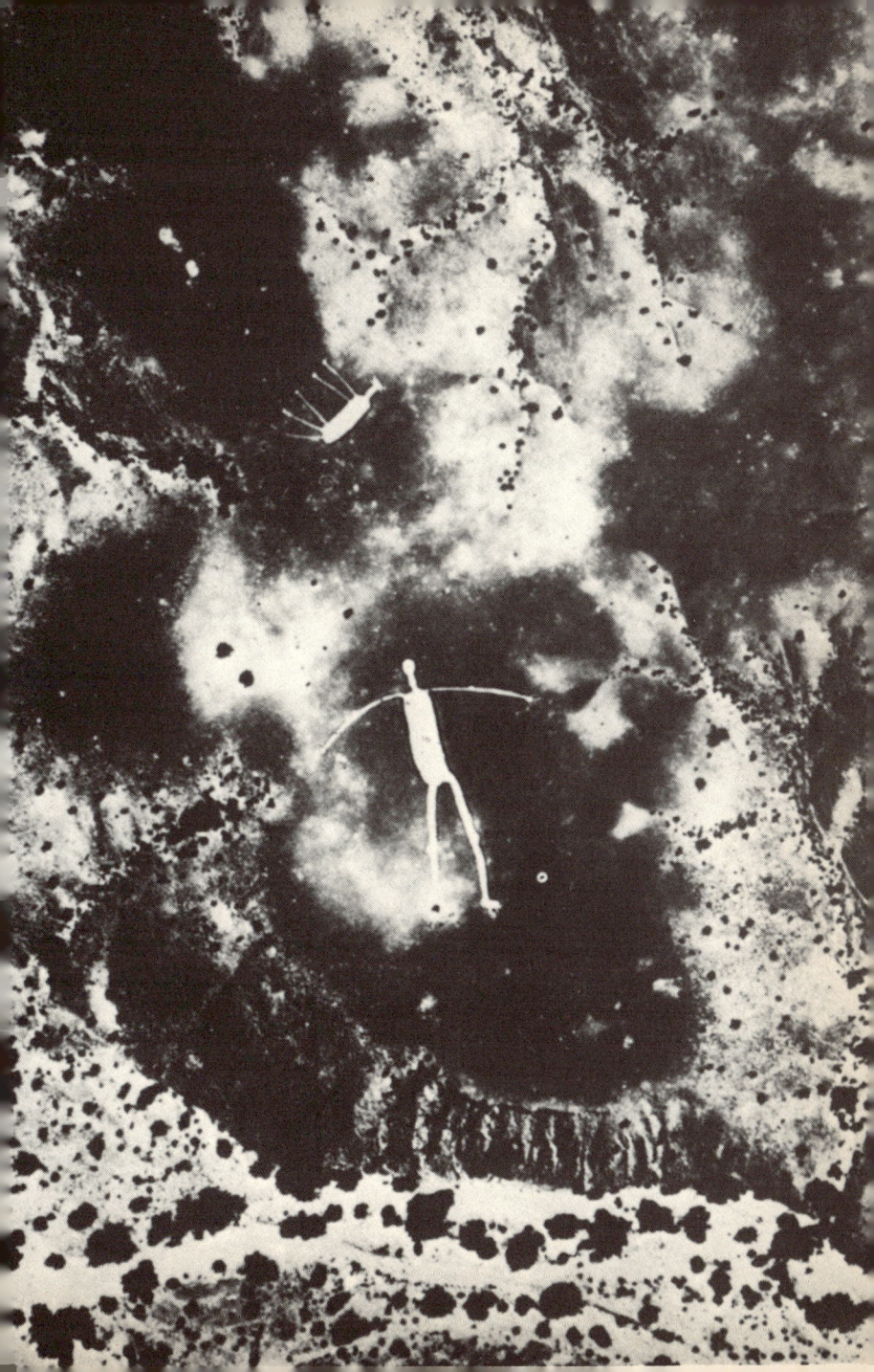

Die Tiefendimensionen des Ästhetischen

Biologische Grundlagen

Eine der Strategien gegen die andere Ordnung habe ich die Subtraktionsanthropologie genannt. Sie hat in der Geschichte der Theorie wie in der Entwicklung geschichtlicher Praxis beherrschenden Einfluß gewonnen. In den beiden Formen, des Handelns wie des Denkens, hat sie die Evidenzen des Gemeinsamen von Menschen und übriger Natur verdrängt und gebrochen, bis Überreste älteren Wissens entweder aus dem Bewußtsein schwanden oder in der Vereinzelung skurril, ja absurd erscheinen mußten. Es bedarf heute großer Anstrengungen, um die inzwischen versuchten Ideologien von dem Begriff eines universellen Lebens wieder abzustreifen. Dazu können Bemühungen helfen, Gewißheiten aus unserem sinnenhaften Erleben, die allzu selbstverständlich genommen und als banal entwertet oder vergessen werden, neu zu beachten und zu achten. So wären sie aber nur vereinzelte Qualitäten des Erlebens. Sie müssen mit systematischem Wissen zusammenwachsen und jene Stufe erreichen, auf der sie zur Grundlage für ein Bewußtsein gerade von den Zusammenhängen bilden können. Dies habe ich eine Ökonomie des Lebens genannt, die Wissen und Weisheit zugleich wäre.

Um zu etwas Derartigem zu gelangen, fehlt uns aber, je weiter die Moderne fortgeschritten ist, desto systematischer, viel Entscheidenderes als Forschungsergebnisse, die uns über die lange versäumten Zusammenhänge belehren würden. Wissen setzt ein entsprechendes Fragen voraus; wir haben aber die grundlegende Frage zu stellen vergessen. Ich habe sie die Frage genannt: Wie lebt das Leben?

Als gemeinsam für Mensch und Natur ließ auch die Moderne gelten, daß das Leben eben lebt. Den Bewegungsformen, den Geschichten des Lebens in seinen Polaritäten und Spannungsgefügen ging die Aufklärung nicht nach. Auch die Marxsche Kritik blieb in den Grenzen dieser Strategie befangen, obwohl in den «Frühschriften» vorwegnehmend von einem «Stoffwechsel» der geschichtlichen Menschen mit der ungeschichtlichen Natur gesprochen wurde. Gegenströmungen wie etwa die Goethesche Metamorphosenlehre blieben Unterströme, die sich entweder von trennend rationalistischen Modellen verdrängen ließen, oder, wie bei Nietzsche, mit einer an sich der Sache unangemessenen Heroik hervorbrachen. In diesem Jahrhundert ist die Geltung einer Reihe von Begrenzungen entscheidend durchbrochen worden, die insbesondere die klassische Physik gezogen hatte, um aus einer für ihre Zwecke verengt definierten Wirklichkeit das Vernachlässigte ausgrenzen zu können. Seit Quanten- und Relativitätstheorie u. a. werden in den Naturwissenschaften selbst erweiternde Ansätze gesucht und erprobt. Bei den großen Physikern von Newton bis zu Heisenberg waren entsprechende Einsichten grundsätzlicher, nicht nur innertheoretischer Art Teil eines kaum beachteten Nebenschaffens oder Alterswerks. Gegenwärtig zeichnet sich bei einigen kritischen Naturwissenschaftlern das Bemühen oder sogar das Bedürfnis nach einer wirklich konsequenten Ausweitung ihrer Wirklichkeitsvorstellungen ab.

Damit ist nicht ein vielfach zu bemerkender Trend gemeint, nach einem sogenannten sozialen Verhalten in allen möglichen außermenschlichen Bereichen zu fragen. Dieser Trend ist fast ebenso oft, wie er sich zeigt, auf die Übernahme eines soziologischen Vokabulars beschränkt, das seinerseits eher naturwissenschaftlich-positivistisch beeinflußte Abbildungen geselliger Beziehungen zwischen den Menschen auf mechanische Modelle zum Ausdruck bringt. Interessant ist an diesen Modeerscheinungen vor allem, daß offenbar seit einem guten Jahrzehnt ein allgemeiner Druck gespürt wird, auch in Kategorien des gesellschaftlichen Lebens zu denken. Freilich ist das nicht ungefährlich, weil praktisch doch wieder dabei herauskommt, daß Beziehungen von und zwischen Menschen mit mechanischen Simplifikationen gleichgesetzt werden. Deshalb ist für unsere Überlegungen in dem Zusammenhang mit dem Ästhetischen, solange es noch um grundlegende Richtungsweisungen geht, ein anderer Kreis von Forschern von Bedeutung.

Aus dem wissenschaftlichen Erforschen der Natur heraus suchen sie, aus verschiedenen Ansätzen und wohl auch mit unterschiedlicher Durchgängigkeit, nach den Phänomenen der Einheit von ‹Natur und Geist›. Das Feld dehnt sich aus zwischen den Arbeiten von Maturana und Bateson, von Prigogine und Capra. Ihr Thema ist von einigen der bedeutendsten Biologen einer älteren Generation noch eindeutig genug benannt worden. So hat Adolf Portmann bemerkt, daß «die Erforschung der ästhetischen Funktion von seiten einer Psychologie, welche die Ergebnisse der Lebensforschung ernst nimmt», auch dieser Lebensforschung einen wesentlich erweiterten Aufgabenhorizont gibt.[1] Er hat dies im Übergang gerade zu der Lebensgestaltung aller im Alltag gesehen. «Die ästhetische Funktion soll geübt werden, und zwar in ihrer aufnehmenden und nachschaffenden (rekreativen) Seite wie in der produktiven Seite. Sie ist in allen gegenwärtig, in allen zur Entfaltung des Humanen notwendig». Er zögerte nicht, eben diese Verbindungen der theoretischen Lebensforschung und der praktischen Erlebensweisen unter dem Begriff des Ästhetischen zusammenzufassen. Dabei ist entscheidend, daß er die Kategorien solcher Ästhetik in dem Ereignis der Lebensvorgänge selbst sucht. Oft ist die gute Absicht, zum Beispiel «die menschliche Bewegung als Einheit von Natur und Geist»[2] zu begreifen, von den Naturwissenschaftlern durch einen Sprung verfolgt worden. Buytendijk etwa hat die Kategorie der Anmut von Schiller zu diesem Zweck aufgegriffen und nach grundsätzlich anderen Regeln als denen einfacher Lebensvorgänge wie des Atmens gesucht. Er forderte «höhere normativ-typologische Werte» und konnte so die Zusammenhänge gerade nicht deutlich machen, die zwischen höheren und tieferen Schichten nach den Jahrhunderten wesentlicher Verleugnung zunächst einmal herauszuarbeiten wären. Der problematische Begriff der Werte kommt dann mindestens zu früh und stellt die Trennung wieder her, die doch nur als Unterscheidung begriffen werden kann. Portmann forderte zu diesem Begreifen auf: «Jeder Blick im Leben des Kleinkindes weist uns den Weg zu den verborgenen Quellen und mahnt uns daran, sie der kommenden Generation stark und rein zu erhalten, die Sinnenkräfte zu stärken und das von ihnen genährte Weben der Gefühle.»

Sein Kapitel über die Kriterien des Verstandesprozesses – die er aufstellt, um ihre grundsätzliche Gemeinsamkeit mit den Kriterien für Lebensprozesse überhaupt auszuweisen – faßt Gregory Bateson in den folgenden Sätzen zusammen: «Liegt die Ursache dafür, daß wir eine Chrysantheme bewundern, darin, daß sie in ihrer Form, ihrem Wachstum, ihrer Färbung, ihrem Tod die Symptome der Lebendigkeit zeigt? Was wir an ihr schätzen, ist, soweit, ihre Ähnlichkeit mit uns selbst.» Dies ist eine Antwort auf seine Fragen: «Wird das ‹System› einer Art ästhetischer Entscheidungen fähig sein? Wird es eines Bewußtseins fähig sein?»[3]

Die Beobachtungen und Überlegungen in diesem Feld scheinen mir erst ihren Sinn einzunehmen, wenn man gelernt hat und sich davon hat ergreifen lassen, was Leben bereits in einer Zelle bedeutet. Spannungen bewegen sich in veränderlichen Gleichgewichten, erhalten und verändern zugleich die Formen, indem sie sich zu immer neuen Erscheinungen des gleichen Beziehungsgefüges umbilden. Hugo Kükelhaus erinnert dazu an den Vorgang der Zellteilung: «Die Zellsymmetrisierung mit ihrer strengen Gesetzlichkeit ist einer der fundamentalen, lebensbestimmenden Prozesse, durch den der Milliarden-Zellenstaat unseres Organismus entsteht und aufrechterhalten wird... bis zur Entgleisung im Krebs. Der Zellkern tritt nach zwei linear entgegengesetzten Richtungen auseinander. Zugleich jedoch setzt auf der Zellhaut ein Bewegungsfluß ein, der in Teilströmen von seinem Quellpunkt an den Rechts-Links-Polen aufeinanderzu gerichtet ist, um in der Mitte des Zellkörpers aufeinanderzustoßen und damit ihrer Geschichte gemäß die Einzelle in Gestalt der Zweieinzelle zu verwirklichen.»[4]

In diesem Vorgang wiederholt sich unendlich, was die Biologen heute für den Beginn organischen Lebens erklären. Sie sprechen davon, daß Leben allererst gegeben war durch die Fähigkeit eines Moleküls, eine ‹Kopie› von sich hervorzubringen. So tief sind Projektionen von Denkmodellen in die scheinbar neutralen Feststellungen eingedrungen. Der Vorgang wird als Hervorbringen einer Kopie interpretiert. Wenn man darauf aufmerksam macht, wird die Interpretation mit dem Hinweis gerechtfertigt, daß das zweite Molekül doch dem ersten ganz und gar gleich sei. Man könne von Symmetrie nicht sprechen, weil die Zellen einander doch nicht seitenverkehrt gegenüberstünden. Dabei ist Symmetrie in viel komplexerer Weise bei dem Vorgang im Spiel.

Das wissen wir dank der genauen Beschreibung durch dieselben Biologen. Das Modell ist als die Doppelspirale der DNA bekannt.[5] Die Moleküle sind konstituiert durch zwei unterschiedlich gebaute, umeinander sich windende Ketten. Bei der Teilung trennen sich diese beiden Ketten voneinander und veranlassen jede den Wiederaufbau der anderen, indem sich zu ihr die Elemente der anderen, wenn sie in der Nachbarschaft vorhanden sind, hinzufinden. Dabei bildet sich die jeweils fehlende Spirale offensichtlich in Funktion der vorhandenen Spirale. Mir scheint dieser Vorgang besser als eine Situation des Rufens und des Antwortens beschrieben werden zu können. Der Genetiker Müller-Hill[6] will ihn als eine tief implizite Form des taoistischen – und noch älterer Formen – des Denkens in jenen Widersprüchen verstehen, die in der Beziehung von ‹Lanze und Schild› die Spannungen zwischen Polen versinnbildlichen von Yin und Yang, Himmel und Erde, Männlich und Weiblich: «Die DNA ist das Molekül, in dem in vollkommener Weise komplementäre Strukturen sich erkennen, das heißt Gegensätze sich durchdringen...»

Die Spirale, so erinnern wir aus dem Physikunterricht, bildet einen besonderen Fall des Prinzips der schiefen Ebene. Dieses Prinzip beschreibt einen Vorgang, weil es immer im Spiel der Dynamik der Erdanziehung betrachtet wird. Die Schräge verbindet eine vertikale Richtung, die unmittelbar es mit der Gravitation aufnimmt, mit einer horizontalen Richtung, die eine zur Gravitation neutrale Bewegung erlaubt. Wenn man eine große Last auf eine bestimmte Höhe bewegen will, etwa einen Steinblock auf die Terrasse einer ägyptischen Pyramide, so kann man die Aufwärtsbewegung durch eine angelegte Rampe auf die vielen Schritte verteilen, die der lange Weg über die ‹schiefe Ebene› erfordert.

Die Spirale, etwa in der Form einer Schraube, wurde uns entsprechend dargestellt als eine raumsparend aufgerollte schiefe Ebene. Lebensbewegungen rekonstruieren sich nicht derart, indem sie erst an eine schiefe Ebene denken. Sie bringen diese außerordentlich komplexe Leistung des Übersetzens von einer Richtung in eine andere aus einer anderen Logik hervor – die dann, in die abstrakte Leistung unseres Gehirns projiziert, die eben geschilderte Denkform erzeugt.

Die Logik der Gestaltungsbewegungen ist dabei bestimmt von der Zeit. Zeit ist dann offensichtlich nicht eine abstrakte, gar transzendentale Kategorie. Vielmehr ist ‹Zeit› das Aufeinanderfolgen von Schritten. Ein erster Schritt der Zellverformung antwortet auf den Zug, indem sie ein wenig sich in der Länge dehnt – in der Richtung, die damit erst zur ‹Länge› wird – und ein wenig auch den Zug in eine Drehung abfängt. Die nächsten Schritte beantworten weiteren Zug dann in dem neuen selbstgesetzten Kontext der begonnenen Drehbewegung. Die Spirale ist also das Ergebnis eines dynamischen Kontextes, der eine von außen geforderte Bewegung mit einer von innen antwortenden Bewegung – nämlich der Verzögerung der Wirkungen – vereinigt. Dies ist ein Kontext und nicht ein Kompromiß, so daß eine eigene spezifische Form entsteht, die ihrerseits Quelle einer eigenen spezifischen Funktion wird. Dabei steigert das Verzögern die Intensität der Differenzierung, die sich im Widerspiel der Kräfte besonders entschieden gestaltet.

Wir begegnen immer dem Lebensgeschehen zugleich in den Formen eines bestimmten Verständnisses. Je elementarer dieses Geschehen, je mehr es unserer sinnlichen Anschauung sich entzieht, desto stärker ist die Bedeutung der Begriffe und Modelle, in denen es dargestellt wird. Während wir noch tief berührt sind von dem, was sich in den Tiefenschichten des Lebens ereignet, müssen wir gleichzeitig höchst wachsam darauf sein, wie wir uns diese Ereignisse vergegenwärtigen. Sie sind uns aus einer naturwissenschaftlichen Forschung bekannt und aus mythisch gefaßten Wissenstraditionen, etwa des Tao oder der Veden. Unser gegenwärtiges geschichtliches Bewußtsein kann sich mit keiner dieser Annäherungen an Wirklichkeit zufrieden geben; wir müssen jenseits der einander widersprechenden Darstellungen suchen.

Ein Sinnenbewußtsein darf und kann sich dabei von anderen als verstandesbegrifflichen Gewißheiten leiten und tragen lassen. Ein verstandesgemäßes Bewußtsein bedarf anderer, ergänzender Hilfe, sagt Bateson in einem Aufsatz über die Bedeutung der Kunst. «Reine Zweckrationalität, die sich nicht helfen läßt von Phänomenen wie Kunst, Religion, Traum und dergleichen, ist notwendig pathogen und lebenszerstörend.»[7] Dabei meint er mit Religion frühe Formen «holistischer Sicht», nicht die moderne «Aufspaltung in Waffen für das Ego oder Spielzeuge für die Phantasie».[8] Er folgert: «Die Virulenz» der ursächlichen Rationalität als pathogenen, lebenszerstörenden Faktors «stammt insbesondere aus dem Umstand, daß Leben sich wechselseitig abhängigen *Kreisen* von Kontingenz verdankt, während das Bewußtsein nur so kleine Ausschnitte aus diesen Kreisen zu sehen vermag, wie menschliche Absichten zu dirigieren vermögen.»[9]

Stellvertretend für andere Autoren und Schulen ähnlicher Ausrichtung will ich Gregory Batesons systematische Arbeit an dem Zusammenhang von Unterscheidungen und Gemeinsamem in «Geist und Natur» darstellen. Batesons Werk scheint mir aus verschiedenen Gründen dafür besonders geeignet. Er denkt ebenso leidenschaftlich auf eine ‹Einheit von Natur und Geist› («Mind and Nature») hin, wie er streng dieses Denken an den Ansprüchen naturwissenschaftlicher Genauigkeit und Offenheit der Axiome überprüft. Er weiß, daß die analytisch ausbeuterischen Verhältnisse des Ego zu seinen Objekten, der Gesellschaft zu ihren Ressourcen usw. nicht einfach abgeschafft werden können. Er kämpft nicht gegen sie, sondern er sucht sie aufzulösen in eine Art übergreifenden «Systems», das der immer Natur verbrauchenden und zerstörenden Gesellschaft eine Kontinuität und ein Zurückfinden in Beziehungen der Gemeinsamkeit mit der Mit-Welt erlaubt. Bateson wendet sich jenem tiefer liegenden Dritten zu, über das Menschen und Natur als wie immer entscheidende, doch graduelle Unterscheidungen innerhalb eines Kontinuums zu begreifen sind. Die Modelle seines Denkens erwachsen ihm, auch wo sie positivistische Vorprägungen aufgreifen, aus den Wesensverwandtschaften von Prozeß und Form, von Form und Geschichte, von Geschichte und durch sie ermöglichter wie begrenzter zukünftiger Entwicklung.

Es bedarf leider besonderer Anstrengungen, um die naturwissenschaftliche und angelsächsisch pragmatische Argumentationsweise von Bateson in eine Sprache zu übersetzen, die nahe genug heranführt an die Denkformen und die Umgangssprache unserer Überlegungen zum Ästhetischen. Da es gerade auf die Präzision und die logische Strenge des Batesonschen Gedankengebäudes ankommt, werden einige dieser Anstrengungen auch noch vom Leser gefordert werden müssen. So sehr sich Batesons Schriften bis zuletzt dem verbindlich anschaulichen Ausdruck versperrt haben, hat er doch seine ethnologischen Studien mit Margaret Mead und seine psychologischen Forschungen mit dem Biologischen zu einer Ästhetik im umfassendsten Sinne zusammenlaufen gesehen und daran leidenschaftlich gearbeitet. Seine Tochter und Mitarbeiterin Mary Catherine Bateson sagt, «am Ende seines Lebens tastete sich Gregory zu einer ästhetisch begründeten Ethik vor, in der Gleichgewicht und Entsprechung die Grundlage für einen ökologischen Frieden hervorbringen würden».[10] Anders, als es die vielen Beispiele aus der Mechanik in seinen Büchern nahelegen könnten, war Ästhetik für ihn nicht die der eleganten physikalischen Form. «Lebende Geschöpfe waren (für ihn), unordentlich und voller Schönheiten, miteinander durch Ähnlichkeiten verbunden und fähig, bis zu einem gewissen Grade anderen Lebewesen zu antworten; und diesen Lebewesen antwortete Gregory mit Liebe und Bewunderung.» – «Er war der Auffassung, daß der Begriff von Körper-Geist-Beziehungen, wie sie die westliche Kultur seit Descartes ausgezeichnet haben, so verfehlt ist, daß jede auf ihn gegründete Kultur Unstabilität vererben und sich immer schneller der Selbstzerstörung zubewegen müsse.»

Seine theoretischen Werkzeuge sind freilich der Rationalität, die er als einseitige ablehnt, näher verwandt als seiner Liebe und Bewunderung für das Lebende. «Die beiden Gebiete der Theorie, mit denen er sich am meisten beschäftigte, sind hoch abstrakt und formal, Kybernetik und Informationstheorie; aber sie sind brauchbar, wenn man über lebende Systeme nachdenkt.»[11] Sie haben einen grundsätzlichen Vorteil. Selbst in den vereinfachten Formen des Denkens, das nur dem «Kreisausschnitt» und nicht dem ganzen Kreis zu folgen vermag, lernen wir die Komplexität der Lebensvorgänge einzuschätzen. Sie führen uns zwingend bis an die Grenzen oder zeigen in abstrakter Form, wie das Ganze des Kreisbogens lebendig auszuschreiten bleibt.

Um diese andere Seite des Vorgehens von Bateson zu würdigen, muß man hinter dem Methodischen sich die Lebenssituationen vorzustellen versuchen, in denen Bateson sich tastend den Eindrücken fremder Kulturen oder von tierischen Wesen, besonders den Delphinen, öffnete.

Kontext ist nicht nur das Schlüsselwort seiner Theorien. Er wußte auch Kontexte sich um ihn herstellen zu lassen, etwa in «Reihen von wechselseitigen Mitteilungen, durch Vertrauen zwischen Individuen ausgehandelt wird». Er entdeckt die Geschichtlichkeit von Natur in einer Weise, die Übergänge zu einer Konstitutionslogik der Gesellschaft und zu der von Freud entwickelten Konstitutionslogik der Lebensgeschichten denkbar macht. Bateson selbst spricht nicht davon; vielmehr stellt er die genannten Wesensverwandtschaften in zwei Dimensionen dar. Einmal zeigt er, daß alles Leben ein Bedingungsgefüge – er sagt konventioneller «System» – von Beziehungen und Rückbeziehungen bildet, wie es grundsätzlich auch dem menschlichen Denken seine Möglichkeiten gibt: nämlich einen gewordenen Kontext so weit festzuhalten, daß die Species – bzw. das Denken – *als solche* weiterexistieren kann, und so viel unsystematische Veränderungen darin aufzunehmen, wie es notwendig ist, um sich in neuen – bzw. neu entdeckten – Bedingungen neu erschaffen (rekreieren) zu können. Geschichte ist damit aus der Tiefe des biologischen Lebens heraus bestimmt, weil die Komplexität solcher Bedingungsgefüge nur aus einer sie bildenden Entwicklungsgeschichte funktionieren kann.

Zum anderen sieht Bateson auch die Beziehungen zwischen gesellschaftlichen Menschen und bewußtseinsloser Natur als Geschichte, und zwar ihrer Möglichkeit nach, nicht bloß faktisch. Sein Begriff der Co-Evolution meint, daß sie in einer gemeinsamen Geschichte miteinander verbunden sind, durch die hindurch sie eines in seiner inneren Organisation auf das andere geantwortet haben. Dann bilden sie auch eines in gewisser, bestimmbar begrenzter Weise das andere in sich ein, wie ihr gemeinsames, nach und nach entstandenes Beziehungsgefüge die Entwicklungsschritte der einen wie der anderen abbildet. Freilich treten diese Beziehungen und Einbildungen als Bilder – das heißt für sich und nicht nur als Funktionieren der Funktionen – nur dann hervor, wenn ein Bewußtsein sie noch einmal wie von außen betrachtet. Aber auch dieses Betrachten ist nur möglich in der Übersetzung eben jener ihm aus der Co-Evolution einbeschriebenen Vorgänge.

Bateson denkt insofern den Begriff von Geschichtlichkeit in die Natur hinein, als dieser nur in der Gesellschaft aller Natur gegenüber seinen spezifischen Sinn einnehmen kann. Er denkt aber doch auch Natur soweit in ihren eigenen Bewegungsformen, hält so genau an ihnen bei der Übersetzung in das Spezifische des Denkens, des Geistes, fest, daß dieses Denken bestimmte logische Verengungen mit ihrer Hilfe wieder aufzulösen vermag.

Dies ist an einzelnen Modellen einzulösen. Vorwegnehmend sei aber ihr Konvergenzpunkt benannt. Bateson hat in seinem späten Werk, in dem die Erfahrungen des Anthropologen mit der Wirklichkeit ferner Lebensformen, des Psychiaters mit der Wirklichkeit entstellter und zum Gleichgewicht drängender Beziehungskonstellationen, des Biologen mit der Wirklichkeit tief ihn berührender Lebensbilder sich vereinigen, einen ästhetischen Gestus des Denkens gefunden. Was ihm der Flug der Albatrosse, eine Symphonie, der Tanz des Shiva oder der Tanz der Chromosomen bedeuten, führt sein letztes Buch noch nicht aus. Aber es verrät, wie nahe bei allem erweiterten Wissen und Untersuchen sein Verständnis der Welt jenem eben noch vorindustriellen kommt, das etwa bei Schelling sich in der Idee von einem Ästhetischen als übergreifend Universellem andeutete, das für den Angelsachsen bei William Blake, dem er immer wieder Leitzitate entnahm, zu finden ist.

Mir selber hat dieser Gestus sich früher und tiefer in der Begegnung mit Gregory Bateson eingeprägt, seit dem ersten Augenblick, als er mich von der Felsterrasse an seinem Hause die Kormorane und die Wale des Pazifik beobachten ließ. Dies wie der ganze unausgesprochene Hintergrund scheinbar spontaner Verständigungen im Gespräch bewegte mich früher und tiefer als das Buch. Als ich es, teilweise bereits nach dem Tode von Bateson im gleichen Jahre, durchgearbeitet hatte, verstand ich es erst genau als die Aufgabe, die ich im folgenden unternehme, so wie er darin, wie er mir sein letztes Buch in die Hand legte, deutlich gemacht hatte, daß er von meiner Arbeit eine Fortsetzung unseres Gesprächs erwartete. Dabei wird mich das damals nur in der Umarmung des Abschieds ausgedrückte Verstehen ermutigend tragen müssen. Die weithin naturwissenschaftlich operationalisierenden Sprechweisen des Buches sind so schwer zu übersetzen wie vor allem dieses ungewohnte Denken, wenn man seiner Strenge dabei treu bleiben will.

Batesons eigene Einführung seines Denkens und damit der biologischen Welt, zu der es uns neu in Verbindung setzen soll, sei auch hier vorangestellt. Um die Richtung seiner Arbeit mit einem kleinen Seminar von Kunststudenten zu Beginn aufleuchten zu lassen, legte er ihnen bei der ersten Begegnung eine große, eben gekochte Krabbe auf den Tisch mit der Aufforderung: «Ich möchte, daß Sie Argumente zustande bringen, mit denen Sie mich davon überzeugen können, daß dieser Gegenstand die Überreste eines Lebewesens darstellt. Sie können sich, wenn Sie wollen, vorstellen, Sie seien Marsmenschen und seien dort mit Lebewesen vertraut, schließlich sind Sie ja selbst Lebewesen. Aber Sie haben selbstverständlich nie eine Krabbe oder einen Hummer gesehen. Eine Anzahl solcher Gegenstände, viele davon in Bruchstücken, sind dorthin gelangt.»[12] Die Frage hob ab auf die Vorstellung «von einer Trennungslinie zwischen der Welt des Lebenden – in der *Unterscheidungen* getroffen werden und *Unterschied* etwas hervorbringen kann – und der Welt lebloser Billardkugeln und Galaxen – in der Kräfte und Wirkungen die ‹Ursachen› von Ereignissen sind. In meinem Leben habe ich die Beschreibungen von Stöcken und Steinen und Billardkugeln und Galaxen in einen Kasten getan, das Pleroma, und auf sich beruhen lassen. In den anderen Kasten tue ich Lebendiges, Krabben, Menschen, Fragen der Schönheit und Fragen des Unterschieds. Der Inhalt des zweiten Kastens bildet den Gegenstand dieses Buches.»

Bateson wollte eigentlich eine Ästhetik schreiben und hat das Buch über die Einheit von Geist und Natur als notwendige Vorbereitung zu einer entsprechenden Theorie verstanden. Er wollte sich und uns mit seiner Untersuchung der Strukturen und Bewegungsformen alles Lebendigen in die Lage bringen, Geist – oder wie immer wir ‹mind› übersetzen – so als eine seiner besonderen Entwicklungsformen zu bestimmen, daß das Ästhetische und auch das Bewußtsein im Sinne einer solchen Bestimmung begriffen werden können. Dabei erklärt sich die besondere Formulierung «Ästhetisches und Bewußtsein» (aesthetics and consciousness) daraus, daß Bateson unter dem Ästhetischen ‹Schönheit› versteht im Sinne aller lebendig gleichgewichtigen Beziehungen. Deshalb kann von dem Bewußtsein eigens gesprochen werden, das zumindest bei den Menschen zu dem Lebensereignis von Schönheit hinzukommt. Um so deutlicher wird, daß beide Begriffe zusammen grundsätzlich dem Begriff des Sinnenbewußtseins eng verwandt sind. Für andere Interpretationen des Werkes habe ich Verständnis, weil Bateson von Beziehungen meist listig in der Sprache spricht, die von der Wissenschaft der Trennungen geprägt ist. Aber der Gestus ist zu bescheiden und engagiert. Erst recht das nachgelassene Buch «Angels Fear» wird zeigen, daß der Geist von «Geist und Natur» die tiefe Bewegung der ganzen lebenden Welt im Klang unseres Vernehmens ist.[13]

So sehe ich die Aufgabe dieses Kapitels darin, die vorbereitenden Untersuchungen des allgemein Biologischen in einigen ausgewählten Konzepten als Tiefendimension ästhetischer Überlegungen darzustellen. Diese Übersetzung braucht nicht bis in ausdrückliche Kategorien menschlichen Sinnenwahrnehmens und -gestaltens zu gehen. Das muß einmal in einer ästhetischen Theorie geschehen, die aus den Grundlagen die Linien bis in die vielfältigen Erscheinungsformen auf dem Niveau dessen verfolgt, was wir Kunst zu nennen pflegen. Immanent zeichnen freilich auch diese sich auffallend genug schon ab. Bateson sagt, die explizite Begrifflichkeit müsse aus den Begriffen seiner Überlegungen zur Biologie herausgearbeitet werden. Er sagt auch, sie müsse auf diese Begriffe «abgebildet» werden wie auf eine Landkarte. Dem liegt die Erkenntnis zugrunde, daß jedes Begreifen und seine Begrifflichkeit eine Hilfskonstruktion sind wie eine Landkarte, die ja geographische Wirklichkeit auch nur abbildet. Während aber das Abbilden im Verhältnis zur Wirklichkeit des Lebens immer bloßes Abbilden bleibt, wird andererseits mit dem Abbilden immer auch eine Leistung über bloße Wirklichkeit, bloßes Leben des Lebens hinaus entwickelt.

Immer wieder drängt sich das konstitutionslogische Modell des jungen Hegel aus den «Jenaer Realphilosophien des Geistes» auf, dem Bateson unbeabsichtigt zu folgen scheint. Das Tier, das zu seiner Beute genügend inneren Abstand hat, um sie nicht sofort bloß zu verschlingen, sondern von ihrer besonderen Art auch ein Bild in seine Erinnerung aufzunehmen, tritt aus dem *einfachen* Selbstvollzug des Lebens heraus. Es vollzieht einen Akt des Abbildens, «mapping», wie Bateson sagen würde, der darin grundsätzlich eine gelebte Beziehung erkennt. «Die Zusammenhänge des Lebens kennenzulernen, ist eine Sache der äußeren Beziehung zwischen zwei Wesen. Und Beziehungen sind immer das Ergebnis einer doppelten Beschreibung.»[14] Das bloße Verschlingen wird in dem Tier verdoppelt um das Bild, das sich in ihm von dem Verschlungenen einprägt. Beziehung heißt eben auch, daß etwas den einmaligen Vorgang überdauert. Jedes spätere Erbeuten und Verschlingen wird dann ‹abgebildet› auf die Beziehung des ersten Aktes bzw. auf die Erinnerung daran.

Durch das Doppelte des ersten Vorgangs ist dieser in sich reflektiert, können wir sagen. Der erneute Vorgang ist durch seinen Bezug auf die Beziehung im ersten um einen weiteren Schritt reflektierter, insofern ein Bild von dem Bezug auf die Beziehung zustande gekommen ist.

Bateson denkt eine ästhetische Theorie so anzulegen, daß die besonderen Konstellationen des Ästhetischen abgebildet werden können auf die Landkarte des Lebendigen überhaupt, die er mit einer Reihe von Konzepten entwirft und ausführt.

Das Grundkonzept der ‹Abbildung› und der ‹Beziehung› muß mit allen seinen Konsequenzen verstanden werden. Es bedeutet, daß bis in die Tiefen einzelliger Lebensvorgänge hinein nicht Vorgänge zwischen vorgegebenen Identitäten zu Beziehungen und Abbildungen führen: Vielmehr bilden sich Identitäten dieses oder jenes Wesens, die in Beziehungen zueinander geraten, in und aus diesen Beziehungen. Die Abbildungen entstehen dann wie ein innerer Niederschlag von der äußeren Beziehung, die eben nicht zu irgend etwas hinzukommt, sondern die ersten Bestimmungen bildet. Dieser Gedanke wird in der Psychologie von Bateson so weit getrieben, daß er sagt, Menschen haben eigentlich nicht einen bestimmten, analysierbaren Charakter; sie können nur aus der Analyse aller ihrer wirklichen und möglichen Beziehungen begriffen werden.

Die zweite Konsequenz des Grundmodells Beziehung zeigt, wie Leben sich von der relativ einfachen Stufe von Beziehungen zu der relativ hohen Stufe von Beziehungen zu entwickeln vermag. In dem Grundsatz der Beziehung als der Verdoppelung ist eine Dynamik zu immer weiteren Verdoppelungen angelegt. Fraglich ist allerdings, ob diese sich immer wieder als Abbildung niederschlagen und damit neue Grade von Reflektion ermöglichen oder nicht.

Das zweite Grundkonzept greift eng in das erste ein. Es ist der allgemeine Schlüsselbegriff der «Differenz». Eine Beziehung ist nur möglich, wenn es einen Unterschied gibt. Dieser kann schon in der Unterbrechung zwischen einem Anderen und mir liegen, die wir räumlich Abstand nennen. Wir denken unwillkürlich an die Darstellung einer Dyade von Mutter und Kind, in der das Kind schrittweise zwischen der Mutter, dem Anderen, und sich, dem Selbst, zu unterscheiden beginnt. Bateson zeigt die Bedeutung von Differenzen auf, ausgehend von einem einfachsten Unterschied, der im biologischen Geschehen Ausgangspunkt jeder Veränderung ist, überleitend zu dem Unterschied, der Ausgangspunkt jeder Wahrnehmung wird. Damit zeichnet sich bereits ab, daß Wahrnehmung immer als eine Veränderung im Wahrnehmenden begriffen werden muß, die auf einen Unterschied im Gegenüber zurückgeht. Auch wenn die Sprache Batesons eher technisch-naturwissenschaftlich-mathematisch gewählt ist, kann doch die Verwandtschaft zu Victor v. Weizsäckers Begriff der Wahrnehmung als «biologischer Akt» nicht übersehen werden.[15]

Auch ein drittes Grundkonzept ist mit den beiden ersten logisch verbunden. Bateson spricht von «System» und von «stochastisch». Für ihn sind beide Begriffe praktisch Ausprägungen komplexer Art von Differenz und Doppelbeschreibung. Gerade in dieser komplexen Form eignen sie sich zur Darstellung von Denken und von biologischen Evolutionen gleichermaßen: Sie bezeichnen bestimmte Kombinationen zweier Prinzipien, nämlich eines «Systems» der Erhaltung, des Festhaltens, des Konservativen, mit einem zweiten «System», das Nichtvorhersagbares, Zufall einbezieht. Die Kombinationen sind darin bestimmt, daß durch sie die beiden Prinzipien es einander erst ermöglichen, wirklich zu werden: Ohne die Erhaltung einer bestimmten Beziehung kann ein Zufall keine bestimmte Bedeutung einnehmen, sonst ist alles Zufall. Nur in bezug zu einem Kontinuum kann das unerwartete Moment einen Unterschied machen, zum Moment werden. Denken, das heißt kreatives Denken, kann nur als Reaktion auf Unerwartetes entstehen, nämlich durch eine veränderte Beziehung, die vom Denken als Veränderung auf das Kontinuum «abgebildet» wird. Das gleiche gilt für biologische Evolutionen. Leben lebt in artgemäßer Anpassung an sich verändernde Bedingungen und als die entsprechenden Veränderungen seiner selbst.

Wir werden diesen Grundkonzepten in eine Reihe von begrifflichen Entfaltungen nachgehen und für eine Reihe von biologischen Vorgängen. Dabei wird auf immer neue Weisen der statische Begriff der Struktur in Modelle der Entwicklung umgewandt. Die beschreibende, konstatierende Ebene erweist sich in ein Durchgangsstadium für vergangene Vorgänge zu möglichen künftigen Vorgängen. Die Phänomene werden als Momente von Geschichte begriffen.

Nehmen wir zunächst noch einmal den Begriff der Differenz auf. Es ist der allgemeinere Begriff, in dem der gängige von den «Informationen» als Moment von Lebensvorgängen aufgeht. «Informationen aufzunehmen heißt notwendig immer, die Meldung von einem Unterschied aufzunehmen, und jede Wahrnehmung von Unterschieden geht nur so weit, wie eine Stufe, ein Sprung registriert werden können. Zu geringe Unterschiede oder zu langsam auftretende können nicht ankommen. Sie werden nicht zum Stoff der Wahrnehmung.»[16] Wenn nicht jeder Unterschied einen biologischen Akt bewirken kann, so geht doch umgekehrt jede Veränderung auf einen Unterschied als Anlaß zurück. Weizsäckers Beispiel ist der Gang der Menschen. Jede spürbare Veränderung des Geländes, etwa eine Steigung, wird mit einem entsprechend veränderten Gleichgewicht beantwortet. Freilich sind Geländeunterschiede denkbar, die wir nicht in dieser Weise oder überhaupt wahrnehmen. Bateson wählt ein Beispiel, das die Geltung dieser Beobachtung bis in die anorganische Welt verfolgt. Er spricht von den ersten Luftbläschen in einer gerade zum Kochen kommenden Wassermenge und fragt, wo es wohl aufsteigen werde. Selbst wenn in dem Gefäß durch andere Inspektionen keinerlei Unterschiede festgestellt werden können, wird das erste wirklich aufsteigende Bläschen nicht zufällig an dieser Stelle entstehen, sondern irgendeinen Unterschied als

Auslöser anzeigen, der anders nicht hätte wahrgenommen werden können.

Dieses Modell wird in die Biologie verfolgt am Beispiel der Eizelle von symmetrisch auf eine Mittelebene angelegten Tieren. Das unbefruchtete Ei weist unendlich viele potentielle Meridiane auf, aber keinen Anhaltspunkt dafür, welcher tatsächlich der symmetrischen Entwicklung des Embryo zugrunde liegen wird. «Ohne eine Unterscheidung zwischen den Meridianen kann das unbefruchtete Ei nicht ‹wissen› oder ‹entscheiden›, welches die zukünftige Symmetrieebene des zweiseitig-symmetrischen Frosches sein wird. Epigenesis kann nicht beginnen, bevor nicht ein Meridian von den anderen unterschieden ist. Glücklicherweise wissen wir, wie diese entscheidende Information zustande kommt. Sie kommt, notwendig, von der Außenwelt her und ist der Punkt, an dem das Spermatozoon eindringt. Typischerweise dringt das Spermatozoon ein wenig unter dem Äquator in das Ei ein; der Meridian, der die beiden Pole und den Punkt des Eindringens umschließt, bestimmt die Symmetrieebene des zweiseitigen Frosches. Die erste Teilung des Eis wird diesem Meridian folgen, und die Seite des Eis, in die das Spermatozoon eindringt, wird die Bauchseite des Frosches werden.» Entscheidend für diesen Vorgang ist dabei nicht, daß ein Spermatozoon eindringt; jedes Eindringen entsprechender Größenordnung reicht als unterscheidendes Ereignis aus, wie Experimente zeigen, die damit beweisen, daß es eben hierbei auf den Unterschied ankommt und nicht auf die komplexeren und spezifischeren Informationen des Spermatozoons.

«Eine Welt des Sinns, der Organisation und der Kommunikation ist nicht denkbar ohne Diskontinuität, ohne Schwellen. Wenn Sinnesorgane nur Meldungen über Unterschiede aufnehmen können, dann zeigen Schwellen mit Sicherheit, wie die lebende und denkende Welt gebaut sind.» [17] Wieviel wissen die Zen-Meister davon, wenn sie, etwa bei einer Schwertübung ohne Partner, in tiefer Konzentration abwarten, bis irgendein äußeres Ereignis, und sei es ein auffliegendes Insekt, für ihre erste Bewegung einen Ausgangspunkt abgibt?

Differenz ist offensichtlich ein dynamischer Begriff in dem Zusammenhang mit Beziehungen, die sich um den Unterschied bilden und durch ihn verändert werden. Die ausdrückliche Übersetzung ins Dynamische heißt ‹Veränderung›, change. Das Nebeneinander des Differierenden in der Differenz für den Vergleich wird zum Nacheinander des Vergleichens und der Rückmeldung: «Veränderung». Wie ‹difference› ein im Grunde dynamischer Begriff ist, so ist der von ‹change› auf die Stabilität angelegt: Veränderungen sind es, was unter unterschiedlichen Bedingungen Kontinuität erlaubt. Bateson spricht von dem Akrobaten auf dem Seil, der «seine Stabilität durch stete Korrekturen seines Ungleichgewichts aufrecht erhält», oder vom Ausgleich äußerer Temperaturschwankungen durch die Reaktionen eines Körpers. «Diese ‹Stabilität› ist das Ergebnis fortgesetzter Veränderungen in Abbildungen (descriptions) von der Haltung des Akrobaten und der Position seines oder ihres Balancepols.» Wesentliches Beispiel für die Veränderung sind die Sinnesorgane, deren Tätigkeit in der Anpassung an wechselnde Eindrücke beruht: «Sinnesorgane lassen nur Meldungen über Unterschiede zu und werden in der Regel nur von Veränderungen herausgefordert, von Ereignissen oder solchen Unterschieden in der wahrgenommenen Welt, die durch die Reaktionen der Sinnesorgane auf sie zu Ereignissen werden können.» Hugo Kükelhaus sagt deshalb, in der Wahrnehmung werden Gegenstände zu Zuständen. Für Bateson gehören diese Vorgänge zu dem Typ, den er ganz technisch «switch» nennt und den es nur im Falle von Veränderungen des Arrangements gibt. «Dies hat eher mit dem Begriff Veränderung als mit dem Begriff Gegenstand zu tun.»[18] Entsprechende Bedeutung nimmt die Veränderung selbstverständlich auch für komplexere Zusammenhänge an als den des Schalters.

Zunächst soll aber ein Begriff von Zusammenhang oder Kontext genauer bestimmt werden. Dazu muß noch einmal daran erinnert werden, daß grundsätzlich die statische Vorstellung von Strukturen abgelöst wird durch die Vorstellungen von *Beziehungen*. «Die Sprache gibt mit der Syntax von Subjekt und Prädikat ständig zu verstehen, daß ‹Dinge› irgendwie Qualitäten und Eigenschaften ‹haben›.» Bateson sieht statt dessen innere und äußere Beziehungsgefüge: «Eine exaktere Ausdrucksweise würde darauf bestehen, daß ‹Dinge› hervorgebracht, als von anderen ‹Dingen› getrennt betrachtet und ‹wirklich› gemacht werden dadurch, daß sie sich in Beziehung zu anderen und zu dem Sprecher verhalten.» Der Begriff von Beziehungen wird immer dynamisch verstanden, das heißt, Beziehungen entstehen zwischen Beteiligten, verändern sich in der Reaktion auf diese und diese selbst verändern sich in ihnen: *Interaktion*. Insofern ist die Information ihr Grundtypus: «Um die Übermittlung von einem Unterschied zustandezubringen, bedarf es zweier Einheiten – wirklicher oder vorgestellter –, so daß der Unterschied zwischen ihnen ihrer wechselseitigen Beziehung zueinander immanent sein kann.»

Hier geht es um eine Art von Interaktionen, die nicht als Strategien oder Rollenverhalten oder irgend etwas anderes Soziologisches, überhaupt etwas Bewußtes im Sinne von planmäßigem Vorsatz verstanden werden können. Es geht vielmehr um Vorgänge in Tiefenschichten des Lebens, durch die Möglichkeiten zu bewußten Handlungen erst entstehen. Das Modell bleibt freilich das gleiche für die psychologische Betrachtung der Beziehungen von Menschen zueinander – erinnert sei an Batesons empirische und theoretische Arbeiten, die er u. a. zu dem von ihm als «double bind» benannten Syndrom veröffentlicht hat. Höhere Freiheitsgrade der Interaktion, insbesondere in den menschlichen Beziehungen, kommen durch komplexere Stufen dieses Modells, nicht durch ein anderes Modell zustande. Damit geht in die Betrachtungsweise ein, daß die tieferen Stufen immer in den komplexeren präsent sind. «Das gesamte vorliegende Buch beruht auf der Annahme, daß geistige Funktion angelegt ist in der Interaktion von unterschiedenen ‹Teilen›. Ein ‹Ganzes› wird durch solche kombinierte Interaktion gebildet.» Wenn Differenz Veränderung mit sich bringt, so bringt die Differenz zwischen den ‹Teilen› in einer Beziehung Interaktion mit sich. Beides sind unterschiedlich komplexe Ausdrucksweisen desselben Zusammenhangs, desselben Grundmodells: «Ohne Unterscheidung zwischen Teilen kann es keine Unterscheidung von Ereignissen geben.»

Es bleibt dann die praktische Frage: «Wie interagieren Teile, wenn sie einen geistigen Vorgang hervorbringen?»[19] «Im materiellen Universum, können wir gewöhnlich sagen, ist die ‹Ursache› eines Ereignisses irgendeine Kraft oder Wirkung, die auf ein Teil des materiellen Systems durch ein anderes Teil ausgeübt wird. Ein Teil agiert mit Wirkung auf ein anderes Teil. In der Welt des Geistes (ideas) dagegen bedarf es einer *Beziehung*, entweder zwischen zwei Teilen oder zwischen einem Teil zur Zeit 1 und demselben Teil zur Zeit 2, um eine dritte Komponente in Tätigkeit zu versetzen, die wir den Empfänger (receiver) nennen können. Worauf der Empfänger, zum Beispiel der letzte Rezeptor einer Nervenbahn, antwortet, ist eben ein *Unterschied* oder eine Veränderung», jedenfalls keine direkte mechanische Einwirkung wie ein ‹Impuls›. Impulse würden sich fortsetzen; Unterschiede müssen vom Aufnehmenden *gemacht* werden.

Dies bedeutet nichts anderes, als daß ein Drittes erst dann in Tätigkeit versetzt werden kann, wenn die Differenz, die zum Anlaß wird, in sich differenziert ist. Dies geschieht durch das, was bereits als «Abbildung» im Vergleich zu einem Abgebildeten, mit anderen Worten als «Doppelbeschreibung» dargestellt worden ist. «*Die Zusammenhänge* (contexts) *des Lebens* zu erlernen, ist etwas, das man nicht als innerlichen Vorgang, sondern als eine Sache äußerer Beziehungen zwischen zwei Geschöpfen untersuchen muß. Und *Beziehungen sind immer das Ergebnis von Doppelbeschreibungen.*» [20] Mit diesem Begriff der Beziehung zu einer Mit-Welt, außen, tritt Bateson ausdrücklich den Theorien von immanenten, zum Beispiel psychischen, ‹Eigenschaften› entgegen: «Opium enthält nicht ein einschläferndes Prinzip, und Menschen enthalten nicht einen aggressiven Instinkt.»

Der Begriff ‹Kontext› weist darauf hin, daß Beziehungen oder auch nur Veränderungen einfacher Art innerhalb von komplexeren Beziehungen einem hinzukommenden Ereignis erst erlauben, eine bestimmte Bedeutung einzunehmen. Der Begriff ‹context› ist übrigens für Bateson ursprünglich mit sozial-psychologischen Zusammenhängen individueller Charakterprägung verbunden. Auf Malinowskis Konzept der Funktionen für die Ethnologie aufbauend, sprach Bateson etwa in «Naven» von «einem Prozeß der Differenzierung in Normen individuellen Verhaltens, wie sie hervorgehen aus einander steigernden Interaktionen zwischen Individuen», das heißt, «den Reaktionen von Individuen auf die Reaktionen anderer Individuen.» So wollte er 1936 überhaupt die Disziplin der Sozialpsychologie definiert wissen.[21]

Aggressivität ist etwas, das gar nicht als solches auftreten kann, sondern eine bestimmte Interaktionskette voraussetzt und außerdem bestimmte Interpretationen dieser Kette, die zudem von den Beteiligten geteilt werden und über deren Gemeinsamkeit die Beteiligten sich in irgendeiner Form miteinander verständigt haben. Im ersten Fall müßte man vielleicht genauer sagen, daß der Mohn oder die Mohnkörner oder deren Produkte nicht als solche einschläfernd sind. Das Einschläfernde an einem bestimmten Mohnprodukt entdeckte Sertürner 1804 auf der Suche danach, Schlaf und Schmerzbefreiung mittels einer chemischen Wirkung ohne Zutun des Kranken herbeizuführen. Zu dem Opium in diesem Sinne gehört der Kontext, den die Bereitschaft oder die Suche danach darstellt, sich von einer derartigen Wirkung überwältigen zu lassen. Statt, zum Beispiel, das Wechselspiel der Energieflüsse im Leibe mit Hilfe bestimmter Anstöße selber wieder in ein Gleichgewicht finden zu lassen, etwa durch Akupunktur, wird grundsätzlich das Übel als Übel, unauflösbar, angenommen und Rettung in einer Übertönung durch eine, teilweise, entgegengesetzte Wirkung gesucht. Es gibt empirisch genügend Beispiele dafür, daß ein solcher Kontext nicht nur für eine entsprechende Entdeckung oder Erfindung notwendig ist, sondern sogar für deren praktische Wirksamkeit.

Beim Menschen zumindest wird Kontext in so tiefenphysiologischen

Schichten, in so frühen embryonalen Phasen als solcher erlebt, daß bis heute die Zusammenhänge oft jenseits der wissenschaftlichen Fragestellungen liegen. In den modernen Kulturen machen allenfalls vereinzelte Versuche auf sie aufmerksam wie die Arbeit der Sängerin Carolyn Granier-Deferre mit Müttern werdender Kinder.[22] Ihre Erfahrungen, übrigens auch begleitende Forschungen, berichten von Einflüssen, die Gesang der Mütter oder störender Lärm usw. auf die Entwicklung bestimmter Intelligenzbereiche, des Gewichts und anderer physiologischer Vorgänge haben können. «Es ist äußerst wahrscheinlich, daß Neugeborene mit einer Streßreaktion auf isolierte Geräusche antworten, wenn diese Geräusche häufig in utero mit Streß bei der Mutter assoziiert wurden, und sie antworten ganz anders auf Geräusche, die der Mutter während der Schwangerschaft angenehm waren, eine Musik zum Beispiel.»

Dabei muß man sich den Klang für die im Mutterleib schwimmenden Kinder in seinen besonderen Bedingungen vorstellen. «Bestimmte Züge des Vortrags wie den Rhythmus und die Betonung der Stimme erkennt man sehr gut wieder, ihre Färbung dagegen wird sehr verändert.» Die Wirkungen von Klängen auf den Fötus werden bis jetzt experimentell vor allem über meßbare Beschleunigung und dann einsetzende Beruhigung des Herschlags festgestellt. Auf diese Weise konnten auch Wirkungen von Ammenreimen bei Säuglingen nachgewiesen werden, die frühes Klangerleben fortsetzen.

Besonders deutlich wird Batesons Definition von Kontext an dem schematischsten seiner Beispiele. Informationen sind Unterschiede, die, aufgenommen, Veränderungen zur Folge haben. Keine Information ist aber dann auch ein Unterschied, wenn die Tatsache ihres Ausbleibens im Kontext einer regelmäßigen Folge von Informationen einen Unterschied macht.

Diese Feststellung wird erst interessant, wenn man einmal die Strukturen des Denkens nicht voraussetzt. Bateson fragt eben gerade danach, wie sie zu entstehen vermögen und welchen Situationen des Lebens ‹unterhalb›, wie wir sagen, des Denkens sie bereits entsprechen. Das heißt, wiederum wird die Grundhaltung deutlich, logische Strukturen als den Sonderfall von Beziehungen zu begreifen, die damit auch als eine Folge von aufeinander bezogenen Handlungen begriffen werden müssen, während wir uns doch daran gewöhnt haben, ihre zeitlose und vom Handeln abgelöste Form, die geronnene Struktur, als gegeben anzunehmen. In dieser geronnenen Form können wir sie dann selbstverständlich nicht in die Bewegungsformen des Lebens zurückverfolgen, müssen sie für etwas grundsätzlich anderes halten und fragen uns, woher sie kommen, was sie mit dem Leben zu tun haben könnten.

Der Kontext, in dem das Ausbleiben einer Information einen Unterschied macht, ist nicht so leicht gegeben. Das Problem ist in der Formulierung vom Ausbleiben versteckt. Wann wird eine Folge gleichartiger Unterschiede, Informationen, also etwa das regelmäßige Aufleuchten einer Lampe rechts und einer Lampe links, als diese Folge begriffen? Erst dann, wenn die ausbleibende Information erwartet wird, wird das Nichtaufleuchten zum Ausbleiben. «...Null kann, im Kontext, eine Bedeutung einnehmen; und es ist der Empfänger der Übermittlung, der den Kontext hervorbringt. Diese Macht, Kontext zu schaffen, liegt in der Bildung des Empfängers.» Bateson schließt daran mit einem für meine Vorstellungen von Ästhetischem wesentlichen Begriff an: «*Bereitschaft* (readiness) kann dazu dienen, Momente des Zufalls auszuwählen, die durch diesen Akt zu neuen Informationen werden.»

Bereitschaft ist gewissermaßen eine innere Form von Kontext, den ein Beteiligter, der ‹Empfänger› von Übermittlungen in solch komplexem Zusammenhang zu werden vermag, in sich bereit hält. Das ist offensichtlich nur denkbar, indem eine zu der Auswahl beziehungsvolle Geschichte von Beziehungen in der Beteiligung an ihnen erlebt worden ist. Konstitutionslogisch begreifen wir diesen Vorgang als inneren Niederschlag einer Interaktionsgeschichte. Batesons Begrifflichkeit erlaubt dies auch als eine ‹Landkarte› zu verstehen, auf die der neue Unterschied abgebildet wird. Der Vorgang entspricht der allgemeinen Erfahrung, daß die gleiche Tätigkeit, die gemeinsame Diskussion, das gleiche Bild bei Beteiligten mit je verschiedener Vorbildung je andere Wirkungen in Gang setzt: Es wird jeder sowohl anderes lernen als auch mehr oder weniger lernen im Verhältnis zu den übrigen Beteiligten, je nachdem er oder sie mit mehr Wissen und Erfahrungen – Bereitschaften, Kontexten – in die gemeinsame Situation gekommen sind.

In einem Gespräch mit Etienne Herbinet und Eliane Vurpillot hat der amerikanische Entwicklungspsychologe Marshall Haith Vorgänge des Sehens bei Neugeborenen auf eine Weise geschildert, daß sie zusammen mit den Begriffen von Bateson geradezu exemplarisch wirken. Wir werden, nach den Beobachtungen von Haith, mit einem organisierten Wahrnehmen der Augen bereits geboren. Die Augen durchlaufen etwa dreimal in der Sekunde das Sehfeld. Ich möchte sagen, sie halten sich durch diese Bewegung in einer starken und systematischen Bereitschaft, Unterschiede aufnehmen zu können. Die Überlegung, daß eine solche Fähigkeit nur aus einer Geschichte entwickelt worden sein kann, die zu entsprechenden Übungen und dem Hervorbringen innerer Kontexte Gelegenheit gab, bestätigt sich: Nur im Dunkeln organisieren die Augen sich so, also in einer Umgebung, deren Bedingungen denen des vorgeburtlichen Lebens und Sehens entsprechen.

Im Hellen schweifen die Augen der Neugeborenen unorganisiert – Nystagmus – im Sehfeld umher, wenn keinerlei Anhaltspunkte vorhanden sind, zum Beispiel auf einem großen weißen Blatt. Hier ist es jeder Unterschied, etwa zwischen einem schwarzen und einem weißen Feld, an dem «die Sehtätigkeit sich organisiert», und zwar da, wo dieser Unterschied auftritt, an der Grenze zwischen den Feldern. Im Hellen bringt also das Kind je nachdem bestimmte Kontexte oder Bereitschaften hervor. Dabei gleiten die Augen jeweils am häufigsten über die Zonen, in denen sich Differenz konzentriert, bei einem Dreieck zum Beispiel über die Ecken. Wenn die sich bietenden Unterschiede mehrmals von Schwarz nach Weiß, von Weiß nach Schwarz abgetastet sind, entgleitet der Blick langsam, aber desto rascher, je weniger Unterschiede sich bieten.

Ein Kind von drei Monaten dehnt die Tätigkeit, einen Unterschied zu machen, auch auf das Nacheinander aus. Es ist über die Zeit hinweg bereit und schafft dadurch den Kontext der Folge. Dazu ein Experiment: Rechts und links von den Kindern leuchten abwechselnd Lampen auf, und zwar jeweils für eine halbe Sekunde und jeweils mit einem Intervall zwischen beiden von ebenfalls einer halben Sekunde. «Man bemerkt, daß zunächst das Kind die aufleuchtende Lampe erst dann ansieht, wenn diese bereits hell ist. Nach dreißig Sekunden aber, ungefähr, während derer man die Lampen in regelmäßigem Wechsel hat aufleuchten lassen, beginnt das Kind zu antizipieren und bereits zu der jeweiligen Lampe hinzusehen, bevor diese aufleuchtet.» [23]

Monique Robin greift die Unterscheidung in einen «Blick des Sehens» und einen «Blick des Zaubers» auf, um festzustellen, was uns kaum überraschen kann: «Diese beiden Funktionen des Gesichts sind von Geburt an innig verbunden, wie es die starke Magnetisierung beweist, die auf den Blick des Neugeborenen der Blick der Mutter ausübt.» [24]

Man muß betonen, daß der Begriff des Kontextes, der in den der Bereitschaft auf Grund komplex gelebter Beziehungen übersetzt werden kann, mit großer Entschiedenheit dem Erklärungsmodell nach dem Reiz-Reaktions-Schema entgegengesetzt wird. Wenn die ersten Beispiele dies nicht deutlich genug gemacht haben, so wird jedes Zögern bei der folgenden Beobachtung schwinden. Vom sechsten Monat an, so *beweisen* nun auch Experimente, was Partner von kleinen Kindern immer wußten, sehen die Kinder nicht auf den Mund von Menschen, die mit ihnen sprechen, sondern fast ausschließlich zu deren Augen hin. Haith sagt, daß er nicht genau wisse, warum dies so sei. Ich möchte dem die Erfahrung anfügen, daß man von Beginn an immer in einen Dialog der Augen mit den Kindern gelangt. Dies mag dadurch bedingt sein, daß an dem liegenden und kaum koordiniert Hände oder Beine bewegenden Kinde, an dem Kind also, das erst beginnt, Gesten zu entwickeln im Dialog der Hände, uns die lebhaften Augen ansprechen, so daß wir mit unseren Augen antworten. Eine solche Interaktion kann sich in wechselseitiger Verstärkung entwickeln. Auch wenn diese Erklärung unzutreffend wäre, dürfte ihre Geschichte genau das Modell einer vielfach sich in Wechselschritten reflektierenden Beziehung darstellen, aus der jener Kontext entsteht, den wir Kommunikation nennen und den wir als die Fähigkeit, die Bereitschaft begreifen können, zu kommunizieren. Gerade so wird auch deutlich, wie weit eine solche Bereitschaft an die Beteiligten ihrer Entstehungsgeschichte gebunden bleibt bzw. welche neuen Schritte eine Abbildung dieser Bereitschaft auf einen anderen Partner darstellt.

Die Darstellungen bis hierher konnten nicht auskommen, ohne ein Modell einzuführen, das aber als solches weder benannt noch hervorgehoben worden ist: das Modell der *logischen Ebenen* oder Ordnungen (logical typing). Bateson gibt eine Reihe von Beispielen technischer Systeme dafür, wie die sich selbst regulierende Dampfmaschine nach Maxwell. Ich ziehe ihnen aus systematischen Gründen das Beispiel vom zweiäugigen Sehen vor, weil sonst ein Mißverständnis schwer zu vermeiden ist. Die technischen Systeme legen für manche Leser den Schluß nahe, in Wirklichkeit wolle Bateson Leben und Geist auf mechanische Konstrukte reduzieren, um so zu operationalisierbaren Modellen des komplexen Geschehens zu kommen. Mir scheint seine Strategie die umgekehrte zu sein, nämlich schon in mechanischen Systemen unter bestimmten Bedingungen vereinfachte Modelle von Lebensvorgängen zu sehen: Das Kriterium ist Selbstregulierung durch sehr hohe Grade innerer Beziehungsgefüge. Um das Problem zu vermeiden, gehe ich von der Frage nach dem inneren Beziehungsgefüge des Sehens aus.

«Lassen Sie uns einen anderen einfachen und vertrauten Fall von Doppelbeschreibung betrachten... Das Erstaunliche ist, daß die Innervationen jeder Retina – des rechten und des linken Auges – durch eine scharfe vertikale Grenze in je zwei Systeme aufgeteilt werden. So treffen die von optischen Fibern des äußeren rechten Auges aufgenommenen Informationen in der rechten Hirnhemisphäre die Informationen, die von den Fibern der inneren Seite des linken Auges aufgenommen werden. Entsprechend werden Informationen von der Außenseite der linken und der Innenseite der rechten Retina im linken Hirn zusammengeführt.

Das binoculare Sehen, das ungeteilt zu sein scheint, stellt in Wirklichkeit eine komplexe Synthese von Informationen links im rechten Vorderhirn und eine entsprechende Synthese von Informationen rechts im linken Vorderhirn dar. Später werden diese beiden synthetisierten Aggregate von Informationen ihrerseits zu einem einzigen subjektiven Bild synthetisiert, aus dem alle Spuren einer vertikalen Grenze verschwunden sind.

Aus diesem vielschichtigen Arrangement gehen zwei Arten von Vorzügen hervor. Der Sehende kann besser Entscheidungen treffen an Ekken und Kontrasten; und er kann besser lesen, wenn der Druck klein und die Beleuchtung dürftig ist. Was aber bedeutender ist, Informationen über die Tiefe werden hervorgebracht. Formeller gesagt, der *Unterschied* zwischen den Informationen, die durch die eine Retina geliefert werden, von jenen, die durch die andere Retina geliefert werden, bildet selbst eine Information von einer *anderen logischen Ordnung* oder Ebene. Auf Grund dieser neuen Art von Informationen fügt der Sehende eine weitere *Dimension* des Sehens hinzu.»[25]

Das kombinierte zweiäugige Sehen bildet durch diese Kombination eine *höhere Ordnung* als das einäugige, nämlich gerade dadurch, daß die Wahrnehmungen des einen und des anderen Auges nicht einfach addiert, sondern in Funktion bestimmter Unterschiede des Wahrnehmens als ein Ganzes konstituiert werden. Eine höhere *logische* Ordnung oder Ebene wird dadurch gebildet, daß es den Teilwahrnehmungen, aus denen es sich konstituiert, sowohl ihren jeweiligen inneren Beziehungsgefügen nach als auch den Möglichkeiten und Notwendigkeiten ihrer Wechselbeziehungen nach Rechnung trägt. Dabei ist auffallend und typisch, das heißt logisch notwendig, daß der Integration auf der zweiäugigen Ebene eine Integration auf der Ebene jedes der beiden Augen bereits entspricht. Bateson nimmt die kommunikationstheoretische Definition der drei Begriffe von Beschreibung (description), Tautologie (tautology) und Erklärung (explanation) zur Hilfe: «Eine bloße Beschreibung würde alle Tatsachen einbeziehen (das heißt alle wirksam werdenden Unterschiede), die den zu beschreibenden Phänomenen innewohnen; sie würde aber in keiner Weise Verknüpfungen zwischen diesen Phänomenen angeben, die sie verständlicher machen würden.» Eine Erklärung kann ohne Beschreibungen gegeben werden: Der Satz «‹Gott machte alles, was da ist› gibt eine vollständige Erklärung, sagt aber nichts aus über irgendeines der gemachten Dinge oder ihre Beziehungen zueinander.» In der wissenschaftlichen Sprache stellt Tautologie die Verbindung zwischen beiden dar, etwa wenn von einer bestimmten Anwendung der euklidischen Geometrie gesagt wird, sie gelte, insofern die ihr zugrundeliegenden Axiome gelten können. «Mit anderen Worten, die Tautologie trägt nichts anderes bei als Verbindungen zwischen Annahmen.» Es geht also wieder um den Vorgang einer Abbildung. Die Tautologie ist eine besondere Art von Doppelbeschreibung, weil sie nicht nur zwei Beschreibungen gleicher logischer Ordnung miteinander verbindet, sondern eine Beschreibung ausdrücklich abbildet auf die höhere Ordnung von Beschreibungen, in deren Kontext sie erst ihre Bedeutung einnehmen kann.

Das zweiäugige Sehen ist solch eine Tautologie. Aber das muß nicht heißen, daß Menschen eben wissen, was oder wie sie wahrnehmen. Der verstandesmäßige Typ von Bewußtsein, das einen biologischen Akt der Wahrnehmung bei Menschen – mehr oder weniger! – begleiten und leiten kann, ist nicht die einzige Ebene, auf der etwas Derartiges geschieht. Vielmehr wird im menschlichen Bewußtsein nur eine Komplexität der Verbindungen und Integrationen diskursiv expliziert, während sie sehr wohl auch auf niedrigeren logischen Ebenen jede Art von Wahrnehmung, das heißt dann von tautologisch verarbeiteter Informationsaufnahme, nach demselben Modell hervorbringen. «Sicher, können wir sagen, nehmen Hunde und Katzen die Dinge so hin, wie sie sind, ohne alle verstandesmäßige Verarbeitung. Aber nein. Das Entscheidende an meiner Behauptung ist, daß eben der Vorgang von Wahrnehmung immer ein Akt ist, in dem logische Ebenen zur Wirkung kommen. Jedes Bild stellt ein Kodieren und Abbilden auf vielen Ebenen dar. Und mit Sicherheit haben Hunde und Katzen ihre visuellen Bilder. Wenn sie dich ansehen, sehen sie bestimmt ‹dich›.»

Was ist eigentlich dann dieses «dich Sehen»? Offenbar eine Beziehung zwischen dem Hund oder der Katze und dir. Die mathematisch-formale Begrifflichkeit, die Bateson wählt, um diesen Vorgang seiner inneren Struktur nach zu verstehen, kann befremden. Er hat sie aufgegriffen von A. N. Whitehead und Bertrand Russel.[26] In ihren «Principia Mathematica» fand er eine Folge bestimmter, sehr einfacher Formulierungen einer Logik, die ebenso der Darstellung von Operationen des Denkens wie von Operationen im biologischen Leben dienen können. Um die Verhältnisse bestimmter Umstände zueinander einmal mit aller

Deutlichkeit aufzuzeigen, scheint sie mir in jedem Falle von so viel Nutzen zu sein, daß es lohnt sich mit dem Fremden, vielleicht sogar Befremdenden auseinanderzusetzen, das diese Systemlogik für die Humanwissenschaften und erst recht für Überlegungen zum Ästhetischen sicher hat.

Whitehead und Russel gingen von dem philosophischen Begriff der Klasse aus, also von der Gruppe, deren Mitglieder unter einem bestimmten Gesichtspunkt gleichartig sind, zum Beispiel den Säugetieren. «Die Theorie logischer Ordnungen» – oder Typen oder Ebenen – «stellt fest, daß keine Klasse ein Mitglied ihrer selbst sein kann; daß eine Klasse von Klassen nicht zu ihren Mitgliedsklassen gehören kann; daß der Name nicht das Benannte ist...»[27] Jedesmal unterscheidet sich das, was hier als unvereinbar erklärt wird, durch einen Unterschied in der Höhe der logischen Ordnungen. «Die Klasse gehört einer anderen logischen Ordnung an als ihr Mitglied, nämlich einer höheren.»

Der gesamten, hier zum analysierenden Funktionsverständnis des Lebendigen ausgebreiteten oder angedeuteten Begrifflichkeit liegt dieses Schema zugrunde. Das einfache formale Schema besagt aber nicht, daß mit ihm die Vorgänge des Lebens einfach und schematisch dargestellt würden. Bis zu einem gewissen Umfang ist das Gegenteil richtig. Erst an diesem außerordentlich deutlichen Instrument wird sichtbar, welche große Bedeutung unterschiedlichen Graden von Komplexität auch in der biologischen Wirklichkeit zukommt. Und diese Darstellungsweise ist ein Weg, um nicht nur einer Überzeugung Ausdruck zu geben, wenn man von einem Kontinuum spricht, in dem Leben allgemein und menschliches Denken unterschiedliche Grade vergleichbarer Komplexität bilden. Dazu ist ein höherer Grad von Vereinfachung, von Abstraktion notwendig. Doch Bateson folgert aus seiner Auffassung von menschlicher Wahrnehmung – aus seiner Rekonstruktion müßte man hier vielleicht sagen: «Die Regeln des Universums, soweit wir sie zu kennen meinen, sind in den Tiefen unserer eigenen Wahrnehmungsvorgänge verborgen.» So sieht er das altgriechische Motiv des γνῶθι σεαυτόν (gnôti seautón – erkenne dich selbst) vom Tempel zu Delphi, am Nabel der Welt, aus den formallogischen Formulierungen kraftvoller denn je wieder auftauchen in der neuen Gestalt: «Alles wie immer geartete Wissen über Äußeres muß zu einem Teil aus dem hervorgehen, was Selbsterkenntnis genannt wird (self-knowledge).» Gegen die Strategien moderner Erkenntnistheorie, nach denen keine exakte Unterscheidung denkbar ist, die nicht von einem zuvor gegebenen abstrakten Begriff abgeleitet wäre[28], nimmt wieder das Selbst-Verständliche seinen Platz ein. Goethe übertrug es in die dichterische Sprache: «Nichts ist drinnen, nichts ist draußen, denn was innen, das ist außen.»[29]

«In der Tat, es gibt wesentliche Unterschiede zwischen der Welt der Logik und der Welt der Phänomene, und diese Unterschiede müssen zugelassen werden, wann immer wir unsere Überlegungen auf die Analogie zwischen ihnen bauen, die nur zum Teil, aber in Wesentlichem besteht.»[30] Bateson selbst nennt vor allem das Moment der Zeit. In dem Modell von logischen Ordnungen oder Ebenen ist nicht von Zeit, sondern von Unterschieden die Rede. Es wird verglichen, und das Vergleichen wird ebensowenig als Vorgang des Hin und Wieder in der Zeit reflektiert wie die Entstehung höherer Ordnungen aus Vorgängen der Abbildung von Unterschieden auf Beziehungen. Was Bateson einfach Zeit nennt, ist hier mehr als eine formale Dimension: Sie ist *Geschichte*. Dieser Begriff ist für Bateson der entscheidende, obwohl er ihn so nicht den Russelschen Typen offen gegenüberstellt. Nur als Geschichte läßt sich begreifen, was er selber so weitgehend als logische Strukturen darstellt.

Was unterscheidet Geschichte von Zeit? Der moderne Begriff von Zeit, im naturwissenschaftlichen Sinne, schließt als solcher die Umkehrung nicht aus. Geschichte ist unumkehrbar. Ein Element dazu bilden «Irrtümer», die gegenüber der Logik gelöscht werden können. «Wenn in dieser Welt eine Kette von Hypothesen ein Paradox ergibt, wird einfach die gesamte Struktur von Axiomen, Theoremen usw., die mit dem Paradox zusammenhängen, negiert, sie sind nichts mehr. Es ist, als ob es dergleichen nie gegeben hätte. Aber in der wirklichen Welt (oder wenigstens in unseren Beschreibungen von ihr) gibt es immer *Zeit*, und nichts, was gewesen ist, kann je ganz in dieser Weise negiert werden.» Dieses Element kann aber nur ein Beispiel sein, das allein nicht den Unterschied ausfüllt. In der Systematik von Bateson finde ich keine befriedigende, ausdrückliche Entfaltung.

Geschichte beginnt mit jener Frage der Einführung: Wie erkennen wir die Überreste einer Krabbe als die eines Lebewesens? Die Strukturen erlauben, die Geschichte ihrer Entstehung zu rekonstruieren, einer Entstehung, deren Schritte immer streng einer auf die bereits vorhandenen Beziehungsgefüge der vorigen und dazu auf den neuen Unterschied zurückgehen. Dieser Unterschied aber kann im Lebenden eben aus der Beziehung des Beziehungsgefüges zu seiner Geschichte, also aus einer ihm eigenen *Rückbezüglichkeit* hervorgehen. Dies geschieht bei jeder Korrektur einer inneren Störung. Beide Schritte, derjenige, der eine Störung mit sich bringt, wie derjenige, der darauf ausbalancierend antwortet, behalten ihren Platz in den überdauernden Strukturen. So ist es mit den Linien der Jahresringe eines Baumes, an denen innere Stoffwechselverschiedenheiten und äußere Bedingungswechsel so lange abzulesen sind, wie es das Holz in seiner eigenen Struktur erkennbar noch gibt.

Mit dem Begriff ‹Rückbezüglichkeit› wird ein entscheidender Zug der Komplexität ausgedrückt. Zwar können auch technische Systeme rückbezüglich sein – etwa wenn ein Heizungskreislauf sich über einen Thermostaten selbst reguliert.[31] Das Leben aber bringt einen anderen Typus von Rückbezüglichkeit hervor. Man findet ein Beispiel dafür bei Bateson, das vielleicht das ergreifendste ist; allerdings wird im Text gerade der Zusammenhang zwischen dem System logischer Ordnungen und diesem Vorgang nicht entsprechend hervorgehoben. Bateson spricht mit C. H. Waddington nicht von Embryologie, sondern von Epigenesis, weil dieses Wort ihm den Sinn des Vorgangs anschaulicher wiedergibt: «Es hebt den Umstand hervor, daß jeder embryologische Schritt ein Akt des Werdens – griechisch: genesis – ist, der auf – griechisch: epi – den unmittelbar vorhergehenden Stand der Entwicklung gebildet werden muß.» – «Grundsätzlich sollte Epigenesis der Entwicklung einer komplexen Tautologie gleichen, in der nichts mehr von außen hinzukommt, wenn einmal die Axiome und Definitionen begründet sind.» Dabei verleiten wieder statische Begriffe zum Mißverständnis. Der «Stand der Entwicklung» ist eben nicht nur die Struktur, zu der die bisherige Geschichte geführt hat. Vielmehr bezieht sich der neue Schritt auf die Vorgeschichte als eine Geschichte, und in Geschichte haben nicht nur bestimmte Proportionen eine Bedeutung, in ihr kann auch die Reihenfolge eine bleibende Rolle spielen, in der solche Proportionen im Spiel von wechselseitigen Antworten der Teilbildungen aufeinander zum bleibenden Phänomen geworden sind.

Ohne einen Hinweis gefunden zu haben, der mich vom Text her dazu berechtigt, möchte ich sagen, daß gerade darin Geschichte einer höheren logischen Ordnung angehört im Verhältnis zu den aus ihr sich ergebenden Strukturen. Geschichte ist die unumkehrbar gelebte Zeit und somit eine Tiefendimension der Zeit. Selbst Quantitäten spielen, eben im Kontext einer Entwicklung, eine Rolle, so daß die Zeit, die ein bestimmter Schritt gedauert hat, kürzer oder länger, von Bedeutung ist. Es macht einen Unterschied für das Beziehungsgefüge zum Beispiel einer Krabbe, wie lange der Panzer im Verhältnis zu den Beinen für sein Wachstum gebraucht hat. Erst recht ist die Reihenfolge konstitutiv für das Zusammenspiel der Funktionen, weil doch die später ausgebildeten

Funktionen Antworten nicht nur auf ihre ‹Zwecke› sind, die Scheren auf bestimmte Formen der Nahrungsbeschaffung usw., sondern auch auf die ‹Muster› der Beine, das heißt auf den Zusammenhang zwischen den Fortbewegungsweisen dieses Tiers und den Fortbewegungsbedingungen seiner Umwelt usw. Die entsprechende Bedeutung der Gleichzeitigkeit, in der sich während der menschlichen Epigenesis die Einstülpungen von Händen und Gehirn ausbilden, und des frühen Zeitpunkts, zu dem sie auftreten, wird im folgenden so eingehend entfaltet werden, daß hier vielleicht die Andeutung ausreichen kann.

An der ersten Tiefendimension soll dagegen noch einmal dargestellt werden, was mit dem anfänglich aufgetauchten Begriff der Konstitutionslogik gemeint ist. Sie stellt Konstitutionsvorgänge dar, und zwar in Schritten, die einer auf den Ergebnissen der vorigen aufbauen. Und sie begreift die Konstitution eines Wesens aus solchen Schritten in Wechselbeziehungen mit einer Mit-Welt. In diesen beiden wesentlichen Zügen sind sich dieses von Hegel kommende Modell und das von Russel kommende in seiner Gestalt bei Batesons grundsätzlich gleich.

Der entscheidende Unterschied liegt in der dritten Dimension: Bateson muß die Strukturbegriffe der logischen Typenordnung immer erst aus ihrer Statik in die Dynamik der Lebensvorgänge übersetzen. Konstitutionslogik geht von Geschichte als dem wesentlichen Moment lebender Bildungen bereits aus. Sie hat längst zur Grundvorstellung genommen, was Bateson gegen seine in gewissem Sinne doch positiv naturwissenschaftlich-mathematisch denkenden Gewährsleute und Adressaten erst als etwas Besonderes herausarbeiten und in ihren Begriffen verteidigen muß: daß Zeit, und zwar erfüllte, gelebte, unumkehrbare Zeit, ein Moment der logischen Modelle selbst sein muß.

Dazu einige seiner Beispiele.

«Wir leben in einem Leben, in dem unsere Wahrnehmungen vielleicht immer Wahrnehmung nur von *Teilen* sind, und unsere Vorstellungen von einem Ganzen, das sie jeweils bilden könnten, treffen ständig auf Bestätigung und Widerspruch durch das spätere Auftreten von anderen Teilen. Vielleicht ist es so, daß kein Ganzes je auftreten kann; denn *das* würde direkte Kommunikation bedingen.»[32] «In einem Computer, der nach dem Schema von Ursache und Wirkung arbeitet, in dem ein Transistor den anderen anstößt, wird gewöhnlich durch die Folgen von Ursache und Wirkung Logik *simuliert*. Vor dreißig Jahren fragten wir uns: Kann ein Computer alle Folgen der Logik simulieren? Die Antwort lautete Ja, aber die Frage war zweifellos falsch. Wir hätten fragen müssen: Kann Logik alle Folgen von Ursache und Wirkung simulieren? Und die Antwort wäre Nein gewesen... Das *Wenn... Dann* der Kausalität enthält *Zeit*, aber das *Wenn... Dann* der Logik ist zeitlos. Daraus folgt, daß Logik ein unvollständiges Modell der Kausalität ist.» Erneut fordern die Formulierungen, so gut sie ein Problem klären, zu einem Mißverständnis in bezug auf ein anderes auf: Warum bleibt Bateson so unnachgiebig dabei, dann doch das Leben wie das Denken in logischen Modellen und auf logische Strukturen abzubilden?

Die Definitionen für Logik fordern eine absolute Durchgängigkeit und Durchschaubarkeit der Zusammenhänge bzw. der Verknüpfungen, eine Vollständigkeit und Stimmigkeit in den Reflektionen darauf, wie die Bedeutung aller Momente eines untersuchten Gegenstandes oder einer Situation füreinander zu Beziehungen führt. Nur eine bestimmte Tradition von Logik, etwa seit Aristoteles, schließt die Zeit in der genannten Weise aus.

Anfangs wurde Hegels Modell des Tieres angedeutet, das seine Nahrung «vernichtet» *und* in sich zum Bilde erinnert *und*, nach diesem Bilde später auswählend, gewissermaßen schon strategisch auf die neue Beute aus ist. Indem Logik diesen Schritten folgt, bildet sie eine Geschichte ab.

Ein Problem auch der Hegelschen Dialektik mit der Zeit liegt in seinem Typus von Rückbezüglichkeit. Wohl bezieht sich Gegenwärtiges immer auf die Vorgeschichte, der es sich verdankt, und nur aus ihr stammen seine Bestimmtheiten. Nur aus der Begegnung, und zwar aus dem vermutlich vielfach wiederholten Begegnen mit der Gans weiß der Fuchs, was gut ist und wie man ihr nachstellen muß. «Lernen», wie Bateson das nennt, bedarf der Zeit. Es muß sich ein Beziehungsgefüge ausbilden können wie der Heilige Franziskus und der Wolf von Gubbio.

Symbiose ist eine Geschichte. Hegel überträgt solche Formen geschichtlicher Betrachtungsweise auf die Geschichte der Menschen. Dabei wird eine Auslassung unübersehbar, die schon zuvor irritieren konnte; denn er folgt mit seinem logischen Modell einem idealtypischen Konstitutionsvorgang.[33] Die Evolution kommt nie außer Atem, versäumt keine Gelegenheit und macht keine Fehler. Es geht immer im Rhythmus der logischen Schritte voran. Dadurch bleibt die Rückbezüglichkeit implizit, immanent, statt daß weitere Entwicklungen im Blick zurück und im Ausgleichen von vergangenen Ungleichgewichten vor sich gehen.

Ein solch ausdrückliches Sich-Zurückbeziehen bildet eine höhere logische Ebene, auf der Vergangenes gleichzeitig als *Vor*geschichte des

Gegenwärtigen und außerdem als *gegenwärtig* noch Anstehendes betrachtet wird. Diese Anforderung setzt auf der höheren logischen Ebene uns nicht mehr in Widerspruch zu der ersten, Zeit müsse als unumkehrbar begriffen werden: Auch wenn man das Rad der Geschichte, eines Wachstums nicht zurückdrehen kann, so kann doch die Entwicklung in ihrem Fortgang noch einmal besonders auf bestimmte Momente der Geschichte zurückkommen. Dies ist zum Beispiel die Geschichte eines Baumes am Hang. Der Keim kommt aus der Erde; spätestens nach einer gewissen Zeit ergibt sich ein Problem. Das Wurzelwerk breitet sich so tief unter der Oberfläche und so weit aus, wie es dieser Baumart allgemein und insbesondere dem gleichzeitigen Aufwachsen und Sichausbreiten von Stämmchen und Ästen entspricht. Man kann nun beobachten, daß Bäume am Hang ein Stück weit so schief gewachsen sind, als habe der Baum begonnen, nicht aufrecht zum Himmel aufzuwachsen, sondern senkrecht zu der schiefen Ebene des Hangs – aus welchen Gründen immer. Der Baum wächst aber in Beziehung zur Erdanziehung empor, die von der schiefen Erdoberfläche unabhängig wirkt. Für unsere Frage kommt es an auf das, was nun geschieht. Bei solchen Bäumen wird man in der Regel eine spiralartige innere Verdrehung des Stamms in seiner Längsachse beobachten. Durch diese innere schiefe Ebene – wir erinnern uns, eine Schraube ist eine Form der ‹schiefen Ebene› – antwortet das Wachstum Schritt für Schritt auf das früher entstandene Ungleichgewicht. Diese Wachstumsgeschichte kann weder rückgängig gemacht werden, noch muß sie bedingungslos fortgesetzt werden. So werden etwa die Äste gleichzeitig die Drehung des unteren Stammes fortsetzen und auch abklingend ausgleichen.

Wenn Menschen von einer entsprechenden eigenen Geschichte eine bewußte Vorstellung entwickeln, entstehen neue, typisch konstitutionslogische Probleme. Die bewußte Vorstellung tritt als höhere logische Ebene zu den übrigen Momenten des Beziehungsgefüges hinzu, und zwar eines in Bewegung befindlichen Beziehungsgefüges, das dieser Bewegung bedarf, um sein dynamisches Gleichgewicht fortzusetzen – wie im aufrechten Gang des Menschen.[34] Das bewußte Vorstellen kann sehr wohl die Bewegung anhalten, insofern es die Bewegung auf die statischen Begriffe einer statischen Logik abbildet, ohne zugleich diese Logik noch einmal auf eine Logik der Zeit abzubilden. Solches Anhalten stellt sich um so eher ein, als ohnehin das bewußte Beziehen der neuen Ebene auf alle ‹Teile› des komplexen Beziehungsgefüges und auf alle Beziehungen zwischen den Teilen viel Zeit erfordert, während derer nunmehr die Bewegung nicht einfach bewußtlos weitergeht.

Bateson spricht in einem früheren Aufsatz[35] von verschiedenen, logisch eine die voraufgehende übergreifenden Ebenen des Lernens. Kurz gesagt, kann menschliches Lernen bestehen im Erlernen eines Zusammenhanges (I), im Erlernen solchen Lernens (II) und gerade noch im Erlernen der Fähigkeit, Lernzusammenhänge selber zu entwickeln (III), in denen das Erlernen von Lernfähigkeiten (IV) gut möglich wird. Die dritte Ebene bedeutet bereits außerordentlich viel Lernfähigkeiten, sich wirklich in angemessene Beziehungen zu den Bedingungen einer Lebenswelt einzulassen. Bateson spricht freilich gerade hier von Freiheit. Seine Idee von Freiheit bewegt sich in einem ausgesprochenen Gegensatz zu einem Freiheitsbegriff, wie ihn schematische ‹Kreativitätstheoretiker› behaupten: Es geht eben nicht, wie dort, um «das Recht, das Falsche zu tun» (the right to do the wrong thing). Freiheit ist die Bewegungsfreiheit des Bewußtseins auf der hohen logischen Ebene eines Denkens, das ein angemessenes Denken in Beziehungsgefügen und ihren Entwicklungsbewegungen ist. Damit tritt es aber aus seiner hohen Abstraktion sehr weitgehend wieder ein in die Rückbezüglichkeiten, die es denkt und aus denen es sich hervorgebildet hat und in denen die so Denkenden weiter praktisch leben. Der genaue und wesentliche Unterschied zu Schillers Freiheitsbegriff wäre zu bestimmen, wo er das Hinnehmen des Unvermeidlichen auch noch gegenüber der gesellschaftlich-geschichtlichen Ungerechtigkeit der Herrschaft empfiehlt.[36] Das Problem liegt in dem äußerst schwierigen Vermögen zu unterscheiden, auf welche Bedingungen der eigenen Konstitutionsgeschichte wir uns zurückbeziehen können bzw. müssen, indem wir sie ausgleichen, indem wir zu Gegenstrategien übergehen bzw. indem wir ihnen folgen.

Freiheit hat nicht ‹ihren Preis›; sie hat vielleicht ihre Wege. «Ich hörte einmal einen Zenmeister kategorisch erklären: ‹Vertraut zu werden mit irgend etwas, ist ein schrecklicher Vorgang.›» Sich dabei nicht in Gewohnheiten zu flüchten, ist ebenso schwer: «Aber jede Freiheit von der Bindung an Gewohnheiten bedeutet notwendig, das eigene Selbst neu zu bestimmen. Wenn ich auf der Ebene des Lernens II halt mache, bin ‹Ich› das Aggregat jener Charakteristiken, die ich meinen ‹Charakter› nenne. ‹Ich› bin dann meine Gewohnheiten, im Kontext zu handeln und die Kontexte zu gestalten und wahrzunehmen, in denen ich handle. Ein Selbst zu sein, geht hervor aus dem Lernen II oder ist dessen Aggregat. In dem Maße, wie ein Mensch das Lernen III vollzieht, wie er lernt, wahrzunehmen und zu handeln aus der Ebene der Kontexte der Kontexte, wird sein ‹Selbst› in eine Art von Bedeutungslosigkeit übergehen. Der Begriff des ‹Selbst› wird nicht länger als Kernargument in der Interpunktion der Erfahrung fungieren.»³⁷

Für manche Menschen, für die «kreativeren», «eröffnet die Lösung von Gegensätzen» – die sich eben in den Kontexten der Kontexte andeutet – «eine Welt, in der persönliche Identität sich auflöst in alle Beziehungsvorgänge einer außerordentlich weiten Ökologie oder in das Ästhetische kosmischer Interaktionen. Daß irgend etwas davon überleben kann, scheint fast wie ein Wunder; aber einige können vielleicht davor bewahrt werden, in ozeanischem Gefühl davongeschwemmt zu werden, durch ihr Vermögen, sich zu konzentrieren auf die winzigen Besonderheiten des Lebens, jede Einzelheit des Universums als das Angebot zu einem Blick auf das Ganze zu sehen.» Am Ende der formalen Erkenntnistheorie taucht die Begegnung mit dem Einfachsten des Lebens neu und leuchtend auf. In dieser Weite zwischen einem Horizont und einem nächsten Schritt auf ihn zu können einige Grundgedanken noch einmal erprobt werden.

Die logische Bestimmung des zweiäugigen Sehens bei Bateson löst sich erst ein mit einer anschauenden Erfahrung, wie sie Hugo Kükelhaus uns vorschlägt. Zunächst erinnert er an den Begriff der Doppelbeschreibung und ihres konstitutiven Unterschieds in dem Vorgang selbst, in dem unsere Wahrnehmungen als existentielle Beziehungen zur Mitwelt «Gestalt» (Weizsäcker) annehmen: «Nachdem wir uns überzeugt hatten: das Sehen von Gegenständen gelingt dadurch, daß das Auge sie nicht anstarrt, sondern sie bezieht auf das, was sie nicht sind, was drumherum und um das Drumherum ist; bei einem Stern, den ich sehen möchte, bis zu den Tiefen des Sternenhimmels...» So wird das zweiäugige Sehen zugleich zu einem biologischen Akt, einer «Lösung der Gegensätze». Die Gegensätze stellen sich in einem Experiment von Kükelhaus dar als ein schwarzer und ein weißer Fleck. Diese nehmen auf einem grauen Hintergrund je den Platz der beiden Fotografien in einem stereoskopischen Gehäuse ein, die sich zu einem tiefenscharfen Bild ergänzen würden. Die Erwartung, was man nun sehen werde, auf der logischen Ebene der Gegensätze geht auf eine Überdeckung, einen Kompromiß, «einen mittleren Wert, und der ist Grau». «Es erscheint keineswegs Grau. Das kann es nicht. Denn es findet keine ‹Überdeckung› der beiden getrennten Felder statt. Es erscheint ihre Aufhebung. Nicht ihre Vermischung. Im Raumhaften der stereoskopischen Erscheinungen ist das Auseinander der Flächenbilder dadurch zu einer Einheit geworden, daß jedes selbständig geblieben ist und auf der Grundlage der eigenen Selbständigkeit mit dem Nachbarn am Zustandekommen ihrer beider Einheit wirkt. So kommt es...daß man bemerkt, wie die Augen in schnellem Wechsel hin- und herhuschen. Das Ergebnis davon ist sogar in seiner Entstehung verfolgbar: es ist Glanz.» Dies «hat uns durch die Ur-Erfahrung, wonach Gegensätze nicht ausgelöscht, sondern aufgehoben werden, zurückgebracht zu den Mustern der Keimgeschichte. In ihr geht kein Schritt vonstatten, und keine Phase folgt der anderen, es sei denn in dieser Gesetzlichkeit. Nun geht es darum, die so eingetretene Rückbindung weiterzubilden. Wodurch? Durch Aufmerksamkeit. Aufmerksamkeit ist Tat.»[38]

Bateson übernimmt die Unterscheidung von Horst Mittelstaedt[39], nach der ein vergleichbares Hin und Her wie das der Augen zwischen Schwarz und Weiß einmal als Feedback, ein andermal als Kalibrieren bezeichnet wird. In unserem Experiment kann Glanz nur und muß er dadurch entstehen, daß die Bewegungen der Augen, die Teilwahrnehmungen als Einheit zur Wahrnehmung werden. Das wird dann Feedback genannt. Auch eine Kalibrierung kann, zumindest, in dem Vorgang eine Rolle spielen, in dem Glanz, Silber entsteht aus Weiß vor schwarzem Untergrund und aus Schwarz durch weißen Vordergrund. – Goethe hat sich in seiner Farbenlehre für das Schwarz als Untergrund entschieden, vor dem Licht im Milchigen sich Blau reflektiert, während vor dem hellen Untergrund Gelb entsteht. – Nicht immer sieht man das Silber sofort entstehen. Schwarz und Weiß decken sich manchmal nur teilweise. Dann sieht man wieder mehr das eine oder ganz das andere. Manchmal sieht man durchaus auch beide Flecken nebeneinander. Man muß, mit anderen Worten, schrittweise die rechte Einstellung finden, in der die Augen wirklich im tiefen-scharfen, im dreidimensionalen Sehen zusammenspielen. Die erste Art von Zusammenspiel, das Feedback, entwickelt die Rückbezüglichkeit der Teilwahrnehmungen auf das Ganze in einem einzigen, unteilbaren Vorgang. Die zweite Art von Zusammenspiel wird in einer Schrittfolge je wahrnehmbarer Akte vollzogen – Kalibrierung spielt sich ein.

Dann wird Schritt für Schritt versucht, den Kontext herzustellen. Die Lernschritte sind als solche offensichtlich und ausdrücklich, ja, bewußt einer auf die vorigen bezogen. Im sogenannten Feedback stellt sich das Beziehungsgefüge des Kontextes innerhalb eines Aktes her. In dem Fall unseres Beispiels ist das auf Grund einer bereits entwickelten Kalibrierung der Fall. Denn dieser Begriff schließt zwar bewußte Lernschritte nicht aus, meint aber jene Erfahrenheit, die uns wie von selbst durch die Beziehungen des Kontextes führt. Der ‹geübte Blick› paßt sich ohne bewußte Kontrolle den Bewegungsformen des Meeres oder den Schichten und Verwerfungen der Felsen an, folgt unaufgefordert der Flugbahn des Albatros, die er mitzuvollziehen vermag wie die Beine einen Tanzrhythmus, den wir ‹bis zur Bewußtlosigkeit› geübt haben.

Solche Wahrnehmung ist eben Begegnung mit der Mitwelt. Sie kann niemals als Feststellung von Tatsachen vollzogen werden, sondern nur in dem Gestus des sich in den anderen Versetzens. Dies hat Alfred Prinz Auersperg, aufbauend auf dem Gestaltbegriff von Victor von Weizsäkker, mit seinem Modell der ‹Prolepsis› auf überraschende Weise deutlich gemacht.[40] Wahrnehmung kann schon deshalb in vielen Fällen nicht einfach ‹feststellen›, weil sie im zeitlichen wie im logischen Sinne vorgreift. Sein Beispiel ist die Katze. Sie ist nicht darum in der Lage, eine Maus zu fangen, weil sie feststellt, wo jetzt die Maus sitzt. Vielmehr vermag sie vorwegzunehmen, wo die Maus mit ihrer nächsten Bewegung sein wird, und springt dorthin.

Wir lernen, derartige Verbindungen als den Ausdruck vielfältig und komplex die Wesen miteinander verbindender Geschichtsschritte zu begreifen. Nur in sich ebenso komplexe Wesen können derartige Schritte von wechselseitig sich bedingenden Entwicklungsgeschichten in sich als Organ aufbewahren. Nur als Niederschlag derart komplexer Schritte von Wechselbeziehungen mit äußeren Momenten der Mitwelt können derart komplexe Organe sich ausbilden und als innere Rückbezüglichkeiten funktionieren. Darum legt Bateson besonderen Wert auf ein theoretisches Verständnis dieser Rückbezüglichkeiten in «lebenden Systemen». Er beschreibt sie als Verbindungen zweier einander bedingender stochastischer Systeme im Zusammenspiel zwischen einer Art und ihren Individuen über eine Folge von Generationen hinweg.

Während in den lebenden Individuen äußere Veränderungen durch somatische Anpassungen beantwortet werden können, können genetische Veränderungen ihrerseits entsprechende Anpassungen in die Bestimmungen der Art aufnehmen – oder nicht. In beiden Systemen begegnen spontane Momente konservativen Zusammenhängen. Erst die noch höhere logische Ordnung, die mit der Rückbezüglichkeit zwischen diesen beiden schon in sich rückbezüglichen Systemen erreicht und gelebt wird, kann den Notwendigkeiten einer Co-Evolution entsprechen.[41]

Das Modell läßt unmittelbar an die Geschichten denken, in denen, wie der japanische Meister sagt, der Maler und der Bambus zueinander kommen, bis der Maler zum Bambus geworden ist und ihn malen wird, wenn er einen Pinsel in die Hand nimmt. Die biologische Grundlage dessen, was wir bei uns Menschen als Nachahmung im weitesten Sinne bezeichnen und als die Quelle allen Ästhetischen verstehen müssen, taucht aus den Begriffen dieses Modells auf. Bateson hat uns die Hierarchie von Klassen, in die eine Subtraktionsanthropologie menschliches, tierisches und pflanzliches Leben auseinandergerissen hat, übersetzt in eine andere Logik: Die Sphären werden nun als Ordnungen unterschiedlich intensiver Rückbezüglichkeiten greifbar. Damit unterscheiden sie sich vergleichbar innerhalb gleichartiger Organisations- und Bewegungsformen. In den Termini von Kybernetik und Kommunikationstheorie werden wir zurückgeführt zu einem Verständnis wirklicher communio alles Lebenden. Wir können neu hoffen, die Zwischenschritte ausweisen zu können zwischen der vereinseitigten Logik und der Weisheit, die mit ihr zusammen Vernunft bilden kann. Die Operationen Batesons werden bereits benutzt, um identitätslogische Feststellungen zu systemtheoretischen Gleichgewichten statischer Art zu retten und ihre notwendige Auflösung in die Dynamik gelebter Zeit mit äußersten Anstrengungen zu vermeiden. Sie können uns aber auch zurückführen zu dem indischen Spruch: Gott schläft im Stein, träumt im Tier und erwacht im Menschen.

Anmerkungen

1 Adolf Portmann, Biologisches zur ästhetischen Erziehung. Aargau 1949; jetzt: Heilkräfte der Naturkunde für unsere Bildung. Hitzkirch 1977, S. 13; das folgende Zitat l. c., S. 17.
2 Frederik J. J. Buytendijk, Paul Christian und Herbert Plügge, Über die menschliche Bewegung als Einheit von Natur und Geist. Beiträge zur Lehre und Forschung der Leibeserziehung. Schondorff 1963; die folgenden Zitate l. c., S. 13 bzw. S. 19.
3 Gregory Bateson, Mind and Nature. A Necessary Unity. New York 1979. Die Zitate sind vom Verfasser ins Deutsche übersetzt; die angegebenen Seitenzahlen beziehen sich auf die entsprechenden Stellen in der deutschen Ausgabe: Geist und Natur. Eine notwendige Einheit. Frankfurt/M. 1982, S. 162f.
4 Hugo Kükelhaus, Fassen, Fühlen, Bilden. Köln 1975, S. 81.
5 James D. Watson, The Double Helix. Being a Personal Account of the Discovery of the Structure of DNA. New York 1968. Dt.: Die Doppelhelix. Ein persönlicher Bericht über die Entdeckung der DNS-Struktur. Übersetzt von Vilma Fritsch. Reinbek bei Hamburg 1969.
6 Benno Müller-Hill, Die Philosophen und das Lebendige. Frankfurt/New York 1981, S. 138.
7 Gregory Bateson, Steps to an Ecology of Mind. London 1972. Die Zitate sind vom Verfasser ins Deutsche übersetzt; die angegebenen Seitenzahlen beziehen sich auf die entsprechenden Stellen in der deutschen Ausgabe: Ökologie des Gei-

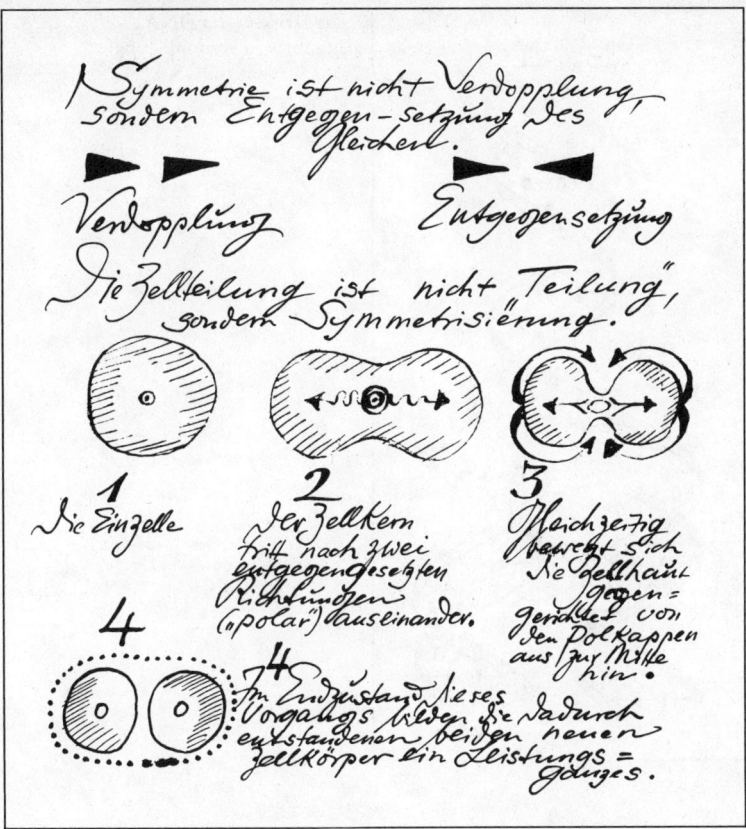

(Siehe Anmerkung 4, Kükelhaus)

stes. Anthropologische, psychologische, biologische und epistemologische Perspektiven. Übersetzt von Hans-Günter Holl. Frankfurt/M. 1981, S. 204.
8 Bateson, Geist und Natur, a.a.O., S. 178.
9 Bateson, Ökologie des Geistes, a.a.O., S. 204f.
10 Mary Catherine Bateson, With A Daughter's Eye. A Memoir of Margaret Mead and Gregory Bateson. New York 1984, S. 94. Die Zitate sind vom Verfasser ins Deutsche übersetzt; die angegebenen Seitenzahlen beziehen sich auf die entsprechenden Stellen in der deutschen Ausgabe: Mit den Augen einer Tochter. Meine Erinnerungen an Margaret Mead und Gregory Bateson. Übersetzt von Rosemarie Lester. Reinbek bei Hamburg 1986, S. 101; die folgenden Zitate l.c. S. 69 bzw. S. 116f.
11 L.c., S. 114f.; das folgende Zitat S. 132.

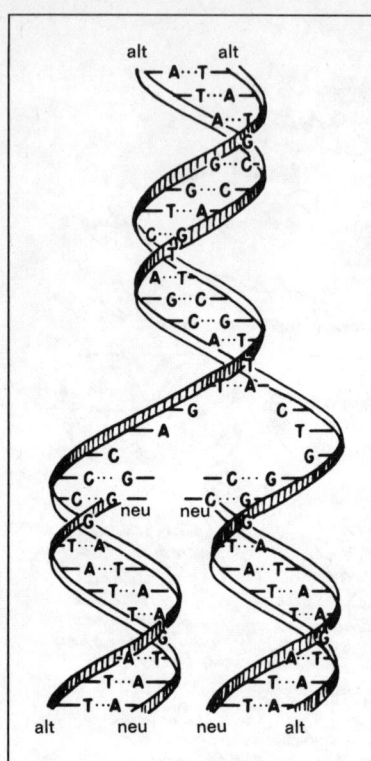

Die Struktur der DNA
erlaubt ihre Verdoppelung
(aus Watson 1985, S. 257)
Siehe Anmerkung 5

12 Bateson, Geist und Natur, a.a.O., S. 14; die folgenden Zitate S. 14f. bzw. S. 259.
13 Gregory Bateson, Mary Catherine Bateson, Angels Fear. New York 1987.
14 Bateson, Geist und Natur, a.a.O., S. 165; das folgende Zitat in Ökologie des Geistes, a.a.O., S. 385.
15 Vgl.: Viktor von Weizsäcker, Der Gestaltkreis. Stuttgart ³1947, und die Ausführungen des Kapitels «Psychologische Grundlagen» dazu.
16 Bateson, Geist und Natur, a.a.O., S. 39f.; die folgenden Zitate l.c., S. 56 bzw. S. 203.
17 L.c., S. 251; die folgenden Zitate l.c., S. 90 bzw. S. 82f. bzw. S. 136f.
18 L.c., S. 136; die folgenden Zitate S. 81 bzw. S. 87 bzw. S. 116.
19 L.c., S. 118; das folgende Zitat ebd.
20 L.c., S. 165; die folgenden Zitate l.c., S. 165 bzw. S. 63.
21 Gregory Bateson, Naven. The culture of the Iatmul People of New Guinea. Stanford ²1958, S. 175 bzw. S. 117.

22 Marie Claire Busnel, Etienne Herbinet, L'aube des sens. Ouvrage collectif sur les perceptions sensorielles fœtales et néonatales. Paris 1983, S. 183 bzw. S. 157.
23 L. c., S. 95; das folgende Zitat S. 97.
24 L. c., S. 53.
25 Bateson, Geist und Natur, a. a. O., S. 88 f.; die folgenden Zitate S. 103 f. bzw. S. 104 f. bzw. S. 235.
26 Bateson, Ökologie des Geistes, a. a. O., S. 362; das folgende Zitat S. 362 ff.
27 Bateson, Geist und Natur, a. a. O., S. 274; die folgenden Zitate S. 47 bzw. S. 168.
28 Während bei Kant diese Forderung mit der anderen Forderung, daß ohne Anschauung jeder Begriff leer bleibe, verbunden war, treten später, etwa bei den Neukantianern wie Ernst Cassierer oder – dort sogar ausdrücklich im Zusammenhang mit dem «Symbol im Denken, im Ritus und in der Kunst» – Susanne K. Langer, die Gegengewichte in den Hintergrund.
29 Johann Wolfgang von Goethe, Werke. Hamburger Ausgabe 1948 ff., Bd. I, S. 358:

> *Epirhema*
> Müsset im Naturbetrachten
> immer eins wie alles achten;
> Nichts ist drinnen, nichts ist draußen,
> denn was innen, das ist außen.
> So ergreifet ohne Säumnis
> heilig öffentlich Geheimnis.

30 Bateson, Ökologie des Geistes, a. a. O., S. 364; das folgende Zitat ebd.
31 Bateson, Geist und Natur, a. a. O., S. 130 ff.; die beiden folgenden Zitate l. c., S. 63.
32 L. c., S. 143; das folgende Zitat l. c., S. 78 f.
33 Vgl.: Arbeit, Werkzeug, List. In: Rudolf zur Lippe, Autonomie als Selbstzerstörung. Frankfurt/M. ²1985.
34 Bateson, Geist und Natur, a. a. O., S. 82 f.
35 Vgl.: Die logischen Kategorien von Lernen und Kommunikation. In: Ökologie des Geistes, a. a. O.
36 Vgl.: Naturbegriff, gesellschaftliche Wirklichkeit, Ästhetik bei Schiller. In: Rudolf zur Lippe, Autonomie als Selbstzerstörung, a. a. O.
37 Bateson, Ökologie des Geistes, a. a. O., S. 393; das folgende Zitat l. c., S. 395.
38 Hugo Kükelhaus, Fassen, Fühlen, Bilden, a. a. O., S. 102 f.
39 Bateson zitiert Horst Mittelstaedts Vortrag «The Analysis of Behaviour in Terms of Control Systems». In: Transactions of the Fifth Conference of Group Process. New York 1960.
40 Alfred Prinz Auersperg gebrauchte dieses Beispiel in vielen Vorträgen, ders., «Coincidentialkorrespondenz als Ausgangspunkt der psycho-physiologischen Interpretation des bewußten Erlebens und des Bewußtseins». In: Der Nervenarzt, 25. Jahrgang, 1. Heft, Januar 1954, S. 3 f. Vgl. dazu auch: Hubertus Tellenbach, Phänomenologisch-biologische Konzeptionen des Prinzen Auersperg. In: Zeit und Stunde. Festschrift für Alois Goergen, München 1985, S. 258 f.
41 Bateson, Geist und Natur, a. a. O., insbesondere S. 220 ff.

Zu den beiden vorangegangenen Seiten:

Auf die Geburt des Gottes Quetzalcoatl als Morgenstern im vatikanischen Codex Borgia, 42, weist Paul Westheim hin, um die Schneckensymbolik zu zeigen. Schnecke, Wasser und Mond sind miteinander verbunden zur Fruchtbarkeit. Er zitiert Pedro de Rios: «Wie die Schnecke aus dem Gehäuse, so kommt der Mensch aus dem Leib seiner Mutter hervor.» Deutsch: DuMont, Köln 1966.

Strukturen des Wassers sind wesentlich Bewegungsformen – im Fluß, nicht fest, flüchtig und immer neu. Wenn alles Leben im Wasser begonnen hat, unser Körper weitgehend aus Wasser besteht, Wasser im Sinne Laotses das Modell ist für die Stärke des Schwächeren, dann sind seine Formbestimmungen von großer Bedeutung. Theodor Schwenk ist ihnen mit seinem «Institut für Strömungsforschung», Herrischried, mit poetischer Präzision nachgegangen wie wohl niemand sonst. Der «mächtige Strudel im Meer» gehört in seinen Band «Das sensible Chaos», Stuttgart, Freies Geistesleben [4]1984.

Paläontologische Grundlagen

«Wenn man also auf dem Niveau des homo sapiens feststellt, daß die ästhetischen Werte vom Gipfel der Figuration bis zu den physiologischen und funktionellen Grundlagen hinabreichen, so ist es ganz unerläßlich, von diesen Grundlagen, die allein paläontologisch gesichert sind, auszugehen.»[1]

Die frühen Zeiten der Menschheit können wir nicht als ‹vor-geschichtlich› bezeichnen, weil damit Geschichtlichkeit eingeengt wird auf eine methodische Definition der Geschichtswissenschaft. Wir sind gerade dem Entwurf gefolgt, der den Begriff der Geschichte als ein konstitutionslogisches Prinzip auch für das biologische Leben zugrunde legt. Im Biologischen lassen sich dann Organisationsformen erkennen, die zugleich Organisationsformen des menschlichen Denkens und damit aller menschlich-geschichtlichen Hervorbringungen begründen. Lebensäußerungen sind dann in ihrer leiblich-sinnlichen Verwandtschaft mit der übrigen Natur zugleich höhere, differenziertere, intensivere Ausformungen. Entsprechend müssen die Fragen danach genauer gefaßt werden, in welcher Weise sich frühes menschliches Leben von dem biologischen unterscheidet.

Unsicherheit der Interpretationen und ihrer Kategorien hat lange Zeit zu einer Aufspaltung geführt, in der diese Fragen auf zwei Weisen vermieden wurden. Einerseits, sagt Marie E. P. König, «zogen sich viele Wissenschaftler auf den alten positivistischen Grundsatz zurück, nur noch Tatsachen zu registrieren und zu beurteilen. Diese Genügsamkeit öffnete», andererseits, «streckenweise wilden Spekulationen Tür und Tor.»[2] Eine entscheidende Wende hat wohl Portmann als notwendig erkannt und begründet. «Da Leib und Seele des Menschen nicht zu trennen sind und das leibliche Werden auf das geistige Sein hin gesteuert ist, war die moderne Biologie gezwungen, ihre von der Naturwissenschaft gezogenen Grenzen zu überschreiten und sich auch eingehend mit den geistigen Problemen zu beschäftigen.» Eben dies hat

Portmann getan und etwa in «Die werdende Menschheit»[3] die geistigen, die Welt deutenden Tätigkeiten von allem Anfang mit einer bestimmenden Fülle und Differenziertheit angenommen.

Ob nun von geistiger oder von seelischer Tätigkeit gesprochen wird, ist eine hier zumindest uninteressante Definitionsfrage. Vorwegnehmend[4] möchte ich den Begriff des Erlebens einführen. Ob geistig oder seelisch oder beides in einem, menschliches Leben zeichnet sich dadurch aus, daß es dem Erleben des Lebens eigenen Ausdruck zu geben vermag. Dadurch, daß – um mit Bateson zu sprechen – das Erleben einen eigenen Ausdruck und einen Niederschlag dieses Ausdrucks findet, kann diese neu gebildete Dimension weiteren Rückbezüglichkeiten als «Landkarte» dienen, auf die sie «abgebildet» werden können. Auf diese hohe innere Differenziertheit der Dimension, die als «Landkarte» dient, kommt es an. Die Anstrengungen des Begriffs sind dann ebenso wie die Anstrengungen des Gemütes Vorgänge, mit denen Neues auf die ausgebildeten Organe der Beziehungsdifferenzierung bezogen und neue Rückbezüglichkeiten geschaffen werden. In solchem Begreifen des frühen Geschehens greifen inzwischen André Leroi-Gourhan und Marie E. P. König mit ihren, im übrigen unterschiedlichen, Darstellungen das Material auf. Ihren Arbeiten folgen im wesentlichen die Ausführungen dieses Kapitels.

Dabei wird der Begriff der Paläontologie für diesen Bereich von Leroi-Gourhan übernommen, wie er sich mit der deutschen Übersetzung unwidersprochen eingebürgert hat, obwohl er der herkömmlichen Terminologie nur für die naturwissenschaftlichen Forschungen von den fossilen Überresten her bekannt ist. Die Begriffserweiterung scheint den Vorteil zu haben, daß sie den Bereich der Geschichte, der als Anfang der Kultur der Naturgeschichte am nächsten liegt, weder dieser einseitig zuschlägt noch gegen sie abdichtet.

Die anthropologische Grundüberlegung, von der wir ausgehen, wird von der Paläontologie auch als wesentlicher Zug der Gattungsgeschichte herausgestellt. Ihr gelten die menschlichen Vermögen seit der Jüngeren Steinzeit bis heute als der Anlage nach die gleichen. So Teilhard de Chardin[5]: Quantitativ hat sich unsere ‹Ausstattung› nicht verändert. Wir entwickeln immer neue Qualitäten und Intensitäten. Aber sie folgen aus dem immer anderen geschichtlichen Umgang mit den sehr alten Anlagen. Sie sind möglich nur im unendlich erneuerten Wechselspiel mit den Tiefenschichten des Lebens, in denen sich die frühen Phasen unserer Entwicklung durch einen jeden von uns hindurch fortsetzen. Unsichtbar vielleicht, sicherlich bewegt und bewegend wie das Magma der geologischen Urzeit, auf dem die scheinbar so souverän ihre Lage behauptenden Kontinente schwimmen und balancieren.

Im einzelnen werde ich insbesondere den Forschungen und Darstellungen von André Leroi-Gourhan folgen, die das Wissen der Paläontologie ungewöhnlich bewußt auf ästhetische Fragen beziehen. Das Thema wird am Beispiel der Hand genauer erläutert. Die fühlende, greifende, gestaltende Hand und das beschwörende, ausdrückende, benennende, wiederholende Wort sind entscheidende Beispiele für die Zusammenhänge zwischen gewissermaßen biologischen Schichten und den höheren Vermögen der Menschen bis hin zu den abstraktesten. Die Funktionspaare Hand – Werkzeug und Gesicht – Sprache. Die besonderen Bewegungsweisen der Hand und des Gesichts haben die Ausgestaltung des Denkens ebenso wesentlich beeinflußt, wie dieses aus den Anlagen der Hand die Fülle von Tätigkeiten und Werkzeugen, aus dem Gesicht die Fülle von symbolmächtigen Lauten und Mienen zutage gebracht hat.[6]

Dies ist ein Modell wechselseitiger Konstitution von Vermögen unterschiedlicher Schichten. Die einen bilden sich aus in Antwort auf die Funktionsweise der anderen, Schritt um Schritt. Es gibt keine Konstitution ein für allemal. Konstitution bedeutet gerade, daß Strukturen aus einer komplexen Geschichte hervorgehen. Ebenso werden sie nur als eine mindestens gleichermaßen komplexe Geschichte weiterhin existieren, weiterhin in Antworten der einen auf die Bewegungen der anderen.

Vor zwei Jahrzehnten, als ökologisches Denken wahrhaftig noch nicht zur Pflichtübung geworden war, griff der Paläontologe Leroi-Gourhan mit diesem Argument in die aufkommenden Fragen nach dem Schicksal unserer leiblichen Organe in einer automatisierten Kultur ein. Damals begannen die Menschen sich zu fragen, was aus der Hand werde, wenn sie, unterfordert, zu mutieren beginne. Solche Mutationen der Gattung seien eine Sache von Jahrtausenden, sagte er; die eigentliche Frage sei eine andere. Sofort werden die mittelbaren Auswirkungen innerhalb des Konstitutionszusammenhanges bei den einzelnen Individuen auftreten, indem «die Tätigkeit der Hand eng mit dem Gleichgewicht der Hirnregionen verbunden ist, die mit ihr in Zusammenhang stehen». «Mit seinen Händen nicht denken können, bedeutet einen Teil seines normalen und phylogenetisch menschlichen Denkens verlieren.»

Widerlegung der Fortschrittsanthropologie

Diese Feststellung kehrt die einseitige These der fortschrittsgläubigen Anthropologie um, die Fortschritt und Ersparung körperlichen Aufwands gleichsetzt und daran glaubt, daß im Fortschritt die höheren Vermögen sich gewissermaßen von den niederen emanzipieren. Dem wird hier ein ganz anderes Denken entgegengesetzt. Es ist sehr bescheiden und unnachgiebig auf die Beobachtung gegründet, daß wenigstens ein Bereich von grundlegendem Wissen in den Gesellschaften leiblich vermittelt und erhalten wird. Dies vollzieht sich in einem wesentlich mimetischen Lernen. So sind es weitgehend vorsprachliche Vollzüge. Da, wo sie im Wort aufbewahrt und überliefert werden können, gehören sie zu einer mündlichen Tradition; sie lassen sich nicht in schriftlich abgelegte Sprache binden. Die neuesten Untersuchungen zur ‹Umformung› des Lebens in der Geschichte der Schriftlichkeit geben dieser These bereits eine weitreichende Bedeutung.[7]

Die Vorstellung von der «Ersparung», besonders eindeutig vorgetragen von Arnold Gehlen[8], ist eine nachträgliche ideologische Interpretation zu einem Prozeß der Gattungsgeschichte, der, mit Ausnahme der europäischen Neuzeit, sich kaum je so eindeutig vollzogen haben dürfte.

Die Menschen sind exponiert; die Gattung bestimmt uns gewissermaßen allgemein zur Frühgeburt. Mit der Hilflosigkeit der Säuglinge verbunden ist die notwendige Entfaltung von schützenden und unterstützenden Maßnahmen durch die Kultur. Dieses Grundverhältnis gilt auch für die Gesellschaft als ganze. Ein ökologisches Gleichgewicht menschlicher Gruppen ist niemals an eine bestimmte Umwelt gebunden; bei ihnen wird diese erst kulturell aus den Voraussetzungen dieser oder jener Welt geschaffen. Die starke Veränderung der Welt durch die Menschen gehört zu den Überlebensbedürfnissen der Gattung. Dies nennt Plessner die *Expositionalität*[9], insofern wir immer gewissermaßen ausgesetzt sind, statt bereits im Aufwachsen und ‹instinktiv› uns in einer artgemäßen Umwelt bewegen, schützen, ernähren zu können, wie es so oder so den allermeisten Tieren gelingt. Diese Schwäche geht freilich mit der hohen Differenziertheit unserer Vermögen einher, die eine lange Entwicklungszeit bedingen. Ihre Kehrseite ist eben die Stärke, mit der wir als Gattung eine Welt verändern können. Gehlen sagt darum, wir «haben Welt», statt einer Umwelt anzugehören. Leroi-Gourhan nennt die Selbsterhaltung auf dem Umwege über die Weltveränderung, also über äußere Arrangements, *Exteriorisierung*.

Immer mehr und immer intensiver wird die Expositionalität durch Exteriorisierung kompensiert. Seit Beginn der sogenannten Neuzeit werden zunehmend alle Vorgänge und Beziehungszusammenhänge – im Mikrokosmos, im Makrokosmos und zwischen ihnen – nicht mehr als die inneren eines Beziehungsgefüges, sondern als äußere begriffen und dargestellt. So ist an die Stelle einer *Seele* sowohl im Menschen wie in der Sternenwelt eine Kraft oder ein *Motor* getreten. Der physikalisch meßbare Aspekt der Lebensvorgänge kann dann Motorik genannt werden. Was man Motorik nennt, hält man für ersetzbar durch Roboter. Die seelischen und geistigen Vorgänge werden entsprechend mechanisch gedacht, bis Gedächtnis und Kommunikation an den Computer abgegeben werden können, als sei nie anderes gemeint gewesen.

Die industrialisierte Organisation des Lebens erspart nun tatsächlich ungezählte leibliche Tätigkeiten; zu leisten bleiben den Menschen im Sinnlich-Organischen nach Möglichkeit nur noch sogenannte Wahrnehmungen. Auch wenn diese auf ein mechanisches Registrieren, etwa von sogenannten optischen oder akustischen Signalen, reduziert werden sollen wie bei Ampeln oder anderen Kontrollampen, so bleibt doch menschliches Wahrnehmen ein Vorgang, der offensichtlich komplexer als die ihm zugebilligte äußere Funktion ist. In den vergangenen zwei Jahrzehnten wurde von den Theoretikern einer ‹visuellen Kommunikation› alles Ästhetische möglichst auf ‹Wahrnehmung› und Wahrnehmung auf das mechanische ‹Senden und Empfangen von Signalen› verkürzt. Der paläontologisch geschulte Beobachter der Gegenwart ließ die Frage der – ihm gewiß unbekannten – kritischen Psychologen aus den dreißiger Jahren unseres Jahrhunderts wieder wach werden. Wie Victor von Weizsäcker oder Erwin Strauss bewegte Leroi-Gourhan die Sorge, «aus welchen Quellen der Mensch die Fähigkeit zur Wahrnehmung von Bewegung und Form schöpft.» [10]

Physiologische Ästhetik

Die gattungsgeschichtliche Antwort ist vielschichtig, ebenso vielschichtig wie die biologischen Grundlagen des Ästhetischen es gewesen sind, die ich lieber die physiologischen Tiefendimensionen nennen möchte in der Hoffnung, so nicht vergessen zu lassen, daß solche Dimensionen für die Menschen nie mehr aus dem geschichtlichen Wechselspiel mit den anderen Dimensionen herausisoliert werden können. Die Quellen werden in drei Ebenen der «physiologischen Ästhetik» gefunden: der Stoffwechsel zwischen der inneren und äußeren Natur – die mit der Geschlechtlichkeit verbundene physische Affektivität – die Integration von inneren und äußeren Räumen und Zeiten. Diese Funktionen vollziehen sich zugleich durch Schwingungen der verschiedenen Sensibilitäten: die viszerale Sensibilität der inneren Organe – die Sensibilität von Muskeln und Geweben – die Sensibilität der Sinne des Schmeckens, Riechens, Tastens, Hörens, des Gleichgewichts und des Sehens.

Gerade aus paläontologischer Sicht wird noch einmal deutlich, daß keine dieser Ebenen der physiologischen Ästhetik und keine Seite der Sensibilitäten gegenüber den anderen isoliert werden kann, wie dies die behavioristischen Anthropologen versuchen. Erst recht kann von einer absoluten Hierarchie elementarer bzw. psychischer Bedürfnisse keine Rede sein, wie sie etwa Manslow aufgestellt hat. Vielmehr wirken alle diese physiologischen und sensiblen Vermögen in einem dynamischen Wechselspiel. Bei den verschiedenen Arten, bei Menschen wie bei Tieren, haben je andere Sinne die vorherrschende Bedeutung, insbesondere für die Orientierung im Raum. Dennoch lebt jeder Sinn, lebt auch jede Sensibilität ganz im Zusammenspiel mit allen inneren und äußeren Organen. Diese selber leben ganz in den Kommunikationen zwischen den eigenen inneren Vorgängen und den äußeren.

Zwischen die scheinbaren Gegensätze von Aufnehmen und Einwirken treten Antworten des einen auf das andere und formen Aufnehmen in Einwirken, Wirkung in Aufnahme um. Genauso werden bei Erwin Strauss in «Vom Sinn der Sinne» oder bei Victor von Weizsäcker im «Gestaltkreis» aus der Frühgeschichte unserer Gattung zwei Dinge betont: Die Individuen *sind* im Wahrnehmen und Handeln immer als ganze mit allen ihren Funktionen; diese Funktionen bilden eine Einheit, die wir bei den Menschen Subjekt nennen können. Zum anderen bilden beide das Wahrnehmen und das Handeln, bestimmte Formen der Begegnung zwischen dem Wesen und seiner Mitwelt – oder Umwelt. Nicht ein Akt des Individuums wird angenommen, der im Falle der Wahrnehmungen dann passiv ausfallen würde. Vielmehr steht das Individuum «in einem Netz von Bewegungen»: Innere und äußere Vorgänge und Tätigkeiten des Stoffwechsels geben dem Schmecken einen konkreten Sinn, wie dieses zwischen ihnen vermittelt in der Auswahl von Nahrung. Das Riechen verbindet sich mit dem Atmen, vermittelt zum Beispiel Hinweise auf Früchte wie Orientierungen gegenüber Gefahren und im Raum. Sympathie und Aggression vermitteln zwischen außen Wahrgenommenem und von innen nach außen tragenden Bewegungen der Antwort, wie sie überhaupt nur in diesen Spannungen entstehen und einen Sinn haben können. «Ein Netz von Bewegungen, die von der Außenwelt oder dem eigenen Körper ausgehen und deren Form von den Sinnen interpretiert wird. In einer noch weiteren Perspektive stellt sich eine Wahrnehmung zwischen die äußeren Rhythmen und die Antwort, die es motorisch darauf gibt.»[11]

Das Beziehungsgefüge der Sinne

In dieser Auffassung der leiblichen Vermögen wird mit großem Nachdruck geklärt, daß es hier nicht allein um eine mehr oder weniger zufällige und unzusammenhängende Anzahl von sogenannten körperlichen Fähigkeiten und Fertigkeiten geht. Der Paläontologe würde nicht auf die Idee kommen, die frühen Entwicklungen der heutigen Menschheit in so biologistischen Begriffen wie denen der späten positivistischen Anthropologie fassen zu wollen oder in den mechanistischen Metaphern einer cartesianisch zu Elementen, Figuren, algebraischen Zahlen verkürzten Geometrie. Er spürt die Mittel und Medien differenzierten Sinnenbewußtseins und Sinn gebende Deutung in den frühen Phasen auf. Er widmet sich deren Verständnis in der Verantwortung für das Pfund, mit dem allein wir wuchern dürfen. Marie König nimmt noch vor der Zeit der großen Höhlen, der Île de France zum Beispiel, in denen sie von Menschenhand geformt gefunden wurden, die geschichtliche Vorstellung von Sphäroiden an. Das sind kugelhafte Gestalten, in denen sich früheste Konzeptionen von kosmischem Raum ausdrücken. Zueinander komplementäre Halbkugeln, die ebenfalls dort gefunden wurden, deutet sie als eine Differenzierung dieses Welt-Bildes: «Wir wissen, daß dem Sphäroid symbolische Bedeutung beigelegt wurde und daß inzwischen die einheitliche Weltkugel zur Polarität der beiden Hälften gespalten gedacht werden konnte.» In den neolithischen Höhlen von Malta gehörten entsprechend zu Schalen im Felsboden bewegliche «Deckel». «Zu der symbolischen Schale, der Abseite der Welt, gehörte die Wölbung der Oberseite, des Himmels.»[12]

Wir sehen in der frühesten Geschichte die Momente unseres sinnenhaften Menschseins in der lebendigen Wechselbeziehung mit aller übrigen Welt. Die Urgeschichte denkt diese Beziehungen als Bewegungen, die gerade darum verbinden, weil sie nie ganz einem Innen oder einem Außen zugerechnet werden können. Sie weiß diese Verbindungen als Gestalten eigener Bedeutung und Würde zu begreifen, indem sie der gewaltigsten wie der zartesten Rhythmen von jeher in ihnen gewahr wird. Nirgends gibt es ein isoliert herrschendes Subjekt, nirgends ein unterworfenes Objekt, nirgends eindeutige Aktivität oder Passivität. All dies kann nur in Bewegungen leben, die doch notwendig in Spannungsfeldern und zwischen Polen sich ereignen. Hier ist nicht der Moment, das zugleich Problematische der frühen, der Natur nahen Geschichte zu untersuchen. Es liegt darin, daß die Bewegung zu eng an einen Pol oder beide Pole gebunden sein kann, um ein freier entfaltetes Bewußtsein von den Spannungen, den Beziehungen und dem Mitwirken der Menschen für die Geschichte zu gewinnen.

Hier geht es um die stärker vernachlässigte Einsicht in die unabdingbare Verbindung. Eben solche weiteren bewegten Beziehungsgefüge bilden die Bedingung menschlicher Existenz, nicht weniger als Nahrung und Schlaf. «Das normale Funktionieren des gesamten intellektuellen Apparates ist an die organische Infrastruktur gebunden, und das nicht nur hinsichtlich eines guten oder schlechten Körperbefindens, sondern in jedem Augenblick des Lebens, in den Rhythmen, die das Individuum in Raum und Zeit integrieren. Beim Tier wie beim Menschen beruht das Gleichgewicht auf dem koordinierten Spiel der Organe und Muskeln, auf dem Ablauf rhythmischer Ketten unterschiedlicher Amplitude, die in eine regelmäßige Ordnung eingebettet sind.»[13]

Leroi-Gourhan führt die Bedeutung seiner Auffassung für das Ästhetische unseres Lebens im heutigen Alltag nur an besonderen Punkten aus. Er macht einen Sprung über die Zwischenregionen hinweg. Von der frühen physiologischen Ästhetik geht er – in Erinnerung an frühe Kunst der Höhlenbilder oder an die Tschuringa der Australier – unvermittelt zur Ästhetik der Kunst im modernen Sinne. Dennoch ist deutlich, daß er in diesem Schritt eine Kontinuität herstellt, indem er sagt: «Die reflektierten Rhythmen und Werte führen im Verlauf der menschlichen Evolution zur Schaffung eines Raumes und einer Zeit, die dem Menschen eigen sind, sie schließen das Verhalten in einem Rahmen aus Maßen und Skalen ein und konkretisieren sich schließlich in einer Ästhetik im engeren Sinne. Dennoch bewahren die biologischen Grundlagen all ihre Mittel und stellen der künstlerischen Superstruktur auch keine weiteren zur Verfügung. In ihrem reflektierten Ausdruck bleibt die Ästhetik doch, was sie in der Welt, aus der sie stammt, bereits war...»

Eines dieser Beziehungsgefüge soll eingehender vergegenwärtigt werden.

Die Sensibilität von Muskeln und Geweben, also die kinästhetischen

Organe, gestatten dem Menschen, sich in einem konkreten Universum zu verorten, hieß es. Ebensogut könnte man sagen, daß sie dies von ihm fordern oder daß die Mitwelt dies über sie von ihm fordert. Durch Wahrnehmungen äußerer Umstände zugleich mit Wahrnehmungen innerer Veränderungen, die auf sie antworten, teilt sich uns eine bestimmte Situation mit. Zweifellos sind Gehirnfunktionen dabei aufnehmend, verbindend, interpretierend, auslösend im Spiel. Die Einheit unserer Vermögen, in der wir die Lage verwirklichen, vollzieht sich aber nicht nur als «Kontrolle des Gehirns», sondern zugleich aus tieferen Schichten. «Die Integration der Bewegungen, die im motorischen Hirnkortex erfolgt, müssen wir als intellektuelle Operation beiseite lassen. Dagegen können wir auf den paläontologischen Zusammenhang verweisen, der zwischen dem Innenohr und dem osteo-muskulären Apparat beim Gleichgewicht des Individuums hinsichtlich seiner Umwelt, bei den unmittelbaren räumlichen Wahrnehmungen und in der Organisation der Bewegungen besteht.»

Biologischer Akt – Rhythmen – existentielle Einheit

Mit einem entsprechenden neuen Gleichgewicht auf eine veränderte Situation zu reagieren, ist ziemlich genau das, was V. v. Weizsäcker einen «biologischen Akt» nennt, zumal auch er das Modell am aufrechten Gang entwickelt – der Zusammenfassung aller Gleichgewichtsmomente für die spezifisch menschliche Konstitution. Weizsäcker betont grundlegend zwei Momente: «das Zusammentreffen von äußeren Kräften und Selbstbewegung»; dabei «ist der Aufbau der Bewegungen nicht nur von den Innervationen, sondern auch von den Erfolgen der Innervationen abhängig»[14] – das heißt von den Reaktionen der äußeren Kräfte auf die Reaktionen der Selbstbewegung. Unser aufrechter Gang wird als wesentliches Modell für unsere Entfaltung der geschichtlich erfahrenen Kategorien von Raum und Zeit dargestellt. Wenn wir gehen, verändern wir unseren Ort, während der Körper einen Wechsel von linkem und rechtem Bein, von Vorgleiten und Vorschieben fortsetzt. Raum wird als Ortsveränderung und Entfernung beziehungsweise Annäherung erfahren, zugleich als Veränderung der Situationen, die neue biologische Akte hervorrufen. Der Wechsel des Gehens bleibt grundsätzlich gleich, während doch der jeweilige Rhythmus dem Ort entsprechend sich verändert. Das Gelände verlangt, daß ich steige oder absteige, daß ich Büsche oder Bäche durchquere, erlaubt mir, leichthin zu laufen, ziemlich unmittelbar einem Ziel zuzustreben, die Gangart zu beschleunigen, frei hinzueilen. Es gibt mir überhaupt erst Ziele: Wasserstellen, Wildwechsel und Früchte tragende Bäume. Es erlegt mir Vorsicht und Vermeidungen auf mit Sturzhängen, Dickichten, Sümpfen, Einöden. Es lädt mich zum Verweilen ein an Quellen, zum Weitblick auf den Höhen, zum Ausruhen in duftenden Wiesen. Und alle diese Erfahrungen werden stets unterbrochen von milder oder sengender Sonne, erfrischendem oder vernichtendem Regen, von begehrenswerten oder anmutigen oder gefährlichen Tieren.

«Die Rhythmen sind die Schöpfer von Raum und Zeit, zumindest für das Subjekt; Raum und Zeit werden nur in dem Maße erlebt, wie sie in einer Hülle von Rhythmen materialisiert sind.»[15] Die Zeit ist eine unumkehrbare Folge solcher Wechsel, eingebettet in die Ordnung immer wiederkehrender und regelmäßiger Wechsel von Tag und Nacht, von Sternenbildern, von Jahreszeiten, von vieljährigen Zyklen des Sonnenstandes, von Trockenheiten und Regenperioden, im eigenen Herzschlag und Atmen und Gehen. Was Zeit als solche konstituiert, ist eine Erfahrung zweiten Grades der Menschen, nämlich daß sie *immer* wieder als ganze Wesen, sich verändernd in ihren jeweiligen Gleichgewichten, auf diese Wechsel antworten. Der Raum als solcher ist die andere Erfahrung zweiten Grades. Je andere Bedingungen der eigenen Situation an bestimmten Orten bilden eine Topologie, deren phänomenologische Unterschiede doch die Vorstellung zulassen, daß es *immer* irgendwelche solche Konstellationen von unterscheidbaren Situationen gibt.

Es muß betont werden, daß dies immer geschieht. Wir sind gewohnt, einzelne solche Konstellationen als besondere Ereignisse oder als besondere Eindrücke zu betrachten. Sie werden dann als außergewöhnliche Leistungen, entweder einer eindrucksvollen Umgebung oder einer aufmerksamen Wahrnehmung, gewertet. Wir müssen uns aber von dem dahinterstehenden Denken lösen, das die sonderbare Annahme enthält, Raum und Zeit seien nur gelegentlich von solchen Ereignissen ausgezeichnet, im übrigen existiere eine Art langweiligen Durchschnittsgeländes und eines langweiligen Durchschnittsalltags. Dies ist die unbewußte Übernahme der euklidischen Konzeption, der Kantschen Kategorien von abstraktem Raum und abstrakter Zeit vor allem Erleben, wie wir sie durch Jahrhunderte in der Organisation unseres Alltags durchgesetzt haben und darum für normal halten. Erleben erst konstituiert überhaupt Raum und Zeit. Im kindlichen Erleben gibt es, wie im frühen der Menschheit, nur besondere Augenblicke. Wo zwischen ihnen sich Gemeinsames erkennen und erleben läßt, werden Rhythmen gelebt, nicht leere Räume und Zeitleisten.

Wir bestehen immer wieder auf der Einheit dessen, was erst analytisch abstrahierend getrennt die modernen Leistungen der Menschheit denkbar macht. Dabei geht es um zweierlei. Einmal sollen die existenziellen Bedeutungen der Tiefenschichten auch als wie immer vernachlässigte oder verleugnete Momente der höchsten Kulturformen in Erinnerung gebracht werden. Die moderne Hybris emanzipierter Intellektualität muß sich aber noch eine andere Belehrung gefallen lassen. Auch in dem Leben, das ganz von den Einheiten bestimmt ist, wird nicht nur erlebt, sondern erfahren, bewußt genug, um das Erfahren zu übertragen, umzusetzen.

Auch und gerade in den frühen Lebensformen, für die keine Weltveränderung von solchem Grade denkbar war, daß Zeit und Raum als voneinander trennbar hätten erscheinen können, wurde die Erfahrung von Rhythmus, von unterschiedlichen Rhythmen gemacht. Wie beim Embryo das kleine Herz über den langen Herzschlag der Mutter seine viel rascheren Schläge im Gleichmaß hält, so werden allgemein gerade im bewußtlosen Leben sehr komplexe Entsprechungen und Umsetzungen vollzogen. Das Besondere an den frühen menschlichen Lebensformen ist, daß sie beide Ebenen integrieren. Ohne das Bewußtsein so auszubilden, daß es als intellektuelle Kontrolle und als intellektuelles Kontrollbedürfnis jene Komplexität analytisch zerstört, vollziehen sie doch Übertragungen, die ein höheres, ausschließlich menschliches Bewußtsein bilden.

Die Umsetzung biologischer Rhythmen in Rhythmen der Geschichte

Topologische Unterscheidungen im Gelände finden wir in den ersten menschlichen Behausungen von Dauer vor über 40000 Jahren umgesetzt wieder in geschichtliche Kategorien. In ihrem Innern wird ein Ort des Mannes und ein Ort der Frau gebildet, wie das bei keiner Tierart geschieht. Feuer und Lager der Nahrungsmittel, Essen und Überreste haben eigene Orte. Schutz und Lagerraum zu sein, war keineswegs eine erste ‹Grundfunktion› der Behausungen. In einem damit bildeten sie den Niederschlag von und die vergegenständlichte Erinnerung an gesellige Unterscheidungen und Rhythmen. Mit den sozialen bildeten sie zugleich Orientierungen im Gelände und zum Kosmos. Gleichzeitig traten rhythmische Kerbenfolgen auf. «Die ersten Zeugnisse rhythmischen Ausdrucks sind die Knochenfragmente oder Steine, auf denen in regelmäßigen Abständen Einschnitte angebracht sind.»[16] Die Höhlenbilder, etwa von Lascaux, werden nur verständlich, wenn wir sie nicht als Zusatz zu einer abstrakten vorhergehenden Raumkonzeption sehen. Sie entfalten mit ihren mythischen Themen und im Rhythmus der Bilder, also gewissermaßen zeitlich, sowohl den Sinn dieses Ortes wie auch das, was wir den Raum nennen. Der Rhythmus von Kerbenfolgen, die auf Knochen wie im Fels von Kulthöhlen gefunden werden, stellt König als Niederschlag des rhythmischen Erlebens von Zeit dar, das wir kalendarisch zu nennen gewohnt sind. Sie zeigt Dreiergruppen eingekerbter Striche und deutet jeden Strich so, daß er für eine der stets wiederkehrenden Phasen des Mondes steht. Der Mensch «sah also nicht nur die siebenundzwanzig Mondformen, sondern erkannte das Strukturbild des zunehmenden, vollen und abnehmenden Mondes... Erst als nach dem Gesetz, daß das, was oben ist, auch unten sein muß, dieses Grundprinzip den Nachvollzug vom Menschen erforderte, zeichneten sich dreifache Wiederholungen bei Kulthandlungen ab.»[17] In diesem Verständnis trifft sich die Paläontologie mit dem emphatisch-historischen Begreifen der frühen Ästhetik bei dem Kunstwissenschaftler und Architekturhistoriker Sigfried Giedion.[18]

Mitten in der «biologischen Realität» der Menschheit, «in der Spirituelles und Zoologisches ineinander verlaufen», entdeckt die Paläontologie mit den Anfängen des Menschen zugleich Anfänge der «Schöpfung einer menschlichen Zeit und eines menschlichen Raumes».[19] «In der Tat sind Werkzeug und Wort die Attribute einer neuen zoologischen Gruppe, deren erste uns bekannte Stufe der Australanthropos bildet, der noch den ganzen Aufstieg bis hin zur *sapiens*-Stufe vor sich hat.» Leroi-Gourhan sieht aber die «Domestikation von Zeit und Raum» als das noch wesentlicher Menschliche an; denn sie gilt ihm als ein «fait humain», offenbar in Anlehnung an das Konzept der «idées sociales» bei Émile Durkheim. Wenn man konsequenter als er seiner eigenen Denkweise folgt, die im allgemeinen sich keineswegs mit dem «fait» zufriedengibt, sondern Konstitutionsprozessen nachspürt, dann wird man sein Stichwort vom «konkreten Universum» aufgreifen und als geschichtliche Entfaltung begreifen.

Im Haus und im Tempel, der Kalenderbau und Versammlungsstätte zugleich ist, und um sie herum bildet sich eine Zone gesicherten Raumes, von der aus auch die übrige Welt auf bestimmte Sicherheiten bezogen werden kann.²⁰ Von dort können die ersten bestimmbaren Rhythmen weiter entwickelt und Zeiten gesichert werden. Selbstverständlich hat man sich diese Sicherung immer auch wieder als Umsetzung in soziale Rhythmen vorzustellen. Die Ordnungen der Behausungen zueinander vergegenständlichen die Heiratsregeln zwischen Stämmen mit ihrem Innen und Außen und dem durch diesen Gegensatz ermöglichten Wechsel, der sie miteinander im Austausch verbindet. Entsprechend ist noch für die mediterrane Stadtbildung zu verstehen: «Die Agora ist mehr als bloß eine leere Fläche nur in dem Maße, wie die Gesellschaft in ihr den Raum findet, in dem sie ihre Integration ins Universum vollzieht.»²¹

Sehr genau hat Joseph Rykwert für die Gründung von Rom und den Sinn eines etruskisch-römischen Stadtplans dargestellt, wie die innere Gliederung in vier Viertel und die kreisförmige Umgrenzung entstanden und begriffen wurden. Wir müssen diese Anlagen verstehen als eine symbolische Projektion der verschiedenen Qualitäten des Himmels auf ein bedeutungsvoll gewähltes Stück Erde. Das Unterirdische öffnet sich durch eine besondere Grube, wie ein heiliger Schrein gefaßt, die mundus heißt. Sie gehört ins Zentrum des Stadtgeviers, das gebildet wird von den sich kreuzenden Linien des cardo und des decumanus, das heißt der Ausrichtung auf Norden-Süden und Osten-Westen.²² Rykwert hat dieses Modell aus der vorschriftlichen Phase der römischen Geschichte rekonstruiert. Es stammt zwar aus der Eisenzeit, seine Riten wurden mit dem Pflug und Zugvieh ausgeführt; aber es reicht doch tiefer in die Vorgeschichte zurück. Parallelen zu indischen, afrikanischen, süd- und nordamerikanischen indianischen Symbolen zeigen darüber hinaus, daß ähnliche Projektionen vom Himmel auf eine Erdfläche sich in allen Weltteilen wiederholen und die Kulturen solche kosmischen Bezüge auf ähnliche Weise zur Grundlage ihrer Welt- und Lebensgestaltung machen. Diese werden damit zu sinnenhaft materiellen und sinnstiftenden Symbolen einer transzendenten Weltengeschichte.

Das angedeutete Kreuz, Symbol der vier Weltgegenden, findet sich bereits in steinzeitlichen Höhlenritzungen. Einem Quadrat, einem Rombus, einem Kreis einbeschrieben, differenzieren sich unterschiedliche Aussagen des «Weltenplans», wie König diese Deutungen nennt. Im Deutschen erhält der Ausdruck Himmelsrichtungen besser als das französische les quatre points cardinaux, daß es nicht um eine Topographie geht, sondern darum, das immer neu sich ereignende Spannungsgeschehen zwischen den Polen von Sonnenaufgang und Sonnenuntergang, Nacht und hellstem Tag im Symbol mitzuvollziehen. Das kosmische Geschehen wurde nicht ein für allemal abgebildet im Palast von Knossos oder auf der Kalenderschale von Leitmeritz. Vielmehr dienten die Symbole nur der Erinnerung daran, daß sie im Ritual menschlich-geschichtlicher Bewegungen, wir nennen sie Kulttänze, als Anteil der Kultur an der Geschichte der Welt mitlebend vollzogen werden müssen. Für die Einritzungen, die das kretische Labyrinth darstellen, ist dieser Zusammenhang ausführlich nachgewiesen und von Georg Picht zum Modell seiner Überlegungen gemacht worden, die den Mythos als frühe Form von Vernunft erinnern.[23]

Wir können dieses Modell viel weiter zurückverfolgen. Das Diagonalkreuz kennen wir zum Beispiel aus der irischen Megalithzeit. «Dieses Gedankengut übernahmen die Kelten, als sie im letzten Jahrhundert v. Chr. eigene Münzen prägten. Auf vielen Stücken finden wir das Schrägkreuz im Viereck... Eine anthropomorphe Figur hält dieses Ideogramm in der Hand. Sie trägt einen Lichtschein über dem Kopf, der sie als astralsymbolisch ausweist, waren es doch die Gestirne, die es ermöglichten, den Raum und die Zeit zu ordnen.»[24]

Anders als die griechischen Statermünzen sind diese keltischen randlos geprägt, um den Symbolen, die sie tragen, die Weite des Kosmos als Wirkungsfeld uneingeschränkt wiederzugeben, wie André Breton mit Lancelot Lengyel hervorgehoben hat: «Die gallischen Stecher hielten sich mehrere Jahrhunderte an dieses Schema», nach dem die zwei Seiten der Münze «das Geheimnis der Beziehungen des Menschen zum Weltall als Möglichkeiten, oder besser im Keim, in sich tragen sowie alles, was ihm sein Schicksal deutlicher zu Bewußtsein bringt. Der menschliche Kopf entfernt sich von der möglichen naturalistischen und so beschränkten Sicht. Man sucht und findet ihn in der feinsten Verschlingung der Fäden, mit denen er von den Kräften der Natur abhängt und die ihn insbesondere dazu zwingen, ein Teil des Spiels ihrer Lichter zu sein. Die Sonnenscheibe, die durch das ‹Kügelchen› dargestellt wird, und die Mondsichel teilen sich in die Bildung des Gesichts, und damit ist das ganze symbolische Leben erwacht.» – «Auf der Rückseite wird das Bild des Pferdes gewissermaßen von dem Bild des Rennens aufgesogen, das dem Lauf der Sonne entspricht, wie wir gesehen haben – aber noch näher dem Bild des Lebens.» – «In Griechenland ist Form Ausdruck einer statischen Welt, derjenigen der festen Körper, die auf die Grenzen der menschlichen Erfahrung beschränkt sind.» Breton spricht eben von dem klassischen Griechenland der mazedonischen Münzen. «Der keltische Rhythmus stellt sich selbst dar... und veranschaulicht das dynamische Weltall mit seinem in Bewegung befindlichen Raum, in dem der Mensch nicht mehr einen privilegierten Platz einnimmt.»[25]

Geschichte und Natur
Mit-Welt – Welt – Kosmos

Die Sicherung eines menschlichen Raumes und einer menschlichen Zeit sind sehr lange noch, vielleicht bis in die Gegenwart, begrenzt. «Der Rhythmus der regularisierten Kadenzen und Intervalle tritt an die Stelle der chaotischen Rhythmizität der natürlichen Welt.»[26] Die Sicherung ist so weit ausgebaut, daß schon seit Jahrtausenden in gewissem Sinne von einer Beherrschung gesprochen werden kann. Diese Beherrschung ist im «konkreten Universum» an so viele Grenzen vorgedrungen, daß wir oft vergessen, wie nahe uns jene «Rhythmizität» ist, in unserem eigenen Organismus mit seinen vegetativen, viszeralen Tiefenschichten zum Beispiel, die nur im Gegensatz zur manipulativen Beherrschung eine «chaotische» genannt zu werden verdienen. Und auch heute reißen immer wieder Löcher auf in der kalkulierbar zur ‹Umwelt› gemachten Welt um uns. Orte, die mehr eigene Kräfte und Geschichten haben, als uns klar wird, unterbrechen das allzu gewohnte Gefühl der Beherrschung. Zeiten ‹zwischen Tag und Nacht›, ‹bei Nacht und Nebel› oder im Gleiß der Mittagsglut lassen uns aus der berechneten Geborgenheit von Uhrzeit und Kalender herausfallen. Augenblicke, in denen Erinnerungen an die Zeiten von uns Besitz ergreifen, als alle Lebensformen in der Topologie dieser Gegensätze angesiedelt waren, der Abgrenzung ebenso dienten, wie sie Rituale der ständigen Überschreitungen der Grenzen wurden. Die scheinbar deduktive Konstruktion unserer kantisch transzendentalen Kategorien von Zeit und Raum hat uns vergessen lassen, daß ein so weit gesichertes Feld eben unter dem Gewebe der überschreitenden Fahrten, im Hin und Wider zwischen dem jeweiligen geschichtlich gewordenen Hüben und dem naturhaft ganz anderen Drüben geschaffen worden ist.

Nur wenn wir bei unserer Beschäftigung mit jenen früheren und ganz frühen Lebensformen und Bedingungen ähnlich selber immer wieder dorthin zu gehen und zu unseren Verhältnissen zurückzukehren versuchen, können wir hoffen, die selbst gestellte Aufgabe besser zu entfalten: im Frühen unsere eigenen Tiefen kennenzulernen und im Eintauchen in diese Schichten am mächtigeren, gestaltvolleren

Vorbild des Zurückliegenden unsere modernen Ansprüche von Freiheit, Individualität und Klarheit neu ihrem Lebensgrund zu verbinden.

Geschichte und Universum

Die letzten Überlegungen machen eine neuerliche Grenzüberschreitung erforderlich. Das Zusammenspiel, das Wechselgefüge unserer Organe, das eben nur als eine schon äußerst in sich differenzierte Einheit ‹funktioniert›, weist als solches über das ‹Funktionieren› hinaus. Die Sphäre physiologischer Ästhetik bildet ein Ganzes in der Integration mit unserem Hirn wie mit unseren Lebenskräften. Die ‹biologischen Grundlagen› konvergieren zur Einheit der Individuen in der überbiologischen Dimension, die sie durch ihre komplexen Wechselbeziehungen selber konstituieren. In anderen Begriffen bedeutet das, daß in den Menschen das physiologische Leben sich immer selbst transzendiert. In den Humanwissenschaften wird für die Phänomene, in denen dieses Sich-selbst-Überschreiten greifbar wird, der Begriff der Symbole gebraucht. Zunehmend wird daneben ein rein formaler Begriff von Symbolen, etwa für mathematische Abstraktionen oder gar als Synonym für abstrahierte Zeichen im Sinne von sogenannten Piktogrammen, inflationär in Kurs gesetzt und mit dem ersten Begriff verwechselt. Deshalb muß hier betont werden, daß es uns um eine Dimension geschichtlichen Menschwerdens geht. Jene Symbole beruhen wohl auf Umsetzungen und Übertragungen, also auf Reflektionen, so daß eine gewisse Abstraktion im Vergleich zu dem einfachen ‹biologischen Akt› als solchem durchaus vollzogen wird. Sie lösen sich aber nicht von der Lebenssituation ab. Nicht irgendein beliebiges Zeichen kann zum Symbol gemacht werden. Diese Symbole sind eben nicht, wie gängig gewordene strukturalistisch sich gebärdende Linguistiken es konstruieren, durch ‹Konvention› entstanden und zur Geltung gebracht worden. Vielmehr nimmt ein wesentliches Moment der Situation, die mit den menschlichen Lebensformen integriert wird, symbolische Bedeutung dafür ein, daß in dieser Situation und ihrem immer neuen Vollzug zugleich ein Übergreifendes erfahren wird.

Bleiben wir bei Raum und Zeit. «Das Körpergewicht wird durch die Muskeln wahrgenommen; es verbindet sich mit dem räumlichen Gleichgewicht, situiert so den Menschen in seinem konkreten Universum *und schafft als Antithese zugleich ein imaginäres Universum.*»[27]

Dieses ist der eigentliche Weg einer Schöpfung menschlichen Raums und menschlicher Zeit, die sich in den Mythen von Entstehung und Erhaltung und Gefährdung und Rettung und Zerstörung der Welt niederschlagen.

In ihnen sind zum Beispiel Unten und Oben sinnenhafte Erfahrungen des aufrechten Ganges zwischen Erdenschwere und aufstrebendem Wachstum, zwischen dem Lasten oder Ruhen und dem Sich-Abstoßen oder Aufrichten, dem Hingezogenwerden und dem Getragensein bis zur Beschwingtheit. Diese Erfahrungen durchdringen sich mit dem, was aus ihnen über sie hinausführt: die imaginären Stürze in die Tiefen oder Flüge in die Höhen, unterirdische wie himmlische Aufenthalte; die Reisen der Schamanen, die Mircea Eliade oder Allen Butterworth aus den Überresten der Vorgeschichte vorzustellen geben.[28] Die Fahrten der Heroen für ihre Völker vollzogen solange symbolisch die Bahnen der Sterne nach, wie Nomaden in der Bewegung durch die Welt sich der sie umfassenden Ordnungen zu vergewissern suchten.[29] Solange loteten sie die geschichtlich ergreifbare Welt aus, bis zu den Hesperiden oder den Pforten des Hades, bis alles Land und Meer eindeutig auf die Stadtgründungen bezogen war, in denen dann auch geschriebenes Recht und geometrische Ordnung zu herrschen begannen.[30]

Als mythische Bilder und Bewegungen haben sich die Erfahrungen der Sinne in Sinndeutungen des weiteren Universums übersetzt. Auf ihrem Wege durch das geschichtliche Bewußtsein der Menschen haben sie Potentiale freigegeben, die der Bannung des bedrohend Anderen dienen können oder wenigstens der eingrenzenden Fassung der Angst in ein menschlich erfahrbares Bild.

Leroi-Gourhan spricht von einer Antithese des imaginären zum konkreten Universum zunächst in einer noch sinnenhafteren Ebene. Er meint die frei spielenden Erfahrungen von Gewicht und Gleichgewicht des Körpers im Gegensatz zum dumpfen Vollzug der Funktionen und spricht von «Akrobatik, Gleichgewichtsübungen und Tanz», weil sie sich «den normalen Operationsketten zu entziehen» bestrebt sind.[31] An solchen Stellen denkt er, erneut in erstaunlichem Widerspruch zu seinen Konstitutionsmodellen, wie ein moderner Rationalist. Als würden nicht von uns allen, wie von allen Tieren, noch heute der Gang und alle seine Konjugationen in den ‹Gleichgewichtsübungen› des werdenden Embryos, in den ‹Spielen› der Kleinkinder, im Tanz der Kinder und Erwachsenen erlernt – oder, besser gesagt, am eigenen Leibe entwickelt. Wir haben freilich die transzendierende Potenz von Spiel und Tanz in unserem Bewußtsein als Kultur schon einmal soweit entfaltet, daß sie fast wie eine spätere Erfindung erscheinen könnte. Aber nicht Spiel und Tanz, also freie Formen der «Operationsketten» – die es als solche doch nur für Naturwissenschaftler geben kann, nicht für Tiere oder unkonditionierte Menschen – werden erfunden. Es findet sich im menschlich bewußten, in dem auf die Transzendenz aufmerksamen Umgang mit ihnen ein Sinn, der deutend übertragen werden kann.

König erkennt schon in den Vierecken der Höhlen in der Île de France eine dritte, eine senkrechte Achse. Diese entspricht der fünften Weltgegend, wie wir sie auch von den Kosmogrammen präkolumbianischer Kulturen kennen. Dieses Lot auf der Erde zu errichten, bedeutet immer eine Symbolik, die Mensch und Welt auch in der umgekehrten Richtung verbindet. Das Weltgeschehen wird als Entsprechung zum Menschlichen des aufrechten Ganges erlebt. Das bekommt in dem Ideogramm vom Vorberg bei Brixen offensichtliche materiale Gestalt. Das Loch in der Mitte des komplex ausgearbeiteten Weltenkreuzes, das wie ein ‹Mühlebrett› in den freien Felsboden gekratzt ist, erlaubte es, einen Stab in ihm aufzupflanzen. Dessen Schatten wandert mit der Sonnenbahn über die Felder des Ideogramms. Er selbst wächst, von Menschenhand gesetzt, aus der Fläche empor.[32]

Hugo Kükelhaus hat darauf aufmerksam gemacht, daß noch heute jedes Kind, das Bauklötze zu einem Turm aufeinandersetzt, seine eigene Aufrichtung immer neu vollzieht. Das gelebte Sich-Aufrichten wird erlebt, indem es am anderen Material noch einmal hervorgebracht wird. Dann leuchtet übrigens auch leicht ein, warum Kinder die Bauten immer wieder einstürzen lassen. Beides sind Spiele mit dem heiklen Gleichgewicht. Das Einstürzen löst ein, was sich im Kinde beim bangen Beobachten längst vollzogen hat: die Auseinandersetzung mit der Erdanziehung. Das macht das Erleben frei dafür, ihr erneut entgegenzuwirken, den Turm wieder aufzubauen.

Marie König zeigt die Verbindung zu den steinernen Stäben auf, den Menhiren und Stelen, die ebenfalls dem Ausloten der Sonnenstände dienten. In dieser Phase nahm die symbolische Wechselbeziehung zwischen dem Aufgerichteten und dem aufrechten Menschen erneut in der umgekehrten Richtung Gestalt an. Die Stelen wurden nicht nur als stellvertretend Aufrechtes empfunden, die Menschen erlebten nicht nur sich als Erneuerungen der Himmelsachse, sondern die Steine bekamen anthropomorphe Züge. «Als die Allmacht menschliche Züge erhielt, konnte man die Stele als Prinzip der Leibhaftigkeit benutzen...

Die Entwicklung von der Stele zum Gottesbild finden wir in vielen Kulturen, besonders gut läßt sie sich in Korsika (3000–2000 v. Chr.) verfolgen.»[33]

Die Bildung der Symbole

Diese Sphäre der Übertragungen ins Symbolische ist die andere Dimension neben der technischen Exteriorisierung, in der die Expositionalität der Menschen ausgeglichen wird. Auch hier bilden die Menschen eine Art Überschuß des Ausgleichs über die Schwäche hinaus. «Das Leben der Tiere hängt am Faden der genetischen Art, das Leben der menschlichen Gruppe vermag den Ersatz der genetischen Ordnung durch die ethnische Ordnung nur unter der Hülle einer Zeit, eines Raumes und einer Gesellschaft zu verwirklichen.»[34] Die Menschen sind nicht instinktgeleitet wie die Tiere, da keine einzigartig bestimmte Umwelt einzigartig angepaßte Verhaltensweisen auslöst, wie die Arten sie in der gemeinsamen Entwicklungsgeschichte mit ihrer Umwelt ausgebildet haben. Es gibt keine biologisch stereotypen Antworten auf ökologisch stereotype Anforderungen. Das bedeutet auch, daß Menschen eben nicht nach Reiz-Reaktionsmodellen wie Tiere funktionieren. Was Leroi-Gourhan die ethnische Ordnung nennt, ist Ausgleich für den Mangel an solchen Stereotypen und zugleich machtvoller Beginn einer Entfaltung in die Transzendenz jenseits der ‹physiologischen Grundlagen›.

Diese Leistungen sieht die Paläontologie sich tatsächlich bereits in einer Variation verschiedener Rassen *parallel* vollziehen, deren Gruppen und Völker die Schritte zu symbolischem Leben getan haben. So sind die Symbole und ihre Ordnungen unter verschiedenen Bedingungen und durch verschiedene Geschichten hindurch entstanden. Unterschiedliche Ausbildungen und Auslassungen ergaben sich notwendig und wurden Kerne spezifischer Gewichtungen. Der Vorgang der Symbolisierung und die Art und Weise, wie ein Symbol zu lesen wäre, lassen sich an einem Beispiel aufzeigen.

Nehmen wir die schon erwähnten *Tschuringa*. In Australien fand man «kleine Blättchen aus Stein oder Holz, auf denen abstrakte Motive eingraviert sind (Spiralen, gerade Linien und Anordnungen von Punkten), die den Körper des mythischen Vorfahren oder die Orte darstellen, an denen sein Mythos sich abspielt.» Wie die älteste uns bekannte Kunst überhaupt sind die Gebilde ‹abstrakt› – ein Begriff übrigens, zu dessen Verständnis man in Worringers Buch über «Abstraktion und

Einfühlung» eine bessere Einführung findet.[35] Für die historische Lebenswirklichkeit hatten diese Gebilde freilich gerade über das einen vielfachen Bezug, was wir abstrakt nennen: als erinnerte Geschichte, als ins Bild gefaßte erlebte Welt und als Anleitung zu genau bestimmten Tätigkeiten. Sie zu verstehen, setzt das Wissen voraus, «daß die Tschuringa zur Konkretisierung von Beschwörungsformeln dienen, daß sie diese unterstützten und der Priester den Figuren seiner Deklamation mit dem Finger folgt. So mobilisieren die Tschuringa die beiden Quellen des Ausdrucks, die rhythmische Sprachmotorik und einen im gleichen dynamischen Vorgang eingeschlossenen Graphismus.»[36] Der Begriff ‹Mythogramm› soll diesen Zusammenhang festhalten. Das Mythogramm ist nur Teil eines Rituals, das dieses materiale Moment in leiblichen Gesten vollzieht.

In dem eingeführten Sinne ist Symbol aber weder das einzelne Tschuringa noch seine Aktualisierung im Ritual allein. Der sogenannte mythische Vorfahr gehört grundlegend hinzu. Bestimmte Erfahrungen des Lebens durch Generationen einer Kultur haben insofern zwei Vorstellungen in den Menschen ausgeprägt: Kontinuität des Wissens, der Macht über ein Gebiet, eines bestimmten Lebensmodus mit dieser Welt ist Lebensgrund für Gegenwart und Zukunft. Im Wechsel der Generationen kann davon viel verlorengehen. Die Fortdauer des Vergehenden wird gesichert, indem ein Anfang, der Vorfahr, der Stammesgründer als Götterkind oder ähnliches, zu einer über die Generationen dauernden Figur erhoben wird.[37] Dies geschieht in der Form dessen, was wir heute einen Mythos nennen. In ihm wird der legendäre Vorfahr, zusammen mit allem, was die Erinnerung an ihn pflegt, zum Symbol für das kollektive Wissen. Zugleich muß man aber auch sehen, daß erst in dieser Form so etwas wie ein ‹Wissen› sich aus dem bloßen Wiederholen der gewußten Vollzüge herausschält. Das Wissen für die Kontinuität hat genau bestimmte Inhalte wie Pflege und Zucht bestimmter Früchte, die man ißt; Vorkommen und Bewegungsarten bestimmter Tiere, die man jagt; Verbindung zu den Ahnen, die man braucht.[38]

Eben dies ist mit dem Worte Beschwören gemeint. Wir können die beschwörende Bedeutung zweifellos aller ‹Darstellungen› nicht genügend betonen, die vor dem Ersatz solch symbolischer Arrangements durch Schriftsprache und kognitive Begrifflichkeit, vor der Unterordnung von Bildern unter Texte, die sie illustrieren, entstanden sind.

Funktionelle Ästhetik:
‹Tote› und ‹lebendige Mitte›

Dazu kann vielleicht die technische Entwicklung der Werkzeuge als Parallele verstanden werden. «Funktionelle Ästhetik» nennt Leroi-Gourhan das Verhältnis der Funktion eines von Menschen geschaffenen Gegenstandes – der frühen Faustkeile oder der späteren Steinmesser etwa – zu der ihm gegebenen Form.[39] In einem «ästhetischen Augenblick» sieht er sie auf unübertreffliche Weise zusammenkommen. Nach langen Erprobungen haben der Keil oder das Messer endlich genau die Form bekommen, die wirklich dem Umgang mit dem Gegenstand entspricht. Die Schneide wird so fein und bleibt so stabil, wie das Material es erlaubt. Auch die Formen gehen wie Zeit- und Raumvorstellungen aus Rhythmen hervor. Im wesentlichen sind es hier aber die Rhythmen der Hand bzw. des Armes bei der «Wiederholung von Gesten in regelmäßigen Intervallen». Jedenfalls wird ein Zusammenhang stimmig, der seine Wurzeln in dem Gemeinsamen der rhythmisch sich äußernden Menschen hat: die technische Verrichtung wie die in ihr fungierenden Formen menschlich bestimmter Gegenstände. «In der Tat scheint es, als könnten wir ein so beständiges Gleichgewicht wie jenes, das seit den Anfängen die Rollen der Figuration und der Technik koordiniert, nicht brechen, ohne den Sinn des menschlichen Abenteuers überhaupt in Frage zu stellen.» Hegel nennt deshalb das Werkzeug eine «tote Mitte» und weist auf die Überlieferung des Umgangs damit hin, den ich eine «lebendige Mitte» genannt habe.[40]

Zweifellos bildeten solche Formen, zusammen mit ihrer Herstellung und mit ihrem Gebrauch in den frühen Gesellschaften wesentlich die Dimension von kulturellem Wissen und Sinn. Sie sind wie die Techniken des Leibes oder der Rituale aufgehoben in der symbolischen Ordnung. Wie in bestimmten mythischen Vorfahren der Umgang mit einer Pflanze oder einer Wildart verankert ist, so werden auch der Schmiedehammer oder der Korb oder der Webstuhl mit göttlichen oder unsterblichen Erfindern und Schutzpatronen in einen Zustand versetzt, der sie den Zufällen jeweiligen Umgangs oder Vergessens entrückt. Zugleich drückt sich die immer neue Erfahrung darin aus, daß bei jedem Hämmern oder Weben die Lebenden dankbar die Gegenwart derer empfinden, die ihnen diese Mittel hinterlassen haben. Sofort muß diese Dankbarkeit auch als Verpflichtung empfunden werden, den Nachkommen die gleichen Möglichkeiten zu sichern.

Frühe ‹funktionelle Ästhetik› ist immer in Symbolzusammenhänge eingeordnet. Diese können an die Logik der Übereinstimmung von Funktion und Form anschließen. Das Symbol ist weniger eine Übertragung der Form der funktionellen Ästhetik, also eines Resultats. Ins Symbolische setzt sich vielmehr das gestische geschichtliche Wissen um, das einen ‹Überschuß› über den technischen Vollzug bildet. Die Einheit von Mythos und Ritual braucht deshalb eigentlich nicht eigens betont zu werden.[41]

Die funktionelle Ästhetik hat ihre eigene Dynamik in den neuen Umgangsmöglichkeiten mit dem einmal Gefundenen. Im Bereich der Techniken ergibt sich wie in der Symbolbildung ein Überschuß. Jedes Werkzeug kann für Verrichtungen gebraucht werden, die hinausgehen über die Verrichtungen, in denen sie entwickelt wurden. Unterschiedliche Bewegungstypen wie der geradlinige oder der schräge Schwungschlag können dem gleichen Gerät andere Funktionen geben – denen es dann nach und nach besonders angepaßt werden wird. Die Vielfalt der Bewegungstypen selber gehört dabei zu den Techniken, die sich vervielfältigen, was meist als Spezialisierung geschieht. In dieser Aufteilung liegt eine Analogie zu der Exteriorisierung, die sie mit hervorbringt. Auch die Spezialisierung ist ein Ausgleich für das Problem hochentwickelten Lebens, daß einer Funktion nur schwer eine Form ganz entsprechen kann, wenn sie zugleich anderen dient.

Wir haben so die Spanne nachvollzogen zwischen dem sinnenhaften Grund, aus dem Bewußtsein wächst und in dem es wurzelt, und dem geschichtlichen Sinn, zu dem es führt. Im Symbolischen bildet sich dieser Zusammenhang geschichtlich greifbar aus. Symbole transzendieren den erweiterten Umgang der Menschen mit ihrer biologischen Ausstattung in die Sphäre ethnischer Ordnungen. Diese bilden den Niederschlag der notwendigen geistigen Dimension, in der erst die verschiedenen Sinnenvermögen und das Sinnenerleben der Menschen konvergieren können zu geschichtlichen Erfahrungen: Erfahrungen, in denen die wahrgenommenen Bedingungen innen und außen zu gleichgewichtigen Lebensrhythmen von Menschen mit einer ihnen nicht einfach angemessenen Welt integriert werden können. Solche Integration kommt also zustande, indem sich das nebeneinander oder gegeneinander Stehende zu einem gemeinsamen Rhythmus zu vereinigen vermag. Dabei wird eine «höhere logische Ordnung» konstituiert, wie Bateson sie im biologischen Leben und im menschlichen gleichermaßen findet. Daß dieser Vorgang immer auf weitere Schritte zu noch höheren Ordnungen angelegt ist, daß er über das praktische Gleichgewicht hinaus weitere Transzendierungen zur geschichtlichen Möglichkeit macht, sei vorerst nur erwähnt.

Was wird symbolisiert?

Wir fragen die Paläontologie nicht nur nach ihrem Konstitutionsmodell für das Sinnenbewußtsein. Auch die Breite der materialen Vielfalt interessiert uns. Nicht nur der Gattungsgeschichte jener frühen ‹Quellen›, sondern auch der Frage nach dem Was müssen wir nachgehen. In dankbarer Erinnerung an Gregory Bateson wäre dies die Frage zu nennen nach dem «Lagerhaus der Gattung». Denn mit diesem Wort bestätigte er mir im März 1980, wie er meine Vorstellung von einer «Schule der Sinne» verstand.

Zunächst muß noch einmal an die physische Basis des Menschen erinnert werden. «Seine sensorische Ausstattung, die im Dienste eines großartigen Apparates zur Umwandlung sinnlicher Eindrücke in Symbole steht, arbeitet in der gleichen Weise wie die der Tiere; und mögen die Tiere auch ein mentales Leben führen, das von jenem symbolisierenden Apparat abgeschnitten ist, so lebt doch auch der Mensch in der ganzen Dichte seines sensitiven Lebens, er folgt der Bewegung seiner Verdauung...»[42] Die «Organuhr» der Menschen richtet sich nach Licht und Dunkelheit wie die tierische und kennt bestimmte Phasenwechsel von Intensität und Ruhe in den verschiedenen Organen nach den Zeiten des Tages und der Nacht.[43]

Der Spannungswechsel in den Muskelsystemen vollzieht sich weitgehend unwillkürlich. Der viszerale Grund der Rhythmen ist selbst da tragend, wo wir bewußt, zum Beispiel in asketischen oder meditativen Techniken, Veränderungen durchführen – «ein solcher Zustandswechsel muß notwendig auf die tiefsten Schichten zurückgreifen.»[44] Zwanghaft setzt eine Rückschaltung ein, wo die geschichtliche Lebensweise den Zugang versperrt, etwa wenn Tiere oder Menschen gefangen sind und an Bewegungsentzug leiden. Sie suchen dann in ungewöhnlichen Schaukelbewegungen einen Ausgleich, der sie vor weitergehendem Hospitalismus schützen könnte.

Busnel und Herbinet betonen in «L'aube des sens» einerseits die Kontinuität, mit der auch nach der Geburt das Zentralnervensystem sich weiter ausbildet und damit zugleich die Ausbildung der Sinnesleistungen organisch festhält. Andererseits kommt auch nach der Geburt der Reihenfolge der Sinnesausreifungen wesentliche Bedeutung zu: «Wie bei allen Wirbeltieren: das Hautsystem, das olfaktorische, der Geschmack, das vestibulare System (Gleichgewicht), das Gehör und das Gesicht.»[45]

Das *Schmecken* erscheint aus paläontologischer Sicht ebenso ‹zweitrangig› wie in der Kunst der Hochkulturen. Leroi-Gourhan nennt die Papillen am Eingang zur Speiseröhre defensiv. Sie geben «Alarmsignale bei der Aufnahme von Säuren und Salzen». Das «Spektrum der Wahrnehmungen», es kommen noch die des Bitteren und des Süßen hinzu, «ist recht eng».[46] Die Schärfe wird eher in einer Vorprüfung für den Geschmack festgestellt. Die Entwicklung von «Vorlieben» für bestimmte Geschmacksrichtungen wird aber sehr weit in die ethnische Geschichte zurückverfolgt. Selbst in der «elterlichen Nahrungserziehung» bei den Säugetieren allgemein spielen Vorlieben und Abneigungen eine «beträchtliche, wenn nicht sogar dominierende» Rolle. Jacques le Magnen spricht von einer unterbewußten «Erziehung in der Wahl der Nahrung» bei den Menschen.[47]

«Der *Geruchssinn* ist ausschließlich rezeptiv, er besitzt kein komplementäres Organ zur Emission von Geruchssymbolen... Die Geruchsorgane sind als Instrumente räumlicher Situierung ungleich ferner in ihrer Identifizierungsfähigkeit als die Relationsorgane der Mundöffnung. Sie bilden ein Bezugssystem, das ebenso vielgestaltig ist wie das des Gesichts- oder des Gehörsinnes.» Aber auch das Riechen ist zweitrangig, weil es wie der Geschmack «keinen biologischen Zugang zur Sprache» erhält und «nur das Niveau einer physiologischen Ästhetik» erreicht. Damit ist gemeint, daß wir uns keine «Geruchsbilder» vorstellen können; «denn die olfaktorische Ausstattung der Primaten und Anthropinen erfüllt in deren Raumwahrnehmung lediglich unterstützende Funktion.» Geruch und Geschmack lassen sich nicht in ihrem eigenen Medium ausdrücken, wie das für Gehör und Gesicht der Fall ist.

Überarbeitungen von Geschmacks- oder Geruchseindrücken im Bewußtsein können darum auch nicht so weit vom erinnerten Erleben wegführen. Diese Eindrücke können sich freilich in uns um so ungebrochener erhalten, auch in der Verbindung mit anderen Eindrücken und Erfahrungen komplexer Art. Wenn sie dann aus den Tiefen der physiologischen Ästhetik emporgerufen werden, können sie darum so existentiell noch den intellektuellsten Menschen in eine von ihnen getragene Situation versetzen. Prousts Madeleinen sind das berühmteste Beispiel dafür geworden. Zuvor waren es die fauligen Äpfel, die Schiller in seiner Tischschublade liegen hatte, um von Zeit zu Zeit an ihnen zu riechen. Kulturhistorisch sind Weihrauch oder Opferblut zu nennen. Gerüche wie dieser oder jener Geschmack tragen Erfahrungen, die dem Symbolischen viel näher sind als sie, in die Erinnerung und durch die Erinnerung.

Den *Tastsinn* nennt Leroi-Gourhan «Quelle eines unmittelbaren Raumbezuges». Daß Raum aber nie unmittelbar zu den Wahrnehmungen und Äußerungen der Sinne steht, war schon gezeigt worden. So wird auch andererseits – ganz wie von Hugo Kükelhaus für die «Organerfahrung» und von Weizsäcker für die Psychologie der «Gestaltwahrnehmung» – darauf hingewiesen, wie sehr für den Tastsinn charakteristisch seine Verbindung von Berührung und Bewegung ist. Darin wird die entscheidende Doppelanlage im Tastsinn nur unzureichend angedeutet, die doch gattungsgeschichtlich nicht später entwickelt worden sein kann: Wir nehmen Eindrücke von Druck auf und solche von der Gestalt der Oberflächen. Die Wahrnehmungen von kalt und warm werden außerdem mit dem Taktilen verbunden.

Wir erfahren, daß die Verteilung von gefühlsintensiven Zonen über den Körper bei allen Wirbeltieren gleich ist: von der Gesichtszone mit den besonders empfindlichen Lippen bis hin zu den Extremitäten, an denen sie auch stärker als am übrigen Körper, aber weniger als im Gesicht ausgebildet sind. Obwohl auch für den Menschen eine ursprüngliche Verwandtschaft von Tasten und Hören erwähnt wird, scheint eine enge Verbindung der beiden, wie sie bei gewissen Tierarten eine Rolle spielt, nie menschlich gewesen zu sein.[48]

Das *Gehör* und das *Gesicht* sind bei den Menschen von Anfang an besonders wichtige Sinne, das Sehen der beherrschende Sinn, was mit ihrer souveränen Funktion für die Orientierung im Raum begründet wird. Lediglich die ersten Farben werden erwähnt zugleich mit den ersten ‹Graphismen› und dauerhaften Behausungen. Näher geht Leroi-Gourhan nicht auf diese Sinne ein. Wir werden im Zusammenhang mit der Sozialgeschichte des Körpers darauf zurückkommen. Allgemein ist auf die entsprechenden Hinweise in der «Entfaltung der Sinne» aufmerksam zu machen.[49]

Sozialgeschichte des Sinnenbewußtseins als Gattungsgeschichte

Im übergreifenden Blick und in der besonderen Aufmerksamkeit für die gattungsgeschichtliche Kontinuität hat Leroi-Gourhan seine paläontologischen Untersuchungen bis in die aktuellen Probleme der hochindustrialisierten Gesellschaften verfolgt. Er stellt fest, daß zunehmend und systematisch die Welt um uns Veränderungen durch die Menschen unterworfen worden ist. Vielleicht sind sie gar nicht human, man denke nur an die «starre Ordnung» geometrisierender moderner Anlagen, «die es in das Chaos der Natur zu setzen gilt», und an die urbanistischen Systeme, die alle anschaulichen Austauschprozesse zwischen Menschen und Natur unkenntlich machen oder wirklich abbrechen.[50]

Dieser äußeren Naturbeherrschung entspricht eine innere. «Der Zugriff der Gesellschaft auf das Individuum» begrenzt zunehmend alle denkbaren Ebenen. Ein Modell kann noch einmal die Rhythmik der Integration von und in Raum und Zeit sein. Eine «rhythmische Konditionierung» durch «Gleichschritt», durch «funktionale Architektur in der Arbeits- und Wohnwelt», durch mechanisierte Arbeitsabläufe führt zur «rhythmischen Uniformierung, Zusammenfassung von Individuen zu konditionierten Massen». Die Wissenschaft der muskulären Konditionierung wird empirisch zu Zwecken politischer Uniformität schon seit den Anfängen der Stadt praktiziert, auf ihr beruhen die Bewegung von Mengen und das Verhalten von Massen, die «wie ein Mann marschieren».

Ungeklärt taucht plötzlich das «Individuum» auf, zugleich mit den modernen gesellschaftlichen Strategien seiner «Uniformierung». Dabei waren gegen die ethnischen Ordnungen keine vergleichbaren Bedenken erhoben worden: «erforscht werden soll in der ganzen Dichte der Wahrnehmungen, wie sich in Zeit und Raum ein Code jener Gefühle herausbildet, die dem ethnischen Subjekt die klarste Eingliederung in seine Gesellschaft ermöglichen.»[51] Dazu gehörte zum Beispiel in den mediterranen Stadtgesellschaften, daß die Himmelsrichtungen ihre eigenen Qualitäten haben. «Wie die mesopotamische oder aztekische Stadt stellt auch die mittelalterliche Stadt eine Verbindung zum Himmel über zwei Wege her... Das Heiligtum liegt in der Nähe der Mittelkreuzung... die Symbolik des Kreuzes überzieht den humanisierten Raum...»

Diese Phase dauerte von dem Beginn an, mit dem Menschen ihr

‹konkretes Universum› symbolisch begriffen und gestalteten und es einem ‹wilden Universum› gegenübersetzten, bis zur industriellen Zivilisation, die nicht mehr im sinnenhaften Bewußtsein wesentlicher Korrespondenzen und Wechselbeziehungen zu diesem Gegenüber lebt. Sie wird als die Phase der ethnischen Ordnungen analysiert. Diese haben die zoologischen abgelöst und können darum bei aller unfreiwilligen Kollektivität als ein Gang in die Freiheit der Gattung verstanden werden. Uniformierung setzt Kollektivität fort, allerdings im Gegensatz zu einer jetzt möglich erscheinenden anderen Wahl.

Diese Lage der Menschheit ist in verschiedenen Richtungen gleichzeitig in Widersprüche verwickelt. «Der Verlust einer buchstäblich eigenhändigen Entdeckung und des persönlichen Kontaktes zur Materie... hat eine der Möglichkeiten individueller ästhetischer Innovation beseitigt.» Er geht zusammen mit dem «Problem der motorischen Verarmung». So wird noch einmal der Glaubenssatz zerstört, daß Fortschritt gleich Ersparung sei – oder er wird gar umgekehrt in die Feststellung, daß wir eines gewissermaßen regressiven Eintauchens in die tiefen Schichten bedürfen, wenn wir menschliches Leben fortsetzen wollen. Leroi-Gourhan spricht hier wieder nur vom «künstlerischen» Bereich, weil er grundsätzlich übersieht, daß dieser in einer graduellen Kontinuität aus den Tätigkeiten der Menschen hervorwächst, die dann eher ‹Arbeit› genannt werden müssen – etwa wie Arbeitsgesänge aus dem Arbeitsrhythmus entstehen, dann aber frei werden für weiter transzendierende Rhythmen im religiösen Ritual.

Das regressive Eintauchen in die tiefen Schichten müssen wir erst wieder üben. Die Vergangenheit gibt uns dafür Vorbilder, ohne die unsere Versuche unnötig hilflos, ja, überflüssig gefährlich ausfallen. Ist es aber möglich, diesen Vorbildern sich anzuvertrauen und nicht zugleich die Unausweichlichkeit ethnischer Ordnungen zu übernehmen? Und wenn Übertragungen der ästhetischen Erfahrungen wie ihrer symbolischen Bedeutungszusammenhänge aus dem Ethnischen in eine Gesellschaft der Individualität denkbar sind, werden wir die Disziplin aufbringen, nicht den bequemeren Konditionierungen zu verfallen? In dieser Perspektive ist Adornos endlos wiederholte Mahnung vor dem «archaischen Rhythmus» als «faschistischem Gleichschritt» nur zu berechtigt.[52]

Es geht um eine ‹progressive Regression›. Aber was kann ein Vorangehen sichern, während wir uns in das Zurückliegende, Tiefere sinken lassen? Nur im Bewußtsein eines doppelten Weges, dessen Schritte einer die Gegenseite des anderen erschließen, läßt diese dialektische Bewegung sich vollziehen. Das bedeutet, daß wir uns eben nicht in die Regression fallen lassen dürfen. Ausruhen im längst Versäumten lenkt vom Wege ab. Dem kommt eine Erfahrung gerade von den Tiefenschichten hilfreich entgegen: Jedes Tier, jedes Kind versteht so zu fallen, daß ihm der Schwung des Falls zum anschließenden Aufstehen dient. Die Pflanzen, nur weniger augenfällig, setzen Erdanziehung in Aufrichtung um, indem sie sich nach oben wachsend an dem Zug nach unten orientieren, um ihn zu überwinden. An dieser existentiellen, ja viszeralen Erfahrung, daß Bewegungen sich im Wechselspiel entgegengesetzter Kräfte entwickeln, können Menschen sehr wohl eine vitale Ermutigung zu dialektischem Verhalten gewinnen.

Wenn dies geschieht, ist freilich nie die andere Gefahr auszuschließen, daß wir uns nur fallenlassen, um aufzustehen, daß wir nur so weit eintauchen, wie eine rationale Berechnung es als notwendig ansieht. Vor dieser Gefahr hat ebenfalls Adorno immer wieder gewarnt, wenn er, etwa in der «Negativen Dialektik», aber gerade auch in allen ästhetischen Überlegungen den «Primat des Objektes» erklärt hat, das es gegenüber dem Zugriff durch eine selbstherrliche Rationalität stark zu machen gilt. Beiden Gefahren kann man gleichzeitig oder abwechselnd verfallen. Dann sorgt ein Fehler für das gute Gewissen, mit dem man, angeblich ihn ausgleichend, den entgegengesetzten Fehler begeht. Um beiden möglichst weit zu entkommen, muß man das Bewußtsein für eine eigene Logik der Symbolwelt erwerben, die eine physiologische Ästhetik zur geschichtlichen Sinngestalt zu verarbeiten vermag. Levi-Strauss hat mit aller Entschiedenheit darauf bestanden, daß «das wilde Denken» nicht eine unterentwickelte Form des modern rationalen, etwa des aristotelisch begründeten Denkens ist, sondern eine eigene Denkweise. Wir müssen hinzufügen, daß etwa der Mythos als ein Denken anderer Art geschichtlich ein Terrain für die rationale Logik bereitet hat. Das ist wichtig zu betonen, wo neue Mythosbegeisterung und neue Symbolemphase Hilfen sein sollen, um der Ratio zu entkommen, und wo die Verteidiger der Aufklärung vergessen, was die rationale Vernunft der mythisch-bildhaften schuldet.

Kontinuität schließt Unterscheidung nicht aus. Sie begründet erst die Möglichkeit aufeinander bezogener Unterschiede. Leroi-Gourhan versucht, dem gerecht zu werden. Obwohl etwas verborgen in einer an Toinby und Ortega y Gasset erinnernden Vorstellung von Evolution, sieht er doch deutlich das Kriterium für die Kraft einer Kultur in der Fähigkeit, im Spannungsfeld zwischen primärem Erleben und seiner symbolhaften Sinndeutung zu leben. Auch wenn sein Begriff vom «Figürlichen» vielleicht zu eng ist, kann man seine Frage an die Gegenwart sehr gut in seinen Begriffen aufnehmen: Die Suche in dem Spannungsfeld ist entscheidend; die Sorge ist, daß der «Tonus jener Suche» nachläßt.[53]

In diesem Bewußtsein kann unsere Beschäftigung damit, wie die ersten ‹Orte›, ‹templa› oder wie wir sie nennen sollen, entstanden sind, nicht mehr einseitig, ideologisch werden. Pater Corvin-Craszinski hat beschrieben, wie um die ganze Welt vor allem Bauen Steine gesammelt, zu Haufen getürmt und so Zentren geschaffen wurden, durch die das Geschehen in einem Lande, aber auch über und unter ihm eine bestimmte Ausrichtung erfuhr.[54] In manchen Traditionen, jedenfalls im griechischen und etruskisch-römischen Raum, wurden entsprechend aufgerichtete Steinsockel als Nabel, ομφαλοι (omphaloi) oder umbelici, bezeichnet.[55] Allgemein kann uns derartiges zweierlei sagen: Wie nah sind wir doch in unserem tiefsten Empfinden noch solchen Riten – kaum einer wird nicht von Kindern oder von Erwachsenen unbewußt immer neu erfunden, wie spielerisch das auch wirken mag. Und wie fern sind wir Lebensverhältnissen gerückt, die in solchen Orientierungen organisiert waren – oder noch organisiert sind.

Anmerkungen

1 André Leroi-Gourhan, Le geste et la parole. 2 Bde. Paris 1964/65. Dt.: Hand und Wort. Die Evolution von Technik, Sprache und Kunst. Übersetzt von Michael Bischoff. Frankfurt/M. ²1984, S. 340.
2 Marie E. P. König, Am Anfang war Kultur. Die Zeichensprache des frühen Menschen. Berlin ²1981, S. 16, das folgende Zitat l. c., S. 21.
3 Adolf Portmann, Die werdende Menschheit. Historia Mundi. Bd. I. Bern 1952, und ders., Vom Ursprung der Menschen. Basel 1958.
4 Vgl. das Kapitel «Vom Leben zum Erleben».
5 Pierre Teilhard de Chardin, Le phénomène humain. Paris o. J. Dt.: Der Mensch im Kosmos. Übersetzt von Othon Marbach. München ²1959, S. 186ff; das folgende Zitat l. c., S. 196.
6 Leroi-Gourhan, a.a.O., S. 237; die beiden folgenden Zitate l. c., S. 320. Leroi-Gourhan weist hin auf die Einheit von «Darstellung und Schrift, was seit der Entstehung der Landwirtschaft als zwei divergierende Linien erscheint, bildet in Wirklichkeit nur eine einzige» (l. c., S. 234).
7 Ivan Illich, Phaidros. Schule ins Museum: Phaidros und die Folgen. Reihe des bayrischen Nationalmuseums für Volkskunde. Bad Heilbrunn/Obb. 1984.
8 Arnold Gehlen, Der Mensch, Berlin 1940.
9 Helmuth Plessner, Die Stufen des Organischen und der Mensch. Einleitung in

die philosophische Anthropologie. Berlin/New York ⁴1975, insbes. das Kapitel «Die Positionalität der exzentrischen Form».
10 Leroi-Gourhan, a. a. O., S. 349.
11 Leroi-Gourhan, a. a. O., S. 351.
12 König, a. a. O., S. 75 ff.
13 Leroi-Gourhan, a. a. O., S. 356; die folgenden Zitate l. c., S. 351 bzw. S. 355.
14 Victor von Weizsäcker, Der Gestaltkreis. Theorie der Einheit von Wahrnehmen und Bewegen. Stuttgart ³1947, S. 3; zum «biologischen Akt» l. c., S. 9–24.
15 Leroi-Gourhan, a. a. O., S. 384.
16 Leroi-Gourhan, a. a. O., S. 391.
17 König, a. a. O., S. 146.
18 Sigfried Giedion, Ewige Gegenwart – ein Beitrag zu Konstanz und Wechsel. Die Entstehung der Kunst. Köln 1964; ders.: Ewige Gegenwart – ein Beitrag zu Konstanz und Wechsel. Der Beginn der Architektur. Köln 1964, S. 342; bezieht sich auf Victor v. Weizsäcker.
19 Leroi-Gourhan, a. a. O., S. 387.
20 Diese Zusammenhänge sind ausführlicher dargestellt bei: Rudolf zur Lippe, Stärke der Erinnerung – Krise der Legitimation. Im Katalog: Abenteuer der Ideen. Tendenzen der Architektur des 20. Jahrhunderts. Hg. von Claus Baldus. Berlin 1984.
21 Leroi-Gourhan, a. a. O., S. 387.
22 Joseph Rykwert, The Idea of a Town. The Anthropology of Urban Form in Rome, Italy, and the Ancient World. London 1976.
23 Georg Picht, Kunst und Mythos. Hg. von Constanze Eisenbart. Stuttgart 1986.
24 König, a. a. O., S. 134.
25 André Breton, Triomphe de l'Art Gaullois. In: Le Surréalisme et la peinture, Paris 1965; dt.: Der Surrealismus und die Malerei. Übersetzt von Manon Griesebach. Berlin 1966, S. 335 f. und S. 338.
26 Leroi-Gourhan, a. a. O., S. 390.
27 Leroi-Gourhan, a. a. O., S. 335.
28 Mircea Eliade, Le Chamanisme. Paris 1968. Dt.: Schamanismus und archaische Ekstasetechnik. Übersetzt von Inge Köck. Zürich/Stuttgart 1957; E. A. S. Butterworth, The Tree at the Navel of the World. Berlin 1970.
29 Vgl. u. a.: Heinrich Zimmer, The King and the Corps. Hg. von Joseph Campbell. New York 1947. Dt.: Abenteuer und Fahrten der Seele. Düsseldorf 1977.
30 Rykwert, a. a. O.
31 Leroi-Gourhan, a. a. O., S. 355.
32 König, a. a. O., S. 283 ff.
33 König, a. a. O., S. 285.
34 Leroi-Gourhan, a. a. O., S. 387; das folgende Zitat l. c., S. 238.
35 Wilhelm Worringer, Abstraktion und Einfühlung. Ein Beitrag zur Stilpsychologie. München 1908, München/Zürich ²1981.
36 Leroi-Gourhan, a. a. O., S. 238.
37 Besonders intensiv ist die ‹Genesis› zum Beispiel bei den Bantu-Völkern in Wissens- und Lebensformen der Lebenden über solche Figuren eingeflochten. Vgl. Marcel Griaule, Dieu d'eau. Entretiens avec Ogotemmêli. Paris 1966. Dt.: Schwarze Genesis. Ein afrikanischer Schöpfungsbericht. Übersetzt von Janheinz

Jahn. Frankfurt/M. 1980; oder Leo Frobenius, Schwarze Sonne Afrika. Mythen, Märchen und Magie. Düsseldorf/Köln 1980.
38 Vgl. z. B.: Claude Lévi-Strauss, Anthropologie structurale. Paris 1958. Dt.: Strukturale Anthropologie. Übersetzt von Hans Neumann. Frankfurt/M. 1977, insbes. das Kapitel «Struktur und Dialektik».
39 Leroi-Gourhan, a. a. O., S. 376; das folgende Zitat l. c., S. 386.
40 Vgl.: Rudolf zur Lippe, Arbeit Werkzeug List. In: ders., Autonomie als Selbstzerstörung. Frankfurt/M. ²1984.
41 Besonders die neukantianischen Beschäftigungen mit dem Symbolbegriff haben dazu beigetragen, die materiale Gestalt zum Ausgangspunkt zu machen, wenn dann auch ihre gestischen Zusammenhänge betont werden. Dies entspricht aber nur folgerichtig jener Auffassung der Geschichtswissenschaft, nach der von der schriftlichen Quelle oder wenigstens dem gegenständlichen Überrest auszugehen ist. Die pragmatischen Probleme, vor die jedes andere Vorgehen uns stellt, können nicht verkannt werden. Die Bewertung geht aber tiefer, indem sie eindeutig und einseitig zugleich die schriftliche Kultur über die mündliche stellt. Dabei werden dann die Gestaltungsgesetze des Gestischen verkannt. Problematisch werden diese Tendenzen vor allem dadurch, daß sie sich der Tradition einreihen, nach der Bewegung und Zeit als logische Kategorien zugunsten des Statischen ausgeschieden worden sind.
42 Leroi-Gourhan, a.a.O., S. 349. Ich übersetze abweichend von der deutschen Fassung «sensations» nicht mit «Empfindungen», sondern mit «sinnliche Eindrücke», um eine Verwechslung zu vermeiden zwischen den gemeinten physiologischen Kategorien mit psychologischen.
43 Leroi-Gourhan, a. a. O., S. 357.
44 Leroi-Gourhan, a. a. O., S. 353.
45 Marie Claire Busnel, Etienne Herbinet, L'aube des sens. Ouvrage collectif sur les perceptions sensorielles foetales et néonatales. Paris 1981, S. 29.
46 Leroi-Gourhan, a. a. O., S. 359 bzw. S. 363.
47 Busnel, Herbinet, a. a. O., S. 1335.
48 Leroi-Gourhan, a. a. O., S. 367 f.
49 Hugo Kükelhaus, Rudolf zur Lippe, Entfaltung der Sinne. Ein Erfahrungsfeld der Bewegung und Besinnung. Frankfurt/M. ³1985.
50 Leroi-Gourhan, a. a. O., S. 418; die folgenden Zitate l. c., S. 357.
51 Leroi-Gourhan, a. a. O., S. 337; das folgende Zitat l. c., S. 418.
52 Vgl. etwa die Kritik an Strawinsky in der «Philosophie der Neuen Musik». Gesammelte Schriften. Bd. 12. Frankfurt/M. 1975.
53 Leroi-Gourhan, a. a. O., S. 488.
54 Vgl. Cyrill von Korvin-Krasinski, Trina Mundi Machina. Mainz 1986, S. 314 ff.
55 Butterworth, a. a. O.

Zu den beiden vorangegangenen Seiten:

In der Weite der Wüstenlandschaft von Algerien weisen Kreise von Steinen als Grabstätte zugleich auf das Totenreich und zum Himmel. Noch den frühesten eurasischen Altären nahe, halten sie rituelle Bewegungen von Menschen im Übergang zu Architektur fest. Von fern erinnern sie auch an die Omphaloi, Nabel der Welt, wie im Herzen von Delphi.

Mit etwa vier Jahren zeichnet Friedrich erst einen «Fuß», dann geht er zum «Flugzeug» über.

Embryologische Grundlagen
zusammen mit *Erich Blechschmidt*[1]

Eine gewisse Systematik des Aufbaus legt nahe, die lebensgeschichtlichen Entwicklungen nach den gattungsgeschichtlichen darzustellen. Dieses wäre gesamtgeschichtlich die Reihenfolge. Von der Logik menschlichen Lebens her, auch gerade von der Bio-logik her, sieht das allerdings entschieden anders aus. Wohl hat die Gattungsgeschichte aus den Vorstufen die Möglichkeiten und die Bedingungen des menschlichen Lebens, wie sie so oder so in den Einzelnen hervortreten, Schritt um Schritt angelegt. Dann aber zieht sie sich in den Hintergrund mittelbarer Wirkungen zurück, so daß sie nur aus dem geschichtlich Bekannten rekonstruiert werden kann und damit ihrerseits zu dem Abgeleiteten wird.

Dies gilt um so stärker, als Paläontologen gezeigt haben, daß die Menschheit wohl vom Beginn ihrer Geschichte an bereits in unterschiedlichen Rassen sich gebildet hat.[2] Die Fülle wesentlicher Spielarten scheint das Wesen der Menschheit ebenso zu bestimmen wie das Gemeinsame der Bedingungen. So grundsätzlich scheint Individualität zum Menschlichen zu gehören, in welcher Weise und in welchem Grade immer sie entfaltet werden möge. Angelegt ist ein solcher Grundsatz, das haben wir doch wohl in den Untersuchungen zum Biologischen gesehen, im Lebenden überhaupt. Denn in einer Verbindung von zwei in sich komplexen und zueinander komplementären Funktionen setzt sich eine Gattung fort. Dabei wird es zur historischen Aufgabe der Individuen, ihre Gattung für Veränderungen zu öffnen: Während diese als ganze ihre besonderen Möglichkeiten und Bedingungen zu erhalten hat, können die notwendigen Wandlungen nur über die Spielarten der einzelnen Existenzen auftreten. Dort werden sie für die Gattung erprobt und von der Gattung auch dort material integriert oder verworfen.

Zumindest für den Menschen wissen wir nachweislich, was auf Grund der Batesonschen Darstellungen allgemein zu erwarten wäre:

Das menschliche Leben ist von allem Anfang an ein unzweideutig menschliches. Das zeigt uns die Embryologie von Erich Blechschmidt. Das bedeutet, daß die Gattungsgeschichte als Vor-Geschichte im Individuum nicht unmittelbar wirksam wird, mittelbar aber auf zwei Ebenen. Die eine davon haben wir mit den besonderen Möglichkeiten und Bedingungen der Gattung bereits benannt. Sie gehört einer tieferen logischen Ordnung zu als das Individuum, das sich ihr verdankt. Die andere Ebene ist höherer logischer Ordnung. In jedem von uns ist die Gattung insgesamt anwesend. Das drückt sich aus in den frühesten Anlagen unseres Organzusammenspiels und seiner lebensgeschichtlichen Entfaltung. Jede Zelle des Keimlings ist eine menschliche. Jede Funktion im Keimling wirkt in einem spezifisch menschlichen Funktionsgefüge und bildet dessen Organe aus ihrer besonderen Wirkungsweise heraus.

Das ist doppelt schwer zu verstehen. Zunächst widerspricht es der immer noch verbreiteten Theorie von einer individuellen Rekapitulation der Gattungsgeschichte, weil eben ‹das biogenetische Grundgesetz› mit allen daran geknüpften Annahmen Haeckels und Darwins als falsche Hypothese erwiesen worden ist. Dies wird ausführlich an den entsprechenden Stellen dargelegt werden. Zugleich muß jede evolutionistische Vorstellung, nach der also die ganze embryonale Entwicklung zum Zwecke der ausgereiften bekannten Funktionen des Erwachsenen zu durchlaufen ist, abgelegt werden. Jede Stufe verwirklicht vielmehr ein eigenes Gleichgewicht, und zwar als Übergang aus früheren zu weiteren Differenzierungen. Das noch nicht sehende Auge lebt in anderen Funktionen. Die Augen vermitteln Wärmestrahlung. Sie steuern Hormone in Entsprechung zu den Nieren u. a. m.[3] Es entwickelt sich zum Sehen genau in diesen Funktionen und bleibt ihnen auch als sehendes immer verbunden.

Während also nichts final angelegt ist bloß auf das Spätere hin, ist von Anfang an doch alles der ihm später möglichen Differenziertheit und Komplexität zugeordnet. Der Mund entsteht gar nicht erst als vorspringendes Greifwerkzeug wie zum Beispiel beim Hund. Die Hände gewinnen ihre erste Formung bereits in tastend-fühlend-greifenden Bewegungen zur begegnenden Umgebung. Die Aufrichtung des Ganges wird in verschiedenen frühen Bewegungen gewissermaßen geprobt und vorweggenommen. Alles im Embryo ‹weiß›, daß es einem Menschen zugehört, während es gleichzeitig nur dem Spannungs- und Bewegungsgefüge der jeweiligen Stufe folgt, ohne abstrakt Entwicklungsziele zu verfolgen.

Die Gattung entsteht im Individuum jedesmal neu. Die Erbinformationen sind diffus und werden präzis erst im Fluß der Gestaltungsvorgänge selbst. Diese wecken die ruhenden Informationen und rufen deren besonderes Zusammenwirken auf. Das Gehirn des Kindes bekommt ständiges Feedback über Wahrnehmung und Bewegung, wie Gilbert Gottlieb zeigt.[4] Das genetisch mögliche artspezifische Verhalten erwerben wir in der Begegnung mit Anforderungen und Herausforderungen der Umwelt. Bewegung und Reaktion auf Reize helfen, das Zentralnervensystem überhaupt erst auszubilden. Hierzu wird über die Synapsenkopplungen ein Netzwerk funktioneller Verbindungen im Zentralnervensystem hergestellt, das wiederum vom tätigen Funktionieren und Reagieren abhängt.

Erich Blechschmidt gibt dieser Anwesenheit von Menschheit im Keimling den Namen einer Geistseele durchaus im religiösen Sinne. Wir brauchen dieser Frage hier freilich nicht so weit nachzugehen; doch liegt der Benennung eine wissenschaftliche Feststellung zugrunde, die angemessen zu Bewußtsein kommen muß. Daß eine biologische Einheit, also ein lebendes Wesen, Ganzheit über jede mechanische Einheit hinaus ist und damit im funktionalen Sinne ein Individuum darstellt, brauchen wir nicht mehr zu betonen. An diese Feststellung schließt sich aber für den Embryologen Blechschmidt eine noch weitergehende an. Menschliche Individuen geben schon in ihrer frühesten Gestalt jedes eine «unvergleichliche Eigenart» zu erkennen, mit der es sich unter Hunderten von Embryonen unterscheidet. Die «hohe Differenziertheit des Gebildes im Vergleich etwa zu Embryonen anderer Säugetiere» führt zu zwei Schlüssen: «Der Mensch entwickelt sich nicht *zum* Menschen, sondern *als* Mensch», und ihm kommt von «vornherein Individualität zu, die sich durch die Entwicklungen hindurch erhält. Die mütterlichen und väterlichen Chromosomen sind dafür lediglich eine der materialen Formen», in denen sich diese «Erhaltung der Individualität» verankert.

Damit ist jeder Mensch von Anbeginn «Person». Um selbst die frühesten menschlichen Lebensvorgänge zu beschreiben, müssen sie als «geistig bezogene» begriffen werden. Dieses Geistige ist deshalb von Anfang her anzunehmen, weil grundsätzlich nichts wesenhaft Neues in den Bewegungen der Ontogenese hinzukommt, also alles im Keim immer schon *ist*, während gleichzeitig nur durch die Entwicklung entfaltet wird, was es zu sein vermag. Nach den anschließenden Darstellungen müssen wir noch einmal zusammenfassend auf die Frage zurückkommen, die besonders treffend mit Goethes Wort charakterisiert ist:

«Werde, was du bist.» Sein und Werden haben nicht nur sprachgeschichtlich einen sie verbindenden Begriff, den des *Wesens*.[5] Dieser wird uns auch dialektisch helfen zu verstehen, daß der Widerspruch sich in der dritten Dimension gelebter Zeit aufhebt.

Dies sei auch darum vorweggenommen, weil es die Aufmerksamkeit bei den folgenden Zusammenhängen auf die philosophische Frage lenkt, die allein die Schlüssel zum anthropologischen Verständnis zu gebrauchen lehrt, insbesondere im Interesse an dem Ästhetischen in diesen Vorgängen. Der Beschäftigung mit den einzelnen organischen Ausbildungen schicken wir allerdings eine Zusammenfassung voraus, über die sich ein so allgemein anthropologisches Verständnis – «werde, was du bist» – in der Erkenntnis der Lebensvorgänge vermittelt.

1. Lebendige Gestalten überhaupt, um so mehr die menschlichen, sind immer Momente der *Selbstgestaltung*. In jedem Augenblick vom Keimling bis zum Erwachsenen haben wir die jeweilige besondere menschliche Gestalt der Gattung. Aber sie geht immer aus der Selbstgestaltung eines jeden Individuums hervor. Der eben bezeichnete Widerspruch tritt in anderer Form erneut auf. Er löst sich, wenn wir die angemessene Betrachtungsweise finden. Nicht die festen Gestalten, das Ergebnishafte, bilden die Kriterien ersten Ranges. Sie sind nur der Niederschlag von Gestaltungsbewegungen, die sich vollziehen. Deshalb ist es zugleich die Leistung eines jeden Wesens, wenn es so wird, wie das in der Menschheit angelegt ist.

«Die Humanembryologie kann also nicht nur die Verhaltensweisen des jungen Menschen vor der Geburt zeigen, sondern damit auch physiologische Leistungen des Säuglings und des Kleinkindes sowie des Erwachsenen dem Verständnis näherbringen.» Das Saugen, das Greifen, das Atmen sind Beispiele für solche Vermittlungen. Die uns bekannten Vorgänge verdanken sich viel früheren wesensverwandten Leistungen. Was derart vor der Geburt eingeleitet wurde, waren eigene Funktionen, deren Niederschlag nachgeburtlich deutlich wird und die späteren bilden. Entsprechend stimmen nachgeburtliche Leistungen mit den Entstehungspartnern zusammen. Darum können wir uns zum Beispiel auf die unwillkürliche Atmung verlassen, die das Zusammenspiel von Nerven und Muskeln bei der Dehnung der Lungen fortsetzt, in dem sie entstanden sind.

2. «Der Keimling *leistet Arbeit*.» Wie alle Arbeit geht sie vor sich als Antwort auf Vorgänge und Zustände außen und als Herausforderung durch diese. Das Ei nistet sich während der ersten Woche ein. Dieses Wechselspiel von Assimilation und Implantation gegenüber der Mut-

terwand nennt Blechschmidt schon «ein primäres Säuglingsverhalten». Das ist die Morphologie des frühen Stoffwechsels. Das Ei «schafft sich Platz, indem es ‹vor sich› Substanzen aus dem Gewebe aufnimmt», und bildet durch Ausscheiden ‹hinter sich› wieder die schützende Hülle. Dieses Einnisten kann man als einen Erfolg des Eis verstehen, das dabei seinerseits die Form der Keimscheibe annimmt. Wir wissen nicht aus der Embryologie, sondern aus tiefenpsychologischer Arbeit, daß Menschen ganz existentiell, wie in mythenhaften Bildern, manchmal Vorgänge ihrer Entstehung bis zurück zur Befruchtung der Eizelle wiedererleben. So kann die Ausdrucksweise, von Erfolg zu sprechen, durchaus mit ihren psychischen Dimensionen ernstgenommen werden.[6] Busnel und Herbinet sagen: «Bestimmte vorgeburtliche Vorgänge hinterlassen ihre Spuren, die eine Rolle spielen werden.» Sie zögern, diese Spuren ein Bewußtsein zu nennen, und entscheiden sich für «Erinnerung» (mémoire). Zunehmend wird das, was man lange für «angeboren» hielt, Vorgängen vorgeburtlichen Lernens zugeschrieben. In «Aube des sens» werden die wissenschaftlichen Untersuchungen nur als Grundmuster dargestellt für eine reiche Sammlung mythischer Überlieferungen und Volkstraditionen.[7]

In welcher Weise und zu welchem Zeitpunkt früheste Lebensbewegungen sich in unserem Erleben umsetzen, dürfte dennoch zu unerforscht sein, um hier systematisch berücksichtigt werden zu können. Ebenso, wie sie davon sprechen, daß für die «Ausbildung des Gehirns postnatal eine Interaktion mit der Umgebung notwendig» ist, sprechen Busnel und Herbinet von einem «Dialog zwischen dem ursprünglich Vorhandenen und der Umgebung... Das Erworbene ist dann die Frucht dieses Dialoges.»[8] «Wahrnehmungen des Fetus, des Neugeborenen und des kleinen Kindes» hängen also von genetisch bedingten Strukturen ab, deren Reifen abhängig ist von Reizen, die von außen kommen und durch die Sinnesorgane übertragen werden. Entscheidend ist zunächst, daß vom ersten Schritt an Leben sich in Wirkungen vollzieht und auf Einwirkungen antwortet. Schließlich läßt sich bereits nach drei bis vier Tagen im Blut der Mutter die Existenz des Keimlings nachweisen.

3. Wachstumsbewegungen bringen Gestalten hervor, weil sie lebendig und eigenständig material vollziehen, was als Spannungsfelder bereits die Gestalten von Kräftespielen aufwies. «Jede befruchtete Eizelle ist *eine besondere Ganzheit* mit Zellmembran, Zellplasma und Zellkern.» Während vom Kern ein Geschehen sich ausdehnt, wirken dem von der Membran her zusammenhaltende Kräfte entgegen. Dies ist ein

Spannungsfeld, das der Einheit als ein pulsierender Rhythmus dient. Gleichzeitig spielt sich ein Vorgang ab, der innerhalb der Zellmembran Gegenbewegungen ausbildet. Zunächst wächst die äußere Schicht durch Aufnahme von Substanzen so stark an, daß sie auch im Verhältnis zu dem zurückbleibenden Volumen des Kerns zu groß wird und sich falten muß. Dabei entsteht eine eingestülpte Furche, die dann im weiteren Verlauf zur Teilung in zwei Kerne führt. «Die Eizelle differenziert sich nicht durch Zellteilung im Sinne von Trennung, sondern durch *Unter*teilung.» Die ursprüngliche Ganzheit erhält sich, während sie sich ausdifferenziert. Die beiden Zellen sind zugleich ein *Ganzes, das als Drittes sie eint.* Das Dritte ist hier noch nicht Form, sondern Vorgang. «Die beiden Zellen sind zu einem Ganzen geeint. Das verbindende Dritte ist das Feld zwischen den Zellen, das der Stoffwechsel bildet.» Es existiert als die dynamische Beziehung der Felder und Ströme in beiden Zellen aufeinander. «Die beiden Blastomeren sind in einem besonderen Furchungsfeld, das eine spezifische Übergangsschicht darstellt, miteinander verbunden. In dieser Übergangsschicht erfolgt der Stoffaustausch und damit eine gegenseitige Regulation der Zellen, welche die Einheit des Organismus gewährleistet.»

«Mit der Implantation und der Größenzunahme des Eis entstehen wiederum Dreigliederungen, die das Erscheinungsfeld des Eis mannigfach ändern: Die äußere Schicht des Eis wächst durch schnelle Nahrungsaufnahme, während das sogenannte Innenei im Wachstum zurückbleibt; eine lockere gewebliche Übergangsschicht überbrückt die verschieden schnell wachsenden Zonen. Das Innenei seinerseits zeigt sich etwa am elften Tag in zwei komplementäre Blasen, die dorsale und die ventrale Eiblase, gegliedert – die Anlagen der Fruchtblase und des Dottersacks. Das *Übergangsfeld* zwischen beiden bildet die menschliche Keimscheibe.» Unterteilung mit Bildung einer verbindenden Zwischenformation bildet das Phänomen der Dreigliedrigkeit. Es macht uns aufmerksam auf trennendes und gleichzeitig verbindendes Geschehen in der Entwicklung. «Die Tatsache, daß Gestalten immer als komplementäre Differenzierung erwachsen, verlangt, embryonale Organe nie isoliert, sondern immer im Zusammenhang des ganzen Organismus zu sehen.»

Differenzierungen bringen nur einerseits materiell die jeweils neuen Organe hervor; andererseits bringen sie, in der Sprache Batesons, einen Kontext höherer Ordnung hervor, der die neuen Organe zueinander gliedert. «Unterteilung» heißt, «das Muster, das verbindet», dauerhafte Gestalt annehmen zu lassen. Erfahrungsabhängige Ausreifung und aktivitätsabhängige Modifikationen, also Antworten im Kontext, bestimmen die frühen und die späteren Wachstumsprozesse: In der frühen Entwicklung des Nervensystems werden weit mehr neuronale Verbindungen angelegt, als im ausgereiften System übrig bleiben. Eliminations- wie Konsolidierungsprozesse während der Embryonalentwicklung sind aktivitätsabhängig. Nur solche Verbindungen werden erhalten und stabilisiert, die funktionellen lebensökonomischen Kriterien genügen. Durch Gebrauch oder Nichtgebrauch wird embryonal und nachgeburtlich die genetisch ermöglichte Struktur neuronaler Verbindungen offenbar entweder gefestigt, verstärkt oder ausgelöscht.

Embryonal werden Eliminierungen und Konsolidierungen durch aktivitätsbedingte elektrische Potentiale der Nervenzellen beeinflußt. Nachgeburtlich werden dieselben Vorgänge bereits durch Impulse/Signale aus der Umwelt in spezifischer Weise modifiziert: Hier «können sensorische Signale als strukturierender Faktor in den Entwicklungsprozeß eingehen und bei der Auswahl neuronaler Verbindungen mitwirken.» Untersuchungen zeigen, daß etwa die Ausbildung der Sehrindenzellen und damit die Sehleistung von deren Aktivierung in einer ‹normalen› anregenden Umwelt abhängt.[9]

4. Dadurch, ontogenetisch, sind die «Entwicklungsprodukte nicht nur in ihrer Lage, Form, Struktur, sondern auch *funktionell stets aufeinander abgestimmt*.» Das bedeutet zweierlei. Zum einen werden wir diese Tatsache als den Grund dafür wiederfinden, daß immer der ganze Mensch, wie unsichtbar das auch bleiben mag, wahrnimmt und handelt. Victor von Weizsäckers Begriff vom «biologischen Akt» wird hiermit begründet. Zum anderen finden wir in der entwicklungsgeschichtlich bedingten Abstimmung aller Funktionen Gregory Batesons Begriff von der Co-Evolution wieder. Er erinnert zudem daran, daß in diese Geschichte die Wirkungen der Umgebung und auf die Umgebung ebenso gehören. Sie bilden die Grundlagen von Kommunikation jeglicher Art, von der physiologischen des Stoffwechsels bis hin zur seelischen.

Dieser Entwicklungsgeschichte sind alle Prozesse einbeschrieben. Physik und Chemie können einzelne Phänomene nur analytisch, also für ihre Systeme der Darstellung, herauslösen. «Die biologischen Prozesse geben den physikalischen und chemischen die Richtung, deuten sie.» Sie folgen dem und überwinden das, was physikalisch und chemisch geschieht. Sie werden gehindert durch das und lenken um in das, was ihnen entgegensteht. Sie sind integrativ, das heißt fähig zur Bildung von Kontexten, und zwar als Bewegungen, die in der Differenzierung weiterführen. Das Integrative ist dabei gerade das am wenigsten Stoffliche, nämlich das Feld des intensivsten Austausches. Die ‹Übergangsfelder› werden immer wieder betont. *Zwischen* den beiden Blastomeren, den ersten Zellen des Eis, bildet sich der werdende Mensch aus.

Ordnungsprinzipien in der Entwicklung

In Wesentlichem dreht die Embryologie die Folge unseres gewohnten Beobachtens und Vorstellens um. Dies ist die Konsequenz aus dem eben Gesagten. Embryonen haben grundsätzlich keine nach außen zielenden Bewegungen wie Menschen nach der Geburt. Alle Bewegungen sind Teil eines Geschehens, das immer ganz auf sich selbst zurückbezogen wird. Wenn Wirkungen mit einer Umgebung ausgetauscht werden, bewirken sie immer auch ohne äußere Vermittlung jene inneren Antworten, die als Wachstumsbewegungen begriffen werden müssen. In diesem geschlosseneren Gefüge der Rückbezüglichkeiten wird allgemein Geltendes nur um so offensichtlicher. Zustände, im Sinne von Befindlichkeiten wie etwa ein Gefälle von unterschiedlichen Stoffwechselintensitäten, müssen als die Bewegungen begriffen werden, die notwendig aus ihnen folgen: die Bewegungen des Stoffwechselflusses. «Voraussetzungen für Stoffwechselbewegungen sind Stoffwechselgefälle. Ihre Entstehung hängt ab von der lokal verschiedenen Intensität des Wachstums und diese wiederum von der jeweils gegebenen Möglichkeit oder Unmöglichkeit schneller Assimilation und Dissimilation.» Es werden Substanzen assimiliert wie Zucker oder Wasserstoff, Rückstände dissimiliert. Bewegungen müssen organlogisch begriffen werden als die Bahnungen der Bewegungen zu stofflichen Formen.

Die dynamische Embryologie Erich Blechschmidts bildet daher ihre Befunde in den drei aufeinander bezogenen Kategorien von *Lage*, *Form* und *Struktur* ab. Die Lage eines Geschehens bestimmt den Kontext seiner Bewegungen. In diesem Kontext nehmen sie eine bestimmte Bedeutung an. Sie werden zu einer konstitutiven Funktion des Organismus. Solche Funktionen finden mit der Zeit ihren Niederschlag in der Ausbildung stofflicher Formen. Die Formen sind also über Kontext und Funktion mit der Lage vermittelt. Die Lage drückt in ihnen sich aus. Dabei gewinnt sie aber weitere Dimensionen hinzu, indem sie sich durch ein Geschehen hindurch ausdrückt, und zwar ein Geschehen, das selber organisch geordnet ist. Mehr noch. Diese Ordnung entspricht der Ordnung der Lage. Die Lage wird also mit ihrer eigenen, aber ins Dynamische übersetzten Ordnung vermittelt. Form ist der Ausdruck dieses Geschehenszusammenhangs. Der Begriff Form entspricht der Betrachtungsweise der Anatomie, die vom festen Niederschlag auf die Dynamik der Gestaltungen zurückschließt. Der anschließende Begriff der Struktur übersetzt seinerseits wieder die Form in dynamische Begrifflichkeit zurück. Das stoffliche Organ strukturiert in dem Sinne der Vorgänge, in denen es entstanden ist, das weitere Geschehen. Dieses nimmt eine Struktur an, die um so differenzierter geworden ist, wie es sich zurückbezieht auf die dynamisch ausgedrückte Lage, auf den Formausdruck dieses Geschehens und neuerlich auf das die Form so wie die sie ermöglichenden Vorgänge ausdrückende dynamische Funktionsgefüge.

Jede Differenzierung entsteht als die Reflektion des bisherigen Gefüges in einem es durch- und übergreifenden Geschehen. Sie erwächst in der tätigen Konsequenz dessen, was schon ist. Es kommt nichts ‹Neues› hinzu, und es kann gar nichts Neues hinzukommen.

Das Hinzukommen ist ein Begriff gänzlich anderen Denkens, das sich nicht wirklich einläßt in die Betrachtung des Geschehens, sondern nur gelegentlich Formen konstatiert. Die sich ergebenden Formunterschiede werden dann durch zugesetzte Vorstellungen erklärt, das heißt ideologisch. So wollte Haeckel die Vorstellungen Darwins in die Erklärungen der Ontogenese tragen. Der Blick wurde ihm für das Wesentliche getrübt, nämlich für die Bewegungen der Differenzierung. «Differenzierung vollzieht sich stets in Stoffwechselfeldern mit räumlich geordneten submikroskopischen Teilchenbewegungen. Sie sind, bis ins Unsichtbare geordnet, Komponenten der Gestaltungsbewegungen des Keimlings. Jede Differenzierung erfolgt mit ontogenetischer Folgerichtigkeit.»

Das Dynamische, das alle diese Vorgänge so wesentlich charakterisiert, bedarf einer eigenen Betrachtung. «Die Entwicklungsdynamik ist ein entscheidendes Moment.» Woher kommt sie? Die Embryologie von Blechschmidt hat nicht die Absicht, darüber bestimmende Aussagen zu machen. Dennoch wird eine Grundauffassung sichtbar, die sich mittelbar abzeichnet. Erich Blechschmidt tritt außerordentlich entschieden den Vorstellungen entgegen, nach denen die Gene gewissermaßen Wachstumsbefehle ausgeben und damit als Quelle und Prinzip der Dynamik identifiziert werden könnten.

Einmal mehr erweist sich die direkte Vorstellung von Aktivität als falsch. Ihre Wirkung entfalten die Gene offenbar nicht einfach von sich aus. Auch sie bedürfen eines Feldes von Bewegungen, um im Wechselprozeß gefordert zu werden und fordern zu können. Blechschmidt betont, daß die Gene sehr wohl dafür sorgen, bestimmte Gestaltungen und keine anderen zum Ergebnis der Bewegungen werden zu lassen. Sie tun das aber gewissermaßen negativ, indem sie Wachstum da zum Einhalt bringen, wo es an die artspezifischen Formgrenzen gelangt. «Wir sehen die sogenannte genetische Substanz als eine Konstante an, die invariant die Chromosomen repliziert und deren Struktur es erlaubt, auf jeden der von außen kommenden Entwicklungsreize individual-spezifisch zu reagieren. Sie gewährleistet die individuelle Besonderheit der Stoffwechselvorgänge.» – «Die Gene ‹machen› nicht die Differenzierungen, ihre Information muß vielmehr von außen ‹abgerufen› werden. Mehr noch, ihr Potential wird erst mit dem Abruf zur Information.» Erst im Kontext der Bewegungen wird sie zu *dem* Unterschied, «der einen Unterschied macht» (Bateson). «Das Außen sind die Lage, Form und Struktur des jeweiligen Gewebeverbandes.»

Diese Theorie gibt den Blick frei auf eine Wachstumsbewegung des Lebens, die mit spezifischen Gestaltungsindikatoren zusammenwirken muß. Sie wird zwar von Blechschmidt nicht eigens bestimmt, geht aber notwendig aus seinen einschränkenden Feststellungen zu den Funktionen der Gene hervor.

Wie wirkt die Entwicklungsdynamik? Entwicklungsbewegungen laufen gegen Widerstände ab. Also ist der Wechselprozeß der Auseinandersetzung mit einem Kontext auch konstitutiv für den Gestus ihres Vollzuges: Arbeit. «Sie sind lebendige Leistungen, unter anderem auch im Sinne physikalischer Arbeit, zum Beispiel, wenn ein junger Keim Membranwiderstände oder hydrostatischen Druck überwindet oder bei Volumenvergrößerungen.»

«Genetiker und Entwicklungsphysiologen haben mit überzeugender Deutlichkeit gezeigt, daß es keine Gestaltungsstoffe gibt. Vielmehr liegen der unmittelbaren Gestaltung biodynamische Gestaltungs*kräfte* zugrunde. Sie äußern sich in verschiedenen Grundbewegungen, auf denen die späteren gerichteten Bewegungen aufbauen.» Wie können wir das Prinzip der Lebensbewegungen benennen? Wir wissen nur, daß sie charakterisiert sind als Drehungen um einen Kern, ‹spin›, den abgestorbene Zellen, Krebszellen, nicht mehr haben, der offenbar das Übergreifende der Bewegungsmomente im Drehen darstellt.

Es wurde darauf bereits aufmerksam gemacht, daß Gestaltungen sich in «Übergangsfeldern», also zwischen zwei Formen, ereignen und daß sie immer in dem Wechselprozeß mit Widerständen, mit Umgebung, mit Mitwelt stattfinden. Blechschmidt faßt diese Feststellungen auf höherer Argumentationsebene zusammen, wenn er sein «erstes grundsätzliches Differenzierungsprinzip» ausspricht: *«Differenzierung hat immer eine Richtung von außen nach innen.* Durch Entwicklungsreize, denen jeder junge Keim schon mit der Nahrungsaufnahme, also von außen ausgesetzt ist, werden Differenzierungsprozesse eingeleitet. Die Entwicklungsreize, die nach Lage, Form und Struktur auf je verschieden ihnen vorgegebene Zellen und Zellverbände treffen, führen zu Reaktionen dieser Zellen und Verbände, die sich als jeweils entsprechend verschiedene Differenzierungsschritte äußern.» – «Differenzierung von außen nach innen ist ein Grundprinzip geordneter Entwicklung. Es wäre denkbar, daß die Umkehr der Differenzierung in der Richtung von innen nach außen ungeordnetes, bösartiges Wachstum bedeutet. Ihm fehlt dann im Rahmen des Zellkreislaufes, der normalerweise von der Zellmembran durch das Zellplasma zum Zellkern und zurück vor sich geht, der notwendige Bezugspunkt.»

Der Grundsatz der Gestaltung von außen nach innen besagt seit Jahrzehnten, was inzwischen eine Fragerichtung der Humanbiologie bestimmt. Die Gene werden erst durch entsprechende Ereignisse von der Umwelt her aufgerufen, ihre vorbereiteten Wirkungen zu entwickeln. Die Genforschung geht seit einigen Jahren sogar soweit anzunehmen, daß die Gene im menschlichen Embryo in ‹zerstückelter› Form vorkommen, um erst auf den Anstoß entsprechender Unterschiede, die von außen kommen und gemacht werden müssen, zu ihrer wirksamen Form zusammenzutreten.[10] Das Wort ‹zerstückelt› dürfte ungenau sein, weil es die vorgefaßte, hergebrachte Vorstellung wiedergibt, nach der die Gene ‹ganz› zu sein hätten. Ihre Ganzheit ist aber offensichtlich in bestimmten Phasen nur virtuell und auch nicht topographisch. Wir können die neue Beobachtung als einen weiteren Hinweis darauf verstehen, daß ein Organ, zum Beispiel das ‹Gen-Material›, Phasen unterschiedlicher stofflicher Verkörperung erlebt und ganz immer als und in Funktion ist. Daß Funktionen sich im Wechsel von Ruhe, Bereitschaft, Reaktion und Tätigkeit vollziehen, ist ohnehin bekannt. Offenbar muß man aber das Bestreben identifikatorischer Theorien überwinden, einen der wechselnden Zustände als den eigentlichen ansehen zu wollen. Das Wesen von Organen ist eben ihre Funktion. Man wird an das Wort von Aristoteles erinnert, nach dem «die Wesenheit des Beils, wenn ein Werkzeug... ein natürlicher Körper wäre ...das Beil-Sein wäre... und eben dies wäre seine Seele».[11] Aristoteles will aber diese Wesenheit «im begrifflichen Sinne» und final auf einen Zweck hin verstanden wissen. «Wäre das Auge ein Lebewesen, so wäre seine Seele das Sehvermögen... Das Auge ist die Materie für das Sehvermögen», doch so «wie der Seemann für das Schiff» die Seele wäre. Die Seele und der Körper, die Funktion und das Organ werden getrennt und einander untergeordnet bzw. übergeordnet gedacht. Diese Überordnung des Seemanns über das Schiff ist aber etwas anderes als Batesons höhere logische Ordnung; denn die bildet eben das Kontext schaffende Zusammenspiel des Organs mit allen seinen Mitspielern, zum Beispiel der Genbestandteile mit dem ganzen Embryo und der Situation, die ihr Zusammentreten auslöst. Für diese Seite des Vorgangs hat Aristoteles jedoch einen sehr guten Begriff gefunden, das «Wachsein»: «Wie nun das Hacken des Beiles und das Sehen des Auges, so ist das Sehen die aktuale Wirklichkeit... wie das Auge die Pupille und die Sehkraft zusammen ist, so sind die Seele und der Leib miteinander das Lebewesen.»

Anders als Aristoteles müssen und dürfen wir aber das Miteinander-Sein als immer neue Vorgänge begreifen, und dies bis in die kleinsten Einheiten des Biologischen, bis in unsere Zellen hinein. E. P. Fischer sagt zu der Entdeckung der Gene in ihrem aufgelösten Zustand: «Damit ist zugleich ein individueller Evolutionsprozeß erkannt, in dessen Verlauf das genetische Material hinreichend genau kopiert und zu einem Mosaik verbunden wird, damit ein gattungsspezifisches Lebewesen sich entwickelt. Die Vervielfältigungen sind andererseits genügend imperfekt, daß ein für die Wirkungen der Welt empfängliches und sich ihr mitteilendes Individuum entsteht.

Jede Zelle ist demnach wirklich einzigartig. Ihre Gene sind zwar hinreichend, aber nicht vollkommen identisch mit denen der Nachbarzellen. Die Verbindung der zerstreuten Genabschnitte wird über den Botenstoff der RNA vermittelt, und zwar entsprechend in den sich spezialisierenden Zellen im Wirkungszusammenhang des Gesamtorganismus. Die DNA, der Stoff, aus dem die Gene sind, hat selbst keinen Einfluß mehr auf die Verbindung.»[12]

Humberto Maturana vergleicht «lebende Systeme» auf andere Weise einem Schiff bzw. einem Boot, die den Unterschied zwischen Bateson und Aristoteles anschaulich macht. Der Kurs, den ein Boot nehmen soll, ist nur eines von mehreren Momenten des Systems seiner Bewegung. Daneben wirken Wind und Strömung und andere Momente darauf ein. Es wäre unsinnig, den wirklichen Weg des Bootes als Umweg im Vergleich zum Kurs zu begreifen: «Das Leben driftet. Der wirkliche Weg antwortet auf die Schritte der wirklichen Veränderungen des Gesamtgefüges.»[13]

Aus einer Reihe von unterschiedlichen Typen von Stoffwechselfeldern ergeben sich die grundsätzlichen Gestaltungsprinzipien menschlicher Selbstgestaltung. Vielleicht tritt deren elementare Bedeutung um so deutlicher hervor, wenn wir sie zugleich mit der Frage anschauen, wie weit mit ihnen nicht die Prinzipien allen menschlichen Gestaltens bereits bestimmt sind. Diese Frage betrifft dann unsere Weisen der *Wahrnehmung*, nämlich der Gestaltung äußerer Reize zu inneren Organbewegungen, ebenso wie die Weisen äußeren *Gestaltgebens*.

Wie die gerichteten Gestaltungsbewegungen aufbauen auf den Grundbewegungen der Gestaltungskräfte, so, dürfen wir wohl annehmen, werden auch die Gesten der Menschen, in individuell und kulturell besonderen Verbindungen, aufbauen auf den Typen und Prinzipien der folgenden Stoffwechselfelder.

1. Sog

Durch das Wachstumsgefälle kann ein biomechanischer Sog entstehen. «In die Sogfelder kann aus der Umgebung Flüssigkeit einfließen und so den Zellverband auflockern.» Vergleichsweise undifferenzierte «Epithelzellen, die aus der Nachbarschaft einsprossen, können Stoffe aus der Flüssigkeit aufnehmen. Nach dem schon für das Einnisten des Eis dargestellten Prinzip wird es ihnen dadurch möglich, sich Platz für ihr Vorwachsen zu schaffen.» Solche Epithelsprossen nehmen material die Form an, die dem Sog-Gestus des Feldes entspricht, das sie ausfüllen. Dies ist die besondere Form der Drüsen. Ihre Funktion übersetzt die Vorgänge des Sogs in ein Organ, dessen Struktur den Gestus des Saugens in den der Drüsentätigkeit differenziert.

2. Pressung

«Wenn zwei Epithelien so eng aufeinandergepreßt werden, daß zwischen ihnen kein Raum für gefäßführendes Binnengewebe bleibt, erlischt in dieser Lage die Nahrungszufuhr, und die Zellen gehen zugrunde. In solchen Korrosionsfeldern eröffnen die absterbenden Epithelien eine Kommunikation der mit Flüssigkeit gefüllten Hohlräume, die sie bis dahin gegeneinander abgesondert haben.» Dieses Differenzierungsprinzip ist unter anderem entscheidend bei der Entstehung von Bahnungen, Gefäßen. Die Flüssigkeiten in den Hohlräumen beiderseits der zunächst sie trennenden Zellen müssen offensichtlich molekular in Bewegung vorgestellt werden. Die Pressung richtet sich also auf ein Hindernis, das der Vereinigung dieser Bewegungen im Wege liegt.

Im Vollzug der Pressung wird der Weg frei gemacht. Dafür sind offensichtlich Bedingungen gestellt. Einerseits müssen diese Flüssigkeitsbewegungen von beiden Seiten zusammenwirken. Sie bilden also bereits eine prozessuale Einheit, die der Einheit der Form als Bahn vorausgeht. Die Bahn drückt nur eindeutig aus, was in der Einheit des beiderseitigen Geschehens solange noch verschiedene Gestaltungen offengelassen hat. Zum anderen wird zu Recht betont, daß die trennenden Zellen Epithelzellen sind. In sich differenziertere Zellen und miteinander differenzierter organisierte Zellverbände würden auf die Pressung mit einer Gegenwirkung reagieren, die eine eigene Funktion ergeben würde, statt sie absterben zu lassen. Hier wäre dann eben schon gefäßführendes Zwischengewebe entstanden, das im Sinne der Funktion des Zellverbandes diesen um so intensiver versorgen würde. Je nachdem, was gepreßt wird, Epithele oder Bindegewebe, ist die Wirkung verschieden.

Aus Bahnungen entstehen Gefäße, aber auch die «Feinstruktur der Nierenkanälchen», das heißt die Wege allgemeiner wie spezifischer Versorgung und Entsorgung. Gepreßt wird auch bei Verdichtungen. Jedoch ergeben sich bei verschiedenen Bedingungen auch verschiedene Wirkungen.

3. Verdichtung

Andere Zusammenwirkungen von Lage und Bewegung führen zu dem gewissermaßen entgegengesetzten Vorgang. «In sogenannten Densationsfeldern tritt lokal ein Verlust an flüssiger Interzellularsubstanz ein.» Hier wirkt nicht Pressung ein, der zunächst die flüssige Substanz zwischen den Zellen, dann die Zellen selbst weichen müßten. Durch zunehmend intensiveres Stoffwechselgeschehen in benachbarten Gebieten wird die Flüssigkeit abgezogen dorthin, wo sie das lebhafte Wachstum fördern kann. Dies geschieht an der Oberfläche. Aus den Gefäßen wird dorthin Nahrung, Wasser aus ihrer Tiefe abgegeben. «Der Zellverband verdichtet sich, indem die Binnengewebszellen dadurch dichter aneinander geraten. Alle Skelettanlagen entstehen in solchen Densationsfeldern.»

Ein Beispiel möge das Besondere dieser Vorgänge noch deutlicher machen. Blechschmidt spricht immer wieder von der Entwicklungsgeschichte der Hände. «Sie wachsen als kleine Falten an der seitlichen Körperwand vor, zunächst noch ganz aus Haut bestehend.» Die Auseinandersetzung mit dem Äußeren wird von ihnen als Wachstumsreiz aufgenommen. In der Fortsetzung dieses Geschehens bilden sich auch die Vorformen der fünf Finger immer deutlicher aus.

Diese Ausbildung der äußeren Form ist ein Geschehen, das den Stoffwechsel intensiviert und damit die Strukturbildung im Inneren bestimmt. Darüber induziert sie, als Verdichtung sekundär, die Bildung von Knochensubstanz. Da dies zugleich ein entscheidendes Beispiel für den Grundsatz ist, daß die Gestaltungen sich von außen nach innen, nicht etwa umgekehrt ausbilden, wird in der Zusammenfassung darauf noch einmal zurückzukommen sein.

4. Stauchung

In den Verdichtungen entstehen zunächst «vorknorpelige Skelettanlagen». Freilich wachsen auch sie weiter. Ihre Zellen stoßen dabei im Längenwachstum bei einigen Lagen auf Widerstände. Sie werden «biomechanisch» gestaucht und dabei abgeplättet. Die Zellen nehmen «Tellerform» an. Neben den Skelettanlagen bilden sich regelmäßig Muskelzellen aus, die der Wachstumsbewegung des verdichteten Zellverbandes nicht nachkommen. Dadurch halten sie die Wachstumsbewegung zurück. Der Widerstand entsteht also durch ein Gefälle in der Dynamik. In ihrer Richtung platten sich die vorwachsenden Knorpelzellen ab. «Diese Tellerform als Folge der Wachstumsstauchung ist typisch für alle jungen Knorpelzellen. Derartige Stoffwechselfelder heißen Contusionsfelder.»

5. Dehnung

Das dynamische Gefälle, das die genannten Felder charakterisiert, findet nach zwei Seiten Ausdruck. Diese sind polar, komplementär zueinander, wie es ihrem gemeinsamen Entstehungskontext entspricht. Die knorpelige Skelettanlage wächst durch Stammkörperwachstum aktiv, während die mit ihr verbundenen Zellverbände, die nicht oder nicht so schnell wachsen, der entgegengesetzten Wirkung unterliegen. Sie werden passiv gedehnt. Es ist dabei problematisch, sie in dieser Phase bereits muskulär zu nennen. Denn wiederum werden sie Muskulatur nicht deshalb, weil das so vorgesehen ist oder weil das Gen so sagt. Eben in der notwendig auftretenden Dehnung werden sie dehnungsspezifisches Gewebe aus gedehnten Zellen. Dies ist dann das, was Muskulatur heißt und deren Funktionen ‹erfüllt›.

«Muskulatur differenziert sich ausnahmslos biomechanisch in Dehnungsfeldern.» Das spezifische Vermögen der Muskeln zur Kontraktion bildet sich aus dem umgekehrten Vorgang, der Dehnung. «Zellen werden zunächst – gewissermaßen passiv – gedehnt, bevor sie sich – gewissermaßen aktiv – zu kontrahieren vermögen. Die Dehnung ist die Bedingung für den Erwerb der Kontraktilität.»

Wie der Stauchungsbewegung die Form des Tellers entspricht, so drückt sich die Dehnung ihrerseits in einer besonderen Form der Zellen, die in ihr sich auf eine eigene besondere Funktion differenzieren, aus. «Zeichen der Dehnung ist die Spindelform der Muskelzellen.» «Der Unterschied in Grad und Geschwindigkeit der Dehnung führt zu den lokal verschiedenen Strukturierungen, aus denen sich später verschiedene Kontraktionsweisen ergeben: Es bilden sich jetzt die Funktionen, später die Formen der glatten und der willkürlichen Muskulatur.»

6. Quellung

Während sich Vorknorpel durch Gewebsverdichtung bildet, läuft im wachsenden Knorpel ein Prozeß der Distusion ab. Wenn nämlich die Substanz zwischen den Zellen dichter wird, sind die Knorpelzellen nicht mehr in der Lage, die Abbauprodukte ihres Stoffwechsels abzugeben. «Die Abbauprodukte stauen sich in den Zellen und erhöhen nachweislich dort den osmotischen Druck. Dieser höhere osmotische Druck führt zu einem Ausgleich. Wasser wird in die Zellen aufgenommen, das aus dem Interzellularraum einströmt, so daß dessen Entflüssigung nun beschleunigt erfolgt.» Mit dem einströmenden Wasser quellen die Zellen und üben einen Quellungsdruck aus. Derartige Stoffwechselfelder sind Distusionsfelder.

7. Zurückhaltung

Uns fehlt noch eine Art von Gestaltungsbewegungen, die, neben den Knorpeln und den Muskeln, die dritte Gruppe von Momenten des Bewegungsapparats hervorbringen. Sie muß eine weitere Sonderform der Lagebedingungen, das heißt des Gefüges von Gefällen des Stoffwechsels und des Wachstums sein, dem wir bereits nach anderen Seiten nachgegangen sind. Sie bewegt sich, mit anderen Worten, in demselben Kontext. Wie können die Bänder und Sehnen entstehen, die mit Muskeln und Skelett zusammenwirken?

Was geschieht, ist eine Verbindung zweier Wirkungen. Die eine ist wieder eine Zugkraft. Auch die Bänder entstehen in den Dehnungsfeldern um die vorwachsenden Knorpelzellen. Im Unterschied zu den Zellen, die sich dabei zu Muskeln differenzieren, sind diese hier aber gleichzeitig einer quer zu dem Zug wirkenden Kompression ausgesetzt. Diese Felder werden Retensionsfelder genannt. Das bedeutet, selber in ihrem Wachstum zurückgehalten, entwickeln sie einen ‹Zugwiderstand› und halten ihrerseits vorwachsende Skelettpartien zurück, ohne ein Kontraktionsvermögen auszubilden. Damit erwirbt das ursprüngliche Binnengewebe «biodynamische Eigenschaften eines Seiles. Es funktioniert damit schon embryonal als Halteapparat.»

8. Richtung durch Reibung

Auch in diesen Stoffwechselfeldern findet eine Verdichtung statt. Sie führt zur Knochenbildung. Es wird wiederum «Flüssigkeit aus Zellverbänden ausgepreßt». Hier wirkt aber der Druck mit Gleitbewegungen dieser Zellen selbst auf diese ein, «im Gegensatz zu Densationsfeldern, in denen die Zellen zunächst keinen gerichteten Druckkräften während des Flüssigkeitsentzuges ausgesetzt sind.» Es handelt sich um eine von Anfang an gerichtete Verdichtung, die durch die Richtung des Drucks beim Gleiten der Zellen bedingt wird.

Anschließend an diese Tafel von Gestaltungsprinzipien lassen sich weitere Differenzierungsprinzipien aussprechen, die also ihnen, mindestens teilweise, Gemeinsames eigens ins Bewußtsein heben. Blechschmidt stellt selber der Tafel das Prinzip voran, nach dem Gestaltungen «von außen nach innen» sich entwickeln. Den Charakter eines Prinzips der Differenzierung erweist Blechschmidt unter anderm gerade mit einem Hinweis darauf, daß es im Differenzierten zeitlebens fortwirken wird. Die Fortwirkung vollzieht sich im Funktionsgefüge. Dieses ist auch nach der abgeschlossenen Ausbildung für bestimmte, ihm entsprechende Reize von außen empfänglich: «Die Empirie auf dem Gebiete der Akupunktur, die eine enge Beziehung zwischen Außen (der Körperwand) und Innen (den Eingeweiden) kennt, gründet möglicherweise auf diesem frühen Entwicklungsprinzip.»

Ein anderes ist als Konsequenz aus der Geschichte der Knochen- und Muskelbildung erwähnt worden. «Zunächst ist das Wachstum der Skelettanlagen das aktive Moment des Bewegungsapparates. Das heißt, die knorpeligen Zellverbände wachsen als Stemmkörper vor und machen die sich dehnenden Nachbarzellen zum Passiven. Dieser Vorgang kehrt sich dann, wenn einmal die Anlagen des sogenannten Bewegungsapparats, also der zusammenwirkenden Knochen, Muskeln, Bänder und Sehnen, vollzogen ist, in seiner Dynamik um. Beim ausgebildeten Menschen übernehmen die Muskeln die Bewegungstätigkeit, und die Knochen halten dagegen. Es ist schwer zu entscheiden, wo eine solche

Umkehrung anzusetzen ist. Denn in Wirklichkeit formen sich die Knochen des Kleinkindes, noch die von Kindern bis zur Pubertät mit Sicherheit fort, je nachdem, wie die entsprechende Muskulatur tätig wird und sich ausbildet oder untätig wird und keine Ansprüche stellt. Später wird eine derartige Wirkung der Muskelbewegungen auf das Skelett kaum mehr die Morphologie der festen Formen beeinflussen. Um so entschiedener aber wird weiterhin die Morphologie der Funktionen die Knochen im Halten und Bewegen richten und beleben oder verfallen lassen.

Dies wird begreiflich aus dem weiteren Kontext, in dem allein die frühe Konstellation von Aktivität und Passivität sich als Wechselwirkung ausbilden kann. Die Entwicklungen sowohl der knorpeligen als auch der sich dehnenden Zellverbände sind Antworten, wie wir gesehen haben, auf die von außen kommenden Impulse zur Gestaltung. Insofern sind beide ‹passiv›, weil passiv eben nur bedeutet, daß hier ein Aufnehmen von Unterschieden in den Bedingungen zum Reagieren führt. Einen Unterschied zu machen, das heißt für sich anzunehmen und auf das eigene Gestaltungsgefüge hin zu interpretieren, ist freilich eine wesentliche Tätigkeit, wiederum ein Beispiel für die ‹Aktivität› des Aufnehmens. Diese ist durch die Vorgeschichte des Aufnehmens längst angelegt. Im Vorwachsen waren die häutigen Armanlagen auf die Veränderungen ihrer Umgebung gestoßen oder hatten sie gar hervorgerufen. «Wenn die Armanlagen zur Weiterentwicklung bis zur Ausbildung der fünf Finger kommen, kann dies nur geschehen, weil ein äußerer Anreiz durch Wachstumsbedingungen besteht.» Der Unterschied, den die Anlagen machen, indem sie zum Beispiel schließlich zur Ausformung der fünf Finger übergehen, kann sich überhaupt nur ergeben, weil sie ihrerseits sich auf das Gegenüber zubewegt haben. Sie haben mit bewirkt, was dann zum Anreiz für ihre Selbstgestaltung wird.

Diese lange Folge von Wechselwirkungen darf aber nicht vergessen werden, wenn sie einmal zu einem bestimmten Stand geführt hat. Weder physiologisch noch logisch. Dies gilt auch für die Phasen, in denen sich mehr oder weniger bleibende Formen ausbilden. Die ihnen folgenden Funktionen bleiben nämlich auch bei einigermaßen gleichbleibenden Formen nicht dieselben, wenn nicht die Geschichte der einander hervorbringenden Wechselwirkungen fortgesetzt wird. Sie setzt sich freilich nicht mehr im Nacheinander der Entfaltungen fort, sondern im Zueinander der Funktionen: in einer Art von *Gleichzeitigkeit*. Diese Gleichzeitigkeit entgeht uns allerdings sehr leicht. In der Beobachtung tritt sie nämlich als Kette von Folgen auf: Die Tätigkeit der Fußmuskeln führt zu stärkerem Zug an den Fußknochen. Dem folgt eine Umbildung und Verstärkung auch der Knochenstruktur im an sich bereits fertig entwickelten Bewegungsapparat. Unser Verständnis dieser Zusammenhänge ist diskursiv formuliert, analytisch zustandegekommen und deshalb ebenfalls als Nacheinander strukturiert. Deshalb möchte ich die besondere Gleichzeitigkeit in den Lebensbewegungen als Prinzip darstellen.

Der Kontext, das Gleichzeitige, ist eigentlich nicht in der Zeit, jedenfalls nicht in der linear denkbaren, schon gar nicht in der gemessenen Zeit ‹gleichzeitig›. Die Gleichzeitigkeit des Kontextes ist die der logischen Wechselseitigkeit. Sie ist das potentielle Gleichgewicht, das sich aber nur durch die ablaufende Zeit hindurch verwirklichen kann. Der lebendige Kontext ist wohl nie im Sinne der Erscheinungswirklichkeit, ist immer im Sinne des Wesens. Jeder Schritt gehört konstitutiv zu einem Gang, aber der Gang ist nie ganz da. Er wird von diesem und jenem Schritt immer nur unzureichend repräsentiert.

Erst die Abbildung der unzureichenden Repräsentation auf das, was unmittelbar nicht greifbar, mittelbar als der notwendige Kontext des Unzureichenden zugänglich wird, erlaubt eine, diskursive, Vorstellung des Ganzen. Auf die gleiche Weise hatten wir schon die Beziehung zwischen Einzelwesen und Gattung zu begreifen. Wir haben uns dort entschlossen, die Anwesenheit des Ganzen der Gattung oder der gattungsspezifischen Gestalt schon im unausgebildeten Keimling als geistig zu bezeichnen.

Das beste Beispiel dafür ergibt sich aus einer Funktion der Quellung, die wir noch nicht erörtert haben. Als von den Dehnungen längs den wachsenden Skelettanlagen die Rede war, mußte deren Wachstum unerklärt hingenommen werden. Beim Ausschreiten des Bedingungsgefüges, in dem das Ganze des sogenannten Bewegungsapparates aus Knochen und Muskeln und Bändern sich bildet, kommen wir hier auf den Gestus jenes Wachstums zurück. Die jungen Knorpelzellen nehmen Wasser auf und «werden blasig». Das heißt, sie wachsen. «Mit ihrem Quellwachstum üben Knorpelzellen prinzipiell eine Stemmkörperfunktion aus. Derartige Stoffwechselfelder nennen wir Distusionsfelder.»

Man sieht bei der Quellung, daß eine Auflösung dieses Bedingungsgefüges in eine Kette von Ursachen und Wirkungen äußerst schwierig wird. Während die Logik der Vorgänge in Schrittfolgen, also doch aus einem Nacheinander begründet ist, bilden diese Schritte sich immer aus als Ausdruck von Kontexten. Das bedeutet, daß im Kontext eine Wechselwirkung, also eine wechselseitige Bedingung und Bedingtheit bereits entwickelt ist, ehe sie in Schritten einen Ausdruck findet. Diesen Ausdruck kann man dann unter bestimmten Gesichtspunkten auf eine lineare Zeitvorstellung abbilden. Ein solches Verfahren entfernt sich aber von der Komplexität des Abgebildeten, die nur Wirklichkeit werden kann in der den Zeitablauf durchwirkenden Gleichzeitigkeit von Mehrpoligkeit, komplementärer Pluralität der Richtungen usw.

Gleichzeitigkeit der Lebenbewegungen geht dabei über den Begriff von Bloch noch hinaus, obwohl dieser, recht verstanden, auch ein dynamischer Begriff ist. Gleichzeitigkeit des Ungleichzeitigen ergibt sich hier ja nicht aus den Verwerfungen einer Geschichte, die zu Bewegungen des Aufholens, Einholens, Zurückwendens auffordert. Dennoch ist die von Bloch gemeinte Figur bewußten Ausgleichens ungleichgewichtiger Entwicklungen nur ein Sonderfall der biologischen Ungleichzeitigkeit. Beiden liegt die Rückbezüglichkeit eines Funktionsganzen zugrunde. Immer können die Momente des Ganzen sich nur in der Zeit aufeinander zurückbeziehen. Immer sind die Momente nur fähig, die Rückbeziehungen aus dem Bezug auf einen vorhandenen oder wenigstens ausdrücklich angelegten Kontext zu verwirklichen.

Die geschichtlichen Menschen haben freilich ein Bewußtsein ausgebildet, in dem solche Rückbeziehungen nicht nur geschehen, sondern auch eigens noch einmal als solche begriffen werden. Genau dies nennt Maturana Sprache. Bateson müßte uns sagen lassen: Wir wissen, daß wir es unserer uns verbindenden Geschichte verdanken, wenn ein Unterschied bei dir für mich einen Unterschied macht. Sprache ist Niederschlag von Bewußtsein dieses gemeinsamen Kontextes.

Für die embryologischen Vorgänge gibt Blechschmidt zu den Rückbeziehungen eine einfache Erklärung in einem Differenzierungsprinzip, das ich die *Differenzierung zu Komplementärem* nennen möchte, um nicht bei dem älteren Namen einer «Differenzierung in Gegensätze» stehenzubleiben, sind doch diese Gegensätze in dem Zusammenwirken aufeinander bezogen. Dies gerade nennt Blechschmidt ja das Ganze. «Die Beobachtung, sagen wir also, komplementärer Differenzierungen des jungen menschlichen Keimlings zeigt, daß sich immer ein Ganzes differenziert und ein Ganzes in Funktion ist: die beiden Blastomeren mit ihrer verbindenden Zwischenschicht, der Blastozyt mit einem dickwandigen und einem dünnwandigen Pol, verbunden durch eine Übergangszone. Das zweikammerige Ei hat ein Bläschen mit Nahrungsstoffen und ein Bläschen mit Abbauprodukten; zwischen ihnen die Keimscheibe. Die Keimscheibe wiederum mit dem dicken Ektoderm und dem dünnen Entoderm, vermittelnd dazwischen das Mesoderm.»

Zahlreiche weitere Beispiele könnten dasselbe zeigen. In der Differenzierung werden Unterschiede material hervorgebracht, die aus dem funktionalen Unterschiede-Machen auch strukturell die Konsequenz ziehen. Sie gehen aus Prozessen hervor und leben als Prozesse weiter. Unterschiede, die als Prozeß leben, sind Pole; denn sie bilden ein Feld. Die Feldlinien, gewissermaßen, bilden sich durch das ständige Vergleichen der beiden Unterschiede miteinander, das im Leben vollzogen wird. Das Vergleichen bildet die lebendige Mitte der Unterschiede.

Darin ist das Ganze ein Ganzes, das Lebendige lebendig. Dieser Kontext ist ein Zusammenhang in der Zeit, wenn Zeit als eine Folge von aufeinander bezogenen Schritten verstanden werden kann. Damit haben wir das Grundgeheimnis alles Ästhetischen mit neuer Deutlichkeit ausgesprochen. Keine noch so sensible Spekulation über die privilegierten Beziehungen zwischen dem Ganzen und den Teilen in der Kunst reicht heran an die Bedeutung, die aus der Einsicht in das Wesen des Lebendigen, dem Kunst sich verdankt, erwachsen kann.

«Die Tatsache komplementärer Differenzierungen bei Erhaltung der Einheit verlangt, jeweils das Ganze eines Objektes zu untersuchen, weil nur so eine synthetische Betrachtungsweise möglich ist. Sie beschreibt den Menschen auch schon in seiner vorgeburtlichen Entwicklung nicht analytisch, sondern als Person, das heißt, immer schon im Hinblick auf sein charakteristisch Menschliches, mit dem er sich entwickelt.»

Wir haben hier die biologischen, humanbiologischen Grundlagen einer Transzendenz dargestellt, die das Leben in seinen materialen Bewegungen charakterisiert.[14]

Die dynamische Embryologie

Die frühen Phasen des menschlichen Lebens in den Individuen konnten nur mit Methoden begriffen und dargestellt werden, die einer ganz neuen Begegnung der Wissenschaft mit dem Leben entsprechen. Erich Blechschmidt wußte, daß man Wissen über das Leben im wesentlichen aus den *Bewegungen* des Lebens gewinnen muß und seine Formen immer nur als Moment verstanden werden können. Sie sind Momente im zeitlichen Sinne, weil sie den Niederschlag von bereits durchlaufener Geschichte bilden. Sie sind Momente im logischen Sinne, weil sie im Zusammenspiel der Funktionen, also verflüssigt wieder zu Bewegungen, Organe sind.

Blechschmidts Sammlung von Rekonstruktionen menschlicher Embryonen im Anatomischen Institut der Universität Göttingen[15] ist einem morphologischen Vorgehen zu verdanken. Das bedeutet freilich auch, daß die Befunde an Formen, und zwar an präparierbaren Formen entwickelt wurden und als Aussagen über Formen an Präparaten überprüft werden. Schon auf dieser Ebene konnte das Haeckelsche Vorgehen widerlegt werden. Haeckel selbst räumte auf Grund bald vorgebrachter Kritik ein, daß er Bilder von Tierembryonen für die menschliche Entwicklung als Beweis gewertet hatte. Darüber hinaus wird grundsätzlich die Methode kritisiert, positivistisch von rein statischen Vergleichen fester Formen auszugehen. Diese Auffassung muß Leben, das doch sich geschichtlich bewegt, verfehlen.

«Als entscheidender Beweis für die Richtigkeit des sogenannten biogenetischen Grundgesetzes werden ‹Kiemenanlagen› als regelmäßige, wenn auch vorübergehende Bildungen bei jungen menschlichen Embryonen behauptet. Kiemen sind ex definitione charakteristisch für Fische, verhalten sich in ihrer Funktion ‹fischspezifisch› und würden deshalb – kämen sie beim Menschen vor – bekunden, daß der Mensch, vorübergehend, als Ganzes oder in einigen seiner Teile nicht voll menschlich wäre. Tatsächlich werden kiemenartige Gebilde und Kiemenspalten beim Menschen nicht gefunden. Faktum ist, daß ein 3,4 mm großer menschlicher Embryo Faltungen zwischen Stirn und Herzwulst entwickelt. Diese Reliefbildungen sind charakteristisch für den frühen Gesichtsbereich. Die Faltenbildung hängt mit der Wachstumskrümmung des jungen Keims zusammen. Das Neuralrohr wächst kräftig in die Länge und wird damit zum Hauptnahrungsschlucker. Demgegenüber bleibt die mit dem Neuralrohr geweblich verbundene paarige Aortenanlage ventral im Längenwachstum zurück. Sie spendet dem Neuralrohr Nahrung und bleibt dabei selbst kurz. Das Kurzbleiben bedeutet einen lokalen Wachstumswiderstand gegenüber dem in die Länge wachsenden Neuralrohr. Der Wachstumswiderstand der Aorten führt zu einer Zügelung und damit Krümmung des Neuralrohrs an seinem freien Ende im Kopfgebiet.

Mit dieser Krümmung entstehen Beugefalten im Bereich der späteren Gesichtsregion. Sie bilden Bögen der Körperwand, die den Kopfdarm ventral umgreifen. Die Beugefalten, die wie jede Gewebeformation sehr bald vaskularisiert und innerviert werden, sind nach Lage, Form und Struktur in jeder Entwicklungsphase als konstruktive Bestandteile des menschlichen Embryo humanspezifische Bildungen. Zwischen den einzelnen aufeinanderfolgenden Bögen finden sich Kerben. An ihrem Grund bleibt die Körperwand dünn. Im Bereich der dünnen Zonen kann die Körperwand so dünn werden, daß sie reißt, und zwar dann, wenn die Epithelien der (äußeren) Körperwand und der (inneren) Kopfdarmwand so eng aneinandergepreßt werden, daß ernährendes Binnengewebe zwischen ihnen keinen Platz findet. Die Nahrungszufuhr wird hier dann so schwach, daß Zellen zugrunde gehen und Defekte in der Körperwand entstehen (Korrosionsfelder). Etwaige derartige Defekte in der Körperwand sind also Grenzfälle des Normalen, sekundäre Zerreißungen einer primär immer geschlossenen Körperwand, aber niemals primär offene Stellen, die sich nicht geschlossen hatten. Sie sind keine Rudimente einer Phylogenese, sondern gelegentliche Begleiterscheinungen der Ontogenese.»[16]

Die längst widerlegte Behauptung von Haeckel bleibt weiterhin populär, obwohl sie aufgestellt wurde «ohne die Kenntnis der frühen Entwicklungsstadien des Menschen». Sowohl ihrer einstigen Entstehung in der Wissenschaft wie ihrer fortgesetzten Geltung beim Publikum noch heute unterliegt zweifellos eine Grundeinstellung zum Leben und seinen Organen, die durchaus eine bestimmte Ambivalenz erkennen läßt, dadurch aber nur um so bessere Aufschlüsse über die Situation des geschichtlichen Sinnenbewußtseins liefert.

«Haeckel wollte mit seinem biogenetischen Grundgesetz die Darwinsche Abstammungslehre beweisen: ‹In dem innigen Zusammenhang zwischen der Keimes- und Stammesgeschichte erblicke ich einen der entscheidenden und unwiderleglichsten Beweise der Deszendenztheorie›.»[17] Man kann sehr wohl unter der evolutionistisch-rationalistischen Rekonstruktion der Entstehung von Menschen auch die Sehnsucht entdecken, die alte Subtraktionsanthropologie zu überwinden. Die Abstammungslehre hätte doch eine Kontinuität zwischen Menschen und Natur wiederhergestellt. Ein Jahrzehnt nach dem Erscheinen von «Über die Entstehung und den Stammbaum des Menschengeschlechts» brachte Haeckel mit vielen geistesverwandten Wissenschaftlern zusammen 1877 «Kosmos. Zeitschrift für einheitliche Weltanschauung auf Grund der Entwicklungslehre» heraus. In der ersten Nummer schrieb er, seine Lehre habe, aufbauend auf der von Darwin, eine «generelle Morphologie» begründet, die Verwandtschaften der menschlichen mit der «Formenlehre der Thiere und Pflanzen» entwickelte. «Hier sind zunächst in Folge der neu begründeten Abstammungslehre», also des biogenetischen Grundgesetzes, «verschiedene wichtige Zweige der Forschung, welche bis dahin mehr oder minder getrennt nebeneinander liefen, in die innigste Verbindung und Wechselwirkung getreten. Innere und äußere Formenbetrachtung, vergleichende Anatomie und Systematik, Embryologie und Paläontologie haben sich in dem erklärenden Lichte der Deszendenz-Theorie als innig verbundene Wissenschaftsfächer erkannt, welche auf verschiedenen Wegen nach einem und demselben Ziele hinstreben, nach dem Verständnis der organischen Formen durch die Erkenntnis ihrer historischen Entstehung.» Er spricht von einer «neuen Wissenschaft der Phylogenie».[18]

Der Gestus dieses Entwurfs klingt fast goethisch. Der Begriff der «historischen Naturwissenschaften» scheint heutige Auffassungen wie die von Maturana und Bateson vorwegzunehmen. Da taucht ein Begriff auf, der verrät, daß wissenschaftliche Methode und weltanschauender Entwurf nicht aus derselben Wurzel kommen. Haeckel spricht von «Fälschungen» der Natur. Der Begriff wird zu einer eigenen Vererbungsform stilisiert, die nun «cenogenetisch» heißt. Er soll die Lücke schließen, die empirische Untersuchungen inzwischen aufgerissen hatten; denn allzu wenige «Urkunden» hatten das biogenetische Grundgesetz belegen können. Die Methode war ebenso ahistorisch statisch auf Phänomene gerichtet, wie die mit ihr verbundene Naturphilosophie eine historische Dynamik beschwor.

Die Vorstellungen von der Natur waren derart in den mechanistischen Vorurteilen blockiert, daß Anerkennung von Natur im Menschen nur gedacht werden konnte, indem die menschliche Natur als denselben Mechanismen unterworfen gedacht wurde wie die äußere Natur. Längst waren die Menschen in ihrem geschichtlichen Bewußtsein aller lebendigen Bewegung viel zu fern gerückt, um nicht von der bloßen Vorstellung des sich Bewegenden zutiefst verunsichert zu werden.

Formale Ähnlichkeiten zwischen Menschen und Tieren, wie sie in der Kiementheorie festgestellt wurden, kamen beiden Tendenzen entgegen. Ähnlichkeiten bewiesen eine doch ersehnte Verwandtschaft mit der äußeren Natur. Da sie aber rein formal, also statisch waren, erlöste die Vorstellung von ihnen die Menschen auch von dem heimlichen Alptraum, es könne doch etwas Wesentliches in den Prozessen, nicht in den Strukturen liegen und damit sein Funktionieren sich den beherrschbaren Gesetzen der Mechanik entziehen.

Blechschmidt beweist dagegen, daß es «nicht um die Ähnlichkeiten geht, sondern um die Prinzipien der Ähnlichkeit oder eben Unähnlichkeit, das heißt, die Art und Weise der Organdifferenzierungen und damit die Entstehung von Ähnlichkeiten. Diese ist heute das Thema der Entwicklungsbiologie.» Wenn man nur das Muster betrachtet, kann man die Funktionen nicht erkennen, kann sie aber ideologisch einer behaupteten Funktion hinzufügen. Dies ist, sozusagen, eine Abbildung von Vorgängen auf einem zweidimensionalen Schirm. Erforderlich ist aber eine Abbildung gewissermaßen ins Dreidimensionale, etwa als «das Muster, das Beziehungen schafft».

Es mag zunächst überraschen, daß gerade Rudolf Steiner und die Anthroposophie das Haeckelsche Grundgesetz zu einem Eckpfeiler ihres Fundaments machen.[19] Offensichtlich war aber um die Jahrhundertwende so viel an einer Wiedervereinigung mit der Natur von Grund auf gelegen, daß selbst die Starre einer Sichtweise, die der Würde jedes Lebenden, nicht nur der Menschen, widerspricht, hingenommen wurde. Zugleich wird an dem Beispiel deutlich, daß wir inzwischen eben nicht mehr darauf angewiesen sind, derartige mechanistische Vorstellungen und Methoden anzuerkennen, wenn wir wissenschaftlich über Leben nachdenken wollen.

Dies ist die andere Seite der morphologischen Forschung Blechschmidts. Ihre Substanz wird ausgedrückt in den Prinzipien der Gestaltung und der Differenzierung. Damit bewegt sie sich in einer den bloßen Formen und deren Strukturanalyse mehrfach übergeordneten logischen Ebene. Blechschmidt hat sich von dem komparativ-statischen Verfahren Haeckels und auch Darwins abgewendet. Der entscheidende Fehler von Haeckel lag darin, «zum Verständnis von Entwicklungsvorgängen von Ontogenese in einer Spezies verschiedene Spezies in phylogenetischer Reihung zu vergleichen». Dieser Fehler variiert nur das Hauptproblem des Darwinschen Denkmodells. Um den Zusammenhang einer Entwicklungsfolge mit anderen Entwicklungen zu analysieren, stellt er jeweils die anderen still. Mutationen werden deshalb als Anpassungen an die Umwelt interpretiert. Dabei wird vergessen, daß die Wechselbeziehungen zwischen den verschiedenen Mitgliedern einer Umwelt eben nicht aufgelöst werden dürfen in einzelne Ketten von Ursache und Wirkung. Deren Nacheinander ermöglicht scheinbar eine Analyse mit eindeutigen Zuschreibungen. Diese verbietet sich aber, weil sie der erläuterten Gleichzeitigkeit durch die Zeit hindurch widerspricht. Insofern tritt eine Theorie der Co-Evolution den evolutionistischen unversöhnlich entgegen. Darwin hat das

Grundmodell der Nationalökonomie in die Naturgeschichte übertragen. Es heißt die Ceteris-paribus-Klausel. Interdependenzen vieler Variablen werden untersucht, als ob man annehmen dürfte, daß sich gleichzeitig immer nur eine verändert und die anderen gleich bleiben. Der Naturwissenschaftler hat allerdings zudem noch vergessen, diese Annahme als Fiktion auszuweisen. Darwin isoliert die jeweils untersuchte Spezies prinzipiell gegenüber den Faktoren, die ihre Anpassungsleistung bestimmen.

Haeckel übertrug dieses Modell aus dem Gleichzeitigen in die Zeitfolge. Bei Haeckel gingen die Wechselwirkungen in der Evolution verloren. Jede Spezies schien autonom Anpassung an Gegebenes zu leisten. Im biogenetischen Grundgesetz geht verloren, wie Früheres im Späteren *fortwirkt*. Die differenzierenden Bewegungen haben komplexere Kontexte geschaffen. In deren Antwort auf ihre Vorgeschichte bleibt von dieser eine Spur. Die Erinnerung an das Frühere wird im Späteren selbst zum Moment des neuen logisch höheren Funktionsgefüges. Das Frühere wird gleichzeitig angehoben auf die höhere Stufe und in das Neue aufgelöst.

«Phasen und Strukturen *ein und desselben* Keimlings müssen untersucht werden. Ein derartiger regionaler Vergleich führt zum Nachweis von Prinzipien und Regeln der Differenzierung. So erkennen wir vorgeburtliche Verhaltensweisen, die eine Voraussetzung der postnatalen Funktionen des Kindes und des Erwachsenen sind. Jeder Stoffwechselprozeß und jeder einzelne Entwicklungsschritt sind notwendiges Moment einer sich entfaltenden Lebensganzheit und erfüllen darin als solche ihren Sinn.»

Selbstgestaltungen: Leistungen und Organe

Alle Lebensäußerungen, ob sie nun prozessual als Funktionen oder formal als Strukturen und Organe betrachtet werden, sind so, wie sie geworden sind. Ihr weiteres Wirken kann auch nur dies differenzieren. Das Werden geschieht nicht *für* den späteren Menschen. Wir werden Kinder, Jugendliche und Erwachsene, indem wir unser eigenes Werden vollziehen. Deshalb ist das, was wir schon sind, in jedem Entwicklungsstadium auch unsere Leistung. Umgekehrt können wir daraufhin nur über das verfügen, was wir in unserer Entwicklungsgeschichte geleistet haben. Unsere leiblichen Vermögen – zusammen mit allen aus ihnen erwachsenden anderen Vermögen bis hin zum begrifflichen Denken – sind uns eigen, weil wir sie in unserer Ontogenese eigens hervorgebracht haben. «Die Leistungen der Erwachsenen sind durch Frühfunktionen der Organe während der Embryonalzeit vorbereitet, initiiert worden. Was nicht schon pränatal mit großer Ursprünglichkeit funktioniert hat und damit eingeleitet ist, kann postnatal nicht funktionstüchtig sein.»

Besonders anschauliche Beispiele sind das Atmen und das Saugen, die so erst nach der Geburt ausgeübt werden. «Es ist allgemeingültig nachgewiesen, daß bereits die Entstehung eines Organs der Beginn seiner späteren Tätigkeit, also seine erste Leistung ist.» Dabei bleibt zu erinnern, daß die Entstehung eben nicht erst mit der Ausbildung des Organgs in seiner materialen Form beginnt, sondern in der Ausdifferenzierung der Funktion, deren Niederschlag es darstellt. So entsteht die Lunge etwa als Dehnungsfeld, das dadurch dann geeignet wird, etwas aufzunehmen und weiterzugeben.

«Form und Struktur des menschlichen Körpers sind unter anderem Ausdruck dieser frühen Leistungen.» Nur «unter anderem» deshalb, weil sie ebenso wie die Selbstgestaltung auch ausdrücken, daß in dieser die Komplexität einer menschlichen Person, wenn auch unentfaltet, anwesend ist. Dieses ‹Seelisch-Geistige› gibt sich aber als die besondere Weise zu erkennen, in der jeweils das besondere menschliche Funktionengefüge zusammenspielt. Dem werden wir an wesentlichen Funktionen nachgehen.

1. Wachstumsfunktionen des Gehirns

Es entspricht dem vorwiegenden Anteil der Gehirnausbildung im Embryo der ersten Monate, daß Blechschmidt von ihr zuerst spricht. «Die Wachstumsvorgänge während der sogenannten ‹Organogenese›, also der dritten bis achten Entwicklungswoche, werden beim Menschen mit der Gehirnentwicklung eingeleitet. Sie beginnt bereits am 14. Tag, wenn die Keimscheibe erst 0,23 mm groß ist. Vergleichende Untersuchungen mit nachfolgenden Stadien haben ergeben, daß fast die ganze obere Hälfte der jungen Keimscheibe, durch eine kuppenförmige Wölbung charakterisiert, die Anlagen des jungen Gehirns bildet. Bei 1,8 mm großen Embryonen, bis zum 21. Tag, hat sich die junge Gehirnanlage mächtig vergrößert. An ihr können jetzt die Anlage von Vorderhirn, Mittelhirn und Hinterhirn gegenüber der Rückenmarksanlage unterschieden werden. Untersuchungen haben gezeigt, daß das Neuralrohr *die* Formation des jungen Embryo ist, die am intensivsten wächst.»

Jeannie-Claudie Larroche hat übrigens gezeigt, daß dieses Wachstum ebenfalls dem Gesetz der Gestaltung von außen nach innen folgt. Aus dem Neuralrohr, das eine einfache Schicht von Zellen bildet, wachsen am oberen Ende die Hirnbläschen. «Diese bestehen schon bald aus zwei Schichten. In der inneren, der ‹Matrix›, finden rasche Zellteilungen statt. Große Nervenzellen wandern jetzt von innen nach außen und bilden dabei neue Schichten: insgesamt werden es sechs. Diese Wanderung (Migration) vollzieht sich in parallelen strahlenförmigen Kolonnen an Fasern entlang. Die Neuronen für die äußeren Strukturen müssen dabei mehrere Hirnschichten durchqueren. Merkwürdigerweise wandern die Neuronen für den inneren Kern des Hirns in umgekehrter Richtung aus der äußersten sogenannten molekularen Schicht nach innen.»[20]

«Das Wachstum geht mit einem ausgiebigen Nahrungsverbrauch einher. Dadurch entsteht frühzeitig ein Stoffwechselgefälle vom Chorion über den Haftstiel zum breiten vorderen Teil des Neuralrohrs, der Gehirnanlage. Flüssige, nahrungsreiche Interzellularsubstanz strömt aus dem Haftstielbereich beiderseits entlang dem Nabelrand zum Gehirn. Die Nahrung in den Interzellularspalten, die sich in einigen Tagen zu Gefäßen differenzieren, fließt am oberen Nabelrand in einem kurzen Sammelrohr unmittelbar unterhalb des Gehirns zusammen. Der Ort dieses Zusammenfließens ist die Herzanlage. Zu Beginn der vierten Woche führt die Interzellularsubstanz bereits Blutzellen. Das Blut strömt vom nun ausgebildeten Herzen beiderseits der Mundspalte zum Gehirn und von dort zurück zum Haftstiel.»[21]

Das Herz entwickelt sich im wesentlichen als Antwort auf das mächtige Wachstum des Gehirns, das einen immer stärkeren Zustrom von Nahrungsstoffen anfordert. Insofern wird das Gehirn als wachsendes zu dem «ersten Gestaltungsapparat des jungen Embryo». «Durch das vermehrte Blutangebot wird die Wand der zunächst kapillären Herzanlage mehr und mehr gedehnt. Es entsteht ein Dehnungsfeld, in dem sich die Zellen – der genannten allgemeinen Regel der Differenzierung von Muskelzellen entsprechend – zu Muskulatur dilatieren. Die Wachstumsdehnung ist eine Voraussetzung für die spätere Kontraktilität im Sinne einer Funktionsentwicklung. Das schon bald rhythmisch schlagende kleine Herz steht im hämodynamischen Mittelpunkt des Kreislaufs. Der hydrostatische Widerstand der Gehirngefäße scheint dem Gefäßwiderstand in der unteren Körperhälfte zu entsprechen.»

Damit gestaltet zugleich das Herz sich selbst. Es bildet sich als materiale Konkretisierung eben jenes «Zusammenfließens» und des «Dehnens». Das Organ gestaltet in weiteren Schritten seine Funktionen, indem es die Leistung eines eigenen Rhythmus hervorbringt. Blechschmidt sieht eine eindeutige «Hierarchie», in der dem Gehirn die folgenden Organe «dienen» und «untergeordnet» sind. Eine vertiefende Diskussion über die Funktionen des Gehirns hat er freilich mit dem Satz abgeschlossen: «Das Gehirn ist also ein Integrationsapparat.» Wenn Integrieren die spezifische Funktion des Gehirns ist – «das kann man sogar präparativ zeigen» an dem Zusammenkommen etwa der Nervenbahnungen –, dann antwortet diese Funktion gleichzeitig auf die Funktionen anderer Organe. Wenn das Herz dem «Zusammenfließen» der Gefäße, selber einem integrativen Geschehen, dauernde Form gibt, so wird dieser Vorgang seinerseits die Integrationsleistungen des Gehirns zu weiterer Ausbildung fordern. Dann ist aber das Gehirn Organ unter Organen. Seine Funktion ist freilich eine übergeordnete im bio-logischen Sinne. Zu integrieren bedeutet, Kontexte zu schaffen auf höherer logischer Ebene oder in höherer Komplexität.

Dies so zu formulieren, scheint mir wesentlich, um einem entscheidenden Mißverständnis vorzubeugen. Blechschmidt identifiziert keineswegs das embryologische Gehirn mit den kognitiven Funktionen des Menschen. Er will mit seiner ‹hierarchischen› Darstellung durchaus nicht eine Vorherrschaft des Verstandes über die anderen Vermögen und Organe des Menschen begründen. Er zeigt vielmehr hervorragend die quantitative und funktionale «Bedeutung der Gehirnentwicklung für die Gestaltungen während der embryonalen Frühentwicklung. Das Gehirn hat eine führende Rolle als Interpretationsapparat für die Nerven und damit für ihre Erregungen: Vorbereitung nachgeburtlicher Integrationen *durch Wachstum*, die *auch* bei kognitiven Prozessen eine wichtige Rolle spielen.» Da nun auch im Gehirn des Erwachsenen die Integrationen immer noch neu geleistet werden, selbst physiologisch etwa die Nervenbahnen nie endgültig und eindeutig gekoppelt sind, also weiterhin «zusammenfließen», bleibt das Gehirn ein sich selbst gestaltendes Organ. Als solches gestaltet es sich aber in der Einheit des Leibes immer auch, indem es auf die anderen Organe und über sie auf die Mitwelt antwortet. Die erste Ausbildung dieser Organe ist freilich ihrerseits eine Antwort auf alle an ihre Funktionen gestellten Anforderungen, und diese gehen in frühen Stadien eben vorwiegend von der Gehirnentwicklung aus. So wird bald ein eigenes Organ im Blutkreislauf notwendig, das dem zunehmenden Abfließen von Abbauprodukten entspricht. «Sobald das Herz intensiv wächst und die Herzspitze sich bei jedem Pulsstoß zu heben beginnt, entsteht unter ihm, zwischen Herz und Neuralrohr, ein Sogfeld. In dieses Areal sproßt Epithel des Eingeweiderohrs ein und entwickelt sich dort drüsig zur Anlage des Lebergewebes. Die Leber, als Blutfilter des Herzens, entsteht so ihm nachgeordnet.» Die «Dominanz» der Gehirnentwicklung unter den dazu führenden Anforderungen führt dazu, daß alle diese Organausbildungen als Momente einer «Cerebralisation» gesehen werden.

Blechschmidt sagt nun von dem «Integrationsapparat», daß er «im somatischen Sinne systembildend» sei. Das «Zusammenkommen präparierbarer Leitungen» zeigt das Gehirn als «nicht primär analytisch». «Wachstum ist physiologische Integration. Höhere Funktionen sind Integrationsprozesse, In-Bezug-Setzen.» Man könnte sich danach die analytischen Fähigkeiten als eine Umkehrung ihrer Entstehung aus dem Synthetisieren analog vorstellen zu dem Vorgang, in dem Muskeln ihre Fähigkeit zum Zusammenziehen aus ihrer Entstehung in der Dehnung erwerben.

«Das Nervensystem vollbringt in besonderem Maße Wachstumsfunktionen bereits während seiner Entwicklung.» Wachstum ist Entfaltung von Gestaltung durch Leistung. Die Leistung von Nerven und Gehirn ist es, «Systeme zu bilden». «Die frühen Wachstumsleistungen des Gehirns bestehen in der Bildung einer hochkomplexen dreidimensionalen Strukturierung. Sie ist eine Folge des Flächenwachstums des Gehirns.» Die gleichzeitig an seine Funktionen gerichteten Ansprüche wirken dabei richtungsweisend, wie bei anderen Zellverbänden die Lage, die hier freilich außerdem eine Rolle spielt. Das Wachstum vollzieht sich dabei in Formen, die «symmetrische Verschaltungen der Zentren und Bahnen» ergeben.

«Mit den Bewegungen des Arms während seines Wachstums werden die Nervenfasern im Inneren des jungen Embryos erregt. Sie registrieren auch den Pulsschlag des Herzens, wenn die Händchen, auf dem Herzen ruhend, mit jedem Pulsschlag gehoben und gesenkt werden. Die Beanspruchung der Nervenfasern beim Wachstum des Arms führt nachgewiesenermaßen dazu, daß sich im Rückenmark und weiter im Gehirn Zentren und damit Verschaltungen für die Sensibilität und Motorik im Armbereich bilden. So sind Wachstumsvorgänge der Extremitäten und Hirnentwicklung aufs engste korreliert, wie uns ja auch später die Korrelation aller Bewegungen und Funktionen immer wieder zu ehrfürchtigem Akzeptieren dieser wunderbaren Entwicklung nötigt.

Auch für das Nervensystem gilt: Organe differenzieren sich dort, wo räumlich Gelegenheit und außerdem entwicklungsdynamisch unmittelbar Veranlassung gegeben ist. Danach ist die Vorstellung, daß die Nerven ihr Innervationsgebiet ohne äußere Veranlassung fänden, sicher irrig. Denn nachweislich wird den wachsenden Nerven ihr Weg von den innervierbaren Organen durch ein entsprechendes Stoffwechselfeld vorgezeichnet. Als Anzeichen dafür findet man bei embryonalen Nervenzellen örtlich verschieden sensible und motorische Bahnen. Die einen entstehen in Verbindung mit der im Flächenwachstum behinderten, verdickten Oberhaut, die anderen in Verbindung mit den sich entwickelnden Muskelzellen. Die verschiedene Lageentwicklung und dementsprechend unterschiedliche Form- und Strukturentwicklung im Bereich der Haut oder der Muskulatur läßt auf je verschiedene Funktionen schon während des Wachstums schließen. Die Befunde legen nahe, daß im Bereich verdickter Oberhaut von den Zellen Moleküle abgegeben werden, die von den vorwachsenden Nervenfortsätzen aufgenommen werden und ihnen dann zum Aufbau ihrer Membran dienen. Mit diesen Wachstumsfunktionen kann die affarente Erregungsleitung der sensiblen Nerven vorbereitet werden. Umgekehrt gibt es Nervenfasern, aus denen Moleküle in wachsende Muskelzellen abgesogen werden. Es ist wahrscheinlich, daß sich eine später sensible Nervenfaser durch Aufnahme von Substanzen unter Vergrößerung ihrer Membran an ihr Innervationsgebiet heransaugt und daß andererseits die wachsenden Muskelzellen ihrerseits nahegelegene Nervenfasern an sich ziehen. Es ist diskutiert worden, daß die wachsenden Muskelzellen aus dem Ende der Nervenfasern Substanzen aufnehmen und in ihre Membran einbauen. Danach bestünde der Unterschied zwischen sensibler und motorischer Wegfindung darin, daß die sensiblen Fasern sich unter Aufnahme von Molekülen den Substanzquellen entgegensaugen, während motorische Fasern angesaugt werden. Mit solchen gegensätzlichen Stoffwechselbewegungen könnten die später unterschiedlichen Erreichungsleitungen von sensiblen und motorischen Nerven vorbereitet werden. Es ist eine allgemeingültige Regel, daß die unterschiedliche Struktur und unterschiedliche Funktion auf verschiedenen Entwicklungsbewegungen während der Embryonalzeit beruhen.»

Ein besonderes Modell für die Verbindung derart ausdifferenzierter komplementärer Bildungen findet Blechschmidt in der übergreifenden Organisation des Gehirns selber. «Die beiden Großhirnhemisphären stellen schon vor der Geburt ein funktionelles Ganzes dar. Sie beeinflussen sich während der Entwicklung wahrscheinlich auf folgende

Weise. Nimmt der Umfang der einen Hemisphäre durch Flächenwachstum zu, so wird dadurch die andere Hemisphäre seitlich fester an die Gehirnkapsel, die Dura, gedrängt und damit an der Vergrößerung ihres Umfanges gehindert. Die Behinderung bedeutet ein geringeres Flächenwachstum, jedoch eine Wandverdickung des Gehirns. Diese Wandverdickung verlangt ihrerseits Nahrung. Sie verstärkt daher den Blutzufluß zur Pia, der (äußeren) Gefäßhaut des Gehirns. Der als Folge der Wandverdickung kräftige Blutzufluß begünstigt jetzt das Flächenwachstum dieser Gehirnwand, die erstgenannte Hemisphäre wird nun ihrerseits enger an die Dura gedrängt.»

Das heißt: Das *symmetrische* Wachstum der Großhirnhemisphären ist bereits ein Schwingungsvorgang. Er bereitet die *Erregungsübertragung* von einer auf die andere Hemisphäre vor. Die beschriebenen «Wachstumsschwingungen» zeigen die Befunde, nach denen Wachstum des Gehirns dreidimensional, trajektoriell, ist. Da Nervenfasern Zugstrukturen in bestimmten Hauptrichtungen sind, sind hier geordnete Fließbewegungen zu erwarten. So ist das Gehirn ein Prädilektionsort für Integrationsprozesse. Es ist sicher, daß die Bilateralsymmetrie besonders des Großhirns eine wichtige Bedeutung hat. Sie macht es möglich, daß sowohl Informationen, die das Gehirn erhält, als auch Impulse, die dieses gibt, immer doppelseitigen Bezug haben. Die normale bilaterale Entwicklung des Gehirns verlangt, als ursprüngliche Gehirntätigkeit im Sinne von Frühfunktionen eine regelmäßige «Vergleichstätigkeit» des Gehirns mittels rechts- und linksseitiger Funktionen anzunehmen. Diese Vergleichstätigkeit spielt zum Beispiel eine entscheidende Rolle bei der Einübung des *Gleichgewichts* während der Entwicklung des *aufrechten Ganges*. Für ihn ist also die Gehirn- und Schädelentwicklung eine wesentliche Voraussetzung.

2. Die Entwicklung des aufrechten Ganges

«Basal zugfest an seinen Gefäßen verankert, vermag das Gehirn vornehmlich antibasal an seinen Rändern hinten, seitlich und vorn zu wachsen. Hier kann die bindegewebige Kapsel sich dem Wachstum des Gehirns durch vermehrtes Flächenwachstum anpassen, während dieses an der Basis des Gehirns behindert ist. Dort – in der Zone behinderten Wachstums – entsteht an der Außenseite der Dura ein Verdichtungsfeld, in dem die Zellen eng aneinander gelagert gefunden werden, ohne daß Interzellularsubstanz auffällig wäre: die Anlage der Schädelbasis. Auf ihr ‹ruht› das Gehirn. Die Schädelbasis wird mit der Verlängerung der Wirbelsäule, mit der sie gelenkig verbunden ist, gehoben und mit ihr das Gehirn. Die genannte Verlängerung der Wirbelsäule ist Folge des sogenannten Stemmkörperwachstums des Knorpels. Im Zusammenhang mit diesem Stemmkörperwachstum entstehen an der Rückenseite der knorpeligen Wirbelkörper Dehnungsfelder, in denen – der Entwicklungsregel von Muskelzellen entsprechend – noch undifferenzierte Zellen zu Muskelzellen gedehnt werden. Sie entwickeln sich sowohl zwischen einander benachbarten Wirbelkörpern als auch über größere Distanzen, vor allem im Bereich des Nackens zwischen Wirbelsäule und dem in Abhängigkeit von der Gehirnentwicklung weiter und weiter nach hinten ausladenden Hinterhaupt. Hier vergrößert und verbreitert sich der Kopf-Nacken-Winkel so sehr, daß mit der Verlängerung der Wirbelsäule eine kräftige Nacken-Rücken-Muskulatur entsteht. Sie hilft zusammen mit der Muskulatur im Bereich der Brust- und Lendenwirbelsäule, daß der Embryo sich schon intrauterin im Hals-Brust-Bereich aufrichtet.» Auch der aufrechte Gang ist eine Erscheinung, die auf die Cerebralisation antwortet, sie ist schon embryonal vorbereitet.

3. Gesichtsentwicklung

«Als charakteristischer Ausdruck der frühen Cerebralisation entsteht die Gesichtsregion. Als Quergesicht angelegt, bleibt sie bis zur Mitte des zweiten Monats ein relativ schmaler Bereich an der Basis des mächtigen Oberkopfs. Erst wenn der Abstieg des Herzens aus dem Hals- in den Brustbereich bei etwa 20 mm großen Embryonen im Alter von sieben Wochen hinreichend ausgiebig geworden ist und das Köpfchen sich zu heben beginnt, kann sich das Quergesicht mehr und mehr zum Langgesicht entwickeln. Das charakteristisch menschliche Langgesicht zeigt sich markant am Schlankwerden der Nase, die zwischen dem aufsteigenden Gehirn und dem absteigenden Herzen allmählich Raum zu ihrer Entwicklung gewinnt.»

Im Zusammenhang mit der Gesichtsentwicklung entsteht auch die Blickrichtung, die den Menschen so wesentlich bestimmt. Sie nimmt ihm den ständigen Zwang, Licht und Bildeindrücke von sehr vielen Seiten gleichzeitig aufzunehmen, und gibt ihm die Möglichkeit, seine Blicke ganz einem bestimmten Gegenüber zuzuwenden oder auf einen Ausschnitt des Sehfeldes zu konzentrieren.

«Noch bei 16–17 mm großen menschlichen Embryonen ist das Gesicht zwischen dem wachsenden Gehirn und dem mächtigen Herzwulst eingeengt und daher breit. Der Abstand der Augen und der beiden Naseneingänge ist weit und die Mundspalte quergestellt. Während das Vorderhirn intensiv wächst, kippt es mit dem Oberkopf über die Nasenwurzel. Dabei entsteht am oberen Rand des Nasenrückens, zwischen den beiden Augen, eine Furche. In ihr wird das Gewebe eingeengt und so im Wachstum behindert; gestrafft zwischen dem rechten und dem linken Augenlid, in die es beidseits ausstrahlt, bildet es einen Strang, der die Lider und damit die Augen selbst zugfest miteinander verbindet. Die Zugfestigkeit des Gewebsstrangs bedeutet Wachstumswiderstand und damit Haltefunktion. Durch sie werden die Augen an ihrem embryonalen Ort gehalten. Das genannte gestraffte Bindegewebsband ist die unmittelbare Ursache dafür, daß mit dem Breiterwerden des Hinterhaupts, infolge des mächtigen Wachstums des Großhirns, der Augenabstand nicht zunimmt, sondern die Blickrichtung allmählich nach vorn gerichtet wird.»

4. Vorentwicklung des Saugens

«Bei einem etwa 17 mm großen Embryo besteht der Gesichtsschädel aus dem jungen Oberkiefer-Nasenskelett und dem jungen Unterkieferskelett. Beide Skelettstücke bilden, von der Seite gesehen, miteinander einen nach vorn offenen Winkel. Bei dem Längenwachstum der divergierenden Kiefer vergrößert sich der Öffnungswinkel: der embryonale Skelettmund öffnet sich mehr und mehr. Das Bindegewebe rings um die Mundöffnung wird dabei gedehnt. In diesem Dehnungsfeld entsteht die Ringmuskulatur des Mundes. Ihr Wachstumswiderstand vergrößert sich mit der zunehmenden Dehnung, so daß sich die Mundränder, die Lippen, einrollen. Auf diese Weise schließt sich der Weichteilmund. Hinter den Lippen nimmt jedoch der Mundraum in allen Richtungen zunächst weiter an Größe zu: es entsteht ein Sograum, der durch periodisches Öffnen des kindlichen Mundes immer wieder entlastet wird – dabei strömt Amnionflüssigkeit ein. Der Embryo schluckt Fruchtwasser.

Die genannten Entwicklungsvorgänge bereiten die spätere Saugtätigkeit vor. Der sogenannte Saugreflex, der gern als Atavismus erklärt wird, ist eine Spätfolge dieses frühen Entwicklungsaktes und nicht etwa eine Rekapitulation angenommener phylogenetischer Phasen. An den genannten Entwicklungsbewegungen ist bereits im zweiten Monat das Nervensystem beteiligt. So führt Berührung im Mundbereich etwa sechs Wochen alter Embryonen zu reflektorischen Muskelkontraktionen im Bereich der Lippen und Wangen.» –

Die Co-Evolution einer Funktion und des mit ihr verbundenen Nervensystems ist die einzige ‹natürliche›, das heißt entwicklungsgeschichtliche Erklärung für die lebenslang unwillkürlichen Organtätigkeiten.

5. Wachstums-‹Atmen›

Das läßt sich charakteristisch auch an den Atembewegungen sehen. Bei einem etwa 10 mm großen Embryo nehmen Herz und Leber vor der Wirbelsäule stärker an Umfang zu. Dann vergrößert sich zwischen ihnen ein Freiraum in dem Umfang, wie ihre Formen zunehmend der eigenen Rundung entsprechen und zu den Seiten hin immer weiter auseinanderstreben, zumal sie sich auch nicht an die Wirbelsäule und an die vordere Rumpfwand anlehnen. Die Vergrößerung des Raumwinkels bedeutet Entstehung eines Sogfeldes. In dieses sproßt aus der Nachbarschaft zartes Darmentoderm ein und wird zur Lungenanlage. Mit der folgenden Weiterstellung des Brustkorbs durch die Verlängerung der Rippen fordert ein immer größerer Raum die Lunge zur Vergrößerung auf. Sie wird dabei ähnlich wie beim Atmen in einen frühen Unterdruckraum hineingesogen. So zeigt sich, daß die Entwicklungsbewegungen der Lunge bereits ein sehr differenzierter Beginn der späteren Atemtätigkeit im Sinn eines Wachstumseinatmens sind. Die Verlängerung der Wirbelsäule und der Rippen sowie der allmählich vergrößerte Abstand zwischen ihnen bilden Dehnungsfelder und führen zur Differenzierung von Muskulatur. Schon bald beginnt der kleine Embryo die Atemmuskeln zu benutzen und so rhythmische Atembewegungen zu erlernen. Man kann nachweisen, daß schon zu dieser Zeit Amnionflüssigkeit, in der der Embryo schwimmt, durch Mundraum, Kehlkopf und Luftröhre mit der Flüssigkeit in der Lunge kommuniziert und nicht stagniert, sondern durch das frühe Wachstumsatmen in Bewegung gehalten wird. Auf diese Weise kann bereits der Kehlkopf mit den Stimmbändern ‹gereizt› werden. Ohne die Vorbereitung der späteren Atemtätigkeit durch das Wachstumsatmen wäre das sogenannte spontane Atmen des Säuglings nach der Geburt nicht möglich. Diese Bezeichnung ist deshalb mißverständlich. Es wird nur zum erstenmal in einem Atemzug Luft eingesogen.

6. Wachstums-‹Greifen›

«Die Ganzheit menschlicher Individualität ist bei der Extremitätenentwicklung besonders deutlich. Diese ist bereits der Anfang menschlichen Greifens und, wenn man die nachweisliche Beteiligung des Nervensystems berücksichtigt, hinsichtlich der Leib-Seele-Einheit des Menschen der Ansatz zum *Be-greifen*. Wir finden auch hier wieder, daß die anatomisch feststellbare Differenzierung auf ein individuelles menschliches Verhalten, das wir als geistige Tätigkeit bezeichnen dürfen, hingeordnet ist.» Das heißt, die Unterschiede, die bei den Wachstumsbewegungen hervorgebracht werden, machen einen Unterschied an dem Ort des Geschehens auf das gesamte Funktionsgefüge hin.

«Die Extremitäten entstehen als winzige Hautfalten an Stellen der seitlichen Körperwand, die in der Folge der vorangehenden Entwicklung ausgezeichnet sind. Nach dem Prinzip der Differenzierung von außen nach innen ist das Ektoderm der Motor. Seine Fläche wächst und vergrößert die Oberfläche der Extremitätenfalten gegenüber dem Volumen. Infolgedessen platten diese sich ab. In diese Gliedmaßenanlagen wachsen Nerven ein und vom Herzen her Blutgefäße, die Nahrung abgeben. Dadurch bleiben sie selber kurz und bilden bald einen Widerstand gegenüber dem Wachstum, das ihre Nahrungszuführung beschleunigt. Dieser Widerstand läßt die vorwachsenden Extremitätenfalten mehr und mehr nach vorn kippen.

Das gilt für die Arm- und Beinanlagen in gleicher Weise. Mit der zunehmenden Kippung kann man schon früh eine Streck- und eine Beugeseite unterscheiden. An der Streckseite ist das Ektoderm im Flächenwachstum gefördert, an der Beugeseite dagegen im Flächenwachstum behindert und dementsprechend verdickt. Das verdickte Ektoderm wird einer allgemeinen Regel der Innervationsentwicklung entsprechend dicht innerviert, so daß Mitte des zweiten Monats die Extremitäten zu einem großen Teil aus Nerven bestehen.

Mit dem Wachstumswiderstand der Leitungsbahnen werden die jungen wachsenden Extremitäten geknickt und damit in Abschnitte gegliedert, *noch bevor* Skelett und Muskulatur zur Entwicklung kommen.

Im weiteren Verlauf ihrer Entwicklung wächst die Hand so weit vor, daß sie sich über den Leber-Herzwulst bis in den Bereich des Mundes schiebt. Dabei wird die Haut an der Beugeseite im Flächenwachstum behindert und mehr und mehr verdickt, die der Streckseite, in der Flächenvergrößerung unbehindert, dagegen verdünnt. Wiederum läßt sich in der verdickten Haut eine dichte Innervation und reiche Gefäßversorgung nachweisen. Die Rötung des Handtellers und der Fußsohle beim Neugeborenen ist ebenso wie ihre besondere sensible Empfindlichkeit Folge der genannten Entwicklung.

Als Teilgeschehen der ganzen Embryonalentwicklung sind Wachstum und Differenzierung der Ärmchen und Beinchen als Entwicklungsbewegung eine frühe Greif- und Strampelbewegung, die das spätere Greifen bzw. das Gehen und Stehen vorbereiten. Es läßt sich gleichsam kinematographisch zeigen: Zuerst ein Ausstrecken des Ärmchens nach der Seite, dann eine Kippbewegung nach vorn auf den Leberwulst. Mit dem weiteren Längenwachstum erfolgt eine leichte Krümmung im Ellenbogen und damit eine Hebung der Hand in den Bereich der vorderen Brustwand. Danach wird die Hand weiter zum Mund und in eine Korrespondenz zu den Augen geführt. Dort erfolgt die für den Menschen typische Opposition des Daumens mit einem leichten Faustschluß der Finger. Der kleine Fetus hält zu Beginn des dritten Monats seine Händchen in so wechselnden Stellungen, daß man von Moment zu Moment andere Hand- und Fingerhaltungen beobachten könnte. Er lutscht auch bereits. Mit den genannten früheren Bewegungen lernt das kleine Kind intrauterin seinen Körper immer besser kennen – es bekommt allmählich ein ‹Körperbewußtsein›, das eine Voraussetzung für spätere ‹Hand›lungen ist.

Der sogenannte Klammerreflex ist kein Atavismus, sondern Ausdruck der beschriebenen Entwicklung, eine Fortsetzung vorgeburtlichen Wachstumsgreifens. Die embryonalen Befunde geben keine Gründe für die Deutung des Klammerreflexes als Rekapitulation einer Primatenfunktion. Ähnliches gilt grundsätzlich für alle ‹Reflexe› und ‹Instinkte› des Menschen.»

Das embryonale Wachstumsgreifen initiiert nicht nur die nachgeburtlichen Greifbewegungen, sondern ist auch eine Voraussetzung für späteres Be-greifen. Man beobachtet, daß kleine Kinder früh versuchen, Dinge anzufassen, in die Hand zu nehmen, in den Mund zu stecken. Dieser ‹Instinkt› ist Fortführung des vorbereitenden Wachstumsgreifens. Es ist sicher, daß normalerweise ohne das körperliche Greifen, Han(d)tieren, ein geistiges Begreifen nicht zur Entwicklung kommt. Erst später können ergriffene Dinge, die mit der Hand erfaßt werden, auch im geistigen Sinne aufgefaßt werden.

«Wenn wir beim Ausgewachsenen bald mehr eine sprachlich-geisteswissenschaftliche, bald mehr eine handwerklich-naturwissenschaftliche Bewußtseinslage oder Begabung finden, so kann dieses bemerkenswerte Phänomen durch Betonung der frühen Gesichts- und Zungenentwicklung einerseits oder durch die besondere Entwicklung der oberen Extremitäten andererseits schon frühembryonal begründet und vorbereitet sein.»

Noch eine Überlegung zu den Ausrichtungen auf vorn und hinten. Die Arme liegen wie die Beine, sobald sie eine entsprechende Länge haben, vor dem Rumpf. Die Beugung jeweils innen, also an der dem Herzen näheren Seite, wird durch die dort eingewachsenen Blutgefäße bestimmt. Für den späteren Gang bedeutet dies eine Richtung nach vorn. Für die Arme und Hände ergeben sich Bewegungen vor dem Leibe vom Rumpf weg und zu ihm hin. Die Augen richten sich ebenfalls nach vorn, aber aus einer wieder ganz anderen Vorgeschichte, nämlich der des sie verbindenden Haltestranges. Was für den Menschen vorn bedeutet, setzt sich aus all dem und vielem mehr zusammen. Diese Gesamtgestalt kommt in eben dieser Weise in jeder Ontogenese neu zustande, ohne aber durch die morphologischen Befunde geklärt zu sein. Damit wird einmal mehr anschaulich, daß in den vielen Wachstumsbewegungen zugleich eine unsichtbare – oder bislang unsichtbare – höhere Ordnung immer den besonderen Kontext der Kontexte wahrt.

Die vorgeburtliche Tiefendimension des Ästhetischen

Wir haben uns den vorgeburtlichen Selbstgestaltungen zugewandt, um im Frühen Einsicht in die Möglichkeiten und Bedingungen des späteren Lebens zu gewinnen, wie sie als tiefe Schichten unsere Existenz immer tragen und bestimmen. Die Embryologie hat sich dabei als Synthese erwiesen aus den beiden zuerst behandelten Dimensionen. Sie zeigt alle Vorgänge als bio-logische Prinzipien und gibt zugleich schon den Blick frei auf die immer geschichtlich interpretierende Lebensweise menschlicher Gesellschaften. Die jeweilige Lebensweise einer bestimmten Kultur beeinflußt offensichtlich die Bedingungen, unter denen die Gestaltungs- und Differenzierungsprinzipien des Werdens im Mutterleib sich entfalten. Wir erinnern uns dazu der Beispiele etwa von Busnel und Herbinet. Im folgenden soll, umgekehrt, überlegt werden, was aus den frühen Vorgängen funktional folgt für die Gestaltungen der weiteren Lebensgeschichte der Menschen. Besonders wichtig sind uns dabei die Bedingungen, die das gesellschaftliche Zusammenleben sowie die Organisation der Beziehungen zur naturhaften Mitwelt logisch für eine weitere Entfaltung zu gewähren hätte.

Wir werden also den übergreifenden Momenten nachgehen. Übergreifend ist zunächst zeitlich gemeint. Daß die vorgeburtlichen Gestaltungsprinzipien für das ganze Leben Geltung behalten, ist offenkundig geworden. Fragen richten sich auf das Wie. Sie werden sehr unterschiedlich zu beantworten sein. Je mehr Funktionen der Selbstgestaltung integrative Aufgaben schon bei der ersten Entfaltung haben, je mehr sie übergreifend in dem Sinne sind, daß sie für Teilentwicklungen Kontexte schaffen, desto ähnlicher wirken sie auch im Leben nach der Geburt fort.

Blechschmidt spricht deshalb einleitend von einem Körperbewußtsein. «Durch die vorgeburtliche Entwicklung haben wir – wenn auch vorbewußt – ein Vorwissen vom eigenen Körper. Wir er-leben mit ihm immer von neuem uns selbst und vermögen umgekehrt unser Inneres (Selbst) durch die Sprache des Leibes auszudrücken. Die Ursprünglichkeit unseres Körperbewußtseins äußert sich in vielen Gesten. In ihnen wird der Zusammenhang von Somatischem und Psychischem besonders deutlich.»

Als Beispiel nennt er jene Grundbefindlichkeiten, die Kretschmer in seiner Typologie von pyknisch, athletisch und asthenisch zu fassen versuchte. Hier müssen wieder die physikalischen Begriffe von «Volumen» und «Oberfläche» des Körpers, die Blechschmidt benutzt, in ihre Bedeutungen übersetzt werden, während umgekehrt Kretschmers Vorstellung von «Charakteren» mit dem physiologischen Begriff *unterschiedlicher Spannungsgefüge* bio-logisch zu übertragen ist. Selbstverständlich ist an jene Spannungsgefüge als Gleichgewichtsvorgänge zu denken, wie sie schon an den Prozessen zwischen Haut und Kern der ersten Zelle vergegenwärtigt wurden. «Wir können schon früh in der Embryonalentwicklung das je unterschiedliche Verhältnis zwischen Körperoberfläche und Körpervolumen feststellen. Es gibt Menschen mit mehr rundlichem Körperbau, mit einer im Verhältnis zum Körpervolumen kleinen Körperoberfläche, und es gibt Menschen mit einer größeren Körperoberfläche im Verhältnis zu ihrem Körpervolumen.» An diese extreme Unterscheidung von «rund» und «eckig», «in sich ruhend» und «exponiert» schließt sich eine lange Reihe von Zwischenstufen, unterschiedlichen Verbindungen und individuellen Überformungen an. Entsprechend bleibt die Fülle von Übertragungen dieser somatischen Konstitutionen ins Psychische von charakteristischen Weisen vorzustellen, wie die Menschen ihnen begegnende Vorgänge aufnehmen und ihre Einwirkung auf die Mitwelt gestalten. Das Modell dieser Beziehungsgefüge ist uns bereits in den psychologischen Auffassungen Gregory Batesons und Humberto Maturanas begegnet. So können Blechschmidts Begriffe sich dem einfügen, wenn er von «Entrundung, zugespitzten Reaktionen, Störbarkeit, Empfindlichkeit» einerseits spricht, andererseits von «rundlich, weniger vertikal, weniger exponiert, verträglicher» und von «weniger gefährdet, geschlossener, ansprechbar, breitflächig, offen zur Begegnung».

Damit sind unsere Weisen, zur Welt zu sein, wie Dürckheim sie nennt, begründet in unseren eigenen Gestalten, die eben festhalten, wie wir individuell das Beziehungsgefüge unserer Organentwicklungen und mit unserer Umgebung geleistet, gestaltet haben. Erich Blechschmidt hat selbst außerordentlich wertvolle Ansätze entworfen, obwohl die bio-psychisch begründete Sozialisationstheorie auch noch gar nicht abzusehen ist, deren Kategorien sich freilich entschieden genug abzeichnen. Zwei Prinzipien können uns leiten.

1. Den Satz von der Erhaltung der Individualität können wir offensichtlich auch so lesen, daß ein lebendes Wesen überhaupt, um wieviel mehr ein Mensch, nur leben kann, wenn die Beziehungsgefüge, die zu seiner Gestaltung geführt haben, also die Prinzipien der Gestaltung und der Differenzierung, weiterhin wirksam bleiben können. Dies folgt schon daraus, daß der gesamte Körper sich im Laufe der Jahre erneuert. Die Organe können sich nur ihren Funktionen gemäß erneuern, wenn die Vorgänge dieser Funktionen bei dem Regenerationswachstum die gleiche Führung übernehmen können, wie sie es getan haben, als die Organformen das erste Mal ihre Wirksamkeit stofflich konkretisierten. Die Formen bleiben nur in den Funktionen erhalten, aus denen sie entstanden sind. Dies bedeutet auch, daß die Organe nur in den ihnen spezifischen Anforderungen ihre Strukturen bewahren.

2. Differenzierungen höherer Komplexität überformen die Vorgänge und Strukturen, aus denen sie hervorgehen; sie treten nicht etwa an deren Stelle. Darum bleiben sie darauf angewiesen, daß die vorgängigen Funktionen weiterhin tätig bleiben. Integrationen stellen zwar immer auch Abstraktionen eines bestimmten Grades dar; besonders wurde dies bereits gezeigt durch das Zusammenspiel von Hirn und Hand. Zugleich wurde dabei aber die mittelbare Abhängigkeit bestimmter Verstandesoperationen von einer fortgeführten Tätigkeit der Hände um so deutlicher. Dieser enge existentielle Zusammenhang erlaubt immer wieder, abstraktere Leistungen in die konkreteren zurückzuübersetzen und sie damit ihrer Vorbedingungen zu versichern. Diese Rückbeziehung ist sogar notwendig.

Einige wesentliche und von Blechschmidt besonders intensiv erforschte übergreifende Zusammenhänge sollen diese Prinzipien vergegenwärtigen. Wiederum werden dabei mittelbar Forderungen an die ästhetischen Bedingungen unserer Lebensweisen unüberhörbar hervorklingen. Weitgehend sprechen wir aber unmittelbar, wenn auch nicht ausdrücklich, von ästhetischen Grunddimensionen und Vorgängen.

Gesten sind Bewegungen, die so zwingend den Tätigkeiten von Organen folgen, daß sie im existentiellsten Sinne Ausdruck werden: Ausdruck eines «biologischen Aktes». Der biologische Akt ist aber, wie alles Leben, eine Reaktion auf Vorgänge zwischen der Umgebung und dem Lebewesen, das reagiert. Insofern antwortet dieser Ausdruck immer auch schon auf Eindrücke. In dem besonderen Funktionsgefüge, das jeder Art und noch einmal jedem Individuum eigen ist aus seiner immer einmaligen Lebensgeschichte, reagiert jedes Wesen insofern individuell. Diese vielschichtige Wechselverbindung von Individuellem und Universellem läßt uns, über die Bewegung hinaus, von Geste sprechen. Als Moment solcher Wechselverbindungen lassen Gesten sich auch nicht nur den Tätigkeiten des Ausdrückens oder der Wirkung nach außen zurechnen. Ebenso begegnen uns die Tätigkeiten des Aufnehmens als Gesten. Mehr noch, nicht nur einmal das eine und einmal das andere. Gerade die Bewegungen zwischen einem Innen und einem Begegnenden dort außen, die alle Teilhabe und Mitteilung begründen, erwachsen in diesen tiefsten Schichten: das *Mimetische*.

Auch der Embryologe betont, daß in «der Frühentwicklung der Gesten» ein mimetisches Vermögen angelegt, geübt und entfaltet wird, dem wir nach ganz verschiedenen Seiten unsere Fähigkeiten des verstehenden wie des bestimmenden Gestaltens verdanken.

A. «Durch Gesten gestalten wir den eigenen Leib; damit entschlüsseln wir das diskursiv völlig Unverständliche als ‹Selbst›-Verständliches, nämlich uns durch uns selbst Verständliches.»
B. Uns Begegnendes versuchen wir, besonders als Kinder, in eigene Leibgesten zu übertragen. «Mimik und Bewegungen ahmen nach, um das Beobachtete auch selbst auszuführen und dadurch deutlich werden zu lassen.»
C. «Nur aus lebendigen körperlichen Gestaltungen können sich höhere menschliche Leistungen einer komplexen Kultur entwickeln, berufliche Differenzierungen etwa. Aber auch die Lautsprache wie das sprachliche Denken sind Fähigkeiten, die sich nur aus den Gesten des Körpers entwickeln.»
D. Aus dem Verhältnis der Organe zueinander erwächst uns, wo das

eine dem anderen dient oder dessen Wirkungen verlängert und differenziert, ein «Werkzeugbewußtsein». Blechschmidt sieht dies insbesondere angelegt in dem typisch menschlichen Vorwalten des Gehirns vor dem frühen Rumpf mit den Extremitäten.

Alle Seiten eines mimetischen Lernens sind somit nicht nur biologisch angelegt, nicht nur Teil bereits der ersten menschheitsgeschichtlichen Handlungen, sondern ontogenetisch vor der Geburt jedes Menschen in hohem Grade vorbereitet.

A. Unser «gegenseitiges Verstehen» gründet in einem «körperlichen Nachvollziehen». «Gegenseitige Verständigung» lebt aus dem «Erspüren im Gegenüber». Von dessen Gesten werden wir als ganze Menschen berührt. «Mimesis ist also die Grundlage des Sozialen, zugleich, notwendigerweise, ebenso des Selbst-Bewußtseins. Im Kontakt mit anderen werde ich ein anderer» und mir meiner Möglichkeiten und Eigenarten bewußt.

B. Am Leibe vollziehen wir, was Voraussetzung ist «für eine bewußte Sammlung und Weitergabe von Erfahrung». Diese Erfahrung gewinnen wir eben, indem wir selbst, ein Gegenüber gewahr werden, zum Beispiel uns weiten oder aber begrenzen. Dies ist der Weg mimetischen Kennenlernens von Vorgängen und Dingen. Jede Wissensbildung «baut auf ihm auf, auch wenn diskursive Verwendung des Wissens und kognitive Weiterbildung das nicht leicht erkennen lassen». Dennoch werden die Prinzipien dieser Abstraktionen durchaus in leiblichen Vollzügen vorbereitet. «Das sogenannte Abstrahieren ist also primär eine psychosomatische Tätigkeit. Aus der Erfahrung, daß unser Leib Werkzeug unseres Bewußtseins werden kann, übersetzen wir konkrete Veränderungen unseres körperlichen Erlebens ins abstrakte Begreifen und logische Denken.»

«Wenn wir den Kopf zur einen und zur anderen Seite neigen, erwägen wir bedenklich eine Sache. Die Bewegung ist physikalisch als labiles Gleichgewicht zu beschreiben. Sie setzt fort, was schon in der frühen Entwicklung des Gehirns mit der Entstehung seiner bilateralen Wachstumsarchitektur eingeleitet wurde, deren Differenzierung u. a. auf schwingungsähnlichen Prozessen zwischen beiden Hemisphären beruht, welche eine Voraussetzung für die Integration von rechts- und linksseitigen Erregungen sind.»

Daß uns die «Hände Denkmittel» sind, beobachtet Blechschmidt etwa an den Kleinkindern, die alles begreifen müssen, um «im körperlichen Han(d)tieren ein geistiges Begreifen zu entwickeln». «Leistungsfähigkeit trotz Mißbildungen spricht nicht gegen diese Erfahrung, weil ausnahmsweise auch mit besonderen Ersatzmitteln Fertigkeiten erworben werden können.»

Diese Integrationstätigkeit peripherer somatischer Vorgänge im Gehirn ist der Ansatz der späteren höheren Tätigkeit des Menschen im Sinne von Urteilen und Schlußfolgern, von Vergleichen und Kombinieren. Sie ist die Voraussetzung auch für das Vermerken, Ordnen und Erinnern von leib-seelisch-geistigen Prozessen. Was wir beim Erwachsenen speziell Tätigkeit im Sinne von geistiger Tätigkeit nennen, ist daher nicht eigentlich etwas Neues, sondern nur die Verdeutlichung einer ‹geistigen› Tätigkeit, die schon in den Anfängen der Entwicklung verwurzelt ist.

Blechschmidt selber geht an diesen Stellen meist vom Embryologischen mit einem zu weiten Schritt in einzelne, oft historisch bedingte Züge des erwachsenen Lebens über zu Herrschergesten oder Modeformen. Die Zwischenschritte sind in den Übergängen *vom Leben zum Erleben* systematisch nachzuholen. Zusammenfassend kann hier gesagt werden, daß alle Ausdrucksdimensionen der Menschen von der ‹Körpersprache› über die geschichtlich-gesellschaftliche Gestik bis in das sprachliche Denken hinein differenzierende Ausformungen der vorgeburtlichen Selbstgestaltungen sind und eben daraus ihre Macht ziehen, zu Symbolen werden zu können.

Mit dieser Feststellung würde eine deskriptive oder an Urteilen über Objektivationen interessierte ‹Ästhetik› sich zufriedengeben. Sie hätte auch damit schon die Konventionen ihrer Disziplin weit überschritten. Uns geht es aber um eine normative Lehre von den eigensten Bedingungen und Bewegungsformen der Menschlichkeit im Sinnenbewußtsein. Deshalb gehen wir weiter und fordern dazu auf, die Prinzipien der vorgeburtlichen Entwicklungen als die Kategorien auch der bewußten Existenz der Menschen zu begreifen. Eine soziologische Phantasie wie eine pädagogische, eine Arbeitsprozesse organisierende wie eine architektonische usw. haben in den Modellen von Differenzierung nach Lage, Form, Funktion ihre Gestaltung des Lebens zu prüfen und zu entwerfen. Alle einzelnen Züge gesellschaftlicher Organisation des Lebens haben sich als weitere Differenzierungen und als Niederschläge lebenswürdiger Spannungsgefüge zu entwickeln. Die Darstellung der ersten menschlichen Dauerbehausung durch Leroi-Gourhan oder seine Interpretation der ersten Ritzungen als Rhythmus sind grundlegende Modelle der Geschichte darin.

Mit dem Begriff Modell wird gesagt, daß ein Wesentliches, nämlich das Beziehungsgefüge als Gestaltung und Bedeutung aus dem eigenen Vollzug von Lebensentfaltungen, für alle menschlichen Wege aufgezeigt wird. Diese Wege dann «nur als Veränderung der Erscheinungsbilder» zu bezeichnen, scheint mir freilich mißverständlich zu sein, weil diese Veränderungen eben Geschichte überhaupt ausmachen. Andererseits kann man nicht entschieden genug darauf hinweisen, wie großartig *bedingt* diese Veränderungen von einem Wesen her sind – begrenzt wäre ein teilweise sachlich richtiges Wort, würde aber fälschlich die Aufmerksamkeit aggressiv in einen Antagonismus zwischen Geschichte und Natur lenken, den es gerade zu überwinden gilt.

«Entwicklung ist ein leib-seelisches ganzheitliches Geschehen. Damit darf die Entwicklung nicht aufgefaßt werden als ein von Stadium zu Stadium akzidentelles Hinzukommen im Sinn eines Fortschritts vom Einfachen zum Komplizierten, sondern jeweils als Ausdifferenzierung eines schon vorgegebenen einheitlichen Ganzen. Alle Frühfunktionen sind bereits Verhaltensweisen, die deutlich auch eine menschlich-psychische Komponente haben. Wenn wir daher von Wachstumsgreifen und Wachstumsstrampeln, von Wachstumsatmen, überhaupt von Wachstumsverhalten sprechen, dann deuten wir damit an, daß die Entwicklung nicht rein somatisch beurteilt werden kann, sondern auch als Ausdruck des Lebendigen und Psychischen und damit des ganzen Menschen interpretiert werden muß.

Welche Bedeutung diese Auffassung für die Erziehung eines Kindes hat, ist offenkundig. Wenn wir überzeugt sind, daß die pränatale Entwicklung die Einleitung der nachgeburtlichen Reifung ist, dann sind wir veranlaßt, ein Kind wesensgemäß aufwachsen zu lassen, das heißt seinen natürlichen Voraussetzungen entsprechend. Dazu gehört die Erkenntnis, daß Erziehung kein Aufpropfen von Wissen und keine Vermehrung von Synapsenschaltungen in einem molekularen Geschehen im Nervensystem ist, sondern die Aufgabe beinhaltet, die eigenständige Ganzheit des Kindes unter sehr behutsamer Führung zur Entwicklung kommen zu lassen.»

Kann tiefer begründet werden, daß Erziehung im wesentlichen bedeuten kann, zur Selbsterziehung anzuleiten? «Was wir Kultur – mit anderen Worten Pflege – nennen, ist nie durch Machen, sondern immer durch Behüten gegenüber störenden Einflüssen gekennzeichnet.» Dazu gehört etwa auch die Kenntnis besonders wichtiger Reifungsperioden während des Wachstums einzelner Organe.[22]

In die Fragen unserer gesamten Weltgestaltung fortgesetzt, bedeutet das zu fordern, daß jede Form von Lebensentzug vermieden werden muß. Dazu bedarf es aber noch außerordentlich vielfältiger und umfangreicher Forschung zu den Zusammenhängen nach einzelnen Gebieten und insgesamt. Wir verwundern uns gelegentlich über Wahrnehmungsfähigkeiten, die Menschen primitiver Kulturen aufweisen und die in den Industrieländern als abnorm gelten. Nehmen wir als Beispiel die Sehkraft bei Nacht. Francis Mazière hat zum Beispiel bei den Bewohnern der Osterinseln eine traditionell hohe Sehempfindlichkeit auch im Dunkeln festgestellt, «sie sehen bei Nacht, wie alle Tiere bei Nacht sehen können».[23] Der Grund dafür hat sich in einer wohlüberlegten Fürsorge für die Neugeborenen erkennen lassen. Auf den Osterinseln kamen die Kinder im Halbdunkel von Höhlen zur Welt – dem übrigens das Halbdunkel während der ländlichen Geburten in Frankreich beim Licht einer Petroleumlampe im Nebenraum verglichen wird –, so daß die Augen vor der Helligkeit der Sonne geschützt wurden und erst nach einem wochenlangen Übergang das Tageslicht voll zu sehen bekamen. Marie Claire Busnel stellt dem die 5000 Watt der Lampen im Kreißsaal gegenüber, während Francis Mazière an ein Wort der Amazonas-Indianer erinnert, «ein Vorgang der Achtung für das Leben, das man hervorbringen wird».

Dieses Beispiel ist so eindrucksvoll dadurch, daß es zeigt, wie achtlos wir mit möglichen Fähigkeiten umgehen, nachdem wir das Problem, bei Nacht sehen zu müssen, an die Installation von Bogenlampen abgegeben zu haben meinen. Wir stellen in der Regel derartige Versäumnisse erst fest, wenn lebensentscheidende Funktionen gestört werden oder ausfallen, die wir zum Beispiel vegetativ nennen. In beiden Bereichen, dem der existentiellsten Funktionen wie dem der feineren und feinsten Sinnesorgane, ist eine umfassende Forschung zu leisten. Ansätze dazu sind noch vor wenigen Jahrzehnten nicht nur übergangen, sondern nach der Tradition der Autodafés zerstört worden wie etwa die Arbeiten von Wilhelm Reich an energetischen Zusammenhängen zwischen menschlichem Organismus und Welt, die nur mit großem Aufwand rekonstruiert werden können.

Die anerkannte Forschung holt diesen Stand eher von der anderen Seite her auf, indem sie neuerdings auch naturwissenschaftlich zeigt, worauf die psychoanalytische Feststellung eines ‹Hospitalismus› hingewiesen hatte: Nicht nur während der vorgeburtlichen Phasen gewinnen die Organe ihre Vermögen durch Arbeit, sondern auch nach der Geburt. «Erfahrungsentzug bringt den Entwicklungsprozeß selbst auf einer unreifen Stufe zum Stillstand. Wie sorgfältige Verlaufsuntersuchungen bestätigen, bilden die Sehzentren in keiner Phase ihrer postnatalen Entwicklung annähernd normale Funktionszustände aus, wenn visuelle Erfahrung vorenthalten wird.»[24]

Das besondere Menschliche liegt nicht in der «Ersparung physischen Aufwands», wie die Fortschrittsanthropologie noch glaubt. Richtig an ihrer Vorstellung ist allerdings, daß wir Menschen über unsere Bedingungen biologischer Art hinausgehen können und darum auch müssen, wenn wir nicht unser Wesen verfehlen wollen. Wir haben das aber in Überhöhungen zu suchen, die unsere Bedingungsgefüge immer weiter differenzieren, statt sie zu mißachten. Aus der Embryologie können wir so etwas wie die Sozio-Physiologie dessen ablesen, was Winniecott[25] das *holding* nennt, eben jene Geborgenheit nicht nur für den Keimling, nicht nur für das Kind, sondern für das Beziehungsgefüge auch der Erwachsenen und auch der Kulturen. Was daran versäumt wird, ist nachgeburtliche Abtreibung von Leben. Jede Versagung, wo sich Menschliches in uns entfalten will, ist eine solche Abtreibung. Vor ihr verdient das Leben um so pfleglicheren Schutz, je weniger es sich selbst schützen kann. Das aber können die Kinder nicht besser, oft schlechter als die Ungeborenen. Und die Pflege ist um so verantwortungsvoller, je offener die Fülle der Entfaltungsmöglichkeiten sich zu erkennen gibt. In den modern zugerichteten Gesellschaften ist auch dies bei den Kindern am deutlichsten gegeben. Wenn in uns Älteren viel davon längst verstellt und deformiert ist, so bleiben auch Verstellungen und Deformationen als immer noch ersehnte Zugänge zu enträtseln. In dieser Aufgabe begegnen wir dem Prinzip der Adornoschen Soziologie, die er als «Mikrologie» ansetzen wollte auf die Spuren des Versäumten, wie sie im Kleinen der Lebensgeschichten von den Strategien der großen Machtstrukturen sprechen könnten und von dem, was diesen an Leben geopfert wird.[26]

Anmerkungen

1 Prof. Dr. Erich Blechschmidt hat entsprechend unseren intensiven Gesprächen über die Embryologie als Grundlage des Ästhetischen seine Forschungsergebnisse noch einmal neu dargestellt. Das folgende Kapitel ist darauf aufgebaut, so daß sich alle Zitate ohne Angabe auf das vorliegende Manuskript beziehen. Es war der Wunsch von Prof. Blechschmidt, daß auch das Kapitel zur Embryologie im übrigen von mir geschrieben würde, damit es besser dem Zusammenhang des Buches dienen kann. Alle meine Formulierungen werden, nach mehrfacher gemeinsamer Überarbeitung, in der vorliegenden Fassung von ihm autorisiert. – Die Hauptwerke von Erich Blechschmidt: Die vorgeburtlichen Entwicklungsstadien des Menschen (Vom Ei zum Embryo). Basel 1961; Die pränatalen Organ-

systeme des Menschen. Stuttgart 1973; zusammen mit R. F. Gasser: Biokinetics and Biodynamics of Human Life. Principles and Applications. Springfield (Ill.) 1978; Anatomie und Ontogenese des Menschen. Heidelberg 1978; die Embryologische Sammlung Blechschmidt am Anatomischen Institut der Universität Göttingen.

1. Menschliches Ei im Zweizellstadium, 2. Tag, ca 0,1 mm.

2. 3,4 mm großer menschlicher Embryo (27 Tage alt) in der Frucht

3. 23,6 mm großer menschlicher Embryo, 8. Woche

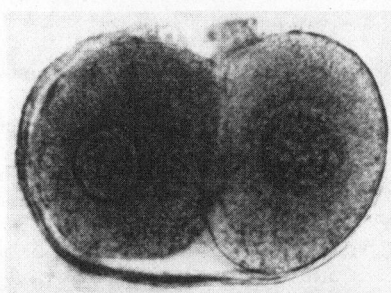

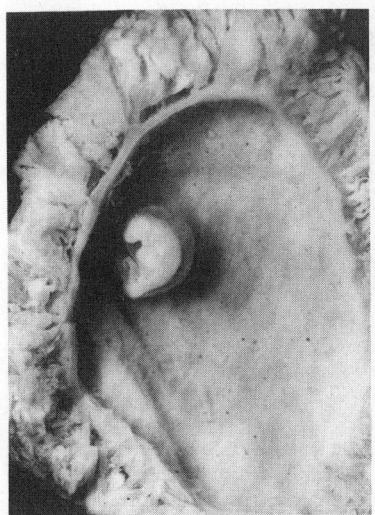

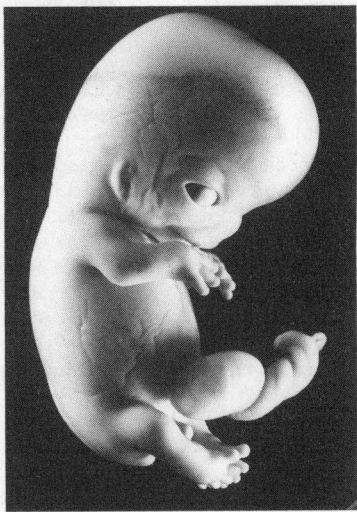

2 Vgl. das Kapitel «Paläontologische Grundlagen».
3 Hugo Kükelhaus, Unmenschliche Architektur. Köln 1973.
4 Gilbert Gottlieb, in: Zeit-Magazin 49, Dez. 19/83, S. 46.
5 Vgl. etwa das Deutsche Wörterbuch von Grimm, von Weigand oder das von Sanders.

6 Zur bildlichen Wiederholung des Erlebens der eigenen Geburt, vgl.: Stanislav, Christina Grof, Beyond Death. The Gates of Consciousness. London 1980. Dt.: Jenseits des Todes. An den Toren des Bewußtseins. Übersetzt von Susanne Schaup. München 1984, darin insbes. das Kapitel «Tod und Wiedergeburt». Zu diesen und noch früheren Erinnerungen vgl. Stanislav Grof, Realms of the Human Unconsciousness. New York 1976. Dt.: Topographie des Unbewußten. Übersetzt von G. H. Müller. Stuttgart 1983.
7 Marie Claire Busnel, Etienne Herbinet, L'aube des sens. Ouvrage collectif sur les perceptions sensorielles fœtales et néonatales. Paris 1981. S. 15 f.
8 L. c., S. 39.
9 Wolf Singer, Hirnentwicklung und Umwelt. In: Spektrum der Wissenschaften. Heft 3, 1985, S. 54.
10 So etwa: Ernst P. Fischer, in: Umschau in Wissenschaft und Technik. Heft 4, 2/1980, S. 99.
11 Aristoteles, Von der Seele, 412 a. Zit. nach der Ausgabe von Olof Gigon. Zürich/München ²1983, S. 286; das folgende Zitat l. c., S. 287.
12 Fischer, a. a. O., S. 100.
13 Humberto R. Maturana nennt dies ein autopoietisches Modell. Vortrag bei der 26. Steirischen Akademie, Graz 1985; ähnlich ders., Lernen als ontogenetischer Drift. In: Delfin II. Rheda-Wiedenbrück 1983.
14 Der Begriff Transzendenz kann hier nur angedeutet werden. Andererseits bauen die Ausführungen zur Transzendenz als «Leben in Übergängen» auf den biologischen Zusammenhängen auf, deren «Überschuß» hier im Hinblick darauf bewußt gemacht werden soll. Teilhard de Chardin spricht vom «Überströmen»; Le phénomène humain, Paris o. J. Dt.: Der Mensch im Kosmos, übersetzt von Othon Marbach, München ²1959, u. a. S. 192.
15 Um einen regionalen Vergleich durchführen zu können, war es notwendig, die Morphologie menschlicher Embryonen in Form vergrößerter Schnittserienrekonstruktionen von ganzen Embryonen darzustellen und zu demonstrieren. Die Rekonstruktionen zeigen eindeutig und für jedermann verpflichtend: Es gibt beim Menschen weder Kiemen noch Kiemenspalten, weder einen Schwanz noch flossenartige Extremitäten. Derartige Vorstellungen beruhen auf schlechten Präparaten und unzureichenden Beobachtungen.
16 Blechschmidt, Die pränatalen Organsysteme des Menschen, a. a. O., S. 15. Vgl. dazu auch: ders., Humanembryologie. Prinzipien und Grundbegriffe. Stuttgart 1974, S. 88.
17 Ernst Haeckel, Natürliche Schöpfungsgeschichte. Berlin ¹²1920, S. 237.
18 Ernst Haeckel, Die Urkunden der Stammesgeschichte. In: Kosmos. Zeitschrift für einheitliche Weltanschauung auf Grund der Entwicklungslehre in Verbindung mit Charles Darwin und Ernst Haeckel sowie einer Reihe hervorragender Forscher auf den Gebieten des Darwinismus. Hg. von Otto Caspari, Gustav Jäger und Ernst Krause. I. Jahrgang 1877, 1. Heft, S. 26; das folgende Zitat l. c., S. 33.
19 Karl König, Embryologie und Weltentstehung. Sechs Vorträge, gehalten anläßlich zweier Wochenendseminare des Mitteleuropäischen Studienwerks Freiburg im Breisgau. Studienmaterial zur Medizin. Freiburg i. Br. 1966, ⁵1979, und ders., Die ersten drei Jahre. Erwerb des aufrechten Ganges, Erlernen der Muttersprache, Erwachen des Denkens, in der Reihe: Menschenkunde und Erziehung. Stuttgart 1957, ⁷1981.

20 Zit. bei Katharina Zimmer, in: Zeit-Magazin 50, 12/1983, S. 37.
21 Blechschmidt, Die vorgeburtlichen Entwicklungsstadien des Menschen, a. a. O.
22 Eliane Vurpillot, Les perceptions visuelles du mourrisson. In: Busnel, Herbinet, a. a. O., S. 74 f.
23 Francis Mazière, Coutumes de l'Île de Pâsques et d'ailleurs. In: Busnel, Herbinet, l. c., S. 46 ff.
24 Singer, Hirnentwicklung und Umwelt, a. a. O., S. 53.
25 Vgl. das Kapitel «Psychologische Grundlagen».
26 Zu Recht nennt Ulrich Oevermann die Methode, die er als Einzelfallrekonstruktion bezeichnet, eine Bemühung um das Allgemeine durch das Besondere der «historisch sozialen konkreten Gebilde» und schreibt dies «Marx, Lévi-Strauss, Freud und auch Adorno» zu, der freilich die «Mikrologie» in die Sozialwissenschaften eingeführt und, anders vor allem als Lévi-Strauss, Kritik des falschen Ganzen historischer Entwicklungen an den Deformationen der Einzelgeschichte begründet hat. Adorno geht es dabei um eine Verbindung des gesamtgesellschaftlich Spekulativen mit dem Existenziellen nachvollziehbar gelebten Lebens oder, anders gesagt, der Stringenz theoretischer Rekonstruktionen mit der Evidenz lebensgeschichtlicher Arbeit. – Vgl.: Oevermann, Zur Sache. Die Bedeutung von Adornos methodologischem Selbstverständnis für die Begründung einer materialen soziologischen Strukturanalyse. In: Adorno-Konferenz 1983. Hg. von Ludwig von Friedeburg und Jürgen Habermas. Frankfurt/M. 1983, S. 272 f.
Die Vermittlungsebene liegt also m. E. tiefer, auf einer höheren logischen Ebene als die der «objektiven Hermeneutik», für die Oevermann sich auf Adorno berufen will.

Zu den beiden folgenden Seiten:

Die frühgeschichtliche Felszeichnung aus Zimbabwe wird als menschliche Figur gelesen, deren Mund Gesang entströmt. Für die Striche am Kopf und um den Kopf haben sich noch keine Deutungen gefunden. Ähnliche Armdarstellungen wie embryonale Sprossen sind vielfach bekannt.

Aus Holz und Karton schnitt Hans Arp 1924 «Nabel und Torso», bemalte sie und klebte sie auf. Die Formen erinnern, wie so oft bei ihm, an die der Kieselsteine, die der dem Surrealismus nahestehende Künstler wie in einem Zen-Spiel zueinanderwarf. Ein Nabel oder mehrere kommen in vielen seiner Arbeiten vor. Œuvre-Katalog «Die Reliefs», Hatje, Stuttgart 1981.

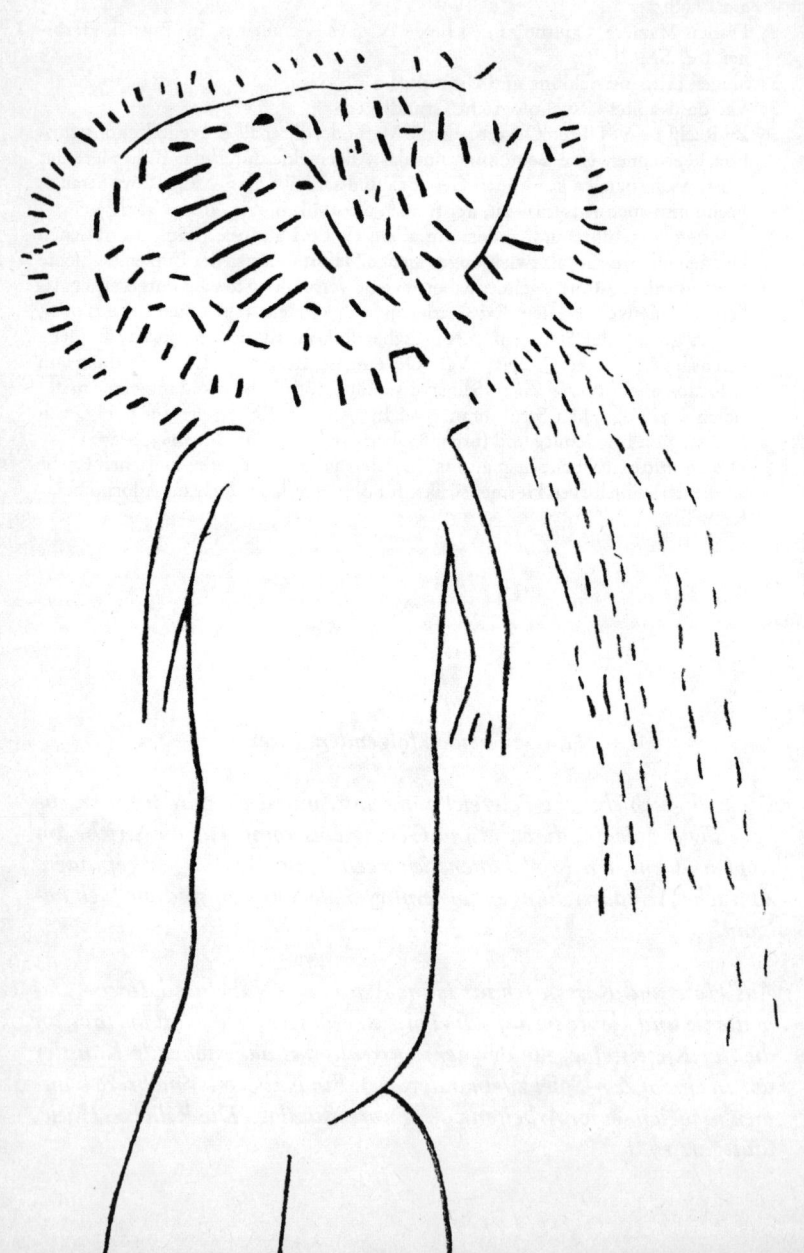

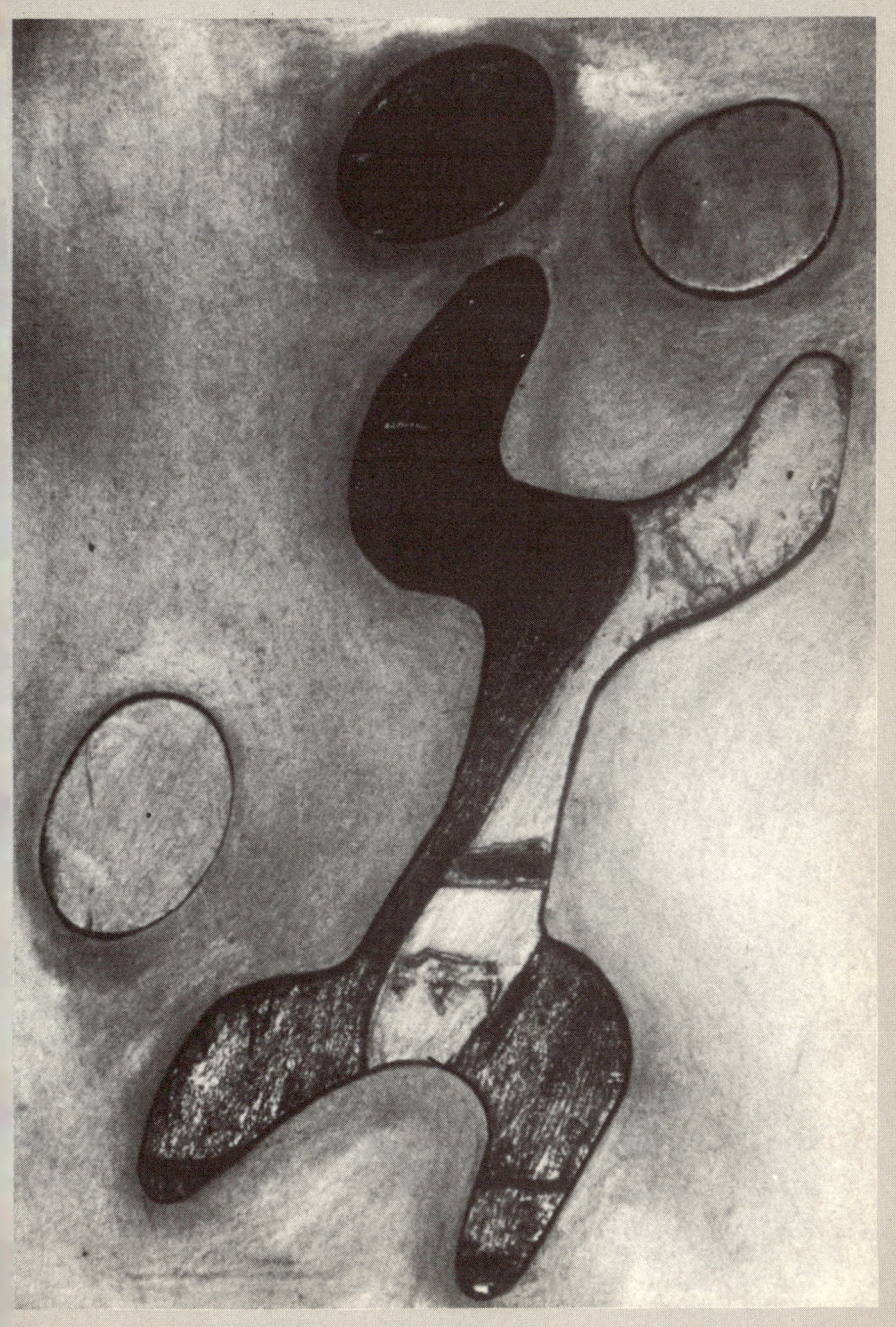

Psychologische Grundlagen

Die psychischen Funktionen des Ästhetischen – das ist ein doppelsinniger Ausdruck. Das Ästhetische ist in vielfältiger Weise eine Funktion des Seelischen. Es ist abhängig von ihm, etwa indem es ihm zum Ausdruck wird. Umgekehrt hat das Ästhetische selber entscheidende Bedeutung für das Seelische, indem von ihm Wirkungen, Anregungen, Aufforderungen an das Seelische ausgehen. Mit eben dieser zweiseitigen Beziehungsvielfalt haben wir uns hier zu beschäftigen.

Was kann das Psychische sein?

Was biologische Funktionen seien, ist – entgegen der geläufigen Annahme – aus dem Zusammenhang dieser Funktionen erst zu bestimmen gewesen. Biologisches Leben ist nicht einfach material gegeben, sondern bestimmt sich als die Geschichte eben dieses Lebens und als ihre Leistung: Kontext. Solche Komplexität und ereignishafte Neuheit bei aller Kontinuität, die ihre Bedingung ist, hat in der Embryologie zu der Formulierung eines Gesetzes der Individualität *ab ovo* geführt. Die Geschichte der Menschheit, als paläontologische oder eben vorgeschichtliche, ist dabei material im Gen wie immateriell als Reflektionsintensität der Funktionszusammenhänge – im Innern wie mit dem Äußeren – qualitativ anwesend. Das Psychische läßt von vornherein erwarten, daß wir es nicht als ein Gegebenes beobachten und beschreiben können. Offensichtlich ist sein Wesen das Vermitteln selbst. Dennoch müssen wir zahlreiche und hartnäckige Vorstellungen überwinden, nach denen allzulange dieses Vermitteln nicht als *Geschehen*, sondern als Instanz gesehen werden sollte.

Die psychologischen Funktionen des Ästhetischen sind dabei nach mehr als einer Seite wirksam und zu begreifen. Die Sinne sind material und tätig die Organe solcher Vermittlung. Das Ästhetische dient der

Psyche. Der herkömmliche Begriff dafür heißt Wahrnehmung. Der moderne Begriff der Wahrnehmung ist um so mehr mit der Vorstellung von einer souveränen Tätigkeit des Menschen gegen seine Gegenstände verbunden worden, je einschneidender zugleich das Wahrnehmen auf ein unbeteiligtes Registrieren und ein nicht affiziertes Kontrollieren objektiver Fakten eingegrenzt wurde. Insofern gewinnen wir aus einer Hinwendung zu der Sinnestätigkeit, die gerade im Aufnehmen ihre Aktivität entfaltet, dem Psychischen eine verlorene oder doch bedrohte Dimension zurück.

Andererseits kann die konstitutive Durchdringung psychischer Vorgänge mit solchen, die sich in den Sinnesorganen vollziehen, nicht länger übersehen werden. Damit wird der Anteil des Ästhetischen am Psychischen neu vergegenwärtigt. Er gibt Ansätze für die Bestimmung von Gemeinsamkeiten zu erkennen, die uns erlauben, Vermittlungen zwischen dem Sinnenhaften und dem Geistig-Seelischen aufzuzeigen. Er läßt aber auch den Rang des Ästhetischen und seine Bedeutung im Zusammenspiel der Vermögen erkennen, die kantisch die Erkenntnisvermögen heißen, aber besser als besondere menschliche Formen der Teilhabe am Leben der Welt verstanden werden können.

Das Ästhetische verweist immer unabdingbar darauf, daß unsere Existenz sich in einer Mitwelt vermittelt. Alle Ideologien der Neuzeit und schon der antiken Aufklärung, die auf eine Autonomie des Menschen *gegenüber* seiner Mitwelt zielten, also alle Strategien einer Subtraktionsanthropologie, haben deshalb die Sinnestätigkeiten abgewertet. In demselben Umfange wurde es daraufhin notwendig, eine Instanz zu denken, der die Sinne dienstbar wären und die zu ihrer Kontrolle befähigt und ermächtigt wäre.

Hatten die älteren, griechischen Vorstellungen mit dem Wort Psyche eher den individuellen Anteil am Lebensodem der Schöpfung gemeint, so nahm das Christentum die Psyche auf, um seine dem einzelnen Menschen bis in die Ewigkeit individuell gehörende Seele zu bezeichnen. Derart herausgenommen aus den einander bedingenden Vermittlungen einer Welt von Mitwelten, war die Psyche desto geeigneter, jene abstrakte Instanz oberhalb und jenseits des sinnenhaft Konkreten zu bilden, die erkenntnistheoretisch das Subjekt im Gegensatz zum Objekt heißt. Sie wird psychologisch das Ich genannt. Bei Fichte war die polartige Spannung von Ich und Nicht-Ich vielleicht noch so stark gedacht, wie sie bei Wilhelm von Humboldt erlebt wurde, wenn er in der «Theorie der Bildung des Menschen» «die Verknüpfung unseres Ichs mit der Welt zu der allgemeinsten, regesten und freiesten Wechselwirkung» suchte und sagte: «Bloß weil beides, sein Denken und sein Handeln, nicht anders als nur vermöge eines Dritten, nur vermöge des Vorstellens und des Bearbeitens von etwas möglich ist, dessen eigentlich unterscheidendes Merkmal es ist, Nicht-Mensch, d. i. Welt zu sein, sucht er so viel Welt als möglich zu ergreifen und so eng, als er nur kann, mit sich zu verbinden.»[1] Dagegen hat die kopernikanische Wende der Erkenntnistheorie, die unter Verzicht auf eine Wesensbestimmung dieser Wechselwirkung einseitig das Erkennen allein vom Subjekt her bestimmte, auch in der Psychologie beherrschenden Einfluß gewonnen.

Den anders ausgerichteten Schulen ist, wohl deshalb, der Begriff des Selbst besonders wichtig. Selbst ist ein reflexives Wort und läßt darum die Vorstellung lebendig werden, daß wir zu uns als Teilhabern an einer Mitwelt zwar eine besondere Beziehung haben, daß aber nicht alle Beziehungen von einer Instanz in uns wie von dem archimedischen Punkt eines zentralistischen Systems her zu denken seien. Das Subjekt wird als Ich und als Selbst begriffen. Hegel spricht von einer Teilung, weil das Subjekt auch sich selbst «zum Werkzeug macht».[2] Dabei nehmen die inneren Organe freilich Objektcharakter an, wie noch zu zeigen ist. Der Begriff Selbst erinnert dagegen daran, daß diese Organe eben integrierende Momente der Menschen sind und damit von der Psyche nicht einfach in eine ausführende Funktion abgesondert werden können. Die Fixierung auf ein Ego soll überwunden werden, das selber so starr wird, wie es eine Umwelt auf sich zu fixieren sucht. Wir fragen also nach der besonderen Teilhabe eines solchen Selbst an den Wechselbeziehungen einer Mitwelt und nach der Bedeutung der Sinnestätigkeiten dabei. Wie es embryologisch um die Arbeit der Selbstgestaltung als selbständige Antwort auf Umwelt geht, so im Psychischen um die Arbeit des Selbstbewußtseins als selbst-verständliche Antwort auf Selbst und Mitwelt.

Methodisch verspricht die analytische oder Tiefenpsychologie die besten Hilfen, weil sie wesentlich auf die Entwicklungsgeschichten der Menschen sieht, um gegenwärtige Strukturen zu verstehen. Da ihre therapeutischen Wege, so oder so, immer diese Vorgeschichte der Gegenwart durcharbeiten sollen, um freie Beziehungsfähigkeiten für die Zukunft zu gewinnen, ist die Geschichtlichkeit der je besonderen psychischen Konstellationen ihr streng befolgter Leitfaden. Damit entspricht sie, insofern zumindest, dem Grundsatz, dem wir uns auch in der Biologie, der Embryologie usw. anvertraut haben. Sie begreift Seiendes als zugleich Gewordenes und weiterhin Werdendes. Sie fragt nach Entwicklungen und sieht immer den Augenblick als Glied einer Folge in der Zeit. Sie denkt in Bedingtheiten, Möglichkeiten und Begrenzungen.

Schwierigkeiten fallen ebenso rasch auf, und zwar soweit die gleichen bei Freud, bei Adler und bei Jung, wenn man nach dem Raum der Psyche fragt. Mit spezifischen Unterschieden, aber doch prinzipiell ähnlich geben sie alle eine Topographie der Seele. Psychologen pflegen sie mit Skizzen zu demonstrieren, in denen sie einen Bereich für das *Ich*, einen zweiten für das *Über-Ich* und einen dritten für das *Es* einzeichnen. Dann wechseln die Begriffe, und es werden ein *Bewußtes* und ein *Unbewußtes* dem *Ich*-Feld zugeordnet. Über den vielen Fragen, die diese Begriffe und ihre topographische Anordnung aufwerfen, versäumt man oft, der ersten Irritation nachzugehen. Mich verwundert immer zutiefst, mit welcher Selbstverständlichkeit diesen Begriffen und Bereichszuweisungen die noch wichtigere Entscheidung stillschweigend vorausgeht: An die Tafel malt der Psychologe zunächst drei eiartige Gebilde, um dann die drei unterschiedlichen Anordnungen zu skizzieren. Wieso ist mein Ich ein Ei?

Die Auseinandersetzungen der seelischen Entwicklung finden nun zwischen dem Ich und dem Es, dem Bewußten und dem Unbewußten statt usw. Erst bei Jung wird es notwendig, Löcher in das Ei zu machen, durch die das individuelle Unbewußte mit einem weiteren Unbewußten der Menschheit – oder eines engeren, aber kollektiven Subjekts – Verbindungen haben kann. Hier kommt die Gelegenheit zurück, darüber nachzudenken, ob denn die ziemlich undurchlässige Schale eines Eis die geeignete Metapher sei, wenn man einen Ort der Entstehung und Verarbeitung von Vermittlungen eines Menschen mit seiner Mitwelt sich vorzustellen versucht. Aber diese Frage ist von untergeordneter Bedeutung. Was soll denn dieses Ei überhaupt darstellen, wenn das Ich nur einen, mehr oder weniger, so oder so bestimmten, Teil davon einnimmt?

Offensichtlich nennt die Psychologie etwas das *Ich,* dem sie im Ich oder Selbst bestimmte Funktionen zuschreibt, und denkt gleichzeitig ein anderes Ich, das sie nicht so nennt, das sie überhaupt nicht nennt, sondern voraussetzt, ohne sich dieses Denkens bewußt zu werden. Vielleicht drücken sich in dem Ei denn doch unbewußt Vorstellungen von einem Selbst aus, zu dem nicht allein die psychischen Instanzen, sondern auch die somatischen Organe gehören? Vielleicht unterliegt dem analytischen Schema die unsystematische Lebensgewißheit, daß alles Psychische als Vermittlung, das heißt als Umsetzung von Innerem in Äußeres, von Äußerem in Inneres – um zunächst die inneren Umsetzungen noch beiseite zu lassen –, in dem zu Vermittelnden anwesend ist und ein Ich-Bereich gar nicht ausgegrenzt werden kann.

Wir werden versuchen müssen, auf dem hohen Niveau von Rückbeziehungs-, von Reflektionsintensitäten des Psychischen das wieder aufzunehmen, was wir mit Bateson und Maturana bereits für das biologische Leben überhaupt entdeckt haben. Wir können dazu deren Begriff vom *System* nicht vermeiden und erinnern uns einmal mehr daran, daß er Mitwelten bezeichnen soll, deren Mitglieder gemeinsame Entwicklungsgeschichten mit dem Ergebnis eingegangen sind, daß die einen ihre Differenzierungen als Antwort auf die Differenzierungen der anderen hervorgebracht haben. Das bedeutet, daß frühere Wechselwirkungen den Grund zu gegenwärtigem ‹Verstehen› bilden. Verstehen heißt hier vorerst nur so viel, daß Vorgänge in und um ein Mitglied der Mitwelt solche Wirkungen auf die anderen ausüben, die bei diesen anderen Rückwirkungen auslösen, die geeignet sind, mit den auslösenden Vorgängen zusammen einen für alle Mitglieder förderlichen Gesamtvorgang zu bilden. Mit ‹geistig›, im Englischen besser durch die allgemeine Qualität von ‹mind› bezeichnet, meint Bateson alle Leistungen vergleichenden Erfassens und kreativen Verbindens bei den mitspielenden Momenten.

In diesem Sinne sagt Bateson in seiner «Kybernetik des Selbst»[3]: «Im Prinzip müssen wir, wenn wir den geistigen Aspekt eines biologischen Ereignisses erklären oder verstehen wollen, das System mit berücksichtigen – das heißt, das Netzwerk von geschlossenen Schaltkreisen, in dem jenes biologische Ereignis bestimmt wird. Wenn wir aber das Verhalten eines Menschen oder irgendeines anderen Organismus zu erklären wünschen, wird dieses ‹System› in der Regel *nicht* dieselben Grenzen haben wie das ‹Selbst› – wie man diesen Terminus gemeinhin (und verschiedenartig) versteht.

Man denke an einen Mann, der einen Baum mit einer Axt fällt. Jeder Hieb wird entsprechend dem Aussehen der Schnittkerbe des Baumes, die durch den vorherigen Schlag hinterlassen wurde, modifiziert und korrigiert. Dieser sich selbst regulierende (d. h. geistige) Prozeß wird herbeigeführt durch ein Gesamtsystem: Baum – Augen – Gehirn – Muskel – Axt – Hieb – Baum; und es ist dieses Gesamtsystem, das die Charakteristika des immanenten Geistes hat.»

Soweit geht es insbesondere darum zu zeigen, daß die Abtrennung einer Instanz aus dem System, um in ihr das Aufnehmend-Verstehend-Leitend-Kontrollierende zu lokalisieren, unsinnig wäre, obwohl zweifellos Unterscheidungen zwischen den Momenten des «Systems» möglich und notwendig sind, auf Grund derer auch spezifische Qualitäten bestimmt werden können. Die Momente sind mit unterschiedlichen Tätigkeiten und Bedeutungen an dem Vorgang beteiligt. Daran ändert sich grundsätzlich nichts. Der Vorgang kann nur nicht mechanisch auseinanderdividiert werden, bis man seine verschiedenen Dimensionen wie verteilte Rollen den Momenten zurechnen könnte, etwa die Aktivität dem Ich des Baumfällers, die Ausführung dem Arm und der Axt, die Passivität dem Baum. «Ein durchschnittlicher Abendländer...sagt: ‹Ich habe den Baum gefällt›, und glaubt sogar, daß es einen abgegrenzten Vermittler, das ‹Selbst›, gibt, der eine abgegrenzte ‹zweckgerichtete› Handlung an einem abgegrenzten Gegenstand ausführte.»

Wir können ein viel weniger ‹aktives› Beispiel nehmen, um den gleichen Zusammenhang wirksam zu finden. «Wir betrachten einen Menschen, der einen Schmetterling beobachtet, welcher in seinem Gesichtsfeld erscheint. Man darf annehmen, daß zunächst sein Bild über ein Stückchen Netzhaut gleitet. Es folgt eine Blickbewegung in der Flugrichtung des Tieres, der bei dessen eigentümlicher Flugweise bald Kopfbewegungen, Rumpfbewegungen und Gangbewegungen folgen. Der Erfolg dieses vielseitigen Einsatzes der Muskulatur ist immer derselbe: sie ermöglichen eine möglichst kontinuierliche Abbildung des Tieres auf der zentralen Netzhautpartie. Auf diese Weise bleibt trotz mannigfacher Störung der Beobachter mit dem Tiere optisch vereint. Auch hier also läßt die Bewegung den Gegenstand erscheinen. Die Kohärenz bleibt also nur unter der Bedingung jener Bewegungsfolgen erhalten, und wir nehmen uns davon ein Recht, das ganze Geschehen – Sehen + Bewegung – *einen* Akt zu nennen.» Dies ist das Beispiel, mit dem Victor von Weizsäcker seinen Begriff von einem «biologischen Akt» einführt.[4] Darin werden die Tätigkeiten des Menschen betont, wenn auch gerade als solche, die nicht autonom gesetzt werden, sondern reagierend einer Mitwelt antworten. Er geht so weit, die Kohärenz als eine Einheit von Subjekt und Gegenstand zu sehen: «Ist mir das Ding gegenwärtig, so besteht auch weder im Erlebnis noch im Denken eine solche Trennung von mir und dem Gegenstand, welche das Bedürfnis eines vermittelnden Organs» – vergleiche «einen abgegrenzten Vermittler» – «einschließt.» Wesentlich ist dabei zu erinnern, daß die Bewegung innerhalb des «biologischen Aktes», wie im «Gestaltkreis» zuvor ausgeführt wird, ein vielfältiges Wechselwirkungsspiel bedeutet von Einwirkungen des Geländes auf den Körper, von entsprechenden Veränderungen im Gesamten der Muskelspannungen, von Empfindungen dieser Veränderungen – Kinästhetik – und von neuen Anpassungen der Bewegungen an das Gelände. Also jede Bewegung im Gang ist Teil eines «Systems» wie der Axthieb. Zugleich ist sie auch «Selbst-Tätigkeit», und zwar ebenso wie das Wahrnehmen, das nur in innerer und äußerer Eigenbewegung sich vollziehen kann.

In beiden Beispielen wird die Einheit aller beteiligten Momente betont, ob sie nun «System» oder «Lebenswelt» genannt wird. In beiden Theorien wird dargestellt, wie ein Seelisches – oder Geistiges – zusammenwirkt mit seinen Organen, und zwar in einer Weise, die kaum grundsätzliche Abgrenzungen zuläßt zwischen inneren Organen des Selbst und dem, was außer uns zum Organ des Vorgangs werden kann. Bateson betrachtet einen Blinden, der mit einem Stock seine Umgebung abtastet, und fragt: «Wo beginnt das Selbst des Blinden? An der Spitze des Stockes? Am Griff des Stockes? Oder irgendwo in der Mitte des Stockes? Diese Fragen sind sinnlos, weil der Stock ein Weg ist, auf dem Unterschiede übermittelt werden und dabei eine Umsetzung durchmachen, so daß eine Grenzlinie *durch* diesen Weg zu ziehen bedeutet, einen Teil des systemischen Kreislaufs abzuschneiden, der die Fortbewegung des Blinden bestimmt.»[5]

Weizsäcker zeigt, daß man Vorgänge der Wahrnehmung und Bewegung allgemein nur angemessen begreifen kann, wenn man sie als Begegnung zwischen Wahrnehmendem und Wahrgenommenem, Eigenbewegung und Fremdbewegung auffaßt. Derartige Begegnungen sind nur möglich, wenn zwischen Innen und Außen nicht isolierende Grenzen – etwa wie die Schale des Eis –, sondern Wechselbeziehungen angenommen werden. Hugo Kükelhaus brachte das auf die Formel: ‹Häute sind nicht Grenzen sondern Prozesse.› Eine derartige dynamische interdependente Auffassung läßt gleichzeitig auch keine kategorischen Abtrennungen einer Ich-Instanz von den Sinnesorganen zu. Am Drehpunkt zwischen dem ersten und zweiten Band der «Naturbeherrschung am Menschen» steht darum der Satz von Leonardo da Vinci: «Die Seele will in ihrem Körper bleiben, weil sie ohne ihre Organe weder sehen noch hören kann.»

Eine Konstitutionslogik des Psychischen

Die systemische Auffassung der Organismen wie der menschlichen Vermögen soll nicht eine mechanische Erklärung für die psychischen Funktionen geben und nicht für Operationalisierung vereinnahmen, was der eigenste Bereich von Subjektivität wäre. Sie hebt in naturwissenschaftlicher Rekonstruktion der Lebenszusammenhänge die Subtraktionsanthropologie auf, und zwar auf zwei miteinander verbundenen Wegen: Sie zeigt menschliches Leben in seiner Eingebundenheit in die Kontexte seiner Wahrnehmung und Wirksamkeit. Sie zeigt aber auch, daß biologisches Leben nicht grundsätzlich anders lebt als das spezifisch menschliche: Auch Natur differenziert sich und funktioniert als Geschichte; auch Menschen bringen ihr kreativ Geistiges in eine Mitwelt ein und zusammen mit ihr hervor.

Für die Stufen von Reflektionsintensität im Menschen hat Victor von Weizsäcker bereits das gleiche gesagt. Unser Wahrnehmen und unsere Bewegungen beziehen wir im einzelnen Fall durchaus auf ein Wissen von Gesetzmäßigkeiten, etwa der Reaktion verschiedener Wesen und Dinge auf die Erdanziehung, ohne etwas von diesem Wissen zu wissen. Weizsäcker nennt das, etwa im Falle «vorsätzlicher Bewegung», «unbewußten Geist».[6] Dieser Begriff hängt eng damit zusammen, daß er der mechanistisch-zentralistisch-hierarchischen Auffassung von einer alles registrierenden und befehlenden und kontrollierenden Instanz im Menschen widerspricht, etwa mit der Feststellung, «daß das periphere Nervensystem ein Organ von reicher Mannigfaltigkeit und großer Selbständigkeit ist».[7] Eine entsprechende Anerkennung im Tierleben deutet er, in Anlehnung an Buytendijk, an. Die physiologische Überwindung der Subtraktion und der aus ihr folgenden Dichotomie von Mensch und Leben, Mensch und Natur sowie die biologisch-systemische sind einander ganz nah und um so leichter zu verstehen, je folgerichtiger man sie als naturwissenschaftliche Einlösungen einer Konstitutionslogik liest, wie sie Hegel eben besonders klar, anschaulich und schlicht in seinen «Jenaer Realphilosophien des Geistes» gegeben hat.[8] Dort wird philosophisch die Co-Evolution nachgezeichnet eines «Willens», auf dem Wege zu menschlicher Reflektionsintensität, und eines Gegenübers. Freilich wird bei Hegel der Vorgang im Hinblick auf ein sich konstitutionierendes Subjekt betrachtet und abgebildet. Die Psyche entsteht aber eindeutig aus einem allgemeinen biologischen Verhalten, dem «tierischen Vernichten des Gegenstandes», durch immer neue Brechungen dieser allzu existentiellen Beziehung.

Wir können hier nur einige Grundformen einführen, die eine charakteristische Funktion in dem Konstitutionsvorgang bezeichnen, und müssen für ihre Ableitung und Erläuterung auf die Hegelschen Texte selbst sowie ihre Interpretation auf psychologische Fragen hin verweisen. «Ein» – keimhaftes – «Ich begegnet seiner Umwelt.» Das ist, entgegen der naturwissenschaftlichen Analyse des einen und des anderen, die Ausgangsfrage im «Gestaltkreis». Hegel sieht den Beginn in einer Begegnung zwischen dem Tier und seiner Umwelt und fragt, wie die menschliche Weise solchen Begegnens aus einer Urverwiesenheit sich herausdifferenziert.

Das Modell läßt sich insofern als Dreischritt darstellen. Ein Abstand muß zunächst mehr Spielraum ermöglichen. Hegel läßt etwa das Tier im bloßen Verschlingen einer Nahrung einhalten. Dabei kann ein zweiter Schritt gewonnen werden. Während des Einhaltens ist die Beziehung vital genug und doch ihre Aufhebung durch die äußere Tätigkeit genügend aufgeschoben, um von dem Gegenüber ein Bild im Innern des Tieres entstehen zu lassen. Statt des «bloßen Vernichtens» bleibt eine Vorstellung zurück, die eine bestimmte Beziehung einleitet. Der dritte Schritt ist deren Verallgemeinerung. Über diese eine Situation hinaus bleibt eine Bestimmtheit. Alle späteren Begegnungen sind differenziert danach, ob sie diesem Bilde entsprechen oder nicht.

So kann eine Geschichtsphase gedacht werden, in der ein Wesen lernt, «einen Unterschied» wahrzunehmen. Über das Bild im Einhalten macht jetzt dieser Unterschied einen Unterschied für den Organismus, wie Bateson sagt. Voraussetzung ist eine «Abgrenzung» zwischen dem Wesen und seinem Gegenüber. Diese Abgrenzung ist keine kategorische. Das Subjekt, wie Weizsäcker das Wesen bereits in diesem Stadium nennt, ist nicht *ex alu genus,* sondern unterscheidet sich von anderem. Wir stehen hier vor der «ausdrücklichsten Einführung des Subjekts in die Biologie».[9]

Damit ist gemeint, «daß die Absetzung des Ich gegen seine Umwelt wesentlich für jeden Akt ist», jeden «biologischen Akt». «Denn ohne Subjekt können wir auch kein Objekt haben; dann ist auch zu begreifen, daß die Vielartigkeit der Objekte mit dem Reichtum der Subjektivität verknüpft ist.» Hier scheint Weizsäcker tatsächlich, wohl ohne das zu wissen, dem Hegelschen Denkmodell so nahe zu sein, daß es erlaubt ist, den einen als die Ergänzung des anderen zu zitieren. Selbst Bateson kann in diese zusammenfassende Darstellung eingreifen, der weder den einen noch den anderen wirklich gekannt hat, der aber bezeichnenderweise sich immer wieder auf William Blake als poetisch-philosophischen Vorgänger bezieht. Blake war nicht nur Zeitgenosse von Goethe, sondern auch Gegner der Newtonschen Naturauffassung wie dieser.

Es geht eben ganz grundsätzlich um ein Denken, das Logik nicht in fixierten Identitäten zu begründen sucht, sondern als strenge Beziehungsformen von Wechselwirkungen im Flusse bzw. in den Schritten eines gemeinsamen Ganges. Das Logische ist dann nicht formalen Charakters, sondern geht aus dem Bezug aller Momente auf die Gleichgewichtsentwicklung des Ganges hervor. Dies ist eine Konstitutionslogik. Sie bezieht sich auf ein geschlossenes System von Momenten. Dennoch kann sie offen genannt werden, insofern der Gang einer lebenden Geschichte kein statisches Gleichgewicht kennt. Das bedeutet aber, Gleichgewicht *herrscht* nie, sondern ist immer anwesend als Abwesendes, Angestrebtes, Gefährdetes und doch Gespürtes, Vorweggenommenes.

Batesons Begriff des Unterschieds, von dem alle als ‹mind› zu begreifende Tätigkeit ausgeht, ist in der Tat auch der entscheidende an der entsprechenden Stelle bei Weizsäcker, der ihn praktisch, das heißt physiologisch, entsprechend darstellt: «Der merkwürdige Umstand, daß bei stetiger Zunahme (oder Abnahme) einer Quantität, z. B. einer Figurgröße, eines Werkzeuges, einer Maschine usw. Qualitätssprünge der Leistung auftreten, ist der Technik wohlbekannt. Auch die Philosophie ist darauf aufmerksam gewesen, und Hegel war es, der in seiner bezeichnenden Sprache dafür den Ausdruck ‹die Knotenlinie der Maßverhältnisse› fand, meinend, daß die sich ändernde Quantität von Zeit zu Zeit in Qualität ‹umschlage›. Verstehen wir sie als einschränkende Leistung des Subjekts in einer Welt verhältnismäßiger Unbegrenztheit der Unterschiede, so ist es hier die Fähigkeit der *Unterscheidung*, die als zweites Charakteristikum eines Lebewesens herauszustellen ist.» [10]

Unterscheiden heißt Differenzieren. Sich differenzieren heißt, fähig zu werden, weitere Unterschiede bei sich einen Unterschied machen zu lassen. Jedesmal wird dabei eine Bewegung des Begegnens von der einen und der anderen Seite reflektiert. Von jeder solchen Reflektion kommt sie differenzierter zurück. Es konstituiert sich ein Gesamtes von immer differenzierteren Beziehungen. Dabei besteht allerdings die Gefahr, daß die existentielle Verwiesenheit der Momente aufeinander sich auflöst. Das geschieht, wenn der Abstand zu groß wird, und dies kann dadurch bewirkt werden, daß die hohe Intensität von Reflektionen zuviel Spielraum braucht.

Der besondere Anteil des Psychischen an diesem Zusammenhang ist vor allem der, daß in ihm sich ein Niederschlag von den Bildern und Reflektionsvorgängen ausbildet. Das sind nicht einfach Abbilder. Vielmehr kommt Land mit, wie man sagt, wenn ein Knopf mit dem Stoff ausreißt. Es sind nicht bloß semantische Bilder, es sind nicht sogenannte Informationen über ein Objekt, die sich im Subjekt niederschlagen. Die Bilder bleiben mit dem Anderen verbunden. Man müßte sagen, wie durch ein Gummiband; das wäre treffender als die Metapher von dem Stück Stoff, das von der Jacke getrennt wird. In dem Bemühen, die Hegelsche Konstitutionslogik in ihrer grundlegenden Bedeutung bewußt zu machen, kann ich an dieser Stelle nicht ohne den psychoanalytischen Begriff der Repräsentanz auskommen. Er steht dafür, daß ein Bild, das sich im Psychischen niederschlägt, immer zugleich der Agent dessen im Subjekt ist, was mit dem Bilde aufgenommen wurde. Dazu gehört gerade auch, daß sich mit dem Niederschlag immer die Bedingungen, Spannungen, Lösungen verbinden, in denen er ausgebildet und aufgenommen wurde. Wir können das im strengen und umfassenden Sinne Alfred Lorenzers die Situation nennen.[11] Wir haben über eine Instanz hinaus damit für das Psychische die Einsicht gewonnen, wie lebhaft in ihm das Gegenüber wirksam ist.

So wird eine wechselseitige Bedingtheit begriffen. Auch das Gegenüber verändert sich in der Bestimmung durch die menschliche Geschichte, die es reflektiert. Das haben wir den menschlichen Sinn der Natur genannt. Weizsäcker geht aber darüber entscheidend hinaus. Zweifellos ist schon die Hegelsche Konstitutionslogik als geschichtliche Bewegung, also dynamisch, gedacht. Diese Geschichte kann nicht umgekehrt werden. Freilich könnte sie jederzeit abbrechen oder stehenbleiben auf dem gerade erreichten Stand. Hegel nimmt nur an, daß unweigerlich jede Möglichkeit zu höheren Stufen auch verwirklicht wird. Diese Annahme kommt aber von außen hinzu – zusammen mit seiner Wertung des Höheren als notwendigen Pensums der Weltgeschichte.

Maturanas Wort von dem Driften der Systeme führt die notwendige Veränderung des Denkens am deutlichsten ein. Der Kurs, auf den ein Boot gesteuert wird, dies ist immer wieder sein Beispiel[12], ist nur ein Moment unter mehreren, die mitbestimmen, wie es sich wirklich bewegen wird. Wind und Wasserströmung sind andere. Wenn in ihnen das Boot abdriftet, so ist dieser neue Weg eben derjenige, in dem die Momente sich zu einer Einheit miteinander verbinden können. Die ‹Ziele› einer Evolution, besser Co-Evolution, stellen sich im Gang der Dinge heraus. Das System ist offen.

Die Schöpfung überrascht ihren Schöpfer wie sich selbst. Das ist die Rationalität der vedischen Schöpfungsmythen. So tritt aus der unerwarteten Liebesempfindung Brahmas für die eben von ihm geschaffene junge Frau Morgenröte eine neue Art der Beziehung zwischen Wesen hervor, die Liebe. Die Intensität dieser Beziehung in Brahmas Empfinden verkörpert sich, der Liebesgott ist geschaffen. Dadurch nimmt die Schöpfungsgeschichte einen Verlauf, der ihrer inneren Logik – eben konstitutionslogisch – entspricht, der aber den Absichten und Erwartungen des Schöpfers widerspricht. Dieser Widerspruch geht so weit, daß Brahma mit seiner Liebeswallung für das eigene Geschöpf die Gesetze seiner Schöpfung durchbricht. Zugleich kann eine Schöpfung sich nur in derartigen Widersprüchen vollziehen, die zu neuen Lösungen treiben. Es müssen höhere, übergreifende Kontexte entstehen. Die vedischen Götter müssen lernen, Verzicht zu leisten und ihre eigene Bedingtheit einzusehen. Neue Wellen von entstehenden Geschöpfen treten aus diesem inneren Ringen hervor. Der Widerspruch muß als ein Moment des Lebensganges verstanden werden. Ihn auf die Einheit hin zu durchleben, das ist die tiefere Form von Dynamik, die in der Hegelschen Antithese zur Synthese noch nicht mit der ganzen Entschiedenheit ausgedrückt ist. Der Offenheit der Wahrheit sind wir noch wesentlicher ausgesetzt, als es die geschichtsphilosophische Logik der Hegelschen Konstitutionen geschehen läßt.

«Während sich die mathematische Integration widerspruchslos vollziehen läßt», sagt Weizsäcker, um den Kreis der Gestaltbewegungen einzuführen, «kann sich die biologische Integration, die eine Vergegenwärtigung ist, nur in Widersprüchen vollziehen.» [13]

Andererseits sieht Weizsäcker gerade die Menschen und ihre Mitwelt als Einheit. Das ist eine entgegengesetzte Behauptung. Der Situation des Blinden mit dem Taststock entspricht einer allgemeingültigen Schilderung bei ihm: «Hält meine Hand eine Schreibfeder gegen das Papier, so kann ich je nach der Einstellung sehr Verschiedenes empfinden: Meine Hand selbst, das von ihr umschlossene Stück Federhalter, den von der Federspitze berührten kratzenden Widerstand des Papiers, die von diesem bedeckte härtere oder weichere Unterlage usw. In jede dieser Objektivierungen kann sowohl Umwelt wie eigener Körperteil eingehen, und dieser wird dann gleichsam ein Stück Umwelt.» Beide werden zu Organen. Weizsäcker nennt sie «Es». Ob wahrnehmend oder zum Organ machend oder in beidem zugleich, die Einheit muß vom Subjekt erhalten werden, «von Akt zu Akt». Solche Kontinuität läßt sich nur bewirken durch «Selbstbewegung». Diese ermöglicht eine fortgesetzte «Entsprechung» – eine «Äquivalenz». Sie muß immer neue vom Subjekt durch eine Art von «Anpassung» geleistet werden, zum Beispiel «an die physikalischen Gesetzen gehorchende Umwelt» vom Organismus.

Solche «Konstanz» gewinnt das Subjekt durch «Improvisation»: Die immer anders erscheinenden, die unvorhersehbar sich bewegenden Dinge, Wesen, Vorgänge werden dann durch einen «Wandel» der Funktionen beantwortet.[14] «Akte erscheinen ... jedesmal mit überraschender Neuheit», während sie sich zugleich auf bewußt oder unbewußt gewußte Gesetzmäßigkeiten verlassen. Ein solches Zusammenspiel von Zufall und Kontinuität nennt Bateson ein stochastisches System. Weizsäcker spricht von einem «Geheimnis, in dem der Zufall mit der Ordnung sich berührt und im Beobachter die Erwartung mit der Überraschung mischt».

Die «biologische Integration vollzieht sich in Widersprüchen». Das Leitmotiv der Lehre von Weizsäcker setzt da an. Leben ist zwar Einheit, sowohl im einzelnen Akt als Einheit mit dem Gegenüber wie als Einheit des «Subjekts von Akt zu Akt»: Aber es ist die Geschichte einer immer «bedrohten oder erhaltenen Einheit». Die Einheit des Gegenübers kann ich nur als solche erfahren, wenn ich sie durch seine Veränderungen hindurch wahrnehmen kann. «Bedingung... ist also sowohl Kohärenz, wie Zerreißung und Neubildung der Kohärenz.»[15] Subjekt und Objekt können sich nur im gefährdeten Wandel der Begegnungen konstituieren. Nur, was sich in seinen Bewegungen zu erkennen gibt, nehme ich wirklich wahr. Nur indem ich mich selbst bewegend dem Bewegten zu folgen vermag, bin ich wirklich Wahrnehmender. «Es gibt dann keinen erhöhten Ort, der aus der Vogelperspektive die Komposition aller Akte zu überschauen gestattet; wir müssen uns in die Lebensbewegung immer wieder selbst verstricken lassen, um auch nur Stücke von ihr zu begreifen.»

Dies nennt Weizsäcker «das Erleiden des Lebens» oder das «pathische Attribut». «Das Leiden oder, um eine psychologische Färbung noch strenger zu vermeiden, das *Erleiden* des Lebens steht nicht als Rahmen, wie etwa ein Raum, und nicht als Mittelpunkt, wie etwa eine Gegenwart, da, als ob das Leben in ihm oder von ihm aus bewirkt würde. Lokalisierbar ist es nur als Schnittpunkt der in jeder Genese geschehenden und oft genug auch deutlich genug erscheinenden Wandlungen.»

Wenn nun Weizsäcker diese Theorie im Begriff der «Krise» zusammenfaßt, so kommen darin historische Bedingtheiten zu der allgemein gültigen Aussage hinzu. Einerseits greift die Moderne angesichts radikaler Offenheit der Wege eben zu einem dramatischen Begriff, weil sie Situationen, in denen alles in Frage steht, nur punktuell annehmen kann. Der ewige Fluß, die Schritte als Gang durch die Widersprüche hindurch werden abgewehrt. Andererseits will Weizsäcker seine Auffassung von Kranksein als Leistung begründen, will den somatischen Protest der Menschen gegen lebenverhindernde Statik der Verhältnisse als psychische Kritik verstanden wissen. Diese gesellschaftliche Situation muß in allen Überlegungen zur Gegenwart anwesend bleiben. Sie kann kaum entschlossen genug ausgedrückt werden.

Wir wollen uns aber im folgenden ansehen, wie die menschlichen Lebensbewegungen sich in dem offenbar grundlegenden Widerspruch vollziehen können, den «Einheit» und «Zerreißung» bilden. Die Einheit ist uns so notwendig, wie sie nie zur Tatsache werden kann: Das Gleichgewicht begleitet den Gang als das Zusammenspiel seiner greifbaren Momente. Ohne «Zerreißung» nehmen wir nichts wahr, wie wir im festen Druck der Hand auf das Holzstück keine seiner Oberflächenqualitäten erfahren. Das geschieht erst im Spielraum, der den Fingern eine Bewegung im Hin und Wider erlaubt. Die Qualitäten des Holzes zu fühlen, ist eben eine höhere logische Ordnung. Sie ist kein Faktisches, sondern das Geschehen eines Kontextes, eines Zusammenspiels. Das Gleichgewicht ist als Zusammenspiel der Momente deren Transzendenz auf das, was der gemeinsame Weg werden kann, was keines allein und nicht alle addiert sein können.

Sicherlich versäumen die Auffassungen vom Menschen und seiner Umwelt als sich selbst regulierendes System, daß solche Öffnungen der Lebens- und Denkweise zur Natur hin in besonderer Weise durch die Abtrennung der inneren Natur unter den historischen Strategien der Gesellschaft bedingt sind. Gerade auch der Sinn der inneren Natur für die Menschen muß von Instrumentalisierung und Isolierung befreit werden. Hegel sah klar, daß die Menschen sich ihre Organe «zum Werkzeug machen» und daß diese Strategie der Ausbeutung zum Zwecke eines gedachten Fortschritts zumindest unter der großen Maschinerie Entfremdung bedeutet.[16] Die Einsichten der systematischen Theorien müssen erst durch die Geschichte der Trennung und des «Sich zum Gegenstande Machens» in den geschichtlichen Menschen selbst hindurch eingelöst werden, um eine Verbindlichkeit zu erweisen.

Wenn die Pfauen als noch so frei gehaltene Gartentiere angesichts des verfolgenden Hundes vergessen, daß sie, ungestutzt wie sie sind, fliegen können, und die ungelenk Davonlaufenden aufgefressen werden, dann ist auch dies Entfremdung. Diese Entfremdung ist begründet darin, wie die Tiere in die menschliche Geschichte hineingezogen worden sind. Sie gehört zum menschlichen Sinn der Natur, und die Tiere können von der Entfremdung nur befreit werden durch eine Befreiung der Natur in den Menschen selbst. Aus Angst vor Einbußen am ‹Niveau der Kultur› wird diese Befreiung aber immer weiter aufgeschoben. Darüber verschärfen sich die Trennungen. Aus der Sorge um notwendige Spielräume der Kultur gegenüber den Kreisläufen der Natur ist weitgehend ein Zittern um den mechanischen ‹Lebensstandard› geworden. Darunter hat sich ein ungeheuerliches Potential von Mangelgefühlen zur wütenden Sehnsucht nach einer Wiedervereinigung des Psychischen mit dem sinnenhaft Vermittelten, nach einem Mitleben mit der Mitwelt aufgestaut. Demgegenüber ist die unermüdliche Mahnung von Habermas leider nur zu notwendig, das Ich als Instanz überschauender Vernunft in der doppelten Gefahr stark zu machen: In der Gefahr, zwischen der schleichenden Entmachtung durch die gesellschaftlich betriebene Entfremdung einerseits und dem *jedes* Bewußtsein überschwemmenden Drang zu einem wie immer naturhaften Leben andererseits um so rascher aufgerieben zu werden.

Dennoch müssen wir gerade in dieser geschichtlichen Situation die isolierenden Abgrenzungen der Egoinstanz zu wechselseitigem Austausch mit der Mitwelt aufzulösen beginnen. In der tödlichen Gefahr bedarf das Psychische in den entfremdeten Menschen einer neuen Lebendigkeit, die nur aus dem Spiel der Sinne fließen kann. Darin ist der Kritik Ulrich Sonnemanns an der Habermasschen Strategie zuzustimmen: dem bösen Pakt von kognitiven Strukturen und entsinnlichter Fernwahrnehmung mit ihren Modellen der Optik entgegenzuwirken und etwa das hörende Vernehmen als die Urmetapher der Vernunft wiederzuentdecken – eine Kritik, die sich darin dem Plädoyer von Norbert Elias für eine Kultur der Berührungen und des vielsinnigen Spürens und der sinnenhaften Lebensgewißheiten einhellig verbindet.

Die Völker haben verschiedene Funktionen des menschlichen Körpers zum besonderen Ort der Seele gemacht. Neben der Atmung und dem Blut – wir sagen heute dafür Lunge und Herz – kommen die Leber, das Geschlecht, die Niere und andere Organe vor. Immer sind es Organe des Austauschs, Funktionen der Vermittlung zwischen einem Innen und einem Außen. Die Seelen können nirgends eingekapselt leben. Auch wenn man das Spirituelle der Seele von dem sinnlich Organhaften abhebt, bleibt diese Frage bestimmend. Unsere nur spirituell gedachte Psyche leidet ebenso, wenn sie eingekapselt wird. Das geschieht durch die faktisch vollzogene Definition zur zentralistisch-kontrollierendhierarchischen Instanz. Derart punktförmig kann man nichts setzen, ohne das Grundproblem der Zentralperspektive hierher zu übertragen, unter der alle wirklichen Lebensbewegungen im Sog des Fluchtpunktes entleibt werden.

Hier ist es zweckmäßig, vergleichend auf die entwicklungspsychologische Theorie von Jean Piaget einzugehen. Er vertritt die Vorstellung von einer eigenen Art von Logik des vorsprachlichen Menschen. Er sieht sie hervorgehen aus dem, was wir das übergreifende Erleben der einzelnen biologischen Akte genannt haben, sofern es sich im Bewußtsein niederschlägt und für neue vergleichbare Situationen bereit liegt. Piaget spricht von einer «Logik der Pläne», einer «Logik der Aktionen», die aber als eine «logique de schèmes» gemeint ist[17], während wir gerade das Besondere solcher Logik nicht im Schematisch-Identischen sehen, das sich über den Wandel der Situationen hinweg zeigt. Er nimmt eine «senso-motorische Intelligenz» an, aus der ein Kind mit etwa einem Jahr beginnt, durch eigene Handlungen etwas zu verfolgen, was ihm begegnet ist und sich wieder entzieht – ‹es geht der Sache nach›. Dem entspricht dann psychisch die «Erhaltung» oder die «Konstanz des Objekts». Wir haben das Repräsentanzen genannt, deren Objektseite das Bild des Abwesenden gegenwärtig hält und deren Subjektseite ein selbständiges Verhalten auf die Sache zu entwickelt.

Diese Auffassungen entsprechen soweit einander. Irritierend wirkt aber der Begriff der senso-motorischen Intelligenz. Eine eigene Intelligenz kann ja nicht bloß diesen physiologischen Funktionen zugehören. Gemeint ist etwas, das unter anderem auch «topologische Operation» genannt wird. «Die jüngsten Kinder bringen zustande, was ich figurale Kollektionen nenne, das heißt, aus allen Kreisen legen sie eine bestimmte Figur, aus allen Vierecken legen sie eine andere Figur.» Oder die weitere räumliche Anordnung derselben Elemente, zum Beispiel roter Kreise, wird von Kindern als eine größere Zahl empfunden, als wenn diese Kreise eng in einer Zeile liegen. Die Unterscheidungen von Piaget laufen auf zwei prinzipielle Ziele hinaus: Es kommt ihm darauf an, daß die Ordnungen «reversibel» gedacht werden können, also unabhängig von dem Vorgang, in dem sie erlebt werden. Und die Elemente sollen konstant in dem einzigen Sinn registriert werden, daß sie an dem unveränderlich vorgegebenen quantitativ-topographischen System von Euklid gemessen werden. Beide Kriterien zielen auf die Fähigkeit, vom je Besonderen, von der Geschichte, vom Miterleben und Erleben abzusehen. Kontext soll nur sein, dem das Immergleiche von Fall zu Fall so oder so versteckt oder verzerrt vorkommt. Bis zu einem Grade, der sicher historisch stark variiert, ist solche Fähigkeit für Menschen zweifellos immer notwendig, um sich in der historischen Wirklichkeit zurechtzufinden, und sinnvoll, um gegenüber der Natur einen Abstand festhalten zu können. Problematisch scheint mir allerdings die

Hierarchie der Bewertungen und die Unumkehrbarkeit, mit der die Entwicklung zum höheren Abstrakteren betrieben wird.

Zwischen drei und fünf Jahren lernen Kinder zum Beispiel, beim Kastaniensuchen nicht nur nach den schönen braunen Früchten im Laub zu gucken, sondern sich auch über die fauligen dicken Stachelkugeln zu freuen, weil man sie öffnen und darin die gleichen Kastanien finden kann. Ebenso lernen sie, daß beides zwischen den großen gelben Blättern aussichtsreicher ist als zwischen kleinen braunen, die ihrerseits auf Bucheckern hoffen lassen. Hier erkennen sie Gleiches in Ungleichem und Vergleichbares im Unterschiedlichen aus deren Geschichte. V. v. Weizsäcker ist zu erinnern: «Die Präzision einer Unterscheidung oder Schätzung ist unvergleichbar den Zahlenwerten in einem Meßverfahren der Physik.»[18]

Piaget sieht durchaus, «daß es derartige Koordinationen auf der Ebene der Handlung sind, die die Grundlage der sich später im Denken entwickelnden logischen Strukturen bilden. Genau dies ist unsere Hypothese: Die Wurzeln des logischen Denkens dürfen nicht allein in der Sprache gesucht werden...»[19] Der zugrundeliegende Begriff von Koordination wiederholt jedoch das Grundproblem dieser Theorie. Er wird dem Begriff der nicht koordinierenden, der «isolierten Handlung» entgegengesetzt. Wie wir noch eingehend an einem Beispiel von Portmann beobachten werden, gibt es eben gar keine «isolierten Handlungen wie werfen, stoßen, berühren, reiben». Wenn Piaget aus ihnen den Typus der «einfachen Abstraktion» ableitet und mit der «Erhaltung» oder dem konstant festgehaltenen «Objekt» gleichsetzt, so liegt hier die Wurzel für die Verdinglichung von Objekten. Der Situationszusammenhang wird beim Abstrahieren scheinbar ganz abgestreift. Das Leben und Erleben einer Mitwelt, in der das Objekt immer so oder so vorkommen muß, wird gebannt wie die animistische Vorstellung von einer beseelten Welt. Dann bleiben geschichtslose Ideen von Objekten übrig, zu denen in jedem einzelnen Fall ihres Vorkommens die und die Begleitumstände in Kauf genommen und zum Zweck der Erkenntnis beseitigt werden müssen.

Die «höhere hierarchische Stufe», auf die so Abstraktion die Dinge «transponiert», ist nicht ein Kontext im Sinne von Bateson. Sie wird erreicht, indem Kontext abgestreift wird. In gewissem Sinne ist das immer notwendig. Was ich aus einer Situation kenne, muß ich von dieser Situation lösen, um es in einer anderen wiederzuerkennen. Gleichzeitig übertrage ich aber auch die Zusammenhänge, indem ich frage, welche Bestimmungen jene bedeutet haben und welche anderen diese hinzufügen und welche Veränderungen das bewirkt. So wird der Bedeutungskreis immer genauer, weil der Reichtum möglicher Beziehungen ausgeleuchtet wird, während die Abstraktionen nach Piaget genauer werden durch Ausgrenzen von Begleiterscheinungen. Die Koordinierung wird dann als eigenes Prinzip hierarchischer Abstraktion eingeführt, statt daß die in allem Erleben angelegten Beziehungen zu einer eigenen Dimension reflektierbarer und Eingreifen ermöglichender Niederschläge ausgebildet werden. Daß da höhere und niedere Ordnungen festgestellt werden können, steht außer Zweifel. Bei Piaget erscheinen sie jedoch diskontinuierlich: Die höhere Stufe erfordert eine andere Intelligenz. Konstitutionslogisch ergibt sich eine Steigerung in gleitenden Übergängen; die höheren Ordnungen wurzeln derart in den niederen, daß sie sich dieses Nährbodens immer neu versichern müssen. Sie dienen zugleich der Entfaltung des Tieferen, des Früheren, des Primitiveren, so daß sie daran gemessen werden und nicht nur an der Hierarchie der Abstraktionsstufen.

Piaget sagt: «Eine Vielzahl von Beziehungen, die wir als metrische auffassen –» man müßte also Verhältnisse, nicht Beziehungen sagen für das französische Wort *rapport* – «sind für Kinder nur Ordnungsbeziehungen.» Wieso nur? «Den Grund für dieses Verhalten sehe ich darin, daß sie sich eher einer Logik der Funktionen bedienen als einer vollständigen operationellen Logik.» Damit ist etwas sehr Wichtiges bezeichnet. Die Menschen spannen den Bogen der Beziehungen desto weiter aus, je mehr sie auf der einen Seite die «Identität des Objekts» fixieren und auf der anderen Seite dessen Kontexte operationell manipulieren. Problematisch wird erst die Überdehnung – wenn der Bogen bricht. Ohne diese Überlegung kann man eine solche Theorie nicht hinnehmen, die einseitig bewertet und damit die Ordnung der Funktionen wie die des Meßbaren, Identischen, Manipulierbaren verkennt: «Quantifizierung ist... die komplexere Aufgabe», weil sie erfordere, daß «das Kind auch die Operationen der Kompensation und der Reversibilität entwickelt hat.» Das trifft nur für eine Kategorie von Situationen zu, nämlich die Versuche, in denen man Kindern Quadrate und Kreise vorlegt. ‹Logische Bauklötze› sind vielleicht wirklich so «beliebig», wie es der Test verlangt. An Beliebigem wird Komplexität am ehesten durch Komplikationen erzielt. Wenn es darauf ankommt, in unterschiedlichen Behältern dieselbe Menge Wasser zu identifizieren, ist das Abgießen und Zugießen als Wegdenken und Hinzudenken von Mengen – «die Operationen der Kompensation und der Reversibilität» – tatsächlich die höchste denkbare Leistung. Darüber wird aber die

Bedeutung anderer Ordnungen von Leistung übersehen, wenn nicht sogar diese Leistungen ganz unbemerkt bleiben. Kindern werden die perspektivischen Aspekte der visuellen Welt als die einzig richtigen beigebracht. Ihnen wird unsere Vorstellung, daß ein Blatt Papier eine Fläche zum Abbilden von visueller Realität sei, eingeübt. Bevor das anderes verdrängt hat, geschehen unbemerkt erstaunliche Dinge unter den Händen der Kinder von zwei, drei oder vier Jahren. Offensichtlich sind etwa die sogenannten ‹Knäuel›, die mit Linien auf dem Blatt entstehen, von Kindern räumlich erfahren. Begleitende Vorstellungen und Handbewegungen belegen das. Die Kinder akzeptieren gar nicht erst die Reduktion aufs Zweidimensionale. Ihre Strichgebilde sind ihnen sphärisch. Sie entsprechen den ‹Sphäroiden›, den frühesten Gebilden von menschlicher Hand, die Marie König in paläolithischen Kulthöhlen gefunden und Bilder der Welt aus Erde und Himmel genannt hat.

Diese Komplexität versäumt eine Entwicklungstheorie, die auf das Quantifizieren aus ist. Erich Blechschmidt sagt zu der Beobachtung der sphärischen Kinderzeichnung: «Dies ist für ein Kind ein Handerlebnis und nur daneben ein visuelles.»

In der Begrifflichkeit von Vygotsky[20] entspricht dem Erleben in gewisser Weise die «innere Rede». Aus ihr bezieht die «äußere Rede» ihre Kraft, etwas auszudrücken, sagt er, wie in ihr der «Sinn stärker anwesend ist als die Wortbedeutung, der Satz stärker als das Wort, der Kontext stärker als der Satz». Vygotsky begreift gut, daß die Kinder, die vor sich hin sprechen, nicht «egozentrisch» sind. Sie verarbeiten ja das, was ihnen sinnenhaft begegnet, und drücken die Eindrücke ebenso sinnenhaft aus. Der Klang ihrer Stimme antwortet auf die Stimmen der Mitwelt. Wenn solche «egozentrische Rede» dann fortdauert, sieht Vygotsky darin ein Zeichen dafür, daß ein Mensch diese frühen Mitteilungen nicht genügend individualisieren, von der Mitwelt nicht genügend Abstand zur inneren Verarbeitung gewinnen konnte. Erleben ist ins Leben unablösbar gebunden. Er kritisiert damit Piaget, «der glaubt, daß egozentrische Rede die Folge ungenügender Sozialisation des Sprechens ist». Piaget stellt sich eben die Verinnerlichung wieder als eine höhere Stufe vor, die man lernt, während Vygotsky sieht, unter welchen konstitutiven Bedingungen des Erlebens sie ausgebildet werden kann.

Die Fülle des Austauschs kann sich nur in der ganzen Weite des Horizontes ereignen. Der Austausch ist immer durch die Sinnestätigkeiten vermittelt, vollzieht sich immer auch durch die besonderen Lebensformen des Stofflichen hindurch, wie entschieden wir auch von den Menschen fordern, solchen Austausch durch ihr Bewußtsein hindurch zu entfalten. Dieser Zusammenhang soll an einigen Aspekten psychologischer Theorien gegenwärtig werden.

Progressive Regression

Die Sinne sollen neu aufgenommen werden, freilich von der vollen Entwicklung der Bewußtseinsvermögen her. Das «Hinab zu den Müttern», wie es im Faust heißt, wird von allen anthropologischen Disziplinen als ein Zurück zum entwicklungsgeschichtlich Frühen verstanden. Wir müssen zurückgehen in die frühen Orientierungsweisen. Das heißt Regredieren. Die Psychoanalyse versteht den Begriff an sich lebensgeschichtlich. Laplanche und Pontalis sagen, «die Regression... bezeichnet die Rückkehr des Subjekts zu Etappen, die in seiner Entwicklung bereits überschritten sind»[21]. Eine abwertende Tendenz schwingt dabei aber auch im gattungsgeschichtlichen Sinne mit. Regression ist ein Rückschritt in bezug auf den Fortschritt der Menschheit. Auch für einen Autor wie Erik Erikson würde die Vorstellung widersprüchlich erscheinen, daß ein derartiges Zurückgehen einen Fortschritt bilden oder wenigstens fördern könne. Erikson nimmt allerdings den Begriff einer «Regression im Dienste des Ich» von Ernst Kris[22] auf in dem wohl doch reduzierten, mechanischen Sinne, daß die niedrigsten Formen von Verarbeitung in der einmaligen Krise – einmalig im Gegensatz zu der lebenskonstitutiven Krise bei Weizsäcker – dem Patienten erlauben, sich gewissermaßen von einem absoluten Nullpunkt abzustoßen.[23] Dieser negative Zug der Bewertung hängt mit der Freudschen Definition von Regression zusammen, die sie mit der Fixierung auf eine Etappe verbindet, die überholt sein sollte.[24] Mit dieser Einschränkung kann allerdings «die Regression als ein Wieder-ins-Spiel-Bringen... interpretiert werden». Fixierung bedeutet, daß einem Verdrängten «die Übernahme ins Bewußtsein versagt» worden ist. Für unsere Kultur läßt sich in dieser Redeweise sagen, daß die tieferen Schichten in der Regel nur soweit ins Bewußtsein «übernommen» werden, als von ihnen «Vorstellungsrepräsentanzen» gebildet und diese untergeordnet werden. Was sie an eigener Bedeutung für eine dialogische Wechselbeziehung zwischen Psychischem und Sinnenhaft-Stofflichem beizutragen haben, wird dabei weitgehend der anpassenden Unterordnung geopfert. Dies wieder ins Spiel zu bringen, wäre in der Tat ein Fortschritt.

Wir arbeiten eine Regression im Dienste des Ich, des Wir, des Ganzen heraus, wie dieses Ganze in der Geschichte auch wachsen möge. Sie ist immer Erinnerung an die frühen gleichgewichtigen Entwicklungen, die wir vor der Geburt und als Kinder erlebt haben. Aber auch vorbewußte Erfahrungen vom gleichgewichtigen Gang in den tieferen Schichten, der uns trägt und belehrt, ohne daß wir dessen gewahr würden. Die Erinnerungen setzten sich neben den Mangel und werden zum unaussprechlichen Gegenbild oder zum Anspruch auf ein Gegenbild. So entsteht ein Gefühl des Mangels, dem von der Tiefe her Gewißheiten Mut zusprechen. Zwischen ihnen muß die Geschichte erfahren und gestaltet werden. Maria Hippius hat diese Bedeutung «des Tiefen» benannt: «rhythmusbestimmt und doch in sich ruhend».[25]

Dies steht aber für Freud immer unter der Kritik gegen «eine Rückkehr vom Sekundärvorgang zum Primärvorgang», das heißt, von der Verarbeitung im Denken zur sinnesgebundenen. An einer solchen Kritik wird unter Freuds Voraussetzungen auch immer festzuhalten sein. Diese Voraussetzungen selbst müssen wohl grundsätzlicher hinterfragt werden. Bei «pathologischer Fixierung» erscheinen die beiden Schichten so, als ob die eine oder die andere herrschen müsse, während es einer allgemeinen Theorie, die nicht auf den einzelnen Fall fixiert ist, sondern die entsprechenden Entscheidungen der Kultur als ganzer untersucht, auf die Chancen einer wechselseitig befruchtenden Durchdringung ankommen muß. Die andere Voraussetzung folgt aus der ersten. Die «primäre» Orientierung durch die Sinne wird nicht eigentlich als Verarbeitung begriffen. Entweder liefert sie «Wahrnehmung» – die Begegnung zwischen Subjekt und Objekt wird als solche übersehen und die selbständigen Leistungen der Organe unterschätzt –, oder aber sie gilt als «die Sprache der oralen Triebregungen» oder Ähnliches, also als ein Ausdruck von Problemen statt als eine Ordnung von Lösungen eigener Art. Auf die damit verbundene Problematik der Begriffe «Wahrnehmungsidentität» und «Denkidentität» kann nach einigen weiteren Schritten besser eingegangen werden. Es ist zweckmäßig, zuvor insbesondere zu überlegen, was das Denken in «primären» und «sekundären» Prozessen für die von uns gesuchten Bestimmungen des Psychischen bedeutet.

Die psychologischen Funktionen des Ästhetischen und seine psychischen Quellen liegen gerade nicht im Bereich der sogenannten Wahrnehmungs- oder der Entwicklungspsychologie. Solange empirische Methoden quantifizierend vorgehen und einseitig kognitive Leistungen mit immer höheren Abstraktionsgraden zum Ziel erklärt werden, bleibt das Ästhetische als Hilfskonstruktion oder als Rest zurück, läßt sich Psychologie zum Vollstrecker der Subtraktionsanthropologie machen. Sie drängt dann oder trainiert gar die Menschen daraufhin, sich ‹zu entwickeln›, indem sie die ‹typisch menschlichen Fähigkeiten› der Verstandesbegrifflichkeit und der abstrakten Kontrolle über die ‹animalischen› Fähigkeiten der Sinne erheben sollen. Wir suchen daher Wegweiser in die tiefen Räume der seelischen Bewegungen, insbesondere zu jenen Bewegungen, durch die Psyche und Physis sich miteinander verbinden oder auch erst bilden. Die Übergänge zwischen Sinnestätigkeit und empfindendem Bewußtsein werden im folgenden Kapitel «Vom Leben zum Erleben» gerade als sichtbares Geschehen zum Thema. Hier geht es zunächst vorwiegend um ihre tieferen Wurzeln. Diesen Räumen hat auch die Tiefenpsychologie sich nicht eben besonders aufmerksam zugewandt. Seit Siegmund Freud sein analytisches Denken wie seine Kur vorherrschend an dem sogenannten Sekundärprozeß ausrichtete, also im Bereich des sprachlichen Bewußtseins und der «phallischen» Organisation der «Triebe», erscheinen Forschungen zum «Primärprozeß» eher als Ausnahmen oder sogar Abweichungen, als Ergänzungen oder sogar als subversiv. Das Gebiet gilt als um so gefährlicher, als es zum Undefinierbaren definiert worden ist. Genau mit dem so Ausgegrenzten haben wir wieder vertrauter zu werden.

Aus mehr oder auch weniger systematischen Gründen, in mehr oder weniger grundsätzlicher Absicht sind die Abgrenzungen der klassischen Psychoanalyse in verschiedenen Richtungen durchbrochen und überwunden worden. Dabei wurde die abstrakte Instanz des ICH, die von den Sinnen getrennt sein mußte, auch einem Sinnenbewußtsein zugänglicher aufgefaßt. Zunächst aber galt und gilt für die Schule noch, daß die Sinnestätigkeit nicht dem ICH zugerechnet wird und infolgedessen prinzipiell dem ES zugeschlagen wird. Damit fällt sie aber auch unter das Diktum der Freudschen Naturbeherrschung am Menschen: «Wo ES war, soll ICH werden.» Der Leib hat dabei allzu oft nur die Funktion, mit körperlichen Symptomen auf Verwerfungen im «psychischen Apparat» hinzuweisen.

Wenn aus dieser Konzeption heraus andere Wege gesucht werden, so hat dies den doppelten Vorteil, daß die ganzheitlich großzügigeren Vorstellungen in eben der klaren Auseinandersetzung mit der geschichtlichen Entwicklung von Trennungen entstehen, die uns praktisch wie theoretisch zu überwinden aufgegeben ist. Mit welcher Kritik auch immer, die Hervorbildung von Individualität in der Moderne ist zu prüfen darauf, auf welche Momente dieser weltgeschichtlich einmaligen Lebensform wir nicht verzichten wollen. Der Zugang zu den ausgegrenzten Dimensionen kann nur durch die Probleme hindurch gefunden werden, die mit der ideellen und faktischen Subtraktionsanthropologie und allen ihren Strategien der Naturbeherrschung unsere geschichtliche Welt bestimmen. So nehmen wir, bevor wir uns von ganz anderen Schulen leiten lassen, zunächst auf, was auf dem Boden der Psychoanalyse in eine Einheit der psychischen mit der leiblichen Wirklichkeit gewachsen ist.

Als methodischen Führer zum rechten Zusammenhang der verstreuten Motive wählen wir Sartres Funktionsbestimmung der Anthropologie in seinen «Questions de méthode»[26]. Unter Einhaltung aller auf Marx zurückgehenden Forderungen nach material-historischer Reflektion auf die wirklichen geschichtlichen Bedingungen der gesellschaftlichen Menschen entwickelt er dort seine Vorstellung von einer anderen Ordnung, der ein Existentialismus, wie begrifflich auch immer, doch sich versichern muß. Er fordert, daß die Anthropologie nicht nur die Hervorbringungen der Menschen studieren, sondern vor allem verstehen müsse, wie sie selbst in der Geschichte sich entfremdet haben, zum Ding geworden sind. «Es ist ihre Aufgabe, ihr Wissen auf ihr rationales und verstehendes Nicht-Wissen zu gründen... Sich verstehen, den anderen verstehen, existieren, handeln: All dies ist eine einzige Bewegung, die das direkte und konzeptuelle Wissen auf das indirekte und verstehende Wissen gründet, aber ohne je das Konkrete, das heißt die Geschichte zu versäumen, oder die, genauer, das Wissen mit einbezieht.»

Sartre erkennt, in der Nachfolge Kierkegaards und anderer, etwas an, das er «den ontologischen Bereich» der Wesen nennt. Diesem Bereich und der menschlichen Existenz kann man sich nicht durch ein Studium von Fakten nähern. Eine andere Methode als die der herrschenden Wissenssysteme ist notwendig, um die Dimensionen des Primären in ihrer Bedeutung würdigen zu können. Mit Husserl kritisiert er: «Die klassische Mechanik, zum Beispiel, benutzt ‹den Raum› und ‹die Zeit› als homogene und kontinuierliche Medien, aber sie fragt sich nie, was Raum, was Zeit, was Bewegungen sind. Ebenso fragen die Wissenschaften vom Menschen nie, was der Mensch ist.» Sie fassen ihn als Träger von konventionellen Bedeutungen und stellen ihn in institutionalisierten Strukturen dar. «Sie möchten die Praxis, das Schöpferische, die Erfindung auf die Reproduktion der elementaren Lebensgegebenheiten reduzieren, das heißt, sie möchten das Werk, den Akt oder die Einstellung durch die Faktoren erklären, deren konditionierender Wirkung sie unterworfen sind.»

Wenn auch Sartre immer im geschichtlichen Handeln der Menschen, in einem doch recht ungebrochenen Glauben an die modern einseitige Form von Aktivität, ihre Existenz sich manifestieren sieht, begreift er sehr wohl, daß dazu die Menschen eintauchen müssen in den «ontologischen Bereich», der sie mit den anderen Lebewesen verbindet. In genau diesem Sinne und in der Kenntnis der psychoanalytischen Begriffsbestimmung vertritt er die Notwendigkeit – für die einzelnen Existenzen, insbesondere für die Geschichte heute – der «progressiv-regressiven Methode».

Erst das geschichtliche Bewußtsein von einem Mangel der modernen Menschen an Beziehungen mit der Mitwelt hat erlaubt, den Widerspruch von Regression und Progreß umkehrend aufzuheben. Niemand leugnet gefährliche Formen von Regression. Sie sind gekennzeichnet durch Fixiertheit auf frühes Erleben unreflektierter Einheit und blokkieren daher – worum es auch in der progressiv-regressiven Methode geht – nur Spielraum für die Wechselbeziehungen, in denen das Psychische sinnenhaften Austausch aufnehmen und in ihm sich selbst entfalten kann. Die Zugänge zu der Einheit der «Vielseitigkeit der Objekte mit dem Reichtum der Subjektivität» sollen gestärkt werden.

Das Bewußtsein für den Mangel wurde geschichtlich und lebensgeschichtlich weitgehend getrennt entwickelt. Die gesellschaftliche Analyse, die Sartre bestimmte, eine progressiv-regressive Methode anthropologisch zu fordern, hatte in psychoanalytischen Einsichten lange Zeit kaum erkannte Parallelen. Den prägenden Begriff verdanken wir den Säuglingsbeobachtungen von René Spitz. *Hospitalismus* nennt er die Mangelerscheinungen von Kleinkindern, die bei «Entzug affektiver Zufuhr» «Symptome parallel zum Stress, wie sie Selye... beschrieben hat», zeigen und schwerste bis tödliche Schädigungen hinterlassen können.[27] Seither sprechen wir von Hospitalismus auch als einer Krankheit der gesamten gesellschaftlichen Situation.

Zwar hat Spitz betont, daß es sich um «affektiven» und nicht um «sensorischen Entzug» handelt; doch dürfte diese Abgrenzung der Feststellung dienen, daß der Hospitalismus ein psychischer Vorgang ist. Er sagt, es sei «praktisch unmöglich, das eine durchzuführen, ohne das andere mit hineinzuziehen». Weizsäcker und andere würden nicht zweifeln, daß dies auch theoretisch unmöglich ist, weil eben Empfindungen auf den Wegen der Sinne oder im Zusammenspiel mit irgendeiner Form von Sinnestätigkeit zustande kommen. So steht auch bei Spitz selber die Entdeckung dieses Entzuges in einem weiteren Zusammenhang, der unsere Auffassung noch heute so begründen hilft, wie er sie einst mit hervorgebracht hat. Mit dem Entzug von Zuwendung hat Spitz gleichzeitig «die zunehmende Distanzierung zwischen dem Säugling und seiner Mutter», ja, eine «Verbannung des Säuglings während der ersten Lebenswochen in eine geschlossene Säuglingsabteilung» kritisiert.[28]

«Im ersten Stadium haben wir es mit einem unentwirrbaren Gemisch der beiden Funktionsweisen zu tun, so daß wir Zeugen eines fast fühlbaren Ineinandergreifens von körperlicher und seelischer Ätrologie werden.» Vorsichtig formuliert, aber mit dem Gewicht vielfacher und tiefgreifender klinischer Untersuchungen wird der Schluß eröffnet, daß spätere Störungen «Partial-Regressionen auf solche Frühstadien» sind und «Re-Somatisierungen» den frühen Mangel einklagen.

Spitz begreift solchen Mangel keineswegs als vereinzeltes Problem, sondern geht von den spezifischen Extremfällen zu grundlegenden Überlegungen über, die allgemein anthropologische Bedeutung beanspruchen. Wir kommen hier auf das Verhältnis von Sekundär- und Primärprozeß in den Kulturen als ganzen zurück. Unter dem Stichwort unterschiedlicher Formen und Schichten der Kommunikation spricht Spitz von einem Übergang, den «das Sensorium des Säuglings» vollzieht und nennt die frühere Form eine «diakritische *Per*zeption». Am Anfang steht eine Art «Organsprache» zwischen Mutter und Säugling. Ihre Charakterisierung ist der Batesonschen Darstellung eines sich selbst regulierenden Systems sehr ähnlich. Die «Äußerungen sind der Ausdruck innerer Vorgänge und sind nicht an irgend jemand gerichtet.» Wie der antwortende Mensch sie aufnimmt, dies macht sie zu Äußerungen, die – in dem «System» – an ihn gerichtet sind. Die Richtung wird verwirklicht als tätige Interpretation der Äußerungen, als aufnehmende Handlungen. Das nennt Spitz «zirkuläre Resonanzprozesse», wenn der Säugling seinerseits die Antworten aufnimmt, bestätigt oder ablehnt. Es ist offensichtlich, daß hier beschrieben wird, wie aus Resonanzen oder Reflektionen sich im Menschen jene Niederschläge bilden, die wir dann Ich oder «die plastische Persönlichkeit des Kindes» nennen. Sie taucht auf in der «coenästhetischen Organisation». Damit dürfte das Zusammenspiel der inneren Sinnestätigkeiten gemeint sein, eine Art Organbewußtsein, das Spitz sich besonders in den Organen der Nahrungsaufnahme, -verarbeitung und -abgabe abspielen sieht. Diese Auffassung entspricht der embryologischen Entwicklung, zumal er das vegetative Nervensystem hinzunimmt, aber auch die Haut.[29] Seine Bezeichnung «rezeptiv» ist freilich wieder ganz von der kognitiv-sekundären Organisation her gedacht und verfehlt die Funktionszusammenhänge. Das zeigt einmal mehr die Zwitterstellung solcher Theorien, die sich aus den modernen Fortschrittsideologien durch unübersehbar erschreckende Befunde lösen lassen, aber nicht durchgängig frei machen können. Die «diakritische Perzeption» gilt dann als wirkliche «Sinneswahrnehmung», weil sie in der Hirnrinde zentriert ist, die «peripheren Sinnesorgane» nur als Mittler benutzt; «sie manifestiert sich in kognitiven Prozessen, zu denen auch die bewußten Denkprozesse gehören». Die Unterscheidung einer «Wahrnehmungs-» von einer «Denkidentität» kann damit soweit ebenfalls als geklärt gelten.

Die «Organsprache» gehört «den folgenden Kategorien an: Gleichgewicht, Spannungen (der Muskulatur und andere), Körperhaltung, Temperatur, Vibration, Haut- und Körperkontakt, Rhythmus, Tempo, Dauer, Tonhöhe, Klangfarbe, Resonanz, Schall und wahrscheinlich noch eine Reihe anderer, die der Erwachsene kaum bemerkt und die er gewiß nicht in Worte fassen kann.» – «Diejenigen Erwachsenen, die die Fähigkeit behalten haben, sich einer oder mehrerer dieser gewöhnlich verschwundenen Wahrnehmungs- und Kommunikationskategorien zu bedienen, gehören zu den besonders Begabten. Sie sind Komponisten, Musiker, Tänzer, Akrobaten, Flieger, Maler und Dichter und vieles andere, und wir halten sie oft für ‹übersensible oder labile Persönlichkeiten›.» Daß der Begriff Begabung hier besonders problematisch ist, zeigt uns Spitz selbst eigentlich sehr gut. Dennoch nennt er es eine Entscheidung der Einzelnen, daß «die Menschen des westlichen Kulturbereichs» die Vorherrschaft der «diakritischen Wahrnehmung» «unsere Tiefenempfindungen» verstellen lassen; «sie werden nicht bedeutsam für uns, wir lassen ihre Botschaften außer acht... Ja, wir fürchten sie sogar.» Diese Furcht ist dann um so weniger erstaunlich, als wir eben nicht nur diese «Signale», wie Spitz meint, versäumen, sondern gerade auch die spezifischen Bewegungs-, Beziehungs- und Verarbeitungsformen der Tiefendimensionen: so die seelischen ‹Verdauungsformen›.

«In Gesellschaften, die noch keine Schrift entwickelt haben, bewahren manche Individuen bis ins Erwachsenenalter jene Sensibilität, die der westliche Mensch verdrängt, und können sich ihrer bedienen; oder zumindest können sie oft auf diesen Wahrnehmungsmodus regredieren. Es scheint sich hier um eine Regression im Dienste eines kulturell bestimmten Ich-Ideals zu handeln.»

Darum ist der Begriff von Sartre so anschaulich. In der Regression, die der Kultur oder dem individuellen Bewußtsein die tiefen Verbindungen zur Mitwelt wieder zugänglich macht, würden die Zugänge übermächtig anwesend, ohne einen Umgang mit ihnen zu erlauben, sofern nicht die Verbindungen in ein freieres Spiel hineingezogen werden können. Erst so können sie fruchtbar werden. Sie können nur weitertragen, wenn wir nicht ganz und gar in ihre unbegriffene Anwesenheit gebannt bleiben, sondern über diese hinausgehen, progredieren, können. Ein durchaus aufklärerisches Moment ist mit diesem Progressiven gemeint, auch wenn eine solche Aufklärung ihrer Gegenwelt, der Welt der existentiellsten Lebensbeziehungen, sich immer neu versichert. Bei Freud wird der Begriff Regression das ersten Mal verwendet, um eine Wiederbelebung des frühen Erlebens selbst, wie Balint sagt, vom Erinnern zu unterscheiden. Progressive Regression erfordert Bewegungen in doppelter Richtung. Die Begegnungen im Zurückgehen müssen zu Erinnerungen verarbeitet, sie müssen Erfahrungen werden, aus denen sich Wesentliches auf neue Situationen mit geschichtlicher Prägung übertragen läßt. Weisheitstechniken primitiver, eben dem Existentiellen naher Kulturen sind Versuche, derartige Erfahrungswege als Wege der Verarbeitung zu entwickeln. Das sind die «Abenteuer und Fahrten der Seele», von denen Heinrich Zimmer spricht.[30] Damit wird deutlich, daß *wir* mit Regression meinen: Einzelne oder auch Gesellschaften begegnen den Tiefendimensionen existentiell leibhaft – eben nicht nur gedanklich körperlos – wieder. Das dem Bewußtsein Verlorene, oft genug von ihm Verdrängte wird wiedergeholt. Es wird nicht wiederholt, wie die Psychoanalyse den Begriff doch versteht, selbst wo Michael Balint von den «therapeutischen Aspekten der Regression» spricht.[31] Das Gemeinsame der beiden Auffassungen, der geschichtsphilosophisch praktischen und der klinisch therapeutischen, liegt darin, daß im Wiederholen das Wiederzuholende sich zu erkennen und möglicherweise zu fassen gibt und daß solches Zurückgehen die unumgängliche Bedingung für einen gleichgewichtigen Fortgang des Lebens bedeutet.

Balint beschreibt deutlich genug die äußerst problematischen Erfahrungen mit einer «bösartigen Regression», die der Abwehr von Verarbeitung dient. Dieser klinischen Erscheinung entspricht vielleicht im allgemein Anthropologischen der Aberglaube, die Mystifikation, die Inszenierung von Magie und Mythos, weil all dies starre Verweigerung von Vernunft ist und gerade nicht gestattet, in den Grund tiefster unbenennbarer Beziehungen einzutauchen, um damit die Bereiche des Denkens, der Sprache, der Geschichte neu zu durchdringen. Diese zweite Form nennt Balint für die lebensgeschichtliche Arbeit der Individuen den «schöpferischen Bereich». Der «letztere beginnt vielleicht mit einem *regressiven Rückzug* von den als zu streng und versagend empfundenen Objekten», das heißt von Menschen oder Vorgängen oder Dingen, die einem zum Partner werden, «zu der harmonischen Verschränkung früherer Zustände, worauf der Versuch folgt, etwas *Besseres, Freundlicheres,* besser *Verstehbares, Schöneres,* und vor allem Beständigeres und Harmonischeres zu schaffen, als es die wirklichen Objekte sind».

Das Bessere ist nicht etwa irreal im Gegensatz zur Realität der «wirklichen Objekte». Es spielt hier vielmehr die Anwesenheit eines Abwesenden hinein, wie ich das Imaginäre umschreiben möchte. Die Regression kann uns dabei einer tief zurückliegenden Wirklichkeit versichern und das Gewicht der greifbar anwesenden genügend relativieren, um sie aufbrechen zu lassen. In der dann durchbrechenden Anwesenheit eines zutiefst bewegten Lebensgrundes entzünden sich die Spannungen zu den «wirklichen Objekten» neu. Ein «schöpferischer Bereich» tut sich auf. Karlfried Graf Dürckheim sieht in solcher Regression eine Voraussetzung für «den Durchbruch zum wahren Selbst»[32]. Er weiß genauer, daß dieser Bereich durch rhythmische Bewegungen gebildet wird, «daß mit allem Wachstum ein Wechsel, eine schöpferische Dynamik von Fortschritt und Rückschritt, von Bewegung und Stillstand, von Vorgriff und Rückgriff gegeben ist. Regressiv anmutende Zustände gehören zu unserem gesunden Leben wie die Nacht zum Tage, wie der Schlaf zum Wachen, wie alle Zustände der ‹Erholung›, die mit ihren regressiven Zügen aufholen und nachholen, was zu kurz gekommen ist.» Was dies für die westlichen Menschen sei, ist offensichtlich: «Es meldet sich das lebendige Ganze in der Sprache der zurückgebliebenen, nicht gelebten oder nicht ausgelebten Seiten.» In der Gegenwart vielfach – gerade von jungen Menschen her – auftretende Züge dieser Art fordert Dürckheim auf, «als Revolution des ganzen Menschen» zu begreifen.

Existentielle Beziehungen verlieren ihre Kraft wie die Aussagen über sie, wenn sie der diskursiven Logik des Verstandesbewußtseins unterzogen werden.[33] Sie drängen zu anderen Ordnungen, in der Moderne besonders der Kunst. Bateson sagt: «Die Kunst wird in diesem Sinne zu einer Übung, über die Arten des Unbewußten zu kommunizieren.» Dem rein diskursiven Denken, dem das Sekundäre entspricht, hält er entgegen, «daß eine reine Zweckrationalität, die sich nicht helfen läßt von Phänomenen wie Kunst, Religion, Traum und dergleichen, notwendig pathogen ist und Leben zerstört. Ihre Virulenz entspringt besonders dem Umstand, daß Leben sich ineinandergreifenden *Kreisen* von Zufall verdankt, während das Verstandesbewußtsein nur solch kurze Kreisausschnitte zu begreifen vermag, wie menschliches Zwecksetzen sie zu bestimmen vermag.»

Leben lieben

Wir finden ausdrücklich zu dem Grundmodell eines Gestaltkreises zurück. Die progressive Regression hat uns dem bereits sehr nahe gebracht, ist sie doch erkennbar geworden als eine Mannigfaltigkeit von Ansätzen aus dem Unbewußten heraus, durch verlorene oder versperrte Zonen hindurch den Kreis von Wahrnehmen und sich Bewegen wieder zu schließen. Die Regression wird um so fixierter auftreten, je tiefer der Verlust oder die Sperre in die Lebensgeschichte und damit in die Tiefenschichten hineinreichen. Sie wird andererseits um so fruchtbarer sein können, je freier die «biologischen Akte» der primären Periode in Variationen Spielräume für das Vorstellungsvermögen entfalten konnten. Damit setzen wir, etwa, die «biologischen Akte» mit jenem «ontologischen Bereich» gleich, dessen Bedeutung für unsere Existenz Sartre so eindrucksvoll betont. Dabei ist aber noch nicht hervorgetreten, wie wesentlich jene zunächst biologisch-physiologisch beschriebenen Wechselbeziehungen in den Menschen das Psychische ausbilden.

Zunehmend sind psychoanalytische Schulen bereit, vom Psychischen nicht als einer Angelegenheit zu handeln, die dem Leben in seinen weniger frei reflektierten Schichten gegenübertritt. Michael Balint hat sogar mit aller Entschiedenheit das früheste, «primäre» Erleben des Lebens als Grund der seelischen Entwicklungen erkannt und dargestellt.[34] Er sieht im lebensgeschichtlichen Beginn des Lebens eine «harmonische wechselseitige Durchdringung» – «interpenetrating harmony» – zwischen dem Fötus und seiner Umwelt.

Bei der Geburt wird diese Harmonie traumatisch aufgebrochen und durch eine Abhängigkeit ersetzt. «Damit beginnt die Trennung zwischen Mensch und Umwelt.»[35] Schon diese Trennung bedeutet eine Grundentfremdung. Das menschliche Wesen und seine Umwelt sind nicht länger eine fraglose Einheit. Wenn diese Einheit gestört oder abgebrochen wird, so geschieht das ebenso fraglos und führt einfach zu einem Schaden oder zum Ende. Gewissermaßen muß die einfach geschehende Einheit sich nach der Geburt in einer wechselseitigen Abhängigkeit zwischen dem Kind und der Mutter fortsetzen. «Ein Säugling existiert nicht unabhängig von der mütterlichen Fürsorge betrachtet»³⁶, wendet Winnicott gegen die Vorstellungen von einer psychischen Instanz ein. Beide Seiten bilden zusammen mit anderen Momenten der Umgebung eine geschlossene Welt, ein ‹System›, wie andere sagen. Die Umwelt wird dabei zur Mitwelt, indem die Fürsorge nicht fraglose Funktion ist, sondern hinführt zum Spiel von Frage und Antwort. Die Mutter, die das Kind nährt, beschützt es zugleich vor der latenten Angst, Not leiden zu müssen. In diesem Schutz wächst die Unabhängigkeit. Im Grade der Unabhängigkeit kann aus den Wechselbeziehungen von Bedürftigkeit und Fürsorge das Spiel von Frage und Antwort sich freier entfalten.

Umwelt, dann Mitwelt ist aber gar nicht die Mutter allein, wenn auch die anderen Momente im Erleben des Säuglings mit ihr verschmelzen. Schon im frühesten Beginn kennt unser Leben Mitspieler und Widerpart. Wir haben bereits vor der Geburt beobachtet, wie das Wechselspiel von Anforderungen durch den Embryo und entsprechenden Reaktionen der Umgebung, aber auch von Reaktionen des Embryo auf das Verhalten der Umgebung – etwa im Stoffwechsel – die Entwicklung bestimmend durchzieht. Dabei kann der Embryo sich durchaus als das fordernde, dynamische, ‹aktive› Moment erleben. Er muß sich aber auch darauf einstellen, daß es ein Gegenüber gibt, das nicht automatisch seinen Anforderungen entspricht. Tatsächlich bekommen Umweltmomente eine Funktion, die *in nuce* einem Objekt, einem Gegenstand entspricht. Nach der Geburt entwickeln sich die Wechselbeziehungen so, daß dem Säugling solche Momente, wie Balint sagt, zu «primären Objekten» werden. «Solche primären Objekte sind in erster Linie die Mutter und für viele Leute bemerkenswerterweise einige der ‹vier Elemente›, die archaische Muttersymbole sind: Wasser, Erde, Luft und – seltener – Feuer. Die Beziehung zu primären Objekten und ihren Abkömmlingen bleibt im ganzen Leben andersartig, das heißt, primitiver als die zu allen anderen Objekten in der Welt.»³⁷ Balint hat diese Feststellung entwickelt zu einer «Theorie der primären Beziehung zur Umwelt», die er die *primäre Liebe* nennt.

Nach der vor ihm – und noch heute vielfach – herrschenden Auffassung «hat der Mensch bei der Geburt kaum irgendwelche oder gar keine Beziehungen zur Umwelt». In der Ausdrucksweise der Theorie heißt zwar das erste frühe «Selbst oder Ich oder Es» ein Objekt; aber es gibt dann eigentlich weder ein Subjekt dazu, noch wird mit dem Ausdruck «Besetzung» eine wirklich lebendige Beziehung gedacht. Die Besetzungen müssen sich dann aber gerade der Lebensumwelt zuwenden, deren geringste Schwankungen von großer Bedeutung sein können, schon für das vorgeburtliche Leben. «Allerdings», meint Balint, «ist diese Umwelt wahrscheinlich undifferenziert.» Die Vielfalt sehr differenzierter Selbstgestaltungen im Embryo würde zumindest physiologisch Balints Annahme in Frage zu stellen erlauben. Was er im wesentlichen sagen will, ist aber etwas anderes. In der «harmonischen wechselseitigen Durchdringung» wird die gemeinsame Einheit als das Bestimmende empfunden. Um eine hinreichende Vorstellung zu entwerfen, die den gewissen Widerspruch von Einheit und Differenziertheit überwindet, müssen wir hinzufügen, daß Balints «interpenetrating harmony» nicht als ein Zustand gesehen werden darf. Das Harmonische liegt in der Dimension rhythmischer Zeiten, wie wir sie uns am menschlichen Gang vergegenwärtigt haben.

Als Bild gibt Balint «den Fisch im Meer»; «es ist sinnlos zu fragen, ob das Wasser in den Kiemen oder im Maul Teil des Meeres oder Teil des Fisches sei, und genau das trifft auf den Fötus und die amniotische Flüssigkeit zu.» Das Wasser kann keinem der beiden zugerechnet, nicht als Besitz oder Merkmal des einen oder des anderen betrachtet werden. Dennoch ist die Frage sehr sinnvoll, wem das Wasser in diesem Augenblick zukommt oder abgeht. Fisch und Meer leben in einer Einheit miteinander durch die Bewegungen unter anderem des Wassers, hinein und hinaus. Im Austausch werden jedesmal Qualitäten verändert. Aufnehmen und Abgeben sind einander komplementäre, aber eben doch unterschiedliche Tätigkeiten. Die Harmonie *besteht* nie. Sie *lebt* in den Bewegungen solchen Austausches. Jede Harmonie im Leben würde zerfallen, sobald sie nicht länger im Wechselrhythmus von Selbsttätigkeiten immer neu entsteht. Und in der Tat stellt Balint dar, daß das Zusammenspiel «in der Placenta von Fötus und Umwelt-Mutter» äußerst komplexe gegenseitige Durchdringungen ausbildet.

Wer hat nicht beim Fisch im Meer an die Luft gedacht, die wir einatmen und ausatmen. Sie als Teil des Menschen zu bezeichnen oder als Fremdkörper, hieße den Atemvorgang zum Stillstand bringen. Die Frage nach dem Besitzer zeigt, wie lächerlich wir bestimmte juristische Eigentumsvorstellungen zu verallgemeinern bereit sind. Eine Logik, die hier an Identität festhält, hält das Leben an. An einem Fremdkörper Luft in den Lungen müßte ich ersticken wie an einem geschluckten Frosch. Meiner Luft, die ich habe aus dem Mund gehen lassen, nachzulaufen, wäre so verrückt wie die Idee zu fragen, wer nun wohl wieviel von der meinen mit in seine Lungen gesogen habe. Luft und Wasser sind in diesem Sinne undifferenziert. Die Erde ist es selbstverständlich ebenso; denn die Erde ist nicht dieses oder jenes Stück ihrer Oberfläche. Auch das. Aber als Element ist sie der Vorgang der Anziehung, die auf mich leibhaftig wirkt, wo immer ich mich auf der Erde befinde, und die jener notwendige Gegenpol ist, an dem meine leibliche Aufrichtung ansetzt. – Gora, die große alte Leibtherapeutin Frieda Goralewski in Berlin, wird während ihrer Stunden, die sie gibt, nie müde zu wiederholen: «Ich lasse meine Beine in die Erde hängen.» Dabei liegen die Menschen auf dem Rücken. Wenn sie wieder aufstehen und sich im gelösten Gehen üben, sagt Gora: «Die Erde trägt uns alle.» Darin begegnen wir auch einander.

Balints Weg über die Besetzung und die Libidoströmungen im Fötus und im Säugling ist theoretisch umständlich. Aber er erkennt diese Beziehungen zur Mutter, zum Wasser, zur Luft als eine «primäre Liebe». Wir leben ganz in diesen Beziehungen. Die westlich modernen Kulturen nehmen solche Beziehungen besonders wenig in ihr Bewußtsein auf. Aus der traditionellen Welt erinnert noch einiges an Spuren eines derartigen Sinnenbewußtseins. Im bäuerlichen Leben wird mit dem Wort ‹mein› oft noch eine tiefe Bindung, nicht ein besitzanzeigendes Fürwort ausgesprochen – mein Acker, auch meine Pferde. Statt von einem Garten oder Waldstück bestimmte Vorzüge zu schildern, sagt Marie von Thurn und Taxis einfach, ihr Mann oder Rilke liebten sie so. Alle kennen die Weite des Meeres, die sich in uns ausbreitet, wenn wir uns darin bewegen, vielleicht fast verlieren, die aber schon beim Anblick uns die Lungen bläht. Alle kosten die duftende Frühlingsluft und fühlen sich von innen her verjüngt, wenn sie durch leicht bebende Nasenflügel strömt. Dennoch dürfte Balint recht haben mit der Feststellung, daß «die latente Besetzung» deutlich erst bei Luftmangel wird. Die liebende Beziehung zur Luft erklärt auch erst, warum Atemnot so viel öfter aus der Vorstellung von Luftmangel folgt als aus dem tatsächlich physiologischen. Seelische Beklommenheit klemmt uns den Atem ab, weil wir an der Verläßlichkeit von allem zweifeln, das uns gleichermaßen notwendig und lieb ist.

Die einfachsten Beziehungsvorgänge des Lebens sind, psychisch erlebt, Liebe. Freilich kann unser Erleben nur zu leicht daran vorbeigehen. Aber der Alternative einer frühen ‹Omnipotenz› oder einer totalen Abhängigkeit tritt eine Urliebe gegenüber, die ebenso eng mit einem Urvertrauen verbunden ist, wie sie, gestört, in eine schreckliche Grundangst umschlägt. Besonders dadurch, wie eine solche Grundangst das Selbst der Menschen gefährdet, wird deutlich, daß gerade aus jener, wie Balint meint, ‹undifferenzierten›, primären Durchdringung mit der Umwelt ein starkes Selbst wächst.

Wenn wir, wie es notwendig ist, an dieser Stelle den Begriff Umwelt durch den von *Mitwelt* ersetzen, wird der Zusammenhang schon greifbarer. Derselbe Satz der Konstitutionslogik gilt schon in diesen tiefen Schichten, den wir für die Wahrnehmungen des reifen Menschen bei Weizsäcker gefunden haben, «daß die Vielartigkeit der Objekte mit dem Reichtum der Subjektivität verknüpft ist». Balint erinnert uns daran, das Psychische mit seinen inneren Organen und der Mitwelt, die ihm in gewisser Weise zu äußeren Organen wird, als einen großen – freilich in sich bewegten – Zusammenhang zu sehen. Wenn einem Menschen zunächst die Beziehungen zu äußeren Organen, dann diese selbst im mangelnden Austausch absterben, so sterben entsprechend auch die Selbsttätigkeiten der inneren Organe ab. Gerade durch die rigorose Ausgrenzung des Außen zerfällt das Innen. Das kann bis zur «Teilung des Selbst» gehen. In diesem Fall spricht Ronald D. Laing von einem «entkörperten Selbst» – unembodied [38]. Winnicott nennt es das «falsche Selbst»: Beide Begriffe fassen dieselbe Diagnose zusammen. Aus einer sehr frühen, selbstverständlich tief traumatischen Unverläßlichkeit der Mitwelt, eigentlich eben der Umwelt auf dem Wege erst zu einer Mitwelt, folgt eine undenkbar tiefe Angst. Ein «Durchbruch zum eigenen Wesen» ist genauso verstellt wie lebendige Beziehungen zur Mitwelt. Die Psychologen sagen oft, diese Menschen können nichts lieben, weil sie sich selbst nicht lieben können. Balints Auffassung gibt zu verstehen, daß diese Erklärung recht mißverständlich ist. Gestört ist nicht der eine Beziehungstyp auf Grund von Störungen des anderen. In Wirklichkeit weisen beide Störungen in eine Phase, das heißt auch: eine Tiefenschicht zurück, in der Leben und Lieben gleichbedeutend sind, in der Leben bewegte wechselseitige Durchdringung ist und weder ein Selbst noch ein Gegenüber ausdifferenziert wurden.

Was wir an der Erkrankung zu sehen lernen, soll unsere Aufmerksamkeit auf die Lebensformen des Heilen lenken: «Das Gefühl, daß das Leben wirklich und reich an Sinngehalten ist», zeigt Winnicott als den Ausdruck eines Reichtums an Beziehungen. Gehen wir ihrer Ausbildung noch einmal von dem Grunde der «Urformen der Liebe» her nach. Schon während Freud diesen Bereich als Narzißmus, also als Selbst-Liebe zu behandeln begann, wies in ihrer Antwort an ihn Lou Andreas-Salome einen anderen Weg. Erst langsam holt die Theorie des Psychischen – oft kleinlich und zögernd – nach, was diese Frau in umfassender Sicht bekannte: Für eine Lebensphase, in der Selbst und Welt auf das Existenziellste einander durchdringen, wäre ein Begriff wie Selbstliebe eine Projektion von der späteren Teilung zwischen Ich und

Nicht-Ich her. Am Beginn des Lebens erfahren die Menschen allgemein ein beglückendes «Eins-Sein mit der ganzen Welt».

Für eine Abschaffung von Lust und Unlust

Das Konzept von Lust und Unlust hängt auf unglückliche Weise mit dem der Triebe zusammen. Die Triebe kommen als eine Art Motor zu einem mechanischen Getriebe von Organen hinzu. Die Seele war schon bei Aristoteles definiert worden als das Prinzip der Lebewesen, das für ihre Bewegung, ihre Wahrnehmung und ihre Ernährung sorgt. Im Verlauf der Entwicklung der Moderne wurden diese Definitionen gegen den traditionell weiteren Zusammenhang, der sie bei Aristoteles und noch bis in die Neuzeit in weniger systematischer Funktion begleitet und getragen hatte, isoliert. Hans Jonas und Erwin Straus haben das exemplarisch in ihren kritischen Auseinandersetzungen mit Descartes demonstriert.[39] Das Konzept Motor trat schon vor Descartes an die Stelle der Vorstellung von der Seele – Kepler etwa wurde bereits erwähnt. Dieser Paradigmenwechsel hat sich aber auch sowohl nach Descartes weiter vollzogen, wie er oft in anderen Begriffen und Denkmodellen als dem der Kräfte oder des Motors formuliert auftritt.

Eben dies ist der Fall zum Beispiel bei Freud, wo er seinen Begriff der Triebe von Helmholtz aufnahm und damit dessen mechanische Auffassung von Naturvorgängen in die Psychoanalyse einführte.[40] Wie weit immer die quantitativen Bemessungen von Triebenergie bei Besetzungsvorgängen Hilfen für das Verständnis qualitativer Beziehungszusammenhänge geben, sie stellen nichtsdestoweniger die Übernahme mechanischer Modelle in die Psychologie dar.

Die Begriffe Lust und Unlust gehören in dieses Konzept. Sie stammen ab von der mechanisch-materialistischen Auffassung des Seelischen als einem Universum von Abstoßungs- und Anziehungskräften. Die Anthropologie von Hobbes hat das auf elementare Formeln von tiefer Wirksamkeit für die folgenden Jahrhunderte gebracht.[41] Abstoßung und Anziehung treten bei ihm bezeichnenderweise auf als Kräfte, die feste Körper von unterschiedlichen geometrischen Formen auseinander oder zueinander treiben. Descartes vertrat ganz ähnliche Vorstellungen von Partikeln im Menschen, deren Form bestimmten Gefühlstypen oder Ähnlichem korrespondiert und deren Verhalten unter der Einwirkung der genannten Kräfte Reaktionen und Verhalten der Menschen steuert. Im lateralen Hypothalamus hat man neuerdings Zellen entdeckt, die physiologisch ‹Lust› anzeigen. Jeder Wahrnehmungsvorgang ist, mit bezeichnenden Einschränkungen, von ‹Lust› begleitet, jede Sinnesempfindung, also ganz allgemein jede Organtätigkeit. Die Einschränkungen betreffen die Möglichkeit, in dieser Tätigkeit Differenzierungsvermögen tätig werden zu lassen und Kontext neu herzustellen. Diese Möglichkeit kann grundsätzlich begrenzt sein dadurch, daß Differenzierungen entsprechender Art noch nicht ausgebildet worden sind. Akut kann sie dadurch beeinträchtigt werden, daß die Situation nicht erlaubt, angelegte und ausgebildete Differenzierungen ins Spiel zu bringen. Das wird verhindert, wenn die Situation keinen Spielraum läßt, keinen Abstand, in dem erneut die schon entwickelten Reflektionen sich ereignen können. Der zeitliche Abstand mangelt, zum Beispiel bei übermäßiger Hetze, unter Streß, wenn brüllender Hunger zum bloßen Verschlingen treibt – wir erinnern uns an Hegels Begriff des «einfachen Vernichtens» für Stadien vor der Entwicklung von Differenzierungsvermögen. Der räumliche Abstand mangelt, wo die Tastnerven der Finger, im festen Druck der Hand gegen den Gegenstand, diesen nicht mehr umspielen können und nur Druckempfindungen aufgenommen werden können.

Experimentell wurden derartige Zusammenhänge für Tiere festgestellt. Schon im Tierreich sind die Lustgefühle, die jede Organtätigkeit begleiten, physiologisch und psychologisch zugleich von Bedeutung. Das Psychische findet einfach physiologisch statt. Die Theorien der Materialisten wie Hobbes und Descartes werden insofern bestätigt. Sie ereignen sich aber gerade nicht als ein rätselhaft organisiertes Zusammenwirken von unbewegten Partikeln und gleichgültigen Bewegungskräften. Vielmehr sind die Partikel Zellen oder andere lebende Gebilde, die als Bewegung, als Vorgang, als Ereignis organisiert sind. Ihre Bewegtheit ist ihre Weise zu sein und weist als Bewegung über sie hinaus.

Die experimentellen Feststellungen, die entsprechende Einsichten in das Funktionsgefüge von Biologischem und Psychischem erlauben, können insofern auf die Menschen übertragen werden: «Sie liefern eine konkrete Grundlage für die psychoanalytischen Überlegungen. Sie helfen, besser zu verstehen, wie Spieltätigkeiten die Freude zu leben anregen, nämlich indem ein aleatorischer Vorgang hervorgerufen wird, der gefiltert werden muß und dessen Filterung Hedonie bedeutet.»[42] Was hier mit Aleatorik gemeint ist, haben wir mit Bateson als stochastisches Moment bezeichnet. Filterung heißt nichts anderes, als Unterschiede zu machen und auf ihnen Kontexte aufzubauen. «Sie stellen ein einfaches und solides Schema zur Verfügung, um zu erklären, wie der Erfolg oder Mißerfolg der Gefühlsbeziehungen und der sinnenhaften Begegnungen zwischen Mutter und Kind schicksalhaft die Beziehungen zwischen dem späteren Erwachsenen und anderen Menschen bedingen.»

Nachdem also die graduellen Übergänge von den biologischen Vorgängen zu den psychologischen Modellen von «Lust und Unlust» offengelegt sind und umgekehrt die höchst differenzierten und scheinbar unstofflichen Vorgänge als Transzendierungen stofflichen Lebens erkannt werden können, wird das Konzept von Lust und Unlust überfällig. Längst waren seine falschen moralischen Aspekte problematisch. Wir kommen endlich dahin, aus der Natur unserer geschichtlichen Existenz als Menschen einzulösen, was Kritische Theorie gedanklich vorweggenommen hat. Adorno sagt in der «Ästhetischen Theorie» von Kants Auffassung der Kunst als «interesselosem Wohlgefallen»: «Ihm wird Ästhetik, paradox genug, zum kastrierten Hedonismus, zu Lust ohne Lust, gleich ungerecht gegen die künstlerische Erfahrung... und gegen das leibhafte Interesse, die unterdrückten und unbefriedigten Bedürfnisse, die in ihrer ästhetischen Negation mitvibrieren und die Gebilde zu mehr machen als leeren Mustern.»[43] Für authentische Äußerungen des Lebens überhaupt, meine ich, gilt, was Adorno über Kunst sagt; seine Ästhetische Theorie ist eben schon Theorie des Ästhetischen im weiten Sinne, wenn sie sich auch an einen begrenzten Kreis von Kunstwerken hält – so, wie der Historiker an einen bestimmten zusammenhängenden Komplex von Quellen. «Kunstwerke implizieren an sich selbst ein Verhältnis zwischen dem Interesse und der Absage daran, wider ihre Kantische sowohl wie Freudsche Interpretation... Nur Kunstwerke, die als Verhaltensweisen zu spüren sind, haben ihre raison d'être.» Das Hedonistische hatte die Anrüchigkeit von Tierischem, weil es den Trieben verhaftet war. Darum mußte die Lust in der Kunst ohne Lust betrieben werden. Dieser Absurdität können wir einfach entkommen. Das Schöpferische ist mehr in seinen physiologischen Quellen zu Hause, als daß es dem Gewaltprinzip von Aktivität gegen die Dinge zugehörte. Schöpferisch zu sein ist nur eine besondere Form des Lebens, nämlich erlebend und ausdrückend zu leben. Es ist nur die besondere Äußerung der Urliebe, die Menschen dank den Differenzierungen der Geschichte und ihnen zum Trotz, durch sie hindurch erringen.

Die mythische Einsicht und Darstellung dieses Spannungsfeldes ist bis jetzt an doppelter Klarheit unübertroffen. Sie ist Kern sehr vieler initiatischer Weisungen. Die Kelten führten ihre jüngeren Menschen in das Wissen von Gegenüber und Einheit mit der Erzählung von Conedda ein, der eine Seelenfahrt durch die Gefahren des Waldes und der Wasser der Tiefe macht, geleitet von einem sprechenden zottigen Pferd. Ihm ganz Freund, lernt der junge Mann die Stimme der Natur und damit die Einsicht in die Einheit mit den Vorgängen von Licht und Dunkel in sich selbst wieder zu beheimaten. In diesem Vertrauen lernt er zu wissen, wo er entgegentreten muß und wo er sich einbeziehen lassen soll. Wenn er so weiß, Gefahr und Begegnung zu unterscheiden, dann muß eine neue Dimension geleistet werden. Das Pferd gibt Conedda den Befehl, ihm nun den Hals durchzuschneiden. Er darf nicht länger von der Führung abhängig sein, auch weil er damit Kräfte an sich bindet, denen er freier begegnen sollte, um zu gemeinsamer Entfaltung auch dieser Kräfte im anderen Wesen wie in ihm selbst beitragen zu können. Er, der Freund, der sich zu töten weigert, ist der Richtige, in dem Pferd den Bruder des Herzens der Welt zu erlösen. Er muß töten, um sein Selbst als eine eigene Kraft mit der befreiten des Tieres erneut vereinen zu können. Heinrich Zimmer berichtet diesen Mythos.[44]

Schöpferisches Selbst

Wir versuchen, das Wort schöpferisch wieder zu gebrauchen, nachdem wir es von ideologischen Vereinnahmungen, Verkürzungen und Aufblähungen befreit haben. Leben selbst ist schöpferisch, schon in der Rekreation. Im Biologischen ist uns bereits das Wechselspiel von Kontinuität und Zufall als Vorgang sinnvoller Veränderungen begegnet. Im Embryologischen haben wir das Wachstum des Keimlings als eine Geschichte der Selbstgestaltungen zu begreifen gelernt. Psychologisch tragen die Urformen der Liebe einen schöpferischen Bereich, der zum Menschen gehört, nicht nur als besondere Begabung des einen oder anderen. Es ist auch deutlich geworden, daß zum Beispiel das Künstlerische gerade dadurch in einem Menschen stärker sein kann, daß dessen Ego schwächer ist und sich darum die Tiefenbewegungen besser vernehmen lassen, weil sie weniger kompakt verstellt sind.

Ebenso klar ist hoffentlich auch geworden, daß Schöpferisches nicht einfach aus der randvollen Schale der Urliebe überfließt. Erst im Wiedersuchen der erinnerten Harmonie erwacht das Bemühen um ‹etwas Besseres› als die vorgefundenen Verhältnisse. Das Schöpferische der Menschen hat ebenso die harmonische Fülle wie den Bruch und das Gefühl des Mangels zur Bedingung.

Wir wollen dazu nicht die klassische Lehre von den Versagungen aufgreifen, nach der das Ich stark wird durch die Frustrationen, die es überstehen lernt. Zu oft lernt es dabei nur, dem Verbot zu gehorchen, und stark wird vor allem das Über-Ich. Adler hat sich für dieses Arrangement entschieden. Seine Auffassung, daß die benachteiligten Menschen ihr Minderes überkompensieren und Herausragendes leisten, erweist sich zuletzt als ein Darwinismus mit verkehrten Vorzeichen unter der Vorherrschaft des Über-Ich.

Die Vorstellung von der Sublimierung, die frustrierte Triebregungen auf kulturell höhere Tätigkeiten lenkt, ist nicht weniger unwidersprochen geblieben. Ohne diesen Fragen uns wiederum widmen zu können, ist allerdings eine kurze Klärung darüber erforderlich, in welchem Verhältnis die hier zusammentreffenden Vorstellungen vom Psychischen zum Begriff der Triebe allgemein stehen. Bateson hat die Frage auf eine kurze Formel gebracht und ebenso schlüssig beantwortet: «Das sogenannte Leib-Seele-Problem ist in einer Weise falsch gestellt, die die Argumentation in eine Paradoxie treibt... Wenn wir die unbewußten Prozesse aus dem ‹Selbst› ausschließen und sie als ‹ich-fremd› bezeichnen, dann nehmen diese Prozesse die subjektive Färbung von ‹Trieben› und ‹Kräften› an; und diese pseudodynamische Qualität wird dann auf das bewußte ‹Selbst› ausgedehnt, das versucht, die ‹Kräfte› des Unbewußten ‹abzuwehren›. Das ‹Selbst› wird dadurch seinerseits zu einer Organisation scheinbarer Kräfte. Die populäre Vorstellung, die das ‹Selbst› mit dem Bewußtsein gleichsetzen möchte, führt somit zu der Konzeption, daß Ideen ‹Kräfte› sind; und dieser Trugschluß wird wiederum dadurch genährt, daß man sagt, der ‹Neurit›, die Nerven, «leite ‹Impulse› weiter».[45] Pseudodynamisch bedeutet, daß ein mechanisches Modell gedacht wird, dessen statische Stücke durch einen Motor bewegt werden. Eine wirklich dynamische Auffassung hat – einmal mehr treffen wir auf das gleiche Grundproblem – Vorgänge als das Wesentliche zu verstehen. Organe sind dann materialisierte Funktionen und existieren als solche nur im Wechselspiel.

Das ‹Selbst› kann nicht eine Institution sein, die von irgendwoher angetrieben wird. Wie das Gehirn physiologisch die Integration von Stoffwechselprozessen und Organfunktionen leistet, so ist das Selbst eine psychologische Funktion des Kontextbildens. Entsprechend werden wir nicht von Frustration sprechen, sondern von Spannungen. Deren Vermittlung ist eine psychische Funktion. Die Intensität von Spannungen bestimmt den Grad der zu leistenden Vermittlung. Diese Leistung findet auch ihren Niederschlag in der Stärke dessen, was wir nun Selbst oder Ich nennen. Überspannungen führen zum Zusammenbruch auch von schon entwickelten Kontexten oder Integrationen. Zu schwache Spannungen fordern keine Leistung heraus. Immer geht es aber darum, einen übergreifenden Zusammenhang entstehen zu lassen. Eben dieses ist eine schöpferische Tätigkeit. Sie vollzieht sich ebenso beim Vergleichen von Unterschieden wie beim Überwinden von Gegensätzen auf eine erinnerte Harmonie hin. Vergessen wir dabei nicht, daß wir schon am Biologischen und am Embryologischen gesehen haben, wie konstitutiv der Widerstand für selbstgestaltende Lebensbewegungen ist.

René Spitz beschreibt die Herausbildung des Psychischen aus dem Physiologischen unter anderem mit einer besonderen Phase im dritten Monat nach der Geburt. «In diesem Alter sind die Spannungszustände Vorläufer und in gewissem Sinn Äquivalente der Affekte. Diese selbst entwickeln sich erst, nachdem sich ein rudimentäres Ich konstituiert hat.»[46] Man könnte von einer Geburt der Seele aus den Sinnen sprechen, die sich freilich in vielen Phasen vollzieht. Geburt bedeutet eben, in die Welt hinauszutreten und eigene Beziehungen zu einem Gegenüber zu entwickeln oder nicht zu entwickeln. Als ein Keim oder ein Hauch ist die Seele sicher vor allen Herausbildungen da. Als Organ entsteht sie erst in den zunehmend differenzierteren Funktionen. Sie steht als solches noch längere Zeit «dem Physiologischen näher als dem Psychologischen; jedoch entwickeln sich aus diesen psychophysiologischen Zuständen und aus den Reaktionen, in denen sie sich ausdrükken, später rein psychische Strukturen und Funktionen.» Wie schwer der somatische Ausdruck von der psychischen Reaktion scharf zuordnend getrennt werden kann, erleben Menschen jeden Alters. Daß dabei die Verdauungsorgane weiterhin dem Seelischen besonders nahe sind, daß die Spannungszustände beider einander eng entsprechen, ist uns doch wohl vertraut.

Schon seit Freud wird das Wahrnehmen als eine Handlung des Aufnehmens gesehen, «die in psychischer Hinsicht den oralen Prozessen analog ist, also einer Einverleibung entspricht». Wahrnehmung und Bedürfnisbefriedigung werden zunächst als Einheit beschrieben. «Auf einer späteren Stufe wird durch den Erwerb der Fähigkeit zur Wahrnehmung in der Ferne zwischen den Wahrnehmungs- und den Vollzugsakt ein Zeitabstand eingeschaltet.» Die Entwicklung wird hier von Spitz wie nach dem logischen Modell von Hegel dargestellt. Durch einen ersten Abstand kommt in den Zusammenhang ein Spielraum hinein, in dem ein Bild entstehen und aufgenommen, später mit erinnerten

Bildern verglichen werden kann. Der Spielraum bedeutet selbstverständlich, daß die Spannung zwischen Bedürfnis, Erwartung usw. einerseits und Befriedigung, Bereicherung usw. andererseits steigt. Diesen Bogen halten zu können, macht das Psychische aus.

In dieser Entwicklung sehen einige Forscher bestimmte Organe entstehen, «Ich-Kerne», wie Spitz sagt. Solche Kerne werden in einem «Mund-Selbst», einem «Hand-Selbst» vermutet. Wenn dann solche Kerne ihre Wahrnehmungen und Handlungen koordinieren, integrieren sie sich zu einem «Körper-Selbst». Daneben wird das Zusammenspiel der Sinne, etwa von Magen, Haut und Gleichgewicht (Labyrinth), als primitive Undifferenziertheit dargestellt. Diese Einheit wird zwar später in den psychischen Bereich der Empfindungen verlagert und ermöglicht dort, daß voneinander unabhängige Wahrnehmungen der einzelnen Sinne ganzheitlich und damit vergleichbar empfunden werden, wie Erwin Straus gezeigt hat.[47] Doch geht eben die Einheit in der übergreifenden Dimension der Empfindungen genetisch zurück auf die primitive der Sinneswahrnehmungen selbst. Wir finden immer die Dynamik des «Gestaltkreises» wieder. Er ist eine lebendige Bewegung, indem er immer neu wiederhergestellt werden muß. Wie dort Zerreißungen den Kreis unterbrechen, so wird das Zusammenspiel der Sinne zum Ausgangspunkt.

Hier kann keine Psychologie der Wahrnehmung dargestellt werden. Einzelne, besonders bezeichnende Momente sollen Hinweise geben, wie die Konstitution des Psychischen zu denken und wie sie mit den Sinnestätigkeiten dabei verbunden ist. Dafür muß der konstitutive Zusammenhang seine volle Bedeutung einnehmen, den wir angedeutet haben mit dem Aufnehmen als Beginn aller Selbsttätigkeit der Sinne wie der Seele. Die Selbsttätigkeit der Wahrnehmung bestimmt nach den Beobachtungen der Psychologen zunächst soweit das Feld, daß eine Spannung ganz in ihr aufgeht. «Am Anfang kann der Säugling die Laute, die aus seiner Umwelt kommen, nicht von denen unterscheiden, die er selbst hervorbringt... An einem bestimmten Punkt... merkt das Kind, daß die Laute, die es selbst erzeugt, sich von den Lauten aus der Umwelt unterscheiden.» Dem folgt das Bewußtsein, eigene Laute den anderen entgegensetzen zu können. Dieser Unterscheidung wiederum folgt die Vergleichung: «die Fähigkeit, etwas zu *erzeugen,* das es in einem anderen Sinnesbereich als Reiz *empfangen* hat.» Der Säugling stellt dann Versuche mit dieser Fähigkeit an; «meist sind es Laute rhythmischer, sich wiederholender Art». Das Kind erzeugt in sich noch einmal die Unterschiede, die es wahrnimmt zwischen innen und außen. Es bildet den Spannungsbogen aus zwischen dem Aufnehmen und dem Lautgeben, und sein Psychisches ist dieser Bogen. Kraft und Anleitung, ihn zu halten, wachsen ihm im Aufnehmen zu. Die Selbsttätigkeit der wahrnehmenden Sinne geht in die andere der nach außen wirkenden Organe über. Das Vergleichen von beiden hält an einem übergreifenden Zusammenhang fest, den es erst bildet, der sich aber auch aus der Wahrnehmung nährt. Die mimetischen Quellen nicht nur der jeweiligen Ergebnisse, sondern auch der schöpferischen Fähigkeiten überhaupt sind offensichtlich. Sie sind aber zugleich Quellen des Selbst, die sich im Akt mit den inneren Vorgängen verbinden, die jene Selbstgestaltungen der vorgeburtlichen Phasen fortsetzen. Wir werden für Äußerungen, die derart einhellig den biologischen Akt ins Psychische verlängern, den Begriff der *authentischen Geste* einführen.

Wir befinden uns in dem Bereich der zentralen Frage, um die, wie Geets sie zusammenfaßt, das ganze Werk von Winnicott kreist. «Wo verkörpert sich das Gefühl zu sein und Wirklichkeit zu haben, das so vielen Menschen grausam fehlt?» Winnicott knüpft an Balints «harmonische wechselseitige Durchdringung» an. Aber sofort faßt er die Situation als ein Geschehen, das Geschehen als ein Zusammenspiel von Spannungen und Bewegungen auf.

Vielleicht hat niemand in der gesamten wissenschaftlichen Betrachtung menschlicher Entwicklungen so radikal klargemacht wie Winnicott, daß entscheidende Bewegungsformen im kindlichen, jugendlichen und Erwachsenenleben die gleichen sind. Wir können sagen, daß er, wie Blechschmidt die Tiefendimensionen der Kontinuität der vorgeburtlichen in die nachgeburtliche Lebensgeschichte mit dem Begriff der Selbstgestaltung ins Bewußtsein hebt, seinerseits die Kontinuität zwischen kindlicher und erwachsener Selbsttätigkeit zu begreifen gibt. Sein verbindender Begriff ist das Spielen. Spiele sind nicht Vorbereitung auf die Wirklichkeit, sondern selber Schritte in der Wirklichkeit, jedenfalls, wo Kinder aus sich heraus Spiele entwickeln.[48]

Den Ernst dieser Selbsttätigkeit bezeichnet die dahinterstehende Forderung nach «einer gesunden Fähigkeit zur Erfahrung ums Ganze». Nichts unterscheidet dieses Spielen von einer freien Form der Arbeit. Winnicott betont, daß es nicht um produktartige Ergebnisse, sondern um die Entwicklung von Vorgängen geht. Die Tätigkeit schafft also nicht eine «tote Mitte», sondern eine «lebendige Mitte». Diesen letzteren Begriff habe ich dem Hegelschen, der eben das gegenständliche Werkzeug bezeichnet, entgegengesetzt, um die Produktivität von Vorgängen zu vergegenwärtigen, deren Ergebnis nicht ein Gegenstand oder äußerlicher Nutzen ist, sondern eine in den Beteiligten ausgebildete Fähigkeit oder die Veränderung einer Situation in eine angemessene Bewegung oder eine differenziertere Beziehung zwischen Menschen.[49]

Kinder gestalten ihre Anlagen zu Fähigkeiten, indem sie ‹spielen›; sie gestalten ebenso die Umwelt zu einer Mitwelt bestimmter Gegenüber; sie nehmen darin als Selbst Gestalt an und gestalten Beziehungsmodelle und Formen der Äußerung und Begegnung in verschiedenen Situationen; sie gestalten zunehmend auch Verhältnisse und Beziehungen zwischen anderen Menschen, äußeren Vorgängen und Gegenständen.

Immer, wenn Menschen tastend ihre Beziehungen zueinander oder zu den Dingen entfalten, erprobend mit Unbekanntem umgehen oder Bekanntes mit Bekanntem zu neuen Situationen verbinden, spielen sie in dem gleichen Sinne. Winnicott geht durchaus so weit, die Therapie, in der er mit seinen Patienten arbeitet, als ein solches Spielen aufzufassen. Worauf kommt es dann beim Spielen an?

Zunächst wird das Spielen vom Spiel nach vorgegebenen Regeln unterschieden. Das ist aber nur ein äußerer Hinweis; denn die Abschaffung von Regeln hinterläßt nur Beliebigkeit. Im entschiedenen Gegensatz zu den der sogenannten creativity theory nachgerechneten Rezepten kann damit aber allenfalls eine der Voraussetzungen für Kreativität gesichert werden, keinesfalls diese selbst. Wesentlich im Spielen ist, daß sich die unterschiedlich tiefen Schichten der Wirklichkeit wieder miteinander verbinden, einander durchdringen können. Das tiefe Erleben in den Schichten der «Urformen der Liebe» trägt, im gesunden Gleichgewicht, unsere bewußter gestalteten und gestaltenden Lebensbewegungen durch alle Phasen des Alterns und Reifens. Wesentlich ist, es durch die oberen Schichten wieder abzuschließen. Zumal frühe traumatische Erlebnisse Zugänge massiv blockiert haben können, suchen wir Situationen und Vorgänge, in denen das freie Spiel der kapillaren Verbindungen wieder aufblühen oder erst einmal wieder durchbrechen kann. Im Bild von Bateson gesprochen, ist Spielen die Lebensform, in der der ganze Kreis der Zusammenhänge zugelassen wird, statt von der angestrengten Fixierung auf den verstandesmäßigen und vom Willen kontrollierbaren Kreisausschnitt unterbrochen zu werden.

Dies geschieht in dem Fall des Kindes, das sein Leiden unter den unerträglichen Trennungen und Konflikten seiner Mitwelt abarbeitet, indem es einen Bindfaden nimmt und die Orte des Wohnraumes damit verbindet.⁵⁰ Dies geschieht auch, wenn wir von Michael Vetter uns in die Zen-Spiele mit hingeworfenen Steinen oder fliegenden Tüchern oder geknüllten und sich räkelnden Papieren hineinziehen lassen.⁵¹

In der ganzen Breite der Spiele zwischen dem beschwertesten und dem leichtesten ist Winnicotts Bedingung erfüllt, daß wir uns wie die Kinder ins Spiel «verlieren». Der Ausdruck ist mißverständlich. Verlieren werden wir nur das fixierende Ich, das Ego, das Lacan das «kleine Ich» und Dürckheim das «Welt-Ich» nennen. Wenn wir das einmal loswerden, finden erst wir uns, finden das «große Ich», das «Wesen». Und auch dieser Ausdruck ist mißverständlich. Was wir finden, ist eben nicht ein Ich, so oder so. Wir finden uns selbst *in* den Verbindungen mit den zutiefst geliebten Momenten von Welt. Wir lösen ein Ich mit seinen Charaktereigenschaften und seinem psychischen Apparat auf, um uns im Reflektionspunkt eines weiten Netzes von Beziehungen wiederzufinden, die durch unsere Lebensgeschichten ihre Ausbildungen und Narben, wahrscheinlich auch noch offenen Wunden empfangen haben und einzigartig darin sind.

Arbeit kommt ins Spielen, weil Vermittlungen gefunden oder auch erfunden werden müssen: Mitten, über die und durch die hindurch tiefes Erleben und Bewußtsein, Denken und Lebensbewegungen einander binden können. Früheste Vermittlung zu dem «Grund» mag das «holding» sein, das ich lieber ein Getragen-Werden nennen möchte. Die Mutter, die so weitgehend für das Ungeborene mit dem eine Einheit bildet, was später ihm zu eindeutigen Momenten seines Selbst werden wird, trägt es, aber eben nicht wirklich als jemand anderes. Gewiß bleiben aus dieser von ihr – oder einem anderen mütterlichen Menschen – vermittelten Einheit mit der Welt Spuren, die wir äußere Momente des Selbst nennen können – Vorgänge und Dinge, diese beiden sicher immer zusammen, an die wir früh ‹unser Herz verloren› haben wie eben an die Elemente Wasser oder Luft. Nun verlieren wir unser Herz nicht wirklich, wenn es dorthin gebunden ist. Die Verbindung ist nur dem Bewußtsein verloren. Das ist kein Verlust, sondern eher ein Gewinn, weil die unbewußten Verbindungen auch vor vielen Strategien des Bewußtseins bewahrt bleiben und sinnenhaft wieder erwachen können. So sind sie es, die uns zu einem ‹belebenden Bade›, nämlich einer Wiederbegegnung mit unserem geliebten Element selbst in dieser unerwarteten Form verhelfen oder zu einer Wiederbegegnung mit dem Lebensquell selbst, wenn wir weit draußen im Meer eins werden mit dieser Unendlichkeit, die den Körper trägt und wiegt, in jedem Tropfen bewegt ist, mit jeder Welle uns wach macht und doch nirgends uns stößt oder staucht.

In dieser Beschreibung ist es sehr notwendig, die Bewegungsformen hervorzuheben, zum Beispiel des Wassers. Über sie verbinden wir uns in den tiefen Schichten der Welt, weil wir in Bewegungen das Vermittelnde eines Rhythmus erleben, der, wie immer, sich zu eigenen Bewegungsformen verhält. Dem Bewußtsein entziehen sich diese Begegnungen und Verbindungen um so weiter, je statischer die Denkformen auf Identisches, auf Dinge, auf Ergebnisse fixiert sind. Das große Geheimnis etwa der Philosophie des Tao ist es, auf einem sehr hohen Grad von Reflektionsintensität in Begriffen des Werdens und Wandels, der Situationen, der Vorgänge zu denken. So konnte es ihr gelingen – und Traditionen wie die des Zen sind ihre Erben darin –, zwischen dem Psychischen und dem Biologischen, zwischen den Menschen und dem Kosmischen Vermittlungen feinster Reflektiertheit zu spinnen, ohne das zu brauchen, was die Erkenntnistheorie wie die Psychologie ein Objekt nennen. Solche Objekte waren ihr sehr wohl bekannt. Das tägliche Leben drängt sie uns auf, wie die Spekulation der Gedanken. Aber vom Tao her – und von anderen Traditionen wie der vedischen und manchen weiteren – wird die Schule der Leere gefordert: ‹Mache dich leer.› Damit ist gemeint, lasse alles entgleiten, räume fort, was die Freiheit des Spiels zwischen deinem Wesensgrund und den zutiefst dir verbundenen Bewegungen des Lebens verstellen kann.

Winnicott zeigt die andere Seite, die sicher für jedes Leben gilt – auch wenn es einmal zu jener anderen, ungreifbaren Vermittlung finden sollte. Er führt einen Begriff ein, der genau den Weg bezeichnet: die Übergangsobjekte. Zwischen der haltenden, tragenden Umwelt und dem Unterscheiden zwischen bestimmten «Objekten», zu denen das Kind unterschiedene bestimmte Beziehungen hat, treten Mittler. Ihnen entspricht auf der Seite des werdenden Selbst das, was auch Winnicott das Omnipotenzgefühl des Säuglings nennt, der alle ihm erwünschten Vorgänge durch sein Verhalten herbeiziehen kann – Nahrung, Zuwendung und Bewegung kommen, weil eine aufmerksame Fürsorge errät, was ihm fehlt und es ihm zuteil werden läßt. Omnipotenz hat einen ziemlich kolonisatorischen Beiklang wie der Ausblick vom Feldherrnhügel. Die harmonische allseitige Verbundenheit, die darin zum Ausdruck gebracht wird, soll in dieser Phase so verstanden werden, daß sie von dem Kind zusammen mit einem Gefühl eigener Tätigkeit empfunden wird. Dieses Moment eigener Tätigkeit wird auch in den Übereinstimmungen von körperlichen Erfahrungen wie dem Befriedigen von

Wünschen des Mundes durch den eigenen Daumen oder von Begegnungen der eigenen Hand mit der eigenen Haut getragen. Zusammen ergeben diese Erfahrungen eine Ausbildung des Selbst, das so weit ‹zu sich kommt›, daß auch ihm gegenüber etwas zu sich zu kommen beginnen kann, ein Nicht-Ich. Dieser innere Übergang drückt sich äußerlich darin aus, daß das Kind aus dem All des freundlich Umgebenden, das um die Mutterfigur kreist, von ihm ein Gegenstand zum besonderen Gegenüber und Begleiter gewählt wird. Oft genug der Bettzipfel und das Plüschtier. «Ich habe die Begriffe *Übergangsobjekt* und *Übergangsphänomen* eingeführt, um den vermittelnden Erfahrungsbereich zu bezeichnen, der sich öffnet zwischen dem Daumen und dem Teddy, zwischen der oralen Erotik und der wirklichen Objektbeziehung, zwischen der primären schöpferischen Tätigkeit und der Projektion dessen, was als Introjektion entstanden ist, zwischen der primären Unkenntnis dessen, was der Umwelt geschuldet wird, und der Anerkennung.»[52]

Wir verstehen so auch die Zusammenhänge zwischen ‹Objekt› und ‹Besetzung›, ‹Objekt› und ‹Repräsentanz›, ‹Repräsentanz› und ‹Selbst› als eine Phase des konstitutionslogischen Modells. In logischer Entsprechung vollziehen sich innen und außen die aufeinander antwortenden Vorgänge von Herausbildungen eines ‹Selbst› und eines Gegenüber, neben dem bald andere Gegenüber auftreten werden. Bis ein Mensch, bis eine Kultur eine Reife erreicht, werden Durchgänge auf Durchgänge nach diesem Modell sich vollziehen müssen. Die Logik bleibt die gleiche. Das schöpferische Leben – eines Selbst wie einer Gesellschaft insgesamt – drückt immer die Spannung aus zwischen zwei Polen. Der «Reichtum der Subjektivität» hängt ab von der Tiefe, Fülle und Intensität der sinnenhaften Beziehungen zu einer Mitwelt. Diese Beziehungen werden aber nur an Intensität und Mannigfaltigkeit gewinnen können in dem Maße, in dem das Bewußtsein sich ihnen verbinden und sie vielfach in die Reflektionen seiner differenzierten Ausbildung hineinholen kann. Andernfalls bleiben tiefe Bindungen in unbeweglicher Zähigkeit liegen, wie wir sie für die sogenannte «bösartige Regression» angedeutet haben. Umgekehrt kann ein Verlust der Beziehungen zur Tiefe eintreten: «Die intellektuellen Tätigkeiten übernehmen dann die Aufgabe der ausfallenden (tragenden) Umgebung, der Verstand (the mind) nimmt sich des Selbst an und schädigt ein gesundes Gleichgewicht», sagt Geets.[53] Dies ist die Situation des entleibten Selbst, die Laing «unembodied self» nennt. Die Objekte treten dann scharf, wie es notwendig ist, um differenzierte Beziehungen zu ihnen zu entwickeln und zwischen ihnen vorzustellen oder auch herzustellen, aus der allgemeinen Einheit der frühen Umwelt heraus. Aber sie sind überscharf konturiert. Ihre Konturen isolieren sie gegen die Einheit, der sie sich verdanken, und das gleiche widerfährt dem Selbst.

Winnicott stellt die gesunde Entwicklung wieder als das existentielle Spiel dar, das unser Leben ist. Ein Objekt wird erkannt und nimmt Konturen an im tätigen Umgang des Kindes mit ihm. So entsteht ein Spielraum zwischen beiden, den die Widerstände des Objekts gegenüber der Vereinnahmung des Kindes erweitern und die Bestimmungen erfüllen, wie sie von Entdeckung zu Entdeckung sich mehren. Erst in vielfältiger Übung mit solchen Objekten kann die Fähigkeit entstehen, selber Objekte zu schaffen, indem Veränderungen durch den Umgang mit ihnen als etwas erkannt werden, das ein Kind in Übereinstimmung erfährt oder nicht. «Diese Bewegungen Hin und Wider» nennt Geets sehr schön «eine Form *poetischer* Beziehungen zur Wirklichkeit.» Die aus den Sinnenbeziehungen der Tiefe ins Bewußtsein dringenden Bewegungen finden einen Ausdruck, der erneut ins Sinnenhafte eintauchen muß, um seinem Gehalt zu entsprechen und zu anderen sprechen zu können, indem er sie in vergleichbare Bewegungen zieht.

Die Psychoanalyse ist diesem Zusammenhang auf die Spur gekommen, als sie fragte: Was bedeutet es, sich lebendig zu fühlen?, und verstand, daß dies zugleich die Frage ist: Wo liegen die Ursprünge der «primären Kreativität»? Winnicott ist beiden Fragen treu geblieben. Er hat von der Therapie verlangt, daß sie zum Spielen komme, und gesehen, «daß das Leben selbst eine Therapie ist, die einen Sinn hat».[54] Ins Spiel kommen, in Bewegung kommen, sie als Beziehungen spüren und begreifen, sie ausschreiten. Beckett hat so sein Stück angelegt ‹Alle die da fallen› mit vielem Stehenbleiben und hintereinander Herlaufen und aneinander Vorbeigehen. Und doch besteht Winnicott auf dieser wesentlichen Beobachtung, daß Menschen sich selbst entdecken. Dürckheim nennt dies «Durchbruch zum Wesen» aus den Kräften der Regression.

Es ist wohl nichts mit der heroischen Idee vom starken Selbst, das dann so schön schöpferisch sein kann. Schöpferisch zu sein ist keine Tat. Jeder Weg, der uns auf der jeweils erreichten Höhe unserer Lebensgeschichte dem Grund verbindet, ist schöpferisch. Wir könnten auch sagen, er führt uns näher an unser eigenes Leben heran. Was dabei geschaffen wurde, gehört dazu, ist Teil des Weges, nicht des Zieles, und ist doch so innige Verbindung zu einem unbekannten Ziel, wie es Spur der Beziehungen bleibt zu jenem immer vertrauteren Unbekannten der Anfänge.

Sehr früh hat Lou Andreas Salome diesen Weg der Einheit mit dem

Ganzen der Welt gegen Freuds triebtheoretisches Konzept vom primären Narzißmus als den Grund des Lebens wie des Schöpferischen verteidigt. Sie wußte von einem *Selbst mit der Welt*. Sie dürfte auch gewußt haben, was Dürckheim als Tor dieses Weges aufzeigt: «Annehmen des Schattens als des Inbegriffs des nicht gelebten und doch zum heilen Ganzen gehörenden Lebens».[55]

Anmerkungen

1 Wilhelm von Humboldt, Gesammelte Schriften. Kritische Gesamtausgabe. Hg. von der Königlich Preußischen Akademie der Wissenschaften. Berlin 1903, Bd. I, S. 283.
2 Georg Wilhelm Friedrich Hegel, Jenaer Realphilosophie. Vorlesungsmanuskripte zur Philosophie der Natur und des Geistes von 1805–1806. Hg. von Johannes Hoffmeister. Hamburg 1969. Vgl. auch: Rudolf zur Lippe, Arbeit, Werkzeug, List. In: ders., Autonomie als Selbstzerstörung. Frankfurt/M. ²1984.
3 Gregory Bateson, Steps to an Ecology of Mind. London 1972. Die Zitate sind vom Verfasser ins Deutsche übersetzt; die angegebenen Seitenzahlen beziehen sich auf die entsprechenden Stellen in der deutschen Ausgabe: Ökologie des Geistes. Anthropologische, psychologische, biologische und epistemologische Perspektiven. Übersetzt von Hans-Günter Holl. Frankfurt/M. 1981, S. 410f.
4 Victor von Weizsäcker, Der Gestaltkreis. Theorie der Einheit von Wahrnehmen und Bewegen. Stuttgart ³1947, S. 9; die folgenden Zitate l. c., S. 19 bzw. S. 7f.
5 Bateson, a.a.O., S. 411.
6 Victor von Weizsäcker, a.a.O., S. 186.
7 L. c., S. 28 bzw. S. 177.
8 Vgl. Anm. 2.
9 Victor von Weizsäcker, a.a.O., S. 179; das folgende Zitat l. c., S. 183.
10 L. c., S. 182; das erste war die «Abgrenzung».
11 Alfred Lorenzer, Sprachzerstörung und Rekonstruktion. Frankfurt/M. 1970, ³1985, S. 114ff.
12 Vgl. Humberto R. Maturana, der dies ein autopoietisches Modell nennt, etwa bei einem Vortrag bei der 26. Steirischen Akademie, Graz 1985. Ähnlich ders., Lernen als ontogenetischer Drift. In: Delfin II. Rheda-Wiedenbrück 1983.
13 Victor von Weizsäcker, a.a.O., S. 11; die folgenden Zitate l. c., S. 184.
14 L. c., S. 181; die folgenden Zitate l. c., S. 179f. bzw. S. 178.
15 L. c., S. 21, dazu auch S. 109; die folgenden Zitate l. c., S. 187 bzw. S. 189f.
16 Vgl. Hegel, a.a.O., insbes. S. 217, S. 232 und S. 256f.; dazu auch Rudolf zur Lippe, a.a.O.
17 Jean Piaget, Einführung in die genetische Erkenntnistheorie, Frankfurt/M. 1973, S. 50f.; die folgenden Zitate l. c., S. 40 bzw. S. 35.
18 Victor von Weizsäcker, a.a.O., S. 97.
19 Piaget, a.a.O., S. 26; die folgenden Zitate l.c., S. 62ff.
20 L. S. Vygotsky, Thought and Word. In: Language in Thinking. Hg. von Parveen Adams. Harmondworth 1972, insbes. S. 206; das folgende Zitat l. c., S. 195f.

21 J. Laplanche, J. B. Pontalis, Vocabulaire de la Psychoanalyse. Paris 1967. Dt.: Das Vokabular der Psychoanalyse. Übersetzt von Emma Moersch. Frankfurt/M. 1973, S. 436ff.
22 Ernst Kris, Psychoanalytic Explorations in Art. New York 1972.
23 Vgl. etwa: Erik Erikson, Das Problem der Ich-Identität. In ders.: Identity and the Life Cycle, o. O. 1959. Dt.: Identität und Lebenszyklus. Übersetzt von Käte Hügel. Frankfurt/M. ⁶1980. Dort spricht Erikson von einem «Hang zum Tiefpunkt»: «Dieser äußert sich in dem quasi freiwilligen Sich-Fallenlassen des Patienten, einem Zug in die Regression und einer Suche nach der allerniedrigsten Lage, die zugleich die äußerste Grenze der Regression und das einzige feste Fundament für einen neuen Aufstieg ist» (ebd., S. 169).
24 Vgl. Laplanche, Pontalis, a. a. O.; das folgende Zitat l. c., S. 618.
25 Maria Theresia Hippius, Graphischer Ausdruck von Gefühlen (Diss. aus dem Psychologischen Institut der Universität Leipzig). In: Zeitschrift für angewandte Psychologie und Charakterkunde. Bd. 51, Heft 5 und 6, Leipzig 1936.
26 Jean Paul Sartre, Questions de méthode. In: ders., Critique de la raison dialectique. Paris 1960, S. 107; die folgenden Zitate l. c., S. 103 bzw. S. 195. Die Zitate sind vom Verfasser übersetzt.
27 René Spitz (mit W. Godfrey Cobliner), The First Year of Life. A Psychoanalytic Study of Normal and Deviant Development of Objects Relations. New York 1965. Dt.: Vom Säugling zum Kleinkind. Naturgeschichte der Mutter-Kind-Beziehungen im ersten Lebensjahr. Stuttgart ³1972, S. 299ff.
28 Spitz, a. a. O., S. 234ff.; die folgenden Zitate l. c., S. 152ff. bzw. S. 149ff.
29 Spitz, a. a. O., S. 62ff.; die folgenden Zitate l. c., S. 153ff.
30 Heinrich Zimmer, The King and the Corps. Hg. von Joseph Campbell. New York 1947. Dt.: Abenteuer und Fahrten der Seele. Düsseldorf 1977.
31 Michael Balint, The Basic Fault. Therapeutic Aspects of Regression. Dt.: Therapeutische Aspekte der Regression. Die Theorie der Grundstörung. Übersetzt von Käte Hügel. Stuttgart 1970; das folgende Zitat l. c., S. 84.
32 Karlfried Graf Dürckheim, Von der Erfahrung der Transzendenz. Freiburg/Basel/Wien 1984, S. 134ff.
33 Vgl. Bateson, Stil, Grazie und Information in der primitiven Kunst. In: Ökologie des Geistes, a. a. O.; die folgenden Zitate l. c., S. 194 bzw. S. 204f.
34 Michael Balint, Primary Love and psycho-analytic technique. London 1965. Dt.: Die Urformen der Liebe und die Technik der Psychoanalyse. Übers. v. Käte Hügel und Marta Spengler. Stuttgart 1966; ders., Thrills and Regression. Boston 1959. Dt.: Angstlust und Regression. Übers. v. Konrad Wolff. Stuttgart 1959.
35 Balint, Therapeutische Aspekte der Regression, a. a. O., S. 83.
36 Vgl. Claude Geets, Winnicott. Paris 1981, S. 44 bzw. S. 66.
37 Balint, Therapeutische Aspekte der Regression, a. a. O., S. 84; das folgende Zitat ebd.
38 Ronald D. Laing, The Divided Self. London 1960; dt.: Das geteilte Selbst. Übersetzt von Christa Tansella-Zimmermann. Köln 1972.
39 Hans Jonas, Is God a Mathematician. Zuerst in: Measure. Heft 2 Chicago 1951. Dt.: Organismus und Freiheit. Ansätze zu einer philosophischen Biologie. Übersetzt vom Verfasser und von K. Dockhorn. Göttingen 1973. Vgl. auch: Erwin Straus, Vom Sinn der Sinne, New York 1935, Berlin/Heidelberg/New York ²1956.

40 Uwe Pörksen, Deutsche Naturwissenschaftssprachen. Historische und kritische Studien. Tübingen 1986, insbes. S. 31. Zu der weiteren Problematik dort auch das Kapitel «Die Terminologie der Psychoanalyse».
41 Thomas Hobbes, Leviathan. London 1651. Dt.: Leviathan oder: Stoff, Form und Gewalt eines bürgerlichen und kirchlichen Staates. Hg. und eingel. von Iring Fetscher. Neuwied/Berlin 1966. Vgl. dazu den ersten Teil.
42 Patrick Mac Leod, La formation d'une image chimio-sensorielle. In: Busnel, Herbinet, L'aube des sens. Ouvrage collectif sur les perceptions sensorielles fœtales et néonatales. Paris 1981, S. 300.
43 Theodor W. Adorno, Gesammelte Schriften. Frankfurt/M. 1970, Bd. VII, S. 25; die folgenden Zitate l. c., S. 25 f.
44 Zimmer, a. a. O.
45 Bateson, Ökologie des Geistes, a. a. O., S. 413 f.
46 Spitz, Vom Säugling zum Kleinkind, a. a. O., S. 236; die folgenden Zitate ebd. l. c., S. 88.
47 Straus, a. a. O.; das folgende Zitat l. c., S. 88.
48 Donald W. Winnicott, Playing and Reality. London 1971. Die Zitate sind vom Verfasser ins Deutsche übersetzt; die angegebenen Seitenzahlen beziehen sich auf die entsprechenden Stellen in der deutschen Ausgabe: Vom Spiel zur Kreativität. Übersetzt von Michael Ermann. Stuttgart ³1985.
49 Vgl. Anm. 8 oben.
50 Winnicott, Vom Spiel zur Kreativität, a. a. O., S. 26 ff.
51 Michael Vetter entwickelt hier ganz freie eigene Variationen, die dem traditionell Gemeinten entsprechen können.
52 Winnicott, Vom Spiel zur Kreativität, a. a. O., S. 11.
53 Geets, a. a. O., S. 101.
54 Winnicott, Vom Spiel zur Kreativität, a. a. O. Kapitel «Spielen – Schöpferisches Handeln und die Suche nach dem Selbst».
55 Dürckheim, a. a. O., S. 136.

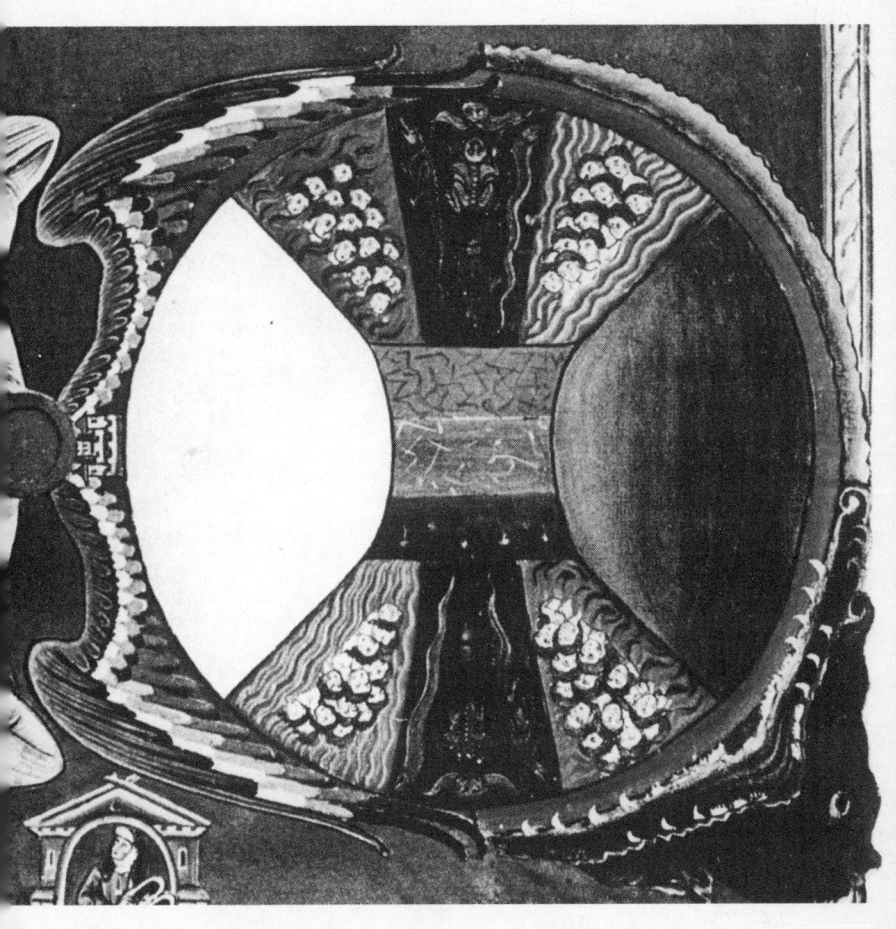

Zu den beiden vorangegangenen Seiten:

In der abendländischen Tradition sind mehr gestische als darstellende Bilder, wie ungenügend der Unterschied damit auch gekennzeichnet ist, selten. Holzschnitte zur Genesis des Alten Testaments in Hartman Schedels «Liber Chronicarum» von 1493 zeigen allein zwei Kreise für die Welt, wie etwa auch in vedischer Tradition – nur mit der Hand Gottes. Ein illuminiertes Exemplar des zweiten Schöpfungstages zeigt «die Scheidung der Wasser».

Ausdrücklich visionär sind die Miniaturen, die unter den Anweisungen der heiligen Hildegard von Bingen im frühen 12. Jahrhundert gemalt wurden. Zwischen ikonographischen Elementen, Flügeln und Köpfen von Engeln, Seraphinen, die entrückte Erfahrung von den «Orten des Jenseits». Die Handschrift des «liber vitae meritorum» im Kloster Eibingen ist seit Kriegsende verloren.

Vom Leben zum Erleben

Was wir verstehen wollen, menschlich-geschichtliche Existenz, erlaubt uns nicht, verschiedene Dimensionen eindeutig gegeneinander abzugrenzen. Begriffe wie Leben, Erleben, Erfahren können nicht in diesem Sinne definiert werden. Wir müssen die besonderen Bewegungsformen und Grade der Reflektionen jeder Dimension bestimmen. Immer sind alle Dimensionen in irgendeiner Weise aufeinander bezogen. Selbst wenn durch Krankheit, Drogen oder Unfall das Bewußtsein ausfällt, ist dieses Ausfallen ein entscheidendes Moment der so bestimmten Situation dieses Menschen. Wir können, mit anderen Worten, nie uns eine Dimension wegdenken und die verbleibenden als eine Sache für sich behandeln. Das ist ein schwieriges Vorgehen. ‹Exakte› Wissenschaften umgehen die Schwierigkeiten. Sie bestimmen einen Gegenstand zum Objekt ihrer Untersuchungen und alle Zusammenhänge als Sekundäres. Die Ökonomie zum Beispiel existiert nur mit Hilfe der Fiktion *ceteris paribus,* das heißt, es wird so getan, als ob während des Untersuchungszeitraums für eine Größe ‹alle anderen unverändert› blieben. Deren Veränderungen werden in neuen späteren Operationen zum Gegenstand entsprechender Untersuchung. So wird das Eigenste von Leben, jene vielschichtige, vielpolige Gleichzeitigkeit des Miteinanders und Ineinanders von Funktionen und Dimensionen, aufgelöst zu einem mechanischen Nacheinander. Das können wir nicht tun. Deshalb sollen zusammenfassend für die Tiefendimensionen noch einmal die Begriffe bestimmt werden.

Leben, Erleben, Erfahren sind Dimensionen unserer Existenz, die jede auf andere Weise die Gleichzeitigkeit zu leisten haben. *Leben* steht in diesem Zusammenhang für die biologischen Funktionen, obwohl der Begriff auch als Oberbegriff für alle benutzt wird. *Erleben* entspricht etwa dem, was man emotionale Verarbeitung nennen könnte. *Erfahren* meint die Verarbeitung im Bewußtsein, und zwar der verschiedenen Formen und Schichten des Bewußtseins vom nicht verstandesmäßigen ‹Körperbewußtsein› durch die begrifflichen Umsetzungen bis hin zu den Bewußtseinsformen lebensgeschichtlicher und gattungsgeschichtlicher Praxis.

Dies sind drei große Dimensionen der Verarbeitung. Mit dem Grad zunehmender Reflektionen ist gemeint, daß im Erleben immer auch die physiologischen Lebensfunktionen der Organe mit reflektiert werden. Das ist Victor von Weizsäckers Einsicht. Der ‹biologische Akt› ist im psychologischen Wahrnehmen immer mit anwesend. Es gibt keine bloß psychische Wahrnehmung auf der Ebene der Empfindungen, wie es keine bloß physiologische Wahrnehmung ohne Empfindungen gibt. Im Erfahren, wenn Erleben denn wahrhaft zur Erfahrung reifen kann, sind immer die Empfindungen und die physiologischen Vorgänge *und* deren Reflektionen untereinander mit zu verarbeiten. Das macht das existentielle Moment des Erfahrens aus. Das gibt dem Ästhetischen die unverzichtbare allgemeine Bedeutung auch für die geistigen Anforderungen menschlichen Lebens. Wir sehen an anderer Stelle ausführlich, wie diese Reflektionen – oder Verarbeitungen – nur als ‹gleichgewichtiger Gang von Schritten, die aufeinander folgen›, vollzogen werden können. Der Widerspruch, der sich daraus zu der Feststellung ergibt, daß grundsätzlich die Dimensionen als gleichzeitiges Ganzes zu verstehen sind, wird dort zu einem besonderen Begriff der Gleichzeitigkeit im Ungleichzeitigen aufgelöst. Hier wollen wir nur betonen, wie entscheidend der Unterschied zwischen dem, was bewußt eben ein mechanisches Nacheinander genannt worden ist, dabei hervortritt und Schrittfolgen, die eben als Rhythmus eine Gesamtgestalt, wenn auch sehr wohl in einer Zeitfolge, bilden. Verarbeitungen sind Vorgänge. Reflektionen müssen von Brechung zu Brechung ihren Weg machen, wie das Licht von der Sonne zum Wasser, vom Wasser durch das Laub der Bäume und das Fenster des Zimmers auf die Wand mit ihrem Tapetenmuster und zu unseren Augen, von den Augen zu Hypophyse und Gehirn, zum ganzen Menschen und seinen Bildern und Erinnerungen. Zeit als erfüllte, gelebte Schrittfolge muß Paradigma der Logik sein, nach der unsere Begriffe hier bestimmt werden. Sie läßt Definitionen im engeren Sinne der Identitätslogik nicht zu, weil diese die Identität des Definierten mit sich selbst über die Zeit fordern muß.

Wenn eine derartige Verständigung über die Begriffe und ihre Funktionen erreicht ist, sollen im übrigen die Schritte vom Leben zum Erleben und die Unterschiede, die sie überwinden können, nicht systematisch dargestellt werden. Vielmehr soll ein Kreis von Überlegungen zur Lage der Sinne in den Industriegesellschaften eine systematische Entwicklung dessen vertreten, was zu den Übergängen der Tiefendimensionen in die historischen Lebensweisen allgemein aufzuführen wäre.

In diesem Schritt wird besonders greifbar, daß wichtige anthropologische Dimensionen des Ästhetischen hier kaum oder nur mittelbar eingeführt und dargestellt werden. Es wäre sehr sinnvoll gewesen, die Physiologie der wachsenden und erwachsenen Menschen als weitere Tiefendimension einzuführen. Was biologisch allgemein und insbesondere embryologisch uns vor Augen getreten ist, sollte noch einmal in seinen Folgen und Sonderformen des voll entwickelten menschlichen Funktionsgefüges aufgenommen werden. Dabei ginge es vor allem darum, herkömmliche und verbreitete Vorstellungen aufzulösen, was Organe in unserem Körper seien und wie das Verhältnis von Sinnen und ‹höheren Vermögen› aussieht beziehungsweise wie Psychisches mit Physiologischem verbunden ist.

An einem Beispiel soll diese Dimension ins Bewußtsein gehoben werden. Ausführlichere Darstellungen und Überlegungen dazu würden zu umfangreiche Anforderungen an die möglichen interdisziplinären Studien stellen. Eine angemessene Aufarbeitung der bisher geltenden sogenannten Wahrnehmungs- und Entwicklungspsychologien unter den hier entworfenen und entfalteten Kategorien und Modellen von Leben und Ästhetik wäre hier nicht zu leisten.[1]

Unbegriffliches Bewußtsein

Das erste Beispiel soll die Physiologie des Gehirns aufnehmen. In einem übergreifend allgemeinen Sinne haben wir mit Bateson und Maturana in allem Leben eine Dimension erkannt, die sie *mind* nennen und die wir zögern, geistig zu nennen. Die Vorstellung von einem Körperbewußtsein weist am nächsten auf das Gemeinte hin. Unter Körperbewußtsein sollen Verbindungen verstanden werden, die so funktionieren wie Erfahrungen, aber von denen niemand eigens ein Bewußtsein ausbildet. Das spielt im menschlichen Leben eine Rolle, wenn Finger über eine Holzkante gleiten, die Gefühlsnerven in den Fingern alte vergleichbare – eben nicht gleiche – Tasterfahrungen aus dem Gehirn anfordern und die paraphrasierten Wiederholungen früherer Begegnungen mit Holz, mit Kanten und ähnlichem mehr im Weitergleiten zu einem neuen Spiel vergegenwärtigen. Dieses Spiel haben wir als die Einheit des Vorgangs von Wahrnehmen und Bewegen kennengelernt. Wir müssen diese Einheit nun um die geschichtliche Dimension erweitern, die im Vor und Zurück des Vergleichens mit allen Tastvorgängen gebildet wird, wie wir sie seit der Bewährung der Säuglingshändchen mit der Brust der Mutter erlebt haben. Das heißt, diese Erinnerungen der Tiefe werden insofern und so weit und mit den Empfindungen geweckt, wie sie einmal unser Erleben geprägt, stark genug geprägt haben, um einen Niederschlag in unserem Psychischen auszubilden.

Wie hätten wir uns diesen Niederschlag vorzustellen?

Mislins Beispiel dafür ist das Kleinkind am Strand, das krabbelnd am Fuß von einer Distel gekratzt wird.² Wenn nicht gerade Schmerz und Verletzung es sofort zum Rückzug treiben, wird es sehr behutsam innehalten, langsam rückwärts die Stelle noch einmal berühren und ausmachen, was da wie ihm etwas tat. Wichtig sind bei dem Vorgang für unsere Frage nach einem Körperbewußtsein drei Momente: Das eine ist der Grundsatz des prüfenden Wiederholens. Nur so kann das, was flüchtig uns zustößt und erst einmal vorbeigeht, wieder herangeholt werden. Dazu ist aber notwendig, daß im Zustoßen eine Spur in uns hinterlassen wird, die, nach dem Vorbeigehen, uns zu dem Anlaß zurückzukehren reizt. Sie muß entschieden genug nach Eindruck, zeitlicher und räumlicher Konstellation, Zusammenhang anderer Eindrücke und Empfindungen sein, um uns zu dem Anlaß auch wirklich wieder hinführen zu können. Wieder einmal muß hier ein Vorgang, den eine sinnlich-psychische Folge von Reflektionen bildet, Phase für Phase, Umstand für Umstand geschildert werden. Anders läßt sich nicht vergegenwärtigen, was alles sich in uns und zwischen dem Anlaß und uns abspielt. Wenn wir uns aber nicht eine sogenannte Wahrnehmung eben als solches Spiel – durchaus im Sinne des Begriffs bei Winnicott – vorstellen, können wir auch keine angemessene Vorstellung davon entwickeln, was sich überhaupt niederschlägt von einem Vorgang, das heißt auch, wie er sich niederschlägt.

Setzen wir das erste Beispiel noch etwas weiter fort. Das Kind bewegt sich rückwärts, vorsichtig, um zu fühlen, dabei aber nicht sich wehzutun. Die Vorsicht ist nichts anderes als Aufmerksamkeit, die in Mislins Beobachtung durch ‹Unlust› oder ‹Gefahr› verstärkt wird, in anderen Situationen durch ‹Lust›, ‹Neugier› oder andere Einstellungen des Erlebens zu einer Sinneswahrnehmung vertieft werden kann. Aufmerksamkeit ist das zweite Moment.

Das dritte Moment von besonderem Interesse bringt hier der Umstand in die Situation, daß das Kind nicht etwa sich umdreht und den ‹Gegenstand› in ‹Augenschein› nimmt, sondern ihn ertastet, in diesem Fall mit den Füßen, vielleicht dem ganzen Leib. Je intensiver und je extensiver der gesamte Leib sich dem Anlaß der Empfindung und Wahrnehmung prüfend zuwendet, desto mehr bildet sich ein *Körper*bewußtsein von dem Vorgang aus. Das ist vor allem im Gegensatz zu einem einschätzenden Blick zu verstehen. Die Sinne der sogenannten Nahwahrnehmung gehen eben im wesentlichen durch die Tiefendimension bis ins Biologische, bevor sie das Gehirn Niederschläge auszubilden veranlassen. Bei den sogenannten Fernsinnen, in erster Linie beim Sehen, schwingen die physiologischen Vorgänge in uns, während das Spiel sich entfaltet, weniger spürbar und weitgehend als Begleiterscheinung, weniger als Vermittlung mit.

Das krabbelnde Kind wird der Distel wieder begegnen. Aber es wird nicht einen Gegenstand sehen, den es als Distel identifiziert, um aus der Definition der Distel abzuleiten, daß es von ihr gestochen wurde, weil Disteln stechen, wenn man sie berührt. Das wäre das ‹kognitive›, das verstandesbegrifflich deduktive Modell distanzierter Erkenntnis. Uns geht es um das Ästhetische: Das Kind entfaltet einen erneuten Durchgang dessen, was eben geschehen ist. Es geht also um einen Gang, eine Wiederholung einer zu flüchtigen Begegnung mit vertiefter Aufmerksamkeit. Alfred Prinz Auersperg hat diese Weise, sich dem Vorgang zu widmen, zu dem Modell der «Koinzidentalität» entwickelt.[3]

Der Begriff bedeutet Zusammentreffen von Wahrnehmendem und Wahrgenommenem als Vorgang, wir können auch sagen, als das Ereignis eines sich erfindenden Spiels, in dem hier das Kind und die Pflanze in Verbindung zueinander kommen. Zweifellos lernt das Kind etwas, erkennt es etwas. Aber es könnte nie sagen, daß es etwas über die Pflanze gelernt hat oder über sein eigenes Verhalten. Es wird gelernt haben, sich in einer solchen Situation zu bewegen, und fähig werden, sich in ähnlichen Situationen entsprechend anders zu bewegen. Wesentlich ist daran zu begreifen, daß solche Übersetzung oder Übertragung von einer Situation in eine vergleichbare andere gerade der Komplexität von Konstellation und Erleben zu verdanken ist. Man könnte meinen – jedenfalls beruht die Erkenntnistheorie der Addition einfachster Elemente spätestens seit Descartes auf dieser Annahme –, daß die Vielfalt der Momente die Übertragung komplizierte und deshalb erschwere. Das Gegenteil trifft eher zu, weil es auf etwas ganz anderes als auf Elemente ankommt. Elemente müßten in der Tat Stück für Stück addiert werden. Das erfordert eine Analyse der ersten Situation, die desto schwieriger ist, in je mehr Elemente sie zerfällt, und eine Synthese zu einer zweiten Situation mit demselben Problem. Aus der Koinzidentalität heraus wird dagegen die eine Situation als Gestalt, als ein

Ganzes erfahren; dessen Gestus erlaubt es, schwächer aufgenommene und erinnerte Momente auch vom Ganzen und seinem Rhythmus her zu ergänzen. Wir sind beim Embryo diesem Modell begegnet, wo das kleine sich bildende Herz seinen Rhythmus an dem anderen des Mutterherzens ausrichtet, indem beide zusammen eine übergreifende Gestalt bilden.

Im Beispiel Mislins spielen der Sand und der Geruch des Meeres in der Luft, die nahen oder fernen Menschen mit, die das Kind schützen oder allein lassen, es gegen Begegnungen isolieren oder ermutigend in der Koinzidenz mitspielen. Andere Pflanzen, Vorbilder sich zwischen ihnen bewegender Hunde oder Eidechsen, das Plätschern von Wellen gegen einen Bootssteg oder das Brechen von Wogen am Strand sind im Spiel. Die Stimmung ist von Hunger oder Fülle, Koliken oder einem schmerzenden Finger beeinträchtigt. Sie ist beschwingt oder verspielt im Miteinander von mehreren Kindern. Spitze oder schöne Steine lenken ab. Sonnenlicht und Wärme geben allem fühlbarere Anwesenheit, weil die Poren sich öffnen, oder beeinträchtigen sengend heiß alle Tätigkeiten. Dies alles erinnert uns an die Fülle von Momenten, die wir eine Situation genannt haben.

Situationen sind jeweils durch bestimmte Momente besonders geprägt. Drei solche Momente und ihre Bedeutung für den Vorgang, in dem sie erlebt und in ein unbegriffliches Bewußtsein umgewandelt werden, haben wir an dem ersten Beispiel hervorgehoben. Nur angedeutet ist dagegen die weitere Geschichte, der diese Situation beim jüngsten Kind schon einbeschrieben wird. Wir wissen genug von der Lebensgeschichte vor der Geburt, um uns das vorstellen zu können. Wir haben die Einmaligkeit jedes Menschen in der Entstehung entdeckt und kennen den prägenden Anteil vererbter Anlagen beziehungsweise nicht vererbter Anlagen für die Möglichkeiten der Ausbildung von Fähigkeiten dadurch, daß sie erlebend gefordert werden. In uns wirkt auch fort, daß wir das Tasten der Hand auf der Suche nach der mütterlichen Milch – oder dem Schnuller der Flasche – und ihre Aufgabe des Festhaltens beim Laufenlernen erlebt haben. Welche Vielfalt weiteren Tasterlebens erschließt uns Abwandlungen und neue Bedeutungen! Welch unerkannte Vielzahl erschreckender Situationen oder beängstigender Empfindungen, die unser Berühren und Berührtwerden, unsere bange Sehnsucht nach Berührung und unseren verzweifelten Mangel an ihr bestimmt haben, verschließt uns Genuß, Erprobung, Offenheit, Erkennen, Gewißheit neuer Beteiligung des Tastsinnes!

Alle diese Momente der Lebensgeschichte sind wie die Momente der

Situationen durchaus geprägt von dem gesellschaftlichen Umgang mit ihnen. Die Momente haben ihrerseits eine Geschichte. Die menschliche Verfügung und Anordnung, der menschliche Gebrauch und die Bräuche unter Menschen haben in ihnen einen menschlichen Sinn der Natur hervorgebracht oder abgelagert, der sie auf die Vorstellungen und Organisationen und die Unterbelichtetheiten einer bestimmten Geschichte hin orientiert. Gaston Bachelard hat eben diese Geschichten als «Psychoanalyse des Objekts» ins Bewußtsein zu ziehen begonnen. Ivan Illich setzt diese Arbeit in seiner Geschichte der Schriftlichkeit oder des Wassers fort.[4] Eine Psychoanalyse wird dabei nach der Freudschen Methode unternommen. Machen wir uns diese aber in den Begriffen von Alfred Lorenzer noch einmal klar, der sie erweiternd gesellschaftlich ausformuliert hat.[5]

Lorenzer betont seinerseits die Notwendigkeit eines «szenischen Verstehens». Damit ist nicht eine Regie und nicht eine Aufführung vor anderen gemeint, so daß wir im wesentlichen auf das Spiel zurückkommen, das zwischen Beteiligten entwickelt wird. Lorenzers Auffassung kommt weitgehend einer konstitutionslogischen Sicht von Vorgängen, Situationen und deren Niederschlägen entgegen und soll in dieser Hinsicht herangezogen werden. Sein Begriff von Situation entspricht weitgehend dem hier bereits herausgebildeten: Situation als Vorgang, der die vielfältigen Momente schrittweise entwickelt. Es entsteht also ein Gewebe, ein Gefüge von Beziehungen. Diese Beziehungen werden nur im Idealfall alle jeweiligen Bedeutungen der Momente für die Situation angemessen entwickeln. Dies muß um so seltener sein, als selbstverständlich mehrere logische Ebenen zu verwirklichen sind, nämlich die Beziehungen zwischen Momenten, zu denen insofern auch der Mensch zählt, mit dessen Erleben wir uns gerade beschäftigen; die Beziehungen der Momente zu den Beziehungen zwischen anderen Momenten; die Beziehungen der Beziehungen zueinander usw. Vom Leben zum Erleben, vom Erleben zum Erfahren bedeutet, daß die betrachteten Menschen immer auf allen diesen Ebenen vorkommen. Ein so komplexes Ganzes «Situation», das auch die Ebenen untereinander und zu den einzelnen Momenten in eigene Beziehungen setzt, kann nur das Leben als Geschichte hervorbringen. Jede mechanische Rekonstruktion kann nur reduzierte Modelle liefern, die in der einen oder anderen Hinsicht Geschichte stillstellen, weil sie bestimmte Momente identisch fixieren müssen.

Folgerichtig nehmen die Begriffe der Repräsentanz eine wesentliche Bedeutung ein. Jeweils bildet sich ein Niederschlag von einer Situation im Psychischen. Vereinfachend, möchte ich sagen, kann man von zwei Gruppen sprechen, die den Polen des Erlebens Ausdruck und dem Erleben mit ihnen überdauernde Vertretungen, Agenten: Repräsentanzen geben. Von der Situation bildet sich ein Niederschlag aus – wir haben ihn im vorigen Kapitel im Zuge des Hegelschen Modells ein Bild vom Gegenüber genannt. Die Psychoanalyse hat dafür den Begriff Objektrepräsentanz. Beide Benennungen haben den Nachteil, daß sie leicht vergessen lassen, wie bedingt es nur um den Niederschlag eines Gegenstands oder Gegenübers geht, selbst wenn wir wissen, wie weit die Psychoanalyse den Begriff Objekt in den des Partners hineinschiebt und bei Liebesobjekten sogar in allererster Linie an Menschen denkt. Der Charakter des Vorgangs und der unlösbaren situativen Verbindung des Erlebenden zum Erlebten muß erneut dagegen betont werden.

Der andere Begriff ist der der Selbstrepräsentanz, die für den in uns fortwirkenden Niederschlag des eigenen Beteiligtseins am Erlebten steht. Offensichtlich vereinfachen diese Begriffe stark die Vielfalt des Beziehungsgefüges, das eine Situation jeweils ausmacht. Sie sollen Agenten in einem Vorgang bezeichnen, aus dem sie entstanden sind. Zugleich können sie nur in Schritte gezogen als Agenten verstanden werden. Auch sie bilden sich als «Organe» in «Funktionen» wie der Leib der Embryonen.

Lorenzer nennt das praktisch-tätige Gelingen des zu entwickelnden Beziehungsganzen, das eine Situation uns aufgibt, eine *Symbolisierung*. Er unterscheidet dabei, zweckmäßig vereinfachend, zwei Dimensionen der Situation: das Sehen und Erkennen der Momente, zu denen auch die notwendig zu schaffenden Beziehungen einerseits, andererseits die handelnde Seite gehören.

Das Beispiel des Kindes am Strand mit der Distel hat so eindrucksvoll gezeigt, wie erst im Handeln das Erkennen sich vollzieht, wie nur als Erkennen das Handeln sich zur Beziehung entfaltet, daß eine Trennung unerhört analytisch, künstlich wirkt. Diese Trennung kommt aber aus der Pathologie der wirklichen menschlichen Verhältnisse her. Sie geht aus den Problemen der Entfremdung hervor, die derart tief dem menschlichen Sinn der Natur eigen ist, daß sie auch die Tiere befällt, wenn sie zu Haustieren werden. Erinnern wir uns an die ungestutzten Pfauen, die aus Angst vor dem jagenden Hund vergessen, daß sie sonst einfach in die Luft abheben, und am Boden dann gefressen werden. Oder bewirken Überreaktionen im allseits bekannten Phänomen des Stress auch ohne den Menschen solchen Verlust?

Bei Menschen jedenfalls kennen wir von früh auf eine doppelte Problematik solchen Verlustes. Symbolisierungen werden immer wieder verfehlt durch Auflösung der Beziehung zwischen beiden Seiten. Die Situation kann gut gesehen werden, aber der Übergang zum schlüssigen Handeln bleibt versperrt. Lorenzer nennt das «Zeichenbildung», weil die Produktion von Zeichen sich wie zum Selbstzweck verselbständigt, ja, schlimmer noch, geradezu Ersatzhandlung für das angemessene Handeln wird. So «entschwindet bei zunehmender ‹Vergegenständlichung› der Zeichen der ‹szenische› oder ‹situative› Anteil der Objektrepräsentanzen weitgehend (oder ganz). Je mehr die Symbole sich in ‹Zeichen› verwandeln, desto mehr mindert sich der szenische Charakter.»[6] Selbstverständlich fallen auch die entsprechenden Selbstrepräsentanzen gleichermaßen ausgehungert aus. Zeichenbildung kann bis zur perfekten Analyse der jeweils vorliegenden Struktur getrieben werden, deren Reflektion gerade den Eintritt in den Vorgang verhindert. Diese Begriffe sind für die individuell psychischen Deformationen gedacht, kennzeichnen aber ebensogut sozialpsychisch die Lage von Klassen, Gruppen, Gesellschaften.

Als Gegenbegriff zur Zeichenbildung hat Lorenzer das «Klischee» gewählt. «Mit dem Übertritt der Symbole zu Klischees wird der ‹gestisch funktionale Anteil› verstärkt» bis hin zu einem Block, in dem «Selbst» und «Objekt» ohne jeden Spielraum sich aneinander festfressen wie ein überhitzter Kolben im Zylinder des Motors, nur daß im ‹Klischee› immer weiter der Handlungszwang eine undurchschaute Situation wiederholt. Während auf der ersten Seite Geschichte in der enervierenden Betriebsamkeit der Strategiebildung steckenbleibt, wird auf der anderen Seite Geschichte in dumpfer Schaffigkeit auf der Stelle gehalten. Der Betriebsamkeit des Selbst entspringen hochintensive, aber verzweifelt wenig welthaltige Selbstrepräsentanzen. Die Schaffigkeit hält zur Welt an kleinen Ausschnitten guten, aber aussichtslosen Kontakt. Die hierarchische Teilung der gesellschaftlichen Arbeit in körperliche und geistige prädestiniert eine Zeichenbildung bei der Klasse, die sich das Strategische vorbehält, und eine Klischeebildung bei jenen, die zur Verausgabung ihrer selbst in der Durchführung gezwungen sind. Beide Phänomene verstärken sich mit einer Entfernung der gesamten Kultur aus den Wechselbeziehungen zur Natur, obwohl an sich eine gewisse Entfernung zum erweiterten Spielraum beitragen kann.

Wenden wir zusammenfassend die Beobachtungen und Überlegungen, die sich aus dem ersten Beispiel ergeben haben, auf die Fragen nach der Bewußtheit zurück. Volles Bewußtsein in unserem weiten Sinne fällt mit «Symbolbildung» zusammen. «Zeichenbildung» können wir eine Überbewußtheit nennen, das heißt ein Abheben des Bewußtseins vom Leben. «Klischeebildung» setzt Lorenzer an die Stelle des Freudschen Begriffs vom «Verdrängten», das heißt vom «Unbewußten», das einmal zum Bewußtsein herangereift, dann aber in einen Konflikt geraten und abgekapselt worden ist. «Beim Übertritt über die Verdrängungsschwelle in Richtung auf Klischees geschieht ein doppeltes: ...Der szenisch-situative Anteil... saugt gleichsam das Objekt auf (und) verliert seine symbolische Fassung.» Die Situationen werden «desymbolisiert, sie können nicht mehr begriffen werden». Wir sehen, daß wir zwei verschiedene Parameter des Bewußtseins unterscheiden müssen. Der eine fragt nach gelingenden Beziehungen zwischen Begreifen und Greifen. Die Antworten werden nach Gelingen oder Mißlingen gefunden und stellen Deformationen in der einen oder anderen Richtung fest. Wenn wir Greifen und Begreifen als die rechte Verbindung auffassen, so können wir die zwei Grundrichtungen ihrer Isolierung bezeichnen einerseits mit dem italienischen Spottnamen für die didaktischen Philosophen, die man dort «i begriffi» nennt, und demgegenüber mit dem roboterähnlichen «Greifarm», der biologische Funktionen ohne Erleben und Geschichte zur Karikatur bringt. Selbstverständlich werden solche Deformationen nur dazu im Begriff festgehalten, um die je besondere Lebensarbeit zu charakterisieren, die sie einlösen könnte, so daß Symbolisierung nachholend gelingen kann. Lorenzer betont dabei die Öffnung individuell psychischer Arbeit in dem geschichtlichen Raum – «Reflektion auf die lebensgeschichtliche Grücke ‹als Konflikt›». «Die Resymbolisierung stellt die Interaktionsmöglichkeit wieder her und macht Konflikte als sinnliche Erfahrung gesellschaftlicher Widersprüche zugänglich, sie eröffnet den Weg zu einer Aktivität *mit anderen*...» Über das Verhältnis dieser gesellschaftskritischen zu einer noch weiteren existenzkritischen Ebene haben wir uns vorab verständigt, «in einem Zug Wiederherstellung von Erkenntnis *und* Lebenspraxis».

Gewissermaßen quer zu diesen Unterscheidungen liegt der andere Parameter des Bewußtseins: der Grad von Begrifflichkeit des Begreifens. Lorenzer hat das Verdienst, sehr deutlich gleich gelingende Symbolisierungen danach zu unterscheiden, ob sie mehr auf diskursiver Ebene oder mehr in den Tiefenschichten der «Präsentation», also des Sinnenverständnisses, des Körperbewußtseins entwickelt werden. Auch diese Trennung ist nur ein Kunstgriff, eine Methode der eingreifenden Verdeutlichung in bestimmter Absicht. Wozu hätten wir uns sonst die komplexe Vielfalt miteinander und aufeinander wirkender Momente als eine Geschichte vergegenwärtigt? «Objekt- oder Selbstrepräsentanzen bestehen keineswegs aus einem einschichtigen, einfachen Symbol, sondern sind stets ein Gefüge, eine Sammlung von Symbolen. Das macht ihre ‹Geschichtlichkeit› aus. Die Objektrepräsentanz ‹Mutter› z. B. erweist sich ... als vielschichtiges Gebilde aus verbal faßbaren, ‹discursiven› wie auch averbal ‹präsentativen› Symbolen.»

Für eine Ästhetik interessieren uns die möglichen anthropologischen Beziehungen des präsentativen Bereichs zum Diskursiven und die je besondere Bewußtseinsbildung in dem Menschen, in den Kulturen aus diesem Verhältnis. Präsentativ können wir uns übersetzen. Wir sagen Anwesenheit. Im psychischen Niederschlag bleiben Leben und Erleben anwesend. Sie werden auch leiblich erinnert, mit ihren sinnlichen Vorgängen und verwandte sinnliche Vorgänge in uns weckend. Wir leuchten damit aus, was auch der Begriff existentiell bezeichnet. Alles Ästhetische ist hier hineingebunden, auch die Kunst, die Symbole von einem hohen Grade der Reflektionen hervorbringt.

Wir haben schon darauf hingewiesen: Die sinnenhaften, leiblichen Momente des Ästhetischen können eben unterschiedlich intensiv mit geschichtlichem und lebensgeschichtlichem Bewußtsein verbunden, von ihm durchdrungen werden und es bestimmen. Das gilt selbstverständlich auch für mögliche, ja vielfach auch notwendige Beziehungen zwischen den ‹averbalen Symbolen›, die dem frühen Bereich des ‹Primären› entsprechen, und den sprachlichen, diskursiven des ‹sekundären› Bereichs. Deshalb ist es kein Widerspruch zu behaupten, daß Kunst wie alles Ästhetische in besonderem Maße dem Anwesenden verbunden ist, und mündliche Sprache wie Literatur zu den Künsten zu rechnen. Nur wenn die sprachlichen Symbole Anwesenheit mit sich ziehen und von Anwesenheiten getragen werden, sind sie Sprache und sind sie Symbole. Andernfalls schlägt hier der Parameter um. Zeichenbildung setzt ein, wo unterschiedliche Ebenen von Bewußtsein ihre Beziehungen zueinander auflösen. Das andere Extrem wäre etwa der Rückfall von Musik ins Einhämmern wütender Rhythmik, die man als sado-masochistisch empfinden könnte. Adorno hat genau diesen Vorwurf bestimmten Formen von begriffs- und besinnungslos daraufloss marschierender Musik gemacht, die er darum faschistisch nannte. Hier sollen seine Beispiele nicht untersucht werden, weil sie vielleicht vieldeutiger sind als die Deutung, die sehr klar zeigt, inwiefern es hier um Bewußtsein geht. Diese Klarheit tritt um so hilfreicher hervor, wenn man zugleich an eine Form von Zeichenbildung denkt, die Adorno andererseits gerade an einigen Kompositionen von Schönberg kritisiert hat. Denn Zeichenbildung könnte man jene kompositorischen Überdeterminationen nennen, die «dem Material» der Klänge zur freien Entfaltung verhelfen sollen, dabei aber in eine Art von Beliebigkeit verfallen, durch die Aufmerksamkeit dem Material entzogen und seiner Anordnung unverhältnismäßig zugeführt wird.[7]

Was Lorenzer mit dem Begriff der «Protosymbole» sagen will, hilft uns, die Fragen nach unbegrifflichen Bewußtseinsebenen abzuschließen. «Erinnern wir uns daran, daß im kindlichen Bildungsprozeß die Interaktionsformen keineswegs widerspruchsfrei miteinander harmonisieren.» Dabei wie eben überall, wo nicht «verdrängt», sondern einfach nicht bis zum «Symbol» verarbeitet werden kann, bildet sich «ein ‹Hof› nicht ganz zum Bewußtsein gekommener... Interaktionsformen. Eben darin gründen die Figuren der Phantasie.»[8] Gemeint sind all jene Momente, die mittelbar an einer Situation beteiligt sind, je nachdem auch unsere Aufmerksamkeit sich eben nicht allen möglichen Beziehungen hat zuwenden können. Wenn das Kind sich stark mit dem Stechenden bei der Bewegung im Sand beschäftigt, mag ihm der Rhythmus der Wellen oder das Spiel des Hundes nicht auffallen. Dennoch finden sie Zugang zur Erinnerung und schlagen sich im Psychischen nieder. Es entstehen Eindrücke, wie man sie dann später ‹genau spürt, aber nicht mehr weiß, was es war›. In gewissem Sinne finden gerade sie Zugang zum Psychischen, weil sie das Erleben bestimmen, ohne eine auch nur benennbare Form anzunehmen. Was nie diskursiv ‹registriert› wurde, kann auch nicht ‹vergessen› werden. Es spielt ungreifbar und erst recht unter der Reichweite der Begriffe in uns mit. Um die Tiefe und die Lebenskraft solcher unausgeführter Beziehungen anzudeuten, sei auf die besondere Form angespielt, in der sie etwa die Proustschen ‹Erinnerungen› ungeahnt durch ein halbes Leben tragen, um dann unter verwandten Situationen zu der ursprünglichen wieder aufzutauchen. Kein Zufall, daß sie in den Beispielen Prousts sich uns durch die Nahsinne mitgeteilt haben – den Geschmack der Madeleinen oder das Balancegefühl auf einer unsicheren Steinplatte.[9]

Alles, was da unter günstigen Umständen, das heißt verwandten Momenten und in einer gelingenden Symbolisierung, wieder auftauchen kann, und auch alles, was hätte auftauchen können, aber allenfalls unauslotbar an Stimmungen mitwirkt, ziehend, tragend, hemmend, drängend, bildet einen ‹Hof› von ‹Protosymbolen›, Symbolen *in statu mascendi*. Wir sehen sofort, daß gerade auch solche Höfe – wie der Hof um den Mond hinter dem Dunst der Wolken – den Reichtum des Erlebens ausmachen. Erfahrungen geben also immer auch dem nicht Ausgedrückten und dem nicht Ausdrückbaren Ausdruck.

Die beiden Parameter der Schichten des Bewußten und der Aufspaltungen bzw. der Verbindungen des Bewußten werden übergriffen von einem dritten Parameter. Menschliches Bewußtsein lebt und erlebt die Beziehungen zur Mitwelt und auch innere Vorgänge nicht nur in Situationen von gegenständlicher Wirklichkeit, sondern auch im Vorstellen, Nachdenken, Träumen. Die Wirklichkeit des Vorstellens und des Vorgestellten liegt keineswegs einfach immer oberhalb der gerade sich gegenständlich vollziehenden. Das Vorgestellte ist nicht einfach das nicht Anwesende. Auch die Repräsentanzen werden ja immer begleitet, getragen von Präsentativem. Einerseits sind die Vorstellungen mit Kräften des Wünschens, des Fürchtens, der Liebe verbunden. Diese selber sind in uns anwesend. Andererseits spielen die Vorgänge des Vorstellens immer ins Physiologische hinein. So verändert sich mit ihnen der Tonus unserer Muskeln. Ihr Spannungsgefüge drückt die Vorstellungswirklichkeit als leibliche aus. Das Erleben wird immer auch gelebt, wie wir auf unserem Stuhl sitzend uns beim Gedanken an den Gang durch eine gefährlich schmale Felsspalte beklommen aufrichten oder bei der Vorstellung eines rhythmischen Gitarrenspiels unseren Körper ins Schwingen geraten fühlen. Diese Zusammenhänge sind in der ‹Ökonomie des Lebens› bereits ausführlicher dargestellt.[10] Vorstellungen ‹repräsentieren› nicht nur das gelebt Erlebte. Wir haben die Repräsentanzen deshalb auch Agenten des Abwesenden in unserem Psychischen genannt.

Der dritte Parameter wird von sehr unterschiedlichen Formen von Anwesenheit gebildet. Vollständig und unauflöslich können Leben und Erleben wohl nie ineinander aufgehen, jedenfalls bei gesunden Menschen gleich welchen Alters. Das würde bedeuten, daß sie überhaupt nicht Erinnerung würden. Restloses Vergessen ist nicht denkbar, weil jedes Erleben eine Art von Spuren hinterläßt bis hin zur Anwesenheit des Abwesenden. Überlegungen zur Sprache sollen hier nicht angeschlossen werden, um die umfassenderen Zusammenhänge nicht aus den Augen zu verlieren. Auf diesem Hintergrund wird vielleicht eine Sprachphilosophie ansetzen können.

Erleben als Mitteilung

Herkömmlicherweise ist die Gefahr, zu rasch auf abstraktere Ebenen übergehen zu wollen, groß. Vergegenwärtigen wir uns deshalb noch einmal, was die verschiedenen Formen von Hospitalismus uns klarmachen, die von der Entdeckung einer «emotionalen Verwahrlosung» bei medizinisch ausreichend versorgten Säuglingen durch René Spitz her in unser Bewußtsein wieder vorgedrungen sind. Wir nennen sie inzwischen allgemeiner Lebensentzug. Lebensentzug ist offensichtlich ein geschichtliches Phänomen.

Wir schließen hier in besonderer Aufmerksamkeit an die verschüttete Frage an: Wie lebt das Leben? Die Moderne kann nichts Selbstverständliches ertragen; so hat Peter Sloterdijk seine Kritik formuliert.[11] Um so rücksichtsloser, bleibt hinzuzufügen, setzt sie das, was sich ihren Analysen und Rekonstruktionen nicht anbietet, eben doch als selbstverständlich voraus. Ihr Verhältnis zum Leben ist paradigmatisch: Das Leben wird schon weiter leben. Diese Verfügung über Lebensbewegungen funktioniert aber nicht. Sie hat ihren Ausdruck insbesondere darin gefunden, daß auf verschiedensten Gebieten der alte Begriff einer Seele durch neue Begriffe ersetzt worden ist wie Kraft, Energie oder die Vorstellung der Bewegung des Menschen gedacht wird wie von einem Motor bewirkt. Noch in der aristotelischen Lehre war Bewegung etwas den Wesen Eigenes, und darin waren auch Dinge Wesen. Es ruhte gewissermaßen ein eigenes Bewegen im Innersten selbst der rollenden Kugel, das ihrer besonderen Weise räumlicher Beziehungen zu anderen Wesen, Dingen, Vorgängen entsprach. Bestimmte Bewegungsformen – wir können da etwa die des strudelnden, mäandernden Wassers denken – gehörten zu der Bestimmung der Sache wesentlich hinzu. Die frühen Vorstellungen, etwa der homerischen Menschen, dachten eben Identitäten als Vorgänge. Sie charakterisierten Prozeßformen, statt Dinge durch ihre Eigenschaften zu definieren. Erst recht reduzierten sie nicht die Fülle der Erscheinungen auf physikalische Körper mit Koordinaten in dem vorgedachten Raum, den Euklid ihrem Denken als Bezugsrahmen, wie der heutige Jargon so treffend sich selbst kennzeichnet, entgegenstellte. Einmal mehr treffen wir auf die moderne Unfähigkeit, in Bewegungen zu denken.

Dieser Mangel, von der Moderne als Fähigkeit gezüchtet, aber durchaus systematisch verdrängt, hat für die Übergänge zwischen Leben und Erleben eine eigene Bedeutung. Im Hospitalismus kommt Leben zum Stillstand unter Voraussetzungen, die das Weiterlaufen von

Motoren garantieren würden. Leben muß immer wenigstens in Andeutungen der Fülle von Beziehungen gelebt werden, die ihm möglich sind. Denn dem Leben ist nichts grundsätzlich möglich, was ihm nicht auch nötig wäre. Was ihm möglich wird, entsteht im Funktionsgefüge als Funktion, um die Worte von Blechschmidt aufzunehmen, die Hugo Kükelhaus zum Leitmotiv seiner Arbeit gegen den Lebensentzug geworden sind. Funktionen bedürfen aber der Tätigkeit, um weiter funktionieren zu können. Das gilt genauso für die Beziehungen von Lebewesen zu ihrer Mitwelt, wenn vielleicht auch in offenerem Verhältnis weiterer Spielräume.

Viele Tiere können nicht einfach an dem Verlust eines vertrauten Tieres vorbeigehen. Bei Haustieren überträgt sich das auf Menschen. Was Maturana die co-history nennt, schafft Verbindungen, die eben existentiell sind. – Er müßte wohl von sich selbstregulierenden emotionalen Systemen sprechen. – Der Vorteil solcher Formeln ist einzig der, die traditionellen Hemmungen überwinden zu können, die etwa mit dem Begriff Liebe verbunden sind, wenn er in andere Beziehungen als solche zwischen Menschen hineingezogen wird. ‹Selbstregulierende Systeme› werden jenseits der Subtraktionsanthropologie gedacht und überwinden die Aufteilung in menschlich und animalisch. Sie sprechen allerdings auch gerade nicht aus, was das Wort animalisch zu denken gibt. Anima ist die Seele. Tiere sind nach alter Auffassung beseelt, indem sie sich frei bewegen können. Im System des Bantu-Philosophen Kagame wird eine parallele afrikanische Tradition ausgesprochen, nach der Menschen und Tiere eine Seelenform gemeinsam haben, die sich in ihren Bewegungsmöglichkeiten durch die Mitwelt hindurch ausdrückt, im Gegensatz zu Steinen und Pflanzen.[12] Sagen wir jedoch einfach, nachdem wir schon eine grundsätzliche Möglichkeit von Übergängen zwischen biologischem Leben und menschlichem Geist festgestellt haben, daß entsprechende Übergänge zwischen Lebensgemeinschaften aus biologischen Geschichten wechselseitiger Entwicklungsförderung und -bedingung und menschlichen Beziehungen des Lebens zu denken sind.

Für das Ästhetische, also die menschlichen Formen des Lebens, wollen wir die Zusammenhänge so festhalten: Leben lebt nur im Erleben des Lebens.

Das geht mittelbar aus dem früher Gesagten hervor. Erleben ist die sinnenhaft vermittelte Weise, die übergreifenden Ordnungen in den Geschichten der Menschen und Kulturen – die ‹Kontexte der Kontexte› – Wirklichkeit annehmen zu lassen. Nur im Erleben des Lebens versichern wir uns jener Beziehungszusammenhänge, die Leben im Austausch zwischen Innen und Außen leben lassen. Wie wenig ‹bewußt› auch immer, im Atmen müssen wir die lebendige Betätigung unserer Urliebe zur Luft erleben, um den Rhythmus von Ausatmen, Stille und Einströmen der Luft in den ganzen Leib fortsetzen zu können. Dieses Erleben reicht als reines Körperbewußtsein in die Existenzgeschichten. Das Spiel, das ihre Beziehungen vermittelt, nennen wir das Vegetativum, weil wir nichts über die Bewegungsformen dieses Spiels wissen und wissen können, solange wir nach gegenständlichen Organen suchen statt nach der bio-logischen Ebene von ‹Kontext›, die sich so oder so physiologisch-material niederschlagen mag. Das gleiche gilt für die Beziehungen zur menschlichen und zur übrigen Mitwelt, für die Beziehungen zum kosmisch Übergreifenden, die alle sich aus co-evolution, co-history eingespielt haben.

Geschichte ist nicht nur der Grundsatz, nachdem zusammenspielende Beziehungen entstehen. Sie ist auch das Prinzip ihrer Geltung. In fortwährenden Veränderungen ist das Zusammenspielen in fortwährender Gefahr. Das Eingespielte muß umgebildet werden, aber es bedarf auch einer eigenen Wirklichkeitsdimension des Fortdauerns. Diese wird nun im sich fortsetzenden Zusammenspiel selbst mit ausgedrückt. Für den Beobachter von Fakten gibt es da keine gesonderten Daten. Der Ausdruck muß ihm unausdrücklich erscheinen. Diese Lage führt dazu, daß Bateson so nachdrücklich betonen muß, einen wie starken Unterschied es im Lebenszusammenhang macht, wenn kein Unterschied auftritt: Dies ist die ‹Information› Fortsetzung. Das Mitleben wird erlebt; die scheinbar unbemerkte, selbstverständliche Luft wird eben auch im Atmen erlebt, selbst wenn das erst in der Angst bei Atemnot ‹faktisch› zum Ausdruck kommt. Erlebtes Leben teilt sich mit und wird zur Mitteilung.

An diesen Vorgang werden die Überlegungen anschließen, die unter dem Begriff der authentischen Geste dargestellt werden.[13] Hier sollen einige Beispiele verschiedene Ebenen von Mitteilung aus dem Erleben unterscheiden helfen. Verschieden sind dabei immer die Arten und Grade der Reflektionen, die aus den Beziehungen in das jeweilige Phänomen Mitteilung eingehen.

1. Sprachlose Verständigung

Maturana erzählt eine Begebenheit aus seiner Kindheit, um co-history nacherleben zu lassen. Zu seiner Mutter kam eines Nachts eines ihrer Hühnchen aus dem Stall an die Tür ihres Schlafzimmers und klopfte mit dem Schnabel an das Holz. Sie stand auf, sah das Hühnchen und schickte es mit strengen Worten dahin, wo es um diese Zeit hingehörte. Bald darauf hörte sie dasselbe Klopfen an der Tür. Wieder stand dort das Hühnchen. Es gebärdete sich heftig und lief vor ihr zum Stall zurück, so daß sie ihm folgte. Dort war ein Fuchs eingebrochen; er hatte in der Zwischenzeit ein Huhn gerissen. Alle anderen waren in der höchsten Gefahr, die nun Maturanas Mutter abwenden konnte.[14]

Die gemeinsame Geschichte der Landfrau und des kleinen Huhns ist keine der Entwicklung ihrer Lebensformen in wechselseitiger Abhängigkeit bis in biologische Tiefen. Lebensgeschichtlich sind die beiden einander derart prägend begegnet, daß sie sich miteinander verständigen können. Maturana nennt die Mitteilungen des Hühnchens und ihr Gelingen in der Aufnahme durch seine Mutter eine Art von Sprache. Die Frau konnte sich in das Hühnchen genügend hineinversetzen, um sein ‹Verhalten›, wie die Ethologie sagen würde, als Mitteilung zu verstehen und als eine einigermaßen genaue Mitteilung zu deuten. Auf Grund ihres langen eingehenden Erlebens des Hühnerlebens konnte sie die aufgeregte nächtliche Lebensäußerung des Hühnchens als dessen Erleben einer Situation aufnehmen. Das Hühnchen konnte seine Lebensäußerungen – Laufen, Hacken usw. – als Ausdruck von Erleben betätigen und konnte sie auf die Lebensformen dieser Frau beziehen – in dem Hause zu schlafen, auf Geräusche zu horchen, in das Hühnerleben sich einzubeziehen.

Zweifellos kann dem Huhn solche Mitteilung nur gelingen, indem das abwesende Ereignis in ihm höchste Anwesenheit behält. Auf dem Weg zum Haus vergißt es keineswegs, was im Stall geschieht und warum es fortläuft. Leben und Erleben bilden keine unauflösliche Einheit. Der existentielle Grund von ‹Sprache› ist in dieser Ebene sehr stark. Der Symbolkeim des Ausdrucks schaut, sozusagen, nicht über den Rand der Situation hinaus; aber eine Vor-Geschichte trägt die Möglichkeit, daß die Situation im Hühnerstall aus dem Hühnerstall bis ins Schlafzimmer hineingetragen wird und einen Menschen dort einbeziehen kann.

Ähnliche Vorgänge unter Menschen, die im fremden Lande ‹mit Händen und Füßen› reden, sind ganz anders konstituiert. Diese Menschen haben dann nur keine gemeinsame Wortsprache. Ihre Gesten sind Ersatz und werden zum Gestikulieren. Diese Verständigung ist, mit Ausnahmen wie Kaspar Hauser, a-verbal im strengen Sinne: Sie ist verbal strukturiert, es fehlen nur die Kenntnisse der Wörter des anderen. Wie stark dann die Strukturen von Begriffsbildung und Grammatik durchschlagen, wenn auch gegebenermaßen als ein Makel unzureichender Differenzierungsmöglichkeiten, zeigt auf besonders merkwürdige Weise der Code der klassisch-romantischen Bühnenpantomime. Sie ersetzt, was im klassischen Ballett nicht ausgedrückt wird, durch hinweisende Gebärden. So bedeutet, die Hand ans Auge zu führen und nach oben geöffnet wieder zu senken, das Wort ‹Tränen›. Das Traurige an solchem Code ist seine Verwandtschaft mit einer Taubstummen‹sprache› ohne Not. Wieder einmal wird offensichtlich, daß eine scheinbare Annäherung menschlicher Lebensformen an tierhafte eine unerträgliche Reduktion mit sich bringt, und zwar deshalb, weil an der falschen Stelle die Ansprüche der menschlichen Zivilisation nicht aufgegeben werden. Die Verständigung soll ‹wie mit Wörtern› funktionieren. Dadurch wird verhindert, daß im Gestikulieren überhaupt etwas ausgedrückt wird. Das rein Gestische wird verachtet oder zum bloßen ‹Signalwechsel› degradiert. In dem ausgewählten, zugegebenermaßen extrem verdinglichten Stück Pantomime wird nichts ausgedrückt und nichts mitgeteilt, weil nicht eine Geste Leben erlebt, sondern ein Zeichen Erleben repräsentieren soll.

Bei anderen ‹Zeichensprachen›, etwa den indischen Mudras, liegen die Zusammenhänge anders, und zwar in dem Maße, wie die Bilder, die dort die Tänzer mit den Händen formen, einer Sprache entsprechen, die selber einem bildhaften Denken entspricht. So wird in den Bildern von Tieren diese oder jene Lebensform erlebt, Zartheit und Beweglichkeit der Gazelle oder Spannkraft und Gewalt des Tigers. Da diese Lebensformen zugleich ‹Charaktere› sind, werden sie eben auch als Erleben erlebt. Das Fließen der Tränen dagegen wird nicht erlebend, sondern beschreibend dargestellt, so daß der zugehörige psychische Vorgang erst synthetisch abgerufen werden muß, um sich dem Zeichen zuzugesellen. Wenn das auch unweigerlich geschieht – jede Vorstellung ist mit einer Andeutung zumindest davon verbunden, daß das Vorgestellte auch leibhaftig nachvollzogen wird –, so ist die Verbindung doch schwach und künstlich und fällt deshalb oft genug komisch aus. Die melodramatische Synthese verfehlt eben das Authentische einer Geste, die, gelebt, Erleben als Gelebt-Erlebtes mitteilt.

Hier wäre eine Theorie der sogenannten Körpersprache oder Bewegungssprache zu entwickeln. Das Motiv geistert durch die Tanztraktate noch der gesamten Neuzeit. In Utopien wird es immer wieder auf die Formel gebracht, in der Sprache des Leibes könne man nicht lügen. In Casanovas utopischem Roman «Eduard und Elisabeth» ‹tanzen› die besseren Menschen einer reineren Welt zueinander, um ihr wahres Innere einander mitteilen zu können. Die Wortsprache wird als manipulierbares Instrument empfunden. Die Entfernung der Wörter von den Gehalten entspricht der Entfremdung des Erlebens vom Leben wie des Lebens vom Erleben. Allein die Geschichte von Materialien und Vorstellungen, Ansätzen und Brüchen, des Eindringens in die gesellschaftlich verbindlichen Mitteilungsweisen und des Aushöhlens durch historische Gewalt ist umfangreich über alle Maßen einer zusammenfassenden Darstellung. Ein Zusammenfassen ist nicht erlaubt, bevor nicht die notwendigen Kategorien aus einem durcharbeitenden Ausbreiten dieser Geschichte gewonnen sind. Der jeweilige Anteil von Bewegungssprache an den verschiedenen Phasen der Geschichte muß deutlich werden, bevor Grundsätze ihrer Bildung und Bedeutung umrissen werden. Sonst würde unsere Anthropologie ihre Ansprüche verfehlen, am Verständnis historischer Unterscheidungen Möglichkeiten und Bedingungen menschlicher Geschichtsentfaltung herauszuarbeiten. Anthropologie würde dann, auch als Kulturanthropologie, zu ontologisierenden Verallgemeinerungen verkommen.

2. Selbstmitteilung

Mitte der sechziger Jahre wurden die französischen Schulen des Strukturalismus bekannt, besonders mit den frühen Arbeiten linguistischer Interpretationen von Saussure und mit den Übertragungen in historische Untersuchungen, wie die Zeitschrift «Annales» sie vorlegte. Die Geschlossenheit deutender Systeme machte starken Eindruck. Die Übertragung der Kategorien, die an Sprache herangetragen werden, auf alle Gestaltungen geschichtlichen Lebens legte um so mehr nahe, Entsprechendes für den körperlichen Ausdruck zu versuchen, gerade am Ballett, in dem er doch zu einem auf seine Weise geschlossenen System gebracht worden ist und mit einigem Erfolg gewissen Formen von Mitteilung dienen kann.

Mein Versuch einer Semantik des Balletts nach strukturellen Methoden zeigte sehr bald, daß diese Methoden leiblichem Ausdruck nicht beikommen können, und einige Zeit später auch, warum sie ihm unangemessen sind. Ich konnte leicht verschiedene Schichten unterscheiden, die bei den nur konventionellen Zeichen beginnen und dann in die

Tiefendimensionen der Geschichte und Naturgeschichte leiblichen Erlebens hinabführen. Der Begriff der Geschichte kann nur an der ersten Oberfläche in den der Konvention aufgelöst werden. Nur die Zeichen, die, streng genommen, von ihren Benutzern selber bewußt vereinbart werden, und zwar ohne jeden assoziativen, präsentativen Anlaß, sind nichts als Struktur. Nichts als Struktur soll ja heißen, daß die Verbindung von Zeichen und Bezeichnetem absolut beliebig, also das Zeichen in seiner Erscheinungsform nicht von Leben oder Erleben geprägt wurde. Gerade dadurch ist das Zeichen von der Gestalt unterschieden. In der Gestalt ist eben die Geschichte ihrer Entstehung anwesend. Mitteilung vollzieht sich dann dadurch, daß im Vollzug der gestischen Gestalt deren Vor-Geschichte wiederholt, die Einheit von Vor-Geschichte und Gestaltvollzug nachvollzogen wird, also andere Menschen in die Geschichte hineingezogen werden. Das ist dem Strukturalisten zu kompliziert; er will Mitteilung analytisch organisiert sehen.

Zu diesem Zweck geht er vor, wie Kant den Naturwissenschaftler darstellt. Er sucht die Phänomene der Sprache von Gesetzen ihres Zusammenwirkens zu scheiden, um dann willkürlich das mechanisch Geschiedene nach mechanischen Gesetzen wieder zusammensetzen zu können. Sprache, erst recht leiblicher Ausdruck sind dafür ungeeignete Objekte. Es steht insofern damit wie mit Phänomenen der Natur selbst; «es ist für Menschen ungereimt, auch uns einen solchen Anschlag zu fassen, oder zu hoffen, daß noch etwa dereinst ein Newton aufstehen könne, der auch nur die Erzeugung eines Grashalms nach Naturgesetzen, die keine Absicht geordnet hat, begreiflich machen werde.»[15] Saussure hatte vergleichbare Einschränkungen seiner Theorie, wie leider nur zu wenig bekannt, vorausgeschickt. Für den Tanz, auch in seiner zum klassischen Ballettrepertoire systematisierten Form, erwies sich die Methode von signifiant und signifié als nahezu ungeeignet. Immerhin gelingt eine Mitteilung, indem sich Erleben von Leben mitteilt und durch die besondere Gestalt und die besondere Situation seines Auftauchens sich genauer bestimmt.

3. Auf das Universelle hin

Ein tiefgreifendes Beispiel soll das zeigen. Im existentialistisch veränderten Ballettstil von Maurice Béjart, der die fünfziger und sechziger Jahre prägt, kamen ungewohnte Bewegungen der Tänzerinnen und Tänzer am Boden vor. Sie entwickelten sich vielfach in leibhaftiger Erinnerung an die eingebogene Lebenshaltung des Kindes im Mutterleib. Béjart tanzte den Existentialismus mit seinen Fragen und Vorstellungen, wie wir ihn sonst nur bei Sartre lesen oder von Gabriel Marcel vernehmen. Die embryonalen Haltungen wurden nicht vom körperlichen Erscheinungsbild her zitiert. Es legte sich nicht plötzlich jemand so auf den Boden, als wollte er sagen, an dieser Stelle sollen die Zuschauer an einen Embryo denken. Manchmal wurde einem erst im Nachsinnen eine solche Verbindung überhaupt bewußt, manchem vielleicht nie. Die Haltung war als Struktur uninteressant wie die zugehörige Schemazeichnung in einem Lexikonartikel. Nein: Wie die Tanzenden, leiblich sichtbar und eben spürbar für uns, von anderen Situationen her und durch sie hindurch Erinnerungen an die Empfindungen jenes Urbildes von Geborgenheit heraufkommen und die Gestaltung ihrer Bewegung bestimmen ließen, das teilt sich mit – ihr Erleben des Gelebten im reflektierten Wiederleben. Nur in den Vorgängen solchen Durchdringens kann die Erinnerung eine Ausdruckskraft gewinnen, mit der sie jetzt anwesend ist. Erinnern ist ein Vorgang. Im Innern bleiben die Erinnerungen in, meist stiller, Bewegung unter den Wassern. Noch ein jähes Hochschnellen eines vom Grunde losgerissenen Stücks ist vermittelt mit der Gegenwart im Durchbruch durch die Oberfläche; denn das Unvermittelte des Durchbrechens wird ja als Unvermitteltheit erlebt.

An diesem Beispiel kann man wohl miterleben, wie alle gelingende Mitteilung einen Keim im Erleben dessen hat, von dem sie ausgeht. Ich entdeckte damals statt eines semantischen Systems insbesondere das Moment, das ich *Selbstmitteilung* nannte.

Bleiben wir beim Tanz, um sie in eine Anschauung zu setzen – eine Anschauung, die sich allerdings mehr durch alle anderen Sinne als gerade das Sehen, das Schauen, vollzieht. Wenn wir eine anthropologische Bestimmung von Tanz suchen würden, müßten wir von einer allgemeinen Grundbestimmung ausgehen. Tanz ist ein anderes Wort für selbstgelebten Rhythmus. Freilich muß dieser Rhythmus tätig gelebt werden, und zwar in zwei Dimensionen. Den Rhythmus bringen wir selbst physiologisch hervor, und wir erleben ihn im Hervorbringen des von uns Hervorgebrachten. Solches Erleben ist nur möglich, wenn wir zugleich den Rhythmus als etwas für sich erleben, das über unserem Hervorbringen selbständig da ist.

Wenn eine Musik uns den Rhythmus vorgibt, so scheint sie dieses Selbständige zu sein. In Wirklichkeit kann sie diese Bedeutung so nicht einnehmen. Wenn wir uns von einem Rhythmus erfaßt, besessen fühlen, verwechseln wir wiederum etwas. Er kann uns nicht von außen erfassen. Wir werden in unserem Erleben von ihm erfaßt, das nur am inneren Rhythmus so sich entzündet. Was wir erleben, ist ein inneres Schwingen, sei es von einem äußeren angesteckt, angestiftet oder auch nicht. Dieses Erleben kann sehr wohl ausgehen von den inneren Rhythmen unseres Blutes, unseres Atmens und unseres Gehens. Im Tanz werden sie zu einem eigenen Erleben überhöht.

Nicht anders als im Tanzen mit ‹Schritten› der Füße ist das Gehen. Die Erfahrungen im rhythmischen Wechselspiel der Beine miteinander, im sie vereinigenden und mitschwingenden Leib, im Wechselspiel mit allen Unterschieden des Geländes finden ihre Niederschläge im Körperbewußtsein. Diese können erinnernd erlebt, ihr Erleben entäußernd gelebt werden: Tanz. Immer werden Gestalten des Tanzens erst frei für einen Ausdruck, indem eine Selbstmitteilung sich ausbildet: Wir vermögen erfahrene Rhythmen zu erleben und dieses Erleben wieder in leiblichen Rhythmen zu leben. Darum ist eine stille Meditation vielleicht ein besonders bewegtes Tanzen. Darum sagen die Hindus, daß Shiva tanzt. Wir könnten Bateson nun fragen, warum er vom Tanz der Albatrosse in den Lüften spricht. Er müßte antworten, das Leben erlebt in den freien Rhythmen dieser Vögel sich selbst, seine eigenen biologischen Rhythmen. Wir werden, wie er, die Antwort offen lassen müssen, was mit diesem Worte frei gemeint sein kann.

Unter Tanzenden teilt sich solche Selbstmitteilung als Vollzug, als einfach gelebtes Erleben mit. Wenn dies Erleben von mehreren, vielen zusammenklingt, entstehen weithin sich allen mitteilende Schwingungen – wie im Gesang des Orpheus, der die wilden Tiere ihren Opfern und die Steine ihrer eigenen äußeren Starre versöhnt: Die Menschen, die in solchem Tanzen «körperliche und geistige Arbeit» in sich versöhnen, vermögen einander und den Vorgängen der Mitwelt zärtlich ohne Absicht und tätig ohne Aktivität zu begegnen. Dessen Inbild habe ich als die posa des Tanzes im Quatrocento aus der hoffnungsvollsten Epoche der Neuzeit in Erinnerung gebracht.[16]

Allerdings fehlte offensichtlich dem Quatrocento das Kosmische. Ficino erneuerte platonische Variationen alter Vorstellungen eines Zusammenspiels von kosmischer und menschlicher Lebensbewegung. Alberti, immerhin auch Erfinder einer zentralperspektivischen Dressur der Malerei, übersetzte freilich das kosmische Denken in eine modern psychologische Naturempfindung. Um Krankheiten zu heilen, empfahl er, sich der Betrachtung einer schön bewegten Landschaft zu überlassen. Dabei aber bleibt der Kosmos schon ‹draußen›. Das Erleben des Lebens der Mitwelt hatte innerpsychische Funktion, war nicht mehr

Teil des Weltgeschehens. Heil wurde darin der Einzelne, nicht mehr das Ganze. Einzelner und Ganzes begegneten einander in einer Topographie. Innen *und* außen, ineinander zu sein, gelang nur zwischen besonderen Menschen. Die posa des 15. Jahrhunderts ist schon nicht mehr als ein Teil der Weltkarte, sozusagen die Provinz des ganzen Menschen – wie sie auch nur einem Teil der geschichtlichen Menschheit zugänglich und ihm zur eher privaten Tätigkeit wurde. An diesem Modell der Mitteilung aus der Selbstmitteilung läßt sich verständlich machen, was die psychoanalytische Diskussion des ‹Narzißmus› so bedauerlich verwirrt hat.

Balint weist nach, daß jener «primäre Narzißmus» gar nicht vorkommt, in dem wir am Beginn unseres Lebens alles lieben, als wär's ein Teil von uns – wäre das eigentlich vor oder nach der Geburt? Die Gelehrten schieben den Zeitpunkt je nach Theorie hin und her. Diese Formulierung ist unsinnig, wenn zugleich sicher ist, daß ein Selbst sich erst bildet, jedenfalls im Sinne eines wie auch immer bewußtlosen «Bewußtseins». Die Vorstellung der «Urliebe» weist bereits darauf hin: Wir lieben, unsere Lebensbewegungen wie die an uns dringenden erlebend, das Leben. Was Narzißmus genannt wurde, ist unser Erleben des «Einsseins mit allem». Die Selbstmitteilungen sind jener Pol, der sich in uns ausbilden muß, um unser Erleben auf den langen Weg der Erfahrungen zum Pol des Universellen zu bringen.

Das versäumte Bewußtsein der Sinne

Eigentlich müßte nicht Befremden um sich greifen, wenn derart vom Tanz gesprochen wird, sondern Beschämung. Die Logik geschichtlicher Lebensentfaltung führt zu einem derart umfassenden Begriff des Tanzes. Aber gerade ein Bewußtsein, dessen Methode eine solche Logik wäre, wird von der Moderne systematisch versäumt. Versäumt soll heißen, es werden die Zugänge des sinnenhaften Erlebens zu der Dimension auch selbständig existierender Rhythmusgestalten, die Wurzeln solch erlebensgetragener Denkformen – Abstraktionen auch sie – verhindert, so daß Sinnenbewußtsein sich gar nicht erst ausbilden, auch nur sich ahnen lassen kann.

Diese Verhinderungen stellen einen Strang gesellschaftsspezifischer Strategie und Realität dar. Um es zu veranschaulichen, mögen einige Beispiele darauf aufmerksam machen, daß Tanz als Erleben der Lebensbewegungen bewußt nur in anderen Kulturen denkbar ist und sich ereignen kann: Die tanzenden Derwische sind eine mystische Gemeinschaft im Gegenstrom des Islam, wenn sie in ihren fast endlosen Drehungen das Kreisen des Universums beschwören. Die tanzenden Altarumschreitungen des Mittelalters, zuletzt in der Isodorischen Liturgie Spaniens belegt, wurden im sechzehnten Jahrhundert endgültig aus den Kirchen Europas verbannt. Tanz wurde, auch im übrigen Leben, nicht nur als des Teufels verdammt, sondern mit weltlicher Gewalt unterbunden. In den Musiktheorien der Neuzeit wird noch an den Tanz der Gestirne aus pythagoräischer Tradition angeknüpft. Aber selbst in den musischen Teilbereich des Weltverständnisses abgeschoben, wurde ein solch bewegtes Modell von Harmonie auf die Idee von Sphärenklängen, diese auf die mathematischen Beschreibungen reduziert, als seien diese der Gehalt, nicht der Schlüssel. Rhythmus wurde exkommuniziert und verrohte weithin so, wie die Berührungsangst der Bannsprüche es schon vorher behaupten wollte.

In alltäglichen Situationen mit Kindern oder Künstlern oder Narren wird greifbar, daß eine Angst vor aller Lebendigkeit tief eingedrungen ist. Zu den Erfolgen des «Prozesses der Zivilisation» gehört – Norbert Elias hat das vor einem halben Jahrhundert an der Geschichte der Berührungen und des Austauschs gezeigt –, daß in uns Leben von Strategien des Erlebens verdrängt wird. Angst ist die Folge, wo immer gelebtes Erleben das verdrängte Ungelebte in uns zu Hoffnung und Aufstand verführen könnte. Wie gingen wir mit dem Auftauchenden um, da wir nicht gelernt haben, wie man sein Erleben zu leben vermag und es dem geschichtlichen Erfahren zuführt? Müßte es nicht wütend ausbrechen, solange gewaltsam hinabgedrückt, und uns taumeln lassen? Wie sollten wir auf die verborgenen Rhythmen zu lauschen gelernt haben, um aus dem Taumeln in Tänze zu finden?

Das alles ist um so hilfloser, als das Erleben des Lebens getrennt wurde vom universellen Leben. Keine Vorstellung des Kosmos als Tanz des Shiva, kein Verständnis vom ‹Tanz der Chromosomen› helfen uns, rhythmisches Bewegen als Verstehen beider, als Verbindung beider Dimensionen durch unsere menschliche Geschichte hindurch zu entfalten. Daß Marx «die Verhältnisse zum Tanzen bringen», daß Nietzsche die Philosophie als Tanz begreifen wollte, wirkte in dieser Geschichte lediglich skurril. Erst im Sinne einer Lacanschen Nachträglichkeit können wir dergleichen zur Vorbereitung eines anderen Bewußtwerdens machen. Uns Heutigen, deren Existenz zum äußersten von der herrschenden Geschichte bedroht ist, kann endlich Nietzsche Bild zum Symbol irgendwo getragenen Vertrauens werden: Die Geschichte des

Leibes mit ihren heimlichen, verheimlichten Keimen sinnenhaften Bewußtseins ist ein «großer unerhörter unhörbarer Strom»[17].

Allerdings fällt uns solcher Grund für neues Vertrauen auch angesichts der totalen Bedrohung nicht umstandslos zu. Wir müssen selbst eine Bedingung schaffen, wir dürfen nicht gebannt das Grauen fixieren, wenn es uns nicht fixieren soll. Wir müssen die Geschichte der Zerstörungen als die der Verhinderungen begreifen können. Wenn wir die Zerstörungen als ein Prinzip der Kontinuität aus eigenem Recht gelten lassen, werden wir in den Fluchtpunkt ihrer Zentralperspektive gesogen. Wir sind verloren, wie die französischen ‹Post-Modernen› es so brillant deduzieren. Zerstörungen von was? Verhinderungen haben ihre Kontinuität, heimlich, dennoch am Verhinderten. Das versäumte Bewußtsein hat einen traurigen, aber treuen Sachwalter am Gefühl des Mangels.

Dies ist der Grund, weshalb ausschließlich gesellschaftskritische Analysen allein ein falsches Bild der geschichtlichen Situation geben. Sie stellen die Geschichte der Unterdrückung nicht in der Spannung zu dem Unterdrückten dar. Die systematische Zuversicht etwa von Michel de Certeau nimmt den Spannungsbogen wieder als zu sicher, wenn er beobachtet, daß jeder weitergetriebenen Zentralisierung, Verwaltung, Reglementierung des vergesellschaftlichten Lebens Gegenbewegungen der Bevölkerung zu antworten verstehen. Das Prinzip seiner Theorie ist zweifellos richtig. Fortschreitende innere Kolonisierung des Lebens durch herrschaftliche Rationalisierung produziert Fähigkeiten des Mißtrauens ihr gegenüber mit. Totalisierung macht den Apparat der Befehle und Kontrollen von selbst funktionsuntüchtig, weil er, wie Illich sagt, konterproduktiv wird. Je mehr Herrschaft aus der mittelalterlichen Machtausübung, wie auch Elias sie zeigt, zur flächendeckenden Erfassung übergeht, desto mehr verwirren sich ihr die Schaltsysteme. Je monolithischer das System der Gesellschaft wird, desto mehr Risse muß der Block bekommen, weil derartige Klötze keine Elastizität mehr haben, dafür um so mehr Spannungen in sich hervorbringen müssen. Die Leute werden diese Risse zu nutzen, den bürokratischen Unsinn für sich umzukehren lernen.[18]

Diese Sicht der Geschichte von unten ist nicht nur sympathisch, sondern methodisch notwendig. Sie kann aber nur Ergänzung sein zu der anderen, die mit der ganzen erforderlichen Strenge die Strategien der Trennung untersucht und die Wucht der Geometrisierung der Menschen so wenig unterschätzt wie die Subtilität. In dem Buch «Überwachen und Strafen» hat Michel Foucault dies zwar einseitig, aber mit solcher Schärfe getan, daß einige seiner Prinzipien, die er am historischen Material herausgearbeitet hat, in unseren Fragen aufgenommen werden sollen. Wir fragen nach den systematischen Strategien des versäumten Bewußtseins. Foucault nennt eine oberste Kategorie «Disziplin». Damit werden alle Strategien und Praktiken getroffen, die in einem letzten Sinne negativ politisch sind, indem sie den Leib und eine Entfaltung des Sinnenerlebens dem öffentlichen und individuellen Leben entziehen. Bei Foucault finden wir in raffinierten Kombinationen auf effektive Zwecke hin die beiden Grundtendenzen wieder, die wir seit der Antike verfolgen: das Austreiben der Bewegung aus dem Leben und Denken und gleichzeitig die Umformung von Bewegung zu einer physikalischen Kraft, zu einem Motor, deren Leistungen zum Antrieb mechanischer Werke mechanisch gesteigert werden können.

Diese Disziplin wird angesetzt auf «gelehrige Körper». Die Körper sieht Foucault unter dem Entzug aller Qualitäten, wir würden sagen: auch aller Spannungsfelder, jeden Spannungsgefüges, zunächst zu «formlosem Teig» werden. Sie werden zugerichtet zu einer Untauglichkeit für ihr Leben aus den eigenen Prinzipien, wie wir sie etwa von der Embryologie her kennengelernt haben. Foucault untersucht freilich nicht, was in dem Ringen der Disziplin mit den höheren Ordnungen unserer Lebensbewegungen geschieht. Er kann – wie Franzosen dies aus demselben Grund so gern tun, man denke nur an die «Wunschmaschinen» von Deleuze – um so klarer von «funktionierenden Maschinen» sprechen. Sie werden konditioniert, «bis ein kalkulierter Zwang» an die Stelle selbstregulierender Zusammenhänge tritt, «jeden Körperteil durchzieht und bemeistert... zusammenhält und verfügbar macht.»

Exerzierplätze dieser Disziplin sieht Foucault in allen gesellschaftlichen Anstalten, in denen herrschaftliche Gewalt exemplarisch eingeübt wird. Das sind Militär, Medizin, Schule. Ähnlich die Institutionen, in denen die Kalküle der Disziplin entwickelt werden. Das sind die Anatomen und Metaphysiker – Descartes war beides in einer Person –, Philosophie und politische Lehre. Dabei kommt schon zur Zeit des Absolutismus eine «politische Anatomie, die auch eine Mechanik der Macht ist», heraus. «Sie definiert, wie man die Körper der anderen in seine Gewalt bringen kann, nicht nur, um sie machen zu lassen, was man verlangt, sondern um sie so arbeiten zu lassen, wie man will.» Die verändernde Verbindung vom Denken, das er analysiert, zur Realität, die er kritisiert, sieht Foucault offenbar mehr in einer Art von Didaktik. Ihm sind wesentlich alle die Gebiete, auf denen für das Prinzip dieser Disziplin zur Fortsetzung auf andere Gebiete gedrillt wird. Von den ökonomischen Vermittlungen zwischen Ideologie und Realität ist kaum die Rede. Die veränderten Formen industrialisierter Arbeit geben ihm kaum Beispiele für seine Analysen, vermutlich weil die Konditionierung hier nicht oder kaum durch Bewußtseinsveränderungen, wie er sie mit seinen Methoden untersuchen kann, sondern umgekehrt Bewußtseinsveränderungen durch die faktische Konditionierung des Leibes erreicht wird. Seine Aufmerksamkeit gilt dem Teufelskreis der Gegensätze, in dem Disziplin eine Steigerung der Kräfte, wo sie ökonomisch nützlich erscheinen, mit einer Schwächung der Kräfte zu politischer Fügsamkeit verbindet. Die Strategien auf den verschiedenen Gebieten und ihre Erfolge verlaufen parallel, einander zuarbeitend und sich steigernd. Die Parallelität, das Zusammenarbeiten bleiben allerdings unerklärt und unerklärbar.[19]

Alles läuft hinaus auf eine «Spaltung der Macht des Körpers». Ihre Ableitung bei Foucault nimmt wichtige Motive unserer Überlegungen wieder auf. Die Spaltung wird vollzogen als «Verräumlichung»; der Leib wird nämlich den Konsequenzen des vorgegebenen euklidischen, qualitätslosen Koordinatenraums unterzogen. Die Disziplin «organisiert einen analytischen Raum», indem sie die Individuen aus der Beziehungsvielfalt von Leben isolieren und «verteilen» kann. Darin werden die Menschen zu «lebenden Tableaus» gemacht, das heißt «zu Tafeln, auf denen ihre Daten aufgetragen werden». Die vier Techniken dieser Disziplin lesen sich wie ein Schlachtplan zur Festsetzung des Tanzes. Das Erleben des Lebens soll soweit verfügbar gemacht werden, daß das Leben sich selbst nach den Kalkülen seiner Ausbeutung reguliert. Dazu wird jeder Teilraum gegen alle anderen Teilräume isoliert. Eine «elementare Lokalisierung und Parzellierung» weist daraufhin jedem Körper seinen Platz, jedem Teilvorgang im Körper seine ausschließliche Funktion zu, die zwar nur als Teilfunktion eines Ganzen funktionieren kann, so wissen wir, aber möglichst perfekt als isolierte, autonome laufen soll. Damit können den Funktionen bestimmte «Funktionsstile» zugewiesen werden. «Gefährliche Verbindungen» können unterbrochen, dienstbar gemacht werden. Schließlich werden diese Funktionen klassifiziert. Eine «Technik der Transformation von Anordnung» kann durchgesetzt werden.

Diese Liste der Techniken steht etwa in der Mitte zwischen darstellender Geschichte und theoretischer Analyse. Ausführlich weisen auf sie Materialuntersuchungen zur Geschichte des Körpers im Balletttraining, im Militärdrill, im Sport und in der Manufakturorganisation hin, wie sie der zweite Band der «Naturbeherrschung am Menschen» schildert. Andererseits weist sie auf die Kategorien der Geometrie und Prinzipien der Geometrisierung hin, wie sie in der «Geometrisierung des Menschen»[20] zusammengefaßt, in der «Naturbeherrschung» umfassend entwickelt vorliegen. Foucault betont dabei den Aspekt der Konditionierung. Er spricht von der «Zusammenschaltung von Körper und Geste» mit dem Ziel der schnellsten, wirksamsten, also «geringsten» Bewegung, in der eine körperliche Beziehung hergestellt wird, und von der «Zusammenschaltung von Körper und Objekt».

Im Gegensatz zu Foucault übersetzen wir diese Analyse in die Formensprache des Lebens: Es wird das wesentliche Moment aller Möglichkeit, übergreifende Ordnungen zu bilden, nämlich der Spielraum, ausgeschaltet. Die höhere Ordnung muß dennoch geleistet werden, aber eben nach Maßgabe der Anordnung durch die Hierarchie, nach der Produktionsvorschrift, nach dem Leistungsplan. Foucault sieht nicht auf den Spielraum in seiner konstitutionslogischen Bedeutung. Er kritisiert, daß aller «Müßiggang» erschöpfend ausgenutzt wird. Und er stellt das Modell optisch dar im «zwingenden Blick der hierarchischen Überwachung». «Die Prüfung kehrt die Ökonomie der Sichtbarkeit in der Machtausübung um»: Die Disziplin setzt sich durch, indem sie unsichtbar wird und den Unterworfenen die Sichtbarkeit aufzwingt.

Wie kann nach Jahrhunderten solcher Praxis Gesundheit anders gedacht werden als «die Abwesenheit von Krankheit und Gebrechen»? Wie kann der Körper anders als durch Funktionsverweigerung einklagen, was Leben wäre? An diese Beobachtung hat Seymour Fisher klinisch und verstehend die Wissenschaft einer «body consciousness» angeschlossen.[21] Wie Weizsäcker feststellte, daß unser Wissen vom lebenden Menschen bestimmt ist durch das Studium am Toten, begründet in der Sezierung von Leichen, so begreift umgekehrt Fisher das Lesen der Krankheit als Weg zum versäumten Heilsein.

Nehmen wir aus der Fülle seiner Ansichten und Fälle jenen heraus, der besondere Abwehr hervorgerufen hat. Statistisch stellte Fisher in therapeutischen Untersuchungen fest, daß außerordentlich viele Frauen eigentlich alles an ihrem Körper sich kleiner wünschen, nur die Brüste sollten größer sein. Selbstverständlich hat dieses Ergebnis uns nur etwas zu sagen über die Verhältnisse der Gesellschaft, für die es erhoben wurde, nämlich die hochindustrialisierte, genauer die nordamerikanische. Zweifellos drückt der festgestellte Wunsch eher mehr von dem Körperbewußtsein der Männer als von dem der Frauen aus.

Dies aber besagt mehr als irgend etwas anderes über das Körperbewußtsein der untersuchten Frauen. Die Sehnsucht nach dem ersten «Liebesobjekt», verschmolzen noch mit jener Selbst-Liebe, die ebenso Weltliebe ist, meldet sich und ist zum «sexuellen Verhalten» kanalisiert, weil Sexualität noch am ehesten «die Spaltung des Körpers», die «Verteilung und Lokalisierung» durchbricht. Um den Preis allerdings, daß der Durchbruch nur streng lokalisiert, auf das «Erogene» der «Zone» partialisiert bis zur Oberfläche des Sichtbaren vorstößt. Gerade nicht das beglückende Zusammen-Spiel, sondern das ‹Lustobjekt› des Playboys oder der Playgirls bestimmt, mit welcher Bedeutung und welchen Möglichkeiten das schon vom Kind strategisch bedrängt Gelebte erlebt werden kann. Sicher erweist sich die objekthafte Fülle als Leere der Situationen, die doch an ihr sich erst entfalten, nicht im Objekt dargestellt werden können. Potenzdemonstrationen der Männer liefern das komplementäre Beispiel. Fisher stellt, ohne eigentlich zu analysieren, dennoch mit grauenhafter Präzision und Kompaktheit dar, welche Dimensionen und Erscheinungsformen Verdinglichung am Körper annehmen kann. Dabei wird auf sinnenhafte Weise greifbar, wie sehr Entfremdung unter den von Foucault herausgestellten Strategien sich von allen anderen Entfremdungsformen als ebenso totalitär – wenn vielleicht auch nicht total – erweist, wie Foucault das beschreibt. Das «Verhältnis zum Körper» ist das Äußerste an Wiederentdeckung, das so die Stelle von Beziehungen zwischen den Dimensionen der leiblich-geistig-seelisch-kosmischen Einheit einnehmen kann. Fisher zeigt das durch die ganze Skala der Grenzvorstellungen – wo im Körper bin «ich»? Wie erlebe ich Mitwelt? Wie Kleider, die von dieser oder jener Korrespondenz zu Momenten des Körpers charakterisiert sind, wie hohen und flachen Absätzen, eng und weit, enthüllend und verhüllend usw. Wie berühren mich die Vorgänge um mich und in mir?

Verdinglichung, Disziplinierung, Zivilisierung. Vielleicht weist Geometrisierung auf die gemeinsamen Prinzipien all der historischen Bedingungen hin, unter denen die Tiefendimensionen so weit sich uns entzogen haben. Die Lage der biologisch, embryologisch vergegenwärtigten Momente menschlicher Existenz sei damit bezeichnet. Das Erleben des Sinnenlebens wird nur da und so zugelassen, wo und wie es notwendig ist, um Leben unter dem Schein mechanischer Zuverlässigkeit zu erhalten. Bislang gibt es allerdings immer noch Momente und Äußerungsformen, die durch die systematische Ignoranz geschützt werden. Da ist die innere Zensur, sind die Ansteckungen des Bewußtseins bis in Körperbewußtsein hinein, die Konditionierungen des Körperbewußtseins bis in die «Eindimensionalität», die Herbert Marcuse voraussah, so entscheidend.

Erdrückender Berg und tragendes Meer

Wir befinden uns in einem kurzen zweiten Durchgang, in dem die Tiefendimensionen rückschauend auf die politische Ökonomie der Sinne hochindustrialisierter Gesellschaften erinnert werden. Wir fragen nach dem historisch spezifischen Spannungsverhältnis zwischen dem Frühen und Tiefen und den Lebensfragen in der Gegenwart. Dabei müssen wir genau überlegen, welche Linien eines möglichen Spannungsfeldes durch die Trennungsstrategien der Moderne unterbrochen, welche Linien in den erfolgten Deformationen gebrochen sind und welche sich in Spuren noch wahrnehmen lassen, weil sich unter den verordneten Rastern die Gewebe des Lebens fortsetzen oder weil sie durch die Risse neu hervordringen. Wenden wir uns jetzt der zweiten dargestellten Tiefendimension zu, der paläontologischen oder frühgeschichtlichen. Wir können auch dies nur unter ausgewählten Gesichtspunkten tun. Wir wählen dazu wieder einige Auffassungen aus, die selber philosophisch, künstlerisch, praktisch, psychologisch, politisch an neuen Möglichkeiten, zu einem Sinnenbewußtsein zu gelangen, mitgewirkt haben und schon deshalb bei unseren Bemühungen anwesend sein sollen.

Die Wissenschaften erkennen heute kaum noch sogenannte Atavismen an, also instinktähnliche vererbte Reflexe auf Situationen, die für irgendeine Phase der Gattungsgeschichte passende Reaktionen unreflektiert fortsetzten. Beispiel dafür war etwa ein gewisses Zusammenschrecken beim Einschlafen auf dem Rücken. Es wurde lange abgeleitet von der Zweckmäßigkeit, die dergleichen gehabt hätte für Anthropoiden, Menschenvorgänger, als sie noch auf Bäumen schliefen und nur einschlafen durften, wenn sie sich mit dem Bauch zum Ast anklammerten. Blechschmidts Überwindung des Haeckelschen Grundgesetzes hat ein derartiges Interesse an der Frühgeschichte überhaupt überwunden. Reflexe sind es wohl am wenigsten, was uns als Erbe in uns aus frühen Geschichtsphasen wieder begegnet. Wir haben umgelernt, alles Vorkommende im Zuge seiner Funktionsgeschichte und seiner Mitwirkung in einem Funktionsgefüge zu betrachten.

Das bedeutet nicht, daß Gattungsgeschichte nicht bis in vormenschliche Lebensformen zurück die heutigen Funktionsmöglichkeiten, die heute mögliche Entfaltung von Gefüge und Spielräumen auf seine Weise begründet hat. Man muß nur sehr vorsichtig umgehen mit den Fragen der Vermittlung. In der Regel kann man so, wie wir Leben zu verstehen lernen, annehmen, daß die vielfältigen Reflektionen, die den erblichen Niederschlag früher Entwicklungen in die komplexen gegenwärtigen Beziehungsgefüge von Leben und Erleben vermitteln, interessanter sind als das zu Vermittelnde. Umgekehrt wäre es, jedenfalls für den, der sich positivistisch an harte Fakten lieber als an weiche Verbindungen zwischen ihnen hält, einfacher. Deshalb sind noch heute bei Behaviouristen aller Grade – vom Wissenschaftler bis ins evolutionswütige Publikum – Kurzschlüsse sehr beliebt. Seinen Welterfolg zur Sprache von Mimik und Gestik hat Desmond Morris offensichtlich der merkwürdigen Begeisterung dafür zu verdanken, das Zähneblecken der Schimpansen in der englischen Royality wiederzuentdecken. Selbstverständlich hebt er dann Unterschiede hervor. Aber sie werden am Parameter der animalischen Momente von Situationen abgetragen. Es geht um mehr oder weniger direkte Formen von physischer Bedrohung und ähnliches. Diese Ebene ist nicht zu übersehen. Aber das Beschwören von Ähnlichkeiten in den statischen Erscheinungsbildern ist zu schlicht. Wir müssen ihren vielfältigen Bedeutungen und Umdeutungen im Gefüge der Beziehungen nachgehen, die das Erleben des Lebens entwickelt.

Eigenartigerweise hat gerade die Subtraktionsanthropologie den Behaviourismus ermöglicht. Je unnahbarer das typisch Menschliche gegenüber der animalischen Natur ist, desto umstandsloser kann man die innere Natur der Menschen nach den Schemata der Tierwelt erklären, und zwar einer Tierwelt, die selber ja so reduziert vorgestellt wird wie das Animalische, das nach Abzug des höher Menschlichen vom Menschen übrigbleibt. Mit der weiteren Reduktion des Animalischen unter geometrisierenden Strategien auf das Mechanische eines, freilich dann sehr mangelhaft unzuverlässigen, Motors wollen wir uns nicht noch einmal beschäftigen.

«Unser Thema ist die Atrophie des vergeistigten Sinnenlebens, das Voraussetzung jedes menschlichen Tuns ist.»[22] So sagt der Zoologe und Humanist Adolf Portmann am Ende seines Lebenswerkes. Seine Überzeugung kam aus einer ganz anderen Sicht des zoologischen Lebens. Sie bestärkte sich aber für die menschliche Existenz vor allem anderen in den uns noch unvorstellbaren Ausdrücken erlebten kosmischen Lebens, die uns aus der Frühgeschichte besonders in Höhlenbildern wiederbegegnen.[23]

Die kritisierte «Atrophie» ist die Erklärung, warum wir uns so wenig vorzustellen vermögen, in welche Weite weltdeutenden Erlebens frühe Kulturen aus den Tiefendimensionen ihres Lebens zu gehen vermochten. Gerade deren Überresten, an denen wir das unterentwickelte Sinnenbewußtsein vielleicht wecken und schulen könnten, stehen wir starr, bestenfalls staunend gegenüber. Wie sind Verbindungen von uns Heutigen zu dem dort Ausgedrückten möglich?

Wir kommen an dieser Stelle auf eine Beobachtung zurück, die im Kapitel zur Tiefenpsychologie unverarbeitet liegengeblieben ist. Bei den ‹Eiern›, in denen sich das Psychische abspielen soll, waren wir auf eines gestoßen, das nicht abgeschlossen ist, sondern sich auf Umgebendes öffnet. Diese Öffnungen ergeben sich in der Auffassung von C. G. Jung, und zwar dadurch, daß er ein Fortwirken der Menschheitsgeschichte in jedem Individuum in der Form von Archetypen annimmt und durch diese Archetypen Verbindungen des menschlichen Erlebens zum kosmischen Leben sieht.

Diese Verbindungen werden nicht einfach als aufzufindende Vexierbilder des Universellen am Grunde individueller Tiefen gedacht. Sie haben durchaus den Charakter von Spannungsfeldern. So enthält die vielzitierte ‹Große Mutter› eben nicht nur das Moment der Geborgenheit, des Schutzes, der Wurzelkraft, der wir zustreben. Unsere Sehnsucht gilt einem Gefüge von Symbolen, aus dem die Drohung des Oroborischen nicht abgesondert werden kann. Der Schutz saugt den Schützling auch auf und verschlingt ihn. Jung hat für solche Bilder, Imagines, Symbolgefüge frühe Prägungen wieder aufgegriffen aus den Schichten mythischer oder noch magischer Weltverarbeitung, um sie der Gegenwart klärend entgegenzuhalten. Klärend wirkt dabei, daß für verschüttete, verdrängte, deformierte Ansätze zu Linien eines weit sich spannenden Feldes in den Menschen geschichtlich gefundene Symbole als Ausdruck gesehen werden. Jung sieht Verbindungen, Beziehungen bestimmter Typen sich immer wieder in den Menschen und Kulturen zeigen, die in der Moderne sich allerdings mehr verstecken als zu erkennen geben. So können die Momente an Klarheit gewinnen, wenn sie die Entschiedenheit eines früher geschichtlich gewonnenen Bewußtseins annehmen und mit der Sinnenkraft anschaulicher Bilder, wirklicher Symbole, zum Erleben kommen können.

Besonders von der neuen Linken wurde diese Sicht verworfen und als geschichtslos kritisiert. Die Frage ist zweifellos, wie und wo denn solche Archetypen die Zeiten überdauern, wenn sie, wie Jung sich vorstellte, einem «kollektiven Unbewußten» angehören, das eine Art

Brunnen wäre. Im Gegensatz zu dem Unbewußten bei Freud, das individuell Verdrängtes, also ohne Therapie gar nicht Zugängliches enthält, würde der Brunnen immer seine Wasser, mehr oder weniger, klarer oder unklarer hervordringend, bis in das Bewußtsein der Menschen und Kulturen dringen lassen. Das therapeutische Moment geht dann vom Benennen aus, mit dem man sich zu dem unbestimmt Aufgenommenen bekennt und dem so Bestimmten gegenüber entschiedene Haltungen entwickeln kann.

Man könnte aber auch in dem ja wirklich immer wieder ähnlich Auftauchenden zeitgebundene Ausdrucksformen für Beziehungen der Menschen zur Mitwelt und deren Erleben sehen, die sich so oder so doch immer wieder aus den Bedingungen menschlicher Existenzweisen ergeben werden. «Die Abenteuer und Fahrten der Seele», die Heinrich Zimmer bestimmten irischen oder vedischen Überlieferungen folgend berichtet, haben sich in der Odyssee wiederholt, aber mit entscheidenden Unterschieden, und sind heute wieder Beziehungsmodell der Seelen, die sich Welt suchen, die ausziehen, um auf der Höhe von Geschichte und Lebensgeschichte die Andeutungen erlebter Urliebe zu entfalten, und die das Gruseln lernen gegenüber den dazu notwendigen Brüchen mit kulturell gesicherten Lebensweisen und gegenüber der hinter den Entfremdungen sich erst einmal auftuenden Leere.

Gerade für immer neu sich herausbildende, aber vergleichbare Situationen auf solchen Fahrten können alte Bilder, alte Symbole hilfreich sein. Alles kommt darauf an, ihnen im freien Spielraum zu begegnen und mit ihnen und den unverwechselbaren eigenen Bedingungen ein neues Spiel erfinden, durchleben zu können. Jung hat diese Offenheit nicht mitteilen können, vermutlich weil seine Entdeckung des Kosmischen, des Universellen durch geschichtlich geprägte Vorbilder hindurch zu rasch in den Dienst eines allzu drängenden und seiner selbst noch nicht genügend historisch bewußten Mangelgefühls geriet. Er entdeckte – in der Weisheit des Lebens der Archetypen – jene Einheit von innerer und äußerer Natur wieder, die kulturspezifisch mit der Moderne, ja, schon der jüdisch-griechisch-christlichen Tradition von Dualismus, asketischem Spiritualismus etc. aufgegeben worden war. Mehr noch, sie war und ist gattungsgeschichtlich verdrängt. Während also ihre Aufnahme in die voll und bewußt gelebte Geschichte ansteht – als Dimension aller Lebensformen und -deutungen, aller Technik und allen Wissens, aller Wissenswege –, entdeckt der Psychologe Jung sie als psychische Dimension, im Es.

So entsteht die ideologische Mißbildung einer Archetypenlehre:

Vom Seelischen her, also aus einem Teilaspekt, wird die ganze fehlende Dimension in die Gegenwart zu ziehen versucht, die aber nur in der Ganzheit der Denk- und Lebensformen wiedergewonnen werden kann. Ideologisch ist insbesondere die Verwechslung der beiden Ganzheiten: des Denkens, Interpretierens, Erlebens in psychischen Ganzheitsvorstellungen einerseits und der wiederzugewinnenden Ganzheit der wirklichen Einheit von innerer und äußerer Natur für die Geschichte andererseits.

Karlfried Graf Dürckheim verbindet die Regression, die wir die progressive genannt haben, eben damit, daß der Einzelne und auch die Gesellschaft als ganze sich Zuständen öffnen und das Feld neu wachsen lassen. In dem Feld finden Linien, die im Bewußtsein ausgezogen sind, ihr Lot wieder in die Tiefe. Vor allem können die unter der Oberfläche des bewußt Zugelassenen immer noch wartenden Linien aufwachsen zur Einheit mit der Geschichte. «Regressiv anmutende Zustände gehören zu unserem Leben wie die Nacht zum Tage, wie der Schlaf zum Wachen, wie alle Zustände der ‹Erholung›, die mit ihren regressiv erscheinenden Zügen aufholen und nachholen, was zu kurz gekommen ist, sie dienen also der Regeneration des Ganzen... Es meldet sich das lebendige Ganze in der Sprache der zurückgebliebenen, nicht gelebten oder nicht ausgelebten» – wir sagen, nicht erlebten – «Seiten».[24] Als dessen «Inbegriff» müssen wir «den Schatten annehmen». Daraus sieht Dürckheim eine «Revolution des ganzen Menschen» wachsen, die es selbst «in den schrillen Stimmen seiner verdrängten Seiten» zu begreifen gilt. Dann wird im kleinen Leben dieser Welt – Lacan sagt das kleine Ich der Rolle im Unterschied zum großen Ich, wie ich eigentlich gemeint bin; Jung spricht von der alten Seele in mir neben der weltbezogenen jungen – ein «Durchbruch zum Wesen» beginnen, wirksam zu werden. «Dies hat aber zur Voraussetzung, daß der Mensch eine paradoxe Leistung vollbringt, eine Leistung, die dem gewöhnlichen Ich unmöglich ist: bewußt in die hier ihn bedrohende Vernichtung und durch sie hindurch zu gehen!»

Diesen Gang nahm für die Homerischen Griechen die Gestalt der Irrfahrten des Odysseus, für die alten Iren die Gestalt der Fahrt Coneddas an. Dürckheim zeigt, welch existentielles Spiel wir aufnehmen müssen, um die mythischen Bilder zu lesen. So wird deutlich, was da wie Urgeschichte auftaucht. Es ist ein Erleben der tiefsten Bedrohung und des unendlichen Getragenwerdens, die im Rhythmus jeden Lebens sich ineinanderfügen. «...es erdrückt dich wie ein Berg, es trägt und wiegt dich wie das Meer», sagt Sartre. Aus der Frühgeschichte nehmen wir also nur auf den Mut, im Rhythmus auch das gewaltigste Ringen zu begreifen, die vermittelnden Bilder seines Erlebens durch die Menschen vor uns, die Aufforderung, im Leben auch das universelle Leben zu erleben. Wie stark immer und klar wir auch gemacht haben, was wir als Kulturen erlebend, deutend, umdeutend dem Leben, wie es lebt, entgegensetzen, das Entgegensetzen muß transparent bleiben auf das Andere. Nur als das Andere kann es durch uns die menschlich mögliche Transparenz gewinnen: Also müssen wir ihm uns entgegensetzen und doch uns in ihm erfahren.

Bessere Kenner von Wilhelm Reich, als ich es bin, werden sein Lebenswerk als eine Form solchen Erlebens darstellen, die an keiner der Vorstellungen der Gegenwart vorbeizugehen versucht. Reich sah sehr deutlich die politische Ökonomie der Sinne, die in den individuellen ‹Verpanzerungen› sich niederschlägt, und wußte sie zu beziehen auf das versäumte kosmische Leben. Lebendig sind wir nur, wo unser Erleben das Universelle durch unser individuell-geschichtliches Leben hindurchströmen läßt.

Diese Verbindungen geben zu verstehen, welche Zusammenhänge durch die Geschichte der Menschen hindurch erlebend gelebt werden müssen. Sie werden greifbar als Konfrontation mit den Prinzipien und Strategien der Moderne. Zu bauen und Orientierungen zu schaffen, waren für die frühen Kulturen seit den ersten Menschen mit ihren dauerhaften Hütten Vorgänge, die Ordnungen zwischen den Menschen, zwischen den Menschen und der umgebenden Natur und zwischen ihnen und dem Kosmos durch Deutung gestalteten. Dahin haben uns Joseph Rykwert, André Leroi-Gourhan, Marie König geführt. Wir müssen noch weitergehen. Ordnungen geben auch menschlich erlebte Gestalten den Spannungsgefügen, die sich durch unsere Geschichte hindurch zwischen Polen des Kosmos abspielen. Darum war und bleibt der Omphalos, der Nabel der Welt, seit den Schamanen ein Archetypus. Durch uns hindurch beziehen sich Unten und Oben aufeinander. Die Linie dieser Beziehung ist jene Nabelschnur, durch die weiße und schwarze Bereiche des Schamanischen, Himmels- und Erddrachen der Chinesen miteinander kommunizieren. Im Aufrichten unseres Wuchses und im Erfahren der Schwere an unserem Leibe leben wir, selber, jeder Mensch, für sich, das Geschehen. Es gemeinsam und geschichtlich zu erleben, ist so sehr Aufgabe jeder Kultur, daß immer neu die Symbole entstanden und einander verwandt sind. Werden sie auch durch uns Gestalt annehmen? Das hängt davon ab, ob wir ihr Erleben bewußt und sinnenhaft genug leben können, und zwar nicht allein lebensgeschichtlich, sondern neue geschichtliche Antwort unserer Gesellschaften.

Seit dem Zerfall der mittelalterlich-kirchlich überformten Vorstellungen von einer Ordnung der großen und der kleinen Welt ist dies zum Problem geworden. Der Zerfall hat eine Leere hinterlassen. Gegenüber den dogmatischen Deformationen im Sinne schon der Subtraktionsanthropologie und des Dualismus, wie sie der Moderne vorausgingen, hat diese Leere notwendige Bewegungsfreiheit geschaffen. Seither ist aber die Aufgabe, das Erleben zu erneuern, den Gruppen und den Einzelnen überlassen geblieben, die mehr nachträglich für unsere neue Aufmerksamkeit als durch Traditionen zu einer unerhörten unhörbaren Strömung der Häresie zusammenfinden. – Die Häresie ist übrigens durch sonderbare Kontinuität gegenüber den Gegensätzen gekennzeichnet. War sie, besonders durch die Inquisition, einst Häresie gegen die Dogmen der Kirchen bis heute, so wurde sie wenig später, daneben oder zugleich, Häresie gegenüber der Aufklärung. Deren Freiheitsprinzipien ist sie ebenso verpflichtet, wie sie der Einseitigkeit ihrer diskursiven Ratio erneut Ärgernis gibt.

Derartige Kontinuität vorzustellen, ist ein doppeldeutiges Unterfangen. Lacans Vorstellung einer Kontinuität aus Nachträglichkeit ist einleuchtend und notwendig. Im neuen Tun und Erleben finden die versprengten Momente einen prozessualen Ort. Die Protosymbole der Vorgeschichte, könnten wir mit Lorenzer sagen, werden durch uns gegenwärtig zu Symbolen erhoben, indem sie unser Symbolisieren mittragen.

Wenn wir derart die Kontinuität ganz als nachträgliche verstehen, aus der Gegenwart rückwirkend eingesetzt, begreifen wir vergangene Vorgänge als Gegenwart. Wir vergegenwärtigen sie. Wir Heutigen sind dann das Subjekt dieser Kontinuität; freilich begreifen wir uns als Vollstrecker längst geahnter Bewegungen, die diesen Ahnungen, vielleicht viel, vielleicht sogar alles verdanken.

So faßt Lacan Geschichte aber nicht auf. Ähnlich wie bei Roland Barthes, Lévi-Strauss, auch Foucault und anderen Strukturalisten bleibt die Frage nach dem Subjekt so sonderbar ungestellt, daß eine äußerst suggestive Wirkung entsteht. Alles wird so dargestellt, als ob es ein solches Subjekt gäbe. In Wirklichkeit entsteht dieser Eindruck aber nur daraus, daß eine Kontinuität behauptet wird, für die wir keinen Träger finden.

Dieser Frage soll nicht an den Strukturalisten nachgegangen werden, die darin sicherlich, vermittelt über Marcel Mauss, die Erben der ebenso merkwürdig ort- und subjektlos wesenden «idées sociales» bei Émile Dürckheim sind. Lohnender ist die Auseinandersetzung mit den Surrealisten zu führen, denen, was unsere Frage betrifft, die Strukturalisten verwandt sind. Wo Marcel Duchamps das Gemälde eines Unbekannten wie die Spur einer vorzeitlichen Geste mit seinem Namen als Künstler signiert, könnte man seine Tat im Sinne der Nachträglichkeit deuten. Bei André Breton ist eine solche Deutung allerdings kaum durchzuhalten. Für ihn sind der sogenannte ‹cadavre exquis› wie das ‹automatische Schreiben› insgesamt immer von exemplarischer Bedeutung geblieben. Dabei taucht in den Schriftzügen eines Heutigen auf, was frühere Menschen gedacht und gestaltet haben. Nicht durch unser Erleben in einer gegenwärtigen Situation wird das Vor-Bild in die Geschichte gezogen. Vielmehr spricht früheres Erleben, die Zeit aufhebend, mit unseren Schriftzügen. Breton denkt wohl nicht an Reinkarnation, jedenfalls nicht in der individuellen Kontinuität jeder Seele dieses oder jenes Menschen. Das ist in der Tat eine Lösung für die Kontinuität der Geschichte etwa bei den Bantuvölkern. Für sie werden die Toten in ihren Nachkommen wiedergeboren, so daß vergangene Geschichte wiederkehrt. Entsprechend dürfte wesentlich das Sprechen der Lebenden mit den Toten die Formen des Erlebens durch die Geschichte hin fortsetzen und erhalten.

Breton denkt aber anders. Wenn Mozarts Botschaften zu den Gestirnen, wenn die häretischen Einsichten des Raimundus Lullus oder des Agrippa von Nettesheim in einem von uns Lebenden zu sprechen beginnen, so trägt ein Geist der Welt, wenn auch nicht ein Hegelscher Weltgeist, die Erlebensgestalten durch die Zeit. Eine Art von Geist hat sich dann im Leben und Werk der Menschen und Kulturen differenziert, herausgebildet. Insofern ist er geschichtlich. Dann aber wird er als irgendwie irgendwo daseiend vorgestellt. Entscheidend ist für Breton und seine Freunde, daß sie uns nicht nur wieder aufnehmen sehen, was wir bewußt in der Geschichte vor uns – oder auch neben uns – finden. Unterhalb dieses Bewußtseins geschehen Verbindungen ebenso, auch das Ungeahnte wird wieder Teil unseres Erlebens. Mit zwei Annahmen läßt sich aber vermeiden, ein völlig numinoses Subjekt für die Möglichkeit solcher Kontinuitäten verantwortlich zu machen. Zum einen dürfen wir annehmen, daß die Spuren gelebten Erlebens sich anders als nur in einem ‹Subjekt der Geschichte› niederschlagen. Die Geschichtlichkeit etwa von Stoffen – Bachelard hat die des Feuers, Illich die des Wassers ans Licht zu tragen begonnen – ist eine der weiteren denkbaren Formen von Niederschlägen. Zum anderen können wir annehmen, daß ein Sinnenbewußtsein die einstigen Erlebensvorgänge auch ohne ‹bewußte› Beziehungen aus den Spuren, den Niederschlägen wieder aufzunehmen vermag.

Aby Warburgs Vorstellung von einer Erinnerung der Menschheit in großen geschichtlichen Flüssen, wie dem unseren seit seinen orientalisch-griechischen und keltisch-germanischen Quellen, antwortet selbst auch nicht auf die Frage, wer denn diese Menschheit sei. Warburgs Lehre von dem immer veränderten Auftauchen der «Pathosformeln» in immer neuen historischen Situationen macht jedoch seit dem Beginn des Jahrhunderts Geschichte zur Aufgabe der jeweils Lebenden. Und dies im doppelten Sinne. Immer ist neu darüber zu entscheiden, wie die alten Bilder erlebt werden und mit den freieren Vorstellungen von menschlicher Entfaltung ohne Furcht vor unbegreiflichen Mächten ineinandergreifen sollen. Zum anderen müssen wir gegenwärtig uns in das Erleben der früheren, «Historie und Psychologie» vereinend, versetzen, um eine wirkliche Vorstellung von vergangener Wirklichkeit finden zu können. Vorbildlich durchdringt danach hermeneutisches Nacherleben die Kritik an historischen Abhängigkeiten und ihren Gegenstand, die Vergangenheit selbst, um lebendig belehrt, empfindsam kritisch aus der Versenkung in die «Mnemosyse» emporzutauchen.

Die Grundsätze der Pole und Spannungen treten im Erleben aus dem Geschehen in die Geschichte. Kritisch und bildhaft erinnert wird Geschichte in neuem Erleben reflektiert, um reflektierter neu gelebt werden zu können.

Was ist Bewußtsein, worüber wird es gegenwärtig?

Die paläontologisch frühgeschichtliche Dimension in die Gegenwart zu heben, das ist eigentlich die Forderung von Leroi-Gourhan, erst recht von Portmann. Wir haben uns über die geschichtlichen Bedingungen dafür Rechenschaft gegeben. Wie aber sind die Bedingungen der menschlichen Konstitution heute dafür? Die Frage verdoppelt nur die nach dem Verhältnis des Erwachsenen heute zu den Tiefen kindlicher Vermögen und Verarbeitungsformen. Uns wird von allen Seiten versichert, daß diese uralten Pfunde noch anstehen, um mit ihnen wuchern zu können. Welches wären die Wege dazu, wenn wir gleichzeitig weder frühgeschichtlich noch frühkindlich sein wollen oder überhaupt sein können?

Portmann spricht von zwei, nur zwei «Komponenten des geistigen Schaffens» der Menschen und nennt die eine «die theoretische Funktion», die andere «die ästhetische Funktion»[25]. Er sieht nicht nur in den Künsten die Gegendimension zu der von ihm kritisierten kognitiven Einseitigkeit im modernen Europa. Die modernen Künste selbst können sich, insbesondere seit der «Entwicklung etwa der Perspektive», dem Sog ins Theoretische nicht entziehen. «Wenn auch die theoretische Funktion die mächtigsten künstlerischen Antriebe nicht hat ertöten können, so hat sie doch die geistige Entwicklung gewaltig gehemmt und hat insbesondere in der gesamten Erziehung eine wenig beachtete Atrophie des Empfindungs- und Gefühlslebens gebracht, die einer der ärgsten Schäden unserer Zeit ist. Daß manche den Schaden nicht mehr verspüren, spricht höchstens dafür... welche kümmerlichen Formen des sinnlichen Erlebens wir heute bereits als ‹normal› und befriedigend hinnehmen.»

Dies ist nicht der Ort, uns eingehend mit Entwicklungspsychologien auseinanderzusetzen. Wir wollen vielmehr uns an einigen Stellen den Bedingungen zuwenden, die unsere Bewußtseinsformen im ausgebildeten Gehirn und seinen Funktionsweisen finden, weil schon am physiologischen Niederschlag wesentliche Hinweise darauf abzulesen sind, was von identitätslogischen Strukturen als oberstem Maßstab des Bewußtseins zu halten ist.

Zuvor müssen wir an Jean Piaget erinnern, dessen Sicht die Diskussion weitgehend beherrscht. Seine Lehre gehört sicherlich zu den gewissermaßen permissiven gegenüber den ästhetischen Formen von Wahrnehmung, Mitleben, Auffassen und Gestalten. Letzten Endes ist diese Haltung aber bestenfalls leutselig. Eigentlicher Maßstab ist, wie weit Kinder schon darin sind, Wahrnehmen und Empfinden und anschauendes Wissen zum Vehikel abstrakter Erkenntnis herabzusetzen. Bei den folgenden Erörterungen sollte immer mit bedacht werden, wie weit man eine Lehre wie die von Piaget und seinen ungezählten Nacheiferern vorgetragene anerkennen kann und wie man sie in einer weiteren Ordnung der Vorstellungen an den ihr gebührenden Platz rücken könnte.

Um vorwegzunehmen, worum es geht, greife ich das beliebteste seiner Beispiele auf. Kinder sollen erkennen lernen, daß in zwei ganz unterschiedlich geformten Gefäßen sich die gleiche Anzahl von Litern, zum Beispiel Wassers, befinden kann. Die Schritte dahin werden durchdekliniert: vom Unglauben über das Staunen beim Versuch hin zum theoretisch richtig einschätzenden Blick. Warum nicht? Wahrscheinlich ist diese Fähigkeit nicht einmal nur in der technisierten Welt nützlich, sondern von Interesse auch sonst. Aber warum wird das wie eine Evolutionsgeschichte mit unumkehrbarem Fortschritt, mit Höhepunkt und Geringschätzung für die Opfer dieses Aufstiegs inszeniert?

Ist denn wirklich immer der abstrakt gemessene Inhalt das Wichtige? Nie die Form, nein, die Gestalt, in der wir dem Ganzen begegnen, von entscheidender Bedeutung oder gar das Wesentliche? Was ist denn in uns wichtig auszubilden: das Einschätzungsvermögen, das auf genormte Resultate zielt und deshalb desto besser funktioniert, je besser wir die Beteiligung unterdrücken, in der wir den Gegenstand wahrnehmend begegnet sind, oder das Erleben dieser Situation als eines Zugangs zu alles durchgreifenden Ordnungen? Nicht nur solche Geringschätzung ist zu vermeiden. Es geht um einen grundlegenden Irrtum. Aus dem Erleben ergeben sich eigene Verarbeitungsformen. Sie werden uns entzogen, mit Auslöschung bedroht. Das statisch Gleiche im Vergleichen der unterschiedlichen Gefäße zu identifizieren ist eine Sache. Eine andere ist es, in den Bewegungen die Verwandtschaft der Bewegungsformen zu entdecken, die wahrnehmend in unserem Innern mimetisch mitvollzogen worden sind. Piaget kann beweisen, daß erst zwischen neun und zwölf Jahren geistige Leistungen von Interesse den Kindern in die erwachsene Welt einzurücken erlauben. Dazu nur ein Gegenbeispiel.

Ein nicht einmal vier Jahre altes Kind betrachtet so gespannt den Strudel in der Badewanne, daß es sich nicht halten kann und die kleine Hand mit hineinstecken muß. Es muß dabei sein. Das Wasser läuft ab, und das Kind blickt auf. Es sagt: «Wie die kleine Kugel.» Wieso kann es die Luftsäule, in der kein Wasser ist, vergleichen mit dem Holzkörper einer Kugel? Es geht ihm nicht um statische Identitäten. Durch die Nicht-Identitäten von Luftsäule und Holzkugel hindurch geht das, was diesem Kind wesentlich ist: die Bewegung. Denn die «kleine Kugel» ist ein kugelförmiger Kreisel, den dieselbe kleine Hand oft und gern zum Tanzen bringt. Etwas hilft dem Kind, dieses Wissen zu entwickeln. Der Strudel in der Badewanne, in einem Bachlauf und an vielen Orten, heißt bei ihm nicht Strudel, sondern er heißt «es dreht». Das Drehen der Spiralen ist freilich das gleiche, und so tief in uns schwingen wir darin mit, als ob wir die Drehungen der Erdkugel wahrnehmen würden, von denen es abhängt, ob die Strudel links- oder rechtsherum drehen.

Wenden wir uns noch einmal der «Physiologie des Denkens» zu, weil die Zeitgenossen so fest in der Vorstellung sind, Denken gehe als

Schaltkombination von informativen Elementen vor sich, daß sie am besten vielleicht durch Einblicke in die Technik des Lebens wieder frei für andere Vorstellungen werden. Die neue Gehirnforschung eröffnet uns das Phänomen unvorstellbarer Fähigkeiten, Wechselbeziehungen zwischen Momenten, zwischen Bildern aufzufassen, zu erinnern und zu entwerfen. Offensichtlich sind dabei eben Beziehungen als ‹Muster› – patterns – zu betonen im Gegensatz zu Elementen. Gegenüber mechanisch konstruktiven Modellen treten nun die Gestalten, und zwar als Vorgänge, hervor.

Dies ergibt grundsätzlich Unumkehrbarkeit. Wiederholungen sind immer irgendwie veränderte Situationen in einer geschichtlich bedeutsamen Folge. Zugleich erscheinen die Vorgänge selbst als flüchtige. Halten, sozusagen, kann man sich nicht an Stehendes, sondern an die Bedeutung der Folge von Schritten.

Solche Folgen integrieren die Reflektionen der Welt in den nervösen Organen. Reflektionen bilden sich in allen Dimensionen des Lebens aus, von den physiologisch gelebten ‹Reaktionen› bis hin zu den psychisch erlebten und historisch verarbeiteten ‹Repräsentanzen›. Welt ist dann gelebte oder noch zu lebende Welt. Innere und äußere Welt dürften kaum unterschiedliche Stellenwerte bei der Ausbildung von Bildern ausmachen. Ein Begriff wie der des ‹Körperschemas› wird in mehrfacher Hinsicht fraglich. Einmal legt das Wort Schema wieder die Vorstellung von einem Schaltplan oder von Koordinatenrastern nahe. Statt dessen bilden sich gerade Bilder von Beziehungen zwischen Momenten aus, wie sie jetzt, jetzt in dieser oder dieser Konstellation zusammenspielen – oder nicht. Zum anderen verläuft durch die Bilderwelten des Gehirns und seine Möglichkeiten, sich zu neuen Verbindungen anregen zu lassen, nicht eine Grenze nach dem Vorbild des ‹Eis›. Was ein Mensch ohne hygienische Instruktionsstunde von seiner Lunge weiß, ist nicht, welchen Raum sie in der inneren Landkarte einnimmt. Die Lunge lebt in unserem Bewußtsein als jene Empfindungen, die uns im rhythmischen Wechsel von Erfüllung und Sich-Lassen auf das ‹Element Luft›, besser gesagt, auf die Vorgänge beziehen – des Getragenwerdens oder der Enge, des Duftes oder des scharfen Windes und dergleichen viel mehr.

Diese Erlebensweise steht nicht im Gegensatz zu der in unserer Tradition so erwünschten Fähigkeit, sich abzugrenzen als ein Selbst und von Äußerem zu unterscheiden. Nur sind Grenzen eben Prozesse, kein Niemandsland oder etwa Todesstreifen, wie die politischen Verhältnisse sie zustandebringen. Grenzen sind, wie alle Unterschiede, in

Spannungsfelder einbezogen. Unterscheiden von Selbst und Gegenüber, um eben nicht wieder ‹Objekt› zu sagen, wird dann nicht ein für allemal, identifikatorisch, erledigt. Vielmehr werden die Spannungen immer wieder als diese oder jene verbindenden oder entgegentretenden Vorgänge erlebt. Und solches Erleben ist eben doppelt mit dem Integrationsorgan Gehirn verbunden. Die angedeuteten Erlebensweisen entsprechen den Funktionsweisen des Gehirns, weil diese als Materialisierung entsprechender Lebensformen embryologisch entstanden sind und weil sie selbst wieder dem folgen, was der Niederschlag ihrer Ausbildung an Bedingungen schafft.

John C. Eccles vertritt die Lehre von der «Plastizität» des Gehirns und nimmt als deren organische Vermittlung besonders die Synapsen an, also Felder innerhalb der neuronalen Verbindungen, deren Verhalten über das weitere Vordringen von Reizen oder das Zueinanderfinden von Beziehungsströmen entscheidet. «Im Gegensatz zu dem allgemein verbreiteten Glauben an eine statische Struktur müssen wir uns das Gehirn auf der Mikroebene strukturell plastisch vorstellen, wobei einige Synapsen reif, andere in der Entwicklung und wieder andere im Abbau begriffen sind.»[26]

Die andere Seite der Auffassung, die Dynamik an die Stelle von Statik rückt, ist ökonomischer Natur. Zur statisch-mechanischen Tradition gehört die Idee der Abnutzung und des Verbrauchs von Energien durch Arbeit. Eccles macht eigens darauf aufmerksam, daß intensivere Beanspruchung bestimmter Funktionsgewebe Vermögen zu intensiverer Tätigkeit auslöst. Wir sind vergleichbaren Relationen auf verschiedenen Ebenen, zum Beispiel auch bei embryonalen Bildungen begegnet. Um so eher wird einleuchten, daß dieses Prinzip allgemein gegen die Annahme einer Nullsummenspiel-Logik spricht und, umgekehrt, die Logik einer «Plastizität» bestätigt, die ja ungeahnte Vervielfältigungen hervorbringt.

Gleichzeitig gibt uns dieses Modell zu verstehen, daß es durch höhere Grade von Komplexität sich vereinfacht, «wie bei einem Mehrspurverkehr. Man nimmt an, daß Impulse Neuronen über ihre Synapsenverbindungen durchlaufen und dabei ein Raum-Zeit-Muster weben, das die Information trägt. Diese Information kann dadurch abgerufen werden, daß man dem Operationsmuster erlaubt, in Erscheinung zu treten.» Das Muster bildet also einen übergreifenden Kontext. «Informationen» werden nicht erst isoliert, um dann wieder Kontexte rekonstruieren zu müssen. Ansätze zu Gestaltzusammenhängen haften jedem Bildmoment an, sie sind es überhaupt, die es in die Erinnerung hineintragen. Eccles nennt das «ein dynamisches Engramm». Das sogenannte Langzeit- oder Kurzzeitgedächtnis sind dann unterschiedliche Ausprägungen solch eines Grundmusters, die entsprechende physiologische Niederschläge hervorrufen, bis diese dann auch die Dynamik des anfänglichen Vorgangs überdauern. Dieser wird auch unabhängig oft im Gehirn erneut erlebt und «stabilisiert so neurale Bahnen», «um so lebendiger und andauernder ist somit die Erinnerung». Eccles nennt das ein «Wiederabspielen», ein Ausdruck, der uns mehr zum Klischee zu passen scheint. Ich bevorzuge eine Formulierung wie «wieder ins Spiel bringen». Erinnerung «geschieht durch das Wiederabspielen neuronaler Bahnen, die durch die ursprünglichen intensiven Synapsenaktivierungen funktionstüchtig geworden sind». Genau diese Vorgänge kommen auch als Abbau umgekehrt vor. Frederic Vester gehört zu den Forschern, die besonders die Kreativität aus dieser Fähigkeit zu vergessen erläutert haben.

Die Kategorien von Eccles, etwa wenn er weiter rechte und linke Gehirnhälfte die untergeordnete und die übergeordnete nennt, ohne die Wechselbeziehungen zu bestimmen, sind wenig geeignet, uns weiterzuhelfen. Die Leistungen beider werden an identifikatorischen Tests festgemacht und mit ‹bewußt› und ‹unterbewußt› benannt. Man muß hier abwarten, bis die Forschung auf diesem Niveau die Erkenntnisse zum Beispiel von Blechschmidt wieder aufnimmt und untersucht, welche dauernde Bedeutung etwa die Wachstumsschwingungen zwischen Gehirnhälften, wie unterschwellig immer, behalten. Erst dann werden befriedigende Antworten möglich auf die Fragen, wie denn auch gehirnphysiologisch die Integrationen geleistet werden können, gerade von Schicht zu Schicht.

Vorerst halten wir uns an das psychologische Modell von Erwin Strauss. Vor einem halben Jahrhundert hat er in «Vom Sinn der Sinne» eine wesentliche Ergänzung zu dem System von Weizsäcker geliefert, und zwar in unabhängiger Forschung.[27] Die Sinne leben in ihren Funktionen, in die das Wahrnehmen eingebettet ist. Auf die Frage, wie denn etwa Gehör- und Sehwahrnehmungen eines Menschen miteinander verglichen und verbunden werden, hat Strauss eine Antwort gegeben, die Grundsätzliches klärt. Das Leben der Sinne muß, um als Leistung – Weizsäcker würde sagen, als «biologischer Akt» zur Mitwelt, Auersperg würde sagen, um den notwendigen Charakter begegnenden Zusammentreffens, «Koinzidentalität», zu erfüllen – entfaltet zu werden, immer in die höhere Ordnung des Erlebens gehoben werden.

Psychologisch spricht Strauss von den Wahrnehmungen der Sinne und den Empfindungen, die immer mit ihnen sich verbinden. Wir gehen nicht darauf ein, wie hier Kleinhirn, Großhirn, Rückenmark, Hypotalamos, rechte und linke Hemisphäre zusammenspielen. Jedes Bild, jeder Klang, jedes Gefühl usw. werden zugleich ‹empfunden›, zum Beispiel als weit und tragend, eng und bedrückend, eindringend oder schwingend. Wir können hier auch nicht diesen Empfindungscharakteren nachgehen, wie sie etwa vor Strauss von Klages für Ausdrucksgestalten vorgeschlagen wurden. Weizsäckers Aufforderung, uns vorzustellen, wie Menschen einen Berg hinunter oder im flachen Gelände oder hinauf gehen usw., wäre in entsprechender Weise noch zu beantworten. Jedes kinästhetische Gleichgewicht entspricht eigenen Empfindungen, vermittelt über die Rhythmusgestalt der Muskeln und der Körperhaltungen, die ich Spannungsgefüge nennen möchte. Jede Wahrnehmung, auch im Hören oder Sehen, spielt mit Veränderungen des gesamtkörperlichen Spannungsgefüges zusammen. Diese Veränderungen sind die physiologische Entsprechung – im Muskeltonus, im Energiestrom, in Feldern, die heute noch elektrisch oder magnetisch genannt werden, usw. – zu den Empfindungen, also zum Erleben.

Strauss weist darauf hin und zeigt, daß wir immer als ganze Menschen Wahrnehmungen selbst einzelner Sinne empfinden. So ist es immer derselbe ganze Mensch, der auf die verschiedenen Begegnungen antwortet. Darin sind die Wahrnehmungen auch vergleichbar. Farbbilder können mit Klangbildern und Tastbildern verglichen werden, nicht weil Koordination der Verarbeitungen im Gehirn wie besonders zwischen Auge und Hand geleistet wird. Vielmehr werden alle Bilder offenbar als Situationen in dem ausgeführten Sinne verstanden. Ein Mensch symbolisiert die einen wie die anderen, die untereinander damit vorbereitend, störend oder ergänzend wirken können.

Halten wir von diesem viel zu weiten Feld fest, daß erst in der Tiefe der Dimension und in der Höhe übergreifender Kontexte, wie Bateson sagt, das Wechselspiel mit der Mitwelt wie im eigenen Leibe und im inneren Vorstellen angemessen integriert werden kann. Dann werden wir vom Erleben Leistungen der Übertragung, zum Beispiel von einem Sinnesgebiet zum anderen, aber auch allgemein von einer Situation zur anderen, erwarten können, die bei einer Aufteilung auf unterer Ebene und analytischer Kombination im begrifflichen Bewußtsein verlorengehen.

Im Leben wie im Erleben weisen die richtigen Zusammenhänge, und zwar als Wechselvorgänge, immer auf noch weitere Vorgänge hin, an denen wir teilhaben: ob es die Schwere in unserem Leib ist, die uns in den dunklen Schoß aller Dinge zieht, oder das Aufwachsen dieses Leibes zu lichter Leichtigkeit oder viel mehr noch beide zusammen – lichter Schatten, schwebende Schwere. Ob es das Licht ist, das wir aufnehmen und beantworten wie die Pflanze, indem unsere Zellen jede selbst Licht erzeugen, wie man uns jetzt sagt, oder in stiller Aufmerksamkeit auf das Leuchten, das in den Menschen und zwischen ihnen sich ereignet, wenn ganz das Erleben selbst zur Erfahrung werden kann.

In diesem Buch geht es um eine Feststellung, eine Behauptung, einen Entwurf:

In allem Leben, erst recht im leiblich-seelischen der Menschen in der Geschichte, bilden die frühen Entwicklungsschritte immer die Tiefenschichten des weiteren Ganges.

Alle höheren Funktionen der späteren Schritte leben nur in der Korrespondenz mit den früheren Schritten, den tieferen Schichten.

Die höheren Vermögen wie das Gleichgewicht des ganzen Menschen bedürfen – je weiter entwickelt, desto mehr, also heute besonders – des Wiedereintauchens in die Medien der tieferen, wie es diese verdienen, auf der Höhe des komplexen Bewußtseins der historischen Existenz neu entfaltet zu werden.

Erfahrung der Menschen wie der Kulturen ist immer bedroht davon, einem der Momente, der Pole zu verfallen, die Spannungen nicht halten, nicht aushalten, nicht durchführen und in ihrer höheren Ordnung einer klaren Bewegung zum Stillstand zu bringen. Das ist die Bedingung, Entfremdung, unter der Erleben sich vollzieht und Erfahrung nur gefunden werden kann. Offensichtlich ist eine ‹Kreativitätstheorie› da unsinnig, weil sie marginal bleiben muß. Es geht in jedem Schritt um die authentische Beziehung zum sich verändernden Ganzen.

Jede Bewegung, die darauf sich zu beziehen vermag, ist auch kreativ, was immer dieses Wort heißen kann. Jedes Feststellen oder Festhalten versäumt Leben, Erleben und Erfahrungschance. Alles Lernen setzt auf seinem Niveau höheren Ausdifferenzierens die Arbeit des Embryos fort, der sich selbst gestaltet. So sind Lernen und Erfahren das gleiche.

Anmerkungen

1 Georg Picht, Kunst und Mythos. Hg. von Constanze Eisenbart. Stuttgart 1986.
2 Dieses Beispiel gebrauchte Hans Mislin anläßlich eines Vortrags bei der ‹phänomena› 1975 in München. Vgl. dazu auch: ders. (Hg.), Der Mensch als Schöpfer und Geschöpf. O. O. u. J.
3 Vgl. die zusammenfassende Darstellung der Koinzidentialitätskonzepte bei: Victor von Weizsäcker, Der Gestaltkreis. Stuttgart ³1947, S. 170 ff., und: Alfred Prinz Auersperg, Die Coincidentialcorrespondenz als Ausgangspunkt der psycho-physiologischen Interpretation des bewußten Erlebens und des Bewußtseins. In: Der Nervenarzt. 25. Jg., 1. Heft, Januar 1954.
4 Vgl.: Ivan Illich, Phaidros. Schule ins Museum: Phaidros und die Folgen. Reihe des bayrischen Nationalmuseums für Volkskunde. Bad Heilbrunn/Obb. 1984; ders., H_2O and the Waters of Forgetfullness. Dallas Institute of Humanities 1985. Dt.: H_2O und die Wasser des Vergessens. Reinbek bei Hamburg 1987. Vgl. dazu auch Gaston Bachelard, z. B.: L'eau et les rêves: Essai sur l'imagination de la matière. Paris 1942; ders., La psychoanalyse du feu. Paris ¹¹1949. Dt.: Psychoanalyse des Feuers. Übersetzt von Simon Werle. Wien/München 1985; ders., La poétique de l'espace. Paris ¹1957, ²1970. Dt.: Poetik des Raums. Übersetzt von Kurt von Leonhard. Berlin 1975.
5 Vgl. insbes.: Alfred Lorenzer, Sprachzerstörung und Rekonstruktion. Frankfurt/M. 1970, ³1985.
6 Lorenzer, Sprachzerstörung und Rekonstruktion, a. a. O., S. 121; die folgenden Zitate ebd. bzw. l. c., S. 36, S. 241 (Hervorhebung R. L.) und S. 113 f.
7 Vgl.: Theodor W. Adorno, Philosophie der Neuen Musik. Gesammelte Schriften. Bd. XII. Frankfurt/M. 1975.
8 Alfred Lorenzer, Phantasie. Psychoanalyse, Literaturwissenschaft und Literatur. In: Die Sprache im technischen Zeitalter. Heft 3/4, Juni 1979.
9 Vgl. das Kapitel «Leben im Übergang».
10 Vgl.: Rudolf zur Lippe, Am eigenen Leibe. Zur Ökologie des Lebens. Frankfurt/M. ³1983.
11 Peter Sloterdiyk, Kritik der zynischen Vernunft. 2 Bde. Frankfurt/M. 1983.
12 Vgl.: Alexis Kagame, La Philosophie Bantu comparée. Paris 1976. Dt.: Sprache und Sein. Die Ontologie der Bantu Zentralafrikas. Übersetzt von Almut Seiler-Dietrich. Brazzaville/Heidelberg 1985.
13 Vgl. das Kapitel «Die authentische Geste».
14 Vortrag Maturanas bei: European Forum. The Integration of Body, Mind and Spirit. September 1982, Willingen/Sauerland.
15 Immanuel Kant, Kritik der Urteilskraft. Hamburg 1924, S. 265.
16 Vgl.: Rudolf zur Lippe, Naturbeherrschung am Menschen. Bd. I. Frankfurt/M. ²1981.
17 Friedrich Nietzsche, Am Leitfaden des Leibes. Nachgelassene Fragmente. 1885. In: ders., Sämtliche Werke. Kritische Studienausgabe in 15 Bänden. Hg. von Giorgio Colli und Mazzino Montinari. München/Berlin/New York 1980, Bd. XI, S. 565.
18 Vgl. insbes.: Michel de Certeau, L'invention du quotidien. 2 Bde. Paris 1980, hier besonders Bd. 1: Arts de faire; ders.: L'Ecriture de l'histoire. Paris 1975; Ivan Illich, Die Modernisierung der Armut oder Die Kontraproduktivität unse-

rer Volkswirtschaft. Übersetzt von Nils Lindquist. In: Technologie und Politik 9. Reinbek bei Hamburg 1977. Norbert Elias, Der Prozeß der Zivilisation. 2 Bde. Basel 1939, Frankfurt/M. ²1976. Mit dem Begriff der «kritischen Größe»: Leopold Kohr, Overdeveloped Nations. The Diseconomics of Scale. New York 1978. Dt.: Die Überentwickelten oder die Gefahr der Größe. Übersetzt von Walther Schwerdtfeger. München 1981, sowie ders., The Breakdown of Nations. Boston 1986. Dt.: Das Ende der Großen. Zurück zum menschlichen Maß. Aus dem Englischen übersetzt von Edgar Th. Portisch. Wien 1986.

19 Vgl. hierzu entsprechende Fragen zu Foucaults «Ordnung der Dinge», in: Naturbeherrschungen am Menschen. Bd. II, a. a. O., S. 392 ff.
20 Rudolf zur Lippe, Die Geometrisierung des Menschen. Ausstellung und Katalog. Berlin/Oldenburg (BIS Universität Oldenburg) 1983.
21 Seymour Fisher, Body Consciousness. London 1973.
22 Adolf Portmann, Heilkräfte der Naturkunde für unsere Bildung. Hitzkirch 1977, S. 7.
23 Vgl. ders., etwa: Biologische Fragmente zu einer Lehre vom Menschen. Basel ²1951.
24 Karlfried Graf Dürckheim, Von der Erfahrung der Transzendenz. Freiburg/Basel/Wien 1984, S. 135; die folgenden Zitate l. c., S. 136 bzw. S. 138 bzw. S. 144.
25 Portmann, a. a. O., S. 19; dort S. 13 ff. auch die folgenden Zitate.
26 John C. Eccles, The Understanding of the Brain. New York 1973. Dt.: Das Gehirn des Menschen. Erweiterte Neuausgabe. Übersetzt von Angela Hartung. München/Zürich 1979, S. 238; die folgenden Zitate l. c., S. 226f. bzw. S. 237.
27 Erwin Straus, Vom Sinn der Sinne. New York 1935, Berlin/Heidelberg/New York ²1956. Dort die folgenden Passagen, aber auch eine entsprechende stringente Kritik am mechanischen Weltbild, inbes. bei Descartes.

Zu den beiden folgenden Seiten:

Dieses Beschwörungszeichen für den «Altar der blitzhaften geistigen Begegnung» bewirkt die Verbindung zu den Geistern der Erde und des Windes durch die Vermittlung der Geister der Fünf Kaiser. Es gehört zum Daozang, dem Kanon des Tao, unter der Wieger-Ziffer 1152–39: 25a und wird von Llaszlo Legeza an den Anfang der «Magic of the Tao» gesetzt, Thames and Hudson, London 1976.

Hellmut Zimmermann ist taschistischer Künstler und hat zwischendurch lange Jahre in C. G. Jungschem Verständnis sein Erleben in Mandala-Malereien verarbeitet. Er setzt seine modernen Kalligraphien mit dem Pinsel auf eine Seite italienischer Telefonbücher nach der anderen, wie diese im Buch «als ob» von 1984.

Das bewußte
Werden der Sinne

Vom Erleben zum Erfahren

Zur Bildung von Auffassungsvermögen und aufgefaßter Welt

Erfahrung geht aus von einem Erleben, das sie reflektierend mit dem Wissen von seinen Hintergründen und Zusammenhängen verbindet. Dabei werden dessen Beziehungen zu Übergreifendem so deutlich, daß die eine besondere Erfahrung reif wird, in andere Situationen, Zusammenhänge übertragen werden zu können. Dort wird die übertragene Erfahrung aber nicht das Gemeinsame nur in der abstrakten Vergleichbarkeit suchen, sondern auch wieder die existentielle Einbindung in ein neues, anderes Erleben.

Jede Erfahrung führt also, grundsätzlich, zu einem neuen Zusammenhang, der die bis dahin gelebte Geschichte – oder Lebensgeschichte – und das entwickelte Wissen und Können übergreift, indem sie ein neues Moment aufnimmt. Ein ‹Erfahrungs›begriff wie der positivistische, der nur die Registrierung einer weiteren Information benennt, kommt nicht in Frage, weil dort die Veränderung des Systems nur der Reproduktion früherer Ordnungen, nicht aber ihrer geschichtlichen Erweiterung dient und ‹Umwelt› registriert wird, statt daß Mit-Welt erlebt würde.

Die erste Begegnung wird oft in einem starken Eindruck erlebt, aber das Erlebnis bleibt schwer zu fassen. Diese Undeutlichkeit hängt nicht zusammen mit dem, was uns begegnet, indem dies etwa zu unbestimmt wäre, um überhaupt entschiedener auf uns zu wirken. Vielmehr vermögen wir selbst noch nicht mit Bestimmtheit aufzunehmen, weil die Begegnung noch zu flüchtig war. In anderen Fällen ist nicht einmal der Eindruck stark. Die Kraft einer bestimmten Wirkung teilt sich uns aber bei mehrfacher Hinwendung mit, diesmal zugleich mit einem Deutlicherwerden des Gegenübers oder danach in dessen Gefolge. Wie ein Tier einen unbekannten Gegenstand wendet und in Bewegung setzt und so ihn kennenzulernen beginnt; wie ein Kind einen fremden Menschen immer wieder in das gleiche Spiel einer Berührung zieht und mit Phasen der wartenden Abwendung in seiner Choreographie mit dem anderen wechseln läßt, so gelangen wir langsam und durch Annäherung und Zurückziehen und neue Berührung dazu, eine Begegnung zu vollziehen.

Begegnungen sind keine Sache eines Augenblicks. In ihm mag, meist sogar, eine Ahnung von einer möglichen Beziehung aufleuchten. Wir müssen ihr aber schrittweise nachgehen, um sie zu vollziehen. Sonst bleiben wir in dem Erlebnis stecken, das wir später bestenfalls als Erlebnis erinnern, ohne recht zu wissen, was wir eigentlich erlebt haben. Ein Kunstkritiker bezeichnete das mit dem albernen Satz eines Halbgebildeten: «Wissen Sie, Picasso ist irgendwo bunt.» Wirkliche Bildung heißt aber, den voreiligen Ausdruck für einen beginnenden Eindruck zu vermeiden und statt dessen der Begegnung sich weiter auszusetzen.

Vielleicht muß man in einigen Fällen die entstehende Beziehung auch verweigern, weil einem der erste Eindruck dazu rät; auf manche Menschen wirken bestimmte Farben zum Beispiel oder Tonfolgen derart unmittelbar physiologisch, daß ihnen übel wird – ein Zeichen, sich mindestens in größere Entfernung zurückzuziehen. Jedenfalls darf nicht die Ahnung verdinglicht werden, wie der geübt verklärte Blick derer, die schon im voraus wissen, wie begeistert sie sein werden.

Ebenso zerstört der bloß registrierende Blick den Vorgang im Keim. Wenn der Wissenschaftler sein Stückchen Natur seinem Experiment unterzieht, zerstört er es, wie C. F. v. Weizsäcker[1] sagt. Wir müssen hinzufügen, daß er auch sich selbst zerstört: Indem er das Begegnende zum Gegenstand macht, als Objekt seinem Urteil unterwirft, löscht er in sich selbst das eigentlich Subjekthafte aus. Er erhebt sich zwar zum Herrn der Versuchsanordnung. Doch dieses Subjekt ist genauso stillgestellt wie der Gegenstand, ist genauso auf quantifizierbare Objektivität festgelegt, wie er es seinem Objekt antut. Dies geschieht, obwohl ein langer und auf seine Weise spannender Prozeß wechselnder Experimente folgen kann, die immer neue Seiten des untersuchten Phänomens auszumachen erlauben.

Der Schwärmer wie der Sezierer versäumen den Vorgang. Sie trennen von ihm eine Seite ab und nehmen sie für das Ganze oder geben sie dafür aus. Beide versäumen das Wissen, der eine über der Liste der Fakten, der andere über der Einbildung von einer Begegnung, die soweit gar nicht hat reifen können. Beide versperren sich dem Wesentlichen an Erfahrung: Sie erlauben dem Erleben nicht, im Erlebenden eine Vorstellung vom Begegnenden bis zu ihrer Übertragbarkeit auf Neues ausreifen und ein neues Unterscheidungsvermögen als die Kraft wachsen zu lassen, sich genauer von einer bis dahin so nicht gekannten Fülle treffen zu lassen. Gefühlsduselei und Datenhuberei stehen einander als traurige Alternative gegenüber und sind sich gleich im Entscheidenden: Die Anstrengung des Gemüts wird verweigert. Das geschieht auf unterschiedliche Weise. Wer das Erleben anfänglich zuläßt, aber dann zum Erlebnis verdinglicht, opfert das Wissen des vertrauten Umgangs, das ihm bevorsteht, der Angst vor der prüfenden Klarheit. Er rettet sich in Begeisterung. Der andere läßt sich gar nicht erst in einen Vorgang hineinziehen, sondern schiebt, wie ein Croupier die Chips auf dem Roulettetisch, die Dinge hin und her. Aus Angst, die Herrschaft zu verlieren, entwickelt er eine Aktivität, die ihn aus dem Geschehen der Begegnung ausschließt und in der Passivität des Registrierens von Informationen, vielleicht auch ‹Erlebnissen› fixiert.

Was statt all dessen gesucht wird, bezeichnet der Begriff Erfahrung. Das Wort ist so abgenutzt und mißbraucht, daß man sich hüten muß, es unvorbereitet einzuführen. Zwei Bestimmungen von Erfahrung sind aber schon angedeutet. Als Wissen tritt sie jenseits eines ersten Erlebens hervor, und als das mir Bleibende von einer Begegnung vollzieht sie sich durch mich hindurch so gut wie an einem Gegenüber.

Beide Bestimmungen gehören der gelebten Zeit zu. Erfahrungen reifen in der Zeit und bilden Phasen einer Geschichte. Dabei geht es um jenes Bewußtsein, das man nur schrittweise erwirbt und das ein Niederschlag erlebter, gelebter, eigener Geschichte ist. Trotzdem war zunächst vom Wissen die Rede, um den Begriff des Bewußtseins auch nicht vom Wissen zu trennen. Beide Begriffe sind lange vorherrschend dem Verstand zugerechnet worden. Sie haben die Bedeutung von Distanz und Kontrolle bekommen: Bewußtsein als kontrolliertes, fast kalkuliertes Verhältnis zu sich selbst und zur Mitwelt, Wissen unter dem Begriff der Erkenntnis als dessen Voraussetzung und Instrumentarium der Instanz Bewußtsein. Dem wird hier das Sinnenbewußtsein entgegengesetzt. Damit ist aber nur die eine Seite aufgezeigt, freilich die historisch beherrschende. Sinnenbewußtsein setzt sich aber genauso den bloßen Sinneneindrücken, dem vagen Gefühl, dem isolierten Erlebnis, entgegen und geht darüber hinaus.

Das dritte notwendige Moment der Erfahrung sind die Tätigkeiten der Sinne. Handwerk ist ein zugleich treffender und auch problematischer Begriff dafür. Vom Erleben und vom Wissen getrennt, bleibt Handwerk so borniert wie das nur Intellektuelle arrogant und das vorgezeigte Erlebnis illusorisch. Folgerichtig sagt Marx, der die historischen Gründe dafür systematisch untersucht und geklärt hat: Der «mittelalterliche Handwerker... mußte alles machen können, was mit seinen Werkzeugen zu machen war», aber «ein gemütliches Knechtschaftsverhältnis» zu seiner Arbeit «subsumierte ihn» unter sie.[2]

Marx erkennt nicht die fehlende Freiheit zu einem *geistigen* Durchdringen der sinnlichen Tätigkeit als den Grund, sondern nur die Trennung von «Selbsttätigkeit und Erzeugung des *materiellen* Lebens» nach Klassen. So geraten ihm die Übergänge der Sinnentätigkeiten im Handwerk zu freien Formen der Körpertechniken einschließlich der meditativen aus dem Auge, mit Ausnahme der den Ausbeutenden vorbehaltenen Kunst. Kunst allein steht ihm für Ästhetisches, für Selbsttätigkeit und freie Arbeit, wenn er sagt, daß der Handwerker einst «sich bis zu einem gewissen bornierten Kunstsinn steigern konnte». So sehr Marx damit in der Borniertheit der modernen Trennung des Lebens von Arbeit wie von Kunst verhaftet bleibt, so weitsehend nahm er das wahr, was im Bornierten angelegt und versäumt ist, und klagte dessen Entfaltung ein. Und wir kommen nicht um das politisch-historische Einklagen dieser Entfaltung herum.

In den «Pariser Manuskripten» wird der Begriff der «Aneignung» der «sinnlichen Natur» durch Arbeit dafür gesetzt, daß Bearbeitung ein Vorgang ist, durch den Natur die Menschen zu leben, zu einem sinnvollen, das heißt ihre Vermögen entfaltenden Leben befähigt.[3] «Der Mensch *lebt* von Natur, heißt: Die Natur ist sein Leib, mit dem er in beständigem Prozeß bleiben muß, um nicht zu sterben. Daß das physische und geistige Leben des Menschen mit der Natur zusammenhängt, hat keinen anderen Sinn, als daß die Natur mit sich selbst zusammenhängt, denn der Mensch ist ein Teil der Natur.» Während auch der frühe Marx nun diesem Motiv nachging, indem er die Geschichte der «Entfremdung» als der Trennung von Menschen und Natur analysierte, wurde ihm die Gattungsgeschichte zum wesentlichen Gegenstand und Kriterium. Über der notwendigen Analyse ihrer Versäumnisse versäumten Marx und im allgemeinen auch die Marxisten die lebensgeschichtliche Dimension existentieller Ausbildung von Sinnenbewußtsein. Eine wirkliche Vorstellung von seiner Ausbildung in der Geschichte durch die Lebensgeschichten der Menschen vermissen wir von dieser Seite.

Nicht nur die gesellschaftlichen Bedingungen sinnenhafter Selbsttätigkeit fordern unsere Aufmerksamkeit. Neben der kritischen Untersuchung der Gesellschaft und zusammen mit ihr ist ebenso wesentlich für ein Leben der Menschheit, wie jeder Einzelne von uns seine Lebensgeschichte zu vollziehen vermag. Dieser Vollzug von Gegenwart zu Gegenwart hat eigene Kategorien. Positiv oder doch als Wegweiser müssen diese mit den negativen der Kritik der Verhältnisse verbunden werden, wenn unser Bewußtsein uns leitend mit der Wirklichkeit verbinden soll.

Erfahrung geht immer aus dem Fahren durch die Welt hervor und ist mit Fahrten verbunden, die jeweils auf ihre Weise den exemplarischen Fahrten der Heldenmythen ähnlich sind. Mit den Abenteuern und Initiationsreisen eines Odysseus oder Herakles, eines Con-edda oder Parzival haben sie gemeinsam, daß Welterfahrung als Selbsterfahrung, Selbsterfahrung als Welterfahrung durch Schritte des Verfehlens und Gewinnens, durch Hingezogenwerden und Ansichziehen, durch Zufallen und Anfassen aufgegeben wird. Diese Aufgaben sind noch die der Bildungsromane wie des «Wilhelm Meister» oder «Der grüne Heinrich». Gefordert ist die Anstrengung des Gemüts, ein Begriff, den ich entsprechend dem einer Anstrengung des Begriffs bilde, wie ihn Adorno aus der Hegelschen Haltung des Denkens als einer Verarbeitung sich zu eigen gemacht hat. Die Anstrengung des Gemüts gehört dem Bereich dessen an, was wir auch Seele nennen. Und das Wort Seele kommt wieder von einem althochdeutschen Wort, selan, das Sich-Bewegen, Fahrten machen bedeutet. Für Kant ist Gemüt der Oberbegriff für alle menschlichen Vermögen. Er nimmt also den Verstand zwischen den Sinnenanschauungen und der Vernunft in die Mitte.

Zusammen mit dieser Bestimmung wird auch die Hegelsche Formulierung vom Verarbeiten, das zur Erfahrung gehört, vor einem modernen Mißverständnis bewahrt. Im Erfahren wird eine Arbeit geleistet, die eben nicht einen Gegenstand, ein Erlebnis von seiner Umgebung isoliert, stillstellt im Schraubstock der Drehbank und nun verschiedenen Analysen und Manipulationen aussetzt, um schließlich ein zuvor geplantes Resultat zu erzielen. Vielmehr müssen aufnehmende und einwirkende Beschäftigungen so miteinander wechseln, daß Bearbeitung und endliche Form beiden angemessen sind, dem Bearbeitenden wie dem Bearbeiteten. Arbeit bedeutet dabei weder Fron noch Verausgabung der Kräfte zur Bestreitung des materiellen Lebensunterhalts noch ökonomisch verordnete und verplante Lohnarbeit. Das Wort wird bei Hegel, und schon vor ihm, von der mittelalterlichen Bedeutung bloßer Mühsal befreit. Es wird gewissermaßen damit menschliche Anstrengung vom alttestamentarischen Bann erlöst.

Die Verurteilung der schuldig gewordenen Menschen zur Arbeit als

Vertreibung aus dem Paradies wird getilgt. Die augustinische Ambivalenz – immerhin! – der *felix culpa,* der Schuld mit den segensreichen Folgen einer geschichtlichen Bearbeitung der Welt, wird überwunden. Das Verbot, vom Baum der Erkenntnis zu essen, war in der jüdischen Tradition Vorstufe zu dem Verbot gewesen, sich dem anderen Baum, dem Baum des Lebens zu nähern. Die Hegelsche Vorstellung von Arbeit läßt diese Verbote hinter sich, so als seien beide Bäume ein und derselbe, Leben und Erkennen eins. Aber sie sind nicht als fertige Frucht zu genießen, sondern nur ein Weg der fortschreitenden Anstrengungen führt zu ihnen. Dabei ging Hegel die Sinnlichkeit der mythischen Bilder verloren, zugleich mit einer sinnlichen Vorstellung davon, wie in der Arbeit der Bearbeitende sich durchdringen läßt vom Gegenüber und dieses selber durchdringt im Erspüren und Begreifen und Umschmieden. Das frühe Modell einer «Selbsterkenntnis im anderen» (Jenaer Realphilosophie des Geistes I) wurde nicht auf die Begegnung mit Wesen und Vorgängen übertragen, sondern verkümmerte als Vorstufe zu dem «seiner selbst bewußten Bewußtsein» (Phänomenologie des Geistes).

Eine Entfaltung hätte vorausgesetzt, daß Hegel jenes, am tiefsten von Hölderlin vollzogene Versöhnungsmotiv, das ihn als jungen Menschen gleichfalls bewegte, zu einem grundlegenden Moment seiner systematischen Logik gemacht, diese damit zum Gleichgewicht gegenbalanciert hätte: Das Motiv einer Versöhnung zwischen den Menschen, die ihr Leiden unter der Übermacht einer bedrohenden Natur inzwischen in Naturbeherrschung verkehrt haben, und dem Anderen in uns und uns gegenüber, das wir Natur nennen.[4] Statt dessen taucht etwa in der «Phänomenologie des Geistes» nur in dem Teil ein entsprechender Gedanke als Methode von Arbeit auf, der unter der Überschrift des ‹unglücklichen Bewußtseins› steht und damit für Hegel weiterer Bearbeitungen, auf rein begriffliche Klarheit hin, bedarf.

Hegel sieht das Denken seinen Gegenstand, in den der vorbewußte Mensch doch schon einmal gegangen war, nur «in seiner Einzelheit» berühren.[5] Er sucht gegenseitiges Durchdringen und verlangt dies für das «Selbstbewußtsein» in der Form, daß die «Beziehung» zwischen dem Bewußtsein und seinem Gegenüber «selbst reines Denken» werden müsse. Beide kommen aber nicht zu einer gemeinsamen Wirklichkeit, so daß eine «Andacht» nur «unendliche Sehnsucht» nach einem «unerreichbaren Jenseits» ist, so viel das Bewußtsein auch in «Begierde und Arbeit» tätig wird. Darin verliert es gewissermaßen auch die Gewißheit seiner selbst. Es ist seinem Gegenstande im «unendlichen reinen innern Fühlen» nahe, aber er bleibt ihm «ein Fremdes», weil es ihn «nicht als begriffenen» hat.

Die Begriffe reichen nicht hin, aber Hegel ist zu der letzten Konsequenz nicht bereit. Er findet dem Begriff dann doch eine begriffliche Vermittlung zum einst sinnlich bewußt Gewordenen, wo, an genau dieser Stelle, Adorno sich entscheidet, im Bewußtsein jenen letzten Abstand auszuhalten: Äußerste Anstrengung des Begriffs zu fordern, die so streng wie möglich gegen sich selbst mit den Begriffen über die Begriffe hinausweist, die also genaueste Rechenschaft gibt vom Orte einer Begegnung mit dem «nicht Identischen», das der diskursiven Rationalität des Begriffs sich entzieht – wenn auch in deren vielleicht unmittelbarer Nähe. Gershom Scholems Wort zur «Negativen Dialektik» erkennt beides in seiner gemeinsamen Bedeutung: «Es ist die keuscheste Verteidigung der Metaphysik.»[6] Vielleicht konnte Hegel nicht genügend die Hervorbildung der Subjektivität in den Vermögen des Auffassens von Welt sehen, die er selbst so stark hervorgehoben und als den Ort des Niederschlags vermittelnder Bewegungen bewußt gemacht hat. Die begriffliche Leistung mußte ihm doch an der letzten Stufe des Bewußtseins ein Prinzip von Aktivität durchsetzen, statt daß die höchste Form begrifflichen Wissens in eine ebenso bewußte wie sich auch zurücknehmende Teilhabe an den Bewegungen des lebenden Begegnens es noch einmal mit seinem sinnlichen Grund vereinigen dürfte.

Hier hat Feuerbach eingegriffen. «Er versucht, das Subjekt-Objekt-Problem, die Frage nach Differenz und Versöhnung der Momente von Erkenntnis, auf qualitativ neue Weise anzugehen.»[7] Er hat die moderne abendländische Definition von Aktivität und Passivität von Grund auf in Frage gestellt. «In keiner Empfindung, sei sie noch so vergeistigt, ist für Feuerbach mehr Tätigkeit als Leiden ... mehr Ich als Nicht-Ich», wie Alfred Schmidt aus dem «Anfang der Philosophie» zitiert und mit Adornos Wort über Marx verbindet, der den «Ursprung des Ichs im Nichtich» ausspricht.

Wir bekommen heute biologisch am Beispiel der sogenannten Rezeptoren demonstriert, daß im Aufnehmen Entscheidungen geleistet werden, die wir der Aktivität zuzuschreiben gewohnt sind. Freilich leisten die Rezeptoren genannten Zellen unserer Nervenbahnen eine selektive Aufnahme von Wahrnehmungsreizen, wenn sie diese über die zwischen ihnen eingebetteten Synapsen hinweg weitergeben an die nächste im Nervenstrang oder eben auch nicht. In diesem physiologischen Vorgang wird uns heute endlich mit der Logik des Lebens – ‹biologique› sagt Boltanski – sinnlich klar gemacht, worin der Irrtum, ja die

Verfehlung des mechanischen Menschenbildes etwa von Descartes liegt. In seinem «Traité de l'homme»[8] beschreibt er die Beziehungen zwischen dem Gehirn – als der Zentrale und Befehlsstelle – und den Melde- und Vollzugsorganen des Körpers wie ein Rohrpostsystem.

Feuerbach dachte allgemein über Passivität und Aktivität nach und kam dazu, die bestimmenden Seiten aufnehmender Tätigkeit hervorzuheben ebenso wie den bloß reaktiven Charakter, also den eigentlich passiven, offensiver Tüchtigkeit. Sehr zu Unrecht hat Karl Marx ihn geschmäht. Aber der Marxsche Gedanke, daß die Arbeit immer eine geschichtliche Leistung ist und sich auch als menschlich-geschichtliche Bestimmung begreifen müsse, ist auch noch da notwendig, wo er sich gegen Hegel, Feuerbach und andere richtet. Marx ist ihm jedoch auch so wütend gefolgt, wie je ein Aufklärer zerstört hat, was er ins Licht rücken wollte, um einen Fortschritt der Menschheit heraus aus dem Dunkel zu betreiben. Um in dem Bilde zu bleiben, muß man hier von dem Leuchten sprechen, das im totalen Licht der Analyse und der Aktivität erlischt und von den Schatten lebt, deren die Seelenfahrten bedürfen – Hegel nennt sie die «Nacht» der Phantasie.[9]

Beide Überlegungen zusammen, die der notwendigen geschichtlichen Bewußtheit und die des wechselnden Bewußtseins zwischen dem Innen und Außen, dem Licht und Schatten, ergeben den Hintergrund, vor dem der Goethesche Begriff der Selbsttätigkeit für solche Arbeit richtig verstanden werden kann.

Wir begegnen ihm schon bei Kant, zögern aber, ihn dort unmittelbar aufzugreifen. Denn Kant stellt die Erfahrung wohl dar als eine reflektierte Verbindung sinnlicher Anschauung mit dem Begreifen des Verstandes. Ihm sind «äußere Gegenstände» für die «Erfahrung», selbst «die innere», «erforderlich».[10] Mehr noch: «Ohne eine zum Grunde liegende Anschauung kann die Kategorie allein mir keinen Begriff von einem Gegenstande verschaffen», und: «Die Perzeption ist selbst der Grund der Möglichkeit der Kategorien». Wohl weist er immer wieder, insbesondere in der Elementarlehre der «Kritik der reinen Vernunft», darauf hin, daß keine Erkenntnis durch die Verstandesbegriffe ohne eine ihnen gegebene Anschauung möglich ist. Die Verbindung aber von sinnlichem Aufnehmen und ordnend begreifendem Verstand wird gedacht nach den formalen Erfordernissen eben des Begriffs. Kant fragt nicht nach der Lebensgeste des Wahrnehmens, nicht nach der Situation und den Vollzugsschritten einer Begegnung, sondern nach «der Bedingung der Möglichkeit von Erkenntnis». Seine Antworten sind insgesamt bestimmt von einer Kategorie vorgegebener Raumvorstellungen und vorgegebener Zeitvorstellungen, die «transzendental» sein sollen und darum jeden wirklichen Akt des Lebens schon vorab in ein abstraktes, aber meßbares Koordinatensystem eintragen. Die Mechanik, die von Euklid begründet, von Descartes exemplarisch verkündet wurde, verlegt Kant ins Innere des Subjekts. Damit wird sie insgesamt bescheidener, aber für die Menschen um so unentrinnbarer. Er ahnte einen anderen Modus von Verbindung, einen «anschaulichen Verstand», konnte aber nur dessen Unmöglichkeit für uns Menschen bedauern.

Das Sinnliche hieß ihm Anschauung, war also wesentlich vom Optischen her gedacht, wie auch Ulrich Sonnemann[11] kritisch hervorhebt. Die Kategorien und die ebenso transzendentalen Ordnungsschemata treten dem Sinnlichen unvermittelt gegenüber, und zwar mit höherer logischer Autorität. So kann jedoch in Wirklichkeit die Descartsche Diskreditierung unserer Sinne als der eigentlichen Quellen der Täuschung nicht überwunden werden, zumal es Kant eben auch um Erkenntnis geht, die nicht zugleich als Moment der Bildung des ganzen, *lebendigen*, sondern als Leistung des *gedachten* Menschen verstanden wird. Die lebendige Geschichte seines Werdens auf seine Mit-Welt zu wird nicht begriffen.

Goethe bemerkte sehr genau das, was später Adorno die Kantschen Brüche nannte, gerade auch an dieser Stelle, indem er die Einschränkung «der Erkenntnisvermögen auf das Engste» den Überschreitungen selbst gezogener Grenzen gegenüberstellte, über die jener «mit einem Seitenwink hinausdeutete».[12] Goethe besteht auf «dem gegenständlichen Denken, das man mir zugesteht», im Wechsel immer wieder von «Anschauung und Nachdenken».

Zugleich wird man betonen müssen, daß «Selbsttätigkeit» nicht Begegnungen mit der Welt um des Selbst willen meint. Wilhelm von Humboldt spricht von der «Verknüpfung unseres Ichs mit der Welt zu der allgemeinsten, regesten und freiesten Wechselwirkung»,[13] ohne allerdings die «Verknüpfung» als einen Vorgang der Konstitution beider Seiten zu begreifen. Das «Ich» steht doch, eher kantisch, dem «Nicht-Mensch» gegenüber. Dies ist nur eine Seite. Ihre Bedeutung erweist sich als um so dialogischer, als mit dem Selbst auch gemeint ist, daß man bei jeder, eben sinnenhaft sinnvollen, bewußten Betätigung in sich und an sich *wieder*findet, was einem von der Welt her als Äußeres begegnet. Diese kosmologische Entsprechung wird bei Goethe nicht als Harmonie zwischen menschlichem Mikrokosmos und dem Makrokosmos verstanden. Es werden nur Entsprechungen in den Lebensformen gesehen – der Batesonschen Coevolutionsgeschichte analog –, auf Grund derer ein Zueinander und Miteinander zwischen Innen und Außen überhaupt möglich ist und in jeder einzelnen Lebensgeschichte gesucht und entfaltet werden kann.

Eine eingehende Beschäftigung mit der Goetheschen Methode gehört in diese Klärung der Frage, wie wir Erfahrung verstehen und ihr folgen wollen. Wie immer wir suchen, die begriffliche und erkenntnisstrategisch beherrschende Vorstellung von unseren Beziehungen zur Umwelt zu überwinden, die ihr zugrundeliegenden geschichtlichen Trennungen, deren ideengeschichtlicher Niederschlag sie doch nur sind, lassen sich nicht im Gedanken allein beseitigen. Soweit müssen wir sie als Warnungen davor aufrechterhalten, die Vermittlungen zu versäumen, die in den historisch bestimmten Verhältnissen um uns wie in uns inzwischen erfordert werden.

Zumindest die industrialisierte, wenn nicht gar die geschichtliche Lebensweise der Menschen überhaupt hat mit dem Kreislauf der Natur auch den Kreis aufeinander antwortender Lebensgesten der Menschen und der Natur zerbrochen. Zugleich sind wir ausschließlich in dem Umfang am Leben und weiter lebensfähig, in dem solche wechselseitigen Antworten wenigstens noch versucht werden können. Marxens Wort vom «Stoffwechsel der Menschen mit der Natur» gibt dazu einen wesentlichen Hinweis. Aber wir müssen ebenso auf die in den Einführungskapiteln angestellte Untersuchung zurückkommen, wie denn derartige Erfahrung noch zugänglich ist, sowohl was den Zugang zu ihren sinnlichen Bedingungen und Formen betrifft als auch für einen derart verarbeitenden Umgang mit den Fähigkeiten des Wissens, der Bereitschaft zu den Anstrengungen des Begriffs wie des Gemüts.

Goethe hat einen Weg des Wissens über Natur, auf dem er durch die Vielfalt der Bedingungen und Erscheinungen zu allgemeiner Erkenntnis vordringen wollte, zu einer Einheit der Auffassung und Einstellung gebracht mit den Begegnungen, in denen gerade das je Andere der augenblicklichen Erscheinung eigens erlebt und als gemeinsame Gegenwart mit dem Menschen gelebt wird.

Die erste Seite wird zusammengefaßt in den drei Schritten der programmhaften kleinen Schrift «Erfahrung und Wissenschaft». Dort geht es um «einen höheren Standpunkt», das Begreifen soll über die Anschauungen hinausgeführt werden. Dennoch ist auch diese Methode so angelegt, daß sie mit der anderen zusammenspielen kann, jener, in der es um wechselseitige Einheit von Welt- und Selbsterkennen durch die Metamorphosen hindurch geht.

Von dem «höheren Standpunkt» heißt es: «Dieses wäre also, nach meiner Erfahrung, derjenige Punkt, wo der menschliche Geist sich den Gegenständen in ihrer Allgemeinheit am meisten nähert, sie zu sich heranbringen, sich mit ihnen auf rationelle Weise gleichsam amalgamieren kann.»[14] Wo dieser Weg dann in Lebenspraxis zurückgewandt wird, ist das rationell Allgemeine nicht der Naturbeherrschung zu Diensten, sondern führt weiter auf dem Weg der menschlichen Bildung, der sich im «Amalgamieren» andeutet.

«Unsere Arbeit» setzt an, erstens, bei dem «empirischen Phänomen, das jeder Mensch in der Natur gewahr wird», also etwa einem Regenbogen, einem Bergkristall, einer Esche usw. Zweitens macht man sich einen allgemeineren Begriff, «indem man es unter anderen Umständen und Bedingungen, als es zuerst bekanntgegeben, und in einer mehr oder weniger glücklichen Folge darstellt». So kommt man zu einem «wissenschaftlichen Phänomen», also etwa einer bestimmten Konstellation von Lichtbrechungen, einem bestimmten Formenkanon der Kristallisierung, einem bestimmten Zusammenspiel von aufstrebenden und spiraligen Momenten des Pflanzenwachstums mit bestimmten Stamm-, Ast- und Blattformen als Folge usw. «Drittens. Das reine Phänomen steht nun zuletzt als Resultat aller Erfahrungen und Versuche da.» In dieser Phase hat der Betrachter ein Wissen davon gewonnen, wie grundlegende Bewegungsformen und Wirkungsweisen und Bedingungen der Natur in dem gewählten Einzelbereich auf typische Weise zusammentreffen.

Dieses Wissen gilt Goethe aber zugleich als eine Wiederbegegnung mit den inneren Lebensformen. Wie der Wuchs der Pflanze ist auch der menschliche von aufstrebenden und spiraligen Momenten bestimmt; wie die Brechungen des Regenbogens sind auch unsere Augen Antwort auf das Licht der Sonne. Allerdings ruhen diese Gemeinsamkeiten in den Tiefen des nicht gewußten, sondern einfach gelebten Lebens. Mit der Beobachtung der Phänomene in der äußeren Naturwelt erlangen wir ein Wissen, das unserem Bewußtsein zugleich die Prinzipien äußerer wie der inneren Vorgänge zuführt. Die Bedingung der Möglichkeit solchen Wissens ist existentielle, ästhetische, individuelle reale Lebensform. Im Wissen vom Phänomen entsteht zugleich ein Begriff vom eigenen Leben.

Soweit ging es freilich darum, von jeweiligen Bedingungen und Umständen abzusehen, um einen allgemeinen Begriff ausbilden zu können. Dies ist die nicht ästhetische Seite des Vorgehens. Allerdings wird sie bei Goethe – anders als in der naturwissenschaftlichen Methode Newtonscher oder modernster Prägung – auch nicht im Gegensatz zum ästhetischen Aufnehmen und Begreifen betrieben. Wovon, soweit eben nur, abgesehen wird, das, was sinnenhaft, existentiell uns einbezieht, wird wieder aufgenommen. Die Eindrücke werden in Anstrengungen des Begriffs und ebenso des Gemüts verarbeitet. Diese Anstrengungen sind auch ein Weg innerer Bildung. Von dem allgemeinen Begriff, der für ein Prinzip in den äußeren Beobachtungen gefunden wird, gilt es, im Innern hinabzusteigen zum eigenen, unbewußten Leben und es auf die Stufen des Erlebens und des Erfahrens anzuheben. Nur gewinnen die Seiten jede einmal die wesentliche Aufmerksamkeit für sich. Am glücklichsten wäre eine gleichzeitige Zuwendung unseres Bewußtseins zu beiden. Ein Nacheinander von Schritten bald auf dem einen, bald auf dem anderen Wege erlaubt die klarste Übersicht. Praktisch wird es auf Vermischungen von Neben- und Nacheinander hinauslaufen, in denen wir so lange Augenblicke der Besinnung brauchen werden, unseren jeweiligen Stand und das bisher Vollzogene zu einem Überblick zu ordnen, wie wir nicht Zen-Meister sind. Denn das Wesen des Zen muß doch gerade in der Möglichkeit zustande kommen, ganz die gegenwärtige Begegnung zu durchleben, so ganz, daß gleichzeitig auch das Allgemeine als solches sichtbar wird, das in ihren besonderen Umständen wirksam ist. Dies muß eine Art von «anschauendem Verstand» sein, zugleich ein verstehendes Anschauen, das also im Sehen verstehen würde und nicht durch zusätzliche Rekonstruktion des Geschauten im Verstande.

Die Momente sowohl des Goetheschen wie jenes meditativen Weges sind wesentlich die gleichen, auch wenn wir Abendländer immer noch eine Methode der Schritte formulieren, wo dort allein die Ahnung vom Vorbild meisterlicher Einheit leitet. Wir müssen uns ganz dem Begegnenden öffnen, also frei werden von Erwartungen und Plänen, die unsere Aufnahmefähigkeit kanalisieren würden: Bereitschaft, durchaus in dem Sinne von Gabriel Marcel[15]. Was sich dann ereignet, wird nie ein Zufall sein, der uns nicht betrifft. Entweder sind es Umstände, die unser Phänomen in neuem Lichte erscheinen lassen und damit ein Stück der Erfahrung von ihm ermöglichen; oder sie verwehren uns den Zugang zu ihm und sind ein Grund, den Schritt abzubrechen und einen neuen zu beginnen. Dazu ist eine genaue Bestimmung dessen notwendig, was unser Phänomen sei. Die Irrungen unseres Wegs sind dadurch bedingt, daß zu dieser Bestimmung oft erst ein erster Durchgang erprobender Schritte führt. Dann können wir zu dem rechten Gang erst in einem zweiten Beginn ansetzen oder in einem dritten usw. Diese Arbeit ist aus dem Begriff des Übens vertraut. Am Ende soll ja auch nicht ein Kasten stehen, in dem man das reine Phänomen schauen kann. Vielmehr sollten wir am Ende so schauen können, daß wir in allem Begegnenden seine Beziehung zu dem Gedanken eines solchen reinen Phänomens zu erfahren vermöchten.

Das «reine Phänomen» oder Entsprechendes ist dann nicht aus den Bestimmungen unserer Kategorien abgeleitet wie bei Kant. Es entspricht nicht den «Gesetzen *unserer Zweckmäßigkeit*», die wir erkennend in der Natur aufsuchen. Das Anschauen kann zum Verstehen werden, soweit Natur in uns wie uns gegenüber Geschichten und Beziehungen ausgebildet hat, die aus gemeinsamen Entstehungsgründen auch weiterhin aufeinander antworten wie die Lunge auf die einströmende Luft, der Gleichgewichtssinn auf die Unterschiede der Erdanziehung.

Ästhetische Gestaltung nimmt auf die Momente und die Weise solcher Begegnung den Einfluß, dessen es bedarf, um das Beziehungsgefüge bis zu eindrucksvoller Entschiedenheit zu verstärken. Das bedeutet, die Pole seiner Spannung zu verstärken zwischen dem Besonderen am einzelnen Auftreten und dem Allgemeinen, auf das es hinweist, weil diese in ihm zur Wirkung kommt, und zugleich die unseren Sinnen sich mitteilenden Spuren von solchem Spannungsgeschehen zu vertiefen. Dazu müssen sich Deutlichkeit und Undeutlichkeit so verschränken, daß diese Spuren uns zugleich mit kräftigender Entschiedenheit in Richtungen des Mitvollziehens weisen, dieses Mitvollziehen aber nicht vorwegnehmen. Das wäre tendenziös im Sinne von Ideologien oder von Kitsch. Die Momente einer Richtung des Vorstellens – ich sage bewußt nicht ‹einer Aussage›, um auf den Gehalt, nicht den Inhalt abzuheben – dürfen erst in unserem Ablesen der Spuren mit verstehenden Sinnen zu ihrem Sinn zusammentreten. Lessing hat dieses existentielle Moment der Kunstbetrachtung im «Laokoon» entwickelt, ganz anders als Kant, dem es auf das «Urteilen» aus der Distanz ankam. Allerdings bezeichnet Kant mit dem Wort «Urteil», das uns leider eher an die preußische Seehandlung oder das Kammergericht erinnert, doch auch einen vergleichbaren *Vorgang*: Im Urteilen spielen die Vermögen der Sinne und des Verstandes ähnlich zusammen wie im Lesen der deutlich-undeutlichen Spuren – nur eben als einordnender Betrachter und nicht mitvollziehend.

Um das Vermittelnde ästhetischer Anstöße für eine Anstrengung des Betrachters oder Hörers usw. so zu ‹gestalten›, daß es ihn einlade und verführe und zum Mittun auffordere und noch dazu ihm die Mittel dafür zuspiele, ist eben beides notwendig: die Spürbarkeit der Spuren und die Selbsttätigkeit auch im Betrachten, die darin zustandekommt, daß ein jeder neu allererst seine Begegnung mit ihnen sich spürend zu erarbeiten hat. Dies ist der eigentliche Sinn der Kantschen Lehre von dem notwendigen «Naturschein» an den Kunstwerken: die Aufforderung, weder Unmittelbares auf sich wirken noch Vermittlungen uns beeindrucken zu lassen, sondern selber die Vermittlung zu vollziehen.

Wir haben nun die andere Seite Goethescher Betrachtungtätigkeit aufzuzeigen. Sie liegt in der Vorstellung von der Metamorphose und wird auch in einem Satz der Schrift zum «Versuch als Mittler zwischen Subjekt und Objekt» benannt: «Der Mensch kennt nur sich selbst, insofern er die Welt kennt, die er nur in sich und sich nur in ihr gewahr wird.»[16]

Das Erkennen eines Allgemeinen durchdringt sich im Betrachter mit seiner Anschauung und seiner inneren Erfahrung beim Betrachten vieler verschiedener Regenbögen, Bergkristalle, Eschen usw. zu Vorstellungen. In ihnen entstehen mögliche und nicht mögliche, gängige und ungewöhnliche Gestalten vor den inneren Sinnen. Es ist wesentlich, diesen Vorgang nicht einfach einer platonischen Ideenlehre zuzuschlagen, als ob feststünde, daß alle Wirklichkeit unvollkommene Erscheinung einer vorgegebenen Idee wäre. Vielleicht ist eine solche Idee – Goethe spricht eben von Urphänomenen – erst am Ende der geschichtlichen Wirklichkeit zu fassen. Vielleicht ist dieses Fassen aber überhaupt eine falsche Fixierung. Urphänomene sind Vorgänge, nicht Schablonen oder Folien: Vorgänge, also Entwicklungen von bestimmten Beziehungen der beteiligten Momente zueinander, immer noch sich weiter bewegende Spannungsgefüge, so wie Konstellationen nur bestimmte, aber nicht bewegungslose Verhältnisse zwischen Sternen sind, wie manche Sterne ganz manifest in sich wirbelnde Vielheit sind – Spiralnebel genannt. Ihre Einheit ist dann das bestimmte Wirbeln um eine gemeinsame Achse, die aber immateriell ist wie der Schwerpunkt einer Kugel oder eines balancierenden Menschen. Es kommt bei dieser dem Abendland ungewohnten Betrachtung darauf an, das Bleibendste als eine fortgehende Geschichte zu begreifen, und zwar in dem existentiellen Sinne, daß es als immer der Erneuerung bedürftige, auf die eigenen früheren Phasen und auf hinzutretende Umstände verändert antwortende Fortsetzung einer bestimmten Geschichte gewußt und erfahren werden muß. So geht die Fortsetzung auch durch uns selbst hindurch.

Den Menschen wird so ihre eigentliche Würde wiedergewonnen, als tätige Zeugen selbst der Geschichte des Kosmos anzugehören. Das bedeutet, ihren Katastrophen ohne Schutz bewußt gegenüberzustehen und an ihren Wendungen zur Fülle der Entfaltung beteiligt zu sein.

Diese Verallgemeinerung, durchaus eine Abstraktion, müssen wir unterscheiden von jener Hegelschen verstandesbegrifflichen Allgemeinheit. Als weitere Schritte erlaubt sie auch nicht bloß, Deduktionen vom Prinzip zur ‹Anwendung› zu denken. Hier geht die wissende Erfahrung, indem sie vom Abstrakten sich dem sinnlich Konkreten neu zuwendet, weiter ihrer Vervollkommnung entgegen. Jeder einzelne Regenbogen, jedes Bergkristall, jede Esche usw. werden im Vergleich mit den allgemeinen Prinzipien ihrer typischen Bildung erst ihr Wesen zu erkennen geben: Die besonderen Momente werden in ihren einander bedingenden und auf eine Mitwelt antwortenden Spannungen zueinander erfahrbar. Zugleich wird dies immer in dieser besonderen, einmaligen Prägung da sein *und* uns auf den Weg zum Grundsätzlichen weisen.

Umgekehrt gibt es keine grundsätzlichen Gestalten außer in diesen und jenen besonderen, einmaligen Ausprägungen. Das Wissen vom Allgemeinen dient nicht dazu, das Einzelne zum mehr oder weniger überflüssigen und, an einer Idee gemessen, unvollkommenen Beispiel zu machen. Im Gegenteil, es erlaubt uns erst, den mannigfaltigen Erscheinungen der Wirklichkeit so zu begegnen, daß wir verstehen, was und wie wir erleben, während wir lebendig erfahrend uns mit der Welt bewegen. «Wir nennen sie Urphänomene, weil nichts in der Erscheinung über ihnen liegt, sie aber dagegen völlig geeignet sind, daß man stufenweise, wie wir vorhin hinaufgestiegen, von ihnen herab bis zu dem gemeinsten Falle der täglichen Erfahrung niedersteigen kann.» Im «Versuch als Mittler» wird es ausdrücklich gesagt: «Was nun von meinem gegenständlichen Denken gesagt ist, mag ich wohl auch ebenmäßig auf eine gegenständliche Dichtung beziehen.» Das Aufgenommene reift, durch ein ganzes Leben hin, im Menschen fort, sich zu einem, vielleicht sogar erst späten, Ausdruck verdichtend.

Als Methode ist das hier dargestellte Vorgehen universell. Soweit, daß selbst jene Grundhaltung der Weisen – etwa in den Zentraditionen – darin offensichtlich wird, die dem Einfachsten die höchste Bedeutung abgewinnt. Das Einfachste ist nicht, wie Descartes die Geometrisierung gültig formuliert hat, der einfache, präzis faßbare Baustein des Höheren. In ihm ist das Komplexere anwesend, und der Erfahrene vermag in einer einzelnen Pflanze ganze Stränge der Naturgeschichte aus ihrer gegenwärtigen Wirksamkeit zu bestimmen. Es geht nicht um ein historisch oder logisch ‹Erstes›, sondern um die schrittweise Ausbildung von Wirkungs-, Spannungsgefügen.

Gemeint sind einfachste Lebensformen – bis hin zu den Rhythmen der Peristaltik –, in denen Natur und Menschen ihr Gemeinsames haben. Mißverständnisse, als seien denn beide gleich, knüpfen zahlreich hier an. Sie alle dürften der Methode und ihrem Grund widersprechen, statt sie zu gefährden oder gefährlich zu machen. Sie entstehen immer aus einem bequemen Stillstellen oder Verdinglichen im Gedanken, wo in Wirklichkeit eine Bewegung stattfindet; aus einem Zeigen auf das Objekt, wo die Bewegung sich ebenso in uns vollzieht; aus einem Reduzieren auf ein Phänomen, wo es um das Erfahren der existentiellen Vielfalt geht, die immer Unterscheidungen gebietet, ja überhaupt voraussetzt, um wahrgenommen werden zu können. Weder der Vorstellung von einem Einheits- noch von einem Idealtypus wird Vorschub geleistet. Geschichte der Natur wird von der der Menschen und ihrer Kulturen sehr wohl unterschieden, nicht etwa Historisches unter einer ‹organischen› Interpretation zu Natur erklärt. Nicht das historische Veränderbare, Gewordene wird zu gegebener Natur zurückgeworfen. Umgekehrt wird das Gewordensein und Sich-Verändern alles Naturhaften betont und von dem Historischen gezeigt, wie es auch nur Moment von Geschichte ist. Die Goethesche Methode gehört in seine Grundkonzeption von Wirklichkeit, auch der menschlichen, hinein, für die der Begriff Metamorphose steht. Metamorphose ist Wandlung in den Grenzen einer Geschichte, die als eine Einheit von Schritt zu Schritt bestimmt werden kann. Zunächst ist mit dem Begriff Metamorphose die Folge von Veränderungen des Phänomens gemeint. Die Formen der Pflanze etwa entfalten sich nach jeder Pressung und Dehnung zu feinerer Differenzierung, vom groben Gewebe der Stengel bis zu dem feinsten in der Blüte. Beim Beschauen solcher Vorgänge uns gegenüber vollziehen sich jedoch auch in uns selbst entsprechende Veränderungen. «Jeder neue Gegenstand, wohl beschaut, schließt ein neues Organ in uns auf. Am allerfördersamsten aber sind unsere Nebenmenschen, welche den Vorteil haben, uns mit der Welt aus ihrem Standpunkt zu vergleichen und daher höhere Kenntnis von uns zu erlangen, als wir selbst gewinnen mögen.» Goethe spricht von dieser «Selbsterkenntnis im Anderen», wie Hegel sagt, nicht unmittelbar im Zusammenhang mit der Metamorphose. Diese Verbindung wird allerdings sofort deutlich, sobald man seine Methode der Phänomenerkenntnis mit *deren* Metamorphosen und unsere Fragen zu Lernwegen überhaupt mit *ihren* verändernden Schritten zusammendenkt.

Dies ist erlaubt, ja notwendig, weil innere Bildung und Erkenntnis des Äußeren miteinander zu vermitteln sind: In der Erfahrung durchdringen sie einander, die immer auch ästhetisch ist, das heißt durch die Sinne Aufgenommenes enthält und sinnenhaften Ausdruck des gewonnenen Bewußtseins annimmt. Zu dem sinnenhaften Vermitteln gehört eben auch das Mitleben mit dem Erfahren anderer Menschen, das Hartmut von Hentig zu einem Prinzip seiner Pädagogik zählt.[17]

Zwei Dimensionen nehmen dann ihre volle Bedeutung ein. Die Gegenwart solcher Lernschritte ist immer angefüllt durch die Erfahrung, daß – wie in den «Metamorphosen» von Phänomen und Beschauer so auch in vielen anderen einander entsprechenden Vorgängen – den Erkennenden und sein Gegenüber gemeinsame Bedingungen, Spannungsfelder und Bewegungsformen verbinden. Beim menschlichen Gegenüber ist das besonders deutlich und führt besonders weit, weil die Differenzierungen der menschlichen Geschichte und unseres Bewußtseins Stoff und Mittel des Vergleichens in einem werden. Aber auch mit der Natur, mit der wir Schwerkraft und Aufrichtung, Reibung und Geschwindigkeit, Zusammenziehung und Ausdehnung und viel mehr gemeinsam haben, erleben wir, wie gemeinsame Naturgeschichte uns Verbindungen sichert. Sie müssen immer wieder neu erlebt werden, um ihrerseits als geschichtliche Erfahrungen auf der Höhe der Bewußtseinsentwicklung in uns mitwirken zu können. Bewußte Wege, uns auf sie zurückzubeziehen, statt sie schlecht und recht zu benutzen oder mitzuschleppen oder zu verbrauchen, verbinden uns mit der Welt um uns, der wir heute immer isolierter gegenüberzustehen scheinen, und bilden in der Auseinandersetzung mit ihr unsere menschlichen Vermögen aus.

Aus der Arbeit von Dürckheim greife ich eine Übung auf, die Goethe allerdings so kaum beschrieben hätte, selbst wenn er Ähnliches empfunden haben muß. Zu derart ausdrücklicher eigener Bedeutung kann eine solche Phase nur aus dem Ernst meditativer Praxis kommen, obwohl diese Form praktischer, besser noch praktizierender Reflektion zwischen Mitwelt und Selbst zweifellos Moment der Metamorphosenlehre sein muß. Wir begeben uns an einen uns guten Ort, zum Beispiel auf eine Wiese zwischen Bäumen. Dort stehend oder sitzend öffnen wir für eine Weile die Augen, lassen alle Momente des Sehfeldes sich uns mitteilen, ohne auf irgend etwas einen Blick zu richten. Nach kurzer oder längerer Weile wird unser ‹Verhältnis zu den Gegenständen der Wahrnehmung› sich grundlegend verändern, wie sehr wir auch sonst das Hinsehen oder Hinstarren gewohnt sein mögen.

Während wir etwa mehrere Bäume, die eben noch vor uns, rechts und links neben uns gestanden haben, gleichzeitig und gleichermaßen aufnehmen, beginnen sie, um uns herum zu stehen. Die Wiese wird unser mit ihnen gemeinsamer Ort. Wir spüren da, wo wir neben und hinter uns nicht mehr sehen, Bäume und Öffnungen; so ungefähr, wie man, nach einer Weile in einem dunklen Zimmer tastend, Möbelstücke schon wahrzunehmen beginnt, noch bevor man sie berührt. Im Spüren aus dem Abstand hinter uns wird auch das Sehen vor uns verändert. Wir empfinden die Sehwahrnehmungen zunehmend als eine Bestätigung und Ergänzung eines anderen Wahrnehmens: Wir erleben uns selber als Körper in diesem Raum wie die anderen Körper, denen wir da leiblich begegnen. Raum als abstrakte, vorgegebene Kategorie, wie Kant ihn transzendental behauptet, löst sich in Bewegungen des Wahrnehmens und in wahrgenommene Beziehungen auf. Im gelebten Sinne entsteht so der Raum überhaupt erst, indem Bewegungen von innen nach außen mit denen von außen nach innen wie zwischen den Momenten außen langsam zu einem Gefüge zusammenwachsen. Wir werden insofern ‹Baum unter Bäumen›.

Diese Übung gleich als Begegnung mit anderen Menschen zu machen, wie es wiederum mehr spielerisch Goethe und seinen Jugendgenossen im beliebten Blindekuhspielen der Erwachsenen bei Landpartien vertraut war, wäre für uns wohl verfrüht. Das Begegnen muß zunächst von den Absichten zwischen Menschen befreit werden, um überhaupt sich ereignen zu können, statt vorgeplant, vorgefühlt zu sein. In diesem Sinne sind Erfahrung und Selbst-tätigkeit abzugrenzen gegenüber modisch lancierten Überstürzungen unter dem Motto der ‹Selbsterfahrung›. Ängste würden auftauchen vor den bewußten und den unbewußten Programmen der Menschen selbst wie der jeweils anderen. Als ‹Baum unter Bäumen› werden wir in die Einheit unserer Gegenwärtigkeit geführt, in der «der ganze Mensch, nicht nur sein Auge, sieht». Dieses Sehen vollzieht sich, wie Erwin Straus und Victor von Weizsäcker gezeigt haben, in dem Zusammenspiel aller Sinne durch unser Erleben hindurch.

Wenn wir in diese unsere eigene Einheit eintauchen können – eine weitere Form progressiver Regression –, dann können wir zum Du für den Baum werden, wie Martin Buber sagt. Dies ist die Bedingung dafür, zu den anderen Menschen als anderen Du sagen zu können. Wir müssen dazu frei werden von aller Herrschaft, die wir im fixierenden Sehen über das Objekt ausüben, die wir aber auch reduzierend gegen die Situation, die Gegenwart, uns selbst richten.

Diese Übung zeigt zugleich, daß ‹Anschauung› als stellvertretende Form der Sinneswahrnehmungen beibehalten werden kann, ohne die Hegemonie des strategischen Blicks fortzusetzen.

Das Zweite sind die praktischen Schritte, derer wir auf solchen Wegen bedürfen. Die Erkenntnis – Goethe beginnt beim Beschauen – muß sich verbinden mit Methoden eigener tätiger Anschauung, um die innere Veränderung zu bewirken. Die Organe schließen sich nur auf, wenn man offen hinschaut, das heißt, wenn man seinen Blick zu schulen beginnt, mit der tastenden Hand verbindet und die gedachten allgemeinen Formen noch einmal sinnlich aufzunehmen und nachzuvollziehen versteht. Praktisches Durcharbeiten des Aufgenommenen durch ein Üben der Wiedergabe, zum Beispiel im Zeichnen des Gefühlten und Gesehenen, bildet erst wirklich den doppelten Vorgang aus, so daß ein Gegenüber deutlich begriffen und dabei ihm Entsprechendes im Selbst klarer entfaltet wird.

Die vielen Schritte, mit denen jeweils unter einer anderen Frage dieses Gegenüber aus dieser Situation mit mir selbst und mit allen in die Situation hineinreichenden Bedingungen und Zusammenhängen hin- und hergehend verbunden wird, sind ebenso viele Medien der Anschauung, aber auch der Arbeit an einer Wiedergabe dieser Anschauung. Alle Lehren tätiger Bildung sind sich deshalb darin einig, daß Gegenwart ein Vielfältiges von Natur- und Menschengeschichte ist und daß es uns gegenwärtig nur im Wechsel begrifflichen und anschauend sinnlichen Begreifens werden kann. Fast unabhängig von seiner Verfremdungslehre, möchte man sagen, sagt Brecht darin das gleiche wie Goethe. Die Verfremdung soll uns nur dazu dienen, den Wechselbädern gewachsen zu sein, die uns beglückende Verbindung und erschreckende Deformation bereiten: «eine Parteinahme, deren gefühlsmäßige Seite im Einklang steht mit ihrer kritischen Seite.»[18]

Wir sollten uns entschließen, weniger die vorzüglichen Gegenstände, sondern vorzüglich die Methode des Goetheschen Wissensweges durch Erfahrung für uns wichtig zu nehmen. Dann ergibt sich ein Weg, der, um die geschichtliche Arbeit an den Komplikationen der modern hierarchisch arbeitsteiligen Industriewelt erweitert, den Hoffnungen der Menschen entspricht, die zu jenem Beginn der großen Industrialisierung für die Zukunft denkbar wurden: Hoffnungen auf eine geistig umfassende, sozial beziehungsreiche und sinnlich gegenwartsbezogene Individualität.

Wir werden uns inzwischen auch gestatten, die Methoden von Freud und Marx, nach denen Strukturen von Lebensgeschichten und von Geschichten der Kulturen als gewordene Vorbedingungen für eine zukünftige Arbeit an besserem Gleichgewicht begriffen werden, in einer Analogie zu Goethes Begriff neu zu verstehen: Auch das Prinzip, geschichtliche Bewegung von Schritt zu Schritt, von Gegenwart zu Gegenwart, von Struktur zu Struktur, also dynamisch wirklich als Bewegung zu betrachten, ist eine Art von Metamorphose. Besonders erkennen wir sie für den Gang menschlichen Wissens an. Alle Veränderung, bedeutet dies, kann allein durch die Veränderungsschritte bewirkt werden, die von den Menschen an ihnen selbst und an den geschichtlichen Situationen durch die Erfahrungen ihrer Lebensgeschichten vollzogen werden. Nichts kann gelebte Gegenwarten als den Ort und Rhythmus der Geschichte ersetzen: Weder sind wir bloße Vollzugsgehilfen einer Evolution, die längst weiß, wohin wir kommen müssen; noch haben Revolutionen einen Sinn, die durch Veränderungen der äußeren Voraussetzungen uns die inneren Wege abnehmen oder aufzwingen sollen.

Was macht es uns so schwer, Goethe, etwa in seiner Morphologie, wieder aufzunehmen, wenn sein Denken uns so vorbildlich nah sein kann? Es zieht sich offensichtlich immer wieder aus dem Vorgang wechselseitiger Begegnung und eigenen Wandels zum Wissen heraus. Es sucht durch die Bewegungen hindurch die Ruhe. Ruhend soll eine abschließende Form gefunden werden, die von jenen Bewegungen nur noch eine Aura des Lebhaft-Geistigen ausstrahlt. In der Ausstrahlung soll solch eine Erscheinung von den Spannungen und Beziehungen sprechen, die Geschichte, Wirkkraft und Sinn der Form bilden. Die Selbsttätigkeit soll Vorbereitung und Beigeschmack des bewegten Innehaltens sein, während Vollendung der Erscheinung und betrachtendes Ergriffensein eine stille Harmonie bilden.

Die Ketten der Wechselwirkungen sollen sich hier schließen im Überschaubaren. Symbolisch soll die gefundene Form auf das Ganze von Welt und Leben hinweisen, nicht durch ihren wirklichen Anteil daran. Die entschiedenste Gegenvorstellung dazu haben die jüngeren Zeitgenossen entwickelt, besonders Novalis und Friedrich Schlegel. Der Begriff der Ironie kritisierte an Goethes Klassik die Gefahr, über dem Ausschnitt, der das Ganze vorzustellen aufgibt, die unfaßbaren Werte des Ganzen zu versäumen. Adornos negative Dialektik wird insofern durch die romantische Ironie vorweggenommen, als auch jene der Hoffnung auf ein versöhntes Universum nur dienen zu können glaubte, indem sie das positiv Überschaubare auf ein Ganzes hin offen hielt. Gerade, indem alles noch anders sein könnte, fordert es uns auf, nach der Einlösung unserer Ahnungen weiter zu suchen.[19]

Friedrich Gundolf hat Goethe und Novalis als komplementäre Gegensätze zu sehen gelehrt: «Ihm war jede Tendenz antipoetisch, welche auf Sonderung und plastische Ordnung der Welt ausging, welche aus der grenzenlosen Bewegung einzelnes als bezeichnend und symbolisch herauslöste und in den Raum stellte. Er wollte alles in allem sehen, und Poesie war ihm das Mischen und Vertauschen alles Gegebenen. Seine Symbolik ging darauf aus, durch jede Erscheinung der Welt das Wesen der ganzen Welt, welches Bewegung ist, auszudrücken... Kurz, für Goethe war Dichtung geformtes Leben, gesteigerte Wirklichkeit, für Novalis war sie absoluter Ausdruck der gefühlten Weltbewegung und damit Aufhebung der geformten Wirklichkeit.»[20]

Bis hierher sind wir Goethe um seiner Methode willen gefolgt und sehen jetzt den Gegensatz, in dem sie doch auch stehengeblieben ist aus dem Bedürfnis nach abrundender Form. Beide Seiten wurden schon von den Romantikern gesehen und zum Grund jeweils entgegengesetzter Einstellungen gemacht, wie in der Beurteilung des «Wilhelm Meister»: «Aber Friedrich Schlegel, wesentlich *Denker,* ergriff mit dem Geist das Werk seinem *Gehalt* nach: und der war zweifellos romantisch. Der romantische *Fühler* Novalis spürte mit seinen hellsichtigen Sinnen vor allem die *Form* durch und mit seinem Instinkt den Willen, den es verkörperte... und der war tief anti-romantisch, auf Plastik, Grenze, Maß gerichtet.» Novalis allegorisierte die Natur, «um ihre Erscheinungen wieder zurückzuführen in den Prozeß, der ihnen zugrunde liegt. Dieser Prozeß ist ihm Gegenstand der Poesie, während Goethe Prozesse in Erscheinungen bannen will.»

Wir bemühen uns also darum, Erkenntnis auf Wegen der umkreisenden Annäherung und im eigenen Wandel zu gewinnen und uns abschließender Formgebung zu enthalten.

Schritt um Schritt verwandeln wir uns in unserer Beschäftigung mit dem Anderen und uns selbst, mit der Natur und unserer Geschichte. Diese Verwandlung ist ebenso Selbsterkenntnis wie praktische Wissenschaft; in Wahrheit ist sie ein schrittweiser Gewinn sachgemäßer Freiheit zum angemessenen Verhalten. In dieser Freiheit, indem wir uns den Dingen und Bedingungen und uns selbst gemäß verhalten, verwandeln wir unser Anschauen in Verstehen und unsere Tätigkeit in Ausdruck unserer selbst. Unser Gang kann so, ohne Taktschlag und Choreographen, zum Tanz werden – zu einem Tanz, der vielleicht die Verhältnisse mit zum Tanzen bringen kann.

Worauf wir mit den Sinnen und im Erproben der Tätigkeit warten, wird gegenwärtig. Gegenwart als je besonderer Schritt findet ihren

Sinnzusammenhang im Hinblick auf einen zu findenden Weg, gerade auch da, wo sie uns fordernd oder sogar antagonistisch entgegentritt. Schon einige Augenblicke solcher Gegenwart gegen das Durcheinander des verordneten und aus eigener Hilflosigkeit übernommenen Betriebs können Keime des Vertrauens in eigene Schritte und ein Verhältnis zu sich abzeichnenden Wegen ausbilden. Aus wirren, in vergewaltigenden Situationen ist die erste Bewegung hinaus getan, wenn wir uns vergleichend in die andere Situation, etwa des ‹Baums unter Bäumen›, versetzen, um die Unterschiede und deren Gründe und Wirkungen genau zu bestimmen. Es ist offensichtlich, wie hier die Sinne das Bewußtsein, dieses die sinnenhaften Momente der Erfahrungen in die gelebte Gegenwart ziehen. Sie gehören aus gemeinsamer Geschichte so zueinander wie die Lungen mit den Nervensträngen, die ohne Willkür sie zum Einatmen auffordern, weil sie an der Ausbildung des Organs in einem Dehnungsfeld des Embryo mitgewirkt haben und von dieser Bewegung selber ausgebildet worden sind.

Greifen wir im Begriff der Begegnung wieder die besondere Bedeutung auf, die ihm der Terminus Koinzidentalität gibt, um so die eben entwickelten vier Stufen erweiternd noch einmal durchzugehen. Der von Goethe an dieser Stelle dargestellte Wissensweg wird erweitert, indem nicht nur Begegnungen mit einem bestimmten Phänomen der Natur sein Feld bilden, sondern Begegnungen aller Art. Was für das einzelne Phänomen gilt, läßt sich übersetzen ebenso auf Zusammenhänge wie eine Landschaft oder eine Lebenswelt von Tieren, auf ein geographisches Gebiet oder ein Biotop. Wie der Begriff der Begegnung bereits ankündigt, wird die Geschichte eines solchen Zusammentreffens zwischen Mensch und Natur nicht wesentlich anders zu begreifen sein als die zwischen Menschen. Freilich gewinnen die Schritte des Weges zwischen Menschen die Dimensionen hinzu, die nur dann zustandekommen, wenn ein seiner selbst bewußtes Wesen sich in einem anderen ebenso bewußten reflektiert.

Dies ist die grundsätzliche Erweiterung der vier Stufen um die Dimension des Historischen, das prägend und bedingend, auffordernd und verformend ausdrücklich für sich erfahren werden muß, und zwar an Menschen wie an allem, was Menschen durch ihren Eingriff oder auch nur durch den urteilenden Blick ihrer Geschichtlichkeit eingeordnet haben. Wenn man nicht dieser Dimension eigene Aufmerksamkeit widmet, so können die anderen Dimensionen der Begegnung, wie sie Goethe sieht, nicht einmal in unserer mit- und nachvollziehenden Vorstellung ihre eigene Bedeutung wiedergewinnen. Sie gehen unter in dem historischen Produkt, statt noch einmal neu ihren Part einnehmen zu können in jener Geschichte der Auseinandersetzungen und Begegnungen zwischen Natur und historischen Strategien der Menschheit.

Zweifellos finden wir nur da einen Weg zu solcher Vorstellungskraft, wo wir den Eindrücken in uns, die von außen Begegnendem bewirkt werden, genau nachgehen. Dies verlangt von uns, die verschiedenen Momente für sich aufzunehmen, um ihrer verbindenden und gegensätzlichen Beziehungen untereinander gewahr zu werden. Wir müssen also verschiedenen Momenten uns gegenüber ungeteilte Aufmerksamkeit geben, auch wenn sie zueinander in Widersprüchen stehen und gerade dann. Das ist an sich kein so schwieriges Unternehmen; denn mit Sicherheit hat längst vor solcher bewußterer Hinwendung nicht nur ein Gesamteindruck uns getroffen. Aus der Übung des ‹Baums unter Bäumen› gehe ich über zu einer bestimmten Landschaft.

Jedes ihrer Momente hat auch für sich eine erste Antwort in uns wachgerufen – etwa die Ruhe und Gewalt des Stromes; die Abruptheit und Kleinlichkeit betonierter Uferbegradigungen; die Kühnheit der über Brücken und durch Tunnel geführten Bahnen darüber; die Verlorenheit mittelalterlicher Burgreste, hoffnungslos zwischen Gleisen und Autos, würdig-nachdenklich zwischen Weinbergen und Wald; die vielversprechenden langweiligen Reihen der Reben; der nur im Unwegsamen geduldete Wald bis hinauf zu den Berglinien unter dem Himmel. Es kommen hinzu die sichtbaren Kondensstreifen der Flugzeuge, die das Spiel von Wolken und Blau schematisch zerteilen, und das Wissen von der lebensgefährdenden Vergiftung des Wassers, so vieles bis hin zu dem kleinen Balkon dort, auf dem eine Jacke ausgebürstet, dem Weg, auf dem ein Düngemittel ausgefahren wird, den Kindern, die am Fluß liegen, ohne darin schwimmen zu dürfen.

Ein jedes Moment dieses Anblicks vom Rhein soll eine eigene Stimme in uns bekommen. Manchem wird unsere Stimme nur in der Form einer Forderung nach Rechenschaft, eines Einklagens oder eines Aufschreis gehören können, denen die Suche nach den verantwortlichen Bedingungen folgt. So werden ihre Korrespondenzen und ihre Kämpfe miteinander vernehmbar. Spannungen, Antworten und Brüche sind die Struktur dessen, was ohnedies nur unter dem einen oder anderen Eindruck erstickt zu erleben ist. Nur indem wir allen diesen Strömungen, Schwingungen, Konfrontationen innerlich nachgehen, können wir auch die Wirrungen, die deren Eindrücke in uns in Gang setzen, klärend in eine Art von Bewußtsein erheben. Und diese Arbeit des Gemüts ist dreifach wesentlich.

Alles Äußere, wie ruhig bildhaft auch immer wir es auffassen, nehmen wir tief in uns als ein Geschehen auf. Diesem Geschehen nachzugehen, ist eine Übung unserer Gemütsvermögen, die dabei sehr wohl mit den begrifflicheren sich verbünden und verbinden. Immer sind es Bewegungen außen, denen innere entsprechen. Gleichgewichtige Spannungen bilden die Kraft dazu in uns aus, die wir Harmonie zu nennen gewohnt sind. Unvereinbares Gegeneinander, wie das Auseinanderbrechen einer wichtigen Diskussion in nicht mehr aufeinander bezogene Richtungen, spüren wir geradezu physiologisch als Zerrungen im Bauch, als Pressen im Kopf, als schmerzhafte Verspannung an anderen Partien des Körpers. Uns selbst sind wir es schuldig, uns von den Verspannungen zu befreien und die eutonischen, in Gleichgewichten sich bewegenden Spannungen auszubilden.

Auf diese Weise vergleichen wir unsere inneren Befindlichkeiten und finden, zweitens, in ihnen ein Bild der äußeren. Durch vertiefende Vergleiche verarbeiten wir das, was uns geschieht, zu einem Wissen vom Geschehen uns gegenüber. Ein entscheidendes Mittel bei diesen Schritten sind unsere Versuche, für uns und andere auszudrücken, was da geschieht. Im Bemühen um einen entsprechenden Ausdruck werden wir immer wieder zu dem Gegenüber zurückkehren, wechselseitig unsere Erfahrung und ihre Quellen und unsere Verarbeitungsfähigkeiten prüfend und vergleichend. In diesen Schritten beginnen wir, unsere Erfahrung zu erfahren. Damit wird sie übertragbar werden auf neue andere Eindrücke. Zugleich werden wir aber von dem eigenen Erleben frei werden dafür, die ganze Intensität der Eindrücke dem Anderen wieder zuzuwenden: Wir werden auch im Bedrohten und Verformten dessen eigentliche Stimme befreien können, indem wir ihren Part in dem Geschehen übernehmen – sei es im Ausdruck bis hin zum Kunstwerk, sei es in einer anderen praktischen Lebenshaltung.

Das dritte Wesentliche an diesen Schritten ist mittelbar bereits ausgesprochen. Wir Menschen und das Geschehen uns gegenüber – im Gang eines Menschen auf der Straße, im Flug der Albatrosse, in der Zerstörung des Rheintals – werden wieder eins. Unsere Vermögen, aufzunehmen und im Sinne des Aufgenommenen wirksam zu werden, sind eigentlich Selbsttätigkeit und ein Weg zugleich, uns mit allem Passiven und Aktiven dem umfassenden Geschehen wieder einzufügen. Diese Vorgänge werden immer wieder unterbrochen. Der Blick wird immer einordnen, urteilen müssen und damit Herrschaft ausüben und sich verdinglichen. Das kann nicht verhindert werden. Es muß vielmehr in eigenen Schritten, in sinnenhafter Reflexion, wieder zurückgenommen werden. Die Unterbrechungen sind als Brechungen – ‹Re-flektionen› – notwendig und fordern zu der Reflektion auf, die wieder der Einheit uns zuwendet, die wir eben zerbrochen haben. Diese wird ebenso durch Diskursivität aufs Spiel gesetzt, indem wir jetzt diesem, jetzt jenem der Momente und ihren Fürsprechern in uns nachzugehen beginnen. Deshalb müssen wir für die spätere Erfahrung das erste Erleben stark machen. Und wir müssen es immer wieder stärken, indem wir zwischen den einzelnen Schritten zu ihm zurückzukehren versuchen. Dies können wir aber nur mittelbar. Es ist wie die «Aura» Walter Benjamins, die in einem «dialektischen Bilde» ihrer Geschichte sich nicht wiederholt, sondern verändert verändernd neu entsteht. Als «Aufleuchten» lädt sie uns ein, uns dieser Geschichte für die Gegenwart zuzuwenden. Wir können nur zu ihm zurückkehren in dem Vergleich unserer augenblicklichen Beziehung zum Gegenüber, die ganz stark vom letzten Moment geprägt ist, mit der Erinnerung an das erste Erleben, seine Wirkungen in uns, die Spuren eines ersten Spürens in unserem Leib und Gemüt. Ein fast unendlicher Weg.

Das erfordert allerdings ebensoviel Nachforschungen nach den weiteren Bedingungen dieses Geschehens. Über seine geschichtliche Ausprägung und Bornierung in uns wie uns gegenüber, also über die Geschichte des Hervorbrechens und der Zerstörung in Subjekt und Objekt, müssen wir sehr viel zu wissen suchen. Wir müssen die Geschichten aufarbeiten des Erfahrenden selbst, des Erfahrenen ihm gegenüber und auch der Begegnungssituation als solcher. Wir werden dann zum Beispiel von der Rheinlandschaft erfahren, daß die Aufklärer des 18. Jahrhunderts sich besonders für die Weinpflanzungen begeisterten, die ihnen menschliche Zwecksetzung verbürgten, während gerade dagegen die Romantiker an Ruinen ein fernes Leben ahnen wollten.[21]

Die Seelen der Wesen und Dinge von dem Bann der Deformation zu erlösen oder sie doch wenigstens jetzt zu verteidigen, erfordert ebenso viele aufklärende Untersuchungen. Aber nur durch diese hindurch kann jene Verteidigung uns helfen, auch die eigenen Seelen zu finden. Das erste Erleben mit sich – unter den vielen großen Hindernissen vor solchem Einfügen ist eines die Notwendigkeit, das gleichzeitig zu Erfahrende in ein Nacheinander der erfahrenden Schritte zu übertragen. Denn bei jedem Schritt lösen wir jenen Kern von Einheit – zwischen uns und den Momenten des Gegenüber und unter ihnen – wieder auf. Die Einheit des wie immer vagen Erlebens wird aber zu einem Aufleuchten des Begegnenden in uns. Sie ist ein Versprechen ihm gegenüber wie auch an unsere eigene Seele, die darin zu leben hofft.

Erfahrung ist zweifellos immer auch ästhetisch bedingt und gegenwärtig. An den ästhetischen Dimensionen von Erfahrung besonders zu arbeiten, ist eine notwendige Übung in dem, was den modernen Kulturen mehr als anderes fehlt. Darum sind ausgezeichnete ästhetische Übungen vornehmste Arbeit am ganzen Menschen und haben alle Erfahrungswege ihrer ästhetischen Dimensionen, die auch einer eigenen Zuwendung bedürfen, um insgesamt etwas reifen zu lassen – von der Physik über die Grammatik bis zu den ‹Leibesübungen›.

Wie wir das Üben zu üben haben, so auch das Erfahren zu erfahren. Während wir Erfahrungen wieder aufnehmen und auf neue Situationen, Schritte übertragen, werden aus den sinnlich erinnerten Wahrnehmungen auch Strukturen des Bewußtseins frei. Denkformen verbinden sich mit dem Nachspüren eines Balanceerlebens, dem Nachbild einer Landschaft, dem Nachklang eines Musikstücks. Wie weit führt dieser Beginn zu einem ‹anschauenden Verstand›?

Anmerkungen

1 Carl Friedrich von Weizsäcker, z. B.: Der Naturwissenschaftler – Mittler zwischen Kultur und Natur. In: ders., Der Garten des Menschlichen. München 1977, passim.
2 Karl Marx, Deutsche Ideologie. In: Karl Marx, Friedrich Engels, Marx Engels Werke Bd. III. Berlin 1969, S. 52; die folgenden Zitate l. c., S. 67 bzw. S. 52.
3 Karl Marx, Ökonomisch-philosophische Manuskripte, 1844. Hg. von Günther Hillmann. Reinbek bei Hamburg 1968, insbes. S. 53 ff.; das folgende Zitat l. c., S. 56.
4 Panyotis Kondulis, Die Entstehung der Dialektik. Eine Analyse der geistigen Entwicklung von Hölderlin, Schelling und Hegel bis 1802. Stuttgart 1979.
5 Georg Wilhelm Friedrich Hegel, Phänomenologie des Geistes. Hg. von Johannes Hoffmeister. Hamburg 1952, S. 163; die folgenden Zitate ebd. bzw. l. c., S. 163 ff. bzw. S. 163.
6 Im Gespräch mit dem Verfasser im Wissenschaftskolleg zu Berlin 1981.
7 Alfred Schmidt, Emanzipatorische Sinnlichkeit. Ludwig Feuerbachs anthropologischer Materialismus. München 1972, S. 112; die folgenden Zitate l. c., S. 82 bzw. S. 92 (das Adorno-Zitat in: Theodor W. Adorno, Gesammelte Schriften Bd. VI, S. 199).
8 René Descartes, Traité de l'homme (1632). Dt.: Über den Menschen; sowie: Beschreibung des menschlichen Körpers (1648). Nach der ersten französischen Ausgabe von 1664 übersetzt, mit einer historischen Einleitung und Anmerkungen versehen von Karl E. Rothschuh. Heidelberg 1969.
9 Georg Wilhelm Friedrich Hegel, Jenaer Realphilosophie. Vorlesungsmanuskripte zur Philosophie der Natur und des Geistes von 1805–1806. Hg. von Johannes Hoffmeister. Hamburg 1969, S. 180 ff.: «Dies ist die Nacht, das Innre

Wer Bücher schenkt...

...schenkt Wertpapiere, heißt es bei Stendhal. Denn: Bücher sind Geschenke ganz besonderer Art; sie verwelken nicht, sie zerbrechen nicht, sie veralten nicht, und sie gleichen dem Kuchen im Märchen, den man ißt, und der nicht kleiner wird.

Man könnte hinzufügen, etwas prosaischer: Und sie tragen Zinsen wie ein klug angelegtes Kapital.

Wer Bücher schenkt, schenkt Wertpapiere.

Pfandbrief und Kommunalobligation

Meistgekaufte deutsche Wertpapiere - hoher Zinsertrag - bei allen Banken und Sparkassen

Verbriefte Sicherheit

der Natur, das hier existiert – *reines Selbst*. In phantasmagorischen Vorstellungen ist es ringsum Nacht... Diese Nacht erblickt man, wenn man dem Menschen ins Auge blickt – in eine Nacht hinein, die furchtbar wird; es hängt die Nacht der Welt hier einem entgegen. Macht, aus dieser Nacht die Bilder hervorzubringen oder sie hinunterfallen zu lassen: *selbstsetzen, innerliches* Bewußtsein, *Tun,* Entzweien.» Ders., Phänomenologie des Geistes, a. a. O., S. 504: «Was hiermit durch den Kultus dem selbstbewußten Geiste in ihm selbst offenbar geworden, ist das *einfache* Wesen, als die Bewegung, teils aus seiner nächtlichen Verborgenheit herauf in das Bewußtsein zu treten, dessen stillernährende Substanz zu sein, teils aber sich ebenso wieder in die unterirdische Nacht, in das Selbst zu verlieren...»

10 Immanuel Kant, Kritik der reinen Vernunft. Hg. von Raymund Schmidt. Hamburg 1956. B 277; die folgenden Zitate l. c., A 399 bzw. A 401 bzw. B 139.
11 Ulrich Sonnemann, Zeit ist Anhörungsform. Über Wesen und Wirkung einer kantischen Verkennung des Ohrs. In: Zeitbegriffe. Hg. von Gottfried Heinemann. Freiburg 1986.
12 Johann Wolfgang von Goethe, Werke. Hamburger Ausgabe. Hg. von Erich Trunz. München [7]1975, Bd. XIII, S. 30; das folgende Zitat l. c., S. 39.
13 Wilhelm von Humboldt, Gesammelte Schriften. Kritische Gesamtausgabe. Hg. von der Königlich Preußischen Akademie der Wissenschaften. Berlin 1903. Bd. I, S. 283; das folgende Zitat ebd.
14 Goethe, Werke. Hamburger Ausgabe, a. a. O. Bd. XIII, S. 24; das folgende Zitat l. c., S. 24 f.
15 Gabriel Marcel, The Existential Background of Human Dignity. Cambridge (Mass.) 1963. Dt.: Die menschliche Würde und ihr existentieller Grund. Übersetzt von Rudolf zur Lippe. Frankfurt/M. 1965.
16 Goethe, Werke. Hamburger Ausgabe, a. a. O., Bd. XIII, S. 38; das folgende Zitat ebd.
17 Hartmut von Hentig, Ergötzen, Belehren, Befreien. Schriften zur ästhetischen Erziehung. München 1985.
18 Bertolt Brecht, Gesammelte Werke. Frankfurt/M. 1967. Bd. XV: Schriften zum Theater I (Über eine nicht-aristotelische Dramatik), S. 246.
19 Vgl. das Kapitel «Das Ästhetische als Hermeneutik».
20 Friedrich Gundolf, Shakespeare und der deutsche Geist. Berlin 1914, S. 328; das folgende Zitat ebd.
21 Gisela Dischner, Ursprünge der Rheinromantik in England. Zur Geschichte der Romantischen Ästhetik. Frankfurt/M. 1972 (Studien zur Philosophie und Literatur des 19. Jahrhunderts), insbes. S. 212 ff.

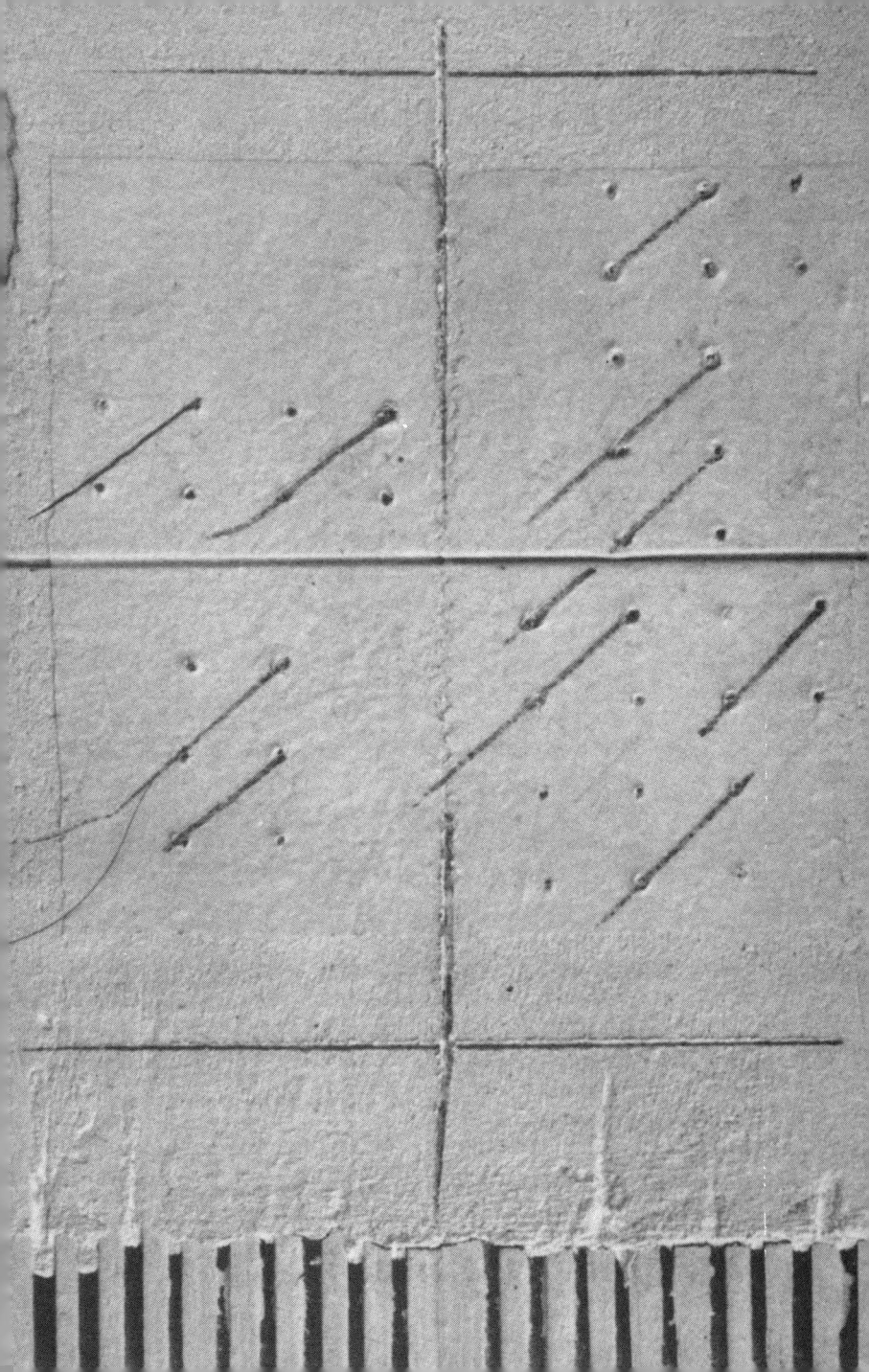

Zu den beiden vorangegangenen Seiten:

Die Dogon, Westafrika, zeichnen in den Sand Weissagungstafeln. Je nachdem, wie die Spuren von Vögeln und anderen Tieren die Felder bezeichnen, ergeben sich Vorhersagen für die Zukunft, nach der gefragt wird. Nach G. Dieterlen und M. Griaule, «Le renard pâle», Paris 1965. Griaule hat auch den Schöpfungsmythos der Dogon nach der Erzählung des blinden Weisen Ogotemmêli berichtet.

Jean Degottex fand nach der Periode seiner «Medias» auf einer Deponie in der Nähe von Gordes Materialien, deren Strukturen er zu untersuchen und zu interpretieren begann, neben Zementsäcken, die er auffaltete und bezeichnete, auch sehr flache, kanelierte Industrieziegel. Bei dem Bris-Signe (I) von 1979 ritzte er Linien in den Gips, der weitgehend die Rillen bedeckte.

Niederschlag des Erfahrens:
Gestalten

Die Koinzidentalität ist eine Kategorie des Lebens und des Erlebens im Wahrnehmen: Wahrnehmender und Wahrzunehmendes treffen aufeinander. In der Erfahrung wird der bewußte Anteil eines Aktes der Wahrnehmung immer das Moment des Aufeinandertreffens verstellen, weil der Wahrnehmende zunächst zu sehr mit sich und seinem Anteil beschäftigt ist. Die Koinzidentalität muß erst durch das Bewußtsein hindurch wieder hervordringen. Das geschieht in dem Bereitsein, sich treffen zu lassen. Darin sind die Geduld und die Intensität der Aufmerksamkeit, das Wahrnehmen in einem Umgang mit den Dingen zu entwickeln, die Neugier darauf, das Außen als innere Befindlichkeit zu erleben und dieses Erleben genau vergleichend auszumachen. Die verdinglichende Geschichte der Trennungen von Kopf und Hand, von Ohr und Verstehen, von Arbeit und sinnenhafter Selbsttätigkeit, von Ästhetischem und sprachlichem oder gar informatorischem Mitteilen hat den Menschen der industriellen Moderne zunehmend auch jene Impulse verstellt, aus denen ein Bereitsein, eine Aufmerksamkeit, ein Begegnen erwachsen können. Um so notwendiger ist es, uns wieder zu vergegenwärtigen, daß Koinzidentalität, daß eine Begegnung mit der Mit-Welt der Grund unserer Vorstellungen und Erfahrungen ist, viel mehr noch, daß aus ihm die Strukturen oder Modelle unseres Erfahrens und Vorstellens erwachsen. Sie sind der von uns sinnenhaft und im Bewußtsein gelebte Niederschlag von lebendigen Bewegungen in geschichtlichen Beziehungsfeldern.

Um sie zu bezeichnen, bietet sich der Begriff der Gestalten an. Zwar hat Goethe ihn abgelehnt, weil er ihm eher als Festhalten gegen die Lebensbewegungen des Wissens bekannt war. Zwar hat der Begriff von Klages her doch etwas Typologisches an sich im Sinne vorgegebener Taxonomien, zum Beispiel von menschlichen Charakteren. Zwar macht uns noch der Nachklang eines ästhetischen Physikalismus der alten Gestaltpsychologie hellhörig.[1] Doch hat wohl keine dieser Traditionen Gestalt in so tiefer, systematisch-radikaler Weise bestimmt wie Victor von Weizsäcker seinen ihnen gegenüber sehr veränderten Begriff der Gestalten. Sie sind eben jene Momente, in denen der Kreis von Sich-Bewegen und Wahrnehmen innehält und uns Bilder von seinem Vollzug gestattet, freilich nur, um sie im weiterführenden Vollzug wieder aufzulösen und neu einzulösen.

Das Wort kommt von einem Tätigkeitswort her, und zwar einem, das transitiv wie intransitiv gebraucht werden kann: Ich gestalte, ich gestalte mich, es gestaltet sich, es gestaltet mich. Gestalt kann man geben und annehmen, finden und verlieren. Gestalten können überdauern und sich wandeln. Immer gehören sie neuen Lebensvorgängen an – vielleicht im Gegensatz zu Gestaltung. Wenn ein ‹anschauender Verstand› – und das wäre ein schauender, hörender, Gleichgewichten nachspürender, schmeckender, tastender, riechender Verstand – denn doch möglich würde, so könnten Gestalten am ehesten seine festeren Werkzeuge sein, wo der deduktive Verstand mit Begriffen arbeitet. In Gestalten können die Erfahrungen, das Wissen, das Umgehen nicht ein für allemal abgelegt werden, sondern haben an solch «toter Mitte», so nennt Hegel das Werkzeug, nur einen verläßlichen Anhalt, wie an einem Sternenbild, um in tätiger Übertragung neu zu entstehen als «lebendige Mitte», so nenne ich das Umgangswissen in seinem Vollzug.

Diese Bestimmungen bedeuten, daß der Begriff der Gestalt, wie sein physiologischer Grund bei Weizsäcker, nämlich der «biologische Akt», dynamisch angelegt ist. Dies kommt insbesondere dadurch zustande, daß jede Gestalt auf eine Gleichgewichtigkeit zielt. Zielen ist hier nicht wie beim Scharfschützen oder beim Konjunkturpolitiker zu verstehen, die ein Ziel irgendwo fixieren, um ihm dann nachzujagen. Im Gegenteil: Mit den Gestalten tragen wir, tragen Vorgänge und Wesen ein Ziel in sich wie jeder Gang, in dem die Schritte von rechts und links sich in der gemeinsamen Bewegung auf eine Ferne hin vereinigen. Der Gang trägt ein unausgesprochenes, nicht festzuhaltendes Gleichgewicht als ein Inbild in sich. Insofern ist Gestalt ein entelechetischer und zugleich zielfreier Begriff.

Gestalt ist außerdem ein Begriff, der immer vermittelt zwischen innen und außen. Die Gestalt ist immer Ausdruck von etwas Wesentlichem in dessen Erscheinung, schon weil sie nur in der Bewegung einer Begegnung hervortritt. Sie liegt der noch näher zu bestimmenden Geste, der authentischen Geste, zugrunde. Es seien eine Reihe besonderer Gestaltbegriffe aufgeführt.

Zeitgestalt

Erst ein bestimmtes Nacheinander von bestimmten Bewegungen oder Schritten bestimmt, was diese sind und was diese bewirken. Dabei sind sowohl die Verhältnisse der Dauer von Teilphasen zueinander wie die jeweilige absolute Dauer von Bedeutung. Die Zeitgestalt als ganze läßt sich nicht aus einzelnen Vollzügen ihrer Phasen zusammensetzen, sondern bildet eine Einheit: Rhythmus. So haben noch die letzten Teilschritte gewissermaßen nachträglich einen prägenden Einfluß auf die Gestalt als ganze.

So entwickeln bei der Arbeit Zimmerleute, früher auch Schmiede, mit dem Hammer einen solchen Rhythmus. Dabei wechseln immer ‹volle› und ‹leere› Zeiten miteinander, das heißt, nicht jeder Schlag treibt den Nagel tiefer in den Balken. Dazwischen dienen leichtere Schläge dazu, sich zu versichern, daß Schwung und Richtung des Armes der Stellung des Nagels noch Rechnung tragen, daß der Arm sich nicht verkrampft und seine Kräfte frei zum Zuge kommen. In einem solchen Wechselrhythmus von Einwirken und Sich-Vergewissern kann die Energie eines Schlages nach dem harten Treffen des Nagels in das leichte Zurückschwingen auslaufen. Die Energie für das nächste Zuhauen kann im Zwischenschwung vorbereitet werden. Dies ergibt auf die Dauer eine pendelartige Wirkung, in der ein Schwung auf den vorigen aufbauend geführt, ein Ausholen vom ganzen Rhythmus getragen wird. In Handwerkerliedern ist davon die Rede, daß es in der Schmiede oder auf dem Bau ‹lustig› zugehe.

Zu mehreren Menschen werden ähnliche Rhythmen entwickelt, zum Beispiel wenn kambodschanische Hafenarbeiter – selbst unter dem alles vergewaltigenden Regime – mit einem Baumstamm eine Wand rammen. Sie bewegen von beiden Seiten den zwischen ihnen schwebenden Stamm, den sie an quer befestigten Stangen fassen. Sie versetzen ihn in Schwingungen vor und zurück, die sie nach und nach immer stärker gegen die Wand ausrichten, bis ein energisches Vorschwingen und ein leichteres Zurück sich ergeben. Beide werden durch einen freien, nicht zum Treffen bestimmten Schwung miteinander verbunden, während dessen jeder für sich und alle miteinander den Rhythmus sichern. Sie proben immer neu Kraft, Maß und Richtung ihrer Bewegungen. Der Zwischenschwung ist als Schwungholen unerläßlich. Über längere Zeit kommt selbst in der schweren Arbeit eine schwingende Kontinuität zustande, wie sie ein gelegentliches Hau-Ruck nicht ermöglicht, obwohl es offensichtlich etwas Ähnlichem dient.

Afrikanische Frauen stampfen in solcher Weise gemeinsam den Lehmboden für eine Behausung. Der besondere Rhythmus wird in einem Lied überliefert, das sie dazu singen. Arbeitsgesänge, Shanties und ähnliche Erinnerungsformen zeigen die Übergänge vom Arbeitsrhythmus zum befreiten Rhythmus an, der zum Beispiel in Beschwörungstänzen neue Aufgaben des Ausdrucks und der Erinnerung, der Verbindung zu anderen, ferneren Bereichen der Natur übernehmen kann. In Ostfriesland wurden noch bis vor kurzem die Lehmtennen in der gleichen Technik wie in Afrika von der Gemeinschaft der Nachbarn gestampft. Mexikanische Frauen stehen um einen großen Mörser und lassen zu viert abwechselnd einen riesigen Holzstößel auf das Getreide niederfahren, das sie so gemeinsam mahlen. Dazu singen auch sie. Abwechselnd darf eine von ihnen den Stößel in die Luft werfen. Hier entsteht ein Rhythmus mit leeren Zeiten in entsprechend offenerem Wechsel.

Selbstgestaltung der Gattung als solcher wie in den einzelnen

Wenn chinesische Bauern im Frühjahr zu alten Melodien in langen Reihen den Reis pflanzen, waten sie nach dem Takt von Musikinstrumenten im Schlamm. Die Geübten finden nach dem Winter und nach anderen Tätigkeiten ihre Gesten des Haltens und Einsetzens der kleinen Pflänzchen wieder. Die Jungen erlernen im Zuge der Musik diese Arbeit. Die Fingerfertigkeit bildet sich aus. Melodien vergegenwärtigen noch einmal ausdrücklich den transzendierenden Sinn, daß diese Tätigkeit Leben schafft und die Menschen an diesem Leben teilhaben als Pflanzende und Erntende und Essende. In all diesen Arbeiten gestalten sich die Menschen auch selbst, aber die Selbstgestaltung ist nicht vorherrschender Sinn.

Jeder Mensch leistet die entscheidende Arbeit an der eigenen Gestalt im Wachsen und Lernen, das uns vom Embryo zum Säugling, vom Säugling zum Kind, vom Kind zum Erwachsenen macht. Diese Arbeit hört nie auf. Aber es ist entscheidend, wie stark sie noch die Verrichtungen der Menschen bestimmen darf. Davon hängt ab, wie weit kindlich erworbene Vermögen in das bewußtere Leben der Erwachsenen fortgesetzt und weiter ausgebildet werden können – vom Spiel zum Lernen, vom Tasten und Greifen zur Geschicklichkeit, vom Atmen zum Singen, von der Versunkenheit zur Meditation, vom Stochern zum Graben. Traditionell wird zugleich am Kult und an der Kultivierung der Pflanzung gearbeitet. Die Lebensformen embryonaler Selbstgestaltung werden in die Arbeit fürs Leben und das religiöse Erleben ihres universellen Sinnes aufgegliedert. Erleben ist eine eigene Dimension im Vollzug des Lebens.

Völker, Stämme, Gesellschaften bringen entsprechende Techniken und Wege ihres Erlernens und verschiedene Gattungsgestalten hervor. Die ökonomischen, sozialen und geistigen Gestalten, die dabei entstehen, sind sehr unterschiedlich in vielen Hinsichten. Wesentlich ist hier vor allem die Frage, ob der alltäglich sich wiederholende Vollzug mehr dazu führt, daß die Feldarbeit, die Herstellung von Geräten, die kultischen Rituale, die Zubereitung der Speisen usw. mit immer mehr innerem Anteil oder nur als abstumpfender Verschleiß ausgeführt werden. Selbst ein gewisser Verbrauch des Körpers verhindert nicht einfach, daß ein besonderes Können in der Handhabung von Material und Werkzeug oder Maschinen sich mit jenem ‹lustig› tragenden Rhythmus der Werkstatt und dem Wissen vom Anteil an einem bestimmten Lebenszusammenhang zu einem viel weiteren Bewußtsein verbindet. Allein in diesem tätig begründeten Bewußtsein kann sich ein Selbst ohne Identitätsängste gestalten. Allerdings fragt sich genauso, wie frei ein solches Selbst noch einmal von den Wechselprozessen seiner Ausbildung wird. Im Handwerk bleibt der «Kunstsinn borniert». Im Zen-Meister befreit sich das Wissen des ‹Weges› aus agrarischen und handwerklichen Erfahrungsgrundlagen, aber ein Ich im modernen Sinne entsteht nur bedingt.[2] Immer perfektere Differenzierungen einer abgelösten Ego-Instanz ermangeln, umgekehrt, der tätigen Selbstdarstellung im Zusammenhang der Momente.[3]

Naturgestalt

Am weitesten von einer solchen Gefahr ist vielleicht ein Indianer, der seine eigenen Bewegungen in der Nachahmung einer Tierbewegung ausbildet, um jagen zu können. Er entwickelt eine Gestalt seiner Bewegung, die der des Wildes ähnlich ist, und wird dabei mehr seine Verbindung mit der Tier- und Pflanzenwelt empfinden als das Bewußtsein, mit diesem Gattungsvermögen sein Selbst zu entwickeln, obwohl dies einfach dabei geschieht.

Ein Naturwissenschaftler dagegen, der die Naturgestalt eines ‹chemischen Elements› so in einer Formel fassen kann, daß danach ein neuer Stoff mit bestimmten gewünschten Eigenschaften hergestellt werden kann wie das PVC, wird sich diese Leistung sehr hoch anrechnen. Die Naturgestalt und ihre Erfahrung aber spielt in seiner Arbeit nur eine sehr geringe Rolle.

Zwischen beiden Extremen verlaufen Tätigkeiten wie die der Gestaltung eines Gartens oder einer Landschaft in Anlehnung an geographische und botanische Bedingungen; eines Steinklopfers, eines Künstlers, der wie Max Ernst Holzmaserung durch ‹Abreiben› auf ein Blatt Papier übernimmt; des legendären Flötenmachers, der erst einmal in die Wälder zog, um das geeignete Holz wachsen zu sehen.

Eine besondere Naturgestalt entfaltet sich in der Arbeit der Mutter, ihr Kind werden zu lassen. Die Frauen begegnen hier der Natur in ihnen selbst, bringen sie hervor und gestalten sie durch ihre Antworten mit und finden sich dann doch einem ganz eigenständigen Wesen gegenüber. Geschichtliche Gestaltung des mütterlichen Lebens und ihrer Lebensgeschichte wirken mit der embryonalen Selbstgestaltung in einer durchaus folgenreichen Weise zusammen. Sie bewirken durchaus historische Prägungen, auch wenn diese nicht bewußt sein sollten. Dennoch ist in dieser Arbeit die Naturgestalt die bestimmende.

Produktgestalt

In der neuzeitlich europäischen Auffassung von der «nützlichen», der «Werte schaffenden» Arbeit als «Verausgabung von Körperkraft»[4] wurden mehr und mehr alle Momente dem Resultat, dem Produkt untergeordnet. Aber auch in jedem anderen Fall muß die Arbeit von einer geforderten oder vorgestellten Produktgestalt wesentlich mitbestimmt werden. Ihre Zeitgestalt wird zum Beispiel mit behutsameren oder schwereren Hammerschlägen dem Ziel entsprechen müssen, je nachdem, ob aus gröberem Material ein großer Kessel getrieben werden soll oder aus feinster Bronze ein wohlklingender Gong. Einst waren die Bewegungsgestalten der Arbeit besondere geschichtliche Verbindungen von Naturgestalt des verrichtenden Körpers und Zeitgestalten der Vorgänge. Zunehmend werden allerdings mit der Industrialisierung sie wie die Naturgestalten des Materials so einseitig wie möglich von einem Produktplan her bestimmt.

Wechselprozesse in der Spannung der Arbeit zwischen den Naturgestalten von Material und menschlichem Vermögen einerseits und andererseits einer gewünschten Produktgestalt wurden zunehmend zugunsten einer freier bestimmbaren Produktgestalt aufgelöst. Damit gerät unerwartet auch die Gestaltung der Produkte in Schwierigkeiten, weil einstige Bedingungen nicht nur Begrenzungen, sondern auch Orientierungen für die Gestalt bedeuteten. Eine Form in Holz entwickelt sich aus der Härte und Maserung und dem Umfang und aus den Möglichkeiten des Sägens, Fügens, Schnitzens usw. Die Form aus Plastik muß man sich ‹ausdenken›. Was an Kriterien nicht aus Notwendigkeiten des Prozesses kommt, wird bei uns ebenso wenig aus den Kriterien etwa der Selbstgestaltung gewonnen. Die Freiheit der Gestaltbestimmung wird statt dessen unter der ökonomischen Ideologie der ‹Knappheit› für immer mehr ‹Rentabilität› genutzt. Die Produktgestalt soll möglichst wenig mit den Gestalten der Arbeit zu tun haben.

So kann sie nicht länger deren Spiegel sein. Und nur als solcher Spiegel hat sie einen wesentlichen Bezug zu der Entstehungsgeschichte des Produkts. Bei einem Werkzeug etwa spiegelt seine Brauchbarkeit, seine weitere Wirkungsgeschichte also, was seine Gestalt ist. Das Reisfeld zeigt im Stand der Pflanzen und im Ertrag, ob zu eng oder zu weit oder im richtigen Maß die Keimlinge gesetzt wurden, ob es gut bewässert worden ist. Beim Zen-Meister zeigt sich, ob er «das Problem oder die Lösung» der ihn berührenden Lebenssituation wird. Diese Formulierung stammt aus der Black-Power-Bewegung der siebziger Jahre. Für die Frauen beim Maismahlen erweist sich, ob sie jede zum gemeinsamen Rhythmus des Stoßes mit dem Stößel so beigetragen haben, daß sie im Aufnehmen des gemeinsamen Schwungs ihre eigene Energie haben einfügen können. Dabei ist das Produkt keineswegs nur das materiale Ergebnis. Neben dem Mehl ist auch die Zeitgestalt selber, die Zeitgestalt als eine Sozialgestalt des gemeinsamen Rhythmus das Produkt, in dem sich die Vorgänge spiegeln. In allen unterschiedlichen Gewichtungen der Teilgestalten wird die Produktgestalt insbesondere Spiegel und Gegenpol für die Selbstgestaltung; zwischen beiden steigern sich die Wechselbeziehungen zu immer sichererer beiderseitiger Bestimmtheit empor, so daß ihr Rhythmus über die einzelne Arbeit und ihr Produkt hinausträgt.

Das schlägt als übertragbares Wissen und Können sich nieder und kann sich fortsetzen in freieren Formen. Tanz, Masken und Gesang, Ritual und Bewußtsein, Denken und Überlieferung gestalten sich aus diesem Niederschlag geschichtlichen Erlebens von universellem Leben.

Bedeutungsgestalt

Dieser Begriff soll helfen, die Fülle solcher Niederschläge zusammen greifbar zu machen. Zu ihnen gehören die Sprache, die erfahrene Vorgänge und Zusammenhänge benennt, wie die Logik, die sie nach den Grundformen der Beziehungen und Wechselbeziehungen noch einmal neu zu ordnen und zu sichten unternimmt. Neuere Autoren begreifen auch von unseren westlichen Naturwissenschaften her alle Vorgänge bis ins Biologische hinein als Geschichte mit bestimmten Bewegungsformen und das menschliche Denken dann als eine abstraktere Sonderform, nicht aber als etwas Unvergleichbares.[5] Für die Chancen zu einer allgemeinen befreienden Veränderung, die in den Übungen etwa des Aikido liegen, kann man zum Beispiel das Prinzip der Spirale nennen. Es begegnet allen, die mit einem Tau arbeiten, dessen elastische Stärke sich bildet, indem seine Teilstränge sich drehend miteinander verbinden. Beim Auswringen nasser Tücher tun wir im Prinzip dasselbe, indem wir Drehungen gegeneinander setzen. Ein Baum, der auf einem stark geneigten Hang dennoch nach oben wächst, dreht sich in seinem Stamm beim Wachsen um sich selbst und schafft sich so eine Statik, die große Zugkräfte abzufangen erlaubt. Dies zu tun oder zu sehen, ist das eine. Das Prinzip denken und übertragen zu können, als Bedeutung, ist ein Weiteres.

Die Bedeutungsgestalt kann erlebt und im jeweiligen Zusammenhang entsprechend beantwortet, aber als solche versäumt werden. Dann bleibt zum Beispiel der Kunstsinn des Handwerkers borniert. Der Tischler kennt wohl die Maserung seines Holzes genug, um für sein Werkstück seine Tragkraft richtig zu nutzen und vielleicht ihr schönes Bild etwa auf den Türen des Schrankes wirken zu lassen. Aber sie abreibend auf ein Blatt zu übertragen wie der Maler Max Ernst, der dieses Bild sich mit anderen Bildern und in der Begegnung mit aufgetragenen Farben zu einem Ausdruck viel weiter gespannter Wechselbeziehungen vereinigen läßt, dazu kommt er nicht. Er kann sein Holz richtig greifen und dennoch nicht begreifen, daß auch er ständig an einer «Schlüsselsituation»[6] arbeitet zu den Beziehungen zwischen der menschlichen Geschichte und der Natur überhaupt.

Wenn der Fabrikarbeiter seine Verstöße gegen die Produktionsanweisung, etwa ermogelte kleine ‹leere Zeiten› oder ein heimliches Verstellen der Mechanik seiner Maschine[7], nicht als das begreift, was diesen Vorgang überhaupt zu verwirklichen erlaubt, versäumt er vielleicht das Wesentliche von dem, was er von sich hinzutut, und glaubt weiter an die «Unproduktivität des Arbeiters».[8] Die Bedeutungsgestalten liegen ähnlich nahe an den eigenen Erlebnisvorgängen wie die Bilder von Träumen, in denen das innere Erleben des Tages zu den Gestalten wird, die seine tiefere und allgemeinere Bedeutung zu erkennen geben. Die Arbeit an ihnen ist schwer und wird überwiegend versäumt, seit nicht mehr mythische Bilder das Erleben – der Arbeitsweisen wie der Träume und vieler anderer Bereiche – in den Kreis gesellschaftlich überlieferter Deutungen zurückbindet.[9] Abstraktere Begriffe, abstraktere Sprache, abstraktere logische Modelle konnten uns aus einem zu engen Kreis von Erleben und Deuten herausführen. Der Ausbruch aus der magischen Einheit mit der Natur hat Bedeutung erst zur geschichtlichen Gestalt erhoben, so daß Begriffe, Sprache, Logik den Abstand für freie Reflektion schufen. Gegenwärtig sind sie aber so fern vom Erleben, daß sie den Zusammenhang mit den anderen Teilgestalten – wie er sich durch Arbeit als gemeinsame Geschichte entwickelt – verlieren oder leugnen. Mit dem begrifflichen Denken eröffnete die Menschheit ein neues Spannungsfeld der Erfahrung. Mit einseitiger Identitätslogik zerfällt es wieder. Der Begriff Kooperation zum Beispiel hilft nur in Verbindung mit bestimmten anschaulichen Erfahrungen, die Sozialgestalt eines Vorgangs zu entfalten, etwa das Zuarbeiten des Schmiedes für das Pflügen zu verbessern oder die Zusammenarbeit bei der Büffeljagd in einem Jagdtanz festzuhalten oder durch «gegenseitige Hilfe»[10] bei der Arbeit zu einer politischen Dorfgemeinschaft zu werden.

Wie bedeutend ist es umgekehrt, daß ein junger Mensch entdeckt, was ihn bewegt, in den Worten: «Ich liebe dich!» Und wie wichtig bleibt es, sie auch immer wieder auszusprechen. Mit dem Benennen übernehmen wir die Verantwortung für das, was uns bewegt. Dürckheim versteht hier unter Verantwortung, daß wir einem Erleben nicht nur begegnen, wenn es sich so ergibt, sondern dieses oder jenes Erleben auch heranzuziehen vermögen. Dazu müssen wir seine Bedingungen – in uns und an sich – kennen, um sie von uns aus schaffen zu können, soweit wie es auf unsere Bereitschaft ankommt – nicht mehr.

Die Bedeutungsgestalt Mensch von der Bedeutungsgestalt Mann unterscheiden zu können, statt im Französischen für beide nur ‹homme› zu besitzen, macht einen Unterschied im Denken und Empfinden, wie es die entsprechenden Unterschiede zwischen den Sozialgestalten zum Ausdruck bringt. Den ‹Blutkreislauf› sich als ein zentrales Pumpsystem mit dem Herzen als dem Motor vorzustellen, ist das Bild einer Gesellschaft, die unter Herzinfarkten und kalten Füßen leidet. Das Gegenbild selbsttätig pulsierender Adern und eines Herzschlags, der für Anregung und Einklang sorgt, entspricht anderen Umgangsformen mit dem eigenen Körper wie mit den anderen Menschen und der Natur. Wie fern immer Worte und logische Konzepte vom leiblichen Geschehen sein mögen, mit allen Gedanken sind körperliche Vorgänge, etwa als unsichtbare Veränderungen von bestimmten Muskelspannungen (Tonus), verbunden, die zu einer Weitung oder Verengung, zu Durchlässigkeit oder Verkrampfung usw. beitragen. Deshalb ist ein bestimmtes Denken auch geeignet, Arbeit an uns selbst zu unterstützen oder zu behindern. Behinderung geht sowohl von einer Bedeutungsgestalt aus, die zu unfrei nur die beteiligten Naturgestalten wiederholt, wie auch von der, die von ihnen sich derart frei macht, daß sie den Naturgestalten geradezu zuwiderläuft, Zeitgestalten nicht zuläßt, Sozialgestalten verhindert.

Sozialgestalt

Eine soziale Organisation wie die Arbeitsteilung industrialisierter Gesellschaften ist eher eine abstrakte Bedeutungsgestalt als eine Sozialgestalt im Sinne von Teilgestalten eines leibhaftigen Geschehens. Sie wird in einem wirklichen Arbeitsvorgang manifest am stärksten dadurch, daß sie anschauliche, den Vorgang in seinen Momenten vermittelnde Sozialgestalten entleert, aufsaugt oder verhindert. Wenden wir uns also noch einmal den Formen zu, die geeignet sind, Teil eines komplex vermittelten und vermittelnden Geschehens zu sein. Die Pflanzarbeit im Reisfeld, das Mahlen des Getreides, auch das Dreschen von Korn mit Dreschflegeln können technisch durchaus von Einzelnen durchgeführt werden. Gemeinsame Arbeit fügt eine Sozialgestalt eigener Bedeutung hinzu. Begründet ist sie oft in gemeinschaftlicher Ernährung und bildet sich entsprechend für Familien, Nachbarschaften, Dörfer oder Stämme aus.

Der Lebensunterhalt ist aber weder nur eine materiale, ökonomische Aufgabe noch ein von den anderen Lebensdimensionen getrennter Bereich. Schlafen der Frauen und der Männer in einem eigenen Frauen- und Männerhaus, und sei es für bestimmte Zeiten des Jahres, oder aber gerade gemeinsames Schlafen und Kochen und Essen von sonst mehr für sich lebenden Familien zu anderen Zeiten des Jahres sind Lösungen für Aufgaben des Lebens wie gemeinsame Arbeit auf dem Felde oder beim Dreschen. Je ‹primitiver› Gesellschaften leben, desto vielfältiger sind meist die einander übergreifenden und ergänzenden Sozialgestalten. Die afrikanischen Dogonmänner arbeiten auf verschiedenen Feldern, deren Ertrag in einem Falle ihnen für ihre Kleinfamilie, in einem zweiten ihrer väterlichen Großfamilie, in einem dritten der Dorfgemeinschaft zukommt und der Ernährung dieser Gruppen dient, in denen sich die Menschen zu bestimmten Perioden – in der Dorfgemeinschaft so nur in Notzeiten – unmittelbar ‹zu Hause› fühlen.[11] Dadurch werden auch eigene soziale Zeitgestalten entwickelt, die Jahreszeiten oder besonderen Ereignissen entsprechen.

In Ostfriesland begegnet man noch heute den Spuren gemeinschaftlicher Trauerarbeit. Wenn ein Todesfall eintritt, sind die Sorgen für den Sarg, für die Bestattung und für das Tragen der Leiche Aufgabe der Nachbarn. Sie übernehmen Verantwortung auch in anderen Situationen des Lebens. Wer erkrankt und nicht im eigenen Hause versorgt ist, bekommt von den Nachbarn eine Suppe. Die Türgirlande zur Hochzeit wird von den Nachbarn für das junge Paar gebunden, das dann die Bewirtung übernimmt; die Girlande wird von den Bindern nachts wieder abgenommen und zu dem nächsten verlobten Paar gebracht.

Die Bedeutung solcher Sozialgestalten, nicht nur ihre unmittelbar ökonomische Überlebensnotwendigkeit, ist in den Industrieländern geschwunden. Sicher sind sie im Zusammenhang mit ökonomischen Lebensformen wie der gemeinsamen Jagd oder der gemeinsamen Verteidigung oder der gemeinsamen Ernährung entstanden. Der arbeitsteilige Anbau von vier verschiedenen Hauptfrüchten bei einem Südseestamm ist die Grundlage für die soziale Ordnung in vier Clans, die jeder eine Frucht anbauen, die durch bestimmte Tabus voneinander getrennt sind usw. Die Mythen, etwa die Abstammung der vier Clans von vier verschiedenen Tieren (Totem), die ihnen je eine Frucht zu besorgen gaben, haben als eigene Bedeutungsgestalt den Sinn der Sozialgestalten über deren jeweiligen Vollzug hinaus gegenwärtig gehalten und für Übertragungsmöglichkeiten in weitere Lebensbereiche gesorgt.

Während bei uns ökonomische Aufgaben von Nachbarschaften auf abstrakte Vergesellschaftung übergegangen sind, bleiben doch nur zu deutlich andere Aufgaben, die mit ihnen verbunden waren, ohne Lösung. Bedürfen wir weniger der Ermutigung und des jeden beschwingenden Rhythmus, auch wenn wir Mehl in Tüten und jeder für sich kaufen? Ist die Trauerarbeit für eine Kleinfamilie leichter zu tragen, wenn jeder unabhängig vom Nachbarn auf eine andere Arbeitsstelle geht? Jugendliche suchen heute etwa Sozialgestalten im Tanzen, die wieder alle in gemeinsamen Formen und Rhythmen vereinigen könnten, wie es in dem Nachleben feudaler oder bäuerlicher Überlieferungen noch lange geschah, obwohl der Reigen nicht mehr von der

Runde der Drescher seine ‹ökonomische Berechtigung› gewinnt. Sie wollen auch, zum Beispiel in einer eigenen Werkstatt, ‹zusammen etwas machen›.

Wichtige Zeitgestalten und Produktgestalten sind aus unserem Leben verschwunden, weil die sie tragenden Sozialgestalten zerfallen sind. Selbst wo in einem Dorf noch viele Menschen praktizierende Katholiken sind, finden sie oft nicht mehr zu den Prozessionen zusammen, die sich im Wechsel von Schreiten und Verweilen in einem langatmigen Rhythmus vollzogen und über einen ganzen Weg hin die Muster aus Blüten auf der Straße zu einem einzigen Teppich verbanden. Kein anderes Verfahren kann die Arbeit der tibetanischen Mönche ersetzen, die ihre Gongs singend im Wechsel ihrer Hammerschläge aus der Bronze für die bestimmte Klanggestalt hervortrieben.

Geschichtsgestalt

Im Leben von Gruppen und Einzelnen, von Völkern und Menschheit wie des Kosmos sind Bedeutungsgestalten wirksam, die auf existentielle Weise den Augenblick mit Vergangenheit und Zukunft zusammenschließen. Eine solche Gestalt bildete Plato im «Symposion» zu einer sehr einfachen Lehre aus.[12] Die Menschen verstand er als je die Hälfte einer vollendeten Einheit – die Hälften einer Kugel – auf der Suche nach einander und sah sie als Teile eines zu einer großen Harmonie zusammenschwingenden Kosmos. Die Lehre nimmt viele ältere Mythen auf und ist von ihren Nachfolgern umgeformt worden. Sie ist mit der Grundauffassung des Yoga verwandt, nach der alle Wesen im Kern rein sind und eine Gemeinschaft bilden, sich aber immer wieder verirren und gegeneinander kehren.

Die indianischen Kulturen des alten Amerika sahen die Geschichte so grundsätzlich als nie endenden Kampf zwischen chaotischen Mächten und wohltuenden, Leben ermöglichenden Ordnungsspendern, wie sie das Naturgeschehen um sich herum erlebten. Um so mehr Bedeutung gewann die Unterstützung, die sie als Menschen den Kräften des Lebens geben wollten, zusammen mit ihnen kämpfend und sie erneuernd, sogar mit ihrem Herzblut.

Die abendländische Geschichte wurde in der herrschenden Tradition jüdisch-griechisch-christlicher Prägung dualistisch-hierarchisch. In der zunehmenden Bedeutung des individuellen Seelenheils sind Geschichtsgestalten wie der Gottesstaat verfallen. In den meisten traditionellen Gesellschaften schließen sich Vergangenheit und Zukunft durch die Gegenwart hindurch als ein Kreislauf, eine ewige Wiederkehr, zusammen. Die abendländische Geschichte hat mit dem dualistischen Bruch zwischen dem Irdischen und dem Ewigen auch den zwischen einem Beginn und einer Welt-Geschichte, zwischen ihr und einem Ende gesetzt. Die Suche nach dem Ende eines Prozesses, zum Beispiel der Arbeit in ihrem Ergebnis, ist viel älter als die neuzeitliche Ökonomie. Und sie setzt sich fort in den neuen Geschichtsgestalten, die in Revolutionen totale Brüche erwarten.

So zeigen sich Geschichtsgestalten in unserer Zeit am ehesten noch als ein bestimmter Bezug auf die Zukunft, weniger auf die Vergangenheit oder heute Geltendes. Ernst Bloch nennt sie ein Vor-Bewußtsein, in dem ebenso ein Stück Gewißheit wie die Offenheit des Ahnens steckt, das zum Vortasten und zum Stärken und Erproben der Ahnungen auffordert statt zum Gehorsam gegenüber ‹ehernen Gesetzen›. Das Vor-Bewußtsein schult sich freilich am Aufdecken vergangener Geschichtsgestalten.

Die Menschen suchen nach sozialen Sinngestalten, indem sie sich ‹Aufgaben› wünschen und ‹von irgend jemandem gebraucht› werden wollen. Wir fragen nach ‹Perspektiven› und wissen, daß wir die ‹Aufstiegschancen› eigentlich nicht meinen. Wir fordern das ‹Recht auf die Entfaltung der Persönlichkeit›, auch wenn wir keine Ahnung haben, was es eigentlich zu entfalten gilt und wie das geschehen könnte. Wir leiden unter Einsamkeit, und schon Kinder nehmen sich unter solchem Leidensdruck das Leben. Die ‹Arbeitnehmer› verlangen nach ‹Selbstverwirklichung in der Arbeit›, und die ‹Arbeitgeber› versprechen sie ihnen. Studenten fragen unausgesetzt und in den kompliziertesten Tarnungen nach dem ‹Sinn des Lebens›, wenn der resigniert-skeptische Satz ‹Was soll das› wieder einmal gesagt wird.

Im Vorbewußtsein steckt die großartige Hoffnung, daß die eigentliche Geschichte der Enge der in Kreisläufen eingebundenen Traditionen entkommen wird. Sein Stück Gewißheit gewinnt es aber, wie je eine Bedeutungsgestalt, aus erfahrener Geschichte, deren Phasen freilich heute sich nicht mehr die eine aufs engste mit der anderen verbinden, sondern durch Räume zwischen ihnen getrennt werden. Diese Abstände zwischen der Geschichte der einen und der anderen können Freiräume sein, in denen Bewegungen zu Gleichgewichten ansetzen; zunächst aber sind sie Leerräume, Niemandsland, Todesstreifen der Isolierung.

Während die Gattung, freier für ein freieres Gestalten ihrer Geschichte denn je, zutiefst von geschichtlichem Lebensentzug bedroht wird, wäre es die Aufgabe einer Gattungsarbeit, auf vielen möglichen Wegen die noch zugänglichen Erfahrungen von Geschichte – noch wirksame Gestalten – zu einem allseitigen Netz von neuen Wechselbeziehungen zueinander zu verbinden.

Ein Politiker sagt, ein Volk habe nur im Hinblick auf eine bewußte gemeinsame Aufgabe eine politische Zukunft.[13] Ein Lehrer und Therapeut sagt, nur in der Arbeit an einem über uns hinausweisenden Leben können einzelne «Erlebnisse», in denen wir unsere Teilhabe an viel weiteren als nur lebensgeschichtlichen Wechselbeziehungen spüren, zu einer «Wandlung» im ganzen miteinander verbinden.[14] Da alles geschichtliche Erleben immer auch in der Individualität erlebt werden muß – in den Einzelnen oder den Gemeinschaften –, um Ansatzpunkte zu einer solchen Arbeit zu ergeben, kann auch individuelle therapeutische und pädagogische Arbeit dazu beitragen. Ohne eine Arbeit an einer über sie hinausführenden Geschichtsgestalt wird sie aber im narzißtischen Zirkel stecken bleiben oder sich in der Eiswüste der Beziehungslosigkeit verlieren.

Das Universale, das es zu erfahren gilt, bietet sich uns schon in kleinsten Stücken gestalthaften Geschehens dar, wenn wir es nicht als ein ‹Faktum› nehmen, sondern auf seine Funktionsweisen, auf Bewegungsformen untersuchen, die immer auch allgemeinere Bedeutung zu erschließen erlauben, wie ein Atemzug die Wechselbeziehungen zwischen Innen und Außen, zwischen oberer und unterer Leibeshälfte, zwischen Aufnehmen und Abgeben, Erleben und Verarbeiten als gemeinsamen Rhythmus schafft.

Wie der biologische Organismus, aus dem sie hervorgehen und in dem sie mit unserem Leib eine Einheit bilden, wirken die Teilgestalten als ein Bedingungsgefüge. Dieses Bedingungsgefüge läßt bestimmte Verschiebungen in den Proportionen zu. Es bricht aber bei weiteren Verschiebungen zusammen; wir nennen das Einseitigkeit von Beanspruchungen und Ausbildungen. Gleichzeitig ist dieses Gefüge als Erweiterung des biologischen, also auch als Einheit mit ihm zu leben.

Diese an sich selbstverständliche Beschreibung bekommt einen Sinn dadurch, daß die Erweiterungen – wir haben sie auch Exteriorisierungen genannt – bei dem noch überschaubaren Stadium der Werkzeuge und Bilder nicht stehengeblieben sind. Eine vollständige Tafel der weiteren in den hochindustrialisierten Gesellschaften hervorgebrachten Momente kann selber kaum noch dargestellt, erst recht kann sie begriffen werden nur im Vergleich mit einem sehr viel einfacheren Modell.

Die Betonung von Bedingungsgefüge und Proportionen zielt darauf, daß ein gegenwärtig sich darbietendes Gewirr von Verletzungen und Disproportionen uns eine Vorstellung von Gefüge und Einheit zu rekonstruieren aufgibt. So weit sind die Bedingungen von den Wirkungen der Bearbeitung – äußerer Natur wie unserer inneren – gesetzt, daß ein gleichgewichtiger Gang menschlicher Entwicklung erfunden werden muß. Es ist viel mehr Aufgabe als Voraussetzung unserer Geschichte. So soll das überschaubare Bild von einem angenommenen einfacheren Stadium der Menschheit, auf dessen Verwandte wir doch in den verschiedensten Konstellationen bei anderen Kulturen treffen können, der Grund sein, der uns Maßstäbe für die so viel komplexere Gegenwart zu entwickeln erlaubt.

Wir wollen nicht einen Naturzustand als das Heil verstehen wie vielleicht Rousseau: In dem Reichtum der Beziehungen zwischen Natur und Geschichte dürften die Menschen auch befangen und gefangen sein wie in dem Lianengeschling eines Urwaldes. Wir wollen Gleichgewichtigkeit nicht als eine Naturkraft voraussetzen, etwa im Sinne der Evolutionstheoretiker oder eines Vitalismus. Die entgegengesetzte Strategie ist genauso aussichtslos. Auf den kahlgehauenen Schneisen, erst recht auf den Kahlschlägen der zivilisierten Umwelt kann der Mangel an Beziehungen so weit gehen, daß keine Orientierungen mehr möglich sind. Unterliegt Arbeit, zu eng in das Bedingungsgefüge von Natur gezwängt, zu leicht ihrem sinnlosen Verschleiß, so gehen in der hochindustrialisierten Arbeit die Bedeutungszusammenhänge der Arbeit mit den Menschen in dem Maße verloren, wie die Bedingungszusammenhänge mit der Natur geleugnet werden.

Deshalb kommt den freien Erfahrungen, den Arbeiten um des Ästhetischen willen, zunehmende Bedeutung zu. Daß ‹Spurensicherung› die Devise einer ganzen Gruppe zeitgenössischer Kunstbemühungen geworden ist, spricht davon. In den Spuren werden die Gestaltvorgänge aufgesucht, durch die sie gebildet werden konnten und die sie am Abbild uns aufbewahren. Im Lesen der Spuren suchen wir in Wirklichkeit, unser Vermögen des Erfahrens von Vorgängen wiederzuentdecken unterm Schutt der Halden von gestaltlosen Produkten. Am Ausgebildeten bildet es sich wieder. Gestalten zu erfahren ist wesentlicher als Gestalt zu geben, zumindest für eine Kunst, die sich als freie, befreiende, befreite Arbeit begreift, während die Produktion immer mehr des Ästhetischen entbehrt, weil in ihr nur mehr Energiemengen nach Programmen auf Stoffmengen losgelassen werden.

Vorbildliches Modell der Gestalt, in der ihr immer Ästhetisches sich zu entfalten verspricht, bleibt mir, seit meinen Untersuchungen über die freien Bewegungen der frühen Renaissancemenschen zwischen Feudalismus und Industriekapitalismus, die *posa* des getanzten Gespräches: Inneres Gewahrwerden der eigenen Schritte und der des tanzenden Gegenübers.[15] In einer eigenen Haltung, der posa, findet das Gesprächshafte dieses besonderen Tanzens selber noch einmal Ausdruck. Das Erfahren des Erfahrens wird Gestalt.

Anmerkungen

1 Victor von Weizsäcker, Der Gestaltkreis. Die Einheit von Wahrnehmen und Bewegen. Stuttgart ³1947, Kap. V passim.
2 Vgl.: Eugen Herrigel, Zen in der Kunst des Bogenschießens. München ²⁵1986, und: Karlfried Graf Dürckheim, Japan und die Kultur der Stille. München ⁷1985.
3 Besonders deutlich wird dies in der Schule der Anti-Psychiatrie, etwa bei: Ronald D. Laing, The Divided Self. London 1966. Dt.: Das geteilte Selbst. Übersetzt von Christa Tansella-Zimmermann. Köln 1972.
4 Dies ist die nationalökonomische Terminologie etwa bei: Adam Smith, An Inquiry into the Nature and Causes of the Wealth of Nations. 2 Bde. London 1776.
5 Vgl. insbes. das Kapitel «Biologische Grundlagen».
6 Als Begriff wurde die ‹Schlüsselsituation› von Paolo Freire eingeführt. In seiner «Pädagogik der Unterdrückten» meint er damit immer Alltagssituationen, deren volles Verstehen mit allen seinen Konsequenzen die Menschen am Pragmatischen, zum Beispiel am fehlenden Brunnenwasser zum politischen Bewußtsein und Handeln führt.
7 Vgl. den Aufsatz von Marianne Herzog im «Kursbuch» Nr. 19, und: Myklos Haraszty, Stücklohn. Berlin 1975.
8 Gespräche der Arbeiter bei LIP im «Kursbuch» Nr. 19.
9 Victor von Weizsäcker, Zum Begriffe der Arbeit. Eine Habeas corpus Akte der Medizin? In: Synopsis. Festgabe für Alfred Weber. Heidelberg 1949.
10 Jan Myrdal, Bericht aus einem chinesischen Dorf. München 1966.
11 Paul Parin, Fritz Morgenthaler, Goldy Parin-Matthey, Die Weißen denken zuviel. Psychoanalytische Untersuchungen in West-Afrika. Zürich o. J.
12 Plato, Das Gastmahl. In: ders., Sämtliche Werke. Berlin o. J., Bd. I, 189 C–190 B.
13 Peter Glotz, Ein Zusammenhang der Generationen. Vergangenheit und Zukunft der deutschen Universität. In: Merkur 384, 1980.
14 Karlfried Graf Dürckheim, Erlebnis und Wandlung. Grundfragen der Selbstfindung. München ²1978.
15 Vgl.: Rudolf zur Lippe, Naturbeherrschung am Menschen. 2 Bde. Frankfurt/M. ²1983, Bd. I, S. 163 ff.

Zu den beiden folgenden Seiten:

«Blaumeier» nennt sich in Bremen ein Atelier am Rande der Stadt, in dem Menschen, die früher in der psychiatrischen Abteilung eines städtischen Krankenhauses behandelt wurden, mit gelernter Anleitung freien Ausdruck suchen können. Diese Postkarte, wohl Filzschreiber auf Karton, trägt keinen Namen; sie wurde bei einem Basar verkauft. Dort werden auch Wasserfarben verwandt, Spiele aufgeführt. 1985 zog die «blaue Karawane» zu deutschen Kliniken, um für die Psychiatrie-Reform nach italienischem Vorbild, gerade durch eine Arbeit mit Künstlern, zu werben.

Das Spiel des Lichtes gegen das Dunkel prägt wohl in allen Kulturen der Welt besonders auch die Bauweise. Vielleicht wird der Innenraum nirgends so wie in der arabischen Tradition ganz davon bestimmt, wie die Strahlen miteinander zur großen Form spielen. Hier ein Haremsgitter aus gedrechseltem Holz aus dem Koptischen Museum in Kairo. Freilich ist uns von den Kathedralen eine ähnliche Wirkung, vor allem durch die Rosetten, vertraut. Otto von Simson hat in seinem Kathedralenbuch aber auch zu erfahren gegeben, wie die Brechungen von Licht im Kirchenraum den kosmischen nachzuerleben angelegt sind.

Die Ordnung
von Erfahren und Gestalten:
das auftauchende Paradigma

Die posa[1] ist als Zeitgestalt eine Geschichte, die sich jedesmal erneuert. Sie geht im Nacheinander der Schritte und des einhaltenden Innewerdens aus dem Material der Bewegungen hervor. Sie existiert, mehr noch, nur in einer bestimmten Nachträglichkeit, wie Freud und Lacan sie verstehen. Sie ereignet sich nämlich in der Mitte, ja als Mitte einer Schrittfolge des Tanzes, die sie bis hin zu ihrem Ende zu einer Sinngestalt zusammenfaßt. Also existiert sie erst wirklich, wenn ihr das gefolgt ist, was in ihr schon zum Ausdruck kam. Nachträglich wird sie, durch die Schritte am Ende der Folge, was sie verkündete.

Das bedeutet ebenso, daß sie vorgreift und dem Geschehen zum Vor-Bild wird. Das ist etwas anderes, als wenn sie es bloß ankündigte. Im Wesentlichen, sagt sie uns, ist das Ganze schon im Augenblick seiner Mitte da. Es ist nur noch nicht ganz in Erscheinung getreten. Das heißt eben nicht, daß die posa, wie der antizipatorische Posten einer Buchhaltung, auf Pump lebt. Das Ganze ist auf eine Weise schon in seiner Mitte und wird auf eine andere Weise dann noch einmal in der Verwirklichung, von Anfang bis Ende, sein. In der Mitte sind die Momente gleichzeitig, in der Verwirklichung nacheinander. Dies ist exemplarisch die Situation jedes schöpferischen Vorganges. Dabei bedeutet schöpferisch, daß aus dem Vorgang eine eigene Gestalt wird auftauchen können.

Es geht um einen Vorgang, eine Geschichte, die der Schritte des Ausführens und Verbindens und Vergleichens und wieder Ausführens bedarf. Ob darin eine Gestalt aufzutauchen vermag, liegt daran, wieweit unter dem Nacheinander die Dimension weiterzutragen stark genug ist, in der alles auch gleichzeitig ist. Es sind also zwei Bewegungen. Die eine schreitet einen bestimmten Raum aus. Die andere bewegt sich in sich und bezieht dabei die Momente des Ganges je auf sich. Dabei bezieht sie diese, mittelbar über sich, auch aufeinander. Das ist eine Mitte. Dies kann als Vor-Bild bereits am Beginn auftauchen oder erst im

Gange durch die sich ereignenden Momente, je nachdem. Entscheidend ist nur, daß das Ganze weder vorher ‹gegeben› oder ‹gesetzt› ist in der ganzen Definitivität eines Begriffs und daß es auch nicht erst am Schluß resultiert. Es ist also weder eigentlich deduktiv noch induktiv, weil auch seine Gleichzeitigkeit eine Geschichte ist, nämlich die Geschichte des Wechselspiels zwischen Vor-Bild und Ausschreiten, in der das Vor-Bild zum Bild und die Schritte zu seinen Momenten werden.

Immer ringt so das Wesen um seine Erscheinung wie die Existenz darum, ganz Ausdruck ihres Wesens zu werden. Deshalb tauchen Gestalten schrittweise auf und müssen erfahren, erarbeitet werden, und sie sind währenddessen, mehr oder weniger, zeitlos anwesend. Eine Anwesenheit, die zum Teil erst in die materielle Verwirklichung gezogen werden muß und dabei wieder verlorenzugehen droht. Das erfordert von uns, die wir diesen Vorgang leben, ebensoviel Behutsamkeit wie Entschiedenheit im Erfahren – die klassische Ästhetik nannte etwa das ‹Genie›, weil sie nicht in der Lage war, das Miteinander von Nacheinander und Gleichzeitigkeit zu denken und dann auch noch als einen Weg sich vortastender Arbeit zu vollziehen. Hier soll dies nicht in seine transzendente Bedeutung verfolgt werden; vielmehr wird der Begriff des ‹auftauchenden Paradigma› eingeführt und an einem Modell erläutert. Das kann nicht abkürzend dargestellt werden; die Züge der ästhetischen Ordnung treten nach und nach aus den Bildern und dem Erleben hervor.

Öffentlicher Innenraum

Venedig? Ich bin nicht sicher, ob ich Venedig meine oder nur den Markusplatz. Ich denke an den Markusplatz. Um die Architektur der Fassaden beschreiben zu können, die ihn gleichartig an zwei langen und einer kurzen Seite umgeben, müßte ich länger nachdenken. Sie gehören zu dem Platz; auch auf der langen Seite, an der man drei Stufen nimmt, um zu den Läden oder zu den Cafés zu gelangen oder unter dem Gewölbe geschützt an kleinen Schaufenstern entlangzugehen und durch die Bögen auf die freie Fläche zu sehen.

Ich denke an diese Fläche und weiß nicht, wie die Muster des Bodens aussehen. Es sind meist große Platten aus Stein. Aber ich habe sie oft nicht gesehen, weil sie vom Wasser bedeckt waren, in dem sich wahrscheinlich Regenwolken spiegeln.

Ich wüßte viele Gelegenheiten aufzuzählen, die mich auf den Platz geführt haben. Ich erinnere mich an bestimmte Gänge von der Calle larga zur Merceria oder an der Kirche von San Marco vorbei in das Viertel hinter dem Dogenpalast. Ich könnte sagen, mit wem ich den Platz dieses Mal überquerte, wen ich ein anderes Mal jenseits treffen sollte.

Aber wirklich denke ich eigentlich nie an den Markusplatz. Er taucht manchmal auf, wie ein Berliner Kinderzimmer oder ein Stück Ostseestrand. Ich sehe ihn eigentlich nicht. Ich empfinde die Nähe von Menschengruppen, die in verschiedenen Entfernungen um mich stehen, und spüre, wie Passanten in verschiedenen Richtungen an mir vorbeigehen. Ein Gefühl der Weite erfüllt mich, dem ein anderes begegnet. Begrenzungen, Einfriedungen, Fassaden. Der Himmel bleibt hoch über uns. Unter dem hohen geraden Turm gehören wir Passanten fast mit den Gebäuden um uns zusammen.

Wenn man eben unter den Kolonnaden an der kurzen Seite auf den Platz heraustritt, wo neben dem Museum Correr ein breiter Durchlaß die Verbindung zu den kleinen Straßen hinter ihm öffnet, liegt die Markuskirche gegenüber so fern, daß mich ihre Portalreihe und was darüber liegt und die Kuppel nicht näher interessieren. Durch die Bögen über den langen Stufen kann man in das dunkle Innere hinter dem Platz eintreten, das von Kuppeln überdacht wird. Man kann links schmal an der Kirche vorbeigehen; rechts geht der Platz in die angrenzende Piazetta über. Man weiß, daß dort die rosa Fassade des Palastes über den gotischen Kolonnaden bis an das Wasser eine große ruhige Front bildet. Wenn man sich vor der Kirche befindet, sieht man das Wasser, das man vom Platz her dort nur vermutet. Viel Wasser, doch die Insel San Giorgio ist mit der Kirche so deutlich, gehört so bewußt jenseits zu dem, was hier ist, daß wieder die Wirkung eines Platzes entsteht. Vielleicht ist der Petersburger Newskiprospekt, auf dem sich die Personen Dostojewskis begegnen und doch verloren zu sein scheinen, ein ähnlicher Ort in Erde und Stein. Aber kann Architektur dort so genau bemessen auf Distanz zu ihren Betrachtern gehen wie hier; kann sie die Blicke so selbstsicher auf sich ziehen, wie San Giorgio vor dem Kai an der Piazetta auftritt und dann im Dreieck rechts zu den Arkaden der Dogana mit der goldenen Kugel auf dem Dach hinüberweist? Wenn abends die Sonne am Horizont über dem Giudecca-Kanal steht, noch hinter der Dogana, spiegeln die Fenster des Klosters drüben auf der Insel die Strahlen her nach San Marco.

Die leicht gewellte Fläche des Wassers dazwischen ist von sehr großer Weite. Boote überqueren sie mit Menschen und Lasten an Bord. Kleine Boote und größere, manchmal auch Schiffe. Sie kreuzen eines die Richtung oder das Kielwasser des anderen. In mehr Richtungen, als das Auge ungefragt wahrnimmt, auch wenn manche gerudert werden oder mit schwachem Motor nur langsam ihren Weg machen. Immer hat man den Endpunkt zu erraten wie den Ausgangspunkt.

Der Markusplatz ist weit, aber ich empfinde ihn nach dem Maß der Menschen, freilich vieler Menschen zugleich, wenn ich plötzlich einmal wieder auf dem Markusplatz auftauche. Denn in Wirklichkeit bin ich es wohl eher, der ich hier sitze und schreibe und zugleich, um mich unter den dort umherstehenden Gruppen zu befinden, der also auftaucht. Ich befinde mich dann in diesem Raum, von Vorübergehenden fast gestreift, während ich noch auf dieses vertraute und leider so ungewohnte Vor-mir und Hinter-mir horche. Von vielen Seiten ziehen Ansichten mich an, denen meine Aufmerksamkeit folgen will. Meine Blicke in die Perspektiven und Szenen werden angenehm aufgehalten von Menschen, die zwischen uns sind, selber diesen Ansichten zugewandt, die Perspektiven in betrachtenden Gesten brechend, die Szenen in Gesprächen oder mit ihren Beschäftigungen unterbrechend und verbindend. Die Gebäude wirken unaufdringlich als ein Kreis von nahen Hintergründen und einander erweiternden Umgebungen mit.

Nicht Bühne, nicht Landschaft, nicht Natur. So viel Luft über uns, die doch zu dem Platz gehört, Himmel. So viel Wasser um uns, das man in weite Flächen wie in Kanäle und enge Durchlässe eingeteilt weiß. So viel behauener Stein schmaler Gassen und Durchgänge, kleiner Campi und größerer Plätze, von podestartigen Treppen mit den senkrechten Hauswänden und Mauern verbunden. Der Markusplatz ist ein offener Innenraum, ein öffentliches Interieur – oder ist Venedig dieser öffentliche Innenraum?

Wenn ich zwischen den Menschen auf diesem Platz auftauche, sind es die Spannungen zwischen meinem Körper und anderen Körpern in diesem Raum, das Kraftfeld seiner Weite und der sie umstellenden Massen, die mich die Treppe der Untergrundbahn hinaufziehen und mir die Gewißheit geben, wo ich mich wieder befinde. Wie in einer dunklen Halle Gegenstände und Personen ein Wechselspiel von Ausdehnungen und Grenzen, von Bewegung und Stillstehen entfalten. Dazu dieses glänzende, nirgends blendende Licht bis in die Schatten unter den Bögen. Aber es ist keine Beleuchtung. Nicht, was man sehen kann, sondern dieser Raum, dieser lebende Raum, nicht ein Stadtbild, sondern ein Platz holt mich wieder, über den noch zur einsamsten Nachtstunde Schritte klingen. Selbst wenn niemand mit mir auf dem Platz ist, hallen ganz leicht die Geräusche von den Vierteln hinter ihm her.

Geflecht von Spuren im Gange

Venedig taucht dort auf, wo sich dies wiederholt. Was der Platz ist, beginne ich erst zu begreifen, seit ich ihn auch an anderen Orten erlebe.

Vor zehn Jahren gingen wir einen Sommer lang, im Wechsel mit anderen Stränden von Belle Ile, mehrmals an eine Stelle der Südküste dieser Insel. An das südbretonische Festland erinnern die nicht sehr hohen, aber teilweise bizarr geformten Felswände, die von den Dünen hinter uns rechts und links bis ins Meer führen. Vor uns der Atlantik. Die freie Fläche öffnet sich zwischen den Felswänden wie eine breite Schneise. Von einer Seite wird ein lauter Ruf gerade noch auf der anderen gehört und verstanden. Als der Sand hell in der Sonne lag, meinten wir, unter den Dünen stehend, daß es bis zum Wasser da vorn auch nicht viel weiter sei. Familien und Freundesgruppen bezogen in einigem Abstand voneinander Lagerplätze, manche an den Rändern entlang, sich an kleine Felsbrocken lehnend oder im leicht erhöhten Sitz. Andere lagerten zwischen ihnen auf der freien Fläche, wo sie sich besser in einer Runde ausbreiten konnten. Immer waren Bewegungen zu beobachten.

Die Gruppen veränderten ihre Anordnung in sich oder brachen auf und verließen in bewegter Reihe den Ort. Andere kamen ihnen entgegen, um sich erst niederzulassen, hielten an, wählten dann doch einen anderen Platz, gingen weiter. Immer waren einige Menschen damit beschäftigt, sich umzukleiden oder abzutrocknen, manchmal entschlossen sich Familien oder Freunde gemeinsam, in die kleinen Wellen zu laufen. Oft lösten sich einzelne, nahmen ein Kind mit zum Meer oder ließen sich von anderen mitziehen. Die Badenden und Schwimmenden gehörten wie eine Nachbarschaft dazu. Im Wasser zu sein, ist etwas anderes. Wasser fordert zu rascheren Gesten heraus und verzögert sie in der schwereren Ausführung. Selbst den Bewegungen der Ballspiele oder der Läufer am nassen Strand zuzusehen ist etwas anderes, als dieselben Menschen etwas früher oder etwas später im Sand zu beobachten.

Spiele in den lagernden Gruppen lösen sich von Zeit zu Zeit in die Umgebung auf, wenn zwei Jungen Streit spielen und sich balgen und einander nachlaufen; wenn ein zugeworfener Ball nicht gefangen wird und zu den Nachbarn fliegt oder rollt; wenn ein Mädchen und ein junger Mann aus einem Kreise von Paaren aufbrechen, nacheinander oder gemeinsam. Die Blicke gehen zu den Felsen hinüber und zu denen, die dort sitzen, streifen sie, nehmen von veränderten Gruppen und neuen

Stimmungen Kenntnis, die sich in der Haltung der Einzelnen und dem Zueinander der Kreise ausdrücken.

Man achtet nicht besonders auf die anderen und gehört in diese Verteilung von Menschen über eine begrenzte Fläche hinein. Man sieht nach einer Weile auf und bemerkt, daß es in Teilen leerer, in anderen gedrängter geworden ist. Man hat unter den vielen kaum Einzelne wichtig genommen. Aber wenn sie fort sind, spürt man, daß der ganze Ort ein anderer wird.

Alle diese Ausschnitte des großen Bildes haben nur so viel eigene Bedeutung, wie man selbst ihnen gerade zu geben beabsichtigt. Die Linien der Gänge vom Land zum Meer, vom Meer zum Land, von Punkten der einen Felswand zu Punkten der anderen, und die Linien der Aufmerksamkeit gehen durch Gruppen und einzelne hindurch oder an ihnen vorbei.

Nach einigen Stunden ist die Flut gestiegen, und seichtes Wasser nimmt zunächst den unteren Teil der leicht zum Meer hin sich senkenden Fläche ein. Ohne irgendeine heftige Bewegung, aber rasch heranlaufend steigt es weiter. Schon bald ist der Platz überall von Wasser bedeckt. Die Menschen haben ihre Kleider und Taschen genommen und sind an die Ränder gezogen. Dort sitzen oder stehen sie, wie Flamingos auf ihren Schlammbuckelnestern, über der flach stehenden Flut.

Erst in diesem Augenblick, wenn der Sand dort versunken war, fühlte ich Venedig auftauchen. Der Markusplatz. Gar nicht etwa der Markusplatz, der im Herbst überschwemmt ist und den man auf Brettersteigen überquert.

Die Menschen haben begonnen, im Wasser über den Strand zu gehen, durch das sie ihre Beine bis zu den Knien schieben müssen, nahe an den Dünen nur bis gut über die Knöchel. Dieser Widerstand hemmt die Schritte sacht und stetig. Langsam ziehen die Fußgänger ihres Weges von einem Ufer zum anderen, machen kehrt und gehen wieder auf das erste Ufer zu, aber nicht dorthin, von wo sie aufgebrochen sind und wo ihre Sachen liegen. Manche wandeln auch in großen Bögen auf der Fläche. Immer bleiben gerade ein paar Menschen stehen, um etwas am Boden zu betrachten, woran ihre Füße gestoßen sind, oder um das Lichtspiel der langsam vorübergleitenden Wellenbewegungen auf dem Sand unter ihnen zu verfolgen. Andere machen halt, um einander schöne Ansichten zu zeigen oder besondere Teile des Rundblicks. Nur zögernd habe ich begriffen, daß der Platz uns nicht vom Wasser genommen ist, daß er sich verändert hat, aber um so mehr dazu einlädt umherzugehen.

Und wieder bleiben, während ich gehe und die anderen ihre Bahnen ziehen sehe, unsere vom Wasser verschlungenen im Wasser gebahnten Wege. Sie bleiben wie in der Erinnerung Bewegungen mit einem Boot übers Meer. Wir alle gehen unserer Wege. Unsere Bewegungen durch den Raum zwischen den Felswänden, durch das Wasser, unter dem Himmel, vor der Ferne der See. Die Spuren unserer Füße am Boden sind unsichtbar unter der spiegelnden Oberfläche und werden von dem nächsten Schwappen des Wassers, von seinem bloßen Heranströmen verschwemmt. Und gerade so behalten unsere Wege lautlose Gegenwart. Die Bewegungen sind mühsamer, langsamer und prägen sich uns selbst – wie im Zusehen der anderen – deutlicher ein als ein rascher Gang über ein Pflaster oder eine Wiese. Aber das allein ist nicht der Grund für die tieferen Eindrücke, die von diesen Wegen in uns zurückbleiben, als gingen sie durch uns hindurch. Sie berühren uns im Zusehen, das gewiß immer auch uns mitvollziehen läßt, was die anderen dort tun. Als gingen wir die Wege all dieser Menschen und unseren eigenen zwischen ihnen hindurch zugleich.

Viel mehr noch berühren sie uns jedoch, indem sie sich diesen Raum einprägen, in welchem wir uns befinden. Ja, diese Bewegungen von uns allen lassen ihn erst zu einem Raum werden. Gänge hinterlassen Verbindungen zwischen den Stellen, die in ihrem Verlauf eine Rolle spielen; Verbindungen auch mit jenen, zu denen sich auf dem Wege die Augen gewandt, auf die unsere Arme gewiesen, denen wir uns zugedreht oder die wir gemieden haben. Diese Verbindungen sind Linien von Kraftfeldern, die auch wenn sie nicht mehr sichtbar sind, doch nicht mehr verlöschen.

Von verschiedenen Seiten hört man Kinder planschen und Erwachsene. Sie toben im Wasser, lassen sich fallen und bespritzen sich gegenseitig. Jemand nimmt mit wilden Schritten Anlauf, so daß sich neben seinem Körper Flügel von Wasser bilden und wieder zurückfallen, mal rechts, mal links. Rufe erreichen nicht nur die Gerufenen. Gelächter und auch Schimpfworte werden laut. Trotzdem liegt eine Stille und Würde in allem. Die Stetigkeit langsamer Gänge. Die mäßig hohen Felswände, die unverändert den Platz umschließen, während an der einen langen Seite der Schatten länger wird und die dort Lagernden allmählich zum Aufbruch veranlaßt. Sie sind hoch genug, um uns nicht allein zu lassen mit dem Himmel und der Ferne.

Verkehr, Choreographie und Geschichte

Menschen in Beziehungen zueinander, zu sich selbst, zu einer klar bestimmten Umgebung, das ist ein öffentlicher Platz. Das ist ein Raum, wie er sich in einer Choreographie bildet. Das Durcheinander einer Menge ohne Plan, mit vielen Zielen, in ziellosem Verweilen. Seitdem frage ich in der Vorstellung des Markusplatzes nach Anhaltspunkten für eine Choreographie, von der ich zugleich weiß, daß es sie nicht gibt.

Ich verjage also die Schwärme abscheulicher Tauben und Touristen vom Markusplatz und die Spuren der Coca-Cola-Reklame und der alles zersetzenden Caféhausmusik und halte Ausschau. Die Einheitlichkeit der Fassaden wurde dem Platz erst in den letzten Jahrhunderten übergestülpt und birgt unter sich noch die Vielfalt mittelalterlicher Gebäude, Kirchen, Fenster und Eingänge. Die Bogengänge rundum bilden den Übergang zum Unabsehbaren. In sie münden nicht nur Geschäfte und Portale, sondern auch Durchgänge und Gassen ein im Schutze halbdunkler Gewölbe. Ohnehin sind die beiden langen Seiten, die alten und die neuen Procuratien, selbst an der Front durchaus voneinander verschieden. Die Fenster sind hier schmaler, die Säulen dort mehr herausgerückt. Aber die Elemente sind die gleichen, und auch die zwei Stockwerke über den durchgehenden Arkaden fassen die Seiten zu einer Wirkung zusammen.

Bevor die Architektur es tat, haben Prozessionen, Aufzüge und Feste dem Platz eine gemeinsame Ordnung gegeben. Seit je.

Choreographen gab es nicht. Solche Ordnungen entstanden, indem Gläubige feierlich in die Kirche einzogen oder hohe Priester und Regenten vom Dom zum Meer, von der Stadt zum Palast Wege von öffentlicher Bedeutung machten. Nach dem Ereignis zerfiel der Aufbau von Podesten und bemalten Holztoren, von Menge und Staatspersonen. Erinnerung und Erwartung neuer Wirklichkeit bleiben auf dem Platz, abgelöst durch den Karneval, in dem alle Richtungen zählen, wenn die großen Aufführungen einmal vorbei sind, und eintauchend in das tägliche Treiben.

Die Spuren unsichtbarer Ordnungen zu besonderen Anlässen sind es nicht, jedenfalls nicht sie allein, die an Choreographie denken lassen. Was wird dort also alle Tage getrieben? Ein Stadtplan des Viertels zeigt es nüchterner als die Anschauung. Der Markusplatz ist viel länger als breit. Die beiden wichtigsten Verbindungen, die er für die Stadt schafft, gehen nach den beiden kurzen Seiten. Zur Calle larga mit wichtigen Banken, viel Geschäften und in Richtung auf San Moise und die Academia geht es unter den Kolonnaden hindurch. Auf der anderen Seite kommt man rechts am Dom vorbei zum Dogenpalast und in die Gegend hinter den Landekais, links vorbei in das angrenzende Viertel landeinwärts. Vor dem Dom fließt der Verkehr der Piazetta und der der Merceria ein, die man unter dem Uhrenturm hindurch betritt, um in ein dichtes Nebeneinander von Läden und Restaurants einzudringen.

Der Platz erfüllt insofern die Aufgabe eines Korridors in den Richtungen seiner Längsachse. Warum entsteht aber gerade dieser Eindruck nicht? Verbindungen quer über den Platz, vom Wasser hinter den Procuratie Nuove und in das Durcheinander von Gäßchen, Kanälen und Brücken jenseits, sind nicht möglich. Nur wer aus den Häusern und Geschäften unter den Kolonnaden heraustritt, kann von dieser Seite her den Platz erreichen und sich dessen anderen Richtungen zuwenden. Gegenüber allerdings kann man die Gewölbe unter den Gebäuden über ihnen an drei Stellen auch nach der Rückseite zu verlassen. Passagen geben diese Möglichkeit. Einladend wirken sie nicht gerade. Wer dahinter wohnt, kann aber auf die Piazza gelangen, ohne vielfältige Umwege zu machen.

Zwei dieser Durchgänge sorgen allerdings um so weniger für einen Strom von Passanten, der dem in der Längsachse des Platzes sich entgegensetzen und auf verschiedene Weise seitlich einbeziehen würde, als sie nahe bei der kurzen Front, dessen Mitte das Museum einnimmt, einmünden. Der dritte durchquert die Häusermenge etwa in der Mitte der langen Front. Dazwischen führen noch zwei weitere Durchlässe jeder bis in einen Innenhof. Ein derartiger Blick auf den Plan zeigt sehr deutlich, daß der Platz mindestens zweimal so lang wie breit ist. Warum kann gerade auf dieser Fläche die Wirkung eines vielseitigen Netzes von einander sich kreuzenden Linien entstehen? Gänge zu den Geschäften ringsum bewirken das nicht allein.

Zwei große Cafés herrschen am Platz. Mit Räumen hinter den Bogengängen, mit alten Lederbänken, die man am Tag zwischen ihren Schaufenstern und den Säulen aufstellt, und in vielen Reihen von kleinen Tischen vor ihnen auf der Fläche im Freien. Sie dringen aus dem Halbdunkel der Längsseiten hervor. In etwa einander gegenüber. Quadri liegt ein wenig näher zum Uhrturm neben dem Dom unter der Fassade, die auch die längere ist, während die andere Längsseite früher abbricht, um der Piazetta einen Übergang in die Piazza zu ermöglichen. Das allerdings sieht man eigentlich erst auf der Suche nach einer Choreographie im Geographischen. Wenn man sich dort unter den Menschen befindet, wird einem dieser Umstand ebensowenig bewußt wie der andere, daß an der Verbindung der beiden ungefähr rechtwinklig aufeinandertreffenden Plätze der Markusplatz beachtlich viel breiter ist als dort, wo man ihn mit dem Blick auf den Dom betritt.

Dieser Blick spielt eine wesentliche Rolle, weil die Reihe von Portalen unter den Kuppeln unserer Vorstellung zwar Einhalt gebieten und den Platz abschließen, aber auch weiterführen in innere Räume. Vor allem verdeckt der große Turm hier die Breite sowohl wie den Durchblick zur einmündenden Piazzetta und auf ihren Dogenpalast. Luftaufnahmen machen den Campanile zu dem Drehpunkt dieses Zusammenhanges. Sie zeigen auch, daß seine fensterlose Höhe, nur mit einem Band offener Bögen und feiner weißer Säulen unter dem Dach, der Weite und der Länge des Platzes ein Gewicht von großer Bedeutung gegenüberstellt.

Das alles hat jedoch so wenig mit Choreographie zu tun, daß ich diesen Gedanken lange auf sich beruhen ließ. Venedig tauchte das nächste Mal an einem Ort auf, der mit dieser Geographie und mit meinen Ansätzen zur Soziologie des Markusplatzes nicht die geringste Gemeinsamkeit aufweist. Vielleicht verdanke ich dieses erneute Auftauchen nur der Halbherzigkeit, mit der ich inzwischen meinen Fragen nachgegangen war, ohne im Grunde an mögliche Antworten zu glauben.

Wahrscheinlich sind die Empfindungen eines solchen Raums und der Menschen um mich viel öfter meiner Wahrnehmung begegnet, als mir klargeworden ist.

Anwesenheit und Teilhaben im Gehen und Sehen

Eines Tages empfand ich plötzlich wieder ganz stark das Bewußtsein, mich in einem ähnlichen Gewebe von Kraftfeldern zu befinden. Im Park des Humboldtschlößchens von Tegel.

Natürlich prägt sich dieses Empfinden durch verschiedene Wahrnehmungsfolgen hin aus, bevor mir eine Erinnerung an den Markusplatz bewußt wurde. Nur im Schutz eines solchen Halbschattens vermögen diese Raumempfindungen an meinem Körper zu ziehen und mich spürbar genug in dieses eigenartige Gleichgewicht zu versetzen, aus dem man die Ausdehnung dieses Raumes und die Bewegungen der Menschen in ihm so wahrnimmt, daß manche Menschen sagen würden, derlei sei wie im Traum. Aber es ist keineswegs traumartig.

Allenfalls könnte man aus einer genauen Schilderung dieses Wahrnehmens Vermutungen entwickeln, wie wir uns wohl in bestimmten Träumen befinden, wie wir dort zu bestimmten Befindlichkeiten gelangen. Mit einer sonderbaren Gleichzeitigkeit geschehen die Bewegungen innen und außen, mir gegenüber und in mir.

Hier sind es ganz wenige Menschen, deren langsame Gänge über die wintergraue Wiese vor mir mich bewegen. Ich befinde mich ein wenig höher auf dem Weg, der unter den Bäumen an der großen Fläche entlangführt, zur Rechten der Hang. Links von uns eine einzige Reihe von Baumstämmen, die, besonders ohne Laub wie jetzt im Vorfrühling, den Blick freigeben auf die weite Wiese bis zu der alten Lindenallee jenseits. Wir gehen vom Haus auf den See zu, den wir aber nicht sehen und nicht erreichen können, weil vor dem Ufer ein kleines Waldstück heutzutage den Park begrenzt.

Während wir sprechen, stehenbleiben, nachdenken und weitergehen, überquert drüben ein Paar die Wiese. Ihre Beine streifen durch das dörre Gras. Sie und er sind in gemeinsamen Gedanken gefangen. Sie denken nicht daran, wohin sie ihre Füße setzen. Sie sehen nicht die Bäume der Allee, in die sie bald eintreten werden, um unter den sehr hohen Linden, an der anderen langen Seite der offenen Fläche zwischen uns, in der gleichen Richtung wie wir ihren Weg fortzusetzen. Sie folgen diesem Weg, ohne auf ihn zu achten, ohne ihn zu verfehlen, ohne ihn zu wählen und doch seiner gewahr werdend. Eine Gruppe kommt die Allee vom See herauf. Jemand steht allein auf der Wiese zu ihrem unteren Ende hin, den Blick zu den Grabsteinen gewandt, an denen auch wir gleich vorbeikommen werden. Was kann hier an Venedig erinnern?

Was ist überhaupt besonders an diesem Park, der nur aus dieser großen Wiese besteht, der Allee und dem Waldhang, die sie an zwei langen Seiten umschließen, und dem kleinen Wäldchen, das den Blick vom Schloß zum See verschließt? Der Platz hier ist größer, vor allem befinden sich nur wenige Menschen auf dieser Fläche und um sie herum. Es gibt kein lebhaftes Treiben. Ein kleines Kind schreit in seinem Wagen nach dem Ball, den die Geschwister nicht wiederholen wollen. Ein Hund zerrt an seiner Leine. Ein Familienvater gibt lauttönend Erklärungen von sich. Aber der Ort ist still. Unsere Wege vollziehen sich gelassen. Ob die Menschen die Umgebung beachten oder nicht, sie nehmen die Weite und die Höhe der Bäume und die im Gehen langsam sich verschiebenden Bilder dieses Ganzen in sich auf. Als wir später unter den Linden zurückkommen und in das Gras hinaustreten, sehe ich zwei Personen uns gegenüber vom Hang sich fast auf uns zubewegen. Sie zeigen einander mit großen Gesten der eine das Schloß mit seinen einfachen weißen Wänden, die andere den fernen Teil dieses Markusplatzes und schauen zwischendurch einander an, um die eigene Empfindung in den Gesichtszügen des anderen bestätigt zu finden. So wie ihnen geht es allen. Nur nehmen viele nicht bewußt diese oder jene Eindrücke wahr.

Doch der Ort ist in allen. Und alle nehmen an dem Ort teil. Wir bewegen uns zueinander und miteinander, weil wir uns alle auf das gleiche Kraftfeld von Weite und Enge, von Fläche und Raum einlassen müssen, während wir zu einem Blick auf das Haus stehenbleiben oder über ein Buch sprechen oder die Schritte von Linde zu Linde zählen. Wir bilden ein Mobile, wie sie Calder sich langsam im Windzug drehen läßt. Wir sind nicht, wie seine Eisenscheiben, durch Stäbe sichtbar miteinander verbunden und bewegen uns doch umeinander herum, große Bahnen in den Park schreibend und uns wieder voneinander lösend. Wir haben mit dem Mobile vor allem die große Gelassenheit gemeinsam. Ein rascher Anstoß setzt sich immer in größere Bewegungen der nächsten Kreise um, die deshalb viel langsamer aufnehmen, was sie noch langsamer weitergeben an weitere Teile. Jene bewirken schließlich Bremsung und Stillstand und Rückpendeln des Ganzen, bis von anderer Seite neue Impulse sich mit den auslaufenden Wellenbewegungen der vorigen überdecken.

Genauer ist der Vergleich nicht fortzuführen. Wir befinden uns in einer Choreographie, die wir nicht machen, die nicht vor uns entworfen worden ist und der wir folgen, während sie entsteht. Die Choreographie ist ein Mobile. Wir sind beides nicht. In Becketts Stück «Alle die da fallen» bilden so die einander begegnenden, versäumenden und überholenden Personen auf seiner Bühne eine Bewegung, die wirklich dem entspricht, was hier geschieht.

Ein späterer Herbstabend. Roter Himmel über dem See und grau. Sein Widerschein auf den schwarzen Stämmen und Ästen der Allee, auf den gelben Lindenblättern am Boden zwischen aufscheinenden Pfützen. So schmal recken sich die Bäume miteinander empor, daß ich noch mehr aufwachse am Gang aus dem Wäldchen zum Schloß. Dieses mich Strecken ist auch Erinnerung an die stolze Geschichte von Venedig, im gemessenen Schritt. Daneben aber erinnert jetzt noch die Wiese an die Langelau und die Königslau, so wie ich die langgezogenen Rundbahnen germanischer Wettkämpfe mir vorstellte, während wir diese Orte mitten im Wald der lippischen Senne besuchten.

Gestern abend der Blick aus dem Fenster in die einziehende Nacht.

Das letzte Licht ließ einen Nebel erkennen, der genau das Innere der freien Fläche zwischen Allee und Wald einnahm, eine mehrfach gewickelte Wolke. Sie zeigte als ein Ganzes, als einen zu durchwandernden Leib, was der Tag nur als Fläche mit Umrandungen vorführt.

Mit den Kindern im Vormittagsspiel entdeckte ich erst die riesige, uralte Eiche. Sie steht am Rande, noch in der Fläche, näher zum Haus als zu ihrer Weite hin. Ein alles überragender und einen Kreis her überschattender Drehpunkt, dem Glockenturm der Piazza vergleichbar. Ein Weg, sauber geharkt, führt quer zu ihr hin und um sie herum. Die Kinder laufen aus der Allee sofort da hinüber und spielen Fangen im Umkreisen des Stammes. Dabei hüpfen sie über die knorrigen Wurzeln, die sich durch den geharkten Umgang bis in das Gras der Wiese hineinziehen. Die Kinder klettern im hohlen Innern hinauf. Einer der unsichtbaren Wege ist ganz deutlich markiert; das merke ich erst jetzt.

Der Markusplatz ist nicht eine solche Choreographie und ein solches Stück, weil es oft zu turbulent dafür zugeht und die Gelassenheit dort eher von dem Platz ausgeht, als daß sie von den Menschen ausgeschritten würde.

Aber es ist doch eine Gelassenheit da. Die Touristen, die ich verscheuche, indem ich nach Venedig fahre, wenn es ihnen schon zu kalt ist, betrachten auch manchmal in Ruhe Seiten und Szenen des Platzes, mitten in den Gängen der geschäftigen Venezianer. Dieses Verweilen habe ich in meinen Untersuchungen über die Funktionen des Platzes an Hand des Stadtplans vergessen. Darin lösen sich Gänge und Bewegungen immer auch auf.

Und noch etwas wird greifbar: daß der Ort in den Menschen wirkt, auch während sie an ganz anderes denken; daß wir ihn wahrnehmen, auch wenn wir ihn nicht fotografieren oder bestaunen. Ein wenig lassen wir unsere Schritte ablenken oder verzögern oder beschleunigen. Ich habe von Pina Bausch derartige Choreographien gesehen, die Choreographien eigentlich nicht sind. Sie zeigen aber – und das ist vielleicht wichtiger und wohl von ihr gemeint –, daß unsere Bewegungen und Gänge auf dem Markusplatz choreographisch sind.

Diese Orte *sind* Überquerungen und Verweilen, Umgang und Mitte, Entgegen und Hinüber. Bei ihrem Anblick taucht dieses Flechtwerk von Richtungen und Empfindungen in uns auf. Beim Gehen spüren wir zugleich, wie wir, das heißt wie augenblicklich andere verweilen und wie wir ein andermal verweilen werden. Im Umgehen des Platzes überqueren ihn unsere Blicke, denen unbemerkt immer auch der Leib bis in alle Glieder und Sinne folgt. Die anderen, die betrachtend stehenbleiben, beobachten für uns, wie wir an ihrer Stelle uns bewegen. Bewegungen stoßen sich von bestimmten Stellen des Platzes ab, einmündenden Gassen zum Beispiel oder einem Augenblick des Betrachtens, und werden angezogen. In der Bewegung verschieben sich abstoßende und anziehende, drückende und weitende Empfindungen. Nach langen Erfahrungen fühlen wir, an welchem Punkt des Kraftfeldes wir gerade aufgetaucht sind.

Geschichte und Vorgeschichte, Gehen und Nachgehen

Erneut taucht Venedig auf und sieht sich gleich unähnlich wie an den vorigen Orten. Im Herbst gehen wir über das Pästruper Gräberfeld. Eine große Heidefläche wellt sich über die fünfhundert flachen Gräberhügel der Stein- und Bronzezeit. Die Entfernungen sind viel größer. Die umfriedenden Wälder sind lockerer und so viel unbedeutender, daß hier der riesige nördliche Himmel überall und fast unmittelbar auf die Erde reicht, verbunden mit ihr nur durch einige ferne Bäume oder Knicks, die über die gerade Linie des Horizonts ein wenig ins Blau der Luft reichen. Sonderbar aber sind die Pfade zwischen den Hügeln und über sie hinweg, auf denen Menschengruppen in einem steten Kreisen sich über die Fläche bewegen. Ohne ersichtliche Gründe und Anhaltspunkte halten diese Wege endlos Folgen von Gängen fest. Was im Meerwasser zerrinnt, bleibt hier als Spur, die von den Nachfolgenden ausgetreten und erneuert wird.

Die Entfernungen zwischen den wandernden Menschen sind so groß, daß sich die Erinnerung an das Mobile kaum erklären läßt. Die Fläche ist zu weit, um denen, die sich auf ihr bewegen und über die nächsten Hügellinien hinweg bis zu fernen Pfaden blicken, die Empfindung eines geschlossenen Raumes zu vermitteln. Hier ist es das Spiel der weithinführenden und einander kreuzenden Wege, der in den verschiedenen Richtungen gehenden Menschen und der hügelig rhythmischen Bewegungen des Bodens ins Dreidimensionale, was unser Befinden als Teil dieses Ortes bestimmt.

Und das sehr große Alter dieses Ortes. Vergangener Stämme Prozessionen, vieler verschwundener Generationen Gänge über das Gräberfeld haben sich eingegraben und die Natur zum Ort der Geschichte gemacht. Nicht nur als Wege in die Fläche. Diese Heidefläche hat erst vor Jahrzehnten einen Wald abgelöst, dieser die ursprünglich offene Kultstätte. Wege sind Bahnen im Raum. Sie wurden gegangen, und etwas vom zeitlichen Geflecht der Gänge bildet ein unsichtbares Kraftfeld. Eine sehr alte Geschichte träumt in den wachen Bewegungen von uns Heutigen über sie hin. Sie dehnt ein wenig unsere Schritte, während wir einen Drachen steigen lassen und schnell auf den Pfaden entlanglaufen. Sie zieht ein wenig an unseren Füßen und hebt vielleicht auch den Klang unserer Stimmen über der Fläche, wenn wir uns unsere Worte zurufen. Die Geschichten von uns Heutigen, die wir nur an unsere Drachen denken und an die klare Luft um uns, lösen sich in dem Ort ein wenig auf und versetzen sich mit einem anderen Stoff und einem anderen Rhythmus.

Das macht wohl die Stille des Markusplatzes aus, auch wenn es turbulent auf ihm zugeht. Das läßt uns Gelassenheit empfinden. Das läßt uns aber auch nicht allein, wenn auf dem Platz keine Menschen zu sehen sind. Das macht die Wirkung des Platzes in uns aus, indem unsere Bewegungen und unser Wahrnehmen ebenso unweigerlich wie unbemerkt sehr alte Kraftlinien uns führen. Nicht Venedig, ein Feld mit seinen seit sehr langem sich verwandelnden Strukturen taucht auf. Ein Paradigma, das wie uralter Tang unter der Oberfläche des Sees sich aufrichtet und einem Boot hier im Wege ist und dort die Fahrt freigibt, sein Gleiten hemmt, in offenen Bahnen es sich beschleunigen läßt.

Begreifen wir dieses Venedig als ein *emerging paradigm*. Wir bedürfen seiner, schon um mit dem äußerst ärgerlichen Klischee von der blöden Menschenmasse Schluß zu machen, das Hoffmannsthal im «Großen Salzburger Welttheater» so scheußlich zu verewigen gedachte. Er beschimpft die Menschen, die «hierhin und dahin rennen»; er nennt uns «Ameisen», um seine Verachtung für heil- und sinnloses Durcheinander auszudrücken. Als ob Ameisen sinnlos durcheinanderliefen. Das tun sie nur dann, wenn Menschen ihre Wohnung zerstören, um sie laufen zu sehen. Sinn allerdings läßt für Ameisen sich lediglich nach allgemeinen Verhaltenszwecken darstellen, etwa wie in dem Soziogramm an Hand unseres Stadtplans vom Viertel San Marco. Was an unsichtbaren Kraftlinien in ihren Zügen und Bewegungen wirkt, wissen wir nicht. Nicht zuletzt, weil wir gar nicht danach fragen.

Was bewegt uns, wie bewegen wir uns?

Fragen wir zuerst bei uns selbst danach, denen diese Fragen am meisten not tun.

Zunächst habe ich einige der bekanntesten Schilderungen von Venedig daraufhin angesehen, wie dort die Stimmung oder das Geschehen auf dem Markusplatz wiedergegeben wird. Die Lektüre ist verblüffend. Ich spüre noch sehr deutlich, daß ich beim ersten Lesen von Schillers «Geisterseher» das dichte Treiben von vielen Menschen mit ganz unterschiedlichen Wegen und Zwecken auf der Piazza erlebte. Dies bildet den eigentlichen Hintergrund zu den wechselnden Erfahrungen des Prinzen zwischen Abenteuer, ahnungsvoller Einweihung, gelassener Trauer, zerstreuendem Genuß der Szenen und Ansichten. Aber diese Vorstellungen entstanden in mir, ohne eigentliche Schilderungen. Der Ort wird nicht beschrieben. Er prägt vielmehr die Wendungen der Handlungen und Gedanken:

«Eines Abends, als wir nach Gewohnheit in tiefer Maske und abgesondert auf dem Markusplatz spazieren gingen – es fing an, spät zu werden, und das Gedränge hatte sich verloren – bemerkte der Prinz, daß eine Maske uns überall folgte. Die Maske war ein Armenier und ging allein. Wir beschleunigten unsere Schritte und suchten sie durch öftere Veränderungen unseres Weges irre zu machen – umsonst, die Maske blieb immer dicht hinter uns. ‹Sie haben doch keine Intrige hier gehabt?› sagte endlich der Prinz zu mir. ‹Die Ehemänner in Venedig sind gefährlich.› – ‹Ich stehe mit keiner einzigen Dame in Verbindung›, gab ich zur Antwort. – ‹Wir wollen uns hier niedersetzen und deutsch sprechen›, fuhr er fort. ‹Ich bilde mir ein, man verkennt uns.› Wir setzten uns auf eine steinerne Bank und erwarteten, daß die Maske vorübergehen sollte. Sie kam gerade auf uns zu und nahm ihren Platz dicht an der Seite des Prinzen.»[2]

Man könnte meinen, Schiller habe Schilderungen des Ortes vermieden, weil er ihn nicht aus eigener Anschauung kannte. Casanova, der dort einen wesentlichen Teil seines Lebens zugebracht hat, gibt aber eher noch weniger Beschreibung. Um so deutlicher sind seine «Erinnerungen» und seine späteren Lebenswege von diesen Anziehungen und Abstoßungen durchzogen, von diesem Verweilen und eiligen Zuschreiten des fernen, tief entbehrten Platzes.

Goethe gibt dem Paradigma des Platzes Ausdruck in seinem Erlebnis des Gondolierigesangs an abgelegenen Kanälen der Stadt:

«Auf heute abend hatte ich mir den famosen Gesang der Schiffer bestellt. Dieses muß wirklich bestellt werden, es kommt nicht gewöhnlich vor, es gehört vielmehr zu den halbverklungenen Sagen der Vorzeit. Bei Mondschein bestieg ich eine Gondel, den einen Sänger vorn, den andern hinten; sie fingen ihr Lied an und sangen abwechselnd Vers für Vers. Die Melodie, welche wir durch Rousseau kennen, ist eine

Mittelart zwischen Choral und Rezitativ, sie behält immer denselben Gesang, ohne Takt zu haben; die Modulation ist auch dieselbige, nur verändern sie, nach dem Inhalt des Verses, mit einer Art von Deklamation sowohl Ton als Maß; der Geist aber, das Leben davon, läßt sich begreifen wie folgt.

Auf welchem Wege sich die Melodie gemacht hat, will ich nicht untersuchen, genug, sie paßt gar trefflich für einen müßigen Menschen, der sich etwas vormoduliert und Gedichte, die er auswendig kann, solchem Gesang unterschiebt.

Mit einer durchdringenden Stimme – das Volk schätzt Stärke vor allem – sitzt er am Ufer einer Insel, eines Kanals, auf einer Banke und läßt sein Lied schallen, so weit er kann. Über den steilen Spiegel verbreitet sich's. In der Ferne vernimmt es ein anderer, der die Melodie kennt, die Worte versteht und mit dem folgenden Verse antwortet; hierauf erwidert der erste, und so ist einer immer das Echo des andern. Der Gesang währt Nächte durch, unterhält sie, ohne zu ermüden. Je ferner sie also voneinander sind, desto reizender kann das Lied werden; wenn der Hörer alsdann zwischen beiden steht, so ist er am rechten Flecke.

Um dieses mich vernehmen zu lassen, stiegen sie am Ufer des Giudecca aus; sie teilten sich am Kanal hin, ich ging zwischen ihnen auf und ab, so daß ich immer den verließ, der zu singen anfangen sollte, und mich demjenigen wieder näherte, der aufgehört hatte. Da ward mir der Sinn des Gesangs erst aufgeschlossen. Als Stimme aus der Ferne klingt es höchst sonderbar, wie eine Klage ohne Trauer; es ist darin etwas unglaublich, bis zu Tränen Rührendes... Mein Alter... wünschte, daß ich die Weiber vom Lido, besonders die von Malamocco und Palestrina hören möchte; auch diese sängen den Tasso auf gleiche und ähnliche Melodien. Er sagte ferner: Sie haben die Gewohnheit, wenn ihre Männer aufs Fischen ins Meer sind, sich ans Ufer zu setzen und mit durchdringender Stimme abends diese Gesänge erschallen zu lassen, bis sie auch von ferne die Stimme der Ihrigen vernehmen und sich so mit ihnen unterhalten... Menschlich aber und wahr wird der Begriff des Gesanges, lebendig wird die Melodie, über deren tote Buchstaben wir uns sonst den Kopf zerbrochen haben. Gesang ist es eines Einsamen in der Ferne und Weite, damit ein anderer, gleichgestimmter, höre und antworte.»[3]

Ein Paradigma taucht auf. Ein Paradigma ist aber nicht ein Punkt wie eine Boje, die einsam über der Wasseroberfläche leuchtet. Ein ganzes Netz verbindet mit anderen Knoten das Stück Geflecht, an dem man das unten weithin sich ausbreitende zu fassen bekommt und ans Licht zieht. Dieses eine Teil ist dann freilich mit anderen über mehr Knoten verbunden, als die analysierenden Gedanken auf Anhieb aufzulösen und neu zu knüpfen vermögen. Einen Knoten in der Hand, spürt man es von anderen Seiten rucken und ziehen.

Räume durch Bewegung, Beziehungen der Zeit

Dieser Markusplatz bringt mich dazu, noch stärker die Bedeutung zu spüren, die abwesende Freunde für uns haben. Besonders wenn jemand mir sagt oder mir schreibt, «im Gedanken an unseren gemeinsamen Freund»; «bei unseren Freunden werden wir uns sicher einmal wiedersehen», «meine Freundin kennt Sie ja auch sehr gut», «wir verabreden einmal etwas mit unseren gemeinsamen Freunden zusammen». Wichtige Beziehungen in meinem Leben wachsen in gemeinsamer Arbeit und in Begegnungen und Gesprächen, aber sie leben weiterhin davon, daß in ihnen die Kraftfelder anderer Freundschaften aufleben und, manchmal unmerklich, noch die wichtigsten Knoten dieses neuen Netzes bilden. Vielleicht ist dies sogar eine der lebendigsten Wirkungen, in denen wir über unseren Tod hinaus leben. Sicher über unser Betreiben hinaus. Vertrauen zueinander ist so oft in dem Vertrauen begründet, das uns mit den Menschen verbindet, die uns dann mit den heutigen Freunden zusammengebracht haben. Manchmal beruht es auch nur auf dem gemeinsamen Gedanken an eine gemeinsam uns nahestehende Lebenshaltung, eine Geste.

Wie eng sind die Zusammenhänge mit einem Erlebnis, das ich bis heute nicht habe verarbeiten können, von meinem ersten Tag als Erwachsener in einer Schule? Ich war über dreißig, war in dem Unterricht eines Referendars zu Besuch, mit dem ich als Professor seine Stunden vorbereitete und durcharbeitete, und saß plötzlich in einer fünften Klasse von mehr als dreißig Schülern. Ich saß seitlich mit dem Blick in die Tischreihen und sah die kleinen Jungen sich auf ihren Stühlen drehen und winden, lehnen und kippeln. Ich dachte an den vorbereiteten Plan der Stunde. Erinnerungen an meine Zeit in einer solchen Klasse von Elfjährigen hatte ich nicht mitgebracht. Dennoch tauchten sie in dem auf, was ich dort unerwartet und mit einer unerhörten Heftigkeit empfand, die sich besonders daraus erklärt, daß ich mir wohl bewußt war, der einzige zu sein, der sich einen Begriff von diesem Vorgang machte. Zwischen den jeweiligen Nachbarn, von einem Ende der

Klasse zum anderen, in Freundesgruppen oder ohne bekanntes Ziel durchspannten Kraftlinien unvorstellbarer Beziehungserwartungen diesen Raum. Ein jeder bedurfte der Beziehungen aller denkbaren Arten mit einem jeden. Jeder war zu allen vorgestellten und geahnten Aggressionen wie zur Vertrautheit mit den anderen bereit. Der planmäßige Unterricht hindert die Beziehungen daran aufzutauchen. So verdammt er dies alles, zu einem unbewußten, niemals Hoffnungen erlaubenden Chaos zu werden. Die unbeschreibliche Wucht aller meiner eigenen versäumten Lebensäußerungen faßte mich an; geheimnisvoll gebliebene Versagungen eines Einzelgängers formten sich zu ungezählten Rätseln um, die ich freilich bis heute nicht gelöst habe, wenn manche auch inzwischen ihre Kraft, zu fragen, verloren haben. Dem auftauchenden Paradigma im Denken steht eine Erziehung entgegen, die eine Gesellschaft von Einzelgängern bewirtet.

Nur unter Qualen hielt ich bis zum Ende der Stunde aus. Ich wollte mich diesem verstümmelten Kraftfeld von hoffnungslosen Erwartungen nicht wieder entziehen, sondern es mitnehmen, um mich immer wieder daran erinnern zu lassen. Ich weiß noch, daß ich ohne ein Wort beim Klingeln aus der Klasse gestürzt bin, ins Auto sprang, an einem Markttisch sämtliche Blumen eines ganzen Regals kaufte und auf der Autobahn das Gaspedal bis unten durchtrat. Inzwischen kommt dieses Ziehen und Drängen dessen, was in den Lebensgeschichten einiger ganz junger Menschen alles wirklich werden sollte und könnte, nur behutsam wieder empor. Als Warnungen vor lebensverachtender Unterrichtsplanung zum Beispiel. Als Mahnung... Während Venedig unter Wasser gerät, in den Phantasien von Herburger schon untergegangen ist, längst die Schatten dieses Untergangs vorauswerfend, schon lange vor Thomas Mann und Ruskin, taucht Venedig allerorten auf.

Anmerkungen

1 Vgl. das vorige Kapitel und den Hinweis auf Rudolf zur Lippe, Naturbeherrschung am Menschen. 2 Bde. Frankfurt/M. ²1983. Bd. I.
2 Friedrich Schiller, Sämtliche Werke. Hg. von Gerhard Fricke und Herbert G. Goepfert. München 1959. Bd. 5, S. 49 f.
3 Johann Wolfgang von Goethe, Werke. Hamburger Ausgabe 1948 ff. Bd. XI. Italienische Reise. Eintragung vom 17. Oktober 1786.

Zu den beiden vorangegangenen Seiten:

Man Ray hat seit dem Ersten Weltkrieg auch mit dem Medium der Fotografie experimentiert. Er nannte seine Arbeiten, bei denen Gegenstände unter Lichteinwirkung unmittelbar Spuren auf silberbeschichtetem Papier hinterlassen, «Rayogramme». Die Serie «La voie lactée», also «Die Milchstraße», entstand 1973 durch chemische Veränderung der Fotoschicht. Dies ist «La voie lactée I».
© VG Bild-Kunst, Bonn/ADAGP, Paris, 1987

Diese drei tief eingeritzten Linien aus der Kulthöhle «Malesherbes», Loiret, zeigt uns Marie E. P. König in «Der Anfang der Kultur», Mann, Berlin ²1973. Sie erkennt in den oft an Kultstätten seit dem Paläolithicum auftretenden Parallelen «die Grundordnung nach den drei Mondphasen». Das älteste Zahlenprinzip sieht sie mit einem dreifachen Tieropfer ebenso verbunden wie mit den mittleren Fingern der Hand. Von den Mondphasen her ist die Drei ein Rhythmus, eine zeitliche Ordnung. Neben der Dreierinzision erkennt man Vierecke mit den Himmelsrichtungen als Diagonalen und als «Mühlebrett».

Vom Mitleben zur Ausdrucksgestalt:
die unendliche Linie

Erfahrungen erwachsen aus dem Erleben. Immer ist der tiefe Grund jener Lebensvorgänge das Tragende, in denen und als die unsere Sinnesorgane tätig sind. Schrittweise verbinden sie sich unserem Bewußtsein, indem wir sie in den Zusammenhängen lebensgeschichtlicher und geschichtlicher Situationen reflektieren. Dabei werden immer neu übergreifende Ordnungen greifbar. Sie zeigen sich als Verallgemeinerungen, vom Einmaligen über Vergleiche und Vergleichbares fortschreitend zu abstrakteren Begriffen. Sie sind aber auch zu finden als die wechselseitigen Durchdringungen scheinbar unmittelbaren Lebens mit den Vermittlungen der Geschichte, gerade wo und wie uns Grundsätzliches im je besonderen Erleben zufällt.

Erfahrungen entstehen, indem wir aufnehmend und tätig von Situation zu Situation vergleichen und so im Einmaligen das Übertragbare begreifen. Ein so gewonnener höherer Standpunkt verpflichtet uns aber auch, von ihm aus uns erneut in die Einmaligkeit der weiteren Lebenssituationen und Beobachtungen zu vertiefen. Erfahrung vermag eben dieses Zusammenspiel der gegensätzlichen Dimensionen aufrechtzuerhalten, ja, kunstvoll das Allgemeine am Besonderen, das Besondere im Allgemeinen gegenwärtig zu halten. Jeder Vorgang der Wahrnehmung ist ein Zusammentreffen eines Wahrnehmenden und eines Wahrgenommenen in gemeinsamen Bewegungen. Das Erleben lotet die existentielle Tiefe aus, in der ein Vorgang in uns fortwirkt. Erfahrung ist dann die Kunst, eben diese Seiten und die Dimensionen des Vorgangs gemeinsam und jede für sich sprechen zu lassen. Wenn dies sich mitteilt, wenn es sich überhaupt niederschlägt in vernehmbaren Formen, entsteht Sprache – *Ausdruck*.

In die Zusammenhänge des Erfahrens führe ich die Kategorie *Ausdruck* ein und tue es an einem Modell: an Ausschnitten einer Werk- und Lebensgeschichte und mit ihren allgemeinen Verflechtungen. Die ausgewählte Geschichte hat zwei Vorzüge, die mich für sie entschieden haben. Jean Degottex ist von einer Phase seiner Arbeit zur anderen so gegangen, daß seine Techniken, Bilder, Vorstellungen und sein Bewußtsein von den Erfahrungen dieses Künstlerweges ausdrücklich die Biographie eines *Sinnenbewußtseins* bilden. Eigenartig haben sich ihm immer wieder sinnenhafte und gedanklich bestimmte Logik durchdrungen. Ihre Geschichte wechselseitigen Hervorbringens und Reflektierens drückt sich aus in Bildern, Objekten, Tagebüchern, Skizzenprojekten wie in jedem neuen Schritt, von dem wieder ein gegenständlicher Niederschlag zeugen wird. Dies zusammen ist das Werk von Jean Degottex. Sein Ruhm ist bis heute ebenso eindrucksvoll wie punktuell geblieben, weil ein Publikum seinen Weg nicht mitzugehen vermag; vielleicht werden einmal noch sehr viel mehr Menschen als jetzt in der Übersicht der Rückschau die Einheit finden, deren ungewohnte Klarheit sie heute noch zu wenig auffassen können, um den Weg nachzuvollziehen.

Daß im Begriff Ausdruck wieder mehr der Sinn des Lebens angesprochen wird, ist wohl kein Zufall. Diese Entwicklung wird auch über eine Zeitströmung, bei der es im Expressionismus geblieben ist, hinausführen, wie bei Degottex aus der existentiellen Tiefe des ganzen Menschen das Sehen empfunden und das dann zu Sehende hervorgebracht wird. Schon daran wird dies eindeutig, daß Wahrnehmungen und Gestaltungen immer wieder ins Tasten, in die Bewegungen des ganzen Leibes, ins Horchen und Hören zurückfinden.

Mir ist es gegönnt gewesen, wenigstens seit zwei Jahrzehnten an diesem Wege meinen bescheidenen Anteil zu nehmen, indem ich Arbeiten im Zusammenhang ihres Entstehens mit Degottex betrachten durfte und mit gemeinsamen Gesprächen an seinen Reflektionen dazu teilnehmen konnte. Dies ist der zweite, hier entscheidende Vorzug dieses Werkes. Der engen und reflektierenden Beziehungsgeschichte zu ihm entspricht auch die tätige, umsetzende Form der Darstellung dieses Modells. Ein Drehbuch bleibt im sprachlichen Medium eines Buches und lebt zugleich in dem bildhaften Medium, dem es zum Leitfaden dient. Vielleicht gelingt es auf diese Weise, schon hier so weit die Einladung der Bilder zum Mitvollziehen vorwegzunehmen, als die der Film gedacht ist.

Vorbemerkung zur Methode

Kurzfilme über Künstler zeigen meist das Werk in Form fertiger Ergebnisse und andererseits das tägliche Leben des Malers; Interviews zu den Absichten des Künstlers sollen beide Seiten verbinden. Dagegen gehen wir von der Entwicklung der Arbeiten von Jean Degottex mit all ihren technischen, lebensgeschichtlichen, intellektuellen, sinnlichen und geistigen Dimensionen aus und folgen einem künstlerischen Vorgehen, das ungewöhnlich klar, dicht und offensichtlich ist.

Wir filmen mit dem Auge des Freundes, der im Atelier von Jean Degottex bestimmte Phasen des Schaffens miterlebt. So wird der Zuschauer aufgefordert, an der Erfahrung des Künstlers teilzuhaben. Er soll in die Lage versetzt werden, das künstlerische Vorgehen noch einmal zu erfinden, indem er es aus dem fertigen Werke abliest. Er soll es aber auch tätig erinnern durch seine Einstellung zum Alltag, die der von Degottex in gewisser Weise bei uns allen entsprechen kann.

Verschiedene Folgen untersuchen dieses Vorgehen, gliedern es in verschiedene Gesten, Materialien und Ereignisse auf, denen die Kamera nachgeht und die sie aufnimmt. Die Untersuchung geht vor allem visuell vor. Analytischen Passagen antworten korrespondierende Bilder und Analogien. Der Film entsteht im Wechsel verschiedener visueller Dimensionen:
Alltag in der hochindustrialisierten Gesellschaft.
Untersuchung von Strukturen in der Materie.
Alltagshaltungen von Jean Degottex.
Die Arbeit von Jean Degottex.
Dokumentation früherer Werke.

Die subjektive Kamera versetzt sich etwa abwechselnd in die Lage des betrachtenden Auges, der Hand in der Geste, des Materials. Die Kamera vollzieht die Begegnung nach, statt passiv und distanziert zu bleiben, wie etwa jene, die man hinter eine «Leinwand» aus Glas gestellt hatte, um Picassos Geste aufzulauern.

Korrespondenzen und Analogien machen die Geschichte von Gesten bewußt. Zu einem Pinselstrich von Jean Degottex sieht man «land art» auf einem hügeligen Feld. Arrangierte Improvisationen von Stockhausen erklingen nach der «Partitur: Geräusch der Stille» von Jean Degottex. Ein aktives Publikum wird in das Vorgehen von Jean Degottex eingeführt. Ein Kurs für Laien in einem Stadtteil, eine Werkstatt für Kunststudenten gehen mit Jean Degottex, entsprechend seinem Vorgehen, zu eigenen Erfahrungen mit Materialien über.

Vergleiche mit dem Vorgehen anderer Künstler und mit anderen Traditionen machen uns ganz die Bedeutung dieses Werkes, aber auch den Unterschied zu anderen Geschichtsentwicklungen greifbar, so der «running fence» von Christo und Kiesmuster im Innenhof eines Zen-Klosters.

Zur Logik des Vorgehens

Wenn die Strukturen eines Materials und das Verhalten eines Menschen einander sinnvoll begegnen, vereinigen sie sich zu einer gemeinsamen Geschichte, die wir Vorgehen nennen. In den traditionellen Gesellschaften kam dieses unter den verschiedensten Formen im Handwerk, im Ackerbau und in anderen Bereichen vor; davon leben heute noch gewisse Spuren. In jenen Gesellschaften sind auch die geistigsten Traditionen, etwa meditative Übungen, auf dieses Vorgehen gegründet. Sie verfolgen es nur bis zu seinen äußersten Möglichkeiten; befreit von dem unmittelbaren Zusammenhang mit dem Zweck, auch seinen Mann zu ernähren. Das Vorgehen ist universell, wie es etwa Zen-Meditationen, Traditionen sakralen Tanzes, der großen Musik zeigen.

Die Geschichte der abendländischen Kunst hat sich von diesem Zusammenhang in dem Maße entfernt, in dem die Industrialisierung ganz allgemein den gekonnten Handgriff dequalifiziert hat. Jean Degottex entdeckt durch seine Kunst, die abstrakt genannt wird, das universelle Vorgehen in einer modernen Form wieder, auch mit exemplarischer Bedeutung. Unter Bedingungen, die er immer mehr von störenden Einflüssen zu reinigen gelernt hat, konzentriert er sich ganz auf die Logik einer jeden Situation und einer jeden Eigenschaft des Materials. Daraus entstehen Arbeiten von beispielhafter Klarheit, ja Evidenz, die darüber hinaus als Modelle für ein Vorgehen auch in anderen Bereichen des Lebens dienen können.

Das Vorgehen entwickelt sich in fünf Hauptschritten der Begegnung des Materials mit den Haltungen des Menschen:

1. Achtung für die Dinge

Die Qualitäten, Eigenschaften des Materials entdecken sich. Die Entdeckung vollzieht sich durch Zufall oder durch Aufmerksamkeit: Korrespondenzen zwischen ihrem Aussehen und unserem Betrachten.

2. Die Achtung der Dinge geht zum Handeln über

Die Möglichkeiten zur Interaktion zeichnen sich ab: Tasten, besondere Empfindungen, Berührungen, Reaktionen prüfen, in Bewegung setzen, Beobachtungen des Verhaltens beim Betrachten und beim Eingreifen.

3. Die Achtung für die Begegnungen

Jene Bewegungen werden erprobt, die auf das Verhalten des Materials und die Haltungen des Körpers antwortend achtgeben – Gesten. Bedingungen müssen geschaffen werden, die das beobachtete Verhalten des Materials hervortreten zu lassen und die Geste entsprechend den eigenen Empfindungen in der rechten Weise zu entfalten erlauben, wie die Geschichte eines Körpers durch sein ganzes Leben seine Bewegung geprägt hat.

4. Die Achtung für die Beziehungen

Die Geschichte des Materials entdeckt sich aus seinen Strukturen. Handhabungen suchen ihr zu folgen, um sie zu verlängern, selbst in unerwarteter Weise, durch die Beziehung zu anderen Materialien, Werkzeugen und Zuständen. Zugleich sind es diese Beziehungen dieses Menschen zu diesem Material, in denen die Strukturen aufleben als abgelegte Geschichte seiner Schichtungen.

5. Logik der Geste wird Liebe der Beziehung

Aus dem Vorgehen treten hervor: Eindrücke, Objekte, Überreste, Zeichen, «Bilder», «Zeichnungen», «Hefte». Was man «Werke» nennt, sind zunächst einmal die Spuren der sich vereinigenden Geschichten einer Materie und eines Körpers.

Die Kunst erhält üblicherweise vom Kunsthistoriker und vom Publikum vorzüglich ihren Platz im fünften Schritt zugewiesen, in dem die Logik der Geste zur Liebe der Beziehungen wird. So wird sie gegen das Ganze des Vorgehens gesondert. Daher auch die Mystifikation des Geheimnisses, in dem das «Genie» sein «Kunstwerk» herstellt. Wir wollen, im Gegenteil, die Schritte einer Arbeit sich entwickeln sehen.

Die fünf Schritte bilden ein Vorgehen, dessen Logik über die falsche Alternative von vorberechneter Konzeption oder Zufall hinausführt. Diese Logik taucht auf aus der Folge der Re-flektionen, als die wir die verschiedenen Schritte zu verstehen haben: Die Art, sie zu betrachten, re-flektiert die Eigenschaften der Materie. Nach dem Eingriff re-flektiert die Materie die Art des Eingreifens und so fort... Dies ist ein holistisches Modell des Denkens und Handelns, das heißt der Co-evolution von Mensch und Welt. Mensch und Welt entwickeln sich miteinander in wechselseitiger Antwort. So sind Wahrnehmungen ein Zusammentreffen, eine Begegnung. In diesem Modell werden die fünf Schritte durch die folgenden Begriffe bezeichnet: auftauchendes Muster – auftauchende Situation – auftauchende Geste – auftauchende Geschichte – auftauchendes Paradigma.

Exemplarische Geschichte, alltägliche Geschichte

Von Schritt zu Schritt verändern sich der Mensch, die Materie und ihre Situation – auftauchende Geschichte. Diese gelebte gemeinsame Geschichte vollzieht sich von einer Gegenwart zur nächsten: Das Jetzt wird begreifbar aus seinen Vorgeschichten gelebt und macht begreiflich, daß Geschichte immer die Veränderung, die Transformation einer Gegenwart in eine neue Gegenwart ist. Das Werk von Jean Degottex setzt sich immer weiter fort. Es kann nicht bei einer Periode oder bei einer Erfolgsserie angehalten werden. Jedes Ergebnis wird Ausgangspunkt weiterer Schritte. Diese Arbeit ist «schöpferisch» durch ihren Beitrag zu einer Geschichte, die immer vielfältigere und dichtere Beziehungen herstellt: Kunst.

Wir zeigen das Vorgehen von Jean Degottex. Wir nehmen an der Einführung eines aktiven Publikums teil und bieten eine allgemeine «Pädagogik» an, das heißt einen Weg immer neuer Begegnungen mit sich selbst, mit anderen und mit den Dingen. Dies geschieht freilich in Situationen, die im Hinblick darauf ausgewählt sind, daß sie Vorgehen überhaupt ermöglichen. Fragen werden aufgeworfen, besonders dazu, was das Vorgehen des Künstlers von dem unsrigen im täglichen Leben unterscheidet.

Unterschiedliche Grade von Intensität

Das Künstlerische oder überhaupt das Geistige zeichnet sich durch eine viel weiter getriebene Intensität, durch eine reinere, eine evidentere, eine ästhetischere Logik aus. Aber welches sind die Bedingungen, die dem Beginn eines Vorgehens erlauben oder nicht erlauben, sich in der Logik der Schritte zu verwirklichen? Was unterscheidet ein Gekritzel ohne Bedeutung von einer Kinderzeichnung, diese von einem unbewußten Graffito, beide von einem graphischen Zeichen im Werk von Jean Degottex?

Welche Geschichte tritt in dem Vorgehen hervor und in welcher Intensität ist sie gelebt worden? In welcher Beziehung stehen Intensität und Bewußtsein zueinander, da es doch durchaus andere als intellektuelle Reflektionen gibt?

Bedeutet das abgeschlossene Werk anderes als die Vorgehensweise, die es hervorgebracht hat? Ist es nur dessen Spur? Ist es eine Aufforderung, die Vorgehensweise wiederzuentdecken? Welche Wirkung kann dieses Vorgehen in unserem Alltag entwickeln? Können wir Bedingungen schaffen, die es uns erlauben, dieser Aufforderung nachzukommen trotz unseres Alltags in Strukturlosigkeit, Zusammenhanglosigkeit, Ortlosigkeit?

Der Film

Wir bewegen uns durch einen sehr langen Korridor. Es ist die Passage einer Untergrundbahnstation. Weiße Kacheln an den Wänden. Die Decke ist mit weißen Kunststoffplatten behängt, darunter Neonleuchtstoffröhren. Der Gang ist schattenlos und ohne Nischen. Endlich eine Ecke. Der Korridor führt jetzt nach rechts weiter. Wir bewegen uns gleichermaßen fort zwischen weißen Kacheln und Kunststoffplatten, im Neonlicht. Wir sind jetzt in einem Krankenhaustrakt. Die Türen schieben eine hinter der anderen an uns vorüber. Ihre Farbe wechselt. Sie sind jetzt hellgrau. Aufschriften lassen erkennen, daß sie zu den Büroräumen von Beamten führen. Die einzigen Einrichtungsgegenstände, die man wahrnimmt in diesem endlos wirkenden Gang, sind andere Menschen. Wartende stehen. Es gibt keine Bänke. Gehende kommen uns entgegen. Andere überholen wir. Der Korridor zweigt an einer Kreuzung ab; wir bewegen uns jetzt nach links. Die grauen Betonwände gehören zu einem Schulbau. Die Türen, in größeren Abständen voneinander, sind jetzt dunkelgrau. Die Decke der Flure bleibt gleich. Immer dasselbe Licht. Keine Schatten, keine Nischen. Wir kommen an einem einmündenden Korridor vorbei. An einer nächsten Kreuzung biegen wir wieder links ab. Und wieder links, immer im rechten Winkel. Obwohl wir rasch vorwärtskommen, ist kein Ende abzusehen. Obwohl wir uns zielstrebig beeilen, läßt sich kein Ziel erkennen. Ein Labyrinth ohne Steine. Der Widerhall der Schritte verändert sich von Abschnitt zu Abschnitt, aber es tönt immer, als würden über die Lautsprecher, die gelegentlich auch unverständliche Aussagen abgeben, Tonbandaufnahmen vom Echo fremder Schritte ausgestrahlt. Eine weitere Kreuzung, immer noch in einer Schule, hat die Weite eines Platzes. Wir sehen in ein Klassenzimmer. In der Tiefe des Raumes sitzt, zwischen einigen lärmend gestikulierenden und anderen, apathisch wartenden Schülern, ein Junge an einem Tisch. Die Platte ist mit weißem Plastik beschichtet. Ein Riß taucht darin auf. Die Hand des Jungen hält ein Taschenmesser. Sie arbeitet sich mit der Spitze der Schneide in den Spalt hinein. Kleine Stücke der Beschichtung springen ab. Nach und nach kommt ein wenig von dem Sperrholzgrund zutage. Unsere Augen sind ganz auf diesen Spalt gewandt. Fast leidenschaftlich betrachten wir zwischen den häßlich gebrochenen Rändern diese kleinen Flächen von Maserung unter der Kruste des Leims. Das Messer hat Fasern daraus mit hochgenommen, und Vertiefungen sind entlang ihrer Richtung entstanden.

Wieder geht es durch die Korridore weiter. Es sind jetzt ein gedeckter Gang an Fertigungshallen einer Fabrik entlang, eine unterirdische Ladenstraße. Immer ist das Licht das gleiche, das die Gesichter fahl macht und die Blicke stumpf werden läßt. Die Menschen gleichen einander im Mechanischen ihrer zielstrebig herumirrenden Gänge und ihrer Bewegungen. Die Deckenplatten sind aus weißem Kunststoff. Die Wände aus Betonflächen und Kacheln und Beschichtungen mit Plastik. An einer Ecke drei Telefonkabinen aus Plexiglas. Alle drei sind besetzt. Davor warten Menschen, offenbar schon lange und ohne Aussicht. Man hört aus den abgenommenen Hörern die Besetzt-Zeichen. Nur die Hand eines Telefonierenden fällt auf. Mit einem Filzschreiber zeichnet sie Linien auf die Wandplatte. Sie umfährt eine Schraube, mit der das weiße Plastik befestigt ist; dann werden Wellen in zunehmendem Abstand um den Schraubenkopf daraus.

Im Sande eines Weges, mit kleinen Steinchen vermischt, zeichnen sich die Linien des Rechens ab. Der Weg führt zwischen dem Rasen und einer Beetkante entlang im Vorgarten eines kleinen Hauses. Die Straße daneben und die langweilige Hausfront mit kleinen Fenstern weisen auf eine Vorstadt hin. Ein Rentner harkt noch am Rest des Weges unter einem abgeblühten Obstbaum.

Nun sind wir auf einem weiten Feld in freier Landschaft. Ein wenig hebt sich die Fläche zu einem Wald im Hintergrund. Am Rande steht noch ein Streifen von Getreidestoppeln. Sonst ist die ganze Weite vom Maschinenpflug in parallelen Furchen umgebrochen. Am Hang bilden sie einen leichten Bogen oberhalb und unterhalb einer Kuhle. In der Ferne steht gegen den Horizont ein einzelner Baum. Wir kommen ihm näher und nehmen wahr, wie die Furchen um ihn nach rechts und links ausweichen.

Wir sehen zu der Linie des Ackers und des Waldes gegen den Himmel und bewegen uns weiter, so daß eine weite Talmulde sich vor uns öffnet. Uns gegenüber steht ein Getreidefeld noch hoch im Halm. Davor steht ein Mensch, den man von hier nicht erkennen kann. Nur sein aufrechter Leib ist zu sehen und seine Arme, die er ausbreitet. Wie auf den Fotografien der Geschwister Leisgen unterstreichen sie die Oberkante des Kornfeldes, auf der sie sich dunkel abzeichnen.

In feinem Kies tauchen die Kreise auf, die genau mit einem Rechen dort gezogen sind und vor einer Fläche von parallelen Strichen erscheinen. Dazwischen erheben sich einige verschieden große Natursteine und bestätigen den ersten Eindruck: Wir sind in einem Zen-Garten. Die Linien sind vollendet, auch darin, wie sie den Beziehungen zwischen der Fläche und den Steinen, zwischen den Steinen untereinander und unserem Eindruck davon entsprechen. Im langen Hinblicken auf sie beginnen die Kreise im Kies zu schwingen. Die Empfindungen machen sich in uns bemerkbar, mit denen wir verfolgen, wie der Wurf eines Steines ins Wasser kreisförmige Wellen an der Oberfläche bewirkt und wie diese nach allen Seiten stetig sich ausbreiten.

Das Bild der Kreise geht in die Bewegung von Wellen über. Unter den Wellen vernimmt man jetzt die kurz wiederkehrenden Rhythmen von leichten Hammerschlägen. Dazu sieht man die Mauern von Gordes, diese Stützmauern an den Hängen um die Gärten und als Trennung zwischen ihnen. Sie sind einfach aus flachen Steinen aufgeschichtet, wie man sie, nur kleiner und in noch unregelmäßigeren Formen, auch im Gras und unter den kleinen grünen Eichen am Boden liegen sieht. Die Krone der Mauern bildet immer eine Reihe von aufrecht aneinander gedrängten Steinen. In einem Winkel erkennt man eines der Bori, von deren uralter, schichtender Bauweise die neuzeitlichen Mauern und Mäuerchen offensichtlich abstammen. Die Boris haben keine Fenster. Ihre Wände, über einem Rechteck errichtet, neigen sich von Schicht zu Schicht mehr dem Inneren zu, so daß der Raum innen nach oben hin enger wird. Schließlich berühren die Wände, unmerklich zum Dach geworden, einander und werden durch größere Steine verbunden und überdeckt.

Diese statischen Überraschungen haben die Bauern nicht aufgenommen. Ihre Steine sind einfach geschichtet, und der Boris haben sie sich als Schuppen bedient. Aber die Schichten haben Halt aufeinander ohne Mörtel, wie einst, und ihr regelmäßiges Zueinander in der Ungleichheit der Steine, die schmaler und dicker, runder und eckiger sind, verrät auch eine Kunst.

An eine der höheren Trennmauern ist eine Leiter gelehnt. Die oberste Reihe von Steinen bricht an dieser Stelle ab. Jean Degottex steht auf der Leiter und klopft mit einem kleinen Hammer die Kante eines flachen Steins zurecht. Dann setzt er mit ihm die Reihe vor sich fort, hinter der jenseits sein Haus zu erkennen ist.

Während er weitere Steine auf die Mauer setzt, erklärt er uns, wie er das tut: Der Stein wird für seinen Platz ausgewählt von dem Haufen am Boden, auf den alles zusammengetragen worden ist, was hier heruntergebrochen ist oder verrutscht war. Dann wird der ausgewählte Stein an seiner Stelle ausprobiert; hin- und hergeschoben, wieder gedreht, bis eine gute Lage erreicht ist. Aus ihr wird er aber noch einmal aufgenommen. Leichte Hammerschläge müssen die Rundungen der unteren Kante abnehmen, etwas von der Dicke seitlich entfernen. Er wird erneut in seiner Lage geprüft und noch einmal beklopft. Erst im fünften Schritt sitzt er.

Degottex läßt nun seinen Blick über die ganze Terrasse schweifen. Zwei Menschen helfen ihm mit Reparaturen an anderen Mauern. Ihre Hämmer nehmen seinen Rhythmus auf. In der Ferne erkennt man, über ein kleines Wäldchen hinweg, das Tal und den Höhenzug jenseits.

Wir wenden uns mit Degottex seinem Atelier zu, in das er eintritt. Es beginnt eine Arbeit an den «papiers pleins», diesen großen Bogen aus schwerem Japanpapier. Wir denken an den ersten Schritt des Vorgehens, als er das Material prüft und dabei einen Zufall feststellt. Eine Holzlatte, an der Farbe abgestrichen worden war, ist auf einen Bogen gefallen und über seine ganze Fläche hin angeklebt. *Die Achtung vor den Dingen.* Degottex betastet die Latte und hebt sie über eine Kante behutsam, aber entschieden ab. So kann er genau beobachten, wie sich unter seinem Eingriff das Holz mit einem Streifen der obersten Papierschicht löst, die nun über den Rand mehr oder weniger hinaussteht. Daraufhin muß man sich die so geöffnete Oberfläche ansehen, in das Papier hineinsehen, die über ihm entstandene Welle hauchdünnen Papiers betrachten.

Die Achtung der Dinge geht über ins Handeln. Degottex stellt verschiedene Versuche an. Farbe oder Leim werden auf Latten aufgetragen. Einmal verteilt er dabei das Flüssige ganz knapp, einmal reichlich über die Fläche des Holzes, bevor er es auf das Papier setzt. Immer ist seine Bewegung leicht und kraftvoll. Er läßt die Latte kürzere oder längere Zeit antrocknen. Immer nimmt er sie auf jede Stelle achtend, aber in einem Zuge hoch.

Die Achtung der Geste. Degottex lernt dabei, die Oberfläche auch mit einem Messer abzuheben. Die Ergebnisse sehen nun den vorigen, die noch umständlicher zustande kamen, zunächst nicht sehr ähnlich. Nach weiteren Versuchen nehmen sie denselben Charakter von Streifen an, die sich nach oben abheben und so die feine Faserung des Papiers ahnen lassen. Zugleich deuten sie flache Schatten an, die unter ihnen sich fortsetzen. Das Papier weist Anschnitte und Wellen auf, aus denen die Schatten hervorkriechen. Degottex hat nun den Vorgang zwischen Papier und Latte, das Ankleben und Abheben ganz in seine Geste des Einschneidens mit dem Messer hineingenommen.

Die Logik der Geste wird zur Liebe der Beziehungen. Degottex hat seine Bewegungen mit den Wirkungen seines Einschneidens, er hat die Wirkungen dieser Ergebnisse auf ihn immer wieder miteinander verglichen. Jetzt hat er das Gleichgewicht in der Logik seiner Geste gefunden. Ein langer Schnitt mit dem Messer öffnet das Papier längs der ganzen Fläche. Aus seiner Tiefe atmet dieses Papier in die Luft über ihm. Durch den leicht gewölbt sich abhebenden Streifen begegnen sich die fasrige Masse des weißen Papiers und die Weite über ihm. So erinnert die Öffnung an den Mund beim Mittelpunkt des römischen Stadtgrundrisses, den mundus, durch den die Lebenden Verbindungen zum Totenreich unter ihnen wie zu den fruchttreibenden Kräften der Erde unterhielten.

Draußen sieht man wieder ein Stoppelfeld. Ein Pflug zieht eine Furche. In schräger Richtung greifen die Pflugscharen in die Erde, die links neben der Spur umgebrochen ist, rechts neben ihr und vor ihr vom Grau des Staubes, von schmutziggelben Stoppeln und von dürrem Unkraut bedeckt ist. Die gekrümmten Stahlflächen schneiden tief in diese Oberfläche ein. Während Traktor und Pflug vorangehen, bröckelt das dunkle Erdreich empor wie in Wellen, die liegenbleiben. Trotz Brocken und Rissen ziehen Tiefen und Höhen sich gegen den Horizont hin. Die Furchen werden immer länger. Der Traktor verschwindet über die Hügellinie gegen den Himmel.

Die Médias

Im Atelier setzt eine andere Linie die der Furche fort. Mitten über das Schwarz einer großen Fläche, die auf einen Rahmen gespannt, an die Wand gelehnt ist, zieht sich ein schmaler Streifen. Die Oberfläche des Japanpapiers ist angeritzt worden und dann im Zuge einer großen Bewegung von Hand und Arm, entlang der Ritzung, abgerissen. Darunter tritt hier das Weiß des Papiers hervor. Faserig offengelegt zwischen den glatten Feldern von Schwarz neben dem Streifen.

Die Erinnerung an die Arbeit, die zu den *Médias* führte und in ihnen wieder wach wird, gehört zu den lesbarsten Schrittfolgen im Vorgehen von Degottex.

Von einem großen Stapel riesiger Bögen nimmt er den obersten auf. Das Papier ist fein in der Faserung, dick und schwer. Wir dürfen es zwischen zwei Fingern fühlen. Rauh und dick, fast seidig; weich und doch elastisch fest.

Noch einmal entwickelt sich der Vorgang in den Schritten, die Degottex selbst mit einem Band von Skizzen auf dem Faltblatt des *Média*katalogs von 1974 festgehalten hat.

Ein Eimer voll schwarzen Acryliks mit einem Kasten und einer Rolle daneben steht bereit, ihm gegenüber eine große Flasche mit chinesischer Tusche und eine breite flache Wanne.

ich bereite vor
Akrylik
chinesische Tusche
ich mache mich bereit daranzugehen
ich atme...
rollen
ich rolle
oben statisch das Akrylik
habe ich die Tusche oder den Pinsel?
oder beide
Pinselstrich
sehr schnell das x Zeichen
unten chinesische Tusche
ich setze das untere Blatt auf
ich nehme es ab
ich setze es darüber auf
man müsste die Rückseite zeigen

ohne zu kontrollieren
und warum nicht meine Schuhe?
den linken oder den rechten
eine zu ästhetische Leere
ich setze genau an
? ich betrachte
es läuft!
die abgerissenen Bänder sind zu etwas geworden
Mediane   IM-Media   IN-Media
Schatten auf dem Bild
im Atelier [1]

Das Betrachten ist, im Fragezeichen, zugleich Horchen: «es läuft». Wie nah schließt hier an das Horchen die «Partitur» der trocknenden Blätter in einer späteren Phase der Arbeit an! Hier lauschen wir mit Degottex in das Laufen und Tropfen der Tuschebahnen. Bis auf den Boden verfolgen wir es, und dann hören wir die Stille. Andere Blätter tauchte er ins Bad aus Tusche, so daß sie, oben feucht und unten trocken, sich krümmten. Am Boden liegen dann die Blätter schwarz und wie Bögen, die an den schmalen Seiten aufsetzen. Langsam trocknen sie und legen sich dabei wieder flach. So entsteht ein Geräusch des Schurrens über das Holz mit seinem rauhen Widerstand gegen die Bewegung der Papierkanten über die Dielen hin. John Cage könnte dem ein Stück gewidmet haben. Stockhausen muß die Laute und den Vorgang als Komposition begreifen. Man muß ihn in das Atelier holen und der Improvisation lauschen, mit der er das Ereignis in die Stille danach und in das Betrachten des Blattes fortsetzt.

Er wird hören und zu Gehör bringen, was sich uns vor die Augen drängt: Eine Welle läuft aus auf dem Sand des Strandes. Ein Fuß stellt der nächsten sich als Hindernis in den Weg. Vor ihm wird der Sand weggespült und hinter ihm aufgehäuft. Der Fuß geht weiter. Seine Spur – oder die der Welle gegen ihn? – verschwindet bei den nächsten Wellen nach und nach.

Während Degottex seine Hefte aufschlägt, in denen er mit Skizzen und Gedanken seine Beobachtungen auf dem Wege zu den *Médias* und auch zu deren Wandlungen festgehalten hat, denke ich, er weiß seinen Fuß zu setzen. Er läßt Bilder entstehen, indem er ihn in der rechten Weise und zur rechten Zeit aus dem Vorgang zurücknimmt. Er vermag die Spuren aufzufangen. Er weiß, aber er operiert nicht. Er kann es geschehen lassen, aber es geschieht so, wie er das Geschehen erfährt.

Nicht er macht ein Bild, aber er arrangiert das Geschehen so, daß wir aus seinen Spuren ihm wieder auf die Spur kommen können. Er malt weder mit der Hand noch mit dem ganzen Körper. Aber die Hände und der Körper wissen sich entschieden und vorsichtig an dem Geschehen zu beteiligen, so daß die Spuren auch von ihnen zeugen.

«Die Linie hört nie auf»

Degottex ritzt jetzt mit einem Messer zwei parallele Linien in die Oberfläche des Japanpapiers. Sie verlaufen oberhalb und unterhalb der Mitte. Man hört dabei in einem benachbarten Hintergrund wieder die Geräusche der Korridore und Flure. Jetzt ist der Bogen oben mit Acrylik, unten mit chinesischer Tusche überzogen. Noch einmal steht Degottex vor der Wand mit dem Bogen und holt aus, um den Streifen zu fassen und abzureißen. Die Geräusche der Korridore verstummen. Stille, in die hinein die Geste des Reißens und sein Geräusch treffen. Mit einer einzigen großen Bewegung kommt die Hand von weither an den Papierrand, greift dort in dessen Oberfläche, geht über den Bogen hin, jetzt den dünnen, unregelmäßigen Streifen mit sich abhebend, und nimmt ihn mit, jenseits über den anderen Rand hinausgehend und hinausweisend.

Die Grenzlinie zwischen den beiden schwarzen Farben verschwindet und wird durch die weiße Leere der Furche im Papier abgelöst. Während Degottex den Bogen von der Wand nimmt und auf den Boden legt, werden wieder die Geräusche der Korridore vernehmbar. Liegend kann etwas von der noch fließenden Tusche in die rauhe Zone, an einer Stelle sogar über den Streifen hinweg auf das gleichmäßig verteilte Schwarz jenseits sickern oder fließen.

Noch einmal holt Degottex zu der Bewegung des Abreißens aus. Wieder vergeht uns das Hören des Hintergrunds. Aber die Bewegung des Armes, die von weither kommt und weithin weist, wird nicht von Degottex ausgeführt. Vor unsere Augen rückt der Meister Noro. Aus der Weite der Zentradition des Aikido und des Kinomichi vollzieht sich, in seinem Blick und durch seine ausgestreckte Hand, eine Bewegung von Horizont zu Horizont, indem sein Arm von links mit großer Bestimmtheit vor ihm nach rechts geht und nun in eine ziellose Ferne weist.

Wir hören wieder Stockhausen improvisieren, streng und frei, wie es die Partitur der trocknenden Blätter vorgeschrieben hat. Ein Fenster wird geöffnet, und vor uns zeichnet sich die Linie des Horizonts ab zwischen dem Meer und dem Himmel. Diese Linie wiederholt sich in der Nähe, wo jetzt Wasser und Sand wie in einer langen, in sich bewegten Linie aufeinandertreffen. Unser Blick läßt sich auf die Fläche des Wassers hinausziehen. Ganz leicht gleitet sie in Wellen nach rechts. Ein Pinsel legt einen Strich weißer Farbe von links nach rechts darüber. Sie steht darauf, sich auflösend wie ein Kondensstreifen am Himmel. Und wieder taucht der weiße Streifen über die Mitte eines *Média* vor uns auf.

Neben diesem *Média* sehen wir andere an den Wänden des Ateliers. Auf einem Tisch steht eine schwarze Pappe von der Höhe eines Unterarms, mit einem abgerissenen Streifen, der horizontal über seine Mitte verläuft. Daneben liegen Postkarten von der gleichen Art.

«*Die Linie hört nie auf.*» In den Flußläufen und an den Stränden meiner Reisen finde ich große graue Kiesel, manchmal auch schwarze Steine mit einem weißen Band quer über ihre Fläche hin. Briefe von Jean Degottex, die ich manchmal auch mit meinen Grüßen an ihn nach Paris schicke.

Er hat jetzt den abgerissenen Streifen eines *Média* in der Hand. Etwas chinesische Tusche tropft davon auf den Boden. Er knüllt den Streifen in der Hand zusammen. Es wird eine Kugel daraus. Sie behält, durch die Tusche verklebt, ihre Form, als er sie auf den Tisch legt.

Er nennt diese Kugeln *Holosphären*. Aus einer Ecke des Ateliers hat er sie vor einiger Zeit wieder hervorgeholt und betrachtet. Er hat eine von ihnen leicht in das Tuschebad getunkt und dann mit ihr auf dem nächsten Bogen japanischen Papiers gedruckt. Immer weiter gedruckt, einen Stempelabdruck unter dem anderen, bis die letzten Rückstände von Tusche nur noch ein ganz knappes Zeichen auf dem Weiß hinterlassen.

Dieser Film führt die Menschen in die Entstehungsvorgänge ein. «Können Sie diese Führung mitmachen? Brauchen Sie vielleicht viel mehr Zeit, viel mehr Begegnungen?» Wie oft bin ich in diesem Atelier, wieviel öfter noch in dem Pariser bei Jean Degottex gewesen. Durch wie viele Phasen und Wandlungen und Gespräche verfolge ich nun schon diese eine Periode, die *Médias*. Wie vielfältig sind wir inzwischen seinen Schritten gefolgt und haben unsere Bilder und Erfahrungen dazu auftauchen lassen. Aber ein Publikum trifft in einer Ausstellung ganz unvermittelt auf die Werke, die es für Werke hält gleich jenen anderen, gewohnten, die so viel weniger darauf angewiesen und darauf angelegt zu sein scheinen, daß beim Betrachten die Spuren der Entstehungsvorgänge in diese Vorgänge zurückführen. Wie soll in den Ausstellungsbesuchern jene Geste lebendig werden, von der die Bilder Zeugnis zu geben haben, sonst nichts? Wie sollen diese Bilder die Kraft entfalten, uns wieder in die Vollzüge der nie endenden Linie zurückzuführen und uns diese Linie durch uns hindurch weiterführen zu lassen, und zugleich uns auf so Unerwartetes vorzubereiten? Sie müßten die Erwartung, die auf Resultate zielt, aufbrechen. Werke müßten begriffen werden als Landkarten der Wege, auf denen sie entstanden sind und zu denen sie einladen. Sie müßten die Menschen aufwecken aus der Gewohnheit, in Bildern Abbilder zu sehen und auf das Wiedererkennen des Bekannten zu starren. Dazu gehört eine aufrüttelnde Gewalt. Und sie müßten verführerisch in das Leben der Gesten und Vorgänge einzuführen vermögen; dazu müssen sie reizvoll sein und Vertrauen erwekken, spontan zu den Menschen sprechen und ihnen mit liebenswürdiger Ausdauer begegnen. Sie haben die Aufgabe, alle Kunstwerke vor ihnen wie sich selbst zu befreien. Seit Kunst aus dem Dienst an der Religion entlassen worden war, ist sie, mehr oder weniger, der Abtrennung von Vorgängen des inneren und des öffentlichen Lebens verfallen. An die Stelle ihres Sinns in der Berührung mit dem ewigen Leben hat die Kunst ihr eigenes Erleben, das Publikum aber sehr weitgehend die «Motive» dieses oder jenes Erlebnisses gesetzt. Was stellt das dar? Die Meister haben bis in dieses Jahrhundert hinein nachsichtig und resigniert auf solche Fragen reagiert. Sie haben, um die Menschen in die Erfahrungen besonderer Lebensdeutungen hineinzuziehen, hingenommen, daß man ihnen nachsagt, sie hätten «die Infantin von Spanien» oder einen «Mönch am Meer» oder «Sonnenblumen» «dargestellt».

«Geht es Ihnen wie diesen Menschen 1980 in der Abtei von Sénanque?» Wir befinden uns in einem von mehreren Sälen eines Museums, die eine Retrospektive von Degottex vor einem zahlreichen Publikum ausbreiten. Die Menschen sind eilig, verharren vor den Dingen, um festzustellen, ob sie da doch mehr sehen können, als es scheint. Aber wie sollte das eigentlich so schnell gelingen können? *Was soll dieses Gekritzel*», sagt ein Mann. Zunächst macht sich Ärger in der Bemerkung Luft. Aber dann spürt der Mann, daß es eigentlich eine Enttäuschung ist, die sich unter dem Ärger verbirgt. Er nimmt ein Blatt vom Tisch des Aufsehers und schreibt diesen Satz darauf. Dann legt er das Blatt auf den Tisch. Er dreht sich noch einmal nach dem benachbarten Saal um, reicht seiner Frau die Hand und geht mit ihr zum Ausgang. (Dieser Satz fand sich unter den anonymen Publikumskommentaren während der Retrospektive von Degottex 1978 in der Abtei von Sénanque.)[2]

«Was soll dieses Gekritzel?» Der Ausruf ist zur Frage geworden.

Eine jüngere Frau geht rasch von einem Bild zum anderen. Sie wechselt dabei von der Gruppe großer kalligraphischer Zeichen zu den frei, jede vor einer ganzen Wand hängenden Leinenflächen hinüber, in deren Blau oder Schwarz sich die Muster noch rätselhafter Druckvorgänge geprägt haben. Sie sagt, «das könnte ich auch». Wieder eine Ablehnung. Aber die Frau sagt nicht, das sei keine Kunst. Sie denkt plötzlich an sich selbst. Wie negativ auch immer gewandt, sie stellt einen Zusammenhang mit Vorgängen her, die auch sie vollziehen könnte. Nichts wäre darum falscher, als Degottex gegen ihren Einwand zu verteidigen mit Hinweis auf sein einzigartiges Können. Gewiß ist seine Arbeit auch einzigartig. Groß aber ist seine Kunst darin, daß sie künstlerisches Arbeiten in die Logik der Lebensvollzüge zurückführt. Dieses Universelle gibt seinem Vorgehen einen Sinn. Das gilt es verständlich zu machen, und dann kommt die zweite Aufgabe. Es gibt sehr unterschiedliche Grade von reflektierter Klarheit in dem Vorgehen und von Intensität in seiner Wirkung.

In jeder authentischen Geste, auch der eines malenden Kleinkindes, drückt das Universelle sich aus. Aber es verbindet sich erst dann mit der Geschichte von Menschen, wenn es durch deren Prägungen und Deformationen hindurchgedrungen ist. Es spricht erst von seiner Bedeutung für die Geschichte einer Kultur, wenn es durch deren Ahnungen und Borniertheit hindurch seinen Ausdruck findet. Unser Leben ist in allen seinen Formen daraufhin neu anzuschauen.

Kinder von drei, vier, fünf Jahren sitzen in einem Raum zusammen. Sie betasten Holz, fühlen verschiedene Stoffe zwischen den Fingern und auf der Haut. Eine Lehrerin macht sie aufmerksam auf das, was sie wahrnehmen. Es ist eine Montessori-Schule.

Drei Kinder gleichen Alters bewegen sich mit ihren Eltern, einem Freund der Eltern und einer Großmutter am Strand. Sie entdecken die Fährten eines Vogels, deutlich und fest in den feuchten Sand eingeprägt, und zeigen sie einander. Dann kommt die Mutter mit kleinen Steinen in der hohlen Hand zurück und beginnt, mit ihnen eine andere Spur zu legen. Zwei der Kinder nehmen ein Stöckchen und machen damit Löcher, eins hinter das andere gereiht.

Ein etwa achtjähriger Junge tritt zu einem Mann am Schreibtisch. In den Händen hält er eine Zeichnung. Das Kind legt das Blatt auf die Schreibmaschine. Der Mann sieht darauf eine Linie sich zu einem zierlich gewagten Gleichgewicht aufschwingen. «Damit du dich ausruhst», sagt der Junge und geht wieder fort.

Im Kinderladen des Musée Beaubourg arbeiten Kinder über das

Thema «Spuren und Eindrücke» (vgl. die Publikationshefte des Centre Pompidou, Paris): Ihnen werden große Bilder von den Spuren einer Schlange im Wüstensand gezeigt. Sie machen daraufhin Zeichnungen, in denen diese Spuren als Zeichen, als Kleckse, als rhythmische Linien wiederkehren.

Man denkt an einen Felsen in der Strömung des Küstenmeeres oder an die Wirbel um einen Brückenpfeiler. An das einströmende lehmige Rinnsal, das in Strudeln und langen Zügen in den dunklen Flußlauf hineingezogen wird. Man hört die Fragen, «wie kommt Ausdruck zustande?», «was tun wir zu dem hinzu, was wir sehen?», «was tun die Maler?» Die frühen Bilder von Degottex tauchen auf. «Das Blut des Kormoran» mit dem erstaunlichen Zeichen des Pinsels auf dem sandbraunen Grund. André Breton hat sie beschrieben, oder hat er sie gedeutet oder verstanden?

In einem Stadtteilsatelier leitet Degottex eine Gruppe von Menschen zu eigener Arbeit in der Art seines Vorgehens an. Jemand ist damit beschäftigt, kleine Äste nach und nach zu zerlegen. Zuerst löst sich die trockene Rinde. Dann springt das Holz unter dem Druck einer flachen Zange in Stücke. Bei weiterem Druck lösen die Stücke sich in Fasern auf. Ein Mädchen reißt Zeitungsseiten in Streifen und wendet diese Streifen so lange, bis sie von einem zum nächsten wieder das Bild sich fortsetzender Zeilen, geschlossener Absätze und Kolumnen bilden kann. Schon zu seinen Funden auf der Deponie hat Degottex gesagt: «Man muß vom Kostbarsten ausgehen, um zum Bescheidensten zu kommen. Man muß vom Bescheidensten zum Kostbaren gelangen.»

Diese Menschen begegnen einem Material mit seinen Naturgestalten, seiner Geschichte. Sie entdecken, wie ihre Organe, ihr Empfinden darauf antworten. Sie versuchen, darauf sich zu konzentrieren. Gestalten. Diese Begegnungen deuten sich an im Rhythmus von Untersuchen und Aufnehmen und Erproben und Sehen, Spüren, Hören, Riechen. Bei Menschen, die aus dem Alltag, dem modernen Alltag, kommen, geschieht dies alles weniger entschieden als bei dem Meister, für den dies seine ganze Lebensarbeit geworden ist. Aber wir können an den Tischen dieses Ateliers beobachten, wie die fünf Schritte des Vorgehens die Logik der Begegnungen bestimmen. Man sieht, bei welchem Schritt die Menschen gerade sind:

– Betrachten, Wählen, Handhaben
– Bewußtwerden von Spuren und Wirkungen eines ersten Umgangs
– Erprobung verschiedener Mittel und Vorstellungen

– entsprechende Vorrichtungen und Einrichtungen
– Verwirklichungen eines gewählten, geklärten Zugangs.

Wir fragen Degottex: «Lassen Sie alle Ergebnisse gelten? Man sieht doch hier Ansätze, da mißlungene Versuche, dort Grundlagen für neue Entdeckungen, die aber ganz bestimmter Veränderungen im Vorgehen bedürfen. Und in Ihrem eigenen Werk: Erkennen Sie alles an, was unter Ihren Händen entstanden ist?» Ein Blick in die Regale seiner eigenen Ateliers zeigt die Sammlungen begonnener Schritte. Aber wie vieles ist auch weggeworfen worden. Wenn die begonnenen Geschichten irgendwann wieder aufgenommen werden sollen, wie die Holosphären als Druckstempel, dann muß immer Raum frei sein für ein solches Geschehen.

Dieses Drucken hat eine weitere Verarbeitung ausgelöst. In einer Serie von Blättern sieht man die ersten Stempelspuren in Reihen. Immer wieder von allen Seiten und bis zur Erschöpfung der eingedrungenen chinesischen Tusche entstehen Zeichen auf dem Papier. Dann aber nimmt Degottex den Pinsel und macht eine zweite Reihe von Zeichen über der ersten. Sie setzen die gedruckten Konstellationen in geführte Striche um. Eine dritte Reihe darüber wandelt die allzu eng nachgeahmten Konstellationen ab. So erfindet Degottex nach und nach Gestalten, die einem Vorbild ebenso wie seiner Hand entsprechen. Es ist nur einleuchtend, daß schließlich etwas Schwarz auf Weiß erscheint, was den Charakteren der chinesischen Schrift sehr ähnlich wirkt.

«Wenn Wasser zum Kochen kommt, wird irgendwo die erste Luftblase aufsteigen», sagt Gregory Bateson in «Mind and Nature. A Necessary Unity»; «man weiß nicht wo, aber die Stelle wird nicht zufällig sein.»[3] Degottex hat die Kraft und die Gelassenheit, sie aufsteigen zu lassen und dieser Stelle nachzugehen. Durch sein Begreifen des Geschehens wird «das Muster, das verbindet» in einem neuen Vorgang sichtbar. Er läßt dessen Gestalten auf seine Weise auftauchen.

Am deutlichsten ist der Vorgang dann, wenn er sich den unvorhersehbaren Momenten, zum Beispiel einer Mülldeponie zuwendet. Mit seinem kleinen alten Mofa macht er sich auf den Weg. Große Brocken kann er nicht mitbringen. Eher, wie vor einigen Jahren, eine Reihe alter Zementsäcke.

Denken wir einmal, wir würden nicht seine Hand betrachten, während sie das erste Mal an einer Sackecke zieht. Seine Arme, während sie den Sack ausbreiten, dann ihn aufreißen an einer Naht entlang, ihn aufspannen mit dem gezackten Rand der aufgerissenen Nähte und dem pudrigen Weiß ungleichmäßig über die bräunliche Packpapierfläche verteilt.

Stellen wir uns vor, wir wüßten nichts von der Lebensgeschichte dieses Mannes. Wüßten nicht, daß er eine Frau und eine schon erwachsene Tochter verloren hat; eine zweite Frau in der Dichterin Renée Beslon gefunden. Daß er vom Lande kam, in der Gegend von Lyon, und seit Jahrzehnten in einem alten Atelier in Paris wohnt, in einem anderen fast ebenso lange arbeitete, zu dem man sechs winzige Stiegen hinaufging im 14. Arrondissement und das jetzt abgerissen ist für einen Neubau. Daß er seine eigene Kalligraphie entwickelt hat, obwohl er die der Zenmeister kannte. Daß er Philosophien liest, ohne irgend etwas unmittelbar in seine Arbeit zu übernehmen. Daß er tief politisch, stark engagiert ist, ohne Politik zu betreiben. Daß er im Pariser Mai zunächst ein Plakat machte «Wir brauchen das Rot, um aus dem Schwarzen herauszukommen», dann aber nach den ersten Ansätzen roter Institutionalisierung bereits ein zweites Plakat machte: «Wir brauchen das Schwarz, um aus dem Roten herauszukommen». Nehmen wir an, wir wüßten nichts davon, wie in diesem Menschen die Anarchie als höhere, feinsinnige Ordnung Leben zu versprechen vermag!

In einem Museum, dessen Hallen die Wartesaalatmosphäre der ersten Szenen in Erinnerung rufen, hängen, neben anderen, die Arbeiten von Jean Degottex mit den Zementsäcken. Die Doppelflächen sind ausgebreitet, auf Japanpapier gezogen; an einigen Kanten tragen sie die Druckspur einer Holzlatte in weißer Farbe. Wieviel Kraft werden sie haben, unsere Bereitschaft zu wecken, unsere Erinnerungen aus verschütteten Erlebnissen vom Auftauchen der Gestalten in uns, um uns zum Leben zu bringen. Und wenn sie uns beeindrucken, werden sie uns nicht zum Ausdruck unserer halbgelebten Erfahrungen werden? Werden sie uns nicht an das Leiden abgebrochener Schritte aller Tage, aller Jahre unseres Lebens erinnern und an die Versprechungen, die in der Poesie klappernder Plättchen verborgen war, wenn sie in Flughäfen Richtungen und Zeiten angeben, oder in den Grautönen der Asche des ausgebrannten Kamins, den wir dann doch ordentlich ausgeräumt haben?

Anmerkungen

1 Jean Degottex, Suite Média. Ausstellung in der Galerie Germain. Paris 1974.
2 Anonyme Publikumskommentare während der Retrospektive von Degottex 1978 in der Abtei von Sénanque.
3 Gregory Bateson, Mind and Nature. A Necessary Unity. New York 1979. Die Zitate sind vom Verfasser ins Deutsche übersetzt; die angegebenen Seitenzahlen beziehen sich auf die entsprechenden Stellen in der deutschen Ausgabe: Geist und Natur. Eine notwendige Einheit. Übersetzt von Hans-Günter Holl. Frankfurt/M. 1982, S. 56; das folgende Zitat l. c., S. 17.

Zu den beiden folgenden Seiten:

Auf einem Blatt hatte ich das Herz gemalt. Friedrich verstand es als mein Herz für ihn, setzte die Senkrechte an und schuf ihm, was ich eine Art Weltenhaus nennen kann: Seitdem hat er ganz ähnliche Gebilde gemacht und den ihm wichtigen Menschen darin Wohnungen gegeben.

Auch in den Sandbildern der Navaho bilden die Weltgegenden ein Kreuz – wie etwa in der römischen Projektion des Himmels als Stadtgründungsplan auf die Erde. Die Indianer begreifen freilich das Feld als eine Aufteilung, die durch Bewegungen zu verbinden ist: Hier wird «der Weg des Koyoten» angedeutet, dem dann die Tänze der Menschen entsprechen. Diese Tradition ist noch nicht verloschen, während Beuys 1974 in einer New Yorker Galerie eine Woche seines Lebens dem «Coyoten» widmet, um ihn als Symbol des Wandels zu ehren und die Indianer, denen das Tier heilig war.

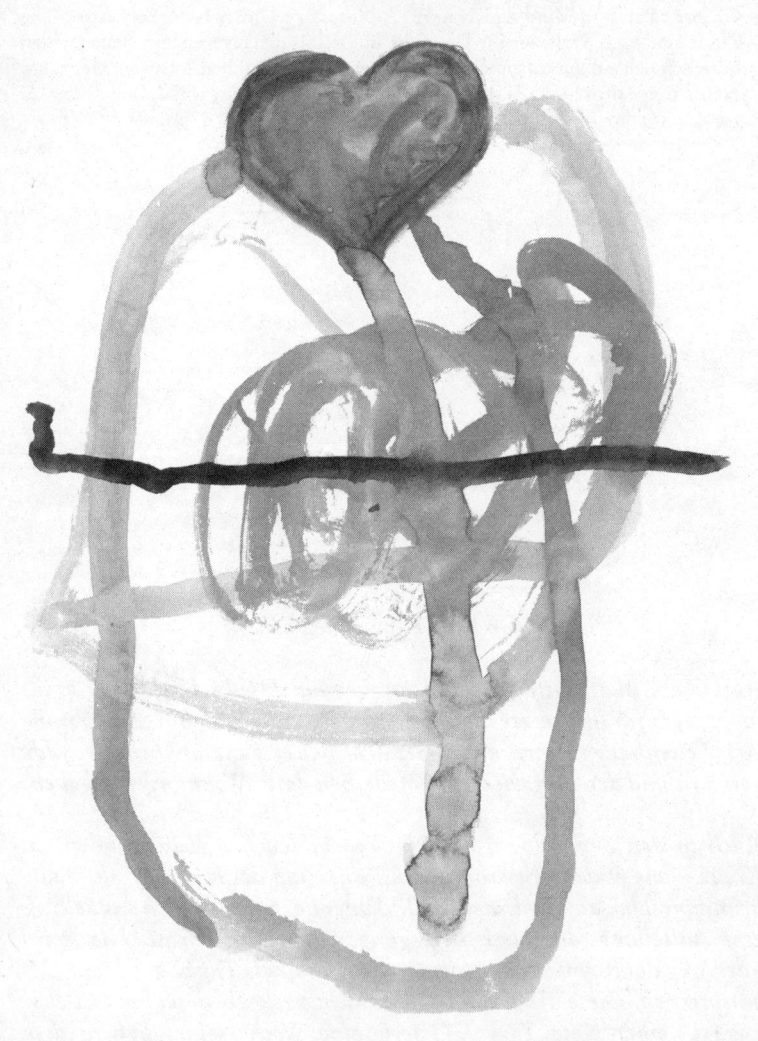

Alles Leben
weist über sich hinaus

Die authentische Geste

Authentische Gesten tauchen unter sehr verschiedenen historischen Bedingungen auf und haben jeweils ihre eigene Geschichte, noch bevor sie in dieser oder dieser anderen Lebensgeschichte gegenwärtig werden. Die authentische Lebensgeste vermittelt immer zwischen dem Universellen des Lebens und dem Individuellen menschlichen Erlebens in der besonderen Situation. Diese beiden Seiten sind je historisch bestimmt, um so mehr die möglichen oder verunmöglichten Beziehungen zwischen ihnen.

Die Erinnerung an die historischen Bedingungen nimmt hier jedoch einen anderen Charakter an, indem sie sich dem Anschluß an das Ende des letzten Kapitels verbindet. Dort wird überlegt, wie die Tiefendimensionen des Ästhetischen durch eine bestimmte geschichtlich-lebensgeschichtliche Erfahrung hindurch einen Ausdruck annehmen können. Diesem Vorgang wird an dem Modell eines Werkes nachgegangen. Hier nehmen wir diese Überlegungen auf, untersuchen aber ihre Bedeutung allgemein im Leben der Menschen.

Authentisch worin?

Nicht viele Menschen vermögen einen Vorgang so zu durchleben, daß sie ihn im Durchleben zugleich auch begreifen und beides Ausdruck annehmen lassen. Bei Jean Degottex ist dies ein Ausdruck in Spuren, die wie aus eigenem Recht wirken, aber auf den Vorgang wieder zurückführen und die doch über ihn hinausweisen in ein universelles Geschehen, wie es seinerseits in dem Vorgang des Pinselstrichs oder der Geste des Abreißens oder dem Eintauchen des Blattes ins Bad von chinesischer Tusche sich ausdrückt.

In allen Menschen ist jedoch dieses Universelle anwesend, auch wenn es nur selten durch andere Schichten hindurchzudringen und hervorzuscheinen vermag. Es kann seinen Ausdruck finden in einer Handbewegung, in einem Blick, in einer Körperhaltung. Durch sie hindurch kann es Spuren hinterlassen wie Fußeindrücke im Sand, als Erinnerung an einen Gang durch den Raum oder eine Berührung auf der Wange; an den erdigen Ton, den die Hand gegriffen hat; Spuren hinein in die Weite, aus der eine Armbewegung kam. Vielleicht ist derartiges manchen Menschen seit ihrer frühen Kindheit nicht mehr vorgekommen. Wahrscheinlicher ist dann, daß es ihnen und niemandem sonst aufgefallen ist. Geht man früh genug zurück zur ersten Begegnung der kleinen Hände miteinander oder zu diesem ersten Lächeln, das nichts meint und eben darum so viel sagen kann, so trifft man mit Sicherheit in jedem von uns darauf. Lernt man, dem Beachtung, Achtsamkeit, Achtung zuzuwenden, so öffnen sich immer wieder die Vorhänge geplanter Abläufe und lassen diese Momente hervortreten, die zu uns sagen: Hierin ist ein Leben gegenwärtig, so ganz und gar, daß es auch jenes universelle Leben zu spüren gibt, in dessen Bewegungsfluß es doch nur sich bewegen kann. Individualität, ist sie nur klar genug, drückt immer auch dieses Universelle aus, wie dieses wohl kaum anders als durch seinen Ausdruck in diesem oder jenem Individuellen auftaucht.

Die Bewegungen, in denen wir ganz da sind, sollen authentische Gesten genannt werden. Authentisch sind sie als Äußerungen eines Lebens, als Selbst-tätigkeit, die sich von keiner Absicht und keiner Vorgabe und keiner Behinderung verwirren läßt. Da wir nur teilhabend am Wechselspiel mit anderen, weiteren Bewegungen als allein den unseren lebendig sein können, sind solche Äußerungen immer auch Spuren jener Werte – des Universellen. Indem Bewegung, die sich äußert, immer innere Bewegung gewesen ist und auch im äußeren Vollzug zugleich innere Bewegung bleibt, drückt die Lebensgeste den Zusammenklang von innen und außen aus. Um Ausdruck werden zu können, mußte die Geste aus den Eindrücken mit auftauchen, die innere Bewegungen von außen aufgenommen haben, so daß authentische Gesten dies alles sind und zugleich Nachhall von Erinnerung.

Authentische Lebensgeste ist ein Begriff, der die Bereiche des Menschlichen übergreift vom geklärt-klärenden Erleben bis hin zur Kunst. Er gründet in einer Dimension, die alle diese Bereiche unterfängt, trägt. Authentische Gesten sind diesseits der Unterschiede von einfachen Lebensgesten und den vielfach in sich reflektierten Äußerungen der Kunst. Als solche Idee enthält der Begriff Kategorien, in denen alle diese Äußerungen als ein Kontinuum erscheinen. Sie ermöglichen jene Vergleiche, aus denen dann auch die Unterschiede bestimmt werden können.

Authentizität wird immer an etwas gemessen. Es gibt verschiedene Grade, in denen sie sich durchzusetzen vermag. Für die authentische Geste ist dies die Nähe zum Leben. Adorno spricht von der Autonomie der Kunst und meint damit die Kraft der Kunst, sich selbständig zu einem Eigenen zu machen gegen die Abhängigkeit etwa von der Religion oder der politischen Lehre, denen sie zu Diensten verpflichtet worden ist oder werden könnte.[1] Die authentische Geste dient freilich dem Leben, das in ihr sich äußert. Aber sie wird nicht zu dessen Mittel instrumentalisiert. Leben vermittelt sich immer; das ist sein Prinzip. So sind die Bewegungen seiner Vermittlung Ausdruck und das sich ausdrückende Geschehen zugleich, ganz wie Kunst. Sie sind das in ihnen wie zugleich hinter ihnen hervortretende Leben, auf das sie deuten, das sie bedeuten. Von irgendeiner diskursiven Kommunikationsaufgabe müssen sie frei gehalten werden – wie die Kunst davon, anderes bedeuten zu sollen als ihren eigenen Vorgang des Entstehens, Formannehmens und Wirkens. Den Vorgängen kann nichts ‹semiotisch› hinzugefügt werden, etwa durch Konvention – ‹das heißt für uns das und das!›. Noch kann aus ihnen etwas herausgelöst werden, etwa ein ‹Informationsgehalt›, der anders als durch den Vorgang hindurch und als dessen Moment ‹kommuniziert› – etwa rein kognitiv ‹gesendet und empfangen› – werden könnte.

Kunst kann nicht, um ein simples Beispiel zu nehmen, durch Einfügen roter oder schwarz-weiß-roter Fahnen zum Träger eines politischen Gehalts gemacht werden. Ebensowenig können wir unsere Handschrift, die Schrift im Gegensatz zum geschriebenen Inhalt, so führen, daß der Leser oder die Leserin uns für einen energischen oder liebenswerten, intelligenten oder sensiblen Menschen halten. Trotz rhetorischer Schulungen wird Ähnliches sogar für die Wortwahl gelten. Für wesentliche Äußerungen kann kaum der überzeugende Ausdruck nach Zweck-Mittel-Kalkülen gefunden werden. Vielmehr ist es die innere Bewegung des Suchens selbst, die je und je dem gefundenen Wort seinen Ausdruckscharakter verleiht.

Seit frühester Kindheit, ja seit traumatischen Erlebnissen des Embryo sind die bildsamen Organe unseres Leibes und unserer Seele, auch unseres Verstandes – das wird oft vergessen – nicht nur ausgebildet, sondern auch mißgebildet worden. Unter dem Druck falscher Forderungen oder Überforderungen haben wir die an sich richtigen und notwendigen Leistungen der Anpassung an falsche Situationen geleistet. Neben liegengebliebenen, versäumten Entfaltungen ist so die ganze Breite und Tiefe unserer inneren Hindernisse entstanden. Wir haben festgestellt, daß nicht leicht sich die Gesten authentisch von den Vorstellungen freizumachen, durch diese Verformungen hindurchzudringen vermögen. Ist authentisch dann erst die Geste, in der wir alle Unfähigkeiten und Behinderungen hinter uns lassen? Oder sollen uns authentisch auch die Gesten heißen, in denen wir unverfälscht zu den Verstellungen und Verformungen unseres Selbst zu stehen bereit und in der Lage sind?

Offensichtlich ist so die Frage falsch gestellt, weil sie statisch gedacht ist. Unser Wesen wird kaum je ganz rein sich ausdrücken. Jedenfalls wird es immer seinen Ausdruck finden auf dem Wege der Auseinandersetzung mit allem, was nicht unser Wesen ist. Seien es einfach die Möglichkeiten und Begrenztheiten unserer Organe, die auf ihre Weise den Klang unserer innersten Stimme hörbar werden lassen. Seien es aber auch die Verkrampfungen unserer Halsmuskeln unter zu schweren Lasten, unserer Brust im mangelnden Zutrauen, unseres Mundes in der Furcht vor einem unwillkommenen Wort, die der Stimme Widerstand entgegensetzen. Leben ist immer Entfaltung am Widerstand und damit Bewegung in Schritten oder Phasen. Deshalb bewegen sich authentische Gesten immer auf jenen reinen Ausdruck zu. Ohne diesen Horizont sind sie beliebig. Ohne dessen Vorscheinen schon in dieser Gegenwart gehören sie keinem Weg an, sind entweder gar keine Suche oder eine sich selbst, an falsch gewollten Zielen, irreführende Suche. Ohne die Auseinandersetzung mit einem Widerstand wäre keine Bewegung möglich. Es würde dann ein Zustand seliger Starre sich ausbreiten, den die abendländische Geschichte uns nur zu oft als den paradiesischen oder himmlischen, jenseitigen, erlösten suggeriert hat. Die Bewegung muß ohnehin sich im Widerspiel mit ihren äußeren Mitteln und deren Widerständen entfalten – dem Widerstand des Stiftes gegen die rauhe Oberfläche des Papiers, der Glieder gegen das sie umgebende Wasser, der Stimmklänge gegen die schwingende Luft. Warum sollte sie sich nicht auch mit den Mitteln, den Organen unseres Selbst und deren lebensgeschichtlich entstandenen Widerständen auseinandersetzen? Diese richten sich eben gegen ihre eigenen Funktionen und können daher, wenn diese wieder zusammenspielen, aufgelöst werden. Aber anders ergeht es Degottex mit den Eigenarten seiner Materialien auch nicht. Und das einzige Argument für einen wesentlichen Unterschied, als Kleinkind hätten wir es noch gekonnt, zählt nicht: Lernen müssen wir vieles, wie den in uns angelegten aufrechten Gang, und wir verfehlen dabei auch immer etwas, das neue Aufgaben stellt.

Authentizität und Widerstand

Mein Kind kommt zu mir, nimmt ein Blatt Papier und einen Bleistift und macht Bewegungen mit der Hand auf dieser Fläche. Es sieht dabei den entstehenden Strichen zu. Sie bilden unten eine Lage von parallelen Waagerechten, in einem Abstand darüber noch einmal. Ein Blick auf das Blatt, ein Bogen, der die Strichlagen zueinander verbindet, und die Erklärung «fertig». Das Kind geht. Es kann kein Zweifel daran aufkommen, daß dieser zweieinhalbjährige Mensch genau das getan hat, was er wollte. Der überschauende Blick abschließender Einschätzung sagt es. Der auf ihn folgende Bogen setzt es in eine Folgerung um. Das kommentierende Wort macht es noch einmal bewußt; denn so geht das nicht jedesmal vor sich.

Aber wenn dies eine authentische Geste ist, dann muß sie selbst sich als solche zeigen. Die anekdotischen Begleitumstände können nur Bestätigung, nicht die Begründung sein. Und tatsächlich spürt man, wenn man diesen Handbewegungen zusieht, eine durch nichts geteilte Anwesenheit des ganzen Menschen. Sie Aufmerksamkeit zu nennen oder Entschiedenheit, wäre insofern falsch, als diese Bewegungen so aufmerksam auf ihren Vorgang und so entschieden zu diesem Ablauf sind, daß irgend etwas anderes gar nicht in Frage käme. Aufmerksamkeit und Entschiedenheit sind hier nicht Hilfstechniken zur Herstellung von Authentizität. Mit diesen Begriffen kann man allenfalls beschreiben, wie die Authentizität wirkt, weil sie einfach da ist und durch den Vorgang hindurch das anwesend bleibt, was die Existenz des Kindes in allen seinen Organen ausmacht. Die Bewegungen mit dem Bleistift sind eine Lebensgeste wie eine tiefe Umarmung, ein Wenden des Körpers im Schlaf, das Öffnen und Genießen des geliebten Frühstückseis, das Lauschen auf ein geliebtes Lied oder Musikstück, wenn es in ein inneres Mitsummen übergeht.

Aber sprechen auch die Striche von der Authentizität der Geste, der sie sich verdanken? Die Frage der Dauer kann selbstverständlich kein Kriterium für die Authentizität der Geste sein. Aber diese kann in ihren Spuren mit gleicher oder vergleichbarer Deutlichkeit die Momente des Vorgangs überdauern. Das ist in diesem Fall auch geschehen. Was auf dem Blatt zu sehen bleibt, ist eine Gesamtgestalt, die von einem wesentlichen Vorgang zeugt und zu wesentlichen Vorgängen im Betrachten auffordert.

In der Regel wird es bei authentischen Gesten so sein. Sie unterscheiden sich eben auch bei Kindern deutlich von anderen Vorgängen, etwa vom Ausprobieren eines unbekannten Werkzeugs. Dann geht eine Aufmerksamkeit in den Pinsel, die Kohle, das Holzstück, die zielende technische Bedeutung hat und sich nicht aus dem Einssein mit dem Zentrum und den Mitteln des Vorgangs selbstverständlich ergibt. Es können auch einige Tupfer, vielleicht noch ein entschieden die Fläche hinauftragender Strich authentische Momente bilden, die sich aber verlieren in einer Fläche, die als ganze keine Gestalt bildet. Schließlich gibt es auch wirklich das Gekritzel, in das sich irgendeine Stimmung verloren hat.

Gekritzel ist von der Lebensgeste zu unterscheiden, aber nicht an den Kriterien, die Erwachsene meist noch benutzen. Die Geste ist gerade nicht durch einen quasi künstlerischen Willen des Kindes ausgezeichnet. Der verstellt und verwirrt die Ansätze zur Geste. Noch weniger kann Kriterium sein, ob man ‹erkennt, was dargestellt werden soll›, weil es gerade nicht um Darstellung überhaupt geht, jedenfalls wenn Darstellen Abbilden für andere meint. Die authentische Geste teilt sich mit, aber genau dadurch, daß sie kein ‹für jemand› oder etwas zu ihrem Leitfaden macht. Die Erkennbarkeit, die Erwachsene meinen, ist eigentlich die Konvention, bestimmte Erscheinungsformen in bestimmten Darstellungsformen als Hinweise auf dies oder das angeblich Allbekannte zu nehmen. Der authentischen Geste ist nichts bekannt; nur alles, womit sie zu tun hat, wird ihr in ihrem Vollzuge vertraut.[2]

Dabei ist es eine andere Frage, wie weit solche Vollzüge längst aus den Tiefendimensionen Vertrautes wiederholen oder wieder-holen. Wir könnten uns hier mit dem Wort Leben begnügen, weil in vielen Richtungen – unter dem Titel der Tiefendimensionen des Ästhetischen – untersucht worden ist, wie wir das darin Gemeinte genauer bestimmen können. Dessen Wiederauftauchen, zum Beispiel in der Form von psychischen Archetypen, ist dort ebenfalls beleuchtet. So kann man hier einfach sagen, daß es verfehlt wäre, eine bestimmte Geste umstandslos mit einem Archetypus zu identifizieren oder ihr sonst einen Namen zu geben, der das neue Geschehen lediglich zum Beispiel für Allbekanntes herabwürdigt. Immer vollzieht sich eine tief originäre Auseinandersetzung zwischen Vertrautem und den vielfältig eingreifenden und widerstehenden Bedingungen gerade dieser lebensgeschichtlichen und geschichtlichen Situation. Die im Sinne C. G. Jungs ewig wiederkehrenden Bilder des Kreises, des Hügels, der Rose, der Flamme haben solche Bedeutung und Kraft genau darin, daß in ihnen selber solche Auseinandersetzungen zum Bild werden. Sie sind eben nicht irgendein Zeichen, sondern Symbol: Dehnung und Geschlossenheit im Kreis, der dem Zellgeschehen so verwandt ist wie der Sonnenbahn; die Erfahrung, daß man seine Ausgangsorte wieder aufsucht und eben, wo man sie wieder findet, erklärt, ein anderer geworden zu sein, wie in den Pinselkreisen der Zen-Kalligraphie.

Wie Freud Deutungen aus Träumen nur im Erlebenszusammenhang einer klarsichtig begleiteten Phase bewußten Lebens zuläßt, so tauchen auch jene Bilder immer mit dem Hof ihrer Fragen auf: Woher? – Warum jetzt? – Wohin? – Warum so? – Warum nicht früher? – Worin schon Anderes andeutend? Authentische Gesten freilich sind für uns diese Fragen; sie stellen sie durchaus nicht. Und es verbindet sich den Fragen in ihnen immer etwas, das vor allem Fragen und hinter allem Antworten ist: Manchmal ist die Frage selbst die Antwort, manchmal wird der Hilfscharakter solcher Überlegungen überdeutlich. Immer rückt es sie in andere Proportionen. Es läßt einen Kontext höherer – und zugleich tiefer verwurzelter – Ordnung aufscheinen.

Es kann in den Bedingtheiten seines Aufscheinens untergehen, noch ehe es sie aufgelöst hat. Es kann für den Augenblick eines Benjaminschen «dialektischen Bildes» «aufblitzen». Es kann gut gelaunt seinen Widerständen gegenübertreten und sie mit langem Atem sogar zum Verschwinden bringen.

Kindliche Ungeschicklichkeit im Umgang mit den Händen oder Beinen, Werkzeugen oder Situationen und kindlicher Mangel daran zu wissen, wie man fehlende Konzentration sich auch bewußter gewinnen kann, sind Hindernisse, die eine authentische Geste sehr wohl verhindern können, die aber auch ihre besondere Bedeutung bezeichnen können, da wir sie als Hindernisse dessen begreifen, was sehr wohl in diesem Alter herangereift sein könnte.

Krankheiten können die Wesenssprache eines Menschen werden, wie Victor v. Weizsäcker gesehen und gezeigt hat. Gleichzeitig werden sie nie nur als diese oder jene Krankheit Ausdruck eines Lebens sein. In ihnen ist dieses Leben nur den Verstellungen seines Wesens und damit diesem Wesen besonders nahe, indem es zu ihm hingezogen wird und sich zu ihm hingezogen fühlt. In der Intensität dieses Vorgangs wird die Krankheit zum Ausdruck des Authentischen, insofern sie der Statthalter seines Durchbruchs wird, gelebt werden zu können.

Diese merkwürdige Konstellation wird leicht verständlich, sobald man sich vor Augen hält, wieviel von unserer Lebenskraft wir – offen und auch unerkannt – darein stecken, das, was uns hindert, gegen uns stark zu machen. Hier finden richtige und falsche Selbstdisziplin ihr Unterscheidungskriterium. Falsche Disziplin wird, wo sie Übermacht gewinnt, dann nur noch durchbrochen, wenn sie zusammenbricht, in der Erkrankung eben oder etwa in der ‹Kunst der Geisteskranken›. Warum war diese Abteilung insgesamt doch die stärkste der fünften ‹Documenta›? Wenn eine Frau hinter den Mauern einer geschlossenen Anstalt meterlange Socken strickt, dann ist ihre Sehnsucht, hinauszugehen in die Ferne, in diesem Vorgang.

Es macht sehr nachdenklich zu sehen, wo ich Bilder einer Einheit von Kosmos und menschlichem Erleben finden konnte für eine Ausstellung zum ‹kosmischen Leib›[3]: In Kinderzeichnungen; in Bildern, Symbolen naturnaher Kulturen; in Zeichnungen Geisteskranker, die als schizophren bezeichnet werden, also einer Abspaltung der realen Verbindungen von der inneren Realität geahnter Einheit.[4]

Wie beglückend ist es, authentischen Lebensgesten im Alltag der Menschen zu begegnen: ein Wort oder eine Berührung unter Unbekannten zur rechten Zeit. Ein Kind hat einem Frosch wehgetan, hält inne und sagt ‹verzeih› zu dem Tier. Eine zurechtrückende Erläuterung wie die erlösende Frage des Parzival. Das Öffnen eines Fensters oder einer Tür. Und wenn man genau hinsieht, deutet sich immer eine Pause des Dennoch an, mit der ein Widerstand überwunden werden mußte, innen und außen, bevor das Einfache, Natürliche entstehen konnte.

In einer sehr schweren Zeit war ich bei meinem Lehrer Dürckheim. Starke Wirren wirkten zerrend in meinem Leibe, die unlösbaren Konflikte fortsetzend, wie sie außen nicht in Kämpfen und innen nicht im Aufgeben zu lösen waren. Zugleich wurde ich aber auch wieder Teil eines weiten Atems, einer tief getragenen Leichtigkeit, und mein Humor verlor etwas von seiner notgedrungenen Tapferkeit. Als ich abfuhr, sagte Dürckheim zu mir: «Du hast etwas so Strahlendes.» Ich hatte Bedenken: «Trotz all den Knäueln in mir, die ziehen und zerren?» Er lachte nachdenklich: «Eben. Darum strahlt es ja.»

Der Meister Noro hat so etwas nie ausgesprochen, aber sein unvergleichliches Gelächter, wenn wir über eine der großen, offensichtlich unvermeidlichen Dummheiten im Leben sprechen, ist von der gleichen Art: «Dummheiten? Dummheiten gibt es nicht! Was habe ich für Dummheiten gemacht. Der Vater war wütend; die Brüder waren wütend; die Sache war schlimm. Aber danach habe ich auf den Weg des Aikido gefunden. Ich habe gesagt: danke Gott.»

Spontaneität und Reflektion

Solches Gelächter ist selber eine authentische Geste. Mit dem ganzen Leibe, der sich noch so vielfältig der erlittenen ‹Dummheiten› erinnert, lachen wir und mit der ganzen Seele, die jene neuen Dummheiten ebenso voraussieht wie die Unmöglichkeit, sie zu vermeiden. Das Gelächter ist authentisch, ebenso wie diese Dummheiten einem Mißverhältnis zwischen unseren wirklichen Kräften und dem ihnen schon vorauseilenden, vorstellenden Wissen von den Dingen entsprechen. Sie sind nicht dumpf, jedenfalls sobald wir sie durchschauen und solange wir nicht endgültig in ihnen steckenzubleiben drohen. Im Gegenteil, erst unser Hindurchschauen auf das einfach richtige Verhältnis wendet unsere Unbeholfenheit zu einer gewußten Dummheit. Darin ist diese der Keim des Wissens. Der Horizont ist klar geworden, so daß wir merken, wir tappen durch mühselige Umwege. Aber zu dem Wissen gehört auch, daß es der Umwege bedarf, weil Wege ihre eigenen Räume und Zeiten haben müssen.

Längst haben wir gesehen, daß der Meister eine einzige große Bewegung des Arms macht, die aus dem ganzen Leib getragen, ja durch ihn von der ganzen Erde getragen ist, und daß deshalb aus dieser Geste etwas bis in die Unendlichkeit weist. Wir verstehen jetzt, daß diese Geste Teil einer Bewegung ist, die auch aus dem Unendlichen kam, als dieser Arm sie aufnahm. So, wie nie ein Musikstück erst mit dem ersten gespielten Klang beginnt und nie mit dem letzten endet. Trotzdem haben wir noch einen langen Weg vor uns, bis wir uns werden so tragen lassen und so die Bewegung aus uns frei werden lassen können. Trotz der Einsicht können wir noch nicht so musizieren, werden es vielleicht nie können. Dieses Mißverhältnis löst sich im Gelächter. Das ist nur eine andere, vielleicht bescheidenere, sicher lebendigere Einstellung zu dem, was den deutsch-protestantisch mit sich Ringenden und Rechtenden zur selbstzerstörerischen Verzweiflung treiben würde. Auch dies weiß der Lachende, wo er sich freut, die noch lange vergeblichen Bemühungen auf sich zu nehmen, weil Leben im Widerspiel mit den Widerständen und durch sie hindurch sich vollzieht.

Das Lachen entspringt den Reflektionen der Vorgänge wie auch der Spontaneität, in der wir dankbar sind, das Wissen von der Einfachheit hinter unseren Umwegen leibhaftig zu spüren. Ich möchte die authentischen Gesten spontan nennen, aber nur in diesem Sinne, der damit die Reflektiertheit verbindet. Sie ist auf irgendeine Weise wissend, aber in keiner Weise wissen wollend. Sie ist nicht ohne Ziel, aber nicht gezielt.

Das heißt, sie kann nur da auftauchen, wo das Feld nicht schon von Absichten besetzt ist, sei es, daß sie dorthin treiben wollen, sei es, daß sie ihr, tückischer, dort auflauern. Wie alles Erotische sind die eigentlichen Lebensgesten auf einen anderen zugetragen, auf etwas hin gerichtet. Aber sie gerinnen im ‹Vorspiel› der Absichten, Bedürfnisse zu befriedigen. Die Fixierung auf etwas, was man, koste es, was es wolle, erreichen will, wird zum bösen Blick. Die Augen schauen nicht mehr, weil wir nicht mehr aus unseren Augen dem Anderen begegnen und durch sie wie durch unsere anderen Sinne ihn aufnehmen. Häßlichkeit wurde früher so bestimmt. «Die ist so garstig, wenn sie in den Ofen sieht, geht's Feuer aus.»

Leben ist unerbittlich, könnte man sagen. In Wirklichkeit hat es nur seine Bedingungen.

Vielleicht ist die verzweifelte Entschlossenheit des immer Frustrierten verständlich, die ihn sich auf die Erfüllung fixieren läßt. Nur um Gerechtigkeit geht es nicht. Die Ästhetik hat es mit wirklichen Vorgängen zu tun. Darum geht sie über solche Moral hinaus. Wenn sie das tut, ohne vom Leben autorisiert zu sein, wird sie tödlich. Ästhetisches ist weder gerecht noch moralisch. Wie das Leben selbst bewegt es sich diesseits und jenseits von Moral und Gerechtigkeit. Es wird unmoralisch und ungerecht, wo es sich, selber Bedingung wie Weise des Lebens, nicht mehr dem Leben verdanken und ihm dienen will. Darin unterscheiden sich Marinellis futuristische Heldenhymnen von mythischen Drachenkämpfen. Im Mythos gehören immer beide Seiten zusammen. Ihr Kampf ist zugleich klärende Entscheidung zwischen uns und dem Machtwillen in uns, den wir mit dem Drachen in uns besiegen müssen, ja zuvor, und dem zu Befreienden, das wir auch in uns selbst befreien müssen, damit es seines neu gewonnenen Lebens froh werden kann. Der Unterschied zwischen Hitlers, Speers Sonnenachse für die zukünftige Hauptstadt *ihres* tausendjährigen Reiches und der Straße zum Sonnengott des Tempels von Teotihuakan ist noch deutlicher: Diente hier die Geschichte der Sonne wie die Sonne dem Leben im Kosmos, so wurde dort die Sonne zum blendenden Dienst am historischen Betrug zitiert. Um noch ein Beispiel für das Faschistische einer Ästhetik zu wählen, die sich aus eigenem Recht Authentizität gibt und somit zur strahlenden Gewalt wird: Die Züchtung der schönen Menschen ebenso wie Perversion von Schönheit zur zerstörenden Gewalt, wo der Vereinigung Suchende zum Lecker von Stiefelsohlen gemacht wird.

Dann ist Schönheit der äußere, brillante Reflex von Gewalt, die Menschen sich antun oder anderen, wahrscheinlich beiden gleichzeitig. Sie gehört der Welt an, die den primären Prozeß hinter sich läßt. Auch wenn Freud das Sadistische nicht einbezogen hätte, so manifestiert sich in ihm doch, nicht ins Lebendige von existentiellem Austausch zurückgebunden, das Prinzip der Genitalität mit der schlechten Spontaneität des abgelösten Intellekts. Die authentische Lebensgeste gewinnt ihre Spontaneität gerade aus einem starken Moment von Reflektion. Dies ist keine Reflektion *über* etwas Äußeres, aus der immer Gewalt werden kann. In der Geste wird, als Vorgang, *selber* etwas gebrochen und zurückgestrahlt wie das schräge Licht an der Oberfläche des Wassers. Ein Innehalten dürfte immer Moment der eigentlichen Lebensgesten sein. Die Spontaneität haut nicht rein, legt nicht los; denn sie ist doch schon Antwort auf etwas, das in ihr anwesend bleibt. Unser Blick behält auch auf die fragende Begegnung mit dem des Anderen seine Offenheit. Das Kind schaut einen Augenblick auf die zwei Lagen von Strichen, die auf seinem Blatt zu sehen sind. Dann folgt ein letzter Bogen. Der leise Ausruf «fertig» bezeichnet die Reflektion.

Die beiden Strichlagen, der verbindende Bogen und die Fläche, in der sie unten rechts liegen, sind Spuren einer Lebensgeste. Sie sind der besondere Ausdruck einer besonderen Geste. Diese Geste war Ausdruck einer bestimmten Lebenshaltung, die der Mensch freilich nur als eine Situation erlebt, nicht etwa ‹zum Ausdruck bringen› möchte. Ausdruck reflektiert die Situation, und zwar keineswegs beliebig. Dies ist die andere Seite des Authentischen. Nicht irgendwelche ersten Bewegungen und Striche an irgendeinem Ort der Fläche können die Geste zustandekommen lassen. Sie werden aber auch nicht ausgewählt in dem distanzierten und diskursiven Sinne einer Semantik, nach der man weiß, welche Angebote eines Musterbuchs zu welchen Situationen, Vorgängen, Erlebensformen passen.

So ungewohnt das klingen mag, die Reflektion ist die Bewegung, und sie ist spontan, weil wir nicht eine Tätigkeit im Leben haben und aus dem Erleben eine zweite daneben oder gar danach machen. Leben und Erleben vollziehen sich in einem.

Die Sprachen der Menschengeschichte sind eine unermeßliche Leistung, und geschichtliches Leben könnte nicht auf sie verzichten. Andererseits ist wohl kaum etwas anderes so geeignet, uns die Einheit von Leben und Erleben derart systematisch versäumen zu lassen wie der Gebrauch der Sprache, und zwar um des Ausdrucks willen, der in der Absicht mitteilenden Ausdrückens selber verlorengehen kann. Dann bleibt die instrumentale Dimension von Mitteilung allein übrig, die auf der heutigen Stufe der ‹kommunikativen Sozialtechniken› konsequenterweise Information genannt und vorzugsweise auf komplizierte Mechanismen von Ja- oder Nein-Impulsen reduziert würde. Der leicht albern klingende Begriff Gefahr ist hier am Platze, weil wieder sich eine Dimension von dem Leben abzulösen droht, dessen bestimmten Situationen hier und da sie zum Mittel der Reflektionen dienen soll. Damit aber wird sie manipuliert, im passiven und im aktiven Sinn nicht letztlich verantworteter Absichten.

Gehen wir auch hier in den Bereich dessen hinein, was die Psychologie Primärprozeß nennt, ins Vorsprachliche. Vergegenwärtigen wir uns einmal mehr die vorsprachliche Dimension, die noch fast allen sprachlich geprägten Äußerungen unterliegt oder in ihnen mitschwingt, an den einfältigeren Situationen mit einem Kind, das einfach nicht spricht, weil es, wie wir es auffassen, die Sprache noch nicht erlernt hat. Dieser Zustand wird in der Regel als Defizienz, nur als Unfähigkeit registriert. Das Noch-Nicht wird zur Entschuldigung. Wie oft haben mir Menschen gesagt: «Wie alt ist Ihr Kind jetzt? Aha, ein Jahr», oder eineinhalb oder zwei... «dann kommt ja bald ein viel interessanteres Alter, wenn es zu sprechen anfängt». Dagegen habe ich nur eine ganz andere Erfahrung aufgeschrieben, in dem beschwörenden Vorsatz, sie immer wieder zu erinnern:

«Jetzt beginnst Du, viele Worte zu sagen. Dabei weiß ich, daß dies nötig und gut ist, weil Du spürbar nach Möglichkeiten zu genauer Mitteilung von diesem oder jenem Augenblick suchst. Zugleich möchte ich nie unser Verstehen missen, das aus dem Ausdruck Deines gesamten kleinen Lebens kam. Ich nehme mir vor, auch wenn Du viel in Worte fassen kannst – wie wir Erwachsenen –, nicht zu vergessen, auf das zu horchen, was Du hinter den Worten, viel stärker als in Worten ausdrückst. Ich will gegen Dein und unser Vergessen daran denken. Dein erstes Wort war ‹da›, ein Da wie ein Zeigefinger und ein kleines, manchmal etwas fragendes Trompetensignal. Deine ‹dada›istische Periode dauerte lange; und noch jetzt rufst Du ‹da› aus, wenn es Dir wichtig ist und Dir andere Worte fehlen. Aber Dein ganzes Wünschen liegt in dem Ausruf, wenn Du den aus dem Bett geworfenen Hasen wiederhaben möchtest; Deine ganze Erwartung, wenn Du mit ‹da› auf die Vorhänge zeigst, die ich morgens aufmache, um Dir die Fensterläden aufzustoßen und das Licht einzulassen. Dein Erleben dieses Augenblicks – und meines wieder mit Dir, jeden Tag neu – könnte mit dem Wort Licht nie entsprechend Ausdruck finden wie in diesem Laut, der ein wenig bange

Ungewißheit bei aller strahlenden Erwartung hat. Vielleicht geht uns mit der Selbstverständlichkeit der Bezeichnung auch die Erlebenskraft verloren, vielleicht ist das Wort ‹Licht› schon ein wenig wie der Schalter für die elektrische Beleuchtung. Jedes Deiner Worte ist ein wenig fragend ausgesprochen, wiederholt, um Sicherheit zu gewinnen.

Immer wieder sagst Du ‹bau, bau, bau› – bis Du auf die Antwort: ‹Ja, das ist ein Baum› beruhigt, bestätigend und immer noch nachdenklich wie einen bedächtig genossenen Seufzer ‹bau...› von Dir gibst.

Du bist inzwischen zwei Jahre und einen Monat alt.

Aber weiterhin bleibt ein Wort immer Frage oder Ausruf. Worte sind Schlüssel, die man erprobt und deren man sich noch einmal versichert, wenn sie gepaßt haben. Du siehst sie Dir dann noch einmal an, als ob Du den Schlüssel, der die Musiktruhe öffnet, betrachtest, um zu sehen, was er Passendes, Öffnendes hat.»

Das vorsprachliche Modell darf nicht irreführen. Es kann nicht als Aufforderung zur Regression um des wahren Ausdrucks willen gemeint sein. Aber es muß eine sehr große Aufmerksamkeit gewinnen, um ein Unterscheidungsvermögen von der Benutzung der entsprechenden Meßlatten in jedem einzelnen Fall frei zu machen. Wir wollen durchaus sprachliche Kommentare, gleich welcher Richtigkeit, unterscheiden von dem rechten Wort, das im alten existentiellen Sinne ein Wort des ganzen Menschen ist. Wir wollen mit Gesten benennen und darum für Gesten auch das rechte Wort finden; aber das Wort muß die Dinge bei ihrem Namen nennen und sie damit auf das ausdrücklich beziehen, worauf sie stillschweigend hinweisen. Der Name soll uns Wegweiser werden. Das Wort soll uns Klarheit geben, unsere Umwege auf unseren Horizont zu beziehen und durch unsere Dummheiten hindurchzuschauen. Das Wort soll die Vorgänge umfließen, kreisend wie die Spirale, um sie mit anderen Vorgängen zu einem Gewebe zu verbinden. Text. Man kann das nicht besser sagen als der blinde Dogon-Weise, wenn er berichtet, wie im Weben die Frauen die Schöpfung erneuern[5] und wie gerade darin das Wort, dem Wasser gleich, die Fäden umspielend, im Weben ist.

Wenn wir daran festhalten, daß unser Sprechen nicht das, was es ausdrücken soll, verschwinden läßt, sondern es vergegenwärtigen hilft, wird eine Kontinuität der authentischen Geste durch ganz unterschiedliche Dimensionen hindurch greifbar. Es wird deutlich, wie Kunst eben darin entwickelt wird, daß durch Sprache irgendeiner Art, daß durch die bewußte Mitteilung von Auszudrückendem hindurch dem Leben Anwesenheit offengehalten wird.

Das kann man sehr verschieden anstellen. Man kann etwa die Augen beim Zeichnen schließen, um die inneren Bilder auf ihrem Weg durch die Hände aufs Papier weniger der Kontrolle des Bewußten auszusetzen. Im Formen von Ton leuchtet vielen dieses Vorgehen sicher leichter ein. Vom Fühlen der Hände sich ins Formen durch die Hände leiten zu lassen, gelingt eher, als die Instanz des bewußten, vorgebenden Sehens zu überspielen. Das Gefühl ist weniger als das Gesicht mit dem kognitiven Bewußtsein verstrickt und hat mehr geheime Kräfte der führenden Verführung behalten. Das bedeutet, daß im Gefühl wie im Gleichgewicht oder im Geruch die Erlebnisse weniger auf bekannte äußere Formen gebracht werden; vielmehr folgen wir ihren Eindrücken auf den noch lange nicht eingefahrenen Pfaden unserer inneren Erfahrungen. Das sind Rhythmen, den Tiefendimensionen entstammend und verwandt. Wir durchschreiten die inneren Räume immer auf Fahrten, wie die Abenteurer oder die Heroen im Mythos die Welten durchfahren und im Märchen die Menschen Wege hineingehen in den Wald oder das labyrinthische Gespensterhaus. Und Fahrten sind Räume in den Schrittfolgen von Rhythmen. Wenn wir uns in diesem Erfahren stark genug gemacht haben gegen die Konditionierung durch allzu bekannte Formen des konventionellen Sehens – etwa der Zentralperspektive oder des vorgegebenen, gemessen-euklidischen Raums –, dann können wir die Augen auch wieder öffnen beim Formen oder Zeichnen oder Malen.

Man kann dem allzu Bekannten zu entkommen versuchen ins sogenannte Abstrakte. Dann vermeidet man die Reflektionen, die dem Wesen des schwarzen Quadrats – Malewski – oder der unendlichen Linie – Degottex – oder der Farb-Vierecke am Horizont – Nicolas de Stael – in den Gegenständen der Welt hinzugefügt werden. Authentisch sind solche Werke aber nur wieder darin, daß sie die spontane Entdeckung so grundsätzlicher Erfahrungen in die vielen geschichtlichen Erscheinungen des Alltags reflektieren. Es ist fast unmöglich, von abstrakter Kunst zu sprechen, weil sie doch immer in der Gegenständlichkeit ihres materialen Vorgangs sich vollzieht. Bei Degottex ist dieser so ausdrücklich gemeint, daß die Abstraktheit der «unendlichen Linie» gerade bewußt in den einfachsten Vorgang geholt und an ihm zur Erfahrung gebracht wird: in der Geste der Hand, des Armes, des Leibes: des Menschen, der einen Streifen von der Oberfläche des Papiers abreißt.

Die Authentizität dieser Geste wird nicht jedem sich mitteilen, weil nicht jeder von dem Vorgang eines Bildes sich in dessen Entstehung zurückführen läßt. Dann aber wird ihm die Spur zu einem Gegenstand, den er vergeblich zu identifizieren sucht. Ähnlich ist es bei den Linien, Flächen, Farben Piet Mondrians. Nur denen, die mit dem Werk vertraut, allen Stufen gefolgt sind, durch die sich die Bilder von Apfelbäumen in Gebilde aus Linien und Flächen verwandelt haben, wird die Anwesenheit der abwesenden, zurückgelassenen Gegenstände noch zu spüren sein. Anders als in der *peinture gestuelle*, etwa bei Degottex oder Mathieu oder auch Sam Francis, bleibt nicht der Vorgang, in dem das spätere Bild entsteht, auch dessen Gegenstand. Bei Mondrian wird der Vorgang der Abstraktion, nicht die Entstehung der sich treffenden und Felder bildenden Linien auf die Leinwand gebannt. Oder doch? Jedenfalls ist die intellektuelle Form des Apfelbaums im Erleben dieses Malers selber in den Bildern gegenwärtig als eigene Stufe der Reflektionen und muß erst in den Strichen und Farben eine neue Spontaneität wiedergewinnen. Bei Mathieu oder Sam Francis sind, wie immer, vergleichbare Abstraktionen im Spiel. Aber sie werden im Malen eingeschmolzen, um nur soweit erinnert zu werden, wie sie Spuren in den augenblicklichen Legierungen dieser Bewegungsfolgen hinterlassen.

Dies verfehlt die sonderbar pedantische Didaktik des Kunstlehrers, die ‹Ausdruckslinien› als Gegensatz zu ‹gegenstandsbeschreibenden› oder ‹darstellenden Linien› zu üben aufgibt. Mit den einen Linien sollen die Schüler, übrigens unverhofft nach einem Jahrzehnt des Malens von Lokomotiven und Häusern und Pferden, ‹ihre Gefühle ausdrükken› – ‹aggressiv› oder ‹ruhig› oder ‹erschrocken›. Mit den anderen Linien sollen sie weiter ‹darstellen›: Lokomotiven in Landschaften, Häuser mit Menschen, Pferde im Galopp und ruhige oder aggressive oder angstvolle Gesichter. Dieser Didaktik hilft, daß man schon weiß, Aggressivität drückt sich in eckigen und Ruhe in welligen Linien aus. Und die Angst?

Nur wenn es geschehen kann, daß die Linien, die aus meiner Hand kommen, in meiner Aggressivität sich verformen, drücken die Ecken und Zacken Aggressivität aus, weil sie nur dann überhaupt etwas ausdrücken, indem sie von mir jetzt Spuren hinterlassen. Diesseits der Sprache und der Gegenstandsdarstellung drücken kindliche und andere magische Zeichnungen Zustände aus, in denen das Leben erlebt wird. Diskursiv und im Dienst der Darstellung als Mitteilung entfernen sich Sprache und Gegenständlichkeit, insbesondere die gelernte Schriftsprache, vom Authentischen. Dieses wird durch Systeme verstellt, die scheinbar perfekt sind, weil sie alles in einer Weise abzubilden geeignet sind, die nach der Schlüssigkeit des Systems von Abbildungen beurteilt wird. Jenseits dessen liegen die meditativen Ausdrucksformen, etwa die Zen-Kalligraphie. Leben und Erleben sind inzwischen durch ihre diskursive Reflektion hindurchgegangen und in den verschiedenen Dimensionen zur Erfahrung geworden. Diese Erfahrungen werden noch einmal in das Erleben der authentischen Lebensgeste gezogen.

Dabei wird die Autonomie des in sich geschlossenen Abbildungssystems aufgebrochen, und zwar nicht etwa ‹mit Kunst und Tücke›, sondern dadurch, daß in dem einzelnen Schriftzeichen oder dem einzelnen Linienzug das lebendige Geschehen wieder durchbricht. Das kann der Ursprung des Zeichens sein, zum Beispiel wenn im japanischen Charakter für Mensch – 人 – die Bewegung des Schreitens neu empfunden wird, die in den zwei senkrechten Linien, den Beinen, aufbewahrt wurde. Dann ist dem Kalligraphen heute der Mensch noch so wesentlich wie einst darin ausgedrückt, daß er auf dem Wege ist. Andererseits wird ein Linienzug, mit dem eine Talmulde und der aus ihr sich erhebende Berghang dargestellt werden, wieder zu dieser Bewegung der Linie, ja, zuvor noch der Hand mit dem Pinsel: Sie sinkt ein und erhebt sich und wendet sich wieder in einen horizontalen Zug und weckt darin unwiderstehlich unser Erleben beim Betrachten des Horizontes, hier in einer auf und ab führenden bergigen Landschaft.

Bei der sogenannten abstrakten Kunst wird alles besondere einzelne Gegenständliche in ein übergegenständliches Allgemeines eingeschmolzen. Hier, im Meditativen, geschieht das Umgekehrte. Dem besonderen Gegenständlichen wird der jeweilige Zug des Lebens, der sich in ihm zur Erscheinung bringt, wird die Geste dem Zeichen einverschmolzen. Das Zeichen deutet dann in sich auf das, was es als Abbildung bedeutet, und gibt dem Abgebildeten damit die Deutung dessen, was wesentlich in ihm geschieht. Freilich vollzieht sich dieses Deuten eben nicht über ein System, das noch abstrakter als das der diskursiven oder darstellenden Abbildungen ist. Vielmehr ereignet sich das Deuten im wissenden Vollzug des Zeichens als Bewegung selbst.

Zugänge zum Authentischen

An dieser Stelle kann deutlich werden, wie die Gesten der Menschen, die doch immer die kindliche Authentizität verlieren müssen, weil sie in abgelösten Systemen Wissen erwerben, wieder Zugang zum Authentischen finden. In den magischen Kulturen bewegt sich eine Gesellschaft in unterschiedlichen Bereichen, von denen nur einige in einem Wissen mit selbständiger, also vom Erleben des Lebens unabhängiger Systematik abgebildet werden können – oder sollen. Dann bleibt in den anderen Bereichen der Zugang der der Kinder. Das bedeutet nicht, daß er unreflektiert ist. Auch das Erleben ist ein intensiv gelebtes Reflektieren. Aber das Medium dieser Reflektionen bleibt der Lebensvollzug als Geste. Es wird nicht davon abstrahiert. Dies sind die magischen Kulturen. Die Beziehungen zu den Toten oder zu den Kräften des Lebens – wie der Sonne, dem Wasser, dem Boden – oder der Zerstörung – wie dem Raub der Sonne, der Wut des Wassers, den Gefahren der Tiefe – drükken nichts anderes aus als den jeweiligen Vollzug dieser Beziehung als einen Zustand der Menschen und der Welt. Allerdings wird dieser Vollzug bereits übergriffen von dem Bewußtsein, daß man ihn immer wieder erneuert und seine Gestik übernimmt von den früheren Generationen, daß man sie den späteren überliefert. Insofern färbt das ganz andere Vorgehen derselben Gesellschaften in anderen Bereichen auf die jeweilige Gebärde ab. Jagd und häusliches Leben, Essenszubereitung und Umgang mit Pflanzen, Kalender und Festrituale sind in genauen Techniken konzipiert, die jede in sich eine Systematik haben und alle miteinander. Sie sind die Gesten einer Kultur.

Naivität kann nur in Kulturen vorkommen, die für alle Bereiche selbständige Abbildungssysteme entwickelt zu haben meinen. Naivität ist immer ein punktuelles Zurückbleiben hinter solchen Entwicklungen. Es steht immer in der Ambivalenz, einerseits ältere Zugänge zu bewahren, die inzwischen verstellt sind, und andererseits sich geschichtlich möglich gewordenen Reflektionsformen zu verweigern, sich also diese Dimensionen zu verstellen. In dieser Ambivalenz verliert die naive Geste ihre integrierenden Möglichkeiten. Sie ist ‹primitiv› im nachteiligen Sinne, im Gegensatz zu dem integrativ primären Zugang primitiver Kulturen, den jene zu ihrer Mitwelt insgesamt entfalten. Dennoch bleibt die Kraft der Lebensgeste wirksam, obwohl ihre Authentizität im geschichtlichen Mißverhältnis gebrochen wird.

Der besondere mythische Zugang geht immer über die einzelnen Vollzüge hinaus. Er gibt nicht nur in der einzelnen Handlung eine Deutung der Welt und des menschlichen Lebens als Geschichtsgestalt. Er greift weit aus zu Sinnbildern, die Erfahrungen des Mikro- und Makrokosmos in Gesten symbolischen Leidens und Tuns verdichten. Solche Gesten sind etwa die welterlösende Fahrt des Orpheus ins Totenreich oder die Bestätigung der Hochzeit zwischen Himmel und Erde in der Liebe von Con und Edda. Ihr Symbolisches vereinigt in sich das Allgemeine des weltdeutenden und weltverändernden Geschehens mit dem einfach Existentiellen des jeweiligen Vollzugs. Die Gesten sind Lebensvollzug im tiefsten Sinne, indem sie an den Tod führen und zum Leben drängen, durch die Trennungen und Widersprüche führen und sich zum Heil, zum Heilen hingezogen fühlen. In dieser Doppelnatur und zweifachen Funktion, von denen keine aus der anderen herausgelöst werden darf, sind mythische Gesten eben Symbol. Sie sind also weder bloßes Zeichen für einen Gegenstand noch bloßer Ausdruck eines Zustands. Insofern haben sie die Möglichkeit, die magische Dimension in sich aufzunehmen. Zweifellos sind die mythischen Kulturen aber längst in Konflikte mit den älteren, magischen Zugängen geraten, zumal sie nur zu oft als Gesellschaften aufgetreten sind, die sich einer magischen antagonistisch auferlegt haben – als Eroberer oder als Hierarchie.

Offensichtlich haben sich mythische Kulturen in solchen Konfrontationen auch zu bildhaften Formen einer verstandesbegrifflichen Abbildung der Welt und einer mentalen Ablösung vom Leben in abstrakte Systeme seiner Abbildung umgeformt. In den so rationalen Entwicklungen ist kein eigener Zugang zum Leben mehr denkbar. Sie können eine Dichotomie der Pole nicht vermeiden. Wir sind dieser Geschichte einleitend realgeschichtlich nachgegangen und an der Ideengeschichte der Trennungen von Wissen in rational logisches und ästhetisches Erkennen. Wir müssen uns dessen hier in den praktischen Formen möglicher authentischer Gesten oder ihrer Verhinderung erinnern.

Jedoch können wir heute weniger denn je der historischen Systematik folgen, ohne sie von einer anderen Seite in Frage zu stellen. Die Hinweise auf *weibliche Kulturen*, die gegenüber verschiedenen Stufen ‹patriarchaler› Kulturen eine eigene Geschichte von Leben, Reflektion und gesellschaftlichem Ausdruck entfaltet haben, werden gegenwärtig verstärkt – zusammen mit der Wiederentdeckung ihrer mehr oder weniger verborgenen Überreste und der Kritik an den lebensgefährdenden Folgen rational-patriarchaler Strukturen – zu der Behauptung, es habe einmal andere, von Grund auf eigene, niemals Leben und Gewissen gewaltsam konfrontierende Kulturen gegeben. Sowenig Endgültiges wir dazu bis jetzt zu sagen vermögen, sind wohl zwei entscheidende Momente von solcher «Matriarchatsforschung»[6] festzuhalten. Die Interpretation der Geschichte als ‹eine› Linie dürfte in jedem Fall problematisch, ja unsinnig sein. Weibliche Momente können nicht einfach mit frühen Stufen identifiziert werden, obwohl sie sicher die Nähe des geschichtlichen Ausdrucks zu den tiefen Schichten des Lebens sichern. Sie können aber auch nicht aus der männlich bestimmten Geschichte einfach herausfallen oder als Sekundäres ihr eingegliedert werden.

So müssen wir grundsätzlich noch andere Zugänge annehmen, als sie mit den Stufen von magisch, mythisch und rational – oder ‹mental› – angenommen werden. Gerade darin bedarf auch das Schema der Geschichtsdeutung von Jean Gebser, an das wir uns in unseren Schritten immer wieder erinnern,[7] einer verändernden Sicht auf die Dinge. Beschreiben können wir diese Zugänge zum Authentischen aber wohl kaum im notwendigen Kontext; wir kennen ihren historischen Ort mit allen seinen Bestimmungen zuwenig. Und erst diese Kenntnis würde uns erlauben zu verstehen, ja wirklich zu fragen, wie weit denn etwa eine so weitgehend von den Männern getragene Tradition wie die des Zen als Fortsetzung weiblichen Wurzelns im Leben selbst durch alle Abstraktionen und alle Gewalt hindurch aufgefaßt werden kann. Vielleicht ist dies eben eine eigene Form, zu solcher Wiedervereinigung des Lebens, Erlebens, Wissens und Ausdrückens in der Geste zu gelangen. Vielleicht sprechen der Einfluß der Frauen, der so sonderbar in die latinische, mediterrane Männergesellschaft verfugt ist, oder die weiblichen Funktionen in einem indianischen Jägerstamm viel wesentlicher von einer anderen Beziehung der Geschichte zum Leben. Unser geringes Wissen, unsere systematische Unaufmerksamkeit, erlaubt uns noch viel zuwenig, unterschiedliche Grade der Reflektiertheit und unterschiedlich tiefe Verwurzelung von Spontaneität in weiblichen Gesten zu bestimmen.

Wieviel unausgelotetes Wissen geht doch in die Haltungen ein, in denen Mütter ihre Kinder halten und denen offene Gelassenheit der Kinder das Authentische bestätigt. Die gleiche Geste, Winnicotts «holding»[8], gewinnt bei den ‹motherly fathers› sicher eine Authentizität anderer Art; also auch bei Müttern verschiedener Kulturen. Das eigene Wissen der Frauen von der tiefen Bedeutung der Gewebe – vielleicht dem der Männer von den Texten und Kontexten gegenüberzustellen – nimmt so verschiedene Gestalten an in der Geste der Afrikanerin am Webstuhl zwischen den vier Pfosten im Hof, die den vier Himmelsrichtungen entsprechen, in der Hand der Penelope, im mythischen Bild von den Parzen, im Sticken der Damen oder in Sylvia Breitwiesers «Wegen» durch Tücher, bis sie zu Wegen durch Torf wurden. Dem Genus gemäße Verteilung von Techniken auf die Geschlechter heute dürfte kaum irgendwo ohne neue Reflektionen die angenommenen ‹matriarchalen› Zugänge fortleben lassen. Das Stricken als Geste der Schäfer könnte darauf hinweisen.

Wie vielfältig dürften die Formen sein, in denen die keusch wissenden Gesten der Priesterinnen weiterleben, die lasen, indem sie die heiligen Symbole zum Orakel warfen. Und wie selten dürfen diese Formen sich in authentischen Gesten ausdrücken, nachdem ihre Authentizität verdächtig gemacht, die Eindeutigkeit ihres Zuganges auch ihnen selbst verstellt und ein Ausdruck unzulässig geworden ist. Im Wiederaufbauen mißlingen die Gesten gegenwärtig zur absichtlichen Feierlichkeit oder zur notgedrungenen Kampfhaltung oder zur anerzogenen Schwäche in dem Maße, in dem sie so schwer durch die Verstellungen hindurch sich einfach einzustellen vermögen, daß sie gesucht werden müssen.

Gesuchte Authentizität

Damit sind wir uns eines aus früher geschichtlicher Zeit zu uns heransickernden Unterstromes bewußt geworden. Eine eigene Gruppe von Phänomenen verdanken wir dagegen bewußten Techniken, Zugang zu uralten Quellen zu finden.

Im asiatischen Osten versenken sich Yogis tief in die eigene Lebensgeschichte und tauchen daraus wieder auf voller Bilder der frühesten Entwicklung ihres Lebens. Was gewisse chemische Drogen, wie das LSD, durch allgemeine Enthemmung, Entortung und Entzeitung erneutem Erleben zuführen, können meditative Praktiken anders zugänglich machen. Sie konzentrieren ihr Sein *und* Bewußtsein in die leiblichen Spuren tiefster Erlebnisse hinein. Als besondere Spannungen, Verspannungen, Lösungswünsche und Erlösungsanlagen haben sich besondere Vorgänge in unserem Leibe niedergeschlagen. Sie sind traumatischer wie begnadender Art. Als Bilder taucht vergessenes, aber tief wirksames Erleben wieder auf, etwa von einer um den Hals sich wickelnden Nabelschnur erdrückt zu werden oder beglückt bei der Geburt den strahlenden Schein des Lichts zu gewinnen.

Auf ähnliche Weise werden solche Bilder in leibtherapeutischer Arbeit zum Bewußtsein gebracht, wenn sie das lebensgeschichtlich gewachsene Wissen und Erleben von einseitig verstandesbegrifflichen Fixieraugen zu lösen vermag und in die Tiefen ‹bio-energetischer› Spannungsgefüge führt. Selbstverständlich sind diesen tiefen ‹Körpererinnerungen› ebenso – traumatisch – Verspannungen, Knoten eingeprägt, die nun noch einmal gelebt, erlebt und, wenn es möglich ist, verarbeitend erfahren werden.

Solcher Niederschlag frühesten und tiefsten Erlebens, durchaus auch aus kindlichem und jedem späteren Alter denkbar, ist nicht zu Gestalten geworden wie der Niederschlag der Erfahrungen. Hier liegen entweder Vorahnungen zu Gestalten oder Blockierungen entsprechender Gestaltbindungen. Beide sind mittelbar zu spüren in den Netzen unserer Paradigmen, ohne ihren Anteil frei einnehmen zu können, sei es, weil ihnen das noch nicht möglich ist, sei es, weil Blockierungen keine eigenen Formen annehmen, sondern nur Gestaltungen verhindern. Wenn sie nun langsam hervortreten oder plötzlich herausbrechen, verfallen sie zwar in besonderem Maße den Problemen des Widerstands gegen das nicht gelebte Leben. Im Hinblick aber darauf, daß sie Wege zum eigenen Wesen dieses Menschen freigeben, ja, substantiell weisen, können sie nicht unauthentisch genannt werden. Indem sie leiblich zum Vorschein kommen, drücken sie materiell Wesentliches aus und können als Geste verstanden werden. Freilich bleibt dabei die Einschränkung, daß das Zögern der einen, die Vehemenz der anderen beiden etwas Vorläufiges gibt. Die Menschen werden kaum in der Geste einhalten dürfen, um sie mit wachesten Sinnen zu vollenden. Sie werden anschließend einhalten, aber nicht, um sich befriedigt wiederzuerkennen in den Spuren ihres Ausdrucks. Sie werden nicht in diesem Sinne sagen können ‹fertig›.

Besonders weit davon sind Hysteriker entfernt, weil ihre Symptombildung gerade ausdrückt, daß eine bestimmte Blockierung sie unvermindert beherrscht. Dennoch müssen wir auch da eine Authentizität gewahren: Im Gegensatz zur Depression findet das hysterische Erleben immerhin durch die material-leibliche Reflektion hindurch bis zu einem Ausdruck. Dieser kann nur nicht die Würde der Geste einnehmen, weil er total in das Erleben gebannt ist. Er kann nicht sich der Lebensgeschichte als Stufe neuerlicher, weiter werdenden Reflektionen einbeziehen, noch weniger weiteren Stufen zu Entsprechendem verhelfen. Sie werden vielmehr in dem steif durchgebogenen Rücken dieses Menschen fasziniert, gefesselt, eigenen Vorgängen entzogen werden. Die manischen Entwürfe Schizophrener bestätigen ihnen selbst ihre Spaltung ebenso beglückend wie verzweiflungsvoll als Zwangsleistung. Das hysterische Insistieren auf einer visionär-illusionistischen Einheit von Wunsch und Wirklichkeit erhebt die Menschen über ihr Leben und fesselt sie in seine Blockaden zugleich. Anderen werden beide Gesten zur Aufforderung werden können, dem darin sich Ausdrückenden die Authentizität des Auftauchens in der geschichtlichen Wirklichkeit dazuzugewinnen.

Diese klinischen Vergleiche leiten uns über zu der noch notwendigen Beschäftigung mit Phänomenen der Ekstase, des Außer-sich-Seins.

Ekstase oder ekstatische Momente werden in der Regel nicht als krankhaft verstanden. Andererseits gehen die Menschen in Ekstase tatsächlich in einer Weise aus sich heraus, de-konzentrieren sich, lassen sich besitzen von anderen, werden besessen, daß zumindest nichts, was sie ausdrücken, authentisch werden kann. Vergleichsweise sind, auf ihre äußerst problematische Weise, Hysteriker wie Schizophrene in ihrem Ausdruck eben bei sich. Sie sprechen, wie verkehrt auch immer, doch äußerst intensiv von sich, von *ihrem* Erleben.

In der Ekstase kann sich dagegen ein tief überzeugender Ausdruck ereignen, der aber nicht diesen Menschen eigen ist: religiöse Visionen. Trancezustände im alles erfassenden Tanz. Weissagungen im Rausch. Welteinssein in der Selbstaufgabe. Wir werden hier gedrängt, uns die Bedeutung der authentischen Geste mit allen ihren Wurzeln und Verzweigungen zu Bewußtsein zu bringen. Authentisch ist die Geste am Leben, das sie ausdrückt. Das bedeutet aber, daß sie als individuelles Zeugnis authentisch ist, wie sie zum anderen vom Universellen zeugen muß. Durch das Selbst der Menschen hindurch tritt sie hervor. Dazu müssen wir sie Verstellungen durchdringen lassen, die einzelne Seiten unseres Selbst bilden können – ein Ego, eine kognitive Fixierung, aber auch eine dumpfe Verhaftung im bloß Unbewußten. Erst wenn diese Schichten mit dem individuellen Selbst insgesamt beiseite geschoben oder ausgeschaltet oder übergangen werden, zerfallen die Spannungsfelder und hört die Beziehung zum Authentischen ganz auf.

Wir müssen absehen von einigen künstlerischen Techniken wie dem ‹automatischen Schreiben› oder den Zeichnungen nach dem Prinzip des ‹cadavre exquis›, solange wir nicht wissen, woher da ein Diktat kommt. Als Diktat kann uns das Aufgezeichnete nicht zur Geste werden, obgleich so sich sehr wohl Tiefendimensionen ausdrücken können. Der Surrealismus hat, in den Ausführungen von André Breton, angenommen, aus den Individualitäten vergangener Menschen und Gemeinschaften habe sich eine Substanz angesammelt, die vom Zeit-Ort ihrer Lebensgeschichte abgelöst existiere. Eine Vorgeschichte, eine Ahnenreihe gegenwärtigen Ausdrucks trete in ihm hervor. Dabei bleibt ungeklärt, wieweit die aus der Vergangenheit herangeholten Lebensgeschichten und wieweit andererseits die gegenwärtige des Malers, Dichters oder Musikers die Authentizität bezeugen soll. Zugleich ist diesen Zugängen eine höchst besondere Verbindung zu eigen, die bewußtes Heraufholen aus den geschichtlichen Tiefen in einer Disziplin gegenüber diesem Bewußtsein hält, wie sie schon authentische Gesten hervortreten lassen könnte. Oder sollen es ganz unmittelbar Aggrippa von Nettesheim, die Alchemisten, Lautréamont, die gallischen Kelten sein, die in den Werken Heutiger mit uns sprechen?

Kampf den ‹Motiven›

Die Kinder, die mit ihren Bleistiftspuren, mit den Ritualen gewisser Spiele oder im Ausdruck ihrer Stimme im frühesten Alter authentische Gesten von sich geben, verlieren diese Kraft weitgehend schon wenige Jahre später. In den meisten Äußerungen setzt sich, bei modernen Gesellschaften, das Bemühen durch, die Abbildungssysteme kennen- und anwenden zu lernen. Magische eigene Wortschöpfungen unterbleiben. Bildliche Darstellungen sollen den Prinzipien der Perspektive folgen. Wenn wir Neues lernen, brauchen wir immer eine Zeit, während derer wir uns mit allen Kräften darauf einstellen und ihm alle gewohnten oder denkbaren anderen Möglichkeiten opfern. Kinder erfinden an den Rändern solcher Perioden weiterhin Fabelwesen, in denen sie sich mit ihrem tiefen Erleben ausdrücken können, oder Spiele und Regeln, bis dann auch diese Dimensionen von Lebensäußerungen unserem Kanon distanzierten Auftretens geopfert werden, um im besten Fall eine bescheidene Existenz als Bilderarchiv einer familieneigenen Ausdrucksweise, als individuelle Form von Humor oder als Neigung zu bestimmten Formen der Muße zu fristen. Es sei denn, ein Mensch beschlösse, die frühe Authentizität fortzusetzen und ‹Künstler zu werden›. Niemanden kann es erstaunen, daß solcher Entschluß dann oft nicht mehr an dem früh Selbstverständlichen anknüpfen kann, nachdem Leben und Kunst systematisch voneinander getrennt wurden.

Ein Bogen kann dann auch nicht einfach von Kunst zurück zu den Erinnerungen kindlich authentischer Lebensgesten geschlagen werden. Kunst nimmt sie allenfalls nur in eine neue, gesonderte Dimension versetzt wieder auf, wenn ihr nicht mit eigenen Abbildungssystemen – akademisch – die Zugänge verbaut werden.

Daß wir in einem bestimmten Alter die kindliche Selbstverständlichkeit unserer Äußerungen verlassen, ist unvermeidlich, weil die Methoden systematischen Wissens und Erkennens wie alles Neue große und einseitige Anstrengungen erfordern. Selbst in naturnahen Kulturen müssen die Menschen sich dem System der herrschenden Techniken für entscheidende Lebensbereiche einfügen. Um so problematischer ist es dagegen, daß die modernen Gesellschaften den Menschen in nichts dazu beistehen, die Authentizität auf einem neuen Niveau, reflektierter, wiederzugewinnen. Dies waren, entsprechend übertragen, die Aufgaben aller Arten von Initiationen. Initiieren meinte, Menschen über die Schwelle der Pubertät zu geleiten und einzuführen in die erprobten Spannungsfelder von Erleben und Prüfen, Wissen und Erkennen, Ein-Sein mit der Mitwelt und Verantwortung als Einzelner oder als Gruppe zu übernehmen. Statt dessen werden Kinder zu einseitig modernen Menschen gemacht, indem sie möglichst frühzeitig – Vorschulerziehung heißt das – in Abbildungssysteme eingeübt werden, die ohne Skrupel als soziale Konventionen bezeichnet werden, also authentischen Ausdruck individuellen Erlebens durch Anpassung an Sekundäres verdrängen sollen.

Exemplarisch dafür soll das ‹Motiv› untersucht werden, das mit der Frage der Erzieher nach dem dargestellten ‹Gegenstand› die zeichnerischen Äußerungen spätestens im Kindergarten zu beherrschen beginnt. Im Musikalischen wirkt sich die entsprechende Auffassung vom Realistischen fast noch radikaler aus. Singen ist keine ‹Sozialtechnik› und gilt nur mehr als unpraktische Komplizierung verbaler Kommunikation. In den Curricula hat es keinen Anteil mehr an der Ausbildung lebenstüchtiger Menschen. Darstellungen in Linien und Farben werden dagegen noch als ‹Code› für gewisse Situationen praktisch anerkannt. Freilich sind sie im modernen öffentlichen Leben auf das Niveau sogenannter Piktogramme schematisch reduziert, das etwa der Musikalität von Telefonsignalen und Pausenzeichen entspricht. Es wäre unsinnig und ungerecht, zu behaupten, daß ein derartiges pragmatisches Minimalprogramm so weite Bereiche der sogenannten Kunsterziehung, besonders eben der frühen, beherrscht. Dies ist kaum das Ziel von Lehrplanerfindern und ihren Ausführenden. Dennoch wird es zur erdrückenden Tendenz, wo nicht ausdrücklich ganz anderes versucht wird.

Im Begriff Motiv wird zunehmend der tiefere Doppelsinn dessen, daß mich etwas ‹bewegt›, ausgeschlossen. Nur das Motiv im äußerlichen Sinne eines bestimmten gegenständlichen Arrangements – etwa der Heideweg mit Birke oder die Lokomotive mit Dampf – wird als Anlaß, Medium und Kriterium von Ausdruck anerkannt. Freilich gibt es daran nicht mehr viel auszudrücken. Die Erkennbarkeit nach dem Prinzip von Abbildungssystemen tritt an diese Stelle. Wo die Regeln geplanter ‹Sozialisation› durchgesetzt werden, sind die tiefen Bewegungen in uns von der Hoffnung auf Ausdruck abgeschnitten – ob es neue Bewegungen aus unserem Innern oder die Bewegungen im Innern sind, die auf Eindrücke antworten und in uns zur Stimme des Begegnenden werden. Dieses Bewegende – movens – wird übergangslos zu einem Äußeren. Als Leitmotiv hat es bereits formalstrukturierende Aufgaben. Als Motivation wird es vollends synthetisch wieder zugesetzt, wenn den Schülern oder den Bürgern die eigene Bewegung genommen worden oder abhanden gekommen ist.

‹Was soll denn das sein?› Auf diese Frage erwarten in der Regel Eltern und Berufserzieher eine gegenständliche, keine zuständliche Antwort. Es muß eine Lokomotive sein oder ein Hund. Dabei sagen Kinderzeichnungen etwa ‹ich richte mich auf›, ‹es trägt mich›, ‹da liegt etwas›, ‹ich spinne mich ein›, ‹es lockt mich›. Ein Genie der Künstler, der das alles noch einmal entdecken und selbst in Lokomotiven und Hunde und Landschaften bannen kann. Wie listig mußte Paul Klee das tun, indem er vorgab, ‹mögliche Welten darzustellen› *neben* den realen! Im Erleben der Menschen *haben* diese Welten Wirklichkeit. So erlebt sprechen sie in dieser oder jener Weise vom Leben.

Wie soll das aber den Menschen nahegebracht werden, die systematisch zum Verzicht auf alles Wirkliche neben der systematisierten Realität erzogen worden sind? Als Schulkinder drücken wir unsere Bewegtheit in der Natur aus, die uns bewegt: Wir schieben einen großen Stein an den Fuß eines mächtigen Baums, ein Altar. Wir setzen Stöcke auf einer abgelegenen Wiese im Kreis, ein templum. Bestenfalls werden die Erwachsenen unsere Rituale als Kindereien lächelnd dulden. Bestenfalls werden wir unter diesem Druck die Macht des Geheimnisses kennenlernen und pflegen. Schon die Spiele mit Spekulatiussternen werden meist um so unnachsichtiger ausgelacht, je tiefer die magischen Zugänge unbewußt darin gespürt und verdrängt werden, die ein Kind zu den Sternen, zu *seinem* Stern haben kann. Das Erleben des Universellen wird lächelnd verachtet. So sind noch die eben erwachsen gewordenen Eltern aufgewachsen, die über dem deutschen Sofa das Heidemotiv hängen haben. Hinter den Sitzelementen ist es dann die Fotografiewand vom Wald – vielleicht verfremdet.

Das ist der ästhetische Friedhof für die inneren Bewegungen im Durchschnittsalltag. Was zur Geste drängt, wurde unter dem Motivzwang erschlagen. Authentizität wird dann an der Wiedererkennbarkeit gemessen. Bei gehobener Bildung geht diese Funktion auf die Standards der Kunstgeschichte über. Auf solche Sofawände plaziert, verlieren große Meister ihre Authentizität wie der Bach der Swingle Singers oder Beethoven, mit flotten Rhythmen durchsetzt.

Unsere Kultur ist darauf angelegt, den Menschen die Angst vor dem Authentischen beizubringen, besonders vor der Vorstellung, es könne in ihnen selbst zur Geste werden, durch sie zum Ausdruck kommen.

Leben wird statt dessen in wiedererkennbare Formen gebannt, das heißt, es muß sich im längst Bekannten totstellen. Das Leben lebendig zu erleben, bedeutet nicht, daß nicht Menschen ihm Formen aufprägen. Auch Zengärten sind der Natur abgerungen. Auch ihre Büsche werden beschnitten, aber im Erleben ihrer eigenen Gestaltungen. In Europa kam niemand darauf, etwa im Beschneiden von Buchsbaum, der sich zu dicht geschlossenen Formen drängen läßt, dem Paradigma seines Wachsens Ausdruck zu geben: Es müssen nicht Hasen oder Pyramiden daraus werden, die man wiedererkennt im grünen Material. Man kann dem Wachstum so folgen und es zugleich so verdichten, daß Gärtner und Betrachter es um so eindrucksvoller an den Formen der unregelmäßigen Buchsbaumkugel oder des Bonsai kennenlernen.

Stil als Gefahr

Offensichtlich nimmt das zum Wiedererkennen verkommene Motiv – als initiales Moment, als Medium und als Kriterium – eine Stelle ein, die anderem zukommt. Es dient als Ausrede, um sich diesem Anderen nicht zu stellen. Die Ausrede kann nicht verhindern, daß wir das Fehlende spüren, in den Motivprodukten wie in dem Verhältnis der rezipierenden Menschen zu ihnen. Das verhinderte Andere läßt uns die Befriedigungen als Kitsch empfinden, mit denen solche Motive ein Verlangen stillen. Daran gewinnt die Kategorie des schlechten Geschmacks ihre Objektivität. Schlechter Geschmack ist eigentlich nicht der Gegensatz zu gutem Geschmack, der eben gerade so gut wie der schlechte die authentische ästhetische Erfahrung verdrängen und ihren Raum besetzen kann. Die Objektivität ist gesellschaftlich. Die Ausrede wie die Notwendigkeit einer Ausrede sind Teil dessen, was man eine soziokulturelle Konditionierung nennen kann. Sie entwöhnen die Menschen der Begegnung mit Wesentlichem.

Offensichtlich wird das an jenen Gegenständen, die sich nicht zum Motiv eignen. In einer Sternwarte betrachte ich große Fotografien von Ausschnitten des Himmels. Ein paar größere Punkte bilden ein Stück eines der bekannten Sternbilder, ohne es zu erkennen zu geben. Auf der etwa quadratischen Fläche, von der der Mond etwa ein Zehntel einnimmt, sind so viele kleinere und kleinste Punkte zu sehen, daß man sie für unzählbar hält. Kein Zweifel kann bestehen, dieses Bild ist gegenständlich. Als Motiv würde es jedoch ebenso zweifellos verworfen werden. Nur sehr wenige Menschen sind gewöhnt, mit so vielen Lichtpunkten, wie die bloßen Augen sie nie am Himmel wahrnehmen, eine bestimmte Vorstellung zu verbinden – schon gar nicht in der fotografischen Umkehr, die jene riesig fernen Lichtquellen als schwarze oder graue Punkte auf hellem Papier abbildet.

So kommt es heraus, daß die Forderung nach Gegenständlichem ideologisch ist. In Wirklichkeit wird nämlich gefordert, die Darstellungen müßten erkennbar Bekanntes vorführen. Genau dies ist die ästhetische Aussage jenes ‹Geschmacks› der vielen Menschen, den Loos nur als ‹ordinär› zu beschimpfen wußte.[9] Heute wenden ihm sich theoretische Untersuchungen wie die von Bourdieu[10] zu, die empirisch einzulösen wir eben erst beginnen.[11]

Mir dagegen tritt das Bild des Schmidtschen Himmelsobjektivs immer wieder vor die Augen, gerade weil es mein ungeübtes Vorstellungsvermögen in einer Weise beansprucht, die mich eine bestimmte Dimension von Wirklichkeit ungeahnt erleben läßt: Von Punkt zu Punkt dehnen sich Entfernungen aus, die den Räumen des Himmels entsprechen, für uns aber nicht anschaulich zu ermessen sind. Zugleich läßt das Bild an die Welten des für uns unbeschreiblich Kleinen denken. Beides für sich, erst recht gemeinsam, beschäftigt uns eindrucksvoll mit Vergleichen, in denen wir uns einen Begriff von dem Geschehen im Großen und im Kleinen zu machen suchen im Verhältnis zu dem Umfang menschlicher Wahrnehmung.

Wie gewaltig ergreift uns so die eigentliche Tiefe dessen, was sich uns da andeutet: Tatsächlich werden da nicht mehr oder weniger viele und mehr oder weniger große Sterne abgebildet; vielmehr handeln solche Bilder von einem Geschehen. Die Tiefe des Raumes muß als ein Zueinander und Miteinander dieser Körper verstanden werden, als ein Gefüge von Gravitationssystemen, deren ‹Vordergrund› unsere Milchstraße bildet, den Blick auf Mittelgründe freigebend. Hintergründe sind nur im Wissen, kommen nicht zur Anschauung. Gigantisch wäre ein unangemessenes Wort dafür. Dabei sind alle diese Sterne – andere Fotografien zeigen auch das – in Bewegungen ohne Ende. Die vielen Punkte auf dem Blatt müssen als ein Vorgang von für uns unendlichen Tiefen gelesen werden. Ihre Beziehungen zueinander gehen über den Begriff einer Kon-stellation unermeßlich hinaus. Ein so subtiles wie unendlich weites Mobile.

Je gewaltiger uns ein Gegenstand ergreifen kann, desto ungeeigneter ist er durch die Größe oder die Tiefe seiner Bedeutung, in einer Darstellung gut wiedererkannt zu werden. ‹Motive› machen aus der nützlichen Fähigkeit, etwas wiedererkennbar abzubilden, eine ästhetische Maxime, die vor neuem Erkennen schützt. Beim Heideweg über dem Sofa kommt es ebenso wie bei der Lokomotive im Kindergarten gerade nicht darauf an, am Bekannten die einmalige Erfahrung zu entfalten. Diese wäre aber authentisch. Über das Wiedererkennen wird das Bekannte mit dem Authentischen verwechselt oder vertauscht. Es setzt sich an die Stelle der Eindrücke, über die ein Bild uns auffordern und dazu führen kann, jene Erweiterungen des Vorstellens zu leisten, deren Ausdruck es ist.

Diesem Unglück läßt sich nicht in der Dimension von Stilen abhelfen, weder durch den Wechsel der Kunststile noch den der Erziehungsstile. Das hat ein für allemal der Versuch gezeigt, über die Kategorie der Funktion aus dem stilvollen Mangel an Authentizität einen Ausweg zu finden. Der Funktionalismus schien dem Wesentlichen näher zu kommen, weil er sich an den objektiven Kern der Dinge und der Beziehungen von Menschen zu ihnen halten wollte. Zunehmend erwies sich das aber als ein Paradox. Objektiv konnten Funktionen nur in einem naturwissenschaftlichen Sinne bestimmt werden, während sie aus dem rein Technischen hoffnungslos unterbestimmt sind: Das Sitzen ist niemals nur eine physikalische Anordnung von Masse und Raumgestalt des Körpers, sondern ein in vielen Dimensionen gelebter Augenblick. So kann die Form eines Stuhls, eines Raums nicht ausschließlich aus der physikalischen Anordnung abgeleitet werden. Der Funktionalismus hat sich selber als ein Stil unter anderen erwiesen – im Design wie in der Kunst.

Stil wird daran grundsätzlich faßbar als die Gefahr, das immer neue Auffassen und Ausdrücken zu ersetzen durch übernommene Auffassungen und Ausdrucksweisen. Ein Stil verdrängt dann mit seinen nur zu gekonnten Mitteln und Wendungen das Authentische im Aufnehmen wie im Hervorbringen. Unverkennbar ist dieser Vorgang bei dem Adepten, dem Epigonen oder wie wir sonst Nacheiferer zu nennen pflegen, die alle Lösungen, um die der Meister Schritt für Schritt, Umweg nach Umwag hatte ringen müssen, nur noch servieren zu müssen glauben, wie wenn man geschickt den Instant-Coffee in einer stilvollen Kanne als frischen Aufguß präsentiert. Schüler malen dann wie Dali oder machen Radierungen wie Wunderlich oder probieren es mit einem nach dem anderen. Die beliebtesten Vorgänger sind nicht nur die Erfolgsautoren der jeweiligen Mode. Oft haben diese sich selbst schon dadurch in Mode gebracht, daß sie ohne Rücksicht auf Verluste am authentischen Ausdruck darauf ausgehen, ihren Stil zu kreieren. Diese Absicht ist immer unverkennbar. Ihre Resultate sehen immer so ähnlich aus wie etwas, das man schon kennt; und zwar haben sie mit dem

Nachgeahmten genau nicht den Gestus der Fragen, sondern die Manier der Antworten gemeinsam. Dabei werden dann die Antworten verbreitet in einer Weise, aus der man sofort spürt, daß die Fragen gar nicht mehr gestellt worden sind.

Das breite Publikum reagiert darauf nicht mit der Wut von André Breton über Giorgio de Chirico, als dieser begann, seine Erfolgsbilder der zwanziger Jahre noch einmal zu malen:

«Es genügt nicht, auf eine Leinwand den alltäglichen Himmel, eine Schale und ein paar saure Früchte zu malen, und die Sache ist erledigt! Darüber hinaus wird Rechenschaft von euch über die entschwundenen Erscheinungen gefordert, und wenn ihr nicht schnell genug antworten könnt, so wird man sich mit Verachtung von euch wenden. So gibt es Menschen, die wagen, von der Liebe zu reden, wenn sie gar nicht mehr lieben. Ich habe folgende peinliche Begebenheit erlebt: Chirico versuchte mit seiner jetzigen Hand, seiner schweren Hand, ein altes Bild von sich noch einmal zu malen, nicht etwa weil er in dieser Handlung eine Illusion oder eine Desillusion suchte, sondern lediglich weil er hoffte, indem er seinen jetzigen äußeren Zustand verleugnete, dasselbe Bild zweimal verkaufen zu können. Es wurde leider so wenig dasselbe! Durch seine Ohnmacht, in ihm und in uns die vergangenen Empfindungen wiederzuerwecken, hat er eine Menge ausgesprochener Fälschungen in Umlauf gebracht, darunter waren knechtische Kopien, übrigens zum größten Teil vordatiert, und noch weit mehr schlechte Variationen. Diese Schwindelei mit dem Wunderbaren muß endlich aufhören.»[12]

Im Gegenteil. Die Leute erweisen sich als um so dankbarer, je leichter es ihnen gemacht wird, den Stil, den sie schon kennen, wiederzuerkennen. Viele Erfolgsautoren machen sich selbst nach. Sie kopieren sich nicht nur wörtlich wie Chirico; öfter wiederholen sie immer dieselben Attitüden – wie Dali, als er berühmt geworden war, wie Wunderlich, als er berühmt werden wollte, oder wie Bergengrün, als er nicht mehr berühmt genug war. Die Leute sind dankbar für die Masche, weil sie wiedererkennen dürfen, zwar nicht das Motiv – oder nicht nur das –, aber die unverkennbare ‹Handschrift›. Daß diese bis zur Unkenntlichkeit unverkennbar gemacht worden ist, stellt sich erst mit der Zeit heraus, wenn sich der Reiz des Aha-Effekts so abgenutzt hat wie gewisse Füllworte, die der Kreuzworträtselfreund schon zum hundertstenmal herausbekommen hat.

Die Effekte sind kaum andere, wenn der plötzlich umschwärmte Meister von vornherein einen beliebten Autor imitiert, wie Ernst

Fuchs, der zum allgemeinen Beifall nicht davor zurückschreckte, Dürerisch zu malen, als ob man A. D.s Sicht und Technik wie einen stilistischen Dauerbrenner behandeln dürfte.

Zu derartigen lebensgeschichtlichen Erscheinungen gibt es Entsprechungen bei einzelnen Kunstschulen oder als gesellschaftliche Epochen. An dieser Stelle werden sie noch entschiedener als jene Schwäche erkennbar, die glanzvolle Ausflüchte vor der geschichtlichen Aufgabe suchen läßt. Der Jugendstil wäre kein gutes Beispiel dafür, wenn es nur um die Ahnung von der Aufgabe ginge; denn nach der Hochphase der Industrialisierung stand das an, was er aufgreifen sollte: eine tätige Beziehung der Menschen zu Natur neu zu begründen und auf dieser Grundlage die Lebensformen zu einer Einheit von Herstellung und Gestaltung zu entwickeln. Praktisch wurde aber das Gestalten vorgezogen und zum Hauptfeld der Anstrengungen gemacht. Das Gestalten nahm damit zu rasch Resultatcharakter an. Die begründende Beziehung zum Grunde kam zu kurz. Teils ersetzten Gedanken an Natur und an Tätigkeit, bei einzelnen Paradebeispielen anknüpfend, diese selbst; so etwa der Kompromiß des Werkbundes für die deutsche Industrieproduktion, dem Muthesius die Anregungen und das Alibi der Arbeit von Morris besorgte. Teils verließen sich die Künstler auf die Abarbeitung an dem Wesen einzelner Momente der Natur, aus der sich eine bestimmte Stilisierung historisch ergeben hatte, ohne die besonderen Beziehungen zu Naturvorgängen selber neu zu vollziehen. So wurden bestimmte Formen, etwa die von Lilien oder Reihern auf chinesischen Vasen, aufgenommen, als ob in ihrem Stil das eigene geschichtliche Leben zu einer Jugend finden könnte. Die Ersparung eigener langer Wege mußte den Jugendstil, trotz manch aufrichtig unternommenen Bemühungen, um so gewisser an seinen Zielen vorbeiführen, als er dort sein wollte, ohne erst ankommen zu müssen.

War hier der Protest gegen eine übermächtige, aber unwahre Tradition zu frühreif, um ein altkluges Ende vermeiden zu können, so ist die Tradition in anderen Fällen zu stark, um neue Grundlegungen zu erlauben. In manchen künstlerischen Stilen des gegenwärtigen Osteuropa zum Beispiel verlassen sich moderne Richtungen allzu fühlbar darauf, daß die eigentlichen Lebensfragen immer noch bei den herkömmlichen Betrachtungen in den besten Händen sind, wenn auch deren Erscheinungsbild bis zur skeptischen Auflösung paraphrasiert wird. So sind tschechoslowakische, aber auch polnische Maler seit Jahrzehnten am stärksten, wo sie diese Tendenz bis zu surrealistischer Durchsichtigkeit steigern. Dort kann ihre Realität neben der konventionellen über diese hinausweisen. Anders bleiben die Künstler oft so neben dem Traditionellen, daß die Stilisierung der Stile die Arbeit an den geschichtlichen Fragen ersetzt. Künstlerisches Können verhindert dann Kunst, weil es so dicht sich über den Poren des Lebens schließt, daß nichts Authentisches mehr durch diese herauszudringen vermag. Ja, man hat den Eindruck, daß die Anstrengungen gerade dahingehen, originäre Lebensfragen vorab zur Resignation zu überreden.

Insofern hatten die Strömungen der modernen Kunst des Westens in den fünfziger und sechziger Jahren eine ganz andere Kraft des Suchens. Aus heutigem Erleben ist aber Richtungen wie der École de Paris, dem Tachismus, der op art und anderen eine Bedingtheit anzumerken, die ebenfalls als ein Neben den Traditionen zu begreifen wäre. Allerdings war hier das Neben teils gleichgültiger, teils unbekümmerter. Neue Fragen wurden gestellt, so gerade die nach der Bedeutung von ‹Gegenständlichkeit›; aber ohne die eigenen Entdeckungen auch im Bezug auf die Geschichte zu durchdenken, die sie so lange verhindert und anderes, weiter Anerkanntes hervorgebracht hatte.

In den Rückblenden großer Ausstellungen auf diese Zeit fällt auf, daß viele derjenigen, die im ersten Durchgang Verständnis für die ‹abstrakte Kunst› auch bei einem an sich wenig verständigen Publikum gewinnen konnten, kaum mehr Beachtung finden. Zu ihnen gehören vor allem jene, die als erste einen offensichtlichen Darstellungsstil mit ihrer Suche verbanden, während damals völlig unpopuläre Lebenswerke jetzt zumindest in Kunstkreisen die Aufmerksamkeit zu beherrschen beginnen, als sei das immer selbstverständlich gewesen. Erst seit meinem Besuch in der Sternwarte weiß ich genauer, welche Ahnungen mir vor zwei bis drei Jahrzehnten die Zeichnungen von Marc Toby verhießen. Damals sah ich ihn still in einer Ausstellung neben seinen Arbeiten stehen. Ebenso still sah ich in das Durcheinander der kleinen, einander überdeckenden, matt dunkel getupften Striche, ein wenig spürend, warum Albert Schulze Vellinghausen[13] mich bei den ganz kleinen Blättern verweilen hieß, während die Leute sich bei Sao Wuki und Viera da Silva und Pierre Soulage drängten, die in den Retrospektiven weniger vorkommen, obwohl ungezählte ehrgeizige kleine Malergenies von der Stimmigkeit jener Stilmittel nur träumen können – es sei denn, sie entschlössen sich zu dem unauffälligen Schritt, der ihrer wirklichen Erfahrung in diesem Augenblick Ausdruck geben kann und ein Stück bescheidenen eigenen Bewußtseins verspricht.

Zur authentischen Geste kommt es in eben dem Maße, wie sie auf die Momente einer Situation damit antwortet, ihnen in einem gemeinsamen Zusammenhang eine ordnende Bedeutung zu geben. Sie setzt sinnfällig den übergeordneten Kontext, ihn webend aus den schon vorher erkennbaren Kontexten und zugleich diese zu neuer Klarheit bestimmend. Dies muß geschichtlich eine weltumspannende Ambivalenz aufnehmen, die mit dem Phänomen von Stil überhaupt verbunden ist. Kunststile haben im modernen Sinne erst die europäischen Kulturen der Neuzeit hervorgebracht, nämlich als Ausdruck eines bewußten Stilwillens, der nicht romanische Formen und Auffassungen durch gotische ablöste, sondern, etwa das Gotische verwerfend, die Welt anders gestalten wollte. Zwar ist der Stilbegriff dann auch für andere Kulturentwicklungen bis hin zu den ‹primitiven› verwandt worden, um zusammenstimmende Veränderungen wichtiger Gestalten zu bezeichnen. Je näher freilich Kulturen der Natur sind, mit der sie sich auseinandersetzen und dabei zu bestimmten Gestalten kommen, desto stärker ist die, insofern, unreflektierte Authentizität ihrer Geschichtsgestalt. Stil als Stilwille setzt sich solcher Authentizität entgegen. Es entsteht ein Antagonismus, dem wir uns noch lange werden zu stellen haben. Denn der Wille zu einem neuen Stil kann sehr wohl der notwendige Weg sein, um einem anderen Gestus der Erfahrungen von einer bis dahin versäumten Seite her Leben und Erleben zu verleihen. Dies ist die geistige Freiheit eines Bewußtseins, das nicht mehr nur *in* der Geschichte, sondern gerade auch *zur* Geschichte steht. Wenn es nicht neben die Geschichte gerät, gewinnt ihm seine Stärke eine Authentizität anderer Qualität. Stärke bedeutet wieder, frei von willkürlichen stilisierenden Bedingtheiten zu sein und frei für das Bedingungsgefüge von Mitwelt und Geschichte. Eine solche authentische Geste macht sich aus vielfacher Reflektion auf ihre Weise zu einer Bewegungsform des Universellen.

Ästhetik und Selbst-Erziehung

Die Objektivität von Ästhetischem kann nicht logisch abgeleitet werden. Ästhetik kann Ordnungen aussprechen, die von den Bewegungsformen des Lebens gebildet werden. Diese Objektivität eignet dem Ereignis, nie einem Ergebnis als solchem: Es öffnen sich besondere Zugänge zum Universellen. Hier muß durch die Konditionierungen und Verstellungen hindurch das Leben hervortreten und sich ausdrücken lassen. Das meint der Begriff der authentischen Geste. Er ist deshalb, durchaus ungewollt, eine zutiefst pädagogische Kategorie – pädagogisch aus dem Psychagogischen kommend, also Erziehung so ernst und so heiter begreifend wie die Seelenführer der Alten. Was hilft uns auf den Weg, unsere Seelen in Begegnungen zu führen und zum Verständnis wesentlicher Vorgänge bereit zu machen?

Jedes Ästhetische hat Ordnungen eigener Logik an ihm. Im Umgang mit ihm treten die Ordnungen unserer Begegnungsvermögen mit denen des Gegenübers zu einer Schrittfolge gemeinsamer Bewegungen zusammen. Die Begegnungen führen uns. Sie führen uns zu dem Anderen wie zu uns selbst und dem Gemeinsamen beider. Insofern ist jede Didaktik des Ästhetischen unsinnig. Zu lernen brauchen wir nur, wie wir unsere Vermögen zur Begegnung von Hindernissen befreien und zu Fähigkeiten entfalten können. Exemplarisch für alles Lernen, das dieses Namens wert ist, vollzieht sich ästhetisches Lernen als die Arbeit, uns im Umgang zu üben. Nicht ‹der Stoff› muß aufbereitet werden, sondern wir müssen uns bereitzumachen lernen zur Begegnung im Umgang. Dieses Lernen setzt mit Bewußtsein die vorgeburtliche Arbeit, die gattungsgeschichtliche fort: Selbstgestaltung in einer immer tiefer erlebten Mit-Welt.

So ist ästhetische Erziehung im doppelten Sinne Selbst-Erziehung. Sie übt uns nicht in irgendwelche Dinge ein, sondern übt unser Selbst – und im Gegensatz zum Ego bildet das Selbst keinen Widerspruch zu den Vorgängen uns gegenüber, weil es sich polar im Umgang mit ihnen ausbildet. Solche Übung kann uns niemand abnehmen oder verordnen. Wir müssen dazu uns selbst erziehen. Aber wir können Anleitungen dazu bekommen. Wir können Vorübungen erlernen, uns stärken lassen gegen die Gewalt der Verstellungen, bestärkt werden in der Sicherheit unserer Sinne gegen die so schön geschlossenen Abbildungssysteme. Wir können an Erfahrungen anderer Klarheit gewinnen darüber, welche Bedeutung die Täuschungen oder Begrenztheiten unserer Wahrnehmungen einnehmen müssen. Die Vorgänge, an denen wir uns – immer wieder neu – kennenlernen, können, auf unseren Entwicklungsstand hin ausgerichtet und eingegrenzt, überschaubar gemacht werden. Die Klarheit eines Weges, eines Werkes kann unser Bewußtsein für Schritte schulen und die Beziehungen ihrer logischen Ordnungen verdeutlichen.

Wenn Arbeit im Goetheschen Sinne von Selbsttätigkeit der einzige Weg ist, zum Genuß der Welt und unserer selbst zu gelangen, und wenn Genuß im Marxschen Sinne die Gattungsarbeit ist, unser Aufnehmen und Einwirken immer sinnvoller zu differenzieren, dann gilt es, uns genußfähig zu machen. Das ist allerdings keineswegs nur ein genußreiches Vorhaben, zumal wir zugleich für unsere Mitwelt genießbar wieder werden müssen. Genuß ist, wiederum, nicht ein Ziel, wie die gängigen Vorstellungen vom Hedonismus glauben wollen.

Es geht darum, an den eigenen Sinnesorganen in den Genuß jener Lebensbewegungen zu gelangen, die aus den Tiefendimensionen anstehen. Mindestens ebensoviel Arbeit muß sich jedoch mit dem beschäftigen, was ihnen und unseren Empfindungen für sie entgegensteht. Daß auch diese kritisch-geschichtliche Arbeit als ästhetische vollzogen werden kann, ja, mit letztem, existentiellem Ernst nur am eigenen Leibe möglich ist, wurde bereits angeführt. Dieser Arbeit kann durch Wissen und durch mittragende Anwesenheit der Weg bereitet werden. Gegenüber den Schrecken seiner Entdeckungen ist Beistand von Freunden, Lehrern, Mitlernenden sogar besonders wichtig für unsere Selbsterziehung.

In den ‹pädagogischen Provinzen› Goethes entfalten sich Sinne und Bewußtsein zum Medium der gegenseitigen Mitteilung wie der Ausbildung der eigenen und gemeinsamen Tätigkeiten heranwachsender Menschen. Seit zwei Jahrhunderten sind sie eine unerfüllte Versprechung unserer Kultur. Lenz hat in diesen Versprechungen sein Bewußtsein von unserer sich zwischen Geist und Körper, Kopf und Hand entzweienden Zivilisation heilen können, allerdings nur, solange er Seelsorger für die Menschen sein durfte, die in Oberlins abgelegenem Vogesental sich mit Herz und Hand, verständig und gemeinsam der auftrumpfenden Großproduktion entzogen.

Diese Versprechungen sind der Geschichte zu verdanken, deren Systematik so auf ihre Unerfüllbarkeit gerichtet ist, wie die Überlegungen zur politischen Ökonomie des Sinnenbewußtseins das zeigen.[14] Das Ästhetische wie die Erziehung, im Sinne dann auch einer ästhetischen Erziehung, wurden bei uns erst als eine eigene Dimension des Entfaltens begriffen, als dieses Besondere sie auch zur Absonderung verurteilte. Wo es darum gehen konnte, das Universelle in jedem Einzelnen zum vollen Leben zu erwecken, war der Wechselbezug zwischen kosmischem Leben und Alltagspraxis zerbrochen. Wenn er aber nicht länger zum praktischen Gebrauch des Ökonomischen notwendig war, konnte er als Luxus der Geschichte aufgefaßt werden, der entsprechend in Sonderbereiche abgedrängt wurde. Kultivieren des Ackers und religiöser Kult verloren ihre gegenseitigen Verbindungen, ohne daß die Menschen für eine Erfahrung des Lebens frei geworden wären, die beide auf ein Übergreifendes hatte beziehen können.

Kinder teilten einmal mit den anderen Generationen die Anstrengungen des Alltags. Da war in die unscheinbare Würde wachsender kleiner Verantwortungen, in die fraglos auferlegten Schrecken des Erlebens von Not und Tod, in die stumpf und stark machenden Leistungen zum Auskommen der Familie etwas eingewoben, das Comenius beobachtete und zu einer Lehre erhob: nachahmendes Lernen im fröhlichen Lebensernst. Für das allgemeine geschichtliche Bewußtsein war das freilich noch zu selbstverständlich, um das Denken der Gesellschaft dem sich zuwenden zu lassen. Gleichzeitig hatte eine derartige Aufmerksamkeit darauf, einen Keim des ganzen Menschen in allen einzelnen entfalten zu wollen, unter den politischen Strategien des öffentlichen Lebens und Arbeitens keinerlei Aussichten, selbst als die schlimmsten Verheerungen der Umbrüche, Kriege, Epidemien, Verfolgungen der frühen Neuzeit überwunden waren. Sie widersprach derart dem Geiz wie dem Ehrgeiz der Organisatoren dieses neuen Lebens und Arbeitens, daß sie kaum als unbewußte Tugend überleben durfte.

Lernen hätte noch bewußte Ausbildung der Beziehungen der Menschen sein können, deren Fülle im notgedrungenen Kreislauf von Mühsal und selbstschützerischer Blindheit für eine wesentlichere Entwicklung steckenblieb. Statt dessen entstanden jedoch Drill und mechanische Arbeit für die Massen. Die Kraft der Staaten richtete sich gegen jene Volks- oder Hochkulturen, die in der naturhaften oder geistigen Konzentration auf innere Bewegung in uns und in der Welt um uns nur eine ungleich geringere Macht im Vernichten der Reiche auszuüben vermochten. Die Mächtigen und Gelehrten richteten die Erziehung der vielen auf die ungerechte Tugend des Ertragens. Die Emporgetragenen verloren bald den tieferen Sinn der Sinne ebenso aus den Augen, weil leiblos gepredigte Selbstlosigkeit zur Selbstverachtung wurde oder weil Sinnenreize sich in Zerstreuungen zerstreuten.

‹Künstlerischer Gemeinsinn› im Bürgertum – Kants *sensus communis aestheticus* – und stumpfsinnige Massenproduktionen, Naturbegeisterung und ökonomische Naturbeherrschung, Aufklärung des Verstandes bei den ‹Mündigen› und Siechtum der Sinnesvermögen bei den Unselbständigen wurden zu greifbaren Widersprüchen in der Französischen Revolution. Den europäischen Alltag beherrschten sie ebenso wirksam. Damals weniger offen ausgetragen, entstanden die pädagogischen Ideen für die Vereinigung des Getrennten. Ansprüche wurden als verheißungsvolle Vorstellungen wiederbelebt. Konnten die Menschen zur Zeit von Comenius einander noch selbstverständlich durch Haltungen und Gebärden verstehen, wenn auch meist ohne viel Kunst dabei zu entfalten, so wurde im «Wilhelm Meister» die alte Sehnsucht nach einer ‹Körperspräche›, in der niemand sich verstellen kann, in eine Utopie umgeformt. In den ‹pädagogischen Provinzen› lernen die Schüler dem Begegnenden sich ganz darzustellen und im Darstellen ganz sie selbst zu bleiben, indem sie mit Bewegungen des Körpers ausdrücken, was sie bewegt. Es fällt auf, daß fast gleichzeitig Giacomo Casanova in seinem utopischen Roman «Eduard und Elisabeth» die offen einander sich zuwendenden Menschen ihre Empfindungen durch Tanzen und singend mitteilen läßt.

Herder nannte den Menschen «den Invaliden seiner höheren Fähigkeiten», sah also die hohe Entwicklung der «zusehenden Intelligenz» – Hegel – auch als vertiefte Trennung vom Leib. Trotzdem war er sich, nur um so bewußter, einig mit Humboldts Forderung, die «Entfremdung» der Menschen müsse überwunden werden im Medium einer allumfassenden praktisch-geistigen Ästhetik. Wilhelm von Humboldts «Ästhetik» widerspricht, wie die Naturwissenschaft Goethes und wie dessen menschliche Bildungslehre, der Aufteilung der menschlichen Vermögen durch Kant, bei dem die Sinnesvermögen auch noch denen des Verstandes und der Vernunft hierarchisch untergeordnet werden. Kant hat die geschichtliche Wirklichkeit und die herrschenden Strategien in der Organisation unseres persönlichen und öffentlichen Lebens darin richtiger ausgesprochen.

Die Wunschvorstellungen des ‹Geisteswissenschaftlers› Humboldt haben nicht einmal die akademischen Traditionen der von ihm bestimmten Universitätsgeschichte wandeln oder mildern können. Wo Goethe Staatsmann war, konnte er kaum die Erziehung der Menschen darauf konzentrieren, ihre Erfahrung von inneren Entsprechungen zum gesehenen oder gespürten Naturgeschehen zu entfalten. «Nichts ist innen, nichts ist außen, denn was drinnen, das ist draußen.» Dabei haben sie dennoch ihre Vorstellungen reiner im Bruch zur Realität der gesellschaftlichen Verhältnisse zu erhalten vermocht als Schiller, dessen «Ästhetische Erziehung des Menschen» die historischen Widersprüche zwar darstellt, aber eher aufzulösen als auf Lösungen hinzuarbeiten geeignet ist.

Ähnlich wie bei Rousseau wird das Gleichgewicht zwischen körperlicher Tätigkeit und geistiger Entwicklung, die Harmonie von Lebenstüchtigkeit und lebendiger freier Phantasie in eine Vergangenheit zurückprojiziert, derer man sich, wie des Paradieses im Alten Testament, leichter versichern kann als einer ungewissen und erst zu leistenden Zukunft. Die griechische Antike ist dabei realer als der fiktive ‹Naturzustand› der Menschen; diese historische Datierung ins ‹klassische Altertum› kommt aber auch der Resignation entgegen, die sich in der Verinnerlichung bei Schiller und in der Stilisierung zur klassizistischen Pose zeigt. In der Tendenz Schillers, den geschichtlichen Anspruch auf den ganzen Menschen zum schönen, würdevollen Ertragen erzwungener Bruchstückhaftigkeit durch eine «ästhetische Erziehung» umzustilisieren und zurückzunehmen, liegt vielleicht der früheste Grund für die Entleerung des Begriffes Ästhetik. Wenn inzwischen ‹Ästheten› und ‹Ästhetisches› eher künstliche als kunstvolle Randerscheinungen unseres Lebens bezeichnen und ‹Ästhetisierung› das Schimpfwort für zierliche Ablenkungen vom Wesentlichen in unserem Sprachgebrauch geworden ist, so steckt in dieser Kritik die Abwehr gegen alle Strategien der Vertröstung und des Abschiebens unserer Ansprüche auf eine leibseelisch-geistige Existenzentfaltung in die Vitrinen der Nation. Gerade auch Schillers Konzept hat mit diesen Strategien den Begriff Ästhetik verbunden. Hegels Einschränkung des Begriffs auf nichts weiter als «das Schöne in der Kunst» hat der Entwertung auf doppelte Weise Vorschub geleistet. Zum einen nahm er eine unerhörte Begriffseinengung vor. Zum anderen kam diese Einengung historisch einer Aushöhlung gleich, weil tatsächlich ‹das Schöne› als der Statthalter ganzheitlicher Lebensansprüche der Menschen ‹in der Kunst› eben die Ganzheit in ein einzelnes, das Zentrum an den Rand, den Ausblick ins Beschauliche zieht, wie stark dort auch immer noch von uns die Ansprüche nachempfunden werden mögen – oder nicht.

Als Feuerbach einen Wechselprozeß von «aktiver Passivität» im erfahrenden Aufnehmen und «passiver Aktivität» im antwortenden Tätigwerden forderte, waren die beiden Seiten der geschichtlich-gesellschaftlichen Widersprüche schon zu sehr zu beziehungslosen Gegenständen geworden, als daß er überhaupt hätte verstanden werden können. Seine Vorstellungen gerieten, ebenso wie die seines Erben und Kritikers Marx, unter die Ablehnung eines mißverstandenen ‹Materialismus›. Daß Materie von *mater* kommt und die Mutterbindung aller Existenz an ihre körperlichen Werdeformen zu erinnern gibt, war von unserer Kultur bereits vergessen worden, die praktisch Materie, Natur, Körper, Leib als Rohmaterial auszubeuten gewohnt war. Marx, der die Systematik, mit der wir uns zu solcher Ausbeutung gezwungen fühlen, zum Hauptgegenstand seiner Analysen gemacht hat, erhob immerhin eine Einheit von Arbeit und Genuß zum Ziel der Geschichte und nannte die Entfaltung der Sinnesvermögen im vollen menschlichen Bewußtsein zur eigentlichen Arbeit der Menschheit. Doch auch er konnte die Gestaltung der politisch-ökonomischen Wirklichkeit nach einem derart ästhetischen Grundsatz nur denken, nicht umsetzen in den, wohl auch für ihn selbst, schmerzlich pragmatischen Teil seines Werks. Nach ihm gab es nur noch die geistige Empörung Schopenhauers gegen die Folgen der Ökonomie, gegen die Entleibung des Geistes; Nietzsche suchte die Philosophie tanzen zu lassen, als könne sie das Leben werden. Die Aufrufe zur Umkehr der Lebenshaltungen führen nicht praktisch an die Quellen seines Erlebens zurück.

Inzwischen entdecken wir erfahrene Beziehungen zum Leben sogar bei den Männern der Vergangenheit wieder, die, wie Descartes, Newton oder Darwin, gegen eine unbotmäßige Natur als ‹Herren der Schöpfung› eingegriffen haben, weil sie in der Auseinandersetzung mit dieser Natur von deren Kraft in ihrer Gefährlichkeit, von deren Verheißungen in ihren Nützlichkeitsversprechungen und von deren Bewegung in den eigenen beschwörenden Anstrengungen noch etwas aufgenommen haben. Die gegenwärtigen Theorien über ‹Kommunikation der Menschen› und Bildung von subjektiver Substanz gehen immer einsamer dazu über, nur noch sprachliche Auseinandersetzungen und Sprache nur noch als Reden über etwas darzustellen. Lernpsychologie ist ebenso vorherrschend kognitiv ausgerichtet wie die ‹kompensatorischen› Erziehungsprogramme. Die Reste von Ausdruck innerer Bewegung in der Sprache der – wahrhaft problematischen – ‹Besinnungsaufsätze› werden für Schlechteres geopfert, nämlich für linguistische Kompetenztests. Der Vorzug der ‹Planbarkeit von Curricula› für jedes und für alle überrollt die freundlichen Vorsätze ‹humanistisch› Konservativer und die unverstandene ‹Emanzipation› der Ideologiekritiker auf erschreckend ähnliche Weise.

Deshalb wird ästhetische Bildung auf lange Zeit schon in dem institutionellen Sinne Selbst-Erziehung sein müssen, daß die Menschen sich in ihrer eigenen Verantwortung und gegen Curriculum und Disziplinierung der Schulen auf ihren Weg machen. Wo auch in den Schulen anleitende Hilfe und einladende Anregungen Raum greifen können, ist das mit allen Mitteln auszubauen. Aber auch dann wird es auf die wirkliche Arbeit der beteiligten Menschen ankommen, nicht auf Rahmen oder Vorgaben. Ästhetisch lernen kann man nicht anders als im selbst gelebten Wechsel von Aufnehmen, Selbstgestaltung und Gestalten. Organisieren kann man nur Bedingungen und Anleitungen und Vorbilder, die das Erleben dieses Wechsels fördern, stärken, konzentrieren.

Anmerkungen

1 Th. W. Adorno, etwa in: Ästhetische Theorie, Gesammelte Schriften Bd. VII. Frankfurt/M. 1970, S. 17ff., S. 375 ff. u. a.
2 Vgl. zu der ganzen Passage: Ludwig Klages, Handschriften und Charakter. Leipzig ¹¹1929; Ausdrucksbewegung und Gestaltungskraft. Grundlegung der Wissenschaft vom Ausdruck. Leipzig ⁴1923; Vom Wesen des Bewußtseins. Aus einer lebenswissenschaftlichen Vorlesung. Leipzig ²1926.
3 Rudolf zur Lippe, Der Körper – erstes Werkzeug der Kulturen. Ausstellung. Berliner Festspiele 1983.
4 Vgl. z. B.: Die Prinzhorn-Sammlung. Bilder, Skulpturen, Texte aus Psychiatrischen Anstalten (ca. 1890–1920). Katalog. Königstein 1980.
5 Marcel Griaule, Dieu d'eau. Entretiens avec Ogotemmêli. Paris 1966. Dt.: Schwarze Genesis. Ein afrikanischer Schöpfungsbericht. Übersetzt von Janheinz Jahn. Frankfurt/M. ¹1980, hier die Kap. «Das Wort und der Webstuhl» (10. Tag) und «Das Wort und die Feldarbeit» (11. Tag).
6 Vgl. das Kapitel «Das Ästhetische als Hermeneutik».
7 Vgl. Jean Gebser, insbes. Ursprung und Gegenwart. Stuttgart 1949/53, München ²1986.
8 Vgl. das Kapitel «Psychologische Grundlagen».
9 Adolf Loos, Schriften, Bd. I: Ornament und Verbrechen. Hg. von Franz Glück. Wien/München 1962.
10 Pierre Bourdieu, La distinction. Critique sociale du jugement. Paris 1979. Dt.: Die feinen Unterschiede. Kritik der gesellschaftlichen Urteilskraft. Übersetzt von Bernd Schwibs und Achim Russer. Frankfurt/M. 1982.
11 Vgl. z. B.: Meinhard Tebben, Warum nicht fürs Leben? Kritische Untersuchungen zur Langzeitwirkung von Kunstunterricht. Habilitation. Universität Oldenburg 1986.
12 André Breton, Le Surréalisme et la peinture. Paris 1965. Dt.: Der Surrealismus und die Malerei. Übersetzt von Manon Griesebach. Berlin 1967.
13 Albert Schulze Vellinghausen (ASV), Kritiker der Frankfurter Allgemeinen Zeitung bis zu seinem Tode 1967.
14 Vgl. das Kapitel «Der menschliche Sinn der Natur».

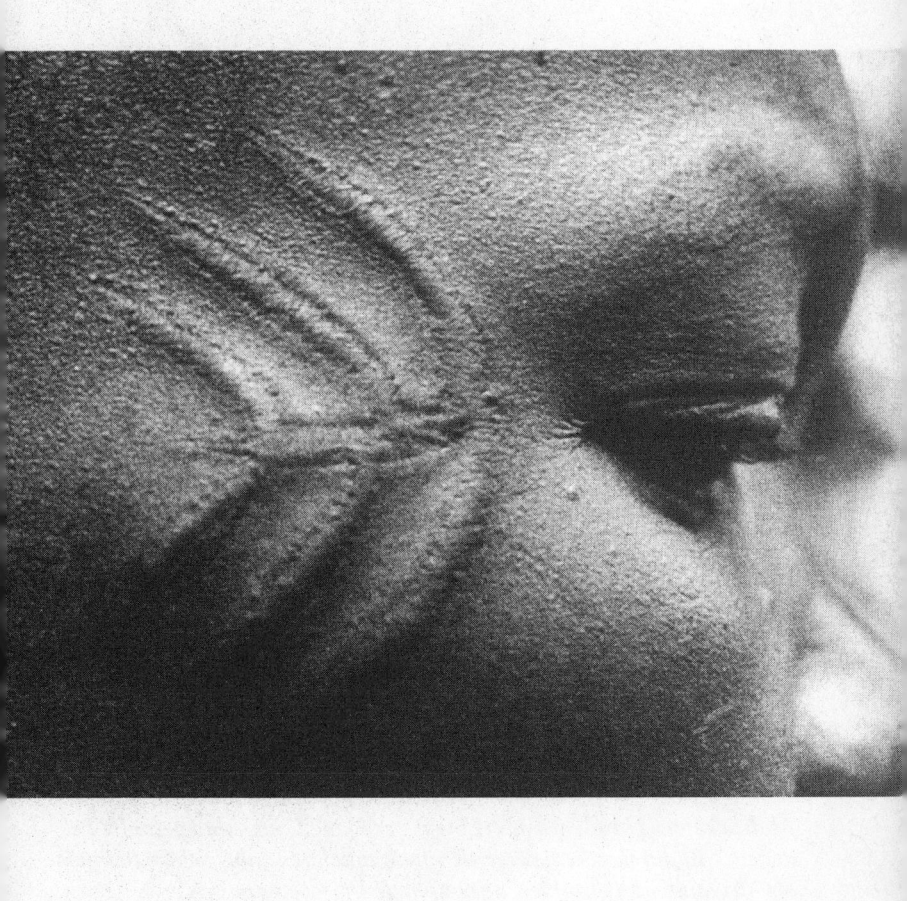

Zu den beiden vorangegangenen Seiten:

Abdrücke der Hand, mit dem Finger gezogene Linien und getupfte Felder sind Bilder von besonderer Kraft. Wir kennen zahlreiche von ihnen als afrikanische Felsbilder, aber zum Beispiel auch aus Nordamerika. Diese Abdrücke werden in die Eisenzeit datiert und kommen aus Kandaga in Tansania.

Viele Völker haben Traditionen von bestimmten Zeichen auf der Haut der Menschen entwickelt. Während die einen gemalt werden, so in Südamerika, und die anderen tätowiert, so in Ostasien, tragen viele Afrikaner sie als Narben.

Gegenwart leben und
die utopische Kunst des Ortes

Üben heißt zunächst und immer wieder, das Üben zu üben. Um eine praktische Systematik aus einer Lernsituation heraus zu proben, mache ich mit Studenten neben dem universitären Rahmen auch die Form von Stimmarbeit, die ich vor zwei Jahrzehnten bei Irene Haller und Karlfried Graf Dürckheim zu lernen begonnen habe. Stimme wird im Atmen, der Atemrhythmus aus gelassen konzentrierten Körperhaltungen frei. Von einem bestimmten Ausschnitt beginnend, sind immer neu alle Zusammenhänge zu prüfen und zueinander zu richten, vom sicheren Stehen oder vom Beobachten des Aus- und Einatmens oder vom Klang eines einzelnen Lautes her. Daran allein kann ich versuchen, schrittweise ein Vorgehen begreifbar zu machen, das als ‹Didaktik› und ‹Kommunikationstheorie› und ‹Konstitutionslogik› nur ‹diskutiert› werden kann: Was ist jeweils ein Schritt? Wieviel Sorgfalt und Zeit und Genauigkeit braucht er? Wohin können die nächsten Schritte führen? Welchen davon wählen wir? Wann sind dann die anderen dran? Wie finde ich den Zusammenhang aller Momente wieder? Wie halten wir ihn, während wir uns auf den jeweiligen Teilschritt konzentrieren, uns gegenwärtig als Ahnung des Ganzen, das wir gerade erst in den Blick und zu greifen bekommen?

‹Ästhetische Erziehung› ist einmal mehr in aller Munde. Der Begriff – und was damit praktisch gemeint wird – gibt allzu rasch eine positive Formel für einen tiefgreifenden Mangel. Wenn dieser Mangel nicht als solcher gefühlt wird, dürfte erneut ein Ansatz zur qualitativen Wende im Denken und Handeln von Erziehern zum Feigenblatt, Steckenpferd oder Wundpflaster verkommen. Die Rede eines Ministers von der ‹neuen ästhetischen Begeisterung›, etwa gegenüber den Mahnungen von Hentigs, bestärkt eher die Sorge vor ambivalentem Umgang mit der Chance zu einem Weg der Bildung von Menschen, der wahrhaft mehr zu hoffen gibt als ‹Ausgleich› zu kognitivem Stress und anerzogener Beziehungsunfähigkeit einer ganzen Gesellschaft. Der Mangel ist ein Mangel an Gegenwart.

Während noch vor zehn Jahren die Bildungsreformer aller Richtungen – im Bildungsrat wie in der Studentenbewegung, in den Vereinigten Staaten wie in Europa – Pläne mit fixierten Ideen für eine irgendwie bessere Zukunft machten, hatte bereits eine Entwicklung begonnen, die heute offensichtlich ist: Es mangelt uns mit jeder Generation mehr an einer gelebten Gegenwart, von der aus Zukunft etwas Wirkliches werden und für die Vergangenheit eine Bedeutung einnehmen kann. So sehr der gegenwärtige Augenblick nur wirklich, nur wahrhaft gelebt wird, insofern die zu ihm führende Vergangenheit bewußt aufgegriffen und seine Folgen für die Zukunft vorstellend mitgelebt werden: er darf auch nicht zwischen Planung für abstrakte Zukunftsziele und Analyse von Vergangenheit aufgerieben werden. Leben ist immer eine Folge von Gegenwart zu Gegenwart. Bewußtsein kann nur so viel hinzufügen, daß aus der Folge Schritte werden. Aber ein Schritt ohne Ort und Zeit für sich ist ein Schritt ins Leere und entleert uns. Wofür immer wir Fülle ausbilden möchten, sie bildet sich nur in einer Gegenwart, die zu ihrem Recht kommt. Gegenwart hat Ort und Zeit. Ort und Zeit und alle anderen wirklichen, konkreten Bestimmungen sind unsere nur durch unsere Sinne und das Ganze unseres Leibes.

Fülle, Weg, Schritte und Bewußtsein – Bewußtsein unserer selbst wie unseres menschlichen und dinglichen Gegenübers wie unserer Schritte und Geschichte – greifen und weisen über die einzelne Gegenwart hinaus: aber nur, soweit Bedingungen und Wirkungen der gegenwärtigen Situation auch als solche, und das heißt sinnlich-leiblich wahr-, ernstgenommen werden. «Willst Du ins Unendliche schreiten / geh nur im Endlichen nach allen Seiten», wie Goethe sagt.

Übungen als Teil wissenschaftlichen Lernens

Vor einigen Jahren begannen Überlegungen zur Konstitution von Bewußtsein in Lehrprojekten sich mit dem Versuch praktischen Übens zu einer Methode zu durchdringen. Wissenschaftlichkeit verstand ich nie anders als ein seiner selbst und seiner Bedingungen bewußtes Wissen – nicht als rationalistisches Schema. Ich suchte eine umfassende Erläuterung für meinen Begriff von Übungen, der grundsätzlich und praktisch auf unsere gegenwärtige Lebensführung besonders in Schulen und Hochschulen bezogen sein sollte. Dabei rückte der Ausdruck Gegenwart in die Mitte der Vorstellungen und Darstellungen.

Übungen sollen sich selbstverständlich nicht in stumpfsinnigem

Wiederholen vollziehen. Sie haben weniger mit Exerzieren als mit Exerzitien gemein. Gegenwart ist als einzelne Situation immer zu kurz, um sie nach allen Seiten auszuschreiten. Wiederholung ist für jedes Bewußtwerden, für jeden Weg, für jedes Lernen notwendig, wie die Situation, die geübt werden soll, begrenzt sein muß, um wenigstens möglichst vielfältig durchgearbeitet werden zu können. Dabei müssen auch Erinnerungen wiederauftauchen und ihre vergrabene Bedeutung auf den Zusammenhang bezogen werden können. Das heißt, die in aller Gegenwart enthaltene Geschichte muß hervortreten können: nicht nur als analytisches Wissen, sondern gerade auch im Niederschlag von Erleben und Erleiden. Der Freudsche Arbeitsgrundsatz – Erinnern, Wiederholen, Durcharbeiten – wird dabei zum Wiederholen, Durcharbeiten, Erinnern, Weiterarbeiten verändert.

Als Übungen möchte ich alle Lernsituationen charakterisieren, die nicht nur ein Reden über Dinge vorsehen, sondern deren Ablauf auch selbst ein Stück Wirklichkeit ist. Heute wird so etwas leicht als ‹therapeutisch›, zur ‹Sonderbehandlung› erklärt. Es geht aber nur um so viel Therapie, wie in Wahrheit jede Situation des Lebens beitragen könnte, würde sie einigermaßen verantwortungsvoll von den Beteiligten gelebt.

Lernen ist durchaus eine besondere Art von Situation, weil es in gewisser Weise frei ist von unmittelbarem Ergebniszwang des Alltags. Mit den dadurch frei werdenden Kräften ermöglicht es intensiveres Erleben, Nachdenken und Bewußtsein. Es gibt der Verantwortung dafür, was aus den beteiligten Menschen und den beteiligten Vorgängen wird, mehr Raum. Es darf jedoch gerade nicht gegenüber dem übrigen Leben abgesondert werden, als ob die während der Lernzeiten gelebte Zeit als Lebensschritt nicht zähle. Genau dies geschieht aber in der ‹Ausbildung› immer mehr. Schule verwandelt sich dann in den Ruderkasten des Trockentrainings, dem allzuoft kein Sommer am Fluß folgt. Das Rätsel, wie heute Disziplinierung durchgesetzt wird, ohne daß in gewohnten Formen Disziplin entwickelt würde, erklärt sich aus dem Entzug von Gegenwart ebenso wie die sonderbare Zunahme von Stress selbst da, wo weniger gelernt wird.

Daß Schule und andere Bereiche des gesellschaftlich organisierten Lebens gleichermaßen unter der Vernichtung oder dem Aufgesogenwerden von Gegenwart leiden, macht das, was unter dem Programm Lernen geschieht, um so bedeutsamer, zumal Schule eine immer wichtigere Funktion beansprucht.

Übungen konzentrieren uns demgegenüber auf eine Lernsituation, in der konsequent die verschiedenen Richtungen oder Dimensionen einer gut begrenzt ausgewählten Sache nacheinander ausgeschritten und miteinander in Verbindung gebracht werden, in der aber auch das Wie dieser Situation selber ernst genommen wird. Das soll nicht heißen, sich allen möglichen zufälligen Randbedingungen auszuliefern. Wenn sie so stark wirken wie der erste Schnee des Winters in einer Schulklasse, wird man allerdings nicht daran vorbeigehen wollen. Wesentlich ist, daß man die Vermittlungssituation auch im Hinblick auf die Sache, um die es geht, wahrnimmt und gestaltet. Dies wird kaum in allen Schritten eines Lernwegs möglich sein, wohl aber phasenweise, und zwar in allen Fächern und Disziplinen.

Die besonderen Zusammenhänge, die sich bei einem solchen an Übungen und von ihnen aus entwickelten Vorgehen ergeben, macht eine Graphik auf Packpapier, auf dem Fußboden sichtbar. Der kleine Ausschnitt von Wirklichkeit, den eine Übung als Gegenwart bildet und zugänglich macht, enthält, meist kaum bemerkt oder überhaupt erkennbar, Momente vieler Bereiche der Gesamtwirklichkeit. Beim aufmerksamen Ausschreiten des kleinen, überschaubaren Feldes werden je solche Hinweise erkennbar. In der Graphik haben die sich ergebenden Richtungen – oder Dimensionen – vereinfachend einige Namen bekommen: Lebensgeschichte und weitere Geschichte bis hin zur Menschheit; Vergleichssituationen zur Übung im eigenen Alltag von Arbeit, Freizeit und sonstigem Leben, aber auch Vergleichssituationen, von denen wir zum Beispiel durch die Anthropologie aus anderen Kulturen wissen; Wissen in seinen verschiedenen theoretischen Formen wie auch als praktische Wissenswege von Handwerks-, Übungs-, Meditations- und anderen Traditionen. Es bildet den Hintergrund des aktuellen Erlebens, der unbewußt oder unausgesprochen schon mit wirksam ist, und es soll auch deutlicher hervortreten oder, wo es neu ist, erstmals ins Blickfeld rücken. Immer soll es vergleichend, erklärend, problematisierend einbezogen werden in unmittelbare Fragen zur Übung. In der Graphik bilden ‹Übungen› als ‹Zugänge›, ‹Um-Wege› usw. das Mittelfeld. Die übrige Aufteilung weist darauf hin, daß bei solchem Lernen nicht etwa die Aufforderung, einmal die eigene Sitzhaltung an Tischen und Stühlen bewußter zu vollziehen und in Frage zu stellen, den geschickten ‹Aufhänger› für eine danach ununterbrochene Tour durch die Kulturgeschichte des Sitzens und aller anderen Haltungen, durch die Anatomie des Menschen, der Tiere und noch einiger allgemein interessierender Gebiete des Wissens abgeben kann. Vielmehr muß das Vorgehen immer wieder durch die Mitte, also durch eine Wiederholung der vermittelnden Übung hindurch zu neuen Verbindungen und Zusammenhängen entwickelt werden. Die Kreisbahnen um das Gesamtfeld deuten nur an, daß an sich die verschiedenen Richtungen oder Dimensionen auch untereinander verbunden sind, also ein Umweg über die theoretische Peripherie zurück ins praktische Mittelfeld möglich ist, je nachdem die Assoziationen oder systematischen Anteile dies nahelegen.

Hier soll dieses Modell nicht im einzelnen vorgestellt werden. Vielleicht unterstützt seine Anschaulichkeit die folgende Reihe von Gesichtspunkten und Beispielen zu Übungen, deren lose Folge eigene Vorstellungen anregen, dabei aber gerade nicht unsystematisch erscheinen soll. Für diesen Vorschlag zur systematischen Veränderung von Schule und auch von Hochschule aus veränderter Praxis ist entscheidend, daß die einzelnen Versuche, zu Übungszusammenhängen zu gelangen, als langsam zueinanderwachsende Schrittfolge begriffen werden, nicht als Teilstücke, die als solche ‹Motivation› liefern, ‹Ausgleich› schaffen oder anderen taktischen Zielen dienen. «Praxis als Reflektionsebene» war schon ein zentraler Begriff meiner theoretischen Arbeit an der «Naturbeherrschung am Menschen».

Besonders gilt das für den Zusammenhang mit den institutionellen Rahmenbedingungen. Wir wissen inzwischen zu genau, daß uns keine Reform der Universitäten oder gar der Schulen nach irgendeinem neuen Typus als solche helfen kann. Veränderungen sind um so notwendiger; aber sie können einzig als grundsätzlichere Konsequenzen aus praktizierten Lernformen hervorgehen. So stoßen sich Übungswege an manchen institutionellen Bedingungen wie Zeitvorgaben, architektonischen Vergewaltigungen und abstrakten Leistungskontrollsystemen. In Erprobungen zeigen sich unsinnige Grenzen und praktikable Lösungen zugleich. Mit anderen Zielvorstellungen und neuen Methodenstücken wachsen die Fähigkeiten, mit ihnen umzugehen, in einem.

Von den Übungen sind nur Ansätze zu sachbezogenen und damit konkret überschaubaren Schritten zu erwarten. So werden in Schulen und Hochschulen wieder mehr, sehr viel mehr wirkliche Auseinandersetzungen zwischen Lernenden und Lehrenden, Kindern, Schülern, Jugendlichen, Studenten und Erwachsenen ermöglicht werden müssen, auch indem die Lernorte, besonders für die Kleinen, wesentlich überschaubarer gemacht werden, als das in Schulzentren und erst recht in Gesamtschulen und gymnasialen Oberstufen der Fall ist. Wege dahin sollten aber aus Erfahrungen im Umgang miteinander entwickelt und nicht wieder verordnet werden. So werden bauliche Bedingungen, zum

Beispiel das Einsperren von Kindern in tageslichtlose Verliese, die der Strafpädagogik nicht einmal als Karzer gedient hätten, ebenfalls angegangen werden müssen: aber nicht von Architekten, die nie in Schulen gelebt haben, sondern aus schulischen Lernerfahrungen als Lebensforderungen Schritt für Schritt. Im Schulalltag sind zweifellos manche Erfahrungen der Art vorhanden. Sie mögen hier für einen Mut aufs Ganze unterstützt werden. Pädagogische Erfahrung und gelegentlich zum Zuge kommende vernünftige Reaktionen sollten nur in einem Zusammenhang entwickelt werden, statt sich als ‹Öl im Getriebe› einer knirschenden Lernfabrik zu verbrauchen.

Je klarer uns ist, daß Veränderungen durch die Lerninstitutionen hindurchgehen müssen, desto deutlicher wird, daß sie an anderen Orten in Bewegung kommen und erprobt werden müssen. Solche Orte werden im Pensum weniger entstehen, eher in ‹Erfahrungsfeldern› vielleicht, in Schulversuchen und in freier Arbeit an Bewußtsein und Sinnen – im Theater der Schaubühne so gut wie in einer Aikidogruppe von Rütte, in der ‹Druckstelle› mit arbeitslosen Jugendlichen so gut wie in einer elementarpraktischen Zeichenübung mit Gert Selle.

Hier wird nicht versucht, den weiteren und tieferen theoretischen Zusammenhang auszuführen. Daraus könnte ein Anspruch an die Beispiele entstehen, daß jedes von ihnen ein exemplarisches Modell darzustellen hätte. Das durchzuführen würde bedeuten, daß die Übungen mehr nach systematischen Gesichtspunkten ausgedacht als aus wirklicher Erfahrung berichtet würden: Für alle Fächer und Disziplinen müßten Übungszugänge gezeigt werden; diese müßten jeweils alle wesentlichen Dimensionen des Fachs, seiner Verbindungen mit anderen Fächern, mit der Geschichte der Gesellschaft und der Einzelnen greifbar machen. Alle Schichten einer Übung von den jeweiligen körperlichen über seelische und geistige bis zu den sozialen Anteilen müßten erkennbar werden. Es müßte deutlich sein, wie an einer jeden Schicht und ihren Zusammenhängen mit den anderen gearbeitet werden kann, um die auftauchenden Fragen und Probleme angemessen aufzunehmen. Schließlich müßte aus den Modellen zu ersehen sein, wie sie genau entsprechend auf vergleichbare andere Übungsvorhaben übertragen werden können.

Eine solche wirklich sinnliche Pädagogik – der Begriff ästhetische Erziehung sollte nicht enger verstanden werden, auch wenn in künstlerischem Arbeiten weitere und besondere Formen der Ästhetik hinzukommen – dürfte eine jeweils gegenwärtige Vermittlung in praktischer Arbeit ohnehin erfordern. Schreiben kann man wohl überhaupt nur Einladungen und Anleitungen und Begründungen dazu.

1. Beispiel

Um die Weite von Übungsformen anzudeuten, sei als erste eine sehr bescheidene angeführt. In einem Projekt an der Universität, das sich als Wechselverhältnis von ‹kognitivem und Erfahrungslernen› zum Thema ausgewählt hatte, kamen wir nicht über die Anfangsschwierigkeiten distanzierten Abwartens der großen Mehrheit hinweg. Die über sechzig Teilnehmer schimpften über die frontale Bestuhlung, die den Saal in vorn und hinten aufteilte. Aber ein erster Versuch zu einer großen Stuhlrunde scheiterte an der allgemeinen Berührungsangst. Solch ein Arrangement ist heute vom Kindergarten bis zum Colloquium derart bekannt, daß sicher nicht seine Neuheit Befremden erregte. Also war die Situation noch nicht reif dafür. Nach ein paar Sitzungen, während derer sich offenbar etwas Vertrauen zueinander bildete, wie auch der Ärger über die unglückliche Aufteilung in Reihen sich verstärkte, brach angestauter Unmut aus; einige begannen, die Verkoppelung der Stühle zu lösen und einen großen Kreis zu schaffen. Für die nächste Sitzung, so wurde nun in einer Diskussion überlegt, sollte eine Gruppe diese Anordnung vorbereiten, weil zwischendurch selbstverständlich wieder Ordnung herrschen mußte für andere Benutzer und Zwecke.

Diese Vorbereitung war ein wichtiger Schritt. Vor Beginn der Sitzung war etwas für uns geschehen. Raum und Fremdheit waren nicht einfach überwunden; aber wir sahen uns an und nahmen wahr, daß wir uns entschlossen hatten, wirklich miteinander dazusein. Weil solche Arrangements auch bloß äußerliche Veränderungen sein können, haben wir das Kreisbilden eine Übung genannt und an der Situationsveränderung unsere Aufmerksamkeit für die Situation wie für uns selbst etwas geschult. Ohne das laut werdende Bedürfnis danach hätte der Vorgang eine organisatorische Maßnahme der Veranstalter werden können, wie sie als angeblich emanzipatorisches Sozialtraining von Interaktionsformen den Menschen heute vom Kindergarten bis zur Managertagung die schönste Gruppenarbeit oder offene Gesprächsrunde vergällen können. Als kleinen machbaren Schritt aus einem deutlich werdenden Unbehagen kann man eine solch banale Veränderung aber zu einem Ausgangspunkt machen. Von ihm her kann Mut wachsen, die unausgesprochenen und die im Lernprogramm ausgeführten Anteile an der Situation nacheinander vorsichtig zu bearbeiten. Entscheidend ist dabei wohl, daß solches Bewußtwerden immer neu greifbar wird, statt sich in Gerede aufzulösen. Die wirklich immer neu gebildete Runde haben wir uns gegenseitig gewissermaßen hoch angerechnet. Eine begonnene Verständigung blieb sichtbar. Vor allem konnten weitere Schritte sich auch neu daran sichtbar machen oder bewußt über den bescheidenen Anfang hinausgehend nach ihnen angemessenen Formen suchen. Am Schluß des Semesters, als Arbeitsgruppen ihre länger vorbereiteten Themen für Unterrichtseinheiten in Schulen zur Erprobung bereit hatten, wurden diese für das Plenum entsprechend sinnlich und begrifflich vorgestellt. Ein Fragenkomplex um Sittengeschichte, Ernährungswissenschaft und Ökologie wurde an Brot entwickelt, das die Vortragenden dazu gebacken und für uns mitgebracht hatten. Wie andere mit ihren Schülern die Arbeits- und Freizeitumwelt ihres Dorfes bearbeiten wollten, zeigten sie uns an Hand einer kleinen Ausstellung von ersten Schülermalereien zu diesem Thema.

Von der ersten dieser beiden Phasen zur zweiten führten viele Zwischenschritte – schüchterne, ermutigende und mißlingende durcheinander. An ihnen allen zusammen bildete sich eine gewisse erste Sicherheit in praktischen Arbeitsweisen und im Ernstnehmen von Situationen aus. Eigentlich fruchtbar werden solche Ansätze erst nach langer Zeit, die es kaum erlaubt, Fortschritte noch genau dem Lehr-Gang zuzurechnen. Was sich bildet, wächst gerade zusammen mit den Fähigkeiten der Lernenden, die den Lehrenden oft zum Vorbild werden, und geht in deren Persönlichkeit untrennbar mit ein. Stolz auf eine Methode ist da unangebracht, obwohl die Freude an guten Schritten ein wenig die notwendige Kraft regenerieren kann. Überhaupt wird man sehr bescheiden, wenn man sich vergegenwärtigt, welche Vielfalt solcher ‹Übungen› bis vor Jahrzehnten unreflektierter, aber wesentlicher Bestandteil des Lebens waren: die Blindekuhspiele in der Geselligkeit noch der Goethezeit wie ‹Himmel und Hölle› der Schulkinder wie die Charaden unserer Eltern oder die ‹lebenden Bilder› im Zeremoniell von Festen.

2. Beispiel

In einem anderen Lehrprojekt an der Universität, das sich interdisziplinär mit körperlichen Erfahrungen und sinnlichen Wahrnehmungen befaßte, haben wir eine Übungsreihe entwickelt, die dazu diente, schrittweise außen wahrgenommene Vorgänge als in uns mitvollzogene zu erkennen. Als einfaches Beispiel bot sich das Pendelphänomen an, zumal wir Ansatzpunkte für physikalische Naturgesetz-Untersuchungen bieten wollten. Wir gingen von dem Wagenscheinschen Pendel aus, das in seiner eindrucksvollen Größe dazu zwingt, das Schwingen des großen Steins als etwas zu beachten, das durch seine Bedrohlichkeit die

Situation der Beschauer existentiell bestimmt, statt in einem kleinen Kästchen auf einem Tisch eine mehr oder weniger belehrende Verzierung zu bilden. Als nächstes machten wir uns selbst zum Pendel, indem wir uns auf eine Schaukel setzten und hin- und herschwangen. Das innere Mitgehen beim Steigen des Pendels und bei dessen Fall, das gleichzeitige Ziehen und Aufschwingen in den entgegengesetzten Richtungen, das wir schon beim Zusehen in uns empfunden hatten, wurde nun sehr stark spürbar.

Beide Phasen brachten wichtige Fragen zur geschichtlichen Umwelt zum Bewußtsein und führten zu kritischen Überlegungen. Einerseits war die Entdeckung aufschlußreich, daß äußere Vorgänge in uns auch sinnlich, also physiologisch und in der seelischen Vorstellung, mitvollzogen werden, selbst wenn es sich nicht um andere Menschen oder um Tiere, sondern nur um Vorgänge an Dingen handelt. Dabei wurden manche nachdenklich, warum wir das erst an einer so stark überhöhten Demonstration wie dem Großpendel bemerkten. Aufmerksamkeit auch für weniger spektakuläre Ereignisse um uns wäre in weiteren Schritten zu entwickeln und zu besprechen gewesen.

An dem zweiten Teil der Übungsreihe wurde etwas noch weniger Erwartetes deutlich. Angesichts des Pendelphänomens waren die Versuche zu erläutern, was mit dem Schwerpunkt eines schwingenden Körpers gemeint sei und wo dieser Punkt, den man bei einer Operation des Gegenstandes nirgends finden könnte, zu suchen sei. Die Physikstudenten kannten ihre ‹Pendelgesetze› so gut, daß es für sie nichts mehr zu begreifen gab. Andere fanden den Absprung aus der beobachteten Wirklichkeit in die Abstraktion eines angenommenen Punktes zu schwer. Erleben und Wissen bleiben ohne Bezug aufeinander, beiderseits gleichermaßen unbefriedigend.

Nun setzten sich der Reihe nach die einen auf die Schaukel, und die anderen gaben ihnen den Anstoß. Von allen Beteiligten hat kein einziger ein Problem darin gesehen, wo an dem Sitzenden die Hände zum Anstoß ansetzen müssen, damit der andere möglichst gut in Fahrt kommt. Mit der traumwandlerischen Gewißheit, die ich auch als Alltagsklugheit bezeichne, nahm ein jeder die beste feste Stellung ein, um aus den eigenen Knien heraus den Schwung mitzuteilen, und setzte auch bei mehrfachem, immer lebhafterem Anstoßen die Hände auf den oberen Beckenrand der Schaukelnden. Da aber zielen sie genau auf unseren Schwerpunkt, auf die Leibmitte.

Eine gewisse Ausgelassenheit stellte sich ein. Im Zuge gewonnenen Zusammenspiels wurden spielerisch Irritationen ausprobiert, indem der Anstoß etwas zu hoch oder zu spät kam. Nun waren es die Schaukelnden, die ihre selbstverständliche Fähigkeit nutzten, durch Zurücklegen des Oberkörpers und im Hochschwingen der Beine den Anstoß doch in das Zentrum zu lenken, das wir vorher vergeblich als Schwerpunkt zu bestimmen versucht hatten.

An diesen Erlebnissen konnten nicht nur körperliche Erfahrungen entwickelt werden, zum Beispiel ein auch übertragbares Bewußtsein von unbemerkten eigenen Sicherheiten. Gerade die soziale Dimension wurde wichtig. Über das sinnliche Wahrnehmen des Andern in einer bestimmten Situation entwickelte sich ein Vertrauen von Person zu Person, wie wir es im theoretischen Lernen sonst kaum ausbilden können, wohl aber beim gemeinsamen Sägen an einem Baumstamm, andeutungsweise oder abstrakter auch in der arbeitsteiligen Bedienung eines Vergrößerungsapparats. Beide Erfahrungen zusammen geben eine Sicherheit, die als Selbstbewußtsein im allgemeineren Sinne zu wirken beginnt.

Eine große Schwierigkeit bei solcher Übungsreihe ergibt sich daraus, daß das Vorgehen zu ungewohnt ist und infolgedessen die Ausdauer für eine ruhige Fortsetzung der Schritte und Phasen schwer zu erreichen ist. Sehr viele von uns – je älter wir sind, desto stärker in der Regel – denken zumindest nach dem ersten Reiz der Abwechslung doch wieder so ausschließlich daran, wann denn und wie das Klassenziel erreicht wird, daß die notwendigen Zwischenschritte nicht mehr mit der notwendigen Konzentration und Gelassenheit gemacht werden können. Darin bleiben – selffulfilling prophecy – die Ergebnisse tatsächlich aus. So kommt Teilschritten und geringem Gewinn besondere Bedeutung zu, die es auch bewußtzumachen und weiterzuentwickeln gilt. Die Methode eignet sich eben nicht für Spritzkuren, sondern beruht auf wachsenden homöopathischen Wirkungen. Die kleine Beruhigung des Gewissens aus ersten Möglichkeiten muß helfen, das nächste Mal etwas weiter zu gelangen. Man muß sich vor dem Zerreden erster Einsichten, hier in die konkreten Zugänge zu zwischenmenschlichen Beziehungen, ebenso hüten wie davor, sie als Ergebnis und neuen Zugang nicht ernst genug zu nehmen und auch genügend zu besprechen. Wir haben etwa in der folgenden Woche an Hand des Protokolls von der Schaukelphase Erinnerungen von Entwicklungshelfern in Südamerika assoziiert: Sie nahmen den Frauen eines Indiodorfes den Herd aus der Mitte des Hauses und stellten ihn an eine Wand, weil so Wege gespart werden würden. Die Frauen haben die Herde wieder zurückgebracht, weil sie von der Mitte des Hauses aus mit ihren draußen arbeitenden Männern und ihren spielenden Kindern bei der eigenen Tätigkeit in ständigem Austausch bleiben konnten. Die Übertragung ging weit und erforderte neue Überlegungen zum Zusammenhang von menschlichen Beziehungen, sinnlicher Wahrnehmung und sozialen Räumen. In diesem Fall konnten sie geleistet werden; in anderen müssen sie sicher einmal abgebrochen und als Frage aufbewahrt werden.

3. Beispiel

Für eine Unterrichtseinheit in einer ländlichen Orientierungsstufe war das Thema Arbeit vorgesehen. Die durchführenden Studenten begannen damit, von den Schülern in Haus und Hof, bei der Familie und bei Bekannten nicht mehr übliche Arbeitsgeräte sammeln zu lassen. Was sich dort fand, wurde in der Klasse gezeigt und teils im Raum, teils auf dem Pausenhof erprobt. Es sollte sich herausstellen, wie weit man den Zweck eines Geräts aus seiner Form, seinem Material und aus einem erprobenden Umgang mit ihm selber bestimmen kann.

Schon in dieser Phase ergaben sich zwei sehr interessante Ansatzpunkte für die Arbeit. Über die erprobende Benutzung der Geräte wie Rübenstampfer, Torfstecher oder Schaufel zum Reinigen von Abzugsgräben entwickelte sich eine lebendige Vorstellung von den früheren Arbeitsweisen. Weiteres Wissen stellte sich doch als notwendig heraus, brauchte aber zunächst nicht nur Büchern entnommen zu werden; der gegebene Weg führte zu den älteren Bewohnern der Dörfer, von denen sich nun die Schüler, oft deren Enkelkinder, den Gebrauch erklären ließen, um dann in der Schule ihre Berichte auszutauschen. Dabei hörten sie auch etwas über Arbeitssituationen und Leben der Vergangenheit überhaupt. Die sonst abseits stehenden Großeltern wurden zu wichtigen und interessanten Zeugen. Schularbeit und Lebenszusammenhänge durchdrangen einander für ein Stück.

Im Sozialkundeunterricht, im Sachunterricht und in benachbarten theoretischen Fächern hatten die praktisch sinnlichen Tätigkeiten eine doppelte Funktion. Ein Ziel der Unterrichtseinheit war es, Arbeitsweisen mit vergangenen und mit heute herrschenden Techniken zu vergleichen, besonders im Hinblick auf deren Bedeutung für das Erlebnis der Arbeit, ihrer Mühen und ihrer Wirkungen, der Zusammenarbeit mit anderen und des entstehenden Selbstbewußtseins. Eine entsprechende nachvollziehende Vorstellung kann nur im eigenen, wie immer spielhaften Vollziehen von praktischen Tätigkeiten entstehen. Fragen, über die dann der weite Horizont notwendigen Wissens erobert werden mußte, stellten sich aus der Unvollständigkeit der Berichte und den Schwierigkeiten der Rekonstruktion von selbst.

Voraussetzung dafür war allerdings, daß nicht nur mal etwas ausprobiert wurde. Im Spielerischen muß genau genug geübt werden. Dazu dienten weitere Schritte. So sollten die erprobten Arbeitsweisen mit einem Gerät auch ohne das Gerät, also pantomimisch erinnernd, ausgeführt werden. Um eine präzise Bewegung zu erlangen, mußten die Schüler immer wieder zum Gerät zurückgehen und einen neuen freien Versuch unternehmen. Diese Phase war die Bedingung dafür, daß sie dann den Vorgang schriftlich darstellen konnten, um so die Berichte der Großeltern zu ergänzen.

Dieser Übergang vom sinnlichen zum schriftlichen Vollzug machte uns einen entscheidenden Ansatz deutlich. Viele der Schüler, die auf Bauernhöfen oder auch mit vorwiegend körperlich arbeitenden Eltern aufwuchsen, waren zu erstaunlichen Differenzierungen im gestischen Darstellen von Bewegungsabläufen fähig. Dieses Differenzierungsvermögen geht jedoch der gesamten Persönlichkeit verloren, wenn daran nicht die Suche nach entsprechenden sprachlichen und begrifflichen Differenzierungen anschließt. Meist wird im Gegenteil von vornherein nur sprachliches Niveau zum Maßstab des Unterrichts gemacht, so daß jene Fähigkeiten als wertlos abgeschoben werden.

Schließlich ergab sich bei diesem Vorgehen eine Wendung, die ebenso unerwartet Inhalte der Schüler einbrachte, wie sie sich einem theoretisch begründeten Abfrageschema kaum öffnen dürfte. Unterschiede der Einstellung zu selbstbestimmter und fremdbestimmter Arbeit sollten noch einmal im Kontrast deutlicher werden. Die Schüler wurden aufgefordert, sich in kleineren Gruppen zu überlegen, wie sie nach all den Erprobungen und Diskussionen in einem Spiel eine Arbeit darstellen könnten, die ihnen in jeder Hinsicht sinnvoll und befriedigend erschiene. Wir dachten an die verschiedenen Aspekte des bisherigen Pensums und verstanden deshalb erst nach einer Erklärung der Spielenden, was sie da mit Stühlen und Tischen im Klassenzimmer bauten, umbauten und zu benutzen schienen: Sie arbeiteten an einem Baumhaus für die Gruppe, wie man sie gerade in diesem Alter überall am Rande der Dörfer in erster handwerklicher Begeisterung und in einer Welt eigener Regeln und Vorstellungen zimmert.

Die Gegensätze der industrialisierten Welt wurden greifbar. Zumal die Schüler durchaus an der modernsten Technik von Einbauküchen, Treckern und Fernsehern interessiert sind, entstand kein plattes Bild der komplexen Wirklichkeit. Für das Nebeneinander widersprüchlicher Arbeitsformen entstanden vielfältige Bearbeitungsmöglichkeiten. Zu ihnen gehörten wiederum auch anschauliche Zugänge wie eine Fabrikbesichtigung.

4. Beispiel

In einem Universitätsprojekt sollten die Grundmodelle menschlicher Bewegung zum Ausgangspunkt für eigenes Bewegungslernen in verschiedenen Richtungen und entsprechende Anregungen zu Unterrichtseinheiten gemacht werden. Dazu gehörte auch, die innere Bewegung am Modell des Atmens bewußtzumachen. Sie hat besondere Bedeutung als eine elementare Form von Stoffwechsel mit der Natur um uns und zugleich als ein Prozeß, der im Schwingen des Zwerchfells abwechselnd in die Bauch- und wieder in die Brusthöhle obere und untere Leibhälfte miteinander verbindet. Solche Vorgänge kann man an Schaubildern und in Filmen zeigen. Man kann aus anderen Kulturen Atemübungen und Meditationen schildern. Ohne eigene bewußte Erfahrungen werden alle diese Wissensstücke unverbindliche Informationen bleiben.

Andererseits hatten wir Sorge, die Studenten zu solchem Bewußtsein mit ihnen ganz ungewohnter Konzentration auf kaum je bewußt wahrgenommene Lebensvorgänge in ihnen selbst zu drängen. Um ein lebendiges Interesse zu wecken, machten wir eine Vorübung, in der ein überzogenes Tempo, zum Beispiel im Laufen, Atemnot bewirkte. Ein kurzer Text gab gleichzeitig allen eine Einführung in eine ‹kleine Anthropologie des Atmens›. Die zweite Übung sollte helfen, einmal ganz sich im Ausatmen der in den Lungen aufgenommenen Luft zu entäußern, um desto mehr frische Luft aufnehmen zu können. Abschließend wurden ausgreifende Armbewegungen als Unterstützung des tiefen Einatmens und langsamen Ausatmens angeleitet und nachvollzogen.

Beide Phasen stellten sich in einem Kreis von bis zu hundert Menschen als ungeeignet heraus. Solche Übungen müssen erprobt sein, möglichst durch Jahrhunderte immer genauer den Organfunktionen des Körpers angepaßt. Dann müssen sie aber länger geübt werden, um entsprechend genau benutzt werden zu können. Außerdem sind mit den einfachen körperlichen Vorgängen, etwa mit dem unter uns häufigen Zurückhalten der Luft beim Ausatmen, sozialpsychische Ängste verbunden, die dort nicht genügend Aussicht auf Bearbeitung hatten, um offen erkannt werden zu können. Solche Übungen erfordern Sorgfalt der Wiederholung und auch der Rückmeldungen, zum Beispiel über schwindelähnliche Störungen bei zuviel plötzlich aufgenommenem Sauerstoff.

Diese Schwierigkeit könnte man in kleinen Gruppen überwinden; dafür fehlten uns aber die erfahrenen Anleiter. Diese Zusammenhänge herauszufinden, auch als Kritik an der Anlage der Lernsituation, hätte ein guter Übungserfolg sein können. In einem Projekt, an dem aber die Mehrzahl nicht freiwillig, sondern zufällig teilnimmt, ist es wohl kaum möglich, so eingehend die Situationen überhaupt zu besprechen. Eigentlich sollte in einem Projektrat zusammengetragen werden, was in den verschiedenen Gruppen zu dem neuen Versuch festgestellt worden war. Aus Lernschritten und Kritik wurden die nächsten Schritte bestimmt. Diese Überlegungen mitzuvollziehen, ist zweifellos die intensivste Form, sich auf eigene selbständige Entwicklung von Lernsituationen vorzubereiten. Die Kenntnis der Sache, die Erfahrungen mit den letzten Schritten und die Phantasie für beiden entsprechende Fortsetzungen zwingen zu einer durchaus auf die Situation und die Beteiligten bezogenen Folgerichtigkeit. Sich daran zu beteiligen, setzt aber eine Entschiedenheit voraus, zu der wir sicher viel langsamer in kleinen Erlebnissen neuer Möglichkeiten gegen einen verschreckenden, verschulten Alltag hätten ermutigen müssen.

Es ist modern geworden, an solchen Stellen das skeptische Wort vom Scheitern zu gebrauchen. Mir scheint das zu einfach; denn auch den mißlungenen Vermittlungen stehen Wissen und Erfahrung gegenüber, daß derartige Prozesse möglich sein müssen, wenn Selbständigkeit entfaltet werden und theoretisches Wissen sich mit eigenen Zugängen zur Wirklichkeit verbinden und geschichtliche oder gesellschaftliche Zusammenhänge aus der Lebensgeschichte überhaupt als wirkliches Geschehen be- und ergriffen werden sollen. Uns fehlte allerdings unter anderem auch Wissen darüber, welche Erlebnisformen in der Kindheit und Schule die schlechten Bedingungen geprägt hatten, an denen wir jeweils mit zu arbeiten haben, wenn wir einen Lernkomplex angehen wollen. Das Mißtrauen in angebotene Gegenwart ist sehr groß geworden. Noch einflußreicher ist gewiß die Entwöhnung im Umgang mit Gegenwart als Gegenwart.

Um so wichtiger ist es, Schritte anzubieten, die eigene Zugänge ermöglichen, statt eine Entdeckung als programmatisches Ergebnis zu präsentieren. Als Weg zu einer Übung im festen Stehen wird man deshalb zunächst mit den Füßen Greifübungen machen, bis sie intensiv den Boden spüren. Dann wird man aus einem Schwanken vor und zu den Seiten und zurück langsam einen Stand entwickeln, der immer wie im Übergang zu irgendeiner dieser vielen Bewegungen ist: ein innerlich lebendiges Stehen, im Gegensatz etwa zu einem statischen Strammstehen. Dabei sind Möglichkeiten eigenen Vortastens ebenso wichtig wie erprobte Vor- und Zwischenübungen. Gerade bei Einführungen müssen erst neue Sicherheiten aus geeigneten Übungen zuwachsen können.

5. Beispiel

Die Überlegungen zu der richtigen Übung hatten zu viele Fragen aufgeworfen, eine Entscheidung übernahm eine Vorbereitungsgruppe für das nächste Projektplenum. Ein Student führte sie ein. Zwei andere sorgten vor der Tür dafür, daß wir einmal wirklich nicht gestört würden, indem sie Zuspätkommende zu warten baten. Die Übung bestand ganz einfach darin, am vorgerückten Universitätsvormittag in einer Viertelstunde aufzuschreiben, was ein jeder von uns an diesem Tag bis dahin gemacht hatte.

Die stille Einzelübung brachte geradezu Unerwartetes zunächst für einen jeden selbst zutage. Einige sollten dann ihren Text vorlesen. Wer sich meldete, welche der unterschiedlichen Geschichten der Konzentrationsverluste, der versäumten Begegnungen und der ungeliebten Routine oder der Hetze oder der Unentschlossenheit alle mitanhörten, war nicht wichtig. Die eigenen Zeilen noch einmal lesend oder die der anderen hörend, wurden die Verbindungen deutlich. Einzelsituationen bekamen nicht gerade einen Sinn, aber ihr Zusammenhang wurde greifbar. Die Übung selbst war ein kleines Stück erster gegenseitiger Hilfe zu Konzentration. Es war eine der Starthilfen, sich selbst untereinander ernst zu nehmen mitten im Alltag, die wir uns unausgesprochen ‹hoch angerechnet› haben. Gesprochen wurde dann über die Gründe der Störungen und über Ansätze zur Selbstbestimmung der gemeinsam zu verbringenden Zeit.

Wir hätten die Aufgabe fortsetzen können. Fragen nach besonderen Bewegungen, nach oft oder selten einem beggegnenden Menschen, nach ungewohnten Gedanken hätten speziellere Zugänge zu bestimmten Fragen öffnen können. In diesem Fall war es diese neue Aufmerksamkeit für sich selbst und deren Echo bei den anderen, mit denen man jede Woche ein Stück Gegenwart teilte, was von der Übung blieb.

6. Beispiel

Für den Deutschunterricht in einer fünften Klasse hatten wir uns etwas sehr Gescheites ausgedacht. Die unterschiedlichen Ausdrucksmöglichkeiten in einer dialektnahen Sprache und in der Hochsprache, die wir an Reihen und Beispielen mit den Schülern ‹herausgearbeitet› hatten, sollten aus Situationen, also im Spiel anschaulich werden. Besonders deutlich waren Unterschiede geworden in Streitsituationen, Freude an Kraftausdrücken stand hochsprachlicher Distanziertheit gegenüber; dafür wurden noch einmal neue Beispiele gesucht. Wir hatten inzwischen gelernt, daß bei darstellenden Spielen ohne eine gewisse Genauigkeit kein Sinn herauskommt – die Elfjährigen pflegten ihn dann durch allgemeine Prügeleien zu ersetzen. Wir baten deshalb vor einer großen Pause zwei Schülergruppen, sich für die Stunde danach je eine Szene in Hochdeutsch und im Dialekt ihrer Gegend zu überlegen, die nacheinander gespielt und von allen verglichen werden sollten.

Was zwischen den Schülern in der Pause vorgegangen ist, haben wir nur in der Form des für uns unerwarteten Ergebnisses erfahren. Von den zwei Gruppen tauchten nur zwei einzelne Schüler wieder vor der Klasse auf. Der eine der beiden erklärte, er stelle den Direktor des Gymnasiums dar! Der andere war ein Schüler dieser Klasse und begegnete seinem Direktor auf der Straße. Er versuchte, sich mit seiner von Dialektausdrücken durchzogenen Umgangssprache gegen den geradezu schriftdeutschen Vorwurf des Direktors zu wehren, daß er ihn nicht gegrüßt habe. Der künstliche Vergleich war entfallen. Das Thema Streit war an seine Stelle gerückt und nahm seinen historischen Stellenwert ein. Die Umformung der Aufgabe wäre in einem ‹Unterrichtsgespräch› kaum denkbar. Ein Stück Transfer wäre verhindert worden. Wir fühlten uns als Versuchsleiter ertappt und freuten uns an der Selbstverständlichkeit dieser Leistung, die uns anschließend so viel Schwierigkeiten machte. Wieweit konnten wir den Schülern ein Selbstbewußtsein von ihrer Fähigkeit vermitteln, ohne sie zu zerreden? Warum wollten wir das überhaupt? Wir hatten Sorge, daß im Alltag der Institutionen diese Fähigkeit entmutigt und versäumt würde. Wir wollten diese Kinder dagegen stärken. Aber das kann nur die wiederholte Erfahrung in der Wirklichkeit. Wir hätten das bißchen Gegenwart, das gelungen war, zu sehr dehnen müssen bis in eine abstrakte Zukunft. Wir beschlossen, dieses Erlebnis der Schüler nicht zum Mittel für den guten Zweck zu machen, sondern lebendig zu lassen. Ob es an einer vergleichbaren Situation in ihrem Leben wieder in Erinnerung getreten ist und, bewußt oder unbewußt, dazu beigetragen hat, daß ein ähnliches Erleben als Erfahrung fortwirken kann?

7. Beispiel

In Übungen bekommen wir es immer wieder mit dem Ausschnitt aus der geschichtlich geprägten Wirklichkeit zu tun, der sich in unserer eigenen Geschichte niedergeschlagen hat. Die Kurzatmigkeit einer ganzen Gesellschaft kann an der individuell erscheinenden Angst erfahren werden, sich in das Ausatmen gleiten zu lassen und das Einatmen, das doch alle unsere Körper ohne ‹Befehl des Gehirns› vollziehen können, sich ruhig entfalten zu sehen. Freilich treten die Zusammenhänge nicht ohne weiteres zutage. Lebensgeschichtliche Assoziationen und Beobachtungen müssen gesammelt und bearbeitet werden. Dazu müssen sie ernst genug genommen werden, um einer Mitteilung oder auch nur der eigenen Beachtung wert zu erscheinen. Gerade dies fehlt oft. Die Erfahrung fehlt, daß Bearbeitung hier ansetzen und sehr wohl zu ‹objektiven Strukturen› und ihrer Analyse führen kann. So werden sie nicht geäußert, und es sieht so aus, als habe sich die Skepsis gegenüber dem Vorgehen mit Übungen bestätigt. Das Problem liegt darin, daß solche Vermittlungswege ungewohnt sind. Die Folge sind Denkverbote gegen die so ausgeschlossenen Zusammenhänge und Gesichtspunkte.

Ich wollte einmal einem wissenschaftlichen Kongreß, der nach Eindeutigkeit oder Anwendbarkeit der herrschenden Technologien fragte, wenigstens eine hinführende Vorstellung von einem anderen Umgang mit Techniken vermitteln. Dafür sah ich mich gezwungen, eine Übung einzuführen. Alle Kritik, zum Beispiel an der Verengung unserer Wahrnehmung im Sinne der Zentralperspektive, die vom Horizont nur einen Fluchtpunkt übrigläßt, statt auch seiner Weitung ins Unendliche entsprechen zu können, bleibt ohne eine Gegenerfahrung kraftlos. Ich wählte eine Übung, die eine solche Gegenerfahrung ermöglicht, weil sie mehrere der wichtigsten Kriterien zu bezeichnen erlaubt.

Karlfried Graf Dürckheim hat sie mich vor Jahrzehnten gelehrt. Er forderte mich zunächst auf, mir klarzumachen, wie sehr ich gewohnt war, meist meinen Blick auf bestimmte Gegenstände zu richten und damit eine gebündelte Aufmerksamkeit einem sehr kleinen Ausschnitt des Sehfeldes zu widmen. Dieses Sehen nennt man Fokus-Sehen, weil das Auge all seine Kraft auf einen Fokus, einen als zentral gewerteten Gegenstandsbereich, richtet. Dieser wird sehr scharf, alles übrige nur andeutungsweise gesehen. Die Schwierigkeit der Übung liegt darin, daß wir solches Sehen viel zu gewohnt sind, um es von anderen Sehweisen wirklich zu unterscheiden. Es funktioniert genau nach dem statischen Prinzip einer Kamera, deren Brennweite wir einzustellen pflegen. Dabei muß man sich eben für eine bestimmte Entfernung, einen bestimmten Gegenstand entscheiden.

Unsere Augen können wir auch so ‹einstellen›, daß wir Eindrücke aus dem gesamten Feld von über 180 Grad aufnehmen, wenn wir keinen einzelnen Fokus bilden. Mindestens ohne uns dessen bewußt zu werden, tun wir das auch gelegentlich. Aber wie kann man eine solche Einstellung herbeiführen? Man stellt sich vor, der Blick komme beim Fokussehen aus dem Brennpunkt der Augapfellinse, also gehe von wenig hinter der Augoberfläche aus. Dann kann man in der Vorstellung diesen Punkt zurücknehmen bis etwa in den Bereich von Hinterkopf und Nackenwirbel. Der sozusagen aktive Blick wird gleichzeitig zum sozusagen passiven Aufnehmen. Die Beziehung zu allem Gegenüber verändert sich ebenfalls räumlich. Zählte vorher nur ein Ausschnitt längs der Linie Auge – Fokusbereich, so wird nun spürbar, daß man selber als räumlich körperliche Person sich in einem Gesamtraum mit verschiedenen anderen Körpern befindet. Statt auf einen Gegenstand der Untersuchung fixiert zu sein, nimmt man sowohl eine Reihe anderer Körper im Raum wie sich selbst in bezug auf sie wahr; man spürt sich an einem Ort im Bezug auf einen Raum und sie und einen gemeinsamen Horizont.

Das Auge des Menschen wechselt so rasch zwischen seinen Einstellungsmöglichkeiten, daß es immer wieder Ausschnitt und Situation miteinander verbindet zu einem präzisierten Gesamteindruck. Die Übung dient zunächst dazu, einer Gewohnheit bewußt zu werden, nämlich immer ausschließlich unsere Augen wie eine Kamera zu benutzen. Außerdem soll die ganze Weite aufzunehmen geübt werden. Dies hilft dazu, die Idee zu relativieren, daß Sehen eine bis zur Vergewaltigung aktive Tätigkeit sei, und das Sich-Öffnen zu üben. Uns wird immer wieder gegenwärtig, daß wir anders und mehr sehen können als die von uns erfundene und einseitig beherrschende Technik der Fotografie. Aus dieser Übung werden wesentliche Fragen an unsere Geschichte und Kultur frei: Was war doch Richtiges an dem Einwand der Kirche gegen Galileis Fernrohr, es werde den Menschen um den Verstand bringen, weil er lauter einzelne Sterne sah, aber nichts ihm mehr versicherte, wie sie zusammengehören? Parallelen zu naturwissenschaftlichen Experimenten werden deutlich: Wie zutreffend ist eine Aussage über eine einzelne Eigenschaft eines Elements oder gar eines Tiers oder erst recht eines Menschen, die man ‹unter Absehung von anderen Faktoren› isoliert zu untersuchen und zu bestimmen versteht? Unter anderem werden mit dieser Übung auch Fotografen versuchen, die begrenzten Winkel der Kamera so zu nutzen, daß sie auf ihre Weise mehr von der Wirklichkeit wiederzugeben vermögen, die komplexer ist als die Mechanik des Apparats.

Die von dieser bescheidenen Gegenerfahrung ausgehenden Linien des wissenschaftlichen Fragens sind so vielfältig und zahlreich, daß erst viele Wiederholungen in immer anderen Bezügen ihren vollen Erfahrungsgehalt zugänglich machen können. Dann hat auch sie die Bedeutung einer Wende des Sehens im übertragenen Sinne, die wir in umgekehrter Richtung – da Kopernikus ein erdzentriertes Denken der Menschen auflöste und uns die Sonne als Zentrum unsres Weltsystems zeigte – die Kopernikanische nannten. Ich habe mir und den mir unbekannten Teilnehmern jenes Kongresses nicht zugetraut, an dieser Übung und im Ausschreiten ihres Horizonts von Bedeutungen für Wissenschaft und Alltagserleben meinen ganzen Beitrag zu entwickeln. Ich habe sie an das Ende meines Vortrags gesetzt, indem ich erst einmal wissenschaftstheoretisch und historisch die Berechtigung und die Notwendigkeit einer solchen Körpertechnik für unser Denken aufzuzeigen versuchte. Die Atmosphäre eines Kongresses ist Unverbindlichkeit. Die Räume waren so zentralperspektivisch und betoniert uninteressant als Gegenüber, daß ich meine Kollegen gebeten habe, die Übung zu einer Zeit und in einer Umgebung fortzusetzen, die ihnen zum Vertrautwerden besser geeignet erscheinen.

Ob sie es tun? Ob die stillen Minuten in dem Kongreßauditorium ein unheimlich-heimliches Erleben bleiben, das mehr Gegensatz als Mittel zum Lernen, zu wissenschaftlichem Lernen bleibt? Ob ich es hätte schaffen können, mit einer ausgedehnteren und eingehenderen Übung all das Befremden und die Abwehr zu überwinden und ein Stück Gegenwart mit den anderen zusammen für uns mitten in einem Kongreß zu gewinnen? Ungute Erlebnisse mit solchen Versuchen haben mich zurückhaltender gemacht. Aber gerade diese Zurückhaltung mag Unmut auslösen. Was einem gezeigt wird, möchte man auch in die Hand nehmen. Behutsamkeit darf sich nicht damit behelfen, daß sie das Eigentliche zurückhält. Aber wir mögen uns – das ist vielleicht eine der verborgensten und heute wichtigsten Lebensweisheiten – auch nur auf Dinge einlassen, wenn eine Aussicht da ist, sie weiterzuverfolgen. Diese Aussicht müssen wir also auch in den Lernzusammenhängen deutlich machen, in denen wir Übungen einbeziehen wollen. Gegenwart ist nicht ohne eine wirkliche Hoffnung auf Zukunft möglich.

Die alte Schule wie das frühere, noch weniger verwaltete Leben überhaupt gewähren vielen Prinzipien zum Trotz zahllose Möglichkeiten, zu einer Art subversiver Lebensgestaltung hie und da anzusetzen, die eine Kontinuität von einer Vergangenheit durch diese Gegenwart in eine Zukunft wie hinter vorgehaltener Hand versprach: im Genuß geklauter Äpfel, im Schnitzen in die Bänke, die schon die Signale von Generationen vor uns als Lebenszeichen aus abgesessenen Stunden trugen, in heimlicher Selbstbestätigung am Zorn des Lehrers über eine vorlaute Pointe. Um einmal nur von dem zu sprechen, was schon immer zur Resignation erzog, ‹die Hälfte seines Lebens wartet der Soldat vergebens›, gerade darin ist wohl die Armee seit je Schule der Nation.

Inzwischen sind die Räume von einer bewußt ausgenutzten Zeit, einige nennen sie heute aufgabenbezogen, weiter und weiter aufgezehrt. Gegenwart wird aufgeteilt in das, was durch sie einst sich miteinander verband: Maß und Rausch verbinden sich immer seltener zur Erfülltheit. Wie die Körper immer weniger funktionale Muskelspannungen zu finden vermögen zwischen stressiger Überspanntheit und reaktivem Abschlaffen, so wird die Stechuhrenzeit von Trips in Mister-Nomans-Land unterbrochen. Gegenwart findet nicht statt – es sei denn, wir entschlössen uns zu üben.

Das Üben üben. Oft denke ich, wenn die wöchentliche Übungsstunde für die Stimmarbeit mit den Studenten bevorsteht, es wäre sehr angenehm, sie fiele aus. Ich fühle mich zu müde und zu verhetzt vom Universitätsbetrieb, um mich der Öffnung zu stellen, die diese Arbeit verlangt. Lieber erst einmal ausspannen. Aber ich bin verpflichtet, nicht, weil diese Stunden zu meinem Lehrpensum gehören – ich mache den Stimmkurs außerhalb meines Pflichtangebots –, sondern weil ich den anderen mein Wort gegeben habe, von denen es manchen ähnlich schwerfällt, sich für die gemeinsame Übung frei genug zu machen.

Also beginne ich mit einem langsamen Freimachen von den Zwängen unserer Tageseinteilung und den körperlichen Verfestigungen, mit denen sie in uns verankert bleiben. Auch der Weg zum Üben ist zu finden. Die Schritte der Lösung müssen ebenso genau den Alltag zu begreifen erlauben, wie sie uns von seiner Gewalt entfernen sollen. Es kommt vor, daß wir am Ende unserer Übungszeit eben erst da anzukommen beginnen. Aber immer wird ein Stück Freiheit für eigene Konzentration auf eine mehr von uns selbst bestimmte Situation gewonnen. Jedesmal bin ich den anderen tief dankbar dafür, daß ich mich ihnen verpflichtet fühle und statt der ‹Entspannung› mit ihnen an ein paar Schritten zu einem gleichgewichtigen Gang gearbeitet habe, der Lösung und Aufbau der rechten Spannkraft in ein vernünftigeres Verhältnis bringt. Ist es notwendig, noch einmal zu betonen, daß dies gerade nicht psychologisch als solches geübt oder technisch trainiert werden kann? Wir wissen jedesmal etwas Bestimmtes mehr über unsere Spannungsgefüge im Körper, über Entstehung und Bedeutung unserer körperlichen Äußerungen, über Resonanz und Resonanzkörper, Raum und Klang und Echo, über dies alles als Mitteilung zwischen Menschen, über Zumutbares und Unzumutbares, über Schritte und Lernwege und anderes mehr. Dem schrittweisen Vorgehen, um sich in die Gegenwart der jeweiligen Übung einzuarbeiten, entspricht ein Grundsatz des Umgangs mit Übungen überhaupt. Das hat sich gerade in den Erfahrungen des Stimmkurses herausgestellt, die im Spannungsfeld zwischen zeitlicher Überbeanspruchung der Teilnehmer, besonders durch Schulpraktika, und dem ihnen entsprechenden Bedürfnis entwickelt haben, von den Überspannungen frei zu werden. Oft haben auch Studenten gesagt, dies sei eigentlich der einzige Augenblick dieser Woche gewesen, in dem sie gelebt und wirklich bei sich gewesen seien. Um so notwendiger ist es, bewußt ein Verhältnis zwischen dem vernünftigen Ausnahmezustand und der übrigen Wirklichkeit zu bestimmen.

Da wurde der Grundsatz des erprobenden Übertragens deutlich. Ohnehin stellt sich erst bei dem Versuch, Gelerntes in etwas andere Situationen mitzunehmen und unter neuen Bedingungen wieder zu gebrauchen, heraus, ob mit der ganzen Person und für sie gelernt worden ist. Aber das genügt nicht, weil hinterher nur ‹festgestellt› werden kann. An einem Lernschritt wie einem ausgeglichenen Rhythmus von Ausatmen, Abwarten und Einatmen im Sitzen sollte sich der Versuch zum Übergang anschließen. Wenn man im Stehen diesen Rhythmus, vermutlich etwas verändert, wiederfindet, bekommt man eine Beziehung zu dieser eigenen Möglichkeit, die von den zu speziellen Bedingungen der Sitzhaltung befreit wird. Die weiteren Schwierigkeiten, etwa des unverspannten Gleichgewichts im Stand der Beine, des Beckens und des Oberkörpers, werden so als Aufgabe zur Übertragung des Gelernten verstanden und nicht als Abbrechen der schönen Sondersituation, das von außen erzwungen wird.

Schrittweise innerhalb der Übungsreihen zu übertragen ist die Form des Übens, die auf den Übergang in die alltägliche Wirklichkeit vorbereitet, selbst wenn zum ‹Alltag als Übung› Karlfried Dürckheims oft noch eine Reihe vorbereitender Schritte in der Übung mehr notwendig sein können.

Die utopische Kunst des Ortes

Als Vorbilder und Wegbereiter können die Künste Übungen sein. Sie können beitragen zu den Auseinandersetzungen um zukünftige Lebensformen. Hier und jetzt nehmen sie vorweg, was universell da ist, aber durch die Versäumnisse der Geschichte nicht hindurchdringt.

Kunst bezeichnet sehr unterschiedliche Beiträge im Leben verschiedener Kulturen. Sie ragt aus Arbeit und Alltag heraus, reicht in sie hinein, aber ist etwas anderes. Wie weit Kunst sich absondern müsse, um Wege zu Gegenbildern zu öffnen? Und wie nah sie sich an die übrigen Lebensformen halten müsse, damit sie sich nicht in ein schönes Abseits verliere? Wie tief sind Verbindungen einer besseren Welt in das geschichtliche Leben eingebunden, das Ringen um sie naiver Sinn täglicher Lebenstätigkeit? Bei den Präkolumbianern etwa eine leidvolle historische mythische Einheit, die eindrucksvoll andere Bezüge als die des abendländischen Dualismus zur Wirklichkeit erhebt. Der Dualismus ist, jedenfalls derart systematisch, vor allem mit der Aufteilung der menschlichen Vermögen wie Sinnen und Verstand in der europäischen Neuzeit und ihrer Zuweisung zu je gesonderten Funktionen verbunden. Die Flugmaschinen Leonardo da Vincis gingen noch wie seine Kanalprojekte aus einer Einheit von künstlerischer und Erfinderarbeit hervor. Die mittelalterliche sinnlich-anschauliche Arbeit an Vorstellungen vom Leben der Seelen, Malerei und Plastik als ein Weg religiöser Tätigkeiten setzte sich noch in Hieronimus Boschs Altarbildern vom seligen Leben der Adamiten fort.

Mit dieser Epoche beginnen Vorstellungen von einem richtigeren, entfaltenden Leben bewußt den geschichtlichen Ort zu verlassen und zu Gegenbildern gegenüber einer schlechten Wirklichkeit zu werden. Wort und Begriff U-Topie werden dafür in der philosophischen Staatslehre von Thomas Morus zu dieser Zeit eingeführt. Die griechischen Worte οὐ und τόπος heißen ‹nicht› und ‹Ort›. Ortlose Vorstellungen treten der Heilsgeschichte mit ihrem Ort in der *civitas dei* und der Schöpfungsgeschichte beziehungsweise ihrer Fortsetzung als Menschheits- und Naturgeschichte auf der Erde gegenüber. In den Mythen haben Berichte etwa von einem paradiesischen Leben Orte, wie imaginär diese Orte auch sein mögen. Je rationaler die europäischen Konzeptionen vom gesellschaftlich organisierten Leben werden, desto deutlicher ziehen sich Gegenbilder in ein ‹Nirgendland›, ins ‹no-where-land› zurück. Damit entziehen sie sich der herrschaftlichen Deformation, die immer systematischer menschliches Leben und Natur an den Orten erfaßt, die

die Geschichte besetzt hält. Zugleich unterwirft sich diese Geschichte immer vollständiger die noch nicht von ihr erfaßten Orte – die anderen Erdteile, die ausgesparten Teile der eigenen Länder wie die nicht rationalisierten Bereiche der Lebensgeschichten. Adorno hat die Weisheit des Utopischen zur Maxime der «Minima Moralia» erhoben, die vor der Vereinnahmung aller Gegenbilder durch die herrschaftliche Geschichte warnt: «Es ist kein richtiges Leben möglich im falschen.»

Die Kunst kann in ihrem Abseits von den unmittelbaren Strategien der Verwertung, der Herrschaft und der Rationalisierung immerhin an Gegenbildern arbeiten. Doch ihre Schwierigkeiten sind doppelte. Gegenbilder von einem entfaltenden Leben sind zunehmend ins Nirgendwo verwiesen. Die Aufteilung der menschlichen Vermögen, bei Kant auf ihre klassische Formel gebracht, trennt analytisch und in der gesellschaftlichen Praxis Sinnesvermögen, Verstandesvermögen und die Hoffnung auf geschichtliche Vernunft voneinander. Löst sich also einerseits der Zusammenhang von Gegenbild und Geschichtswirklichkeit auf, so lösen sich andererseits die noch möglichen wechselseitigen Beziehungen, in denen zu Vernunft angesetzt wird, von Erkenntnis ab. Dabei können die Künste mit ihrem sinnlichen Weg zur Erkenntnis auch tatsächlich immer weniger Anteil an der geschichtlichen Praxis nehmen, wo diese das von ihr besetzte Gebiet zum Nicht-Ort macht – Jean Duvignaud sagt ‹non-lieu›. Vor einem halben Jahrhundert hat Max Raphael diese Analyse unserer Geschichte in die Forderung nach einer Wiedervereinigung der Sinne mit den anderen Vermögen übersetzt.

Aus der Vereinsamung können die Künste weder durch theoretische Programme herausgerissen noch durch vordergründige Anwendung befreit werden. Wir können allerdings versuchen, die seit der geschichtlichen Trennung so problematisch gewordenen Schichten weniger zu beachten als das Ästhetische, was die Künste mit anderen Lebensformen gemeinsam haben oder haben könnten, um nach ihren besonderen Möglichkeiten auf diesem Grund zu fragen.

Künste treten immer in Auseinandersetzung mit einem Medium hervor: sie sind sinnlich-anschaulich, das heißt, sie vollziehen sich immer in irgendeiner Weise wesentlich leibhaft, auch im Aufnehmen. In den Künsten können Ergebnisse als solche keine Rolle spielen. Es geht immer um Vorgänge, für die ‹Werke› bestimmte Funktionen einnehmen können; hier kann die Abgrenzung gegen Kulturbetrieb und Kulturindustrie gefunden werden. Die Begriffe leibhaft und prozeßhaft weisen darauf hin, daß ein Wesentliches von Kunst ist, je gegenwärtig zu sein. Kenneth Armitage reagierte 1968 auf die Kritik der Linken am ‹Konsum von Kunst› mit dem Satz: «Was könnte schöner sein, als Kunst zu konsumieren und sie dann überall zu haben.» Dabei faßte er mit seinen Händen lebhaft alle Gegenden seines Leibes. Bezüge auf eine Geschichte zuvor und eine mögliche Geschichte in der Zukunft werden mit bewußt gelebter Gegenwart verbunden; Analysen als solche oder Strategien als solche zählen nicht. Ich möchte hier nur daran erinnern, daß Lessing mit dem «fruchtbaren Moment» genau darauf zielte, Kunst müsse im Betrachter den Vollzug eines Prozesses auslösen, um überhaupt stattzufinden. Klassische Werke und ästhetische Theorien der bürgerlichen Epoche haben mit der Ausbildung von Kunst zur ‹autonomen› Maßstäbe gesetzt, die wir im gegenwärtigen Bemühen, die Kunst aus der Isolation von Autonomie zu befreien, neu aufgreifen sollten.

Kritische Untersuchungen und Überlegungen zu unserer heute herrschenden gesellschaftlichen Wirklichkeit zeigen uns, daß in zunehmendem Maße gelebte Gegenwart aufgerieben wird zwischen Nachholen und Vorplanen, zwischen Analyse und Strategie, zwischen Defizitdefinitionen und abstrakten Planzielen. Suche nach sinnvoller Geschichte wird gesellschaftlich wie in den einzelnen Lebensgeschichten von Individuen und Gruppen in dem Maße hoffnungslos, in dem sie keine Orte hat: gelebte Gegenwart. Die neue Bestimmung von Eindimensionalität der Menschen ist insofern zeitlich. Wenn keine Situation als Gegenwart gelebt wird, löst sich Geschichte in eine Addition von Nicht-Gegenwart auf. Geschichte verliert, wenn sie nicht von Gegenwart zu Gegenwart fortschreitet, die Dimension der Zeit als Folge und Prozeß, und sie verliert damit die Dimension des Ortes, der immer zur Bestimmung von Gegenwart gehört, wie er durch menschliche Gegenwart zum Ort wird.

Für die japanische Tradition des Haiku hebt Pierre Attal vor allem hervor, daß in den wenigen Silben des Zweizeilers immer die besondere Zeit und der Ort aufklingender Stimmungen deutlich werden müssen. «Bashô hielt am meisten auf diese Unterschiede der Jahreszeiten: Es ging ihm weniger um einen Grundsatz als um diese Möglichkeit, sich in dem Zyklus der Natur zu halten und zu vermeiden, daß man in die Bedeutungslosigkeit des Abstrakten verfällt.»

Die Geschichte der neuzeitlich europäischen Herrschaft hat, zunächst als störenden Nebeneffekt, inzwischen als vorherrschende Bedrohung die gesellschaftlich organisierte Wirklichkeit zu einem riesigen Nirgendland gemacht. Das Gegenbild dazu sind Vorgänge, die uns Gegenwart wiedergewinnen, womöglich Gegenwart in einem volleren und entfaltenderen Sinne denn je. Heute heißt, Utopien zu entwickeln, uns jenes Gegenstück zum Nirgendwo zu erobern, τόποι, Orte, an denen Gegenwart gelebt werden kann. Die Tradition von Utopien hat mit dem Aufsuchen außerirdischer Räume im science fiction als Verlängerung der Bedingungen herrschender Lebensorganisation ihre Aporie erwiesen – wie der Futurismus. Utopien am Ende dieser Geschichte müssen konkrete sein im Sinne Ernst Blochs, Inseln vielleicht, jedenfalls verstreute Orte für Gegenwart.

Kunst ist für mich nicht eine *grundsätzlich* andere oder abgesonderte Lebensform. Denken wir an all die Gegenstände, Riten, Situationsgestalten gerade auch nicht bürgerlich und kapitalistisch organisierter Gesellschaften, die durch die europäischen Hochkulturen neben den Werken der schönen und bildenden Künste als ‹Kunst› eingeordnet werden. Ich sehe Kunst immer mehr als eine Fülle von besonderen Wegen, Gegenwart zu leben, und insofern als einen intensiveren Teil von Leben überhaupt. Ich möchte Kunst die Kunst des Vergegenwärtigens nennen. So finden wir auch zum neuen Erleben dessen, was wir schon als Werke abgestellt hatten, aus den Zeiten vor oder neben oder der Moderne selbst.

Das ist das Beschwörende an Kunst, daß in ihr mehr mit uns – als ‹Künstlern› oder als ‹Publikum› – zur Gegenwart kommt, als ohne sie anwesend wäre, vielleicht sogar Abwesendes gegenwärtig wird. Die Kunst des Porträts besteht gerade nicht in der Herstellung gewisser Ähnlichkeiten, sondern darin, einer abwesenden Person Anwesenheit zu geben; Ähnlichkeiten von Gesichtszügen zum Beispiel können ein Mittel dazu sein. Mit seinen Bewegungen, Gewändern und Gegenständen beschwört ein kultischer Tanz in Dahomé den Regengott, anwesend zu sein. Im musikalischen Hören einer Komposition werden Konstellationen geschichtlichen Denkens und Empfindens gegenwärtig.

Magisch an diesen im übrigen außerordentlich unterschiedlichen Situationen ist nicht ein Glaube an transzendentale Bedeutungen: Umgekehrt, sie haben die Kraft, in leibhaft und prozeßhaft gelebten Situationen an sich Abwesendes zur Gegenwart zu bringen; sei es, daß dieses Abwesende an einem anderen Orte und zu anderer Zeit sinnliche Gegenwart hat, wie der porträtierte Mensch, sei es, daß der Regengott ohne den Beschwörungstanz nicht greifbar gegenwärtig ist, sei es, daß die in der Musik vergegenwärtigte Konstellation als solche geistig-seelisch, also an sich unangreifbar ist.

Die Kunst des Vergegenwärtigens gibt jeweils einem nicht leibhaft

Gegenwärtigen einen Ort und eine Gegenwart durch ihre Mittel und mit uns je beteiligten Menschen. Darin ist sie nichts grundsätzlich anderes als alle anderen Formen wahrhaft gelebter Gegenwart, auch wenn äußerst verschiedene Grade von Intensität die verschiedenen Formen ausmachen. Vieles kann solche Gegenwart schaffen. Die meditativen Lehren traditioneller Gesellschaften wie das Tao oder das Zen meinten sogar, jede Tätigkeit eigne sich bei genügender Konzentration dazu. Einen Baum pflanzen, Holz hacken, schnitzen, einen Zweig in eine Vase stellen, eine Landschaft malen, einen Garten anlegen, einen Gang durch einen Wald machen, einen Weg über das Land denken, mauern, rudern, aber genauso mit einem Menschen sprechen oder schweigen, mit ihm ein Sofa über eine Straße tragen – das berühmte Beispiel von Henri Lefèbre – oder tanzen oder eine Übung ausführen: Immer vollzieht sich der Vorgang in einer klaren Folge von Schritten, die jeder für sich voller Aufmerksamkeit bedürfen und doch auch auf ein Bewußtsein von mehr bezogen sind, nämlich vom Ziel und vom Weg und von allen Bedingungen und Einflüssen und dem Bewußtsein, als eins mit allem gemeint zu sein, während die vereinigenden Schritte erst getan werden und oft noch durch den Gegensatz hindurchgeführt werden müssen.

Unterschiedlich sind Grade von Intensität. Je weiter die Zusammenhänge, je abstrakter die Konstellationen, die in dem sinnlich-anschaulichen Vorgang vergegenwärtigt werden, desto intensiver wird diese Gegenwart. Höhere Grade von Intensität entstehen durch eine höhere Vielfalt von Reflektionen – ein Wort, das auch hier als Spiegelung, Brechung und Reflektion im philosophischen Sinne zugleich verstanden werden muß. Im Handwerk muß vor allem das abstrakte Bild des zu fertigenden Gegenstandes in jeder einzelnen Handhabung von Werkzeug und Material gegenwärtig sein. Die repetitive und erst recht die automatisierte Industriearbeit ersetzt eine entsprechende Vergegenwärtigung durch vorgegebene Planung der Arbeitsanweisung oder der Computerprogramme. In der Kunst können so umfassende Zusammenhänge wie die des gesellschaftlichen Lebens oder einzelner Lebenserfahrungen ihren Ausdruck finden, das heißt, zu einer sinnlich-anschaulichen Gegenwart gelangen. Wenn Kunst ihre utopische Aufgabe entwickeln will, das nicht ohne weiteres Greifbare in gelebter Gegenwart zu verorten, muß sie sich einer Schule leibhaften und prozeßhaften Vorgehens von Gegenwart zu Gegenwart unterziehen.

Das bedeutet etwas anderes als die Formel vom ‹Handwerkszeug› aus der Tradition der sogenannten musischen Erziehung, weil mehr

Aufmerksamkeit auf das je Besondere an Material, eigener Bewegung und Werkzeug über geschichtsloses Machen gerade hinausführt. Was ist denn Besonderes an meinen Haltungen und Gesten beim Umgang mit einer Feder auf Papier? Die Geschichte meines Leibes von der embryonalen Formung des Körpers durch alle Hemmungen und Ausbildungen meines Lebens bis heute. Was ist denn Besonderes an der Feder und an dem Papier? Ihre Geschichte – als Schichtung –, die sie bestimmten Bewegungen nachgehen, anderen Widerstand leisten und zu bestimmten Bewegungen verführen läßt. Was ist denn Besonderes an dem Vorgang einer Federzeichnung? Meine Geschichte und die allgemeine Geschichte, die mir diesen Vorgang vertraut oder befremdend macht, anbietet oder entzieht, mich auf ihn vorbereitet oder ihn mir erschreckend macht, mich einen Weg zu mir finden oder mich vor mir erschrecken läßt.

Die historischen Fähigkeiten wie die Verwehrungen, die unter der gegenwartszerstörenden Organisation unseres gesellschaftlichen Lebens entstehen, werden in den Vorgängen greifbar, die in gelebter Gegenwart dem Besonderen Aufmerksamkeit zuzuwenden erlauben. Wenn historisches Bewußtsein an den entsprechenden Erfahrungen anknüpfen kann, werden aus den Augenblicken gelebter Gegenwart Gegenbilder zur herrschenden Geschichte auftauchen. Sie werden voller utopischer Kraft in die Auseinandersetzungen um Lebensformen eingreifen, die nicht durch Analysen und Ableitungen allein sich wandeln werden. Diese Gegenbilder werden Ansprüche auf bewußte und gelebte Gegenwart beitragen. Kunst wäre dann ein sinnvoller Begriff für einen hohen Grad von Bewußtsein der vielfältigen geschichtlichen Zusammenhänge, die durch einen sinnlich vermittelten, einen anschaulichen Vorgang Gegenwart erlangen. So begriffen ist Kunst weder das ganz andere gegenüber dem Alltag, noch ließe sie sich nach ihrer Intensität von Gegenwärtigkeit mit anderen Formen gelebter Gegenwart verwechseln. So gibt Kunst gleichzeitig dem Abwesenden oder unausgedrückt Anwesenden Ort und Zeit, und sie führt das greifbar Anwesende über die Schwellen von Ort und Zeit hinaus in die Heimat des Universellen.

Die revolutionären Utopien haben in der Regel Kunst wie auch Philosophie als Bereiche von Gegenbildern verstanden, die sich durch ein revolutioniertes Leben in den gelingenden, das heißt den in jeder Hinsicht voll gelebten Alltag auflösen werden. Diese Theorien haben zunächst den Fehler an sich, ihrerseits mehr an einen Zielzustand zu denken, an Ergebnisse durchaus im Sinne von Warenproduktion als an

Wege und Bewegungen dahin. Dieses Denken hat zur Folge, daß vor dem Ziel von den Künsten mehr theoretische Gegenbilder oder Kritik erwartet werden als praktisches Vortasten auf den Wegen leibhafter und prozeßhafter Vergegenwärtigung. Karikierend gesagt, ist es dann das Zitat der eigenen Parteihymne, das eine Symphonie zu revolutionärer Kunst macht, und nicht ein vielleicht winziges Stück Gegenwart, das dem herrschenden Nirgendland abgerungen und zum Wegweiser auf der Suche nach einer dem Leben angemesseneren Geschichte gemacht wird.

Eine Geschichte, in der solche Arbeit nicht immer weiter notwendig wäre, kann ich mir nicht vorstellen. So sehe ich auch in einem ‹richtigen Leben› die besondere Intensität eine wesentliche Aufgabe erfüllen, die in der hochgradigen sinnlich-anschaulichen Reflektiertheit von Kunst frei wird. Vielleicht ist dies sogar eine Möglichkeit, sich vorzustellen, was befreite Arbeit sein könnte und wofür wir denn eine Freiheit der Lebenstätigkeiten anstreben. Mit dieser Auffassung mag zusammenhängen, daß ich mir als Ziel einer Utopie nicht eine Revolution und eine dann wie vom Zauberschlag berührte Welt zu phantasieren vermag. Die Wirklichkeit gegenwärtigen Suchens halte ich für die eigentliche Aufgabe, in der auch Kunst ihre Funktion jetzt und hier zu entwickeln vermag.

Dabei ist die Frage der Prioritäten unsinnig. Es geht in der Welt gleichzeitig um das Überleben von Völkern und Gruppen *und* um ein selbstverwirklichendes Leben für alle *und* um einen Sinn des Überlebens und der Selbstverwirklichung. Veränderungen in der Organisation der gesellschaftlichen Arbeit und in jenen Formen der Ausbildung menschlicher Vermögen, die sich heute als Erziehungswesen präsentieren, und eine Stärkung bewußten Lebens in besonderen Stücken von Gegenwart dürfen nicht nach behavioristischer Manier in Grund- und Zusatzbedürfnisse aufgeteilt werden. Dann würde Kunst tatsächlich zu dem hinderlichen Luxus, als den sie radikale Revolutionäre aus ihrem Kampf verbannen, oder zu dem freundlichen Ausgleichsfach, dem man gestattet, als Tröpfchen Öl das Räderwerk der Reformcurricula im Laufen zu halten.

Nicht vor allem durch die Künste, aber niemals ohne sie können wir die Gattungsarbeit leisten, künftige Lebensformen zu finden, zumal es an entscheidenden Punkten um Überlebenssicherung geht, die von den Folgen einer einseitig rationalistischen Aufklärung bedroht erscheint. In seiner Frankfurter Adorno-Preis-Rede hat Habermas die historisch-gesellschaftlichen Zusammenhänge dieser Frage differenziert und genau zugespitzt untersucht. Habermas hat nicht häufig etwas zur Ästhetik gesagt und zeigt auch dort besonders ihren Stellenwert für eine Fortsetzung von Aufklärung. Ich möchte nur an eine Passage dieser Rede anschließen, die im Gedanken an Adorno «ästhetische Erfahrung», und um diese geht es genau in der leibhaft und prozeßhaft gelebten Erfahrung, zu einem Moment praktischer Geschichtsphilosophie erhebt: «Sobald sie explorativ für die Aufhellung einer lebensgeschichtlichen Situation genutzt, auf Lebenssituationen bezogen wird, tritt sie in ein Sprachspiel ein, das nicht mehr das der ästhetischen Kritik ist. Die ästhetische Erfahrung erneuert dann nicht nur die Interpretationen der Bedürfnisse, in deren Licht wir die Welt wahrnehmen; sie greift gleichzeitig in die kognitiven Deutungen und die normativen Erwartungen ein und verändert die Art, wie alle diese Momente aufeinander verweisen.» Es ist die Eigenart einer mir fremden Begrifflichkeit, geschichtliches Denken und Handeln unter einem Primat der Sprache zu sehen und darum von dem Eintritt der ästhetischen Erfahrung in ein Sprachspiel gerade da zu reden, wo sie als bewußtes Stück versprengter Lebenspraxis den geschichtlichen Zusammenhang zu einem entsprechend zu lebenden Ganzen sucht. Aber wir dürfen die abschließenden Worte durchaus so umfassend und so praktisch verstehen. Darüber hinaus liegt in der Formulierung der Hinweis auf eine notwendige Bedingung: Gelebte, bewußt gelebte, in der Kunst intensivierte Gegenwart muß mit den anderen Formen von geschichtlichem Bewußtsein wie der Sprache in Wechselbeziehungen treten. Ich möchte sagen, ästhetische Erfahrung tritt in ein Spiel mit Sprache ein, mit Arbeit und Kooperation, mit Begrifflichkeit und Alltag und so fort.

Dieses Phänomen macht gegenwärtig, daß wir uns grundsätzlich an einer Wende befinden, daß jedenfalls ein Konzept, wie es mit dem Begriff ‹progressiv› verbunden ist, durch eine veränderte Problemstellung überholt wird. Ich will hier meinen Gedanken, der dem zugrunde liegt, nur andeuten. Progressiv ist ein Maßstab, der seinen Sinn nur von der Geltung einer Fortschrittsvorstellung erhält, in der es im wesentlichen auf mehr und mehr Fortschritt ankommt. Solange begriffliche Erkenntnis gegenüber ästhetischer Erfahrung absolut als das höhere, eben fortschrittlichere Vermögen der Menschen gilt, ist freilich den Menschen der einzige Weg verstellt, auf dem die abstrakt verselbständigten Vermögen sich ihres leibhaften Zusammenhangs versichern können. Sinnlich-Anschauliches bleibt dann Illustration oder Labsal und verkümmert als solche. Jedoch mit dem *Bewußtsein* in die Schritte *leibhafter* Erfahrung einzutauchen bedeutet, daß man den Grund, aus dem die höheren, das heißt abstrakteren Vermögen hervorgetreten sind, nicht ein für allemal unter sich läßt. So im Wechselspiel verschiedener Schichten zu leben, bricht mit evolutionstheoretischer Sicht von Geschichte. Arnold Gehlen setzte Fortschritt und «Ersparung» an körperlicher Bewegung absolut gleich. Inzwischen erhalten frühere Schichten ein Recht auf Gleichzeitigkeit. An ihnen gewinnt das ebenso notwendige rationale Bewußtsein Hand und Fuß, langen Atem und sicheren Gang, wenn diese Bilder der Sprache einmal die eingehende Darstellung der Zusammenhänge vertreten dürfen.

Daß der Begriff Spuren so häufig in dem Selbstverständnis zeitgenössischer Kunst und benachbarter Bereiche verwandt wird, halte ich für mehr als eine der vielen programmhaften Richtungsbezeichnungen. Dafür spricht schon, daß mit diesem Begriff, verbunden mit dem der Spurensicherung im übertragenen Sinne von Zeugnissen gelebter Situationen, voneinander ganz unabhängige Unterfangen zu charakterisieren sind. In den Künsten, die Hand und Auge vergegenwärtigen – den ‹bildenden› – wie in der Literatur, etwa bei Peter Handkes «Falsche Bewegung» oder Walter Kappachers «Morgen». Kunst macht es sich dabei ausdrücklich zur Aufgabe, Prozesse zu vergegenwärtigen und zugleich anzuleiten, wie wir alles Greifbare auf die Geschichte seiner Entstehung hin zu lesen haben. Kunst arbeitet daran, indem sie ihre eigenen Prozesse nachvollziehend zu erkennen gibt, aber auch, indem sie die Geschichten von Menschen und gegenständlichen Situationen aus den besonderen Schichtungen und Konstellationen dessen nachzuleben aufgibt, was der Historiker Überreste nennt.

In dem gegenwärtigen Zusammenhang gewinnt der Grundgedanke Rudolf Steiners eine neue Bedeutung, daß künstlerische Objektivationen nur die Spuren einer menschlichen Bewegung in einem Material sind. Er hat sich bis heute nur in einer Pädagogik umgesetzt, die gewiß von einer merkwürdigen Scheu vor entsprechenden Auseinandersetzungen mit der gesellschaftlichen Geschichte des Alltags gekennzeichnet ist. Umgekehrt hat aber gerade die anthroposophische Kunstpädagogik den Vorrang des Prozesses virulent zu erhalten verstanden. Wenn wir versuchen, ohne Ideologie verschiedene Ansätze vergleichend und in wechselseitiger Korrektur fruchtbar zu machen, kann zum Beispiel an dieser Schule deutlich werden, daß Spuren eben nicht als Zitate oder als Manifeste gegenwärtig machen, was in ihnen sich niedergeschlagen hat. Aber genau diese Gefahr spüre ich in Kunstrichtungen, die sich einer schlechten wissenschaftlichen Empirie annähern wie Teile der ‹sociological art› oder unvermittelt Gegenwart versetzen, verpflanzen oder behaupten wie manche Dadaisten, Surrealisten, Happenings. Selbst in so intensiv reflektierenden Indizienensembles oder zur Schau gestellten Vorgängen, wie sie Beuys vor uns hinstellt, wird das Problem deutlich, wie Gegenwart der Spuren den gemeinten Prozeß vergegenwärtigen könne.

Die Gefahr, daß die ästhetische Erfahrung beim Eintritt in das Wechselspiel mit den anderen Erkenntnisformen sich intellektualisiert und der gleichen mißverstandenen Verwissenschaftlichung verfällt wie das Erziehungssystem heute, ist unübersehbar. Der Raum zwischen den ‹Spuren› und dem Betrachter – oder Hörer – kann gerade aus intellektueller Lebensferne zu weit gesetzt werden, als daß die Reize und Anhaltspunkte dazu ausreichen könnten, mit dem Betrachter – oder Hörer – eine neue Gegenwart zu entwickeln. Der Raum, notwendig für eine solche eigene neue Gegenwart im Betrachten, kann aber auch zu eng gewählt werden in übermäßig didaktischer Absicht. Diese Gefahren haben schon immer innerhalb einer sich autonom und immanent verstehenden Kunst eine Rolle gespielt. Wenn aus dem Abstand einer späteren Zeit gerade große Werke zugänglicher werden, so nicht zuletzt deshalb, weil die gesellschaftlich gelebte Geschichte, die dem Werk folgte, Stücke des Raums, den das Werk vorauseilend frei ließ, mit Bewußtseinsschritten in der entsprechenden Richtung ausfüllte.

Die Gefahr zu großer Zwischenräume oder auch zu enger ist mit einem wachsenden Selbstverständnis der Künste als Erkenntnisweg um so größer geworden, als zugleich mit dem gesellschaftlich organisierten Leben aus den genannten Gründen und in der genannten Weise Bewußtseinsschritte systematisch weniger Chancen haben, obwohl grundsätzlich viel mehr Menschen an ihnen teilnehmen könnten als etwa zur Zeit Lessings oder noch Steiners. Um so wichtiger ist es, Situationen für solche Schritte geeignet zu machen und Erfahrungen im Vorgehen von Gegenwart anzubieten sowohl allgemein – dafür setzen wir uns gegenwärtig besonders in der Pädagogik ein – wie von den Künsten her und in den Künsten selbst.

Wenn Habermas in der zitierten Rede die Konzentration künstlerischer Arbeit auf ihre eigenen Medien kritisch vermerkt und sagt: «Der Künstler vermag den Erfahrungen authentischen Ausdruck zu verleihen, die er im konzentrierten Umgang mit einer dezentrierten, von den Zwängen des Erkennens und Handelns losgesprochenen Subjektivität macht», so sieht auch er den Ansatz zum Wandel hier nur unter den Gesichtspunkten traditionell dem gesellschaftlichen Leben entrückender Kunst. Seine Charakterisierung moderner Kunst trifft zweifellos

Wesentliches etwa der sogenannten abstrakten Malerei der Pariser Schule: «Farben, Linien, Laute, Bewegungen hören auf, primär der Darstellung zu dienen; die Medien der Darstellung und die Techniken der Herstellung avancieren selber zum ästhetischen Gegenstand.» Diese Entwicklung treibt gewiß die Auffassung des l'art pour l'art in ihre ephemerste Konsequenz, sofern tatsächlich die Medien und Techniken nur als künstlerische uns ‹Gegenstand werden›. So als sagten ihre Werke: «Seht her, so macht es jetzt dieser Künstler.»

Doch schon in der Geschichte der sogenannten gegenständlichen Kunst haben Medien und Techniken nicht nur ‹gedient›. Farben und Töne, Formen und Material kamen immer auch zu eigenem Effekt.

Das war ein Stück leibhaft und prozeßhaft vollzogener Wahrheit gegen eine herrschende Geschichte der Naturbeherrschung. Vergessen wir nicht, daß Gegenstände und Techniken «historisches Material» sind mit allen Versperrungen und allen Aufforderungen zu befreiender Durcharbeitung, die Adorno in diesem Begriff mitgedacht hat. Als Träger eines künstlerischen Vorgangs, also eines überschaubaren und anschaulichen Stückes Geschichte, kann die Konzentration auf den medial vermittelten Vorgang gerade an der Arbeit des ‹Erkennens und Handelns› teilnehmen. Von den verschiedenen Richtungen jener abstrakten Malerei ist gerade die peinture gestuelle immer stärker geworden, freilich weniger der deklamatorische Mathieu als Jean Degottex, in dessen Œuvre künstlerischer Umgang mit Material, Spuren dieser Bewegung, gesellschaftliche Prägung des Materials und die Bewegtheit des Menschen durch seine Lebensgeschichte wie durch die politische Geschichte sich logisch anschaulich zu einem strengen Wechselspiel ordnen.

Zwei Begriffe von Adorno bieten hier, ästhetisch engagiert und philosophisch präzisiert, ein verbindendes Verständnis an: das «Nicht-Identische» und «der Primat des Objekts». In den Gängen der «Negativen Dialektik», die in der Sorge vor Vereinnahmung durch das «falsche Leben» und gezwungen unter den Mechanismus des historischen Lebensentzugs fast ein neues Bilderverbot aufrichtet, taucht immer wieder das auf, was es zu retten gilt aus dem Zugriff Identität verordnender Definitionen. Das «Nicht-Identische» am Objekt der Erkenntnis muß Primat gegenüber den Herrschaftsstrategien eines Subjekts erhalten, das mit blinder Rationalität alles ausrottet, was durch ein unerwartetes Echo seine Vernunft wachrufen könnte. Diese Motive dürfen nicht gegen die kluge dialektische Behutsamkeit des Denkens verdinglicht und herausgelöst werden als Programm zum Gegenbilder-Machen. Aber sie haben für mich doch die stärkere Bedeutung, wenn nur die begleitenden Warnungen weiter bedacht werden. Praktisch gewinnen sie an jedem versprengten Stück Gegenwart neue Kraft, in jeder intensiv reflektierenden Gegenwart bewußtes und kritisch sich schützendes Leben. Der Maler Emanuel Perreire hat einen Band seiner Gedichte «Detail grandeur nature» genannt: Technisch heißt das «Ausschnittsvergrößerung im Maßstab eins zu eins», die wörtlichere Übersetzung gibt besser den Sinn wieder: Ausschnitt auf die natürlichen Maße vergrößert. Was uns da bewegt, nimmt in aller Fülle seinen Ort ein, für den in der geschichtlichen Praxis sonst noch kein Platz ist.

Zu den beiden folgenden Seiten:

Vergangene Lebensbewegungen haben manchmal sogar sichtbar ihre Spuren auf unserer Erde hinterlassen. In Äthiopien wurden die Fußabdrücke einer Frau, eines Mannes, eines Kindes in vulkanischer Asche versteinert gefunden, die vor über drei Millionen Jahren entstanden. Aus dem Ascheregen von Pompeji sind uns Bewegungen der Fliehenden erhalten. In Asien werden in Steinen Fußspuren des Buddha gezeigt und verehrt. Dieser Ausschnitt aus einem Thanka (Tibet, Ende 18. Jahrhundert) hat einen Fußabdruck des Padmasambhava in die meditative Darstellung wie ein Vexierbild gesetzt.

In der Gegenwart werden «Himmel und Hölle» alltäglich nur noch von den Kindern auf der Straße erlebt. Genau sind die Linien, die «Häuser» überliefert. Seit wann? Hüpfend auf einem Fuß wird ein Stein durch die Felder gestoßen. Die Bewegungen begleitet ein Singsang. So kennen ihn die Huder Schulkinder. Ihr «Neungrubenspiel» erinnert sonderbar an die neun ‹Schälchen› im Viereck, die Marie König in den Kulthöhlen fand.

Die Anwesenheit des Abwesenden

Negativität im Ästhetischen

Das Ästhetische ist immer existentiell vermittelt, das Existentielle immer gegenwärtig und an seinem Ort. Zugleich ist immer deutlicher hervorgetreten, daß wir zur Entfaltung von Beziehungen Spielräume brauchen. Spielräume gehören zwar Spannungsfeldern an, geben aber in ihnen Bewegungsfreiheiten. Solche Bewegungsfreiheiten entsprechen auf eine Weise, die wir näher zu untersuchen haben, dem, was die dialektische Philosophie Negativität nennt.

Der Begriff ist so schwer aufzunehmen, weil die Philosophie ihn verwendet, als ob man ganz von Empfindungen gegenüber dem Negativen absehen könnte, während in Wirklichkeit jeder die Hintergründe spürt: Das ‹Negative› soll dem ‹Positiven› begrifflich so gegenüberstehen, wie einst – wir haben dafür die Veden zitiert – der Schöpfung der Gestalten deren Auflösung, dem Licht das Dunkel entgegengesetzt war. Dem Begriff negativ hängt aber an, daß er der inzwischen institutionalisierten Bewertung als das Böse gegen das Gute unterliegt. Versuchen wir, der Denkform vom Anfang der Hegelschen Logik her zu folgen.

In völlige Bestimmungsfreiheit trifft eine erste Unterscheidung: ‹Etwas› läßt sich unterscheiden von ‹nichts›. Gängig identitätslogisch interpretiert ist ‹nichts› bloß negativ. ‹Nichts› ist formal nichts. Aber es gibt eine ganz andere Logik, die sich im Laufe unserer Untersuchungen immer greifbarer abzeichnet. Ein Etwas ist nie nur in seine Begrenzungen eingeschlossen. Es strahlt aus wie der Ofen Wärme und das Eis Kälte. Es hat Beziehungen zu allem um es her, die sich durch das ‹Nichts› als Kraftlinien hinziehen und ausspannen. Ohne ‹Nichts› wäre das Etwas nicht frei, in seiner Umgebung zu wirken. Der Abstand wird erst zu nichts, wenn die Spannung sich verliert. Bis dahin bedürfen wir seiner wie der Atemfreiheit.

Dem dient philosophisches Denken auch da, wo es nicht ausdrücklich dialektisch mit dem Negativen arbeitet. Philosophie hält die Begriffe in der Schwebe, indem sie deren Wahrheit nicht anerkennt, nur in der Auseinandersetzung mit der Sache Wahrheit durch Begriffe sucht. Die Wahrheit ist aber, daß *Sein* fixiert wurde nach der äquivalenten Tauschabstraktion, also eine Fiktion der Geschichte als Deckung der Logik hat. Dann muß Negativität der Dialektik dieser Unwahrheit zu entkommen suchen, während sie mit dem von ihr Abgeleiteten arbeitet. Eben dies tut Ästhetik nicht. Sie kann auf das Diskursive verweisen, muß das auch tun; aber sie schuldet nicht der unwahren Fiktion von Sein ihre Mittel und Wege. Ästhetisch kann ‹gedacht› werden, was positiv, das heißt durch Setzung im Tausch und seine Übertragung ins Denken, undenkbar wurde.

Indem wir uns diese Bedeutung des Negativen klarmachen, haben wir begonnen, den Begriff zu befreien von dem deutschen Ernst bei Heidegger oder dem französischen Ernst bei Sartre. Vielleicht läßt sich schon in der Ferne etwas von jener bewegten Freiheit erkennen, die bei den Indern Nirwana heißt. Nirwana wird nach vedischer Tradition als Endphase verstanden. Man muß zuvor durch die Zustände und Dinge, die Vorgänge und Haltungen hindurchgegangen sein. Von ihnen her ist das Nichts erfüllt. Aus den Gängen schwingen die Bewegungen im Nichts freier fort. Aus ihnen schwingen die Differenzierungen weiter, die durch endloses immer genaueres und selber sich bewegendes Unterscheiden gewonnen worden sind.

Die Negativität wird zu einem derart anderen Begriff für das Sinnenbewußtsein. Im Ästhetischen gibt es nicht die formale Negation. Mit dem Kopf schütteln heißt, wie Blechschmidt uns erinnert, nicht einfach ‹nein›, sondern es ist ein Vorgang des Abwägens, Suchens, Abweisens, also ein Gefüge von Beziehungen. Im Ästhetischen gibt es keine Negation, kein ‹Nein› als solches. Das Negierte muß vergegenwärtigt werden, um abgewiesen werden zu können. Den Tod, den ein Tänzer abwehren oder rückgängig machen möchte, muß er zuvor tanzen. Nur sichtbare Momente eines Bildes können auf Unsichtbares hinweisen. Ein spürbarer Zusammenhang ist erforderlich, wenn Leere, wenn ‹nichts› gelesen werden soll. Wir können diese Feststellung nun auch umkehren. Im spürbaren Zusammenhang kann das ‹Nichts› gelesen werden.

Die Negativität im Ästhetischen ist darum die Positivität der Beziehungen. Eine ähnliche Denkfigur kennt auch die Dialektik; nur erhält sie die formale Fiktion eines nur negativ Negativen bei, um gerade sie mit den Mitteln der Identität und der Kausalität in ihr Gegenteil zu verkehren. Durch ‹Negation der Negation› kommt wieder eine ‹Position› zustande. Das ist aber noch lange nicht dasselbe wie die positive Negation im Ästhetischen. Die dialektische Schlußfolge bleibt an das Schema gebunden, das auch die Grammatik unserer Gemeinsprache beherrscht. Es wird von einem Subjekt eine Aussage über ein Objekt gemacht – Subjekt – Prädikat – Objekt, haben wir in der Schule gelernt, abgekürzt die SPO-Regel. Entsprechend wird dialektisch verfahren. Wenn eine Negation negiert wird, werden damit nicht die Gleise der Kausalität verlassen. Die sich ergebende ‹Position› öffnet nicht wieder das Feld für alle definitorisch ausgegrenzten Beziehungen. Die Negativität im Ästhetischen hält ebenfalls etwas fest, nämlich die bisher entwickelte Geschichte von Bewegungen. Aber sie öffnet diesen nun alle Möglichkeiten weiterer Zusammenhänge, die durch die Geschichte zunächst versäumt oder verstellt wurden.

Im Ästhetischen blühen in der Unterscheidung ‹Ich› und ‹Nicht-Ich›, besser von Selbst und Mitwelt, die Beziehungen zwischen beiden Seiten auf. Diesen Vorgang muß Dialektik in dem dritten formalen Schritt der Synthese suchen, wobei unklar bleibt, wie die definitorisch ausgegrenzte Fülle der Spannungsfelder – Lorenzer nennt Vergleichbares in der Psychologie einen «Hof» von Bedeutungen um eine Symbolisierung herum – durch die Schritte von ‹Sein›, ‹Nichts› und ‹Etwas›, von Negationen und Positionen wiedergewonnen werden können. Die ästhetische Negation ist Ausstrahlung des ‹Etwas› in eine Welt. Nichts kann sich in sich selbst ausdehnen, reflektieren, entfalten.

Existentiell ist das Ästhetische gebunden an seine Negativität, wie die Negativität im Ästhetischen gebunden ist an die fortgesetzte Existenz. Das Ästhetische hat notwendig einen negatives Moment, nämlich den Spielraum, die Bewegungen, die zur Entfaltung des Spannungsfeldes notwendig sind. Ästhetisches ist damit immer grundsätzlich offen: Offen sowohl im, metaphorisch, räumlichen Sinne zur Weite immer neuer Beziehungen als auch offen im, metaphorisch, zeitlichen Sinne auf unbegrenzte folgende Schritte einer sich fortsetzenden und fortgesetzt reflektierenden Geschichte hin.

Erfüllte, durchwirkte, positive Negativität hat immer ein ästhetisches Moment, eben das des reflektierenden, differenzierten Existentiellen. Sie vermittelt sich immer spürbar und gespürt. Sie steht leer vor dem Bewußtsein, während die Sinne schon ahnen, wie sich die Begegnungen durch den freien Raum entfalten könnten.

Ästhetik erscheint so weithin im Gegenwärtigen und Verorteten affirmativ – jedenfalls dann, wenn man nicht zu unterscheiden vermag zwischen dem Erleben, das Leben bejaht, indem es ihm folgt, und resignativer Anpassung an die verhindernden historischen Strategien gegen Leben und Erleben. Nun aber leuchtet auf, daß eben im ‹Positiven› alles Ästhetischen seine Befähigung liegt zum Protest. Aus den Tiefen dessen heraus, was es zu verteidigen, dem es Luft zu schaffen gilt, kann der Ruf laut werden und der Laut klingend die Verwandlung vorwegnehmen.

Das ist der Sinn geschichtlichen Denkens. Aus dem Zurückgehen in die frühen Schritte gewinnen wir die Kraft und die Ausrichtung in die Zukunft hinein. Antizipation muß sich, in ‹progressiver Regression›, ihrer Vorgeschichte versichern.

So ist die Geschichte der Kunst die des Aufbrechens. In den Brüchen aber schimmert Vorgeschichte hervor als Vor-bild eines zu gehenden Weges. Vor und Zurück sind ineinander. Sie heben die lineare Zeit auf in die Folge der Bewegungen durch das gleichzeitig Anwesende, wie die Marie zur Frau Holle durch den Schacht des Brunnens geht und im Himmel ankommt. Baumgartens Klar-Dunkel ahnt dahin. Und noch die Kompositionen, die Adorno allein durch Abbrechen an das gedachte Werk erinnern, noch das Verstummen in den Stücken von Beckett vertrauen, ohne es zu wissen, dem Leben, dessen Zerstörung die positiven, die hörbaren und sichtbaren Aussagen anklagen.

Für Dante war der Wald noch das Andere gegenüber der geschichtlich geordneten Natur. Die Märchenkinder und die Mythenhelden müssen in den unwegsamen Wald gehen, um dem vorgeschichtlichen Leben wiederzubegegnen, das ihnen mit den Gewohnheiten gesellschaftlicher Lebensordnung entrückt ist. Sie müssen es wiederfinden im Gegenüber, im Anderen, um seiner dann in ihnen selbst gewahr zu werden. So befreien sich Hegel in der Nacht die Bilder von der Herrschaft strategischer Logik, die Geschichte immer auch einseitig ausbildet. Von den Zwecken und Absichten des Tages befreit, können sie selbst sich bilden und so uns sich einbilden, um, nicht als Einbildungen, sondern als Inbilder über die Begrenzungen hinauszutragen. Die mythische Rede, das Epische bis hin zu den alten Märchen, macht sich zum Ausdruck dieser Bilder mit den auftauchenden Schrecken. Was wirklich Schrecken, Grauen ist, kann in Bildern ausgesprochen und zugelassen werden. Das fehlt dem grammatischen Text der ‹erlernten Sprache›, selbst wo sie der Muttersprache ähnlich sieht.[1] Die dichterisch-philosophische Rede heute muß dorthin und auf das vor-geschichtliche Vertrauen durch Brüche hindeuten. In der Diskontinuität, im Un-Vollendeten muß uns das Un-Sagbare hervorleuchten – in den aufblitzenden Bildern Walter Benjamins, die er auch dialektische Bilder nennt, die aber dialektisch sind im Sinne des Ineinander von Vor und Zurück, Oben und Unten. Die dialektische Schrittfolge entsteht an ihnen, wenn wir dem unbegrifflichen Inbild Schritt für Schritt nachgehen. Deshalb kann bei Benjamin, ebenso wie das Bild, ein Vergessen uns für die Zukunft öffnen, in den kleinen Fußstapfen des «bucklig Männlein». Der Begriff der memoire involontaire schließt sich an, der unbegrifflichen Erinnerung.

Die ästhetische Negativität zerbricht eben das, was Bateson purposive rationality nennt.[2] Wo nur noch der «Kreisausschnitt» gesehen wird, machen Brüche es möglich, des ganzen Kreises gewahr zu werden; freilich zeigen sie selber noch nicht auf ihn. Bateson sagt nicht, was ihm Wissen vom großen Kreis gibt. Seine Hilfskonstruktion des ‹selbstregulierenden Systems› ist nicht der Kreis und nicht ein Bild des Kreises; es ist wie eine gestrichelte Linie. Bateson weiß, daß der Kreis ein Fluß ist, aber wir können davon nichts bei ihm nachlesen. Er zeigt uns nur einige Bilder. Der Tanz der Chromosomen und der Tanz der Albatrosse in den Lüften sprechen von dem Kreis, der fließt. Beide aber sind Tanz nur für die, die wissen, was erst im Tanz des Shiva Gestalt annimmt über das Freiheitsmoment von Bewußtsein im Einhalten.

Nur in der Negativität kommt Bewegung ganz zu sich, um sich zu erinnern, innere Bewegung zu sein und aus dem Innern wieder greifbare Bewegung zu werden. Diese Freiheit gegenüber ihren Rhythmen fehlt den Albatrossen zum Tanz. Wir haben schon früher an die posa im Tanz der frühen Renaissance Italiens erinnert: die Reflektion des stillen Leibes, das Einhalten als konstitutives ‹Nichts›, an dem die Tanzschritte vorher und nachher erst zum bestimmten, gestalthaften ‹Etwas› werden. Die posa ist die positiv-harmonische Wendung der Negativität. Schweigen als Schwelle zur Stille.

Je geschlossener die geschichtliche Welt mit strategischen Bildern verstellt ist, desto vehementer muß die negative Bewegung sein, die sie durchbrechen soll. Desto leidenschaftlicher geht es im Ästhetischen aber auch darum, dem seine Stimme zu geben, was vor der Geschichte war und unter die Füße der Geschichte geraten ist. George Battailles Fanal des «Heiligen» greift deshalb Unten und Oben zusammen. «Le sacré» ist ihm eine negative Kategorie, ja, ein negatives Ereignis. Sartre hat so vom «heiligen Genet» gesprochen. Der Protest gegen Kirche, Theologie, gesellschaftliche Institutionen und die Pontifices zerbricht die Vorstellungen und gibt den Momenten des Universellen ihr Recht wieder, auf das Leben sich gründet. Dies ist ein negativer Vorgang, der dem heimlich und unterdrückt Anwesenden durchzubrechen erlaubt. So macht Bataille alles, was unten ist, zu seiner Sache. Unter den Füßen der historischen Strategien, unter dem «Prozeß der Zivilisation» (Elias), unter der Kontrolle und dem Befehl absichtsvoller Rationalität (Bateson). Dieser «poetische Zustand» ist eine Philosophie als Kunst. Kunst wird immer zu einer solchen Negation. Wir haben das angedeutet mit dem Anti-Grammatischen der epischen Rede: Bataille nennt das «die Handlungsmacht des Wortes».

Wenn Kunst, wenn ein Kunstwerk spricht, so löst es die Subjektgewalt eines ‹Sprechers› notwendig auf als Wirklichkeit im Aufnehmenden. Seine Rede kann sich nur in der Bewegung ereignen. Der Künstler, wo es überhaupt *einen* Künstler gibt, löst seine Subjektgewalt im Universellen von Sinn und Sinnen auf, vielleicht indem er sein Zögern, seinen Bruch im Werk hinterläßt – die Öffnung, die auch anderen Zugang erwirkt.

Das Universelle dahinter verliert seine Subjektgewalt, indem es die Aufnehmenden aufruft und sich ihnen anheim gibt. Die Subjektivität der Aufnehmenden war eigentlich Gewalt gegen sie selbst, weil sie, die Objekte von sich ausgrenzend, vom Universellen sich isolierten. Kilian setzt darum an die Stelle des Wortes «Technokrat» das Wort vom «Technopathen». Dieses Leiden löst sich im Aufnehmen auf, nämlich in die Teilhabe an der Geschichte. Die Rede aufnehmend, die Rede der Kunst als Erleben des Lebens, haben wir uns treffen lassen. Wir werden Begegnende. Aber unsere Sinne blühen auf unter den Pfeilen, die uns treffen, wie der Leib des Sebastian auf allen Bildern der Frührenaissance. Die Sinne erwachen, wie schmerzhaft immer, vom Sinn getroffen. Kunst mag sich ins bloß Gedachte drängen lassen. Die Negativität des Ästhetischen aber ergreift mit Gewißheit Partei. Sie ergreift die Partei dessen, dem sie eingebunden ist, wie vermittelt auch immer, die Partei des Lebens. Als Negativität fordert und schafft sie dem Leben Abstand von seiner Blindheit und Spielraum gegen seine Organisation. Über die Negativität kann das Ästhetische dem Erleben Raum geben, im Ästhetischen kann die Negativität das Erleben ins Spiel der Beziehungen ziehen und in Bewegungen bringen. Das meint Dubuffet, wenn er sagt: «Du wirst verwerfen, was du für die Wirklichkeit gehalten hast; du wirst deinen Blick von der Menschheit befreien, du wirst ihn reinigen von allem, was man dir hat beibringen wollen; du wirst ihn lösen von den Namen, die den Dingen gegeben worden sind... Ich fühle mich als Bruder des Schattens oder der Falte im Vorhang wie des Baumes oder Feuersteins. Du nicht?» fragt er André Breton.[3]

Die positive Negation des Ästhetischen muß vielleicht noch klarer bestimmt werden, indem man sie unterscheidet gegenüber Formen, denen Ästhetik im engeren Sinne, einem Negativen zu positiver Erscheinung verhilft. Wir haben bereits Probleme der Ästhetisierung von Gewalt besprochen. Man sollte aber hier noch einmal auf den italienischen Futurismus zurückkommen. Bataille hat die Durchbrüche durch die Verstellungen des Rationalismus auch ökonomisch formuliert und dafür den Begriff der Verschwendung zur Devise erhoben. Er meint unzweifelhaft Handlungen im Stande der ‹Heiligung›, die ‹sich nicht auszahlen›. Derart verschwenderische oder auf Verlust gerichtete Einstellungen durchbrechen die quantitativen Kalküle radikal, um dem, was den Menschen am Herzen liegt, Zugänge zur Wirklichkeit wieder zu öffnen.

Das ist etwas ganz und gar anderes gegenüber jener faschistischen Verschwendung von Menschenmaterial, die sich so beklemmend nah an die Batailleschen Vorstellungen heranmacht. Da wird auch schnödes Kalkulieren verworfen, der eigene Vorteil hintangesetzt – freilich der Vorteil der zum Opfer Abkommandierten, weniger der der Kommandeure. Da sollen auch tiefere Werte zum Tragen kommen. Aber sie werden per Erlaß auf den Schild gehoben, wo sie doch nur sehr zögernd durch langsam sich öffnende Risse ans Tageslicht dringen könnten. Die Radikalität dieser «Umwertung aller Werte» verachtet die Wurzeln in den Menschen, aus denen sie erwachsen müßte. Mythos ist ihr eine vorgegebene Rechtfertigung, während er bei Bataille aus dem etat poétique der Menschen auftaucht, die sich von der Herrschaft der Zweck-Mittel-Kausalität und der Institution des Subjekt-Objekt-Verhältnisses befreien, wie auch Nietzsche seine Empörung verstand. Freilich ist die nationalsozialistische Ästhetisierung in dem Maße weniger verführerisch ausgefallen als die italienisch-faschistische, als hier der Führerkult die Kultur der Formen erübrigte. So halten wir uns schon besser an Beispiele wie die futuristische Verherrlichung des Abessinien-Krieges.

Es ist vielleicht notwendig, sich frühere, gewissermaßen neutralere Formen ästhetisch annehmbar gemachter Negativität zu vergegenwärtigen, um die Unannehmbarkeit *solcher* Negationen des Menschlichen grundsätzlich genug zu begreifen. Ich denke zunächst an die Proklamation des acte gratuit durch Gides Lafcadio in den «Verliesen des Vatikan». Die Generosität des interesselosen Handelns geht da mit dem Mord ohne Motiv über ins sogenannte perfekte Verbrechen. Der

Mensch, den Lafcadio wahllos aus dem fahrenden Zug stößt, wird einer Sinnlosigkeit geopfert, die den Bann des alten Mythos ohne dessen kosmische Funktionen fortsetzt und den Rationalismus, nicht die Menschen von der Ratio befreit. Raskolnikovs Verbrechen weist bereits diesen Weg. Doch wird bei Dostojewski der Täter schuldig. Der acte gratuit zerreißt die Kausalität im absolut Leeren. Raskolnikov findet durch die Tat ein Schicksal, das ihm ähnlich wird. Aus der Schuld entsteht eine Beziehung. Dieser Auffassung entspricht Bataille, wenn er das Schuldigwerden als Zugang zum anderen, vielleicht dem sacré, begreift. Doch zieht er die Konsequenz aus der Beziehungslosigkeit der Existenz Raskolnikovs, die eben nur sehr unbefriedigend überwunden wird. Schuldig werden muß gepaart sein mit dem Verantwortlichsein, um «das Böse zu zerreißen» und «dem Leben seinen weiteren Gang zu erlauben».

Die ästhetische Negativität kann durch den Nihilismus immer nur hindurchgehen, um dann aber jenen von allen Strukturen befreiten Rhythmus, jener von allem Materiellen befreiten Substanz, jener von allen Absichten erlösten Bewegung zu gleichen, die den Hindus Nirwana heißt und die im Zen als die Leere zur Fülle begriffen wird. Je schwächer aber der Rhythmus, die Substanz, die Bewegungen sind, je kärglicher die Tröpfchen von Fülle im geschichtlichen Leben, desto ähnlicher werden auch die Aufbrüche und Durchbrüche jenem heroischen, verachtenden, sadistisch-masochistischen Nihilismus.

Das Abwesende

Selbstverständlich kann Abwesendes nur aus einer Geschichte wechselseitiger Entwicklungen oder wenigstens von Berührungen anwesend sein. Abwesenheit ereignet sich im Bewußtsein des Anwesenden. Etwas muß in der Begegnung mit mir Etwas, dieses Etwas geworden sein, um als dieses abwesend sein zu können. So ist Abwesenheit eine Verbindung des Anwesenden zu ihm.

Verbindung, ja. Aber nichts bin ich enger verbunden als meinem Schatten, jenem dunklen, immateriellen Begleiter meiner Bewegungen, der sich nie von mir trennt, nur im völligen Dunkel der Nacht um mich aufgeht. Sonst bin ich nur zusammen mit dem, der ich doch gar nicht bin. So begleitet mich, was mir abwesend ist, was mir die Empfindung von Abwesendem abgewinnen kann. Dieses zu empfinden, zerstört die Gegenwart. Gegenwärtig bin ich immer, indem ich an einem Ort bin. Das Abwesende verbindet mich mit anderen Orten, trägt mich auch in andere Gegenwarten. Mit dem ‹Auch› löst sich die Existenz auf in eine Zahl von Wirklichkeiten.

In diesem Augenblick wird es notwendig, vom Existentiellen als *einer* Dimension unserer selbst zu sprechen, indem es in einen Gegensatz gerät. Wir beginnen unterscheiden zu müssen zwischen der Einheit unseres leiblichen Existierens als Leben und Erleben, die doch fraglos war, und den Fragen nach Verbindungen zu anderem. Und wann beginnt das in einer Lebensgeschichte? Menschliches Leben lebt von Anfang an im Erleben. Einen Zeitpunkt, eine Entwicklungsstufe, ein Alter gibt es nicht, ebensowenig, wie es ein Datum in der Gattungsgeschichte oder der einer Kultur geben kann. Die Neugeborenen empfinden, wie René Spitz klinisch und grausig nachgewiesen hat, die Abwesenheit. Auch zwischen Mutter und Ungeborenem kann die Verbindung unterbrochen werden und fehlen. Obwohl da ein Überleben selten gefährdet wird, obwohl das Existentielle gewährleistet scheint, nimmt es Schaden, wo Abwesenheit unerträglich wird.

Abwesenheit macht für Menschen immer einen Unterschied, wie nach neueren Forschungen und alten Überzeugungen selbst für Tiere und auch Pflanzen. Wohlgemerkt, wir denken nicht an Anwesenheit oder Abwesenheit der Sonne, des Wassers, der Erde, der Luft als Stoffen. Wir meinen die Empfindungen, die uns, wie Balint sagt, mit den Elementen verbinden und die er eine Urliebe nennt. Im psychoanalytischen Verständnis kann es Liebe nur geben, wo eine Trennung vollzogen worden und ein Anderes, ein Gegenüber entstanden ist. Daran müssen wir anschließen, insofern Verbindungen nur durch Abstände hindurch entfaltet werden können, nicht in der unmittelbaren Einheit. Aber in welchen Abstand empfinden wir Abwesenheit?

Wir müssen wohl sagen, daß Säuglinge anders empfinden als Kinder und als Erwachsene. Aber worin? Die Anwesenheit einer liebevollen Zuwendung, besser die eigene Anwesenheit und die eines anderen Menschen in der Begegnung, die den hospitalistischen Kleinkindern fehlen, wird offensichtlich seelisch erlebt. Es sieht aber doch so aus, als übersetze sich das Erleben vergleichsweise direkt in die physiologischen, die somatischen Reaktionen. Die Abwesenheit macht einen Unterschied, und zwar im Erleben; sie macht einen psychischen Unterschied. Säuglinge scheinen aber diesen Unterschied weitgehend zu machen, indem sie somatisch reagieren, existentiell. Diese Übersetzung, Bateson sagt Abbildung, vollzieht sich ohne wesentliche Hemmungen. Erst später gibt es die Möglichkeit, da zu hemmen, wenn ein Wille in die Übersetzungen eingreift. Selbstverständlich sind dies die Punkte, die in der

Freudschen Lehre exemplarisch am Zusammenhang von Verdauen und Ausscheiden als Qualität dargestellt werden.

Das Wickelkind bleibt mit dem Ausgeschiedenen eins, bis der Zustand sich verändert, weil er nämlich unangenehm wird. Der hemmungslose Ablauf dürfte aber bewirken, daß der spätere Zustand nicht als seine Folge erlebt wird. Es gibt nur Vorgänge. Daß ein Vorgang in einem Hervorgebrachten, in einem Produkt, über seinen Ablauf hinaus gegenwärtig bleiben kann, hat das Empfinden der Trennung, wenigstens der beginnenden Abwesenheit zur Bedingung. Erst wenn es einen Unterschied ‹für mich› macht, ob das Verdaute sich noch in mir oder außerhalb befindet, kann es als Produkt, als hervorgebracht, empfunden werden. Dabei wiederholt sich aber nur in gegenständlicher Form, was situativ bereits im oralen Geschehen erlebt worden ist. Erst wenn das Aufzunehmende, sagen wir die Milch, in einem Augenblick des Appetits nicht kommt, wenn die Quelle, sagen wir die Brust der Mutter, nicht da ist, können sie vom Vorgang des Saugens unterschieden werden. Nur dann gibt es Situationen, in denen ein Vorgang sich ereignet, und andere, in denen er sich nicht ereignet.

Wesentlich für die Fragen danach, wann und wie Abwesenheit empfunden wird, ist dabei wiederum, daß niemals Saugen bloße Aufnahme nützlicher Nahrung ist, sondern immer zugleich Genuß der Begegnung mit der Mutter oder Kampf um Sättigung oder Bangen um die Begegnung und anderes mehr. Im frühen Aufnehmen und Ausscheiden nach der Geburt gewinnt das Erleben des Stoffwechsels die Freiheitsgrade, in denen ein Spiel der Verbindungen sich über die auftretenden Trennungen legen kann.

Es geht immer um beide zugleich, Trennungen und Verbindungen, aber nie als solche, sondern nur als Momente des Spiels. Nur wenn wir auf die Stärke des Spiels vertrauen können, beginnen wir, Trennungen zu ertragen und mit ihnen als Abständen zu arbeiten; beginnen wir, Verbindungen zu weben und zu spüren und sie erhalten zu können.

Anwesenheit ist erst das Da-Sein eines anderen, das wir im eigenen Spiel des Verbindens mit hervorgebracht haben. Entsprechend können wir nur in den Abständen uns freier bewegen, deren Entstehung wir im vertrauensvollen Spiel miterlebt haben: Die sich entziehende Brust muß auch wieder herangezogen werden können.

Bei den vielbesprochenen Zusammenhängen zwischen dem ‹Schöpferischen› der Menschen und der frühkindlichen Somatik sind wir damit noch nicht. Diese sind vielschichtiger. Frei ein Spiel des Aufnehmens und ein Spiel des Hervorbringens entfalten zu können, ist die

Bedingung. Die Spiele müssen aber weiter führen. Das gilt für die zeitliche Ausdehnung und die räumliche über den Vorgang im engeren Sinne hinaus. Die Menschen um das Kind herum treten in das Spiel mit ein und tragen dazu bei, daß dem Kind das Aufzunehmende schon in der Erwartung beruhigend genug gegenwärtig wird, das Ausgeschiedene durch die verschiedensten Beziehungen zur Vorstellung, die Vorstellung als Erinnerung gegenwärtig bleibt. Lange Zeiten muß das Berühren der Brust, dann der ganzen Mutter, sich damit verbinden, daß sie auch von weitem, auch im Klang der Stimme, in ihrer besonderen Wärme empfunden wird und daß das Kind diese Nähe heranziehen, heranrufen, auch zurückweisen kann. Dann werden verschiedene Grade gefunden, langsam zur Begegnung zu kommen oder rasch, ein wenig Abstand zu nehmen oder viel, viel Abstand zu gewähren oder wenig. Dann werden verschiedene Intensitäten gefunden, stark empfundener oder gelassenerer Nähe oder Ferne bei unterschiedlichem räumlichen oder zeitlichen Abstand. Erst dann fließen aus den Nebeln des Ankommenden, des Aufzunehmenden die ersten Bäche und Ströme von Anwesenheit. Und entsprechend gehen erst nach vielen Spielen der Trennung vom Ausgeschiedenen, die Erinnerungen vom Hervorgebrachten, vom Sich-Trennen und vom Abgegebenen durch den Letheflluß an ein jenseitiges Ufer, wo sie ein entstehendes Land der Abwesenheit bilden wie Schwemmland vor dem Delta der Urströme.

Sicher erleben wir jeder so, weil die Menschheit so sich Umwelten durch Erleben zu Mitwelten gerade im Vorstellen gemacht hat und weil diese Vorstellungen alles, was uns aus der Geschichte überliefert und vorgeprägt ist, geformt, in-formiert haben. Die Konstitutionslogik von Abwesendem und Anwesendem ist die gleiche in der Geschichte wie in der Lebensgeschichte. Außerordentlich unterschiedliche Wendungen und Entscheidungen, Hemmungen und Beförderungen der vielen Schritte und Schichten dieser Vorgänge sind uns aus der vergleichenden Sozialgeschichte – um nicht Ethnologie gegen Soziologie abzugrenzen – als typisch für ganze Kulturen bekannt wie auch für einzelne individuelle Entwicklungen.

Schließen wir hier diese Überlegungen ab mit dem letzten Schritt, der uns fehlt zur bewußten Abwesenheit hin. Er kann uns als vollzogen gelten, wenn wir sagen müssen: Nicht es macht mir einen Unterschied, ob jemand, etwas abwesend ist, sondern ich mache einen Unterschied zwischen der Abwesenheit und der Anwesenheit von jemand oder etwas. Zuvor fühlte ich mich unwohl, sei es, daß ich einfach traurig war, ohne recht zu wissen oder auch nur nachzudenken warum, sei es, daß mir etwas weh tat. Wir wissen, daß wiederum die Funktionen der Aufnahme und der Verarbeitung und des Ausscheidens am ersten den psychischen Spannungen Ausdruck geben, weil sie in Verspannungen behindert werden, zu denen der so verstärkte Tonus der Muskulatur führt. Etwas liegt uns im Magen, etwas macht uns Bauchschmerzen usw. Nun fühlen wir die schmerzliche Abwesenheit als Heimweh oder Fernweh. Wir wissen, daß wir unter einer Trennung leiden. Wir können das auch sagen, jedenfalls vertrauten Menschen gegenüber.

Was ist geschehen seit dem ersten, uns selbst unbewußten Stimmungswechsel beim Entschwinden einer geliebten Nähe? Zwischen unserem Innern und einem Äußeren hatte sich ein Wechselspiel ausgebildet. Wir waren auf ein Anderes eingestellt, Gesten erwartend und mit Gesten antwortend. Dann blieben unsere Erwartungen unbeantwortet, unsere Antworten kamen nirgends an. Eine Weile versucht man es weiter. Eine Zeitlang sucht man das Gegenüber. Man wartet darauf, daß die gewohnte Nähe wieder zu uns kommt. Ob man nun selbst etwas dazu tut oder alles vom Anderen erwartet, solange bleibt man selbst der Ort, um den die Hoffnungen kreisen: wieder zu mir. Meine Ohren ersehnen die Stimme des Anderen. Wenn sie nicht wiederkommt, geschieht nichts. Dieses Harren auf etwas, das nicht geschieht, kann lähmend weiterwirken und andere Vorgänge mit anhalten, so daß ich zum Beispiel nichts zu mir nehmen mag. Auf dem Weg zu einem Bewußtsein von der Abwesenheit muß sich aber eine Wendung ereignen.

Das Abwesende muß mich zu sich hinziehen. Das ferne Andere wird der Ort meiner Erwartungen. Das Leiden unter der Trennung geht zur Tätigkeit über. Es verbindet mich dem Entfernten. Damit ist das ferngerückte Andere nicht mehr bloß fort, die Beziehung ist nicht mehr nur negativ. Es wächst eine Verbindung über die Trennung hinweg, durch die Entfernung hindurch. In dem gleichen Maße wird aber meine Gegenwart zerbrochen, zerstört. Das ferne Andere gewinnt in mir eine Anwesenheit, indem ich von mir abwesend werde. Wenn der Weg zur Anwesenheit des Abwesenden gelingen soll, muß wiederum sich eine Wendung ereignen. Ich muß aus meiner Abwesenheit beim Anderen zurückkommen in meine eigene Anwesenheit, und zwar ohne das Abwesende der Abwesenheit zu überlassen. Es wird, abwesend, in mir anwesend bleiben.

Das wäre in den zunächst geschilderten Situationen einfach ein Gegensatz gewesen. Anwesenheit des Abwesenden war einfach ein Widerspruch. Nun aber, nach Vollzügen und Ereignissen mehrfacher

Wendungen – Reflektionen – ist das nicht mehr der Fall. Wodurch gilt nun eine andere Logik?

Um die Antwort auf diese Frage anschaulich und offensichtlich zu machen, war es notwendig, so ausführlich die seelischen Vorgänge als Bewegungen darzustellen, als Bewegungen zwischen dem Erlebenden und seinem Gegenüber. Diese Bewegungen haben das Feld ausgeschritten, das ich im Genuß der Nähe nur an meinem Ende wahrgenommen hatte. Im Hin- und Hergehen bin ich einmal mehr am einen, einmal mehr am anderen Pol des Feldes anwesend gewesen und habe in mich aufgenommen, daß das Andere und ich Pole sind. Indem ich den Spannungslinien zwischen ihnen nachgegangen bin, habe ich sie Punkt für Punkt nacheinander in meine Gegenwart aufgenommen. Gegenwart ist immer verortet, wird gelebt und erlebt aus den Wurzeln, die diesem Ort verbunden sind. Bei jedem Schritt weiter müssen wir uns beweisen. Dabei bleibt dort etwas von uns zurück, nehmen wir etwas von da mit uns mit. Das eine gewinnend, das andere verlierend, ziehen wir Fäden zwischen dort und uns mit uns fort, wenn wir weitergehen. Die Verluste schmerzen, das Gewonnene wird auch zur Last. Die Fäden spannen sich elastisch und üben Zug aus.

Im Fortgang dieses Geschehens schaffen wir eine neue Wirklichkeit. Jenseits der gemeinsamen Gegenwart arbeiten wir ein Beziehungsgeflecht aus, das von Schmerz und Sehnsucht, Lust und Begehren, von Wunsch und Befürchtung durchwirkt ist. Wir sprechen einfach von Vorstellungen oder von Bildern, *imagines*, oder von Phantasmen. Diese Begriffe gehören zu einer Wirklichkeit übergreifender Ordnung, zum Imaginären. Vorstellungen und Bilder sind Begriffe, bei denen man gewöhnlich an Namen denkt. Namen sind die verdinglichenden Aspekte dieser Wirklichkeit, die doch viel mehr ein unvorstellbares, vielfältiges und vielschichtiges Gefüge von Beziehungen des Erlebens ist. Wenn das Abwesende als Vorstellung anwesend ist, so hat es teil an mir so existentiell, daß es mir die Knie weich oder die Füße leicht werden läßt. Die französischen Schauspieler sagen, man müsse es in den Eingeweiden haben, dans les tripes. Der Widerspruch zwischen Anwesenheit und Abwesenheit ist ja nicht einfach überholt oder überwunden. Die verbindenden Bewegungen haben nur überhaupt eine Wirklichkeit entstehen lassen, in der sie überwunden werden können. Und das muß immer neu geschehen mit allen Wunden, die im Wurzeln und Losreißen sich öffnen, im Erinnern unter den Narben hervorbrechen und mit frischem Blut neu Gegenwart gewinnen – wie die Schatten des Homerischen Totenreiches, die

Schlachtopfer brauchen, um eine Weile wieder Erinnerung und Sprache zurückzufinden.

Die banale Idee, daß die großen Künstler tüchtig leiden müssen, hat hier ihre Wahrheit: Die Abwesenheit schauen und vor ihr schaudernd den Weg zum Abwesenden gehen, den Verlust der eigenen Anwesenheit erleiden und doch sie wiedergewinnen, wie den Boden der Tagwelt unter die Füße, nachdem man sich an die Nacht verloren hat, ohne das Licht zu vergessen. Wieder in die Gegenwart einzutreten und sich mit dem inneren Bilde zu begnügen, sich dennoch am Bild nur den Schmerz der Sehnsucht zu entzünden. Fähig zu werden zum Glück, sich mit dem Abwesenden eins zu wissen und doch mehr zu wollen, die Wirklichkeit gemeinsamer Gegenwart nicht aufzugeben: Das nenne ich die Anstrengung des Gemütes. Zu ihr gehört wesentlich, daß wir über dem Besitz des Wissens, des Bildes, der Vorstellung nicht die eigentliche Verbindung zum abwesend Anwesenden versäumen. Darum dürfen die Menschen in den Märchen nicht vom Liebsten, vom Wichtigsten sprechen, wie umgekehrt Orpheus sich nicht nach Euridike umsehen darf auf dem Weg in die Wirklichkeit der Tagwelt, weil die innere Beziehung zu ihr nun die äußere tragen soll. Vom Tod kann die Geliebte nur wiederkehren, wenn das Leben sich an der Liebe entzündet – wie einst die Liebe am gemeinsamen Leben. Orpheus mußte zurückblicken. Das Imaginäre zerbricht, wo die Fäden reißen, mit denen Lebensbewegungen Anwesenheit und Abwesenheit miteinander verwoben haben. Die Logik des Imaginären zerfällt, wenn das Abwesende nicht länger oder nicht stark genug als anwesend empfunden wird – im Gegensatz zur Abstraktion des Begriffs, die weiter und weiter gedacht werden kann, so lange, daß ein Franzose sich gefragt hat: «Faut-il qu'il-y-ai ce que je sais?» Muß es eigentlich das, was ich weiß, auch geben?

Und doch sind auch nach dieser Seite die Übergänge offen. Erleben kann über Abwesenheit sich vom Leben lösen und in eine Auflösung übergehen. Das Erleben wird dann von den Spannungen der Abwesenheit fasziniert und findet nicht mehr den Weg zurück, diese auch wieder in Begegnungen, die gelebt werden, zurückzuübertragen. Proust kann seine Liebe zu Albertine, seit er sie ganz in seine Umgebung gezogen hat, nur noch gegenüber der abwesenden empfinden, während ihre Anwesenheit sich zwischen die beiden Menschen stellt. Das hängt auch zusammen mit ihrer Unfähigkeit, gegenwärtig zu sein, die ähnlich von den Marx Brothers mit dem Satz des Verliebten analysiert wird, der zu der Frau seiner Träume sagt: «Alles erinnert mich an dich – außer dir.»

Diese Ablösung der Anwesenheit des Abwesenden von gelebter Gegenwart läßt sich analog begreifen zu dem, was wir mit Lorenzer psychologisch ‹Zeichenbildung› genannt haben.[4] Ihr begegnen wir mit einer Übung, die ich schon lange von Dürckheim gelernt hatte, als ich sie dem Geiste nach in dem Satz von Dubuffet wiederfand: «...du wirst den Blick von den Namen befreien, die den Dingen gegeben worden sind.»

Wovon befreit wofür Christo den Blick, wenn er ihm unter Verpakkungen eine Küste Australiens entzieht, wenn er ihn mit einem Vorhang vom Tal des Colorado zurückweist, wenn er die Uferzonen der Inseln von Miami vor ihm schützt? Zwei Wochen später gibt er die unsichtbar gemachte Anwesenheit dieser Gegenden wieder frei. Erwartet er, daß wir neu den Orten begegnen, die abwesend tiefer uns beschäftigen konnten, als wenn sie dem stumpf gewordenen Blick ausgesetzt sind? Werden die Brückenbögen in Paris den Menschen nun aufblühen zu einer lebendigen Situation, wie unser Leib leicht wird und emporwächst, wenn wir die schweren Lasten abstellen dürfen, die eben unsere Schultern herabgezogen haben? Sind all dies Entdeckungen wie die von Balint beschriebene Urliebe zur Luft, die erst, wenn einmal Luft mangelt, uns bewußt wird?

Dies ist eher die Seite des psychologischen ‹Klischees›. Unbegriffen leben wir eine Begegnung, die sich nicht entfalten kann, weil sie immer nur stattfindet, nie in die Wirklichkeit des Erlebens aufgenommen wird, wie vielfach sie auch vom Physiologischen her dahinein vordringt. Abwesenheit kann sich hier nur andeuten. Der Atem wird seinen Rhythmus spürbar verändern, aber nicht ganz aussetzen. Die Negativität im Ästhetischen kann nur eine substantielle sein. Schon schwere Atemnot lähmt das Bewußtsein ihrerseits, bindet die Aufmerksamkeit in den Bann der Angst vorm Ersticken.

In den Kompositionen trifft uns die feinste Verschiebung der Tonarten um so tiefer. Im Anderen wird das Erwartete doch auch noch mit erinnert und setzt sich ihm um so intensiver entgegen. Wenn die Klänge völlig abbrechen, zerfällt das Spannungsfeld mit ihnen, während die weiter gezählten Zeiten der Pause die Elastizität der Beziehungslinien dehnen und spannen. Die Meditierenden lassen, wenn sie summen oder singen, dann erst die Stimmen verstummen, wenn die Klänge sich innerlich weiterbewegen. Dann allerdings wird Stille hörbar, in der Stille der Klang als Nachklang, wird antwortendes Mitklingen und eigene Musikalität erfahren.

Vor dem Alphabet waren die Buchstaben oder Charaktere oder anderen Zeichen Hörrohre. Sie forderten die Menschen auf, ins Universelle zu horchen. Denjenigen, die ihre Nähe der Ferne auszusetzen bereit waren, versprachen sie, sie mit der Fremdheit vertraut zu machen. So mögen Menschen ertragen lernen, aus ihrer Geschichte Fäden heraustehen zu lassen, so daß sie zum Beginn neuer Geschichten werden. Lacan sieht heute aus dem zerfallenden, ‹autonomen› Subjekt gewisse seiner Vermögen befreit hervortreten, insbesondere die Einbildungskraft, also jenes Spiel, das Vorstellungen und Bilder in uns miteinander entfalten können. Dem können wir nur entgegenkommen, indem wir dem Willen zum Willen entsagen.

Allerdings gilt der panische Schrecken André Malraux'[5] auch weiter: daß mit dem Willen das autonome Subjekt seine Freiheit aufgeben werde. Aber was ist da mit Freiheit gemeint, wenn Malraux zugleich behaupten muß, Kunst entstehe immer aus den Wirkungen anderer Kunst, also parthenogenetisch? «Die großen Künstler übersetzen nicht die Welt, sie sind ihre Rivalen.» Wir müssen über die identitätslogischen Fesseln des Habermasschen Denkens hinausgelangen. Seine eigenen überraschenden Bemühungen um das Ästhetische deuten entschieden genug darauf hin. Aber Habermas' Mahnung bleibt zu beantworten, welche Instanz denn, wo wir auf ein Ego verzichten, das allzu lange uns gegen das Leben unserer Beziehungsgefüge mit der Mitwelt isoliert hat, dessen Freiheitsaufgaben übernehmen werde: Wie kann anders der Spielraum behauptet werden gegen die Vereinnahmungen blinder Natur? Wie kann Mut gesichert werden, sich auf den Weg zum Abwesenden zu machen und die Wirklichkeit des Imaginären immer neu zu schaffen, in der menschliches Leben erst als Geschichte, Kultur, Menschlichkeit des Erlebens sich finden kann?

Anmerkungen

1 Ivan Illich, Phaidros. Schule ins Museum: Phaidros und die Folgen. Reihe des bayrischen Nationalmuseums für Volkskunde. Bad Heilbrunn/Obb. 1984.
2 Vgl. Gregory Bateson, Ökologie des Geistes. Anthropologische, psychologische, biologische und epistemologische Perspektiven. Frankfurt/M. 1981.
3 Jean Dubuffet, L'homme du commun à l'ouvrage. Paris 1973, S. 298. In demselben Sinne eigentlich der gesamte Text wie auch der seiner «Oriflammes» von 1985.
4 Alfred Lorenzer, Sprachzerstörung und Rekonstruktion. Frankfurt/M. 1970, [3]1985.
5 André Malraux, Les Voix du Silence. Paris 1951. Dt.: Stimmen der Stille. Übersetzt von Jan Lauts. München/Zürich 1956.
6 L.c. S. 459.

Zu den beiden folgenden Seiten:

Cy Twombly macht, so sagt Roland Barthes von ihm, Anspielungen auf Schrift. «Auf seine Weise sagt TW, das Wesen der Schrift ist weder eine Form noch ein Gebrauch, sondern eine Geste, die Geste, aus der sie entsteht, fast im Schleifenlassen: ein Durcheinander, fast eine Beschmutzung, eine Nachlässigkeit... Man soll nicht sehen, nachdenken, das Ergebnis genießen, sondern noch einmal sehen, genau bestimmen, seine Lust haben daran, wie es dazu gekommen ist.» Das Blatt «ohne Titel, Bleistift auf Papier» von 1955 stellt Heiner Bastian zur Verfügung.

Roland Barthes, der «strukturalistische» Intellektuelle, hat eben auch mit künstlerischem Scharfsinn gesehen. Das zeigte sich auf staunenswerte Weise in der Ausstellung von Bildern mit seinen Kommentaren, eigentlich eher Einsichten «Roland Barthes. Le texte et l'image», sowie in dem Katalog, Les musées de la Ville de Paris 1986. Er selbst hat gezeichnet, so das Blatt «encre de chine, 5 décembre 1971».

Leben im Übergang –
Transzendenz

Zu Übergängen organisieren sich die Vorgänge aller Dimensionen, die wir von der Tiefe des Biologischen bis in das Hervortreten von geschichtlichem Ausdruck betrachtet haben. Die Vorgänge sind immer Entfaltung von Zusammenhängen in zeitlich und polar sich gliedernden Schritten. Was Schritt für Schritt den jeweiligen Zusammenhang bildet, verdankt die Beziehungen zu den anderen Momenten, denen folgend so die Schritte nur möglich sind, dem Umstand, daß der Zusammenhang während seiner Bildung auch schon vorweggenommen werden kann. Das Modell des aufrechten Ganges erlaubt besonders anschaulich, dies vorzustellen. Es gibt nicht bestimmte Phasen, in denen endlich alles zum Übergang kommt. Die Übergänge sind in jedem Augenblick mit angelegt. Wenn überhaupt einmal werden sie oft nur durch lange oder besondere Vorbereitungen eigens spürbar oder bewußt. Sie können aber ebensogut ganz unerwartet erlebt werden, vorwegnehmend oder im nachhinein.

Übergänge dieser Art sind die Anwesenheit der Geschichte, die zu einem bestimmten Zusammenhang geführt hat in dem Leben dieses Organismus, dieser sich gleichgewichtig bewegenden Gemeinschaft in der Natur – heute sich selbst regulierende Systeme genannt –, dieser menschlichen Wesen. Der Begriff von Übergängen hat deshalb etwas Verwirrendes; er bezeichnet zwei verschiedene Vorgänge. Der eine Vorgang ist die Geschichte der Anwesenheit von gemeinsamer Entstehungsgeschichte. Der andere Vorgang ist, im Gegensatz zu dem unausgesetzt sich fortsetzenden ersten, augenblicklich. Was immer, ohne eigenen Ausdruck zu finden, anwesend ist, wird in einzelnen Augenblicken auch ohne die Vermittlungen wahrgenommen, in denen es sonst aufzugehen scheint. Die Frage, ob solche Wahrnehmungen in diesen Fällen einem anderen, vielleicht materialeren Hervortreten oder einer anderen, vielleicht übersinnlichen Wahrnehmung zu verdanken sind, erweist sich in diesem Lichte als zweitrangig. Wenn Wahrnehmung immer mit Selbstbewegung, Gestaltung und Gestalterleben immer mit Selbstgestaltung verbunden sind, wie wir aus den betrachteten Dimensionen des Ästhetischen theoretisch und praktisch gesehen haben, dann wissen wir ohnehin, daß die Augenblicke nur im Zusammenspiel beider Seiten wirklich werden. Wir haben diese Seiten Außen und Innen genannt und nennen die Augenblicke Wahrnehmungen der Übergänge.

Die ersten Formen von Übergang gelten der philosophischen Tradition als logisches Problem. So werden sie etwa auch von Bateson dargestellt und gleichzeitig im Begriff Co-Evolution oder Co-History als wirkliche Vorgänge begriffen. Wir sind nicht gewohnt, daß eine derartige logische Rekonstruktion der Geschichte des Lebens, vielleicht sogar der Weltengeschichte, nicht als Rekonstruktion endet, das heißt, endgültig begrifflich gedacht wird. Ich halte deshalb die Entwürfe von Bateson und Maturana, ungeachtet dessen, was sie für ihre Autoren oder ihre Verwerter leisten sollen, für gute Wegbereiter zum Umdenken. Zumindest gelingt es ihnen, besser als Hegel, eine logische Rekonstruktion der Weltengeschichte zu entwerfen, die schließlich wieder hinter diese Geschichte selbst zurücktreten möchte. Sie hilft uns, von den substantiellen Vorgängen des Lebens her die Bildung, Existenz und Wirkung einer übergreifenden Ordnung zu denken, ohne den Fortgang dieses Zusammenspiels an ihr Denken zu binden. Darin zeichnet sich die Möglichkeit ab, daß wir Menschen mit dem Anspruch, denkend die Welt zu begreifen, uns dennoch wesentlich als Zeugen der Geschichte verstehen, die am ehesten in dem Wort Schöpfung zum Ausdruck kommt, obwohl wir ebensowenig eine Schöpferperson jenseits wie eine rekonstruierende Person diesseits anzunehmen haben.

Diese Auffassung erlaubt uns, über Probleme hinauszugelangen, die in den Kapiteln der Einleitung benannt worden sind. Die fortgesetzte Geschichte der Übergänge einfach als Anwesenheit der übergreifenden Ordnungen in dem, was sie übergreifen und doch durchgreifen, scheint mir etwa dem zu entsprechen, was seit Parmenides das Seiende genannt wird. Als Durchgreifendes ist es in die substantiellen Vorgänge gebunden, also auch in das, was eine fixierende Erkenntnisvorstellung Objekte nennt. Als Übergreifendes ist es das Sein des Seienden. Beide Begriffe greifen nach einer anderen Seite desselben. Die zweite Art von Übergängen, jene augenblicklichen Vorgänge, in denen wir etwas von dem Übergreifenden wahrnehmen, sind dann die Momente von Erkenntnis. Als *Erkenntnis*momente verbinden sie rätselhaft ein unerklärbar absolutes Sein mit der historischen Bemühung um dessen logische Rekonstruktion. Existentiell aber ist das Übergreifende als Durchgreifendes eben immer anwesend. Nur wenn man es von dieser Geschichte seiner Wirksamkeit ablösen, absolut haben, in Kategorien des Absoluten projizieren will, zeigt es sich erstens diskontinuierlich und zweitens abstrakt.

Transzendenz meint nicht einzelne Grenzüberschreitungen der Erkenntnis dorthin. Sie ist immanent. Begriffliche Erkenntnisprozesse müssen sie aus der Immanenz herauspräparieren – was ihr dann keinen Abbruch tut, wenn die Prozesse zu Ende gedacht, das heißt wieder in die Immanenz zurückgeführt werden. Übergänge wäre dafür nicht die richtige Übersetzung. Transzendenz als aktiver Vorgang unseres Erkennens hieße, daß wir in die übergreifende Ordnung hinübergehen. Das kann aber nur im erkenntnistheoretischen Sinn des Wortes einen Sinn ergeben. Existentiell sind wir einfach und immer in den Übergängen, und diese vollziehen sich in uns, durch uns. Deshalb ist mit dem ersten Begriff von Vorgängen des Übergangs gemeint, daß *es* übergeht. Dieses immer geschehende Übergehen ist nur nicht sichtbar, jedenfalls nicht als solches.

So gesehen lassen sich die Verhältnisse der Lebensdimensionen beziehungsweise der logischen Ordnungen zueinander besser mit dem Begriff der Transparenz wiedergeben. Das Materielle oder Substantielle kann zwar nicht den Blick auf das Übergreifende freigeben, weil dieses ja nicht hinter ihm liegt wie eine Kulisse, die von einer anderen verdeckt wird. Die übergreifenden Vorgänge haben ja gerade nicht einen anderen Ort als die Vorgänge, als deren Übergänge sie entstanden und wirksam sind. Es gibt keine topographische Unterscheidungsmöglichkeit zwischen beiden Ordnungen, ebensowenig wie eine existentielle. Solche Unterscheidung würde den Zusammenhang, den sie bilden, zerfallen lassen. Das ist der analytische Tod. So kann das eine nur das andere durchscheinen lassen. Derart durchlässig zu sein für das, was durchscheint, wird Transparenz genannt. So sind Schwarz und Weiß wechselseitig transparent füreinander im zweiäugigen Sehen.

Die Begriffe der Logik und der ‹anderen Ordnung› werden auf diesem Grunde neu deutlich und können aufeinander bezogen werden. Wir bejahen jede ‹Undeutlichkeit›, die sich als Transparenz erweisen kann. Wir sehen in der Ordnung, die nur als Geschichte sich darstellen läßt, eine Vorstellung davon, daß das Übergreifende nur in den von ihm durchgriffenen Bewegungen aufgefaßt werden kann.

Wir rücken besonders dem ursprünglichen Paradoxon des Begriffs vom Sein so fern, daß sein Widerspruch zerfließt: Wie sollte denn das

Prinzip aller Vorgänge das Unveränderliche schlechthin sein? Auf doppelte Weise zeigt sich die Dimension, die Sein genannt wird, als geschichtliche. Das Übergreifende, gleich welcher Ordnung, ist wirksam als die selbsttätig ihre Beziehungsgefüge immer neu hervorbringende Geschichte. Wiederholung wäre die falsche Bezeichnung von der objektiv-positivistischen Seite her; Erinnerung die falsche Bezeichnung von der Seite idealistischer Subjektivierung her. Was wir Sein zu nennen pflegen, ist unveränderlich nur im Verhältnis zu den Vorgängen, die es durchgreifend übergreift. Es ist entstanden, und es verändert sich. Seine Veränderungen ergeben sich aber als Geschichte der Beziehungen von sich wandelnden Vorgängen zu der Fortdauer des sie ermöglichenden Übergreifenden. Die Begriffe des Seienden und des Seins sollten den Fortgang dieser Geschichte verbürgen, nachdem in der menschlichen Gesellschaft ihr Fortgang unterbrochen wurde, als die Entstehung von Gütern im abstrakten Geldtausch endete und keinen Übergang mehr fand; als der Übergang der Gabe aus der Hand des Gebenden in die Hand des Nehmenden nicht länger beide verbinden konnte, sondern die Übergabe der Ware gegen den Kaufpreis die Seiten isolierte und gegeneinander kehrte. Diese ökonomische Erklärung dafür, daß ein abstrakter Begriff ‹Sein› in der vorsokratischen Philosophie auftauchte, gibt ein gutes Bild ab. Die Vielfalt der bedingenden und folgenden Umstände soll nicht ausgeführt werden. Wesentlich ist, aufmerksam darauf zu machen, daß dann andere Lösungen für die Fortdauer gefunden werden können, wenn die Menschen nicht ständig an so wesentlicher Stelle den Stillstand und das Rätsel der Äquivalenz erleben.

Was Sein genannt wird, kann auch ohne absolute Unveränderlichkeit Fortdauer verbürgen, wem es nicht länger auf absolut identische Fortdauer ankommt. Wir müssen nur ertragen, daß der gestirnte Himmel über uns, zu dem wir aufschauen, uns eine Ewigkeit verbürgt, die älter wird und sich auch in unserem Anblick erneuert. Transzendenz ist die Dimension, in der wir auf unsere einmalig gelebte Weise dem Ewigeren zugehören. Transparenz läßt seine Wirksamkeit spürbar werden, die sich uns meist in den Vermittlungen ihres Wirkens und Neuentstehens verbirgt.

Parallel zu der ökonomischen Erklärung für die parmenidëische Sehnsucht nach Unveränderlichem hat Klaus Heinrich eine andere entwickelt. Sie wird überdeutlich, wo sich der Philosoph der Antike dagegen wehrt, daß mit der Idee von Seiendem auch Nicht-Seiendes gesetzt sein müsse. «Er wehrt sich nicht gegen einen logischen Nonsens, sondern – wie übrigens alle Sätze der frühen Logik – gegen das mit Verenden drohende Nichtsein in Tod und Schicksal.» – «Die tote schicksallose Identität soll vor der Bedrohung des Schicksals und des Todes retten.»[1] Kaum läßt sich entschiedener formulieren, um welchen Preis die abendländische Logik und die abendländische statische Identität behauptet werden.

Ästhetik ist die Wissenschaft von den reflektierten Übergängen des Erlebens. Sie kann dies aus dem Wissen von den Übergängen des Lebens begründen und sich in allen Graden der Transparenz bewegen.

In allen Dimensionen der Tiefe des Ästhetischen sind uns entscheidende Übergänge, in beiden Bedeutungen des Begriffs, begegnet – vom zweiäugigen Sehen bis zur kosmologischen Bedeutung früher Siedlungen, von der Selbstgestaltung des Embryo bis zum Erleben als Lebensprinzip des Lebens. In allen Dimensionen des Mitlebens und des Sich-Ausdrückens ist Übergang das Entscheidende. Wir haben nur dieses Gemeinsame noch einmal zu betrachten.

Transzendenzen stellen sich, so verstanden, allerorten ein. Ähnlich wie die authentische Geste ereignet sich dieses Transzendieren in vielen sehr unterschiedlichen Bereichen. In den tiefen biologischen Vorgängen sind wir dies zu erkennen nicht gewohnt. Um so weniger begreifen wir dann, daß höhere Intensitäten reflektierender Übergänge von einer Ebene zu einer übergreifenden eben diesem Grundsatz des Lebens selbst folgen. Das heißt weder, daß Transzendenz eine Erscheinung des Materiellen ist im materialistischen Sinne, noch, daß sie geistig ist im idealistischen Sinne. Leben weist immer über sich hinaus. Physiologisch geschieht das offensichtlich. In seine Haut begrenzt muß ein Lebewesen eingehen. Atem und Wärme gehören zu den materialen Vorgängen, die, gerade auch wenn sie uns als unsichtbare weniger wahrnehmbar zu sein scheinen, die Lebewesen tätig sich einem weiteren Wechselzusammenhang einordnen lassen. Bei der Einordnung bleibt es aber nicht. Ihr inneres Leben wird von der übergreifenden Ordnung her, als blickten sie zugleich aus der höheren logischen Stufe, an der sie teilhaben, auf sich zurück, in dem Licht des weiteren Ganzen zu einer intensiveren Lebensform verwandelt. Die Teilhabe ist nicht stofflich, sondern vollzieht sich als Funktion. Diese Funktion übersetzt das Gefüge des Ganzen, das sie bestimmt und von dem sie bestimmt wird, in das besondere Funktionsgefüge des einzelnen. Diese Dimension nennen Bateson oder Maturana das Geistige der Natur, wie V. v. Weizsäcker.

Leben ist transparent; es gibt den Blick frei auf die übergreifend höhere Ordnung wie auf die Tiefe des Grundes, in der die Ordnungen ineinander begründet sind. Transparenz meint die Höhe wie die Tiefe hinter den Erscheinungen oder in ihnen.

Von da leuchtet ein, daß auch die höheren Übergänge gerade im Vollzug der einfachsten und sinnenhaft biologischen Vorgänge gewonnen werden. Die Kunst aller meditativen Wege entwickelt sich darin, immer selbstverständlicher das Erleben dem Leben zu verbinden und, so der fortgesetzten Übergänge im Stofflichen sicher, immer entschlossener sich der Wirklichkeit des Erlebens widmen zu können.

Dies vollzieht sich ähnlich wie bei der authentischen Geste. Sie ist Ausdruck des Erlebens durch Lebensäußerungen hindurch. Sie materialisiert gelebtes Leben und muß solches Erleben in der Einheit mit den Lebenstätigkeiten selbst halten. Transzendenz geht zum Erleben des Erlebens über, in innigem Durchdringen der Lebenstätigkeiten. Askese im trennenden Sinne stört solches Übergehen ebenso wie der Materialismus, den sie bekämpft. Die Schwere des Körpers wird nur im Annehmen der Schwere zum Spiel mit ihr, dieses Spiel wird leicht und macht das Erleben frei. Frei von der Schwere für das Spiel mit ihr.

Übergänge – konkrete Transzendenzen

Wir wollen dem zunächst von den Naturgestalten her nachgehen. Leben überhaupt, so haben wir etwa an der Entstehung des menschlichen Keimlings zwischen den ersten beiden Zellen des befruchteten Eis gesehen, ist im Dazwischen. Leben ist die Bewegung, die das Greifbare zu einem übergreifenden Vorgang verbindet.

Eine Beobachtung kehrt immer wieder in unseren Betrachtungen und Überlegungen. Leben weist über sich hinaus im Gegensatz zu unseren modernen Vorstellungen, die uns gelehrt haben, nur das jeweilige einzelne Wesen zu sehen. Distanziert wie wir uns seit der Durchsetzung der Zentralperspektive im Wahrnehmen und Inszenieren der Wirklichkeit den Wesen gegenüberfinden, scheinen auch sie uns distanziert zu der Mitwelt zu existieren. Aber Leben ist Austausch. Biologisch sind es Stoffwechselvorgänge, aber auch die ergänzend auf gleichgewichtigen Gang des Stoffwechsels hinwirkenden Funktionen der einen Mitglieder eines Kreises – genannt Umwelt – für die anderen.

Wir haben zu lernen, daß solcher Wechsel und solche Beiträge nicht in der – gewissermaßen zweidimensionalen – Ebene der Addition von Einzelwesen verrechnet werden können. Vielmehr bilden sie ein Gemeinsames. Eine dritte Dimension entsteht, wie der Glanz des Silbers im zweiäugigen Sehen. Weder das Weiß noch das Schwarz ist der Autor des Glanzes, den wir sehen, wenn ein Auge die schwarze, ein Auge die weiße Scheibe betrachtet. Auch unsere Augen oder unser Gehirn sind nicht die Ursache, etwa im Sinne der Täuschungen, von denen die Wahrnehmungspsychologie so gern spricht. Der Glanz ist einfach Ausdruck der Beziehungen, die sich zwischen Schwarz und Weiß in unserem Sehen als ganzer Mensch herstellen:

Weiß vor Schwarz, Schwarz hinter Weiß, Weiß durch Schwarz hindurch, Schwarz von Weiß durchleuchtet. Aufgehoben in dieser höheren Intensität von Beziehungen gehen Schwarz und Weiß in Silber über. Wir dürfen mit vollem Recht dies Transzendenz nennen. Schwarz und Weiß bleiben, indem sie Silber werden, eben zugleich ganz Weiß und ganz Schwarz. Sie verschwimmen und vermischen sich nicht. Es ist ein Vorgang des Transzendierens, der sich durch uns hindurch vollzieht. Die Momente dessen, was nun ein eigenes Ganzes wird, Schwarz und Weiß und erlebter Raum zwischen einer vorderen und einer hinteren Scheibe, bleiben dabei gleichzeitig ganz sie selbst. Nur wenn das Weiß weiß bleibt und sich als Farbe und im Raum entschieden vom Schwarz abhebt, nur wenn das Schwarz ebenso schwarz und eine Scheibe für sich bleibt, kann das Ganze entstehen, das sie überdies bilden. Erst der Widerspruch, daß wir am gleichen Fleck eine schwarze und eine weiße Scheibe gewahr werden, sie bezeugen können, zwingt den Vorgang unseres Gewahrwerdens in die dritte Dimension, Weiß vor Schwarz oder hinter ihm zu sehen, und bringt so die Tiefe ihrer Beziehungen zueinander in unseren Beziehungen zu ihnen als höhere Ordnung hervor.

Das Gleichgewicht muß im Gang selbst sich bilden, wie immer vermittelt durch den Blick zum Horizont. Wir überschreiten dann diese Geschichte, indem wir sie durchschreiten. Freilich dürfen wir nicht fliegen oder springen, sondern müssen von einem nächsten Schritt zu den folgend möglichen gehen. Transzendenz ist ein äußerst konkreter und Disziplin erfordernder und bescheidener Vorgang.

Nur wenn das Schwarz schwarz ist und das Weiß weiß, entstehen Tiefe und Glanz. Das sind die Konkretheit und die Disziplin. Nur wenn wir zu beiden unsere Beziehungen entfalten können, entstehen Glanz und Tiefe. Was bedeutet es, unsere Beziehungen zu dem Schwarz und dem Weiß in den Gestalten dieser Scheiben dort zu entfalten? Einen neuen Widerspruch. Die dritte Dimension entsteht nur durch unsere Mitwirkung und nur durch unsere Enthaltung. Wir wirken mit, indem wir das Schwarz und das Weiß dort werden, und zwar zugleich. Wir setzen uns an die Stellen beider und bringen sie so in uns zusammen. Aber wir geraten an zwei Orte in diesem Vorgang und können doch nur an einem Ort sein. In uns tut sich die Spannung auf zwischen dem weißen Rechts und dem schwarzen Links. Durch uns hindurchgehend gehören sie zueinander. Uns in die Dehnung ihres Widerspruchs ziehend, werden sie zu einem Spannungsfeld. Die Tiefe zwischen ihnen ist, was wir als Spannung in uns vollziehen, vielleicht am deutlichsten leiblich spürbar an den inneren Partien des unteren Bauchs, die sich im Widerspruch zwischen zwei Rhythmen hin- und hergerissen fühlen.

Diesen Zug müssen wir zulassen. Wir müssen es geschehen lassen, daß die Dinge in uns jene Vorgänge vergegenwärtigen, die sie, jetzt noch Widersprüche, zu werden versprechen. Die ganze Natur versteht die Widersprüche in dem Sinne, daß sie auf diese und jene Vorgänge einen Unterschied machen. Aber wir Menschen können einen Unterschied machen an dem, was uns einen Unterschied macht. Gerade dieses Vermögen, wohl das eigentliche uns zum Subjekt erhebende, kann sich aber nur ganz entfalten, wo wir die Kontrolle unseres Willens aufgeben und uns hinabziehen lassen in die Unterschiede. Es genügt, daß wir sie als Widersprüche begreifen, wenn wir bereit sind, uns dem Versprechen hinzugeben, das in den Widersprüchen liegt.

Wir gewinnen eine höhere, tiefere Dimension der ästhetischen Negation hinzu. In den Antworten unseres Leibes kann, was als Widerspruch für die Identitätslogik des Verstandes und dann auch was für die Sinne einander ausschließt oder negiert, in die übergreifende Ganzheit fallen, die sich uns im Erleben ankündigt und verspricht. Weil wir uns in die Vorgänge dort hineinziehen lassen, sehen wir die Tiefe dort, während sie in uns als entstehendes Spannungsfeld wirklich wird. Der Glanz des Silbers beglückt uns, von dort zurückstrahlend, um so mehr, als er uns sehen, erfahren läßt: Was in uns entsteht, ist nicht unser Produkt, sondern ein universelles Geschehen, wie immer es unseres mühevollen Geschehenlassens bedarf, um Gestalt annehmen zu können.

Objektivität von Wahrnehmung ist nicht möglich. Wir nehmen die Beziehungen wahr, die sich zwischen den Dingen und uns bilden. Relativität der Wahrnehmung ist auch eine falsche Interpretation. Denn unser Wahrnehmen bildet Beziehungen zwischen uns und den Dingen. Wahrnehmung nimmt wahrhaft teil an der Wirklichkeit, Beziehungen aufnehmend sowohl wie schaffend. Wir können nicht sehen, was die Dinge sind. Aber die Dinge sind andere dadurch, daß wir sie sehen und wie wir sie sehen. Dies ist das Prinzip der Konizidentalität, übertragen in das Geschehen der Begegnungen. In Begegnungen überschreiten die Begegnenden ihren eigenen Kreis, indem sie ihn zu einem Teil des neuen gemeinsamen Kreises machen. Sie überschreiten ihn dabei auch dadurch, daß sie im neuen Lichte des Weiteren das Nähere neu, genauer kennenlernen.

Wir haben zunächst beschrieben, wie wir den Vorgang leben: im Widerspruch von Schwarz und Weiß, von Uns-Hineinversetzen und Unser-Selbst-Weglassen, von Dort-Sein und Hier-Sein. Beschreiben wir nun unser Erleben. Es vollzieht den Widerspruch von Leere und Individualität, von Materialität und übergreifender Gestalt. Wir machen uns leer für das Geschehen in uns. Leer von Ideen, was da geschieht, vor allem, was da geschehen solle. Leer von anderen Ideen und Vorgängen, die an uns teilhaben. Leer von anderen Vorstellungen dessen, was wir wollen. So versteht sich die Zen-Lehre vom Leer-Werden. Es ist das Leer-Werden auf die Fülle hin. Äußerste Intensität der ästhetischen Negation. Nur im Stande dieser innig bewegten Leere in uns können wir der einzige Ort werden, an dem sich die Fülle des Silbers ereignet. Nur indem wir zugleich ganz bei uns sind und ganz an den Orten der schwarzen und der weißen Scheibe, erlauben wir dem Silber zu glänzen, erlaubt uns der Glanz zum Ort seiner Gegenwart zu werden.

Offensichtlich zeichnen wir hier Momente nach, die auch in der Zen-Kunst des Bogenschießens erscheinen. Der rechte Schuß ereignet sich, wenn die Scheibe und der Mensch durch den Bogen eins werden, eben wenn die gemeinsame dritte Dimension den Widerspruch von hier und dort durch das Leben und Erleben des Menschen hindurch auflöst. Leer zu werden, bedeutet aber gerade nicht, die Dimensionen von Leben und Bewußtsein, asketisch, ‹auszuschalten›. Sie müssen vielmehr so vollendet ihre Funktionen erfüllen, daß ihr gleichgewichtiger Gang keine Aufmerksamkeit erfordert, sondern sie freisetzt. Zenmeister leben und erleben in zwei unterschiedenen Wirklichkeiten so gleichzeitig, daß es keiner Übersetzungen bedarf, um sie ins Gleichgewicht miteinander zu bringen. Dabei wird noch einmal deutlich, daß Gleichgewicht als dynamischer und greifbarer Begriff für Einheit oder Harmonie gemeint ist.

Wir brauchten vielleicht nicht den langen Weg durch die Bedingungen unserer westlichen Welt hindurchzugehen, wenn wir nur dies neu beschreiben wollten. Wir wissen es: ‹Theorie baut auf mindestens zwei Beobachtungen auf.› Der Satz spricht von einem dialogischen Prinzip, nicht von statistischer Empirie, sondern von einem Weg der Wahrheitssuche ähnlich dem Wort Okakuras: «Die Wahrheit liegt in der Vereinigung der Gegensätze.» Mit der Erfahrung des Silbers treffen wir aber auch das Motiv des Klar-Dunkeln, des Undeutlich-Klaren wieder. Nur ist es nicht länger ein Motiv des intuitiven Verstandes, sondern eine

Gewißheit der Sinne, die sich in den Schritten von Bild und Gegenbild und leuchtender Tiefe offensichtlich vollzieht. Ebenso offensichtlich ist sie begründet und kann bis zu ihren Gründen zurückverfolgt werden, zu denen freilich die Arbeit unserer Sinne am Undeutlichen wesentlich dazugehört. Dieses ist nämlich das Geheimnis des Undeutlichen, daß es in sich auf Klarheit hinweist und in uns die Sinnentätigkeit bewußten Unterscheidens hervorruft. Es stimmt nur zu genau dazu, wenn im zu grellen Licht Schwarz und Weiß zögern, in das Gemeinsame überzugehen.

Offensichtlich haben uns im Gange der Beschreibung unsere Schritte dahin geführt, wo Transzendenz für die westliche Philosophie meist erst begann. Die Übergänge des Physiologischen, des erlebten Physiologischen in das Leben leiten uns so in die Transzendenz geschichtlichen Lebens, daß deren ebenso konkrete Verbindungen mit dem sinnenhaft Substantiellen nicht verlorengehen. Sie zu befreien von den wütenden oder emsigen oder bigotten Versuchen, sich schenken zu lassen, was man durch eigene Schritte ausschreiten muß, und sich selbst zuzuschreiben, was wir uns schenken lassen müssen, lohnt die Anstrengung unserer Sorgfalt. Transzendenz vom Transzendentalen zu unterscheiden, existentiell zu unterscheiden, wieviel jenseits unserer Existenz wir in dieser Existenz gewahren und vergegenwärtigen können, weil sie dorthin weist, ist der Mühe wert. Denn wir müssen uns von ideologischen Konditionierungen befreien, um uns für unsere ganze Verantwortung zur Fülle und für unsere ganze Anlage zur Leere zu öffnen.

Dies zu erleben und leben zu können. Vielleicht muß wirklich der menschliche Weg von dem Übergreifenden her sich dem Tragenden zuwenden, nachdem einmal die tragenden Tiefendimensionen des Erlebens im Leben uns zum Gegenüber geworden sind. Um auch zu begreifen, was das Wort meint: ein Tröpfchen Fülle. Was wir uns in so vielen kleinen Schritten erworben haben, soll helfen, das Transzendierende in den kleinsten Schritten des Alltags wie in den größten Erlebnissen des Schicksals zu erfahren. Es soll helfen, den heiteren Ernst transzendierender Entdeckungen zu leben. Das Ästhetische hält immer Gelegenheiten dazu bereit. Unsere Bereitschaft dazu drückt sich im Authentischen unserer Gesten aus, mit denen wir antworten. Wir können dem weiter folgen. Wo Ästhetisches zur Liebe, zum Verstehen, zur Kunst, zum kosmischen Ritual wird, entsteht immer die dritte Dimension des Glanzes, der Tiefe. Die Moderne hat nicht verstanden, daß Tradition auch der Kontinuität dienen kann, die den Menschen hilft und sie lehrt, diese Begegnung mit der Fülle im Leeren zu üben und zu pflegen.

Diese Pflege wird gelehrt und geübt an dem Widerspruch von Leer-Werden und äußerster Achtsamkeit im kleinsten Konkreten. Wenn der Fuß sich bewegt, wenn der Atem geht, wie der Schilfhalm steht, wie die Kiesel liegen, wo die erste Blase im kochenden Wasser auftaucht, dann und so und da soll unser Leben ganz dem Erleben dienen. Im Erleben werden die Übergänge vollzogen, bis im Einzelnen das Universelle zu spüren ist. Jedes Interesse ohne diese Aufmerksamkeit ist nur stumpf oder nützlich. Jede Freundschaft ohne dieses Bewußtsein bleibt Kameraderie und ohne die gemeinsame Klarheit gegenseitiger Kritik und Öffnung. Jede Liebe ohne Öffnungen zum Universellen wird vom Ego der einen und der anderen mit dem versperrt, was sie zu suchen meinen und was sie wollen. Jede Gesellschaft mit einem öffentlichen Leben ist Pflege der communio mit dem Universellen in den Einzelheiten dessen, was alltäglich zählt – wie die Nahrung, die Tageszeiten und alle anderen Dinge, deren Wiederkehr und Ruhen unsere Rhythmen bestimmen und als eben diese Rhythmen erlebt werden, aber auch als Zugänge zum Leben überhaupt. Kunst ohne diese Aufmerksamkeit auf das Eine als Öffnung zum Ganzen hin bleibt sinnlos zweckhaft, Gefälligkeit oder Demonstration. Religion ohne Leere und Aufmerksamkeit wird zum Gerede von der Fülle und kehrt ihre Behauptungen gegen das Erleben der Menschen.

Die schönen Proportionen und die Idee des Schönen fallen auseinander in Technik und Ideologie der Ästhetik, wenn sie sich nicht verbinden können zum Vorscheinen der Transzendenz, das sich ereignet im zugleich Übergreifenden und auch Tieferen. Senghor hat so an den frühen weiblichen Idolen, die vielleicht unserer «Venus von Willendorf» entsprechen, eine Schönheit erlebten Lebens begriffen. Er lehrt sie uns wie die Afrikaner überhaupt:

«Die Venus von Milo steht für nichts anderes als für sie selbst... weil der Naturalismus den Menschen des diskursiven Verstandes eigen ist.» Für die Wurzeln der griechischen Antike selbst bis in die Zeit dieses Bildes müssen wir das bezweifeln; um so deutlicher trifft der Satz das moderne Verhältnis zu dem Kunstwerk, das wohl in seiner Entstehung schon dieser Auffassung verwandt war. «Die Venus von Lespugue und andere... symbolisieren die Idee der Fruchtbarkeit. Sie wurden geschaffen, um der Fruchtbarkeit beizustehen, um das Handeln der Ahnen und Gottes zu unterstützen... Kein Mensch wünschte sich eine so gebaute Frau; aber die Rhythmen des Bildes ergreifen sie.»[2]

Wenn wir im einen oder anderen dieser Felder Gerüste errichten, verstellen wir und zerstören die anderen Ordnungen, die uns helfen müssen, zweckhafte Vernunft in einen gleichgewichtigen Gang zu ziehen. In den traditionellen Kulturen war die Pflege von achtsamen Öffnungen zum Universellen dem Kult in allen seinen Formen anvertraut. Die Aufklärung hat davon nur die äußeren Erscheinungsformen im Dienste von Herrschaft gesehen, wie Kirche und Absolutismus sie sich zugerichtet hatten. Im Zorn über finstere Praktiken der Macht wurde die Weisheit der Schatten unter demselben Lichte zerstört, das Bewegungsfreiheit versprach, aber auch keine Unterschiede mehr zuläßt, die *geschehen*. So beginnt die neue Schule der Transzendenz damit, daß wir uns bereit machen, Vorgänge und Dinge uns einen Unterschied machen zu lassen und uns den Geschichten ihrer Entstehung und Wirkung neu anzuvertrauen. Die Übergänge brauchen Zeit. Vom Erleben dürfen wir nicht zu schnell dahin kommen wollen, wo ein volles Bewußtsein aus dem Leben der Sinne wachsen kann. Erleben wir die Begegnungen. Erleben in Erfahrungen umzusetzen ist notwendig, weil das Universelle wissen soll, woran es mit uns ist. Aber so schnell reift die Ernte nicht, und Scheunen sind noch nicht gebaut. Wir können genauer wissen als irgendeine Gesellschaft vor uns, daß darin eine große Hilfe liegt. Alles, was bewahrt, verschließt auch. Gleichzeitig war das Bewahren nie so drängend wie heute. Ein Grund mehr, ihm zu mißtrauen, wo behauptet wird, man verfüge bereits über geeignete Bewahranstalten. Längst hat der Religionswissenschaftler Bernhard Kummer davor gewarnt, das Suchen zu verweigern aus der Angst vor einer Nacht unter freiem Himmel.

Ein ästhetischer Gemeinsinn

Seit den Sphäroiden paläolithischer Kulthöhlen und der kosmischen Orientierung erster dauerhafter Behausungen der Menschen ist der geschichtliche Ort der Übergänge zwischen Menschen in der Gesellschaft. Die europäische Geschichte ist allerdings in einer Weise geprägt, die nach zwei Seiten gesellschaftliche Organisation des Lebens gegen die Möglichkeit kehrt, es an dem Auftauchen von Übergängen und darauf hin auszurichten. Bei Aristoteles finden sie sich von der Definition menschlichen Tuns her bestimmt. Wenn eine Kategorie von Tätigkeiten ausschließlich auf andere Zwecke gerichtet ist, also ihren Sinn nur in anderen menschlichen Zwecken findet, dann sind die Übergänge der

Transparenz in Erfahrung versperrt. Das trifft zum einen die einfachsten Verrichtungen. Der japanische Meister sagt: «Wenn du den Reis gegessen hast, wische die Schale aus.» Aus dieser Geste wird dann zum Beispiel in der Teezeremonie eine Phase des Rituals, die dazu dient, neue Leere und Bereitschaft zu entfalten. Das nimmt nur dann seinen vollen Sinn ein, wenn die Geste nicht auf einzelne Kulthandlungen beschränkt ist, wie sie Aristoteles gewiß ausgeführt hat, etwa beim Trankopfer für die Götter. Indem man die Schale reinigt, muß auch dieses Reinigen selbst im alltäglichen Vollzug die ganze Achtsamkeit des Erlebens einnehmen können, damit die rituale Geste ihre volle Bedeutung als Übung einnehmen kann, von dem Transzendenten darin sich treffen zu lassen. Dies dürfte aber in der Sklavenwirtschaft der griechischen Polis noch seltener gewesen sein als in der Umgebung der Zenmeister zwischen feudaler Hierarchie und harter Bauernarbeit. Damit eine geringe Verrichtung um ihrer selbst willen getan werden kann, bedarf es eines gewissen Freiheitsabstandes zur bloßen Not wie einer sinnlichen Nähe zu den einfachsten Vorgängen. Die antike Adelstugend der Kalokagathia verband beide Momente miteinander, aber doch schon stark in dem modernen Sinn von Ästhetik, der ein wesentliches Moment der Darstellung, also einen vordergründigen Zweck einschließt.

Aristoteles erklärte auf der anderen Seite die Polis zu dem, was um seiner selbst willen menschliches Handeln verdient. Damit ist der Bereich möglicher Übergänge auch nach oben hin abgeschlossen, insofern Transzendenz nur in dem sich ereignen kann, worauf Menschen ihre Hand letztlich nicht legen können. Das Prinzip der Polis ist seinerseits mit religiösen Vorstellungen vermischt aufgetreten und selbst in der Geschichte des modernen Staates praktisch nie ganz von anderen Prinzipien der Beziehung der Menschen zu ihrer Existenz in der Gemeinschaft getrennt worden.

Bei Hegel kommt das Problem zu dem Ausdruck, den die bürgerliche Gesellschaft durch ihre Ausrichtung an Markt, Diskurs und Ich-Identität bedingt. Hegel hat ausgesprochen, welche lang entmutigten Hoffnungen Kants Begriff vom ‹intuitiven Verstand› in ihm erneuerte. Um so tiefer war seine Enttäuschung, den Anspruch auf eine andere Logik wieder beiseitegeschoben zu sehen. Auch Hegel hat uns die andere Ordnung nicht zugestanden. Geht es uns nicht mit dem *sensus communis aestheticus* ebenso?

Eine schöne Hoffnung auf ein schöpferisches Empfinden aller miteinander taucht auf mitten in der pragmatischsten Gesellschaftstheorie.

Öffentliche Ordnung wird auf den Mechanismus der privaten Egoismen, auf den im öffentlichen Antagonismus zum Egoismus gewordenen Hunger nach Wirklichkeit gegründet. Abhängigkeit wird durch gegenseitige Abhängigkeit veredelt. Nichts Gemeinsames. Da treffen wir endlich doch auch bei diesem Kant auf den Gemeinsinn als einen Grund von Leben, Erleben, Wahrheit – im Ästhetischen. Unsere Enttäuschung kann nicht weniger heftig sein als die Hegels, wenn wir feststellen müssen, daß Gemeinsinn nicht einmal hier als öffentliche Erfahrung begriffen wird.

Das Ästhetische wird auf das Schöne begrenzt, ästhetische Erfahrung auf dessen Erleben. Was ausgelassen wird, kann exemplarisch im Erhabenen noch einmal zu uns zurückkommen. Doch wie reich und bewegt immer wir mit Kant das Schöne und das Erhabene erleben dürfen: Nur mittelbar kann in dieses Denken eindringen, wie existentiell wir selbst am Ästhetischen unseren Teil haben als Zugang zum Ganzen. Kant muß selber vielfach erlebt haben, was die kritischen Schriften nicht dulden dürfen. In dem Bekenntnis drückt sich das etwa aus; er halte dafür, daß die Seele immer ganz sei und so gut im kleinsten Teil wie im ganzen Leib als diese ganze Seele zu finden sei.[3] Nach der «Kritik der Urteilskraft» darf diese Dimension aber nicht in den *sensus communis* eingehen, sowenig wie in andere philosophische Figuren dort. Der Gemeinsinn tritt da auf, wo die Absonderung der vereinzelten, sich autonom fühlenden Individuen zur logischen Aporie wird. Parameter des Ästhetischen wird in der mechanischen Gesellschaft, die diskursiv die aufgegebene Gemeinschaft rekonstruiert, das Urteil über das Schöne als Geschmack. Das Gespür auch der so isolierten Menschen dafür, daß, gerade im Ästhetischen, individuelles Erleben nur im Übergang zum Universellen sich vollziehen, zu dem Seinen gelangen kann, bleibt in einem letzten unbeirrbar. Doch das, gewissermaßen zweidimensionale, Feld des Urteilens hat das Existentielle des Ästhetischen verlassen. Negation ist einfach das Negative: Die Sicherheit des Urteilens bricht nicht auf, um einem, wie immer unsicher Spürbaren Raum zu geben.

Die fehlende Sicherheit, soweit ist die Geschichte vorangetrieben, kann nicht aus dem Unsicheren rekonstruiert werden. Kants Modell gewährt sie durch Absicherung auf Gegenseitigkeit. Wir müssen sehen, unser Urteil durch das der anderen anerkennen zu lassen. Zu den notwendigen Regeln dafür verkommt, was als *sensus communis* so viel erwarten läßt. Und wieder stößt auch Hegel dasselbe Unglück zu. «Das Sich-Erkennen im Anderen»[4], ist das nicht eben die Dimension von individueller Ausbildung aller in dem Besonderen unserer Begegnung miteinander? Ist das nicht jene Reflektion meines Selbst an dem anderen, das mir meine Substantialität an der des anderen in der unserer Beziehungen zueinander gewinnt? Im frühen Konzept der Liebe, des im Selbst entstehenden Bewußtseins von einem bewußten Selbst sieht alles so aus. Aber schon im zweiten Durchgang, im Schritt von der ersten «Jenaer Realphilosophie» zur zweiten – von 1805 zu 1806 –, wird diese Dimension geopfert. Das Modell soll einer institutionalisierten Gesellschaft standhalten. Die Erkenntnis eines Selbst im Umgang mit dem Anderen verliert die Dimension des Umgangs und zugleich die des Selbst als Inbegriff des Erlebens zur Erfahrung. Unsicherheit ist nicht länger die der Menschen gegenüber dem unbekannten Universellen, das sie nicht kennen und, unsicher offen, miteinander, auch nacheinander kennenlernen könnten.

Unsicherheit ist jetzt vor allem die gegenüber dem nur zu bekannten Egoismus des anderen Menschen. Umgang miteinander entfällt im antagonistischen Mechanismus. Dieser zieht alle Aufmerksamkeit auf das Gegeneinander unter den Menschen, so daß es substantiell kein anderes Gegenüber mehr gibt und das Modell des Gegenübers das der Konkurrenz unter Bekannten wird. Die Natur als Gegenüber der Geschichte hat immer, besonders für die naturnahen Kulturen, etwas ähnlich antagonistisch Bedrohendes. Aber sie ist immer zugleich das Andere der Geschichte, dem Ordnungen und Reichtum innewohnen, ja entströmen. Die moderne Vergesellschaftung kennt dieses Andere, dieses Dritte nicht, weil seine Unterwerfung prinzipiell vorausgesetzt wird. Ihm eigens und neu uns zuzuwenden, ist die Aufforderung von Gaston Bachelard. Die «Kräfte des Vorstellens» bedürfen «direkter Bilder von der Materie»: «Der Blick benennt sie, die Hand weiß von ihnen. Sie haben Schwere, sie sind ein Herz.»[5] Und Bachelard denkt dabei an die menschliche Gesellschaft: «Nur wenn man die Formen im Zuordnen zu ihren wahren Materien erforscht haben wird, kann man an eine vollständige Lehre von der menschlichen Vorstellungskraft denken. Dann wird man sich Rechenschaft darüber geben können, daß das Bild eine Pflanze ist, die Erde und Himmel, Substanz und Form braucht.»

Bei Hegel zeigt sich das im «Kampf um Anerkennung». Er findet statt als Kampf um die Anerkennung der Grenzen des eigenen Besitzes, von dem man die Anderen, so die Definition von Privateigentum, ausschließen kann. Hegel demonstriert das an Grund und Boden, als ob in agrarischen Zeiten nicht der Kampf um den Boden und das Ringen um Frucht und Ernte gerade die gemeinsame Anstrengung begründet und das Erleben dieser Geschichte zu einem Zeit- und Raumparzellen übergreifenden Gemeinsinn gemacht hätten. Die Leute schießen sich gegenseitig tot und schlagen sich um die Positionen von Grenzsteinen, bis endlich alle Überlebenden einsehen, daß sie besser das Gesetz mit dem Institut des geschützten Eigentums anerkennen. Im Gesetz erkennen sie die Gewalt des Anderen an, sie um Eigentum und Leben zu bringen. Einer erkennen sie den Anderen an, indem sie sich dem Gesetz unterwerfen, das sie auseinanderhält.

Hegel tritt hier auf wie der Sheriff im pathetischen Western. Die Leute prügeln sich um Eigentum. Um eine Begegnung mit dem Land kümmert sich keiner. Über die Halden von abgeschossenen Indianern und Büffeln wird die geradlinige Eisenbahn gebaut, bis Berge ein Hindernis in den Weg stellen. Über die Sinne kommt das Andere erst am Hindernis zum Bewußtsein, wie der eigene Körper erst wahrgenommen wird, wenn etwas nicht funktioniert.

Wir suchen im Ästhetischen nicht nur unser Selbst und die verlorene, die zu rasch und gewaltsam durchschaute Natur tastend wiederzugewinnen. Am Dritten des Wahrzunehmenden und an den Sinnen, die nur im Wahrnehmen sich und uns wieder in Bewegung setzen, suchen wir auch, bereiter zu werden für sinnvolle Begegnungen der Menschen miteinander. Solche Begegnungen machen auch die Gesellschaft zu einem Ort der Übergänge, der Transzendenz, wie es die Revolutionäre bis heute hoffen. Sie aber setzen das voraus, was nur wachsen kann. Sie schaffen die Leere nicht als Bereitwerden, sondern im Institutionellen und Materiellen. Deshalb können wir uns keine Revolutionen mehr leisten. Sie zerstören die Reste von Achtsamkeit, ohne eine Gesellschaft bringen zu können, die uns allen mehr Unsicherheit, mehr Offenheit erlaubt und uns mehr gemeinsames Erleben des Universellen aus individueller Unsicherheit gewinnt. Revolutionäre Ungesetzlichkeit ist als solche nicht besser als Hegels Übergang vom materialen zum diskursiven Existenzkampf nach Paragraphen. Beide haben Besseres gehofft und bessere Hoffnungen geweckt und Schlimmeres gebracht. Beide sind Übergänge zu einer höheren Ordnung ohne transzendierende Dimension. Beide sind so notwendig wie die Übergänge und so zerstörerisch wie der Mangel an Raum für Unsicherheit.

Wie können in solcher gesellschaftlichen Organisation die Beziehungen zwischen Menschen gedeihen? Gemeinsinn kann doch nur als gemeinsame Entfaltung von Sinn entstehen. Das Gegenbild zur Absicherung wären Begegnungen, in denen wir einander zeigen können, was wir erleben. Je weniger öffentliches Leben der Dimension von Kultur, das heißt dem Erleben des Lebens, dient oder, besser, aus ihr erwächst, desto weniger Hoffnung bleibt, außer im privaten Leben, Erlebnisse auszutauschen. Zu lange haben die Menschen warten müssen, dennoch Erlebtes im Gemeinsamen mit anderen lebendig werden zu lassen. So rufen sie denn allzuoft einander nur noch zum Zeugen auf für Fernes oder schon Verlorenes.

Nur wenn Mutter und Vater in ihren Beziehungen zueinander auch ganz sie selbst bleiben, ja vielleicht überhaupt erst werden, kommt dem Kind die notwendige Fülle und Freiheit dieser dritten Dimension der Bewegung zu. Hegel hatte die scheußliche Vermutung, ‹die Eltern entleeren sich ins Kind›[6]: Unter historischen Verhältnissen, die Leben zerstören, indem sie es auf Gerangel um das materielle Überleben reduzieren, trifft die Feststellung oft zu – und auch dann nur, soweit die gemeinsame Dimension der Menschen zersetzt ist. Was den biologischen Wesen die Ganzheit einer Umwelt ist, bildet eben gerade nicht nur eine materiale Gemeinsamkeit. Selbst im Biologischen entwickelt sich etwas, das wir metaphorisch ein Verstehen der Welt als ein wechselseitig sich bedingendes und ermöglichendes Miteinander nennen würden, wenn wir von dem besonderen menschlichen Sinn dieser Worte absehen könnten. Es ist eine Art Selbstverständnis ohne Selbst, das sich uns in materialen Funktionen zu erkennen gibt, wie sie Uexküll oder Portmann dargestellt haben. Maturana zögert nicht, ihren Ausdruck eine Sprache zu nennen.

Wo Eltern sich «ins Kind entleeren», gerät die menschliche Gesellschaft in den Zerfall ihres Ganzen. Hegel meint ja nicht ein Opfer in der Not. Das gerade kann mehr als Rettung für das Kind sein, nämlich die Fülle der Beziehungen den sich gebenden Eltern vermitteln, die im Opfer das Ganze neu erstehen lassen. Entleeren bezeichnet den täglichen Stumpfsinn des Verschleißes. Die Eltern können ihr Leben nicht mehr leben, es nicht erleben. Dann sind die Kinder eben auch nicht die dritte Dimension. Nur wo im Erleben der Gesellschaft sich ein Ort und eine Geschichte bilden und wo über Ort und Geschichte hinaus das Universelle von den Individuen individuell erlebt wird, können Kinder die Beziehungen finden, auf die sie antworten, indem sie ihre eigene Menschlichkeit als Beziehungen zur Mitwelt und zu sich selbst ausbilden.

Darum ist es so unendlich traurig und grausam, wenn die Kinder einfach als die dritte Dimension genommen werden wie irgendein Werkzeug. Werkzeuge bleiben von dem sich vermittelnden Vorgang über ihn hinaus, der einmal nur Arbeit war und dann zur Arbeit mit dem Grabstock, mit dem Pflug, mit dem Webstuhl wurde. Hegel nennt das die «tote Mitte». In ihr wird als Mechanismus aufbewahrt, was die Menschen von sich und einem Stück äußerer Natur erfahren haben, wie sie es erfahren und ihre Erfahrung praktisch gestaltet haben. Werkzeuge sind der Niederschlag wiederholter Begegnungen, aber nicht ein Ersatz für neue Begegnungen. Diese finden nun vermittelt durch das Werkzeug statt, gefördert im Sinne seiner differenzierenden Möglichkeiten und behindert, andere Möglichkeiten zu entdecken. Auch im Rahmen der Grenzen eines Werkzeugs muß der Vorgang des Grabens, Pflügens, Webens immer neu vollzogen, in bestimmtem Umfang sogar neu erfunden werden, wie stark immer auch die materiale Gestalt des Stocks oder Webstuhls über sich hinaus weist auf die Geste, die rhythmische Gestalt der Arbeit mit ihrer Hilfe. Einer «lebendigen Mitte» bedarf es, um die Kultur fortzusetzen, eines tätigen Wissens der Menschen. Wir können es das Verstehen des Beziehungsganzen nennen, im Sinne einer Geschichtsgestalt, das diese Menschen und diese Stücke Natur und diese Werkzeuge übergreifen und zusammenwirken läßt. Wieviel mehr muß eine lebendige Mitte unsere Kinder empfangen und ihnen erlauben, ihre Individualität in den Beziehungen auf dieses substantiell immaterielle Ganze von Beziehungen Gestalt annehmen zu lassen. Sie können ihre Gesten nur authentisch entwickeln im authentischen Spiel der Vorgänge, der Fragen und Antworten. Kinder sind nicht die Zukunft. Sie muß mit ihnen wachsen. Die Zukunft ist nicht in den Kindern. Sie kann wachsen mit ihnen. Zwischen uns und ihnen entstehen Keime zukünftiger Lebendigkeit, wo wir mit ihnen das Gegenwärtige ins Erleben steigern. Wie handlich nah sind wir einander beim täglichen Wickeln der Jüngsten. Die Beine strampeln. Aber das stört nicht nur. Wir können, vor dem Kind stehend, unsere Brust von seinen Füßchen treffen lassen. Wenn wir dabei summen, bringen die Fußtritte ein Schwingen in das Summen, das uns beiden erste bewußt gemeinsame Erlebnisse von Rhythmus vermittelt. Es klingt etwa wie der ‹Apachenruf› der größeren Jungen, die im Rufen den offenen Mund mit der Hand verschließen und freigeben und verschließen. Das Summen klingt ebenso ausgelassen oder heiter. Nur drückt es das Glück des wortlosen wirklich Gemeinsamen aus, so innig und so weit zugleich. Solches Erleben kann später die Formen von Liedern und Worten und Spielen finden. Es kann wiederauftauchen in einsamen Stunden und uns Gespräche mit der Welt um uns einfallen lassen. Es kann uns im großen Kreise lebhafter Unterhaltung mit anderen Menschen mögliche Vertrautheiten ahnen lassen. Beide Gärten der wunderbaren Bettine

Brentano wachsen gemeinsam, das stille Gärtlein des Predigers und der alten Frau wie der Kurpark ausgelassener Spaziergänge mit dem Prinzen und den Tieren. Aus solchen frühen Wurzeln leitet Erleben immer zu besonderen Erlebensfähigkeiten über. Diese brauchen eine Geschichtsgestalt, und sei es, um sich zu gestalten, indem sie diese umgestalten. Das wäre wohl das beste Modell, um dem Problem zu entkommen, daß jede Formation ihre spezifischen Deformationen mit sich bringt. Die gewandelte, sich wandelnde Geschichtsgestalt könnte verwirklichen, worauf die Möglichkeiten der bisher entstandenen Differenzierungen und Zusammenhänge hingewiesen haben, ohne es schon sein zu können. Im Wandel als Lernen auf gleichgewichtigen Gang hin überschreiten wir das Seiende, Bestehende. Freilich dürfen unsere Schritte nicht von einem Teil vorbestimmt sein. Sie müssen vom jeweiligen Ort ausgehen können.

Übergänge deuten sich immer wieder an, wenn wir ein wenig in anderen Menschen die anders gefärbten Tröpfchen von Fülle entdecken, die mit unseren zusammen eine Hoffnung bilden, unter Menschen und auf der Höhe des Erlebens universelles Leben sich entfalten zu lassen: am Leibe der anderen eine Leiblichkeit unserer Seelen und eine Sinnlichkeit des Universellen zu entdecken. Die Antworten unserer Physis auf die Bildungen von Pflanzen und Tieren, auf die Wirkungen der Schwere und des Wachsens, des Windes und der Stille in anderen Wesen. Mit diesem Menschen selber ein anderer zu werden, der Uraltes und ungeahnt Neues in sich, aus sich frei werden sieht. Mit ihm, mit ihr als selbstverständlich zu erleben, was fragend und unsicher war, bevor es sich als Verständnis des Selbst im anderen Selbst verstehen lernte. Jene Augenblicke unendlicher Gegenwart zwischen Menschen, die auch die Wärme haben, auf die wir in der Gemeinschaft mit den Sternen verzichten müssen, und uns nicht die Einsamkeit auferlegen, die aus der Verantwortung für Tiere und Pflanzen folgt. Einander antworten im Antworten auf die Mitwelt statt Verantwortung für sie. Diese Antworten auf die Mitwelt tätig werden zu lassen gerade in dem, was uns einander verbindet. Welche machtvolle Zartheit, die für Augenblicke uns erlauben könnte, unsere sehr tiefe Einsamkeit zum Pol dieses Geschehens zwischen Polen werden zu lassen.

Wie viel lebt in uns. Wie wenig können wir davon zum Erleben entfalten. Wir brauchen uns nur der Urliebe zu den Elementen zu erinnern, die sich mehr zum Wasser oder mehr zur Luft, zum Feuer oder zur Erde in jedem bildet, und vielleicht gibt es mehr Elemente als diese. Dies ist nur ein Feld von ungezählten. Im Erleben der anderen Menschen mitzuerleben, was wir selbst leben könnten, aber nicht leben können: Das wäre ein ästhetischer Gemeinsinn. Nicht viele Leben nacheinander für eine Seele stelle ich mir vor. Liegt nicht näher als der Gedanke der Seelenwanderung der andere der Anverwandlung der Seelen, die füreinander und durch einander erleben, was nicht in einem Leben durchschritten werden kann?

Diese Erfahrung, oder wenigstens eine Andeutung zu ihr hin, kann uns individuell befähigen, einen Gemeinsinn vorzustellen, der dieses Begriffs würdig wäre durch gemeinsame Anstrengung der individuellen Gemüter. Aus solchen Erfahrungen könnte Nathans Weisheit von den drei Ringen zur Dreiheit, zur Vielfalt der ineinandergreifenden Ringe einer geschwisterlichen Gesellschaft werden. Zu einem Verständnis von Menschheit, in dem menschliches Verstehen begegnend einander zuwächst, weil die vielen ungleichen Tröpfchen von Fülle sich als ein Strom erweisen. Sie wären die Schweißtropfen Brahmas, die sich in die Welt verteilt haben. Jene traten aus der Anstrengung Brahmas hervor, während er seine Liebe zu seiner Tochter Morgenröte, die er sich versagen mußte, zur Gestalt des Liebesgottes werden ließ. So könnten Tröpfchen aus der Menschheit hervortreten und die Gestalten ihres gemeinsamen Erlebens ans Licht tragen.

Den ästhetischen Gemeinsinn können wir denken und im eigenen wie im sich uns darbietenden Erleben spüren als den Fortgang geschichtlichen Bewußtseins. Dessen Paradigma ist die Konvergenz. Die Vielheit der Erlebenswege findet darin zusammen, daß die einen an den anderen sich zu Bewußtsein entfalten. Diese verschiedenen Individualitäten verweisen aufeinander, indem sie sich nicht nur der Sache nach ergänzen, sondern die einen sich an den anderen reflektieren und dadurch ihre eigene Dichte gewinnen, aber auch den Widerhall der anderen zum Hintergrund ihres Klanges machen. Gerade so vernehmen wir uns selbst wie die Anderen in dem Zusammenklingen eines gemeinsamen Bewußtseins, bevor wir uns dessen bewußt versichern können. Die Schritte dorthin sind Schritte einer konvergierenden Geschichte des Bewußtseins von den Unterschieden und ihrem Ausdruck durch uns: Sozialgestalten und Geschichtsgestalten treten aus solchem Erleben zusammen und lassen es als Erfahrung eigene Formen annehmen. Dies sind Kulturen, die im Unterscheiden von Orten und Nicht-Orten, in Rhythmen und aus Rhythmen leben. Sollte das wirklich nur als ‹heiliges Land›, als ‹Gottesstaat›, als ‹Volk Gottes› in den engen Metaphern der Religionen möglich gewesen sein?

Die Kunst des Übergangs
in den Künsten

Viel zu tief sind wir verletzt von den Entbehrungen des Wechselspiels mit dem Anderen, um nicht, wenn endlich die Gelegenheit kommt, das Entbehrte so vom Anderen zu verlangen, wie es in tausend Beschreibungen behauptet worden ist. Bestenfalls treibt uns Gutwilligkeit dazu, für den Anderen sein zu wollen, was ihm zuzustehen scheint, selber immer kummervoller hinter den Leistungen der Partnerschaft verschwindend. Montaigne, ja, schon Castiglione befürchteten, daß viele Menschen Liebe nur empfänden, weil soviel davon gesprochen wird. Dann empfindet man auch nur, was darüber gesagt wird, sofern sich Empfindung mit der Wiederholung von allgemeinen Klischees überhaupt verbinden läßt. Wer kann sich eigentlich wundern darüber, daß unter diesen Bedingungen Naivität übergangslos von Ideologie abgelöst wird und Weisheit gerade noch bis zu resignativer Einsicht darein gelangt?

Von dem öffentlichen Leben hat die autonome Kunst das hoffnungslose Erbe der Hoffnung auf Gemeinsinn geerbt, seit die mittelalterliche Einheit von der gesellschaftlichen Gewißheit eines Lebens im Übergang mit den Bildern seines Erlebens aufgelöst worden ist. Seitdem wurde dieses Erleben zum Geheimnis. Transparenz wurde zum Expertenwissen des künstlerischen Genies. Transzendenz wurde zur genialen Technik, zur Begabung für das sinnenhafte Erheischen der Übergänge. Unter Übergängen konnten allzuoft nur noch die Gradwanderungen zwischen ‹Genie und Wahnsinn› verstanden werden. Die Verwandtschaft zwischen den Übergängen im täglichen Leben und denen der großen Erleuchtung wurde verleugnet. Die Unterschiede zwischen Graden von Intensität, mit der Menschen das Erleben zu erleben vermögen, wurden gekündigt, so daß den einen die Gnade höchster Einsicht und den anderen, bestenfalls, dumpfes Ahnen zugestanden werden. Jeder Komponist und jeder Maler hat neu seine Fähigkeiten entfalten müssen, der Transparenz sich auszusetzen und ihrem Erleben sinnlich-bildlichen Ausdruck zu geben, der auch anderen davon spricht. Die Techniken verraten wenig davon, zumindest grundsätzlich weniger als Initiationen anderer Kulturen. Das Wesentliche bleibt ausgespart und ausgesperrt. Die Anstrengungen des Gemüts, mit denen Künstler dennoch da heranfinden, werden oberflächlich richtig und im Grunde grotesk in das Klischee vom Leiden und Ringen der Großen umgemünzt, dessen Beziehungen zu den Übergängen dann zufällig wären, statt der mühevollen Bereitschaft zuzufallen.

Transzendenz ist nicht das unendlich Ferne. Sie ist weder eisig noch traulich. Transzendenz ist ungreifbar nah.

Dies ist eine Elegie ohne Engel. Wir wollen uns die Bilder des ganz Anderen versagen. Wir wollen es nicht das Schöne und das Schreckliche nennen und mutig den Übergang feiern. Schrecklich ist ein Wort für das Erleben vor dem Übergang; Schrecken macht starr. Im Hinstarren mag dann eine eisige Weltenraumferne zu schwingen beginnen. Darin mag sich zeigen, wie wir ertragen, was uns zunächst nur erschrecken läßt. Dieser Übergang dann ist frei vom Pathetischen, vom Heroischen, vom Masochistischen. Wir begreifen einfach die hiesigen Wirkungen weiterer Zusammenhänge mit einem unbegreiflichen Dort. In unseren Lebenstätigkeiten leuchtet etwas davon auf. Nicht das Dort im Hier; das wäre kleinlich, transzendental, weltzerstörerisch. Viel eher ist es diese höhere gemeinsame Ordnung, die sich als wechselseitiges Durchdringen erst vollzieht. Sie ereignet sich immer dann, wenn eine unserer Gesten das Spannungsfeld zu dem spüren läßt, was in ihr wirksam wird. Für die Sinne drückt es sich so aus, daß unser Bewußtsein sich neu und selbst-verständlich jener Geschichte des Lebens verbindet, der die menschlichen Geschichten unweigerlich zugehören. Würde käme da eher in Frage als ‹das Schöne›. Schrecken wäre das Zögern, solches Bewußtsein zuzulassen. Das Festhalten an den Bedingtheiten. Wer hätte nicht in seinem Leben dieses unendliche Loch vor ihm sich auftun sehen, um das sich Wolken und Wasser verdrehen, Himmel und Boden vertauschen? Dieses Loch, dessen Sog zum tödlichen Schwindel wird, wenn wir es zu umgehen versuchen, in dem wir verschwinden, wenn wir wünschen, es möge sich wieder schließen.

Wir wollen dankbar spüren, wo wir denn doch dem Anderen zugewandt sind, weil es aus uns hervortritt, weil die Gewißheit einer tastenden Hand ein Unnennbares vergegenwärtigt. Nennen wir nicht göttlich oder engelhaft, was in Menschen, zwischen Menschen die innige Klarheit findet, hinüberzugehen. Folgen wir lieber diesen Schritten hinüber, als uns den Weg mit Brocken von dort zu versperren. Diese Übungen der Leere sind notwendig, um in Begegnungen uns bewegen zu können. Die Übergänge auszuschreiten kann nur gelingen, wenn die Schritte immer schon nichts anderes bedeuten oder bewirken sollen als sich selbst. Dies sagt Valéry vom Tanz: «Lieber Sokrates, er bringt uns bei, was wir tun, klar unseren Seelen zeigend, was unsere Leiber dunkel vollenden. Im Lichte seiner Füße werden unsere unmittelbarsten Bewegungen zu Wundern. Sie erstaunen endlich so, wie es nötig ist.»[7]
Nur so, merkwürdigerweise, können wir zugleich üben, bereit zu sein

für den Horizont und darüber hinaus. Dies sollte an einem gemeinen Sinn Ermutigung und Anhalt und Maß finden.

Sonst kehren sich die Wirkungen um. Das Gegenwärtige ohne Gegenwart, das Anwesende ohne Anwesenheit verstellt und verhindert die Zugänge zu dem, was es mit uns werden könnte, werden möchte vielleicht. Proust kann Albertine nur lieben, wenn sie ihm fehlt; sie fehlt ihm nur, wenn sie fort ist; sie ist ihm nur, wenn sie abwesend ist, anwesend. Er entleert sich in diese Negation. Der Widerspruch saugt die Liebe auf wie der Fluchtpunkt eines zentralperspektivischen Systems. Die Negation öffnet nichts, weil die Sinne nicht zugelassen sind. Leere, die nicht als Bereitschaft geübt wurde, kehrt als undurchdringliche Wand zurück. Gemeinsamkeit, die nicht an den Beziehungen sich entfalten darf zwischen den Menschen und den Momenten ihrer Orte, Gegenwarten, Situationen, Mitwelten, kann nur noch gedacht werden. Die Totalität dieses Gedankens läßt Begegnungen zu Konfrontationen werden, weil plötzlich nicht mehr das Leben sich in uns und durch uns begegnet, sondern ein Ich das andere Ich will.

Alle Künste der Moderne mögen für eine eigene Gestaltdimension stehen: Ausdruck. Zu den anderen Widersprüchen der Kunst – etwa dem, gerade aus dem Abstand der Autonomie, der zugleich sie mit der Distanz des Abseits bedroht – kommt noch dieser hinzu. Jede Gestalt drückt schon die Vorgänge aus, die sich diese Gestalt geben. Kunst muß dafür noch eigens eine Ausdrucksgestalt finden, die von den Vorgängen, die sie ist, für die Menschen spricht, die diesen Vorgängen ganz fern zu sein glauben. Zwei Begriffe können das bezeichnen: ‹Zeigefingertheater› für das sich anbiedernde Lehrstück und ‹immanente Ästhetik› für die Warnung, den Ausdruck sich nicht von seinen Vorgängen ablösen zu lassen. Ausdruck kann man weder schön ausmalen noch zum zeitlich-sinnlosen Verbrauch als schnelllöslisches Pulver lagern. Die Techniken der Kunst, den Umgang mit den Übergängen vom Erleben ins Leben zu ziehen, sind um so empfindlicher.

Proust mag für eine Technik des Übergehens stehen, die um den Begriff der Genauigkeit entwickelt wird. Proust selbst, erst recht Dürckheims Sehen und Malen des Bambus, macht deutlich, daß Genauigkeit nur eine Hilfstechnik ist, um mit dem Begegnenden eins zu werden. Genau zu sein, kann dabei helfen, von eigenen Vorstellungen abzusehen. Bereitsein verbindet dies mit der Fähigkeit, in der Öffnung auf das Andere zu die gemeinsame Gegenwart uns ganz einnehmen zu lassen.

Dürckheims Antwort auf so viele Fragen ist immer wieder die Geschichte von dem Menschen, der zu den Engeln wollte. In wütender

Anstrengung bemüht er sich hinauszugelangen, wie er sie vor seiner Türe vernimmt. Am Ende seiner Kräfte bricht er verzweifelt zusammen, verzweifelt, den ersehnten Übergang versperrt zu sehen und nicht herstellen zu können. Als er die Türe losläßt und hinfällt, geht sie auf. Die Türe öffnete sich auf ihn zu. Das Andere, das aus dem Übergreifenden kommt und uns dahin führt, müssen wir mit dem Begegnenden einlassen. Aber es ist nicht das Begegnende als solches, sondern es geschieht in der Bewegung des Begegnens. Sie kommt von sehr weit her und geht durch uns selbst hindurch wie durch den Anblick des Menschen, des Blattes, des Meeres. Etwas von ihnen leuchtet uns auf im Lichte eines sehr Fernen, das uns ihnen aussetzt und in ihrer Gestalt zu uns kommt. Es verbindet uns so mit ihnen, wie die Erde das tut, auf der hier wir und dort andere stehen – vielleicht ohne einen Blick, doch uns innerlich zugewandt.

Vielleicht kann man das als eine Seite der Technik der Genauigkeit begreifen. Uns selbst von innen erlebend, erleben wir auch die Mitwelt von innen; aber gerade nicht in unserm Innern, verinnerlicht oder innerlich, sondern in uns anwesend vermögen wir die Anwesenheit des Anderen aus seinem Innern zu spüren. Dazu gehört genügend Genauigkeit, um an nichts Absichtsvollem hängenzubleiben, weder an Vorstellungen von uns selbst noch an Vorstellungen vom Anderen, die unsere absichtsvollen Wünsche oder Befürchtungen mehr wiedergeben als das, was da ist und werden kann. «Nur der Eindruck, wie hauchdünn auch seine Substanz zu sein scheint, wie ungreifbar seine Spuren, ist ein Kriterium der Wahrheit und verdient daher als einziges geistig akzeptiert zu werden; denn nur er ist imstande, wenn unser Geist jene Wahrheit daraus zu destillieren weiß, diesen zu größerer Vollendung zu führen und ihm wahrhaft reine Freude zu schenken. Der Eindruck ist für den Schriftsteller, was das Experiment für den Naturwissenschaftler ist, mit dem Unterschied, daß bei dem Naturwissenschaftler die Arbeit des Verstandes vorausgeht, bei dem Schriftsteller aber folgt. Was wir nicht durch unser persönliches Bemühen erst haben entziffern, erst haben aufhellen müssen ... gehört uns nicht eigentlich an.»[8] Proust geht es eben doch um dies Angehören, um die Person als Ort der Verwandlung. Um so mehr drängt ihn das Verlangen nach dem Ewigen und Universellen. Zur Genauigkeit tritt die Leidenschaft hinzu, zur Bereitschaft das Leiden, das lehrt, von den Absichten zu lassen.

Er sucht den Eindruck, der aus der Zeit heraustritt, aber zu ihm in die Zeit seines Lebens kommt. Er möchte sich nicht aus der Zeit hinausführen lassen. Deshalb müssen sich ihm Momente des Erlebens wiederholen, um durchsichtig zu werden. Indem die jeweilig verschiedenen Bedingungen des Erlebens unwesentlich werden, weil das Erleben dennoch das gleiche sein kann, wird die Abhängigkeit von der Zeit überwunden. Unmittelbare Anwesenheit berührt uns. Die Berührung ist flüchtig. Aber sie wirkt stetig in uns nach. Sie ist so stark wie die Genauigkeit, mit der wir uns der Verschiedenheiten versichert haben, die das eine und das andere Auftreten bedingt haben. «So geschah es, daß das, wovon das drei- oder viermal in mir neu erweckte Wesen gekostet hatte» – die Empfindungen beim Geschmack der Madeleine, beim Balancieren auf der Steinplatte, beim Erklingen der «kleinen Melodie» – «vielleicht sehr wohl der Zeit entzogene Fragmente des Daseins waren. Aber deren Betrachtung, obwohl dem Wesen nach von der Ewigkeit geprägt, blieb etwas Flüchtiges. Dennoch verspürte ich, daß das Vergnügen, das sie mir in seltenen, weit voneinander getrennten Momenten meines Lebens gegeben hatte, das einzige fruchtbare und allein echte war.»

Proust hat eine Technik, um der Ewigkeit zu begegnen. Selbstverständlich wird nicht versucht, das Ewige – was wäre denn das? – zu vergegenwärtigen. Im Vergegenwärtigen eines vergangenen Stückchens gewissermaßen äußerlichster Gegenwart liegt ein Schlüssel. Aber nicht in der Wiederkehr als Wiederholung. Nur wenn das Äußerlichste neu erlebt wird, können die Sinne wieder zurückholen, wie es schon einmal erlebt wurde.

Proust ist Meister der Genauigkeit. Aber er will sich nicht genau erinnern, um an der Erinnerung das Erleben von einst zu erneuern. Die Wesen sind im Wandel sie selbst, die – «gerade, weil sie nie aufhören, sie selbst zu sein – dem nicht mehr gleichen, was wir einst in ihnen gesehen haben.»[9] Er beobachtet ebenso genau das Gegenwärtige, wie er das Vergangene erinnert. Dies hilft ihm, alle seine Vermögen des Wahrnehmens, Wissens, Verstehens auf das Erlebnis zusammenzuführen. Transzendenz dieser Vorgänge wird aber dadurch möglich, daß Beobachtung und Erinnerung Vergleiche des Vergangenen und des Gegenwärtigen erlauben. Die Transzendenz ereignet sich nicht in den Dimensionen des einen oder des anderen, sondern in der Dimension, die sie übergreift und aus dem Vergleich erwächst: Ein Klang, eine Gleichgewichtsempfindung, ein Geschmack werden heute plötzlich erlebt wie einst ein anderer Klang, eine andere Gleichgewichtsempfindung, ein anderer Geschmacksmoment. Die übergreifende Dimension des jäh Gleichartigen wirkt so stark, wie die Wahrnehmungen präzise sein können, um zu bezeugen: Ich erlebe wieder in genau derselben Weise, was nur den gleichen, nicht denselben Anlaß hat. Das Übergreifende wächst aber gerade aus der Tiefe des Ästhetischen. Die Höhe der Kunst verdanken wir einer Wirklichkeit, die von unten, unter dem Beobachten und Erinnern, ihren Lebenssaft gewinnt. «Die mühevolle Arbeit, die unsere Eigenliebe, unsere Leidenschaft, unser Nachahmungstrieb, unser abstrakter Verstand, unsere Gewohnheiten geleistet hatten, ist genau das, was die Kunst erst wieder beseitigen muß; denn gerade den umgekehrten Weg, den Weg, der zu den Tiefen zurückführt, in denen das, was wirklich existiert hat, von uns ungekannt ruht, heißt sie uns ja gehen.» Anders würden nur die einzelnen Eindrücke und Erkenntnisse addiert; so können sie einem Ganzen den Weg bereiten, das auftaucht.

Noch einmal neu vollzieht sich das Erleben, das nun seinen Spuren in uns begegnet. Im Erinnern begegnet es sich als Erinnerung. Dieser Vorgang kann als die Begegnung mit der Grundbewegung allen Erinnerns erlebt werden. Deshalb wird das sonderbare Ziehen an den Gelenken, wenn wir noch einmal so ungleich auf zwei Steinen zu stehen kommen wie damals in Venedig, zur Süße dieses Schmerzes. Durch die doppelte Gegenwart wird Anwesenheit als solche erlebt.

Dies ist in allem, was wir als Kunst empfinden. Die Größe dieses Moments ereignet sich ganz unterschiedlich. Sie wird spürbar durch das Gewaltige des Ringens oder die Bescheidenheit des Abwartens, denen beiden die strenge Konzentration auf das Genaueste gemeinsam ist. Wir erleben das Ereignis von Anwesenheit im Gefangenenchor am eigentlichen Schluß von Beethovens «Fidelio» als das Aufbrechen der Geschichte zur Entfaltung, das lange Arbeit gekostet hat und doch plötzlich geschieht. Wir erleben stille Vertrautheit mit dem Anwesenden, wenn Dürckheim in seinen greisen Leib «ein wenig Ki-Kraft läßt», so daß keine Gewaltanstrengung anderer seinen leichthin ausgestreckten Arm zu beugen vermag. Wenn Dürckheim nun, nachdem er vier Jahrzehnte lang Bambus malt, weiter seinen Pinsel mit der Tusche über die Fläche gehen läßt, deren Ränder seine Augen nur eben noch sich vom Tisch unterscheiden sehen, entstehen im Schatten des geöffneten Blicks die Spuren von Bambus auf dem Papier.

Nicht darstellend wird eine durchscheinende Wirklichkeit in einer sinnenhaften und greifbaren Wirklichkeit oder für sie ausgedrückt. Im Zen zu sein oder Meister zu sein auf einem vergleichbaren Wege heißt nur: in zwei Wirklichkeiten von unterschiedlichem Rang gleichzeitig und mit einem Bewußtsein zu leben, daß das Erleben der einen an keiner Stelle in das Erleben der anderen übersetzt werden muß.

Die Seele im Durchgang

Wir haben zu Beginn die Grenzen des Bewußtseins, das zugleich durch die Sinne sich ausbildet, vorhergesehen. Immer ist in unseren Beobachtungen und Überlegungen jener Horizont sichtbar geworden, der ungreifbar, aber gewiß Transzendenz in ihrer ganzen Fülle in Aussicht stellt. Genauer wäre vielleicht zu sagen, daß wir das Meer am Salz auf unseren Lippen schmecken können, ohne es zu sehen. Diese Nähe hat uns begleitet, und wir haben versucht, uns von ihr leiten zu lassen, herauszufinden, wie wir ihr nachgehen. Die indische Tradition nennt dies die ‹Lehre der Achtsamkeit›. Sie nennt Täuschung, was sich als absichtsvolle Vorstellung der Bewegung des Begegnens in den Weg stellt. «Die Hauptursache aller Täuschung ist die Annahme von etwas Substanzhaftem in den Dingen und etwas Ichhaftem in den Lebewesen.»[10] Das Fixierte betont das Trennende zwischen den Polen. Begegnung wird nur möglich, indem zwei Begegnungen einander ihre Bewegungsformen mitteilen. Wir müssen uns treffen lassen. «Die Blätter fallen, fallen wie von weit...» Diese Zeile spricht von mehr, als das ganze Gedicht mit seinen Bildern und Gedanken einholen kann. Kürzer als die konzentrierteste Form des Sinngedichts in der japanischen Schule der Koan rufen diese Worte eine Erfahrung aus, an die Rilke uns nur erinnern, der er uns nicht zuführen kann. Es ist die Stille, die Dürckheim uns hinter der Stille zu hören auffordert. Das Fallen hinter dem Fallen. Wenn wir im Herbstlaub so zu sitzen vermögen, daß nichts anderes zählt als das Laub um uns und unser Sitzen im Laub, dann sehen wir plötzlich nicht nur die Blätter liegen. Wir sehen auch das Liegen der Blätter. Solches Sehen hat selbstverständlich nur vermittelnd etwas mit dem Gesichtssinn zu tun, der uns im Bilde der ruhenden Blätter tief die Erfahrung des Liegens und Ruhens zuträgt, weil wir sie antwortend von innen gleichermaßen in uns aufsteigen fühlen.

Das helle Rot und das harte Grau mit Schwarz am Rücken eines Eichhörnchens kann ähnlich von einer Farbe hinter den Farben sprechen. Die Technik der Genauigkeit führt nicht dorthin, jedenfalls nicht die Proustsche. In der «wiedergefundenen Zeit» zeigt sie sich immer ergänzt durch etwas Fragmenthaftes, Zufälliges, Unpassendes in der äußeren Situation und einer Leidenschaft im Innern.

Die Stille hinter der Stille trifft uns nicht als Erschrecken – das kann ihr Auftauchen begleiten – und nicht als dies Arrangement von Genauigkeit und Zufall: Innen und außen gehören bereits in eine gemeinsame

Geschichte, die das Innere weltweit gemacht hat und dem Äußeren seine Innigkeit geben konnte.

Die Grenzen müssen noch einmal erinnert werden. Das Wort Transzendenz ist verdächtig und beliebt, weil es zum Verkennen der Grenzen aufzufordern scheint. Die Lehren des Sinnenbewußtseins sollen an die Grenzen von Sinnen und Bewußtsein führen, und zwar so, daß wir auf dem Wege genug gelernt haben, um an den Grenzen, ganz hier, auch über sie hinaus zu sein. Wir dürfen nicht dem Mann in Bretons berühmtem Satz gleichen, der «von einem Fenster entzweigeschnitten» wird, während er sich hinauslehnt. Von diesem Satz geht im «Ersten Manifest des Surrealismus» (1924) die neue Poesie aus, die radikaler als Revolution die Beziehungen der Menschen verändern soll.[11] Die Methode ist einfach: Übergänge. Aber es bleibt zu üben, in Übergängen zu leben, genauer, daß Leben selber immer Übergang ist. Transzendenz ist, soweit zumindest, eine zutiefst konkrete Sache. Es genügt, nicht die Schritte anzuhalten und dem Rhythmus des Atmens weiter zu folgen.

Dies ist zu lernen. Für die Lehren von der Erleuchtung sind wir nicht reif, zumal diese selbst in Kulturen und unter Lebensformen, die Bewegung ertragen, sich von Bewegung tragen lassen, in kleinen Schritten der Genauigkeit auf die Weite des unsichtbaren Meeres vorbereiten. Und dort heißt sich vorzubereiten eine Lebensform selbst, nicht Propädeutik, nicht Popularisierung, nicht Kindheit oder Jugend vor dem eigentlichen Leben. All dies haben wir noch mehr zu lernen denn jene Menschen, die sich auf den Weg etwa im japanischen Sinne begaben – nicht die Erleuchtung, die wir nur zum Programm machen würden, zum Fluchtpunkt einer sinnlos im Planen und Warten verschwindenden Existenz. Erleuchtung würden wir nicht ertragen oder zur Macht über andere münzen. Mit allen Momenten individueller und politischer Wachheit des Alltags müssen wir in die dritte Dimension hineinwachsen, ins zweiäugige Sehen unserer Seele. Die Disziplin führt dorthin, einfach all den ungezählten, wohl geahnten, aber unvergleichbaren Erlebnissen des Aufleuchtens nachzugehen.

Etwa wenn wir anderen Menschen begegnen und für einen Augenblick in uns aufleuchtet, wer wirklich da lebt und wie dieser Mensch lebt. In unserem Erleben kann sein Leben mit der ganzen Vielfalt und Komplexität seiner Schatten und seiner Lichter zum Leuchten kommen. Die Möglichkeit des Verstehens läßt uns ganz wir selbst sein angesichts der anderen, die ganz sie selbst bleiben. Dabei heißt verstehen, daß wir für diesen Augenblick unser Leben verlassen und an der anderen Stelle stehen, wie wenn man durch die Winternacht fährt und jedes erleuchtete Fenster die Vorstellung erweckt, in diesem fremden Heim wäre man viel intensiver zu Hause als in der eigenen Wohnung, würde man nur auf seltsame unvermittelte Weise dorthin versetzt. Für einen Augenblick übernehmen wir, wie erprobend und doch mit der ganzen Gewalt eines Daseins, die Bewegung der anderen. Wir sind ihnen ästhetisch verbunden, während vielleicht noch unser Bewußtsein sich wehrt und versperrt dagegen, daß wir ausgesetzt sein sollen und getroffen werden können.

Wie Rilkes Malte Laurids Brigge werden wir in die Bewegungen des Anderen, der vor uns die Straße hinuntergeht, hineingezogen, bis wir sie in uns selbst hervorbringen. Er folgt immer gebannter dem Gang des Mannes, der die Zuckungen eines in ihm aufsteigenden Anfalls zu unterdrücken, zu überspielen versucht. Er selbst leidet an den epileptischen Verkrampfungen des Anderen, der mehr und mehr ihn beherrscht. Bis hin zu der Entladung der Spannung, die auch den, der nur Beobachter zu sein schien, in schmerzender Leere zurückläßt.

Den Afrikanern sind ihren Traditionen nach solche Formen, dem Anderen zu begegnen, fast die vertrautesten: die Bewegungen des Begegnenden in die eigenen Bewegungen aufzunehmen und so Wissen vom Anderen zu erwerben. Je vertrauter, desto spielerischer und desto ernster können sie sein. Bewegungen sind dann überhaupt Ausdruck dessen, was uns bewegt, als eine Form der Verarbeitung. Das Freudige kann dann leicht aufgenommen werden, und noch für die großen Schrecken der Welt machen die täglichen Ermutigungen bereit. Léopold Senghor sieht darin ebenso wie Schwarze der Karibik und Nordamerikas den Beitrag Afrikas zu einer Kultur der Menschheit: Rhythmus als Erleben und Wissen. Senghor knüpft an den Surrealismus an, der uns die Wirklichkeiten jenseits der für rationalistische Kriterien ‹realistischen› wieder öffnen will, und kritisiert ihn, weil er diese Freiheit im literarisch-künstlerischen Reich der Gedanken sucht. Er hält dem die sinnliche Reflexion im Rhythmus als «Sousréalité» entgegen.

Für die europäische Geschichte meine ich ein vielleicht verwandtes Modell wechselseitig sinnenhafter Erfahrung an der Prosa des Tanzes gefunden zu haben, wo Menschen die leiblichen Bewegungen zur Begegnung und durch die Begegnung hindurch zu einem Wissen entfalten. Je mehr andere Modelle noch gefunden werden, desto besser werden wir versuchen können, uns vorzustellen, was es bedeuten würde, Wahrnehmen und Wissen und Ausdrücken aus solcher Erlebensdimension als wesentliche Gestalten geschichtlichen Lebens auszubilden und eine Kultur zu leben, die sich in diesen Formen bewegt.

Die mimetische Kraft des sinnenhaften Erlebens führt uns in ein Wissen, das über die Sinne hinausweist wie der Rhythmus die Bewegungen des Körpers, die wir nachahmen, und das Ziehen in den Gelenken, das Bangen und Schwingen im Balancieren übergreift.

Dieses Erleben, dieses Wissen ist ein existentielles in doppeltem Sinne wie alles Ästhetische. Es geht aus grundlegenden Lebensvorgängen hervor, den Sinnestätigkeiten unserer Organe. Und es folgt einer Verbindung unseres Erlebens mit anderem Leben, anderem Erleben. Gerade diese Momente sind die Momente wirklicher Wachheit der Seele. Darum nennen wir sie Augenblicke des Aufleuchtens und Tröpfchen der Fülle. Die Seele lebt in den Übergängen der Wesen, die sie zu neuer verbindender Tätigkeit führen. Wir können vielleicht sogar sagen, ‹Seele› ist die Tätigkeit dieser verbindenden Übergänge.

Auch dies soll wieder ganz greifbar darin verstanden werden, wie unsere Physis sich im frühesten embryologischen Geschehen bildet. Die Keimscheibe entwickelt sich nicht aus dem einen oder anderen der beiden ersten Blasthomeren, Bläschen, Zellen des befruchteten Eis. Das Geschehen zwischen ihnen, die Stoffwechselvorgänge im Spannungsfeld, im zusammengehörigen Gegenüber ist der Beginn unseres Leibes. Wir beginnen zu existieren, indem ein bestimmtes Geschehen zur übergreifenden Verbindung der ersten stofflichen Pole wird; dieses Geschehen materialisiert sich in dem Organgefüge des entstehenden Embryo.

Wenn man den Seelenvorstellungen verschiedener Völker und Zeiten nachgeht, so findet man oft eine Verbindung mit einem oder mehreren Organen des Leibes, die wir gewohnt sind, den Sitz der Seele zu nennen. Bei vielen, immer wieder, ist es das Herz, daneben oder auch mit ihm das Zwerchfell bei den Griechen. Die Leber und die Nieren werden genannt, die Stirn und das Geschlecht. Je länger man diesen Vorstellungen folgt, desto deutlicher werden die Strukturzusammenhänge.[12] Die Seele wird, in immer mit dem Erleben der Geschichte und der Natur sich wandelnden Formen, wie die Tätigkeit von Organen erlebt, die besonders den verwandelnden Verbindungen dienen, die wir physiologisch Stoffwechsel nennen. Für uns heute ist der Austausch zwischen einem inneren und einem äußeren Geschehen am Atem besonders deutlich, den das Zwerchfell bewirkt. So haben wir zur griechischen wie zu anderen ‹Hauchseelen› einen leichteren Zugang, sobald wir nur spüren, worum es dabei geht, und uns an unser Wort vom Odem Gottes erinnern. Kaum etwas anderes läßt uns so leicht und tief erleben, was Goethe in den Zeilen meint: «Nichts ist innen / nichts ist außen / denn was drinnen / das ist draußen.»[13]

Im Herzen ist für manche Kulturen, für das Abendland seit den Ägyptern, auf sehr verschiedene Weisen das Blut erlebt worden, das auch für die Azteken im schlagenden Herzen besonders inkarniert war. Blut und Herz sind der Austausch der Säfte und die Verbindungen der Leibgegenden. Hier ist nicht der Ort für genaue Untersuchungen zu solchen Vorstellungen und dazu, wie sie mit der Geschichtlichkeit von Leib und Welt einer Kultur zusammenhängen. Erst aus solchen Forschungen könnten genauere Beobachtungen zur jeweiligen Vorstellung dessen, was wir Seele nennen, möglich werden. Mit Sicherheit werden dabei tiefgreifende Unvereinbarkeiten zutagege treten. Hier, denke ich, ist soviel möglich, wie nötig ist, um zu sehen, daß Seele vergegenwärtigt worden ist an Organen des Leibes, die dem Wechsel und Austausch und der Verwandlung als Formen des Anverwandelns und der Vereinigung dienen. Um vollends klarzumachen, worum es geht, muß dieser Gedanke auch umgekehrt werden. Diese Organe – in Wirklichkeit alle Organe, wie wir schon entwicklungsgeschichtlich gesehen haben – dienen ebenso der Vereinigung durch Verwandlung wie der Verwandlung durch Vereinigung. Die Einheit ist nicht ein Ziel. Sie ist selbst ein Organ der Vorgänge, das heißt, Einheit existiert nur, indem sie sich einlöst und auflöst. Hierfür gilt dasselbe, was früher zu Innen und Außen gesagt wurde. Goethes Worte setzen ein ausgrenzendes, ausschließendes Vorverständnis voraus, um es zu überwinden. Insofern damit die Ausgrenzung bestätigt wird, ist der Vorgang so problematisch wie des Zen-Abtes Einsicht, daß wir unsere Seele wie einen Spiegel blank halten müßten, um den Buddha sich darin spiegeln zu lassen. Der Koch des Klosters wies ihn zurecht und begründete damit eine neue Schule: Wie sollte Buddha der Spiegel bedürfen, um in den Wesen zu wirken? Der Koch wurde Zen-Patriarch, nicht weil die Seelen schmuddelig bleiben können, sondern weil sie sich im rechten Üben der Übergänge von selbst reinigen, klären, durchsichtig werden. Es geht nicht ums Spiegeln, sondern um die Transparenz.

Wenn einmal zugelassen worden ist, daß das eine und das andere Wesen zueinander betrachtet werden wie Mäuse, deren Beziehungen in den Kategorien von Käfigen mit elektrisch geladenen Kästen, Stegen und Klappen definiert sind, gibt es keine Beziehungen mehr, nur Mechanismen.[14] Nur wenn Innen und Außen ineinander statt nebeneinander erlebt werden wie Mikrokosmos und Makrokosmos bei Hildegard von Bingen oder wie Ich und Welt bei Novalis, nur dann wird die Kontinuität denkbar, die sich im Übergang, im Übergehen vom einen zum anderen vollzieht und als Verwandlung, als Wechsel vollziehen muß.

Nur dann wird aber auch dieses Übergehen als ein eigener Vorgang begriffen werden, der einen Namen verdient und eine Vorstellung weckt und sich in Bildern mitteilt: etwa in der Seele als schlagendem Herzen. Die Seelenvorstellungen sind wohl nirgends auf die körperlichen Grenzen innerhalb der Haut begrenzt gewesen. Der Leib wurde wohl immer, mit Ausnahme der Durchsetzung der Moderne, mit seinen Umfeldern und in seinen Polaritäten mit der Mitwelt erlebt, die moderne Vorstellungen so zögernd und hilflos durch Konstruktionen wiedergewinnen wie die elektrische oder die magnetische Ausstrahlung eines Menschen, ähnlich dem Wärmefeld um einen jeden von uns. Die komplizierten und herablassenden Unterscheidungen und Erklärungen der Ethnologen nach verschiedensten Seelentypen hängen damit zusammen, wenn sie neben ‹Körperseelen› andere identifizieren, die den Körper, sei es im Traum oder in Trance, verlassen und zu ihm zurückkehren können. Benutzen wir hier diese Tatsache nur dazu, einmal mehr die konkreten Erfahrungen zum Wegweiser zu machen, nach denen Seele die Anstrengung ist, sich hin und her zu bewegen durch die Felder aller möglichen Beziehungen zwischen einem Menschen und seiner Mit-Welt. Nehmen wir die Mißverständnisse, die eine Seele zu einem Identifizierten, einem Gegenstand machen wollen, zum Anlaß, uns dem eigentlich Staunenswerten zuzuwenden.

«Willst du ins Unendliche schreiten / geh nur im Endlichen nach allen Seiten.» Diesem Wort Goethes entspricht, wie unerwartet vielleicht, Prousts Einsicht am Ende der «Suche nach der verlorenen Zeit». Beide betonen auf modern europäische Weise eine gewisse Tätigkeit im Ausschreiten. Diese Seite ist eher geeignet, als eine Methode des Zugangs dargestellt zu werden, als andere Begegnungen mit dem Ineinander von innen und außen. Deutlich ist das Bewußtsein eines individuellen Menschen tätiges Subjekt dabei.

Mit dem Gleichnis von der Tür, die sich nach innen öffnet, ist nicht gemeint, die Transparenz liege im Innern. «Umgekehrt aber – sonst mündeten wir in einer regressiven Seinsromantik oder in einem fernöstlichen Erlösungskult – geht dem wahrhaft Gereiften auch die Welt neu auf... ‹in der Welt›, das bedeutet auch: nicht nur in exzeptionellen Zuständen, sondern – mit wachsendem Wesensgewissen – im Alltag.»[15] So betont Dürckheim auch die soziale und die Geschichtsgestalt der Menschen als Feld des Aufgehens. «Eines Tages aber kann er erkennen, daß er dazu angelegt und bestimmt ist, sich in einer Form seines Subjektseins zu entwickeln, in der er *in* der Welt, doch unabhängig von der Welt, offen und durchsichtig ist für das ‹Wesen›, und fähig, es in der

Welt zu manifestieren. Der sich selbst als ‹Person im Werden› verstehende Mensch findet sich angelegt und bestimmt zur Transparenz.» Damit schließen sich Menschen nicht von den anderen aus oder gegen sie ab. Im Gegenteil, ihre Lebendigkeit, in den Übergängen zu leben, wirkt geradezu ansteckend. «Der Zustand der Transparenz», der ein Vorgang ist, «schmilzt beim anderen weg, was bei ihm der Fühlung mit dem Wesen und Sein im Wege steht. So ist Transparenz, indem sie das Trennende einschmilzt, die Quelle einer schöpferischen, erlösenden Kraft, die heilsam in die Welt wirkt.»

‹Die Stille hinter der Stille› könnte daran denken lassen, daß die Übergänge eben in der Natur zu suchen sind. Es geht aber genauso um die Bewegung hinter der Bewegung, die Geste hinter der Geste. Der nie endenden Linie von Jean Degottex sehen nur die wenigsten an, daß sie die Spur ist, die von der Geste hinter der Geste seiner Hand zurückbleibt. Im Anblick von Menschen ist es unverkennbar. Während ich auf einer Parkbank sitze, hört in einiger Entfernung ein junger Vater auf, sein Kind im kleinen Wagen vor sich zu schieben. Der kräftige sportliche Mann hockt dem kleinen Mädchen gegenüber. Vielleicht spricht er auch zu ihm. Vor allem aber wendet er sich einfach ganz ihm zu. Sicher in einem gewissen Gegensatz zu seinen gewohnten Bewegungen und seinen üblichen Äußerungen, spricht diese Haltung mit sehr intensiver Behutsamkeit aus seinem Innern. Die beiden Menschen sind ganz bei einander. So ohne andere Gedanken und frei von Absichten wie ein kindliches Leben selbst. Der junge Mann kann plötzlich einfach seinem Erleben leben, das Zuneigung ist, weiter nichts. Sie kann hervortreten unter dem notgedrungenen Ausdruck von Härte, dem befriedigenden Gefühl von Kraft, wie sie die Sorgen bedingen, vor den anderen genügen zu müssen, ob im Sport oder unter Arbeitskollegen oder vor der Frau, die eigentlich auf diese Zuneigung wartet. Dies alles kommt zu mir herüber wie eine Utopie und wie die Bewegung einer Hand, die auf eine Klingel drückt oder einen Buchenzweig schwenkt. Dürckheim sagt heute, um den Ernst der Stille nicht in alberner Feierlichkeit verschwinden zu sehen: «Man kann auch auf den Lärm hinter dem Lärm horchen.»

Die Transzendenz liegt schon deshalb nicht im Innern oder im Feierlichen oder in etwas anderem, weil Transzendentes nicht irgendwo liegen kann. Sie läßt sich deshalb nicht durch Zweckhandlungen herbeiführen. Wir müssen sie geschehen lassen, weil sie nichts anderes ist als dieses Geschehen. Dazu können wir aber viel tun. Freilich läßt dieses Tun sich nicht länger von dem ‹Nicht-Tun› der Mystiker unterscheiden. Die Transparenz muß sich ereignen. Man kann nicht, wie der Zen-Abt meinte, einen Spiegel aufstellen, in dem sich das Transzendente spiegeln soll, und wäre es die Seele. Das Spiegeln selbst wäre der Übergang und die Seele transzendiert ihr Erleben des Lebens, indem sie das Erleben, ‹das Spiegeln›, erlebt.[16]

Gabriel Marcel knüpft an das alte griechische Wort vom ‹Staunen›, ϑαυμάζειν, an und lädt uns ein, uns «bereitzumachen».[17] Die Genauigkeit, die Achtsamkeit gehören zu den Techniken des Bereitwerdens, die unser Beitrag sein können. Die ‹Technik› der Transzendenz selbst können wir Konvergenz nennen: In der dialektischen Sprache von Adorno oder Benjamin heißt es «Zusammenschießen».

Im Zusammenschießen wird ausgedrückt, daß die Momente, die Beobachtungen und Erinnerungen, die Entfaltungen des Vorgangs plötzlich zusammentreten und ihre Gesamtgestalt hervortreten lassen. Solche Gesamtgestalten liegen in den Tiefendimensionen des Ästhetischen begründet. Wenn sie auftauchen, sprechen in ihnen die Momente dessen zu uns, was Adorno «das Material» nennt, also des Mediums, des Naturhaften, wie es durch seine und unsere Geschichte bestimmt ist. Solche Gestalten können wir nicht erfinden und nicht konstruieren. Sie drücken aus, was unserem Kalkül sich entzieht. Ästhetisch kann über das Negative hinaus etwas sich zeigen. Es zeigt sich uns, indem wir es hervorbringen. Es spricht nur, jedenfalls zu uns nur, so gut wir auf es horchen und im Horchen ihm eine Sprache leihen, die die seine ist mit unseren Worten.

Im Sinnenbewußtsein werden die Vorgänge vernommen, ohne stillgestellt werden zu müssen. Sie können, in der Erfahrung der Übergänge aufgehoben, zum Ausdruck kommen, ohne daß wir dem Denken zu schweigen verbieten, weil seine Formen sich den Vorgängen wieder zugesellen, aus denen sie sich kristallisiert haben. Indem wir dem, was uns trägt, wiederbegegnen und es ausdrücken, halten wir es im Bewußtsein fest und machen es zu einem Maß und zum Gehalt der Geschichte.

Dies ist Freiheit.

Das Festgehaltene muß neu freigegeben und neu gewonnen werden.

Anmerkungen

1 Klaus Heinrich, Parmenides und Jonas. Vier Studien über das Verhältnis von Philosophie und Mythologie, Frankfurt/M. 1966, S. 87, das folgende Zitat l.c. S. 99.
2 Léopold Sédar Senghor, Liberté, Bd. III. Négritude et Civilisation de l'Universel. Paris 1977, insbes. S. 95.
3 Zit. in: Le corps et ses fictions. Hg. von Claude Reichler. Paris 1983, S. 37 f.; und in: Rudolf zur Lippe, Der Sinn der Sinne. Der Körper – eine Fiktion. In: Das Schwinden der Sinne. Hg. von Dietmar Kamper und Christoph Wulf. Frankfurt/M. 1984, S. 310.
4 Georg Wilhelm Friedrich Hegel, Jenaer Realphilosophie. Vorlesungsmanuskripte zur Philosophie der Natur und des Geistes von 1805–1806. Hg. von Johannes Hoffmeister, Hamburg 1969, S. 201 ff.
5 Gaston Bachelard, L'eau et les rêves. Paris 1942, S. 2; das folgende Zitat l.c., S. 4.
6 Rudolf zur Lippe, Objektiver Faktor Subjektivität. In: «Kursbuch 35», Berlin 1974; später in: Bürgerliche Subjektivität: Autonomie als Selbstzerstörung. Frankfurt/M. 1975, S. 243 f. Entsprechend Georg Wilhelm Friedrich Hegel, Gesammelte Werke. Hg. von Klaus Düsing und Heinz Kimmerle. Hamburg/Düsseldorf 1975, Bd. VI, S. 304: «...das Bewußtseyn ist seine Materie, auf deren Kosten es sich bildet; ... was sie ihm geben, verlieren sie; sie ersterben in ihm, denn was sie ihm geben, ist ihr eigenes Bewußtseyn.»
7 Paul Valery, Eupalinos. L'âme et la danse, Dialogue de l'arbre. Paris 1944, S. 146. Die Zitate sind vom Verfasser übersetzt.
8 Marcel Proust, A la recherche du temps perdu. Paris 1920 ff. Dt.: Auf der Suche nach der verlorenen Zeit. Übersetzt von Eva Rechel-Mertens. Frankfurt/M. 1953 ff., Bd. VII, S. 287; das folgende Zitat l.c., S. 280.
9 L.c. S. 350; das folgende Zitat l.c., S. 309.
10 Nyanaponika, Geistestraining durch Achtsamkeit. Konstanz 1979, S. 19.
11 André Breton, Le manifeste du Surréalisme. Paris 1924. Dt.: Die Manifeste des Surrealismus. Übersetzt von Ruth Henry. Reinbek bei Hamburg 1977, 1986, S. 23.
12 Rudolf zur Lippe, Der Sitz der Seele. Manuskript eines Vortrags im Symposion «Mythos und Alltag», Wien 1985.
13 Johann Wolfgang von Goethe, Werke. Hamburger Ausgabe 1948 ff. Bd. I., S. 358; das folgende Zitat l.c., S. 565.
14 Alain Resnais, Henry Laborit, Mon oncle d'Amerique. Film 1980.
15 Karlfried Graf Dürckheim, Auf dem Weg zur Transparenz. In: Transparente Welt. Festschrift zum sechzigsten Geburtstag von Jean Gebser. Hg. von Günter Schulz, Bern/Stuttgart 1965, S. 237; die folgenden Zitate l.c., S. 229 bzw. S. 231.
16 Heinrich Dumoulin, Geschichte des Zen-Buddhismus. 2 Bde. Bern/München 1985, Bd. I., S. 127 f.: «Eines Tages ruft Hung-jen seine Jünger zusammen und befiehlt ihnen, eine Versstrophe zu dichten, die den Grad ihres Erleuchtungswissens anzeigen soll: ›Ich werde eure Verse lesen. Wenn einer da ist, der zum großen Sinn erwacht ist, werde ich ihm Gewand und Dharma geben und ihm zum sechsten Patriarchen machen‹ (Nr. 4). Die Jünger kehren zu ihren Wohnräumen zurück, sie fühlen sich überfordert und kommen überein, die Mühe dem Hauptmönch Shen-hsiu zu überlassen. Dieser besaß zwar viel gelehrte Sutrenwissen-

schaft, war aber weit von der Erleuchtung entfernt. Deshalb stürzt ihn des Meisters Befehl in tiefe Besorgnis. Schließlich bringt er eine Versstrophe zustande, die er um Mitternacht an die mittlere Wand des Südflurs anschreibt:
  Der Leib ist der Baum der Erleuchtung (bodhi),
  Der Geist gleicht einem klaren Spiegel.
  Müh dich, ihn allezeit abzuwischen!
  Laß kein Staubkorn sich darauf ansetzen! (Nr. 6)
(...)
Zufällig hört Hui-neng, der in der Scheune Reis stampft, einen Tempeljungen im Vorbeigehen die Verse hinsagen. Er begreift sofort, daß die logisch widerspruchslosen Verse, die sich durch die Erklärung der zwei Allegorien leicht auflösen lassen, nicht die Erleuchtung ausdrücken. Das Sutra dramatisiert hier das angebliche Analphabetentum des künftigen sechsten Patriarchen, der sich zum Südflur hinführen läßt, vor den Schriftzeichen seine Verehrung darbietet und bittet, ihm die Verse vorzulesen. Im Nu formt sein erleuchteter Geist eine neue Strophe, die wirklich von Erleuchtung zeugt. Er bittet, seine Verse an die Wand des Westflurs anzuschreiben. Der Tun-huang-Text gibt zwei leicht verschiedene Versionen. Am treffendsten ist diese Überlieferungsform:
  Es gibt ursprünglich keinen Baum der Erleuchtung,
  Noch einen Ständer mit einem klaren Spiegel.
  Von Anfang an existiert nicht ein einziges Ding.
  Wo kann sich ein Staubkorn ansetzen?
Die Bewunderung der Jünger über die Verse des Analphabeten kennt keine Grenzen. Doch der Meister hält mit dem Lob zurück: ‹Auch dies ist noch nicht die vollkommene Erleuchtung› (Nr. 8). Doch ruft Hung-jen in der Nacht den Huineng zu sich und übergibt ihm den Dharma der plötzlichen Erleuchtung und das Gewand mit den Worten: ‹Ich mache dich zum sechsten Patriarchen. Das Gewand ist das Zeugnis und soll von Geschlecht zu Geschlecht weitergegeben werden. Der Dharma wird von Geist zu Geist überliefert.›»

17 Gabriel Marcel, The Existential Background of Human Dignity. Cambridge (Mass.) 1963. Dt.: Die menschliche Würde und ihr existentieller Grund. Übersetzt von Rudolf zur Lippe. Frankfurt/M. 1965.

Zu den beiden folgenden Seiten:

Die frühesten menschlichen Deutungen der Welt nennt Marie E. P. König «Sphäroïde», handgeformte Kugeln, die in Kulthöhlen gefunden werden. Die «Figur von der Granitplatte bei Hamm», Kville in Schweden, versteht sie als einen Sphäroïd, der mit menschlichen Beinen, also anthropomorph, zu einer «handlungskräftigen Macht» im All geworden ist. «Am Anfang der Kultur», Berlin: Mann ² 1973.

1945 zeichnete Joseph Beuys «der Mensch 1 Mensch 2 Menschen». Alle Beziehungen der Anthropologie zur Natur sind in dieser Zeichnung in die kleinste Geste des Verstehens gerafft, um in einem ganzen Werk nach so vielen Seiten entfaltet zu werden. Ich danke Frau Beuys für dieses besonders beziehungsvolle Blatt.
© *VG Bild-Kunst, Bonn, 1987*

der Mensch
1 Mensch
2 Menschen

Praktische Erprobungen und theoretische Zusammenhänge
des *Sinnenbewußtseins* gibt die Zeitschrift POIESIS,
die Rudolf zur Lippe zusammen mit Gert Selle herausgibt.

POIEsIS

Zwei Hefte im Jahr im Abonnement
DM 30,– plus Versand
(Nr. 1, 2, 3 sind erschienen).
Bestellungen an das Institut
für praktische Anthropologie,
D-2872 Hude, Gutshaus.

Praktisch-theoretische Wege ästhetischer Selbsterziehung